한국공무원학원

최우성

행정법총론
최신판례집 v2.0

핵심 판례의 집중 분석
테마별 학습 흐름에 맞춘 핵심판례 구성
최신 판례 반영으로 고득점 완벽 대비

CONTENTS

이 책의 **목차**

PART 01 행정법 서론

Chapter 01 행정 / 8
제1절　통치행위 ··· 8

Chapter 02 행정법 / 12
제1절　법치주의 ··· 12
제2절　행정법의 법원 ··· 16
제3절　행정법의 일반원칙 ·· 20
제4절　행정법의 효력 ··· 42

Chapter 03 행정상 법률관계 / 49
제1절　행정상 법률관계의 종류 ·· 49
제2절　행정주체 ··· 57
제3절　공권과 공의무 ··· 60
제4절　특별권력관계 ·· 76

Chapter 04 행정법상 법률요건과 법률사실 / 81
제1절　공법상의 사건 ··· 81
제2절　공법상 사무관리와 부당이득 ································ 87
제3절　사인의 공법행위 ··· 90

PART 02 행정작용법

Chapter 01 행정입법 / 108
- 제1절 서설 ········· 108
- 제2절 법규명령 ········· 109
- 제3절 행정규칙 ········· 122

Chapter 02 행정행위 / 140
- 제1절 행정행위의 개념 ········· 140
- 제2절 행정행위의 종류 ········· 144
- 제3절 기속행위와 재량행위 ········· 148
- 제4절 행정행위의 내용 ········· 162
- 제5절 행정행위의 부관 ········· 181
- 제6절 행정행위의 성립요건과 효력발생요건 ········· 189
- 제7절 행정행위의 효력 ········· 195
- 제8절 행정행위의 하자 ········· 201
- 제9절 행정행위의 무효 ········· 213
- 제10절 행정행위의 취소 ········· 218
- 제11절 행정행위의 철회와 실효 ········· 223

Chapter 03 비권력적 행정작용 / 227
- 제1절 공법상 계약 ········· 227
- 제2절 행정지도 ········· 234
- 제3절 사실행위 ········· 238

CONTENTS

이 책의 **목차**

Chapter 04 행정계획 / 240

Chapter 05 행정법 부속법령 / 250
- 제1절　행정절차법 · 250
- 제2절　공공기관의 정보공개에 관한 법률 · 276
- 제3절　공공기관의 개인정보보호에 관한 법률 · · · · · · · · · · · · · · · · · · 296
- 제4절　행정기본법 · 300

PART 03　행정상 의무 이행확보수단

Chapter 01 행정상 강제집행 / 314
- 제1절　개설 · 314
- 제2절　대집행 · 316
- 제3절　이행강제금 · 327
- 제4절　직접강제 · 333
- 제5절　강제징수 · 333

Chapter 02 행정상 즉시강제와 행정조사 · **339**
- 제1절　행정상 즉시강제 · 339
- 제2절　행정조사 · 344

Chapter 03 행정벌 / 348

제1절 　행정형벌 ·· 348
제2절 　행정질서벌 ·· 355

Chapter 04 새로운 의무이행확보수단 / 357

제1절 　과징금 ·· 357
제2절 　가산세 및 가산금 ·· 361
제3절 　명단공표 ·· 363
제4절 　기타 의무이행확보수단 ·· 367

PART 04 행정구제법

Chapter 01 손해전보제도 / 372

제1절 　행정상 손해배상 ·· 372
제2절 　행정상 손실보상 ·· 411

Chapter 02 행정쟁송제도 / 428

제1절 　행정심판 ·· 428
제2절 　행정소송 ·· 435

행정법
서론

제 1 편

행정법 서론

Chapter 01 행정
Chapter 02 행정법
Chapter 03 행정상 법률관계
Chapter 03 행정법상 법률요건과 법률사실

CHAPTER 01 행정

제1절 통치행위

1 계엄선포 관련

① 계엄선포 사건 : 통치행위 인정
대통령의 계엄선포행위는 고도의 정치적·군사적 성격을 띠는 행위라고 할 것이어서, 그 선포의 당·부당을 판단할 권한은 헌법상 계엄의 해제요구권이 있는 국회만이 가지고 있다 할 것이고 <u>그 선포가 당연무효의 경우라면 모르되, 사법기관인 법원이 계엄선포의 요건구비여부나, 선포의 당·부당을 심사하는 것은 사법권의 내재적인 본질적 한계를 넘어서는 것</u>이 되어 적절한 바가 못된다.(대판 1979.12.7. 79초70)

② 국헌문란목적의 계엄선포 : 통치행위성 부정 ➡ 범죄행위 해당여부 심사 ○
대통령의 비상계엄의 선포나 확대행위는 고도의 정치적·군사적 성격을 지니고 있는 행위라 할 것이므로, 그 계엄선포의 요건 구비 여부나 선포의 당·부당을 판단할 권한이 사법부에는 없다고 할 것이나, **비상계엄의 선포나 확대가 국헌문란의 목적을 달성하기 위하여 행하여진 경우에는 법원은 그 자체가 범죄행위에 해당하는지의 여부에 관하여 심사**할 수 있다.(대판 96도3376)

2 군사시설보호구역의 설정 : 통치행위 인정

군사시설보호법에 의한 군사시설보호구역의 설정·변경·해제와 같은 행위는 행정청에 의한 공법행위라고 할 것이나, 이는 행정입법행위 또는 통치행위라는 점에서 협의의 행정행위와 구별되며, 따라서 이와 같은 행위는 그 종류에 따라 관보에 게재하여 공포하거나 또는 대외적인 공고·공시등에 의하여 유효하게 성립되고, 개별적 통지를 요하지 아니한다. (대판 1983.6.14. 83누43)

3 대통령의 사면권 행사 : 통치행위 인정

① 잔여형기를 면제하는 것을 포함하여 대통령의 사면권은 고도의 정치적 결단에 의하여 발동되는 행위이고, 그 결단을 존중하여야 할 필요성이 있는 행위라는 의미에서 <u>이른바 통치행위에 속한다고 할 수 있고, 이러한 대통령의 사면권은 사법심사의 대상이 되지 않는다고 할 것이다.</u>(서울행정법원 2000.2.2. 99구24405)

② 사면은 형의 선고의 효력 또는 공소권을 상실시키거나, 형의 집행을 면제시키는 국가원수의 고유한 권한을 의미하며, 사법부의 판단을 변경하는 제도로서 권력분립의 원리에 대한 예외가 된다.(헌재결 2000.6.1. 97헌바74)

4 남북정상회담 사건

① 남북정상회담 : 통치행위 인정
남북정상회담개최는 고도의 정치적 성격을 지니고 있는 행위로서 그 당부를 심판하는 것은 사법권의 내재적・본질적 한계를 넘어서는 것이 된다.(대판 2004.3.26. 2003도7878)

② 자금송금 : 통치행위 부정
남북정상회담의 개최과정에서 재정경제부장관에게 **신고하지 아니하거나 통일부장관의 협력사업승인을 얻지 아니한 채 북한 측에 사업권의 대가명목으로 송금한 행위** 자체는 헌법상 법치국가의 원리와 법앞의 평등원칙등에 비추어 볼 때 **사법심사의 대상이 된다.**(대판 2004.3.26. 2003도7878)

5 서훈관련

구 상훈법(2011. 8. 4. 법률 제10985호로 개정되기 전의 것) 제8조는 서훈취소의 요건을 구체적으로 명시하고 있고 절차에 관하여 상세하게 규정하고 있다. 그리고 **서훈취소는 서훈수여의 경우와는 달리 이미 발생된 서훈대상자 등의 권리 등에 영향을 미치는 행위로서 관련 당사자에게 미치는 불이익의 내용과 정도 등을 고려하면 사법심사의 필요성이 크다.** 따라서 기본권의 보장 및 법치주의의 이념에 비추어 보면, 비록 서훈취소가 대통령이 국가원수로서 행하는 행위라고 하더라도 법원이 사법심사를 자제하여야 할 고도의 정치성을 띤 행위라고 볼 수는 없다.(대판 2015.4.23. 2012두26920)

6 계엄포고 및 긴급조치 관련판례

① 긴급조치의 통치행위성
법치주의의 원칙상 통치행위라 하더라도 헌법과 법률에 근거하여야 하고 그에 위배되어서는 아니 된다. 그러므로 기본권 보장의 최후 보루인 법원으로서는 마땅히 긴급조치 제1호에 규정된 형벌법규에 대하여 사법심사권을 행사함으로써, 대통령의 긴급조치권 행사로 인하여 국민의 기본권이 침해되고 나아가 우리나라 헌법의 근본이념인 자유민주적 기본질서가 부정되는 사태가 발생하지 않도록 그 책무를 다하여야 할 것이다.(대판 2016도5986) ➜ 유신헌법하의 긴급조치는 통치행위이지만, 국민의 기본권제한과 관련된 사항을 포함하고 있으므로 사법심사의 대상이 된다.

② 긴급조치의 심사권 문제
　㈎ 대법원의 입장
　　㉠ 유신헌법에 근거한 긴급조치는 국회의 입법권 행사라는 실질을 전혀 가지지 못한 것으로서, 헌법재판소의 위헌심판대상이 되는 "법률"에 해당한다 할 수 없고, 긴급조치의 위헌여부에 대한 심사권은 최종적으로 대법원에 속한다.(대판 2010도5986)
　　㉡ 계엄법 제15조의 "계엄사령관의 조치"는 계엄법 제15조의 내용을 보충하는 기능을 하고 그와 결합하여 대외적으로 구속력이 있는 법규명령으로서 효력을 가진다. 그러므로 법원은 현행 헌법 제107조 제2항에 따라서 위와 같은 특별한 조치로서 이루어진 계엄포고 제1호에 대한 위헌·위법 여부를 심사할 권한을 가진다.(대판 2016도1397)
　㈏ 헌법재판소의 입장
　　위헌법률심사의 대상이 되는 "법률"에는 "형식적 의미의 법률과 동일한 효력"을 갖는 규범들도 모두 포함된다. 따라서 최소한 법률과 동일한 효력을 가지는 긴급조치의 위헌 여부 심사권한도 헌법재판소에 전속한다.(헌재결 2010헌바132)

7 파병 및 군사훈련 문제

① 외국에의 국군의 파병결정은 그 성격상 국방 및 외교에 관련된 고도의 정치적 결단을 요하는 문제로서, 헌법과 법률이 정한 절차를 지켜 이루어진 것임이 명백하므로 **대통령과 국회의 판단은 존중되어야 하고 헌법재판소가 사법적 기준만으로 이를 심판하는 것은 자제**되어야 한다. (헌재결 2004.4.29. 2003헌마814)
② 서희제마부대이라크파병결정 : 자기관련성결여로 각하한 사례(헌재결 2003.12.18. 2003헌마255)
③ 2007년 한미전시증원연습 : 통치행위 부정(헌재결 2009.5.28. 2007헌마369)
　특히 이 사건 연습은 대표적인 한미연합군사훈련으로서, 피청구인이 2007.3 경에 한 이 사건 연습결정이 새삼 국방에 관련되는 고도의 정치적 결단에 해당하여 사법심사를 자제하여야 하는 통치행위에 해당된다고 보기 어렵다.

8 "금융실명제"관련 대통령의 긴급재정경제명령

대통령의 긴급재정·경제명령은 국가긴급권의 일종으로서 고도의 정치적 결단에 의하여 발동되는 행위이고 그 결단을 존중하여야 할 필요성이 있는 행위라는 의미에서 **이른바 통치행위에 속한다고 할 수 있으나**, 통치행위를 포함하여 모든 국가작용은 국민의 기본권적 가치를 실현하기 위한 수단이라는 한계를 반드시 지켜야 하는 것이고, 헌법재판소는 헌법의 수호와 국민의 기본권 보장을 사명으로 하는 국가기관이므로 비록 고도의 정치적 결단에 의하여 행해지는 국가작용이라고 할지라도 그것이 국민의 기본권 침해와 직접 관련되는 경우에는 당연히 헌법재판소의 심판대상이 된다.(헌재결 1996.2.29. 93헌마186)

9 수도이전 사건(헌재결 2004헌마554)

① "수도이전" : 신행정수도건설이나 수도이전의 문제가 **정치적 성격을 가지고 있는 것은 인정할 수 있지만, 그 자체로 고도의 정치적 결단을 요하여 사법심사의 대상으로 하기에는 부적절한 문제라고까지는 할 수 없다.**
② "수도이전법의 위헌여부" : ~ 이 사건 심판의 대상은 이 사건 법률의 위헌여부이고 대통령의 행위가 위헌여부가 아닌 바, 법률의 위헌여부가 헌법재판의 대상으로 된 경우 당해 법률이 정치적인 문제를 포함한다는 이유만으로 사법심사의 대상에서 제외된다고 할 수는 없다.
③ 국민투표 회부문제 : 이 사건 법률의 위헌여부를 판단하기 위한 선결문제로서 신행정수도건설이나 수도이전의 문제를 국민투표에 붙일지 여부에 관한 대통령의 의사결정이 사법심사의 대상이 될 경우 위 의사결정은 고도의 정치적 결단을 요하는 문제여서 사법심사를 자제함이 바람직하다고는 할 수 있고, 이에 따라 그 의사결정에 관련된 흠을 들어 위헌성이 주장되는 법률에 대한 사법심사 또한 자제함이 바람직하다. 그러나 대통령의 위 의사결정이 국민의 기본권 침해와 직접 관련되는 경우에는 헌법재판소의 심판대상이 될 수 있고, 이에 따라 위 의사결정과 관련된 법률도 헌법재판소의 심판대상이 될 수 있다.

CHAPTER 02 행정법

제1절 법치주의

I 의회유보 · 법률유보 · 행정유보의 비교

의회유보	법률유보	행정유보
• 법률유보를 전제로 기본권 관련적 사항은 반드시 의회가 법률로 하여야 하며, 하위법령에 위임을 금지함을 의미한다.	• 일정한 작용은 법률의 근거나 위임을 요하며, 의회유보와의 차이점은 하위법령에 위임을 허용하는 것이 가능하다.	• 전문성이나 고도의 기술성을 요하는 영역이거나 행정의 자율적 사항은 행정권 스스로 규율함을 의미한다.
• 중요사항유보설 / 단계적 유보설과 관련이 있다.	• 침해/급부/전부/중요사항유보설등	• 배타적 행정유보/허용적 유보

> **관련판례** 의회유보(헌재결 2001헌마882)
>
> 어떤 사안이 국회가 형식적 법률로 스스로 규정해야 하는 본질적 사항에 해당하는지 판단하는 기준 ➡ **국민의 기본권 및 기본적 의무와 관련한 중요성 / 공개적 토론의 필요성 또는 조정필요성**
>
> ① 어떠한 사안이 국회가 형식적 법률로 스스로 규정하여야 하는 본질적 사항에 해당되는지는, 구체적 사례에서 관련된 이익 내지 가치의 중요성, 규제 또는 침해의 정도와 방법등을 고려하여 개별적으로 결정하여야 하지만, **규율대상이 국민의 기본권 및 기본적 의무와 관련한 중요성을 가질수록 그리고 그에 관한 공개적 토론의 필요성 또는 상충하는 이익 사이의 조정필요성이 클수록, 그것이 국회의 법률에 의해 직접 규율될 필요성은 더 증대**된다.
> ② 국민의 헌법상 기본권 및 기본의무와 관련된 중요한 사항 내지 본질적인 내용에 대한 정책형성 기능만큼은 입법부가 담당하여 법률의 형식으로써 수행하여야 하지, 행정부나 사법부에 그 기능을 넘겨서는 안된다. 규율대상이 기본권적 중요성을 가질수록, 그리고 그에 관한 공개적 토론의 필요성 내지 상충하는 이익간 조정의 필요성이 클수록, 그것이 국회의 법률에 의해 직접 규율될 필요성 및 그 규율밀도의 요구 정도는 그만큼 더 증대되는 것으로 보아야 한다.

Ⅱ 법률유보

1. 법률유보에 관련된 학설정리

구분	개념	배경	비판
침해유보	자유와 재산에 대한 침해 : 근거 要	자유주의 사상	
권력유보	권력적 작용(침해+수익) : 근거 要		침해유보설의 틀을 벗어나지 못했다는 평가
급부유보	침해 + 급부 : 근거 要	사회국가/평등	급부행정의 경직화
전부유보	모든 작용 : 근거 要	의회주의 사상	행정의 자율성과 독자성의 무시
신침해유보	• 특별권력관계내부 침해 : 근거 要 • 급부행정 : 근거 △		
중요사항유보	• 기본권관련적 사항 : 근거 要 • 단계적 유보설		중요사항과 비중요사항의 구별이 명확×

2. 중요사항유보설과 관련된 판례정리

① 예산관련 : 예산은 국가기관만을 구속할 뿐 일반국민을 구속하는 것은 아니므로 근거규범이 될 수 없다.(헌재결 2006.4.25. 2006헌마409)

② TV 수신료 사건

　㈎ TV 수신료 결정(헌재결 98헌바70)

> ㉠ 법률유보원칙은 단순히 행정작용이 법률에 근거를 두기만 하면 충분한 것이 아니라, 국가공동체와 그 구성원에게 기본적이고도 중요한 의미를 갖는 영역, 특히 국민의 기본권실현과 관련된 영역에서는 국민의 대표자인 입법자가 본질적 사항에 대해서 스스로 결정해야 한다는 요구까지 내포하고 있다.
>
> ㉡ **텔레비전방송수신료는** 대다수 국민의 재산권 보장의 측면이나 한국방송공사에게 보장된 방송자유의 측면에서 **국민의 기본권실현에 관련된 영역에 속하고, 수신료금액의 결정**은 납부의무자의 범위등과 함께 **수신료에 관한 본질적인 중요한 사항이므로 국회가 스스로 행하여야 하는 사항에 속하는 것임에도 불구하고 ~** 국회의 결정이나 관여를 배제한 채 한국방송공사로 하여금 수신료금액을 결정해서 문화관광부장관의 승인을 얻도록 한 것은 법률유보원칙에 위반된다.

㈏ TV수신료 징수방법 : 중요사항 ✕
수신료징수업무를 한국방송공사가 직접 수행할지 제3자에게 위탁할지 여부는 국민의 기본권 제한에 관한 본질적인 사항이 아니라 할 것이므로 법률유보원칙에 위배되지 않는다.(헌재결 2008.2.28. 2006헌바70)
③ 토지초과이득세법상 기준시가 : 중요사항 ○ (헌재결 92헌바49)
④ 복무기간 사건 : 병의 복무기간은 국방의무의 본질적 내용에 관한 것이어서 이는 반드시 법률로 정하여야 할 입법사항에 속한다.(대판 1985.2.28. 85초13)
⑤ 국가유공자단체의 대의원선출에 관한 사항 : 중요사항 ✕
각 단체의 대의원의 정수 및 선임방법등은 정관으로 정하도록 규정하고 있는 국가유공자 등 단체설립에 관한 법률 제11조가 법률유보 혹은 의회유보의 원칙에 위배되어 청구인의 기본권을 침해하지 않으며, **국민의 권리와 의무의 형성에 관한 사항이나 국가의 통치조직과 작용에 관한 기본적이고 본질적인 사항이라고 볼 수 없다.**(헌재결 2006.3.30. 2005헌바31)
⑥ 재개발사업 관련 토지등 소유자의 동의요건
㈎ 조합이 사업을 시행하는 경우 : 중요사항 ✕
조합의 사업시행인가 신청시의 토지등 소유자의 동의요건이 비록 토지소유자의 재산상 권리·의무에 영향을 미치는 사업시행계획에 관한 것이라고 하더라도, **그 동의요건은 사업시행인가 신청에 대한 토지등 소유자의 사전통제를 위한 절차적 요건에 불과하고 토지등 소유자의 재산상 권리·의무에 관한 기본적이고 본질적인 사항이라고 할 수 없으므로** 법률유보 내지 의회유보의 원칙이 반드시 지켜져야 하는 영역이라고 할 수 없다.(대판 2007.10.12. 2006두14476)
㈏ 토지등 소유자가 직접 사업을 시행하는 경우 : 중요사항 ○
토지등 소유자가 도시환경정비사업을 시행하는 경우 사업시행인가 신청시 필요한 토지등 소유자의 동의는 개발사업의 주체 및 정비구역 내 토지등 소유자를 상대로 수용권을 행사하고 각종 행정처분을 발할 수 있는 행정주체로서의 지위를 가지는 사업시행자를 지정하는 문제로서, **그 동의요건을 정하는 것은 국민의 권리와 의무의 형성에 관한 기본적이고 본질적인 사항이므로 국회가 스스로 행하여야 하는 사항에 속하는 것**임에도 불구하고, 사업시행인가 신청에 필요한 동의정족수를 토지등소유자가 자치적으로 정하여 운영하는 **규약에 정하도록 한 것은 법률유보원칙에 위반**된다.(헌재결 2012.4.24. 2010헌바1)
⑦ 지방의회의원에 대한 유급보좌인력 : 국회의 법률로 규정하여야 할 입법사항(대판 2016추5087)
⑧ 집회나 시위해산을 위한 살수차 사용
집회의 자유 및 신체의 자유에 대한 중대한 제한을 초래하므로 살수차 사용요건이나 기준은 법률에 근거를 두어야 한다.(헌재결 2015헌마476)

⑨ 중학교 의무교육(헌재결 90헌가27)

> ㉠ 중학교 의무교육 실시여부 자체 : 법률로 정하여야 하는 기본사항
> ㉡ 실시의 시기, 범위 등 구체적 실시에 필요한 세부사항 : 법률유보 ×

⑩ 납세의무자에게 조세의 납부의무 외에 과세표준과 세액을 계산하여 신고해야 하는 의무까지 부과하는 경우, **신고의무 이행에 필요한 기본적인 사항과 신고의무 불이행 시 납세의무자가 입게 될 불이익등은 납세의무를 구성하는 기본적, 본질적 내용으로서 법률로 정해야** 한다.(대판 2012두23808)

⑪ 법외노조 통보사건(대판 2016두32992)

> **판례 핵심정리**
>
> ① 헌법상 법치주의는 법률유보원칙, 즉 행정작용에는 국회가 제정한 형식적 법률의 근거가 요청된다는 원칙을 핵심적 내용으로 한다. 나아가 오늘날의 **법률유보원칙은 단순히 행정작용이 법률에 근거를 두기만 하면 충분한 것이 아니라, 국가공동체와 그 구성원에게 기본적이고도 중요한 의미를 갖는 영역, 특히 국민의 기본권 실현에 관련된 영역에 있어서는 행정에 맡길 것이 아니고 국민의 대표자인 입법자 스스로 그 본질적 사항에 대하여 결정하여야 한다는 요구, 즉 의회유보원칙까지 내포하는 것**으로 이해되고 있다.
>
> ② 의회유보사항을 결정하는 방법 : **규율대상이 국민의 기본권과 관련한 중요성을 가질수록 그리고 그에 관한 공개적 토론의 필요성 또는 상충하는 이익 사이의 조정 필요성이 클수록, 그것이 국회의 법률에 의하여 직접 규율될 필요성은 더 증대된다. 따라서 국민의 권리·의무에 관한 기본적이고 본질적인 사항은 국회가 정하여야 하고, 헌법상 보장된 국민의 자유나 권리를 제한할 때에는 적어도 그 제한의 본질적인 사항에 관하여 국회가 법률로써 스스로 규율하여야 한다.**
>
> ③ 대통령은 법률에서 구체적으로 범위를 정하여 위임받은 사항과 법률을 집행하기 위하여 필요한 사항에 관하여만 대통령령을 발할 수 있으므로, 법률의 시행령은 모법인 법률에 의하여 위임받은 사항이나 법률이 규정한 범위 내에서 법률을 현실적으로 집행하는 데 필요한 세부적인 사항만을 규정할 수 있을 뿐, **법률에 의한 위임이 없는 한 법률이 규정한 개인의 권리·의무에 관한 내용을 변경·보충하거나 법률에 규정되지 아니한 새로운 내용을 규정할 수는 없다.**
>
> ④ "법외노조통보 사건" ➔ **법외노조 통보는 적법하게 설립된 노동조합의 법적 지위를 박탈하는 중대한 침익적 처분으로서 원칙적으로 국민의 대표자인 입법자가 스스로 형식적 법률로써 규정하여야 할 사항이고, 행정입법으로 이를 규정하기 위하여는 반드시 법률의 명시적이고 구체적인 위임이 있어야 한다.** 그런데 노동조합 및 노동관계조정법 시행령(이하 '노동조합법 시행령'이라 한다) 제9조 제2항은 법률의 위임 없이 법률이 정하지 아니한 법외노조 통보에 관하여 규정함으로써 헌법상 노동3권을 본질적으로 제한하고 있으므로 그 자체로 무효이다

⑤ 노동조합 및 노동관계조정법 시행령 제9조 제2항은 <u>법률의 구체적이고 명시적인 위임 없이 법률이 정하고 있지 아니한 법외노조 통보에 관하여 규정함으로써 헌법이 보장하는 노동3권을 본질적으로 제한하는 것으로 법률유보의 원칙에 위반되어 그 자체로 무효이므로 그에 기초한 위 법외노조 통보는 법적 근거를 상실하여 위법하다</u>고 한 사례

제2절 행정법의 법원

I 성문법원

1. 조약관련

① 조례가 GATT 협약에 위배될 경우의 조례의 효력 : 무효
특정 지방자치단체의 초·중·고등학교에서 실시하는 학교급식을 위해 위 지방자치단체에서 생산되는 우수 농수축산물과 이를 재료로 사용하는 가공식품을 우선적으로 사용하도록 하고, 그러한 우수농수산물을 사용하는 자를 선별하여 식재료나 식재료 구입비의 일부를 지원하며 지원을 받은 학교는 지원금을 반드시 우수농산물을 구입하는데 사용하도록 하는 것을 내용으로 하는 **위 지방자치단체의 조례안이 내국민대우원칙을 규정한 '1994년 관세 및 무역에 관한 일반협정(GATT)에 위반되어 그 효력이 없다.**(대판 2005.9.9. 2004추10)

② 회원국 정부의 반덤핑부과처분이 WTO 협정위반이라는 이유만으로 **사인이 직접 국내법원에 회원국정부를 상대로 그 처분의 취소를 구하는 소를 제기하거나 위 협정위반을 처분의 독립된 취소사유로 주장할 수는 없다.**(대판 2009.1.30. 2008두17936)

③ **대한민국과 아메리카합중국간의 상호방위조약 제4조에 의한 시설과 구역 및 대한민국에서의 합중국군대의 지위에 관한 협정**은 그 명칭이 "협정"으로 되어 있어 국회의 관여없이 체결되는 행정협정처럼 보이기는 하나 우리나라의 입장에서 볼 때에는 외국군대의 지위에 관한 것이고, 국가에게 재정적 부담을 지우는 내용과 입법사항을 포함하고 있으므로 **국회의 동의를 요하는 조약으로 취급되어야 한다.**(헌재결 1999.4.29. 97헌가14)

④ **국제통화기금협정은 국회의 동의를 얻어 체결된 것으로서, 헌법 제6조 제1항에 따라 국내법적·법률적 효력을 가지는 바**, 가입국의 재판권면제에 관한 것이므로 성질상 국내에 바로 적용될 수 있는 법규범으로서 **위헌법률심판의 대상이 된다.**(헌재결 2001.9.27. 2000헌바20)

⑤ 마라케쉬협정도 적법하게 체결되어 공포된 조약이므로 국내법과 같은 효력을 갖는

것이어서 그로 인하여 새로운 범죄를 구성하거나 범죄자에 대한 처벌이 가중된다고 하더라도 이를 들어 법률에 의하지 아니한 형사처벌이라고 할 수 없어 헌법에 위반된다고 할 수 없다.(헌재결 1998.11.26 97헌바65)

⑥ **남북 사이의 화해와 불가침 및 교류협력에 관한 합의서**는 남북관계가 '나라와 나라 사이의 관계가 아닌 통일을 지향하는 과정에서 잠정적으로 형성되는 특수한 관계'임을 전제로, 조국의 평화적 통일을 이룩해야 할 공동의 정치적 책무를 지는 남북한 당국이 특수관계인 남북관계에 관하여 채택한 합의문서로서, **남북한 당국이 각기 정치적인 책임을 지고 상호간에 그 성의있는 이행을 약속한 것이기는 하나 법적구속력이 있는 것은 아니어서 이를 국가간의 조약 또는 이에 준하는 것으로 볼 수 없고, 따라서 국내법과 동일한 효력이 인정되는 것도 아니다.**(대판 1999.7.23. 98두14525)

⑦ 한미행정협정은 그 명칭이 "협정"으로 되어 있어 국회의 관여없이 체결되는 행정협정처럼 보이지만 우리나라의 입장에서 볼 때 외국군대의 지위에 관한 것이고, 국가에게 재정적 부담을 지우는 내용과 입법사항을 포함하고 있으므로 국회의 동의를 요하는 조약으로 취급되어야 한다.(헌재결 1999.4.29. 97헌가14)

Ⅱ 불문법원

1. 관습법

(1) 관습법의 성립요건

① 관습법과 사실인 관습
관습법이란 사회의 거듭된 관행으로 생성된 사회생활규범이 사회의 법적확신과 인식에 의하여 법적규범으로 승인·강행되기에 이르는 것을 말하고, 사실인 관습은 사회의 관행에 의하여 발생한 사회생활규범인 점에서는 관습법과 같으나, 다만 사실인 관습은 사회의 법적확신이나 인식에 의하여 법적규범으로서 승인될 정도에 이르지 않은 것을 말한다.(대판 1983.6.14. 80다3231)

② 법적확신의 판단기준
수산업법 제40조의 입어의 관행이라 함은 어떤 어업장에 대한 공동어업권 설정 이전부터 어업의 면허없이 당해 어업장에서 오랫동안 계속 수산동식물을 채포 또는 채취함으로써 그것이 대다수 사람들에게 일반적으로 시인될 정도에 이른 것을 말한다.(대판 1994.3.25. 93다45701)

(2) 관습법의 효력 : 보충적 효력

전체 법질서에 부합하지 않게 되었다면 그러한 관습법은 법적 규범으로서 효력이 부정될 수 밖에 없다. 여성은 종중의 구성원이 될 수 없다는 종래의 관습은 공동선조의 분묘

수호와 봉제사 등 종중의 활동에 참여할 기회를 출생에서 비롯되는 성별만에 의하여 생래적으로 부여하거나 원천적으로 박탈하는 것으로서, 위와 같이 변화된 우리의 전체 법질서에 부합하지 아니하여 정당성과 합리성이 있다고 할 수 없으므로, 종중 구성원의 자격을 성년 남자만으로 제한하는 종래의 관습법은 이제 더 이상 효력을 가질 수 없게 되었다.(대판 2005.7.21. 2002다1178)

(3) 관습법의 종류

(개) 행정선례법

① **4년간 위 면허세가 단 한건도 부과된 적이 없고**, 그 주무관청인 관세청장도 수출확대라는 공익상의 필요등에서 관계법조문의 삭제를 건의하였다면, **그로써 위 면허세의 비과세관행이 이루어졌다고 보아야 하고, 과세 근거법규가 폐지된 지 1년 3개월이나 지난 뒤에 행한 4년간의 위 면허세의 부과처분은 신의성실의 원칙과 위의 관행을 무시한 위법한 처분**이다.(대판 1982.6.8. 81누38)

② **사업소세 도입 이래 20년 이상 간호전문대학의 운영자가 경영하는 병원에 대하여 사업소세를 부과하지 않으면서, 장기간 인근 다른 과세관청의 유사사례에 대한 사업소세 과세시도를 보면서도 비과세조치를 계속 유지한 경우**, 묵시적으로 사업소세 비과세의 의사를 표시한 것으로 볼 수 있으므로, **국세기본법 제18조 제3항에서 정한 "비과세관행"이 성립**하였다고 볼 수 있다.(대판 2009.12.24. 2008두15350)

(나) 민중관습법

① 입어권 관련판례

㉠ 입어권의 개념 : 수산업법 제40조 소정의 '입어의 관행에 따른 권리'란 일정한 공유수면에 대한 공동어업권설정 이전부터 어업의 면허없이 그 공유수면에서 오랫동안 계속 수산동식물을 포획 또는 채취하여 옴으로써 그것이 대다수 사람들에게 일반적으로 시인될 정도에 이른 것을 말한다.(대판 2001.3.13. 99다57942)

㉡ 양식어업과 입어권의 성립가능성 : 일정한 수면을 구획하여 그 수면의 바닥을 이용 또는 기타 시설을 하여 패류·해조류 등 수산동식물을 **인위적으로 증식하는 양식어업이나 일정한 수면을 구획하는 어구를 정치하여 수산동물을 채포하는 정치어업에 관하여는 성립될 여지가 없다.**(대판 2001.12.11. 99다56697)

㉢ 입어권의 성립범위 : 관행어업권은 일정한 공유수면에 대한 공동어업권 설정 이전부터 어업의 면허 없이 그 공유수면에서 오랫동안 계속 수산동식물을 포획 또는 채취하여 옴으로써 그것이 대다수 사람들에게 일반적으로 시인될 정도에 이른 경우에 인정되는 권리로서 이는 어디까지나 수산동식물이 서식하

는 **공유수면에 대하여 성립**하고, 허가어업에 필요한 어선의 정박 또는 어구의 수리·보관을 위한 육상의 장소에는 성립할 여지가 없으므로, 어선어업자들의 백사장등에 대한 사용은 공공용물의 일반사용에 의한 것일뿐 관행어업권에 기한 것으로 볼 수 없다.(대판 2002.2.26. 99다35300)
ㄹ) 입어권과 손실보상청구권의 성립 : 간척사업의 시행으로 종래의 관행어업권자에게 구 공유수면매립법에서 정하는 손실보상청구권이 인정되기 위해서는 **매립면허고시 후 매립공사가 실행되어 관행어업권자에게 실질적이고 현실적인 피해가 발생해야** 한다.(대판 2010.12.9. 2007두6571)

(다) 관습헌법 : 수도이전사건

서울이 수도라는 점은 우리의 제정헌법이 있기 전부터 전통적으로 존재하여 온 헌법적 관습이며 우리 헌법조항에서 명문으로 밝힌 것은 아니지만 자명하고 헌법에 전제된 규범으로서, 관습헌법으로 성립된 불문헌법에 해당한다. 우리나라의 **수도가 서울이라는 점에 대한 관습헌법을 폐지하기 위해서는 헌법이 정한 절차에 따른 헌법개정이 이루어져야** 한다. 이 경우 성문의 조항과 다른 것은 성문의 수도조항이 존재한다면 이를 삭제하는 내용의 개정이 필요하겠지만 관습헌법은 이에 반하는 내용의 새로운 수도설정조항을 헌법에 넣는 것만으로 그 폐지가 이루어지는 점에 있다.(헌재결 2004.10.21

2. 판례법의 법원성

(1) 대법원판례의 법원성

대법원 판례가 법률해석의 일반적인 기준을 제시한 경우에 유사한 사건을 재판하는 하급심법원의 법관은 판례의 견해를 존중하여 재판하여야 하는 것이나, **판례가 사안이 서로 다른 사건을 재판하는 하급심법원을 직접 기속하는 효력이 있는 것은 아니다.**(대판 1996.10.25. 96다31307)

(2) 헌법재판소의 위헌결정

합헌적 법률해석을 포함하는 법령의 해석·적용권한은 대법원을 최고법원으로 하는 법원에 전속하는 것이며, 헌법재판소가 법률의 위헌여부를 판단하기 위하여 불가피하게 법원의 최종적인 법률해석에 앞서 법령을 해석하거나 그 적용범위를 판단하더라도 **헌법재판소의 법률해석에 대법원이나 각급법원이 구속되는 것은 아니다.**(대판 2009.2.12. 2004두10289)

제3절 행정법의 일반원칙

I 행정기본법상 일반원칙

관련법령 행정기본법

제8조(법치행정의 원칙) 행정작용은 법률에 위반되어서는 아니 되며, 국민의 권리를 제한하거나 의무를 부과하는 경우와 그 밖에 국민생활에 중요한 영향을 미치는 경우에는 법률에 근거하여야 한다.
제9조(평등의 원칙) 행정청은 합리적 이유 없이 국민을 차별하여서는 아니 된다.
제10조(비례의 원칙) 행정작용은 다음 각 호의 원칙에 따라야 한다.
  1. 행정목적을 달성하는 데 유효하고 적절할 것
  2. 행정목적을 달성하는 데 필요한 최소한도에 그칠 것
  3. 행정작용으로 인한 국민의 이익 침해가 그 행정작용이 의도하는 공익보다 크지 아니할 것
제11조(성실의무 및 권한남용금지의 원칙) ① 행정청은 법령등에 따른 의무를 성실히 수행하여야 한다.
  ② 행정청은 행정권한을 남용하거나 그 권한의 범위를 넘어서는 아니 된다.
제12조(신뢰보호의 원칙) ① 행정청은 공익 또는 제3자의 이익을 현저히 해칠 우려가 있는 경우를 제외하고는 행정에 대한 국민의 정당하고 합리적인 신뢰를 보호하여야 한다.
  ② 행정청은 권한 행사의 기회가 있음에도 불구하고 장기간 권한을 행사하지 아니하여 국민이 그 권한이 행사되지 아니할 것으로 믿을 만한 정당한 사유가 있는 경우에는 그 권한을 행사해서는 아니 된다. 다만, 공익 또는 제3자의 이익을 현저히 해칠 우려가 있는 경우는 예외로 한다.
제13조(부당결부금지의 원칙) 행정청은 행정작용을 할 때 상대방에게 해당 행정작용과 실질적인 관련이 없는 의무를 부과해서는 아니 된다.

II 비례의 원칙(과잉금지원칙)

1. 비례원칙의 3단계 : 적합성 → 필요성 → 상당성

(1) 적용순서

기본권을 제한하는 규정은 기본권행사의 "방법"에 관한 규정과 기본권행사의 "여부"에 관한 규정으로 구분할 수 있다. 침해의 최소성의 관점에서, **입법자는 그가 의도하는 공익을 달성하기 위하여 우선 기본권을 보다 적게 제한하는 단계인 기본권행사의 "방법"에 관한 규제로써 공익을 실현할 수 있는가를 시도하고 이러한 방법으로는 공익달성이 어렵다고 판단되는 경우에 비로소 그 다음 단계인 기본권행사의 "여부"에 관한 규제를 선택해야** 한다.(헌재결 96헌가5)

(2) 내용

⑺ 적합성 원칙

⑷ 필요성 원칙

① 가스총을 사용하는 경찰관으로서는 인체에 대한 위해를 방지하기 위하여 상대방과 근접한 거리에서 상대방의 얼굴을 향하여 이를 발사하지 않는 등 가스총 사용 시 요구되는 최소한의 안전수칙을 준수함으로써 장비사용으로 인한 사고발생을 미리 막아야 할 주의의무가 있다.(대판 2003.3.14. 2002다52718)

② 서울광장의 몇 군데라도 통로를 개설하여 통제하에 출입하게 하거나 대규모의 불법·폭력집회가 행해질 가능성이 적은 시간대라든지 서울광장 인근 건물에의 출근이나 왕래가 많은 오전 시간대에는 일부 통제를 푸는 등 시민들의 통행이나 여가·문화활동에 과도한 제한을 초래하지 않으면서도 목적을 상당부분 달성할 수 있는 수단이나 방법을 고려하였어야 함에도 불구하고 **모든 시민의 통행을 전면적으로 폐지한 것은 침해의 최소성을 충족한다고 할 수 없다.**(헌재결 2011.6.30. 2009헌마406)

⑸ 상당성원칙

① 상당성의 원칙은 당해 행정작용에 의하여 침해되는 법익(사익)과 그 행정작용이 추구하는 법익(공익)사이에 합리적인 균형관계가 있어야 한다는 것을 의미한다. (대판 2004두3854)

2. 비례원칙에 관련되는 판례정리

(1) 비례원칙 위반

① 주유소영업의 양도인이 **등유가 섞인 유사휘발유를 판매한 바를 모르고 이를 양수한 석유판매업자에게 전운영자의 위법사유를 들어 사업정지기간 중 최장기간인 6월의 사업정지**에 처한 피고의 이 사건 처분은 석유사업법에 의하여 실현하고자 하는 **공익실현의 목적보다는 원고가 입게 될 손실이 훨씬 커서 그 재량권을 일탈한 위법**이 있다.(대판 1992.2.25. 91누13106)

② 청소년유해매체물로 결정·고시된 만화인 사실을 **모르고 있던 도서대여업자가 그 고시일로부터 8일 후에 청소년에게 그 만화를 대여**한 것을 사유로 **도서대여업자에게 700만원의 과징금이 부과**된 경우, 그 도서대여업자에게 청소년유해매체물인 만화를 청소년에게 **대여하여서는 아니된다는 금지의무의 해태를 탓하기는 가혹하다는 이유로 그 과징금부과처분은 재량권을 일탈·남용한 것으로서 위법**하다.(대판 2001.7.27. 99두9400)

③ (변호사 개업지 제한사건)**변호사법 제10조 제2항은 직업선택의 자유를 제한함에 있어서 비례의 원칙에 벗어난 것이고, 합리적인 이유없이 변호사로 개업하고자 하는**

공무원을 차별하고 있으며, 병역의무의 이행을 위하여 군법무관으로 복무한 후 개업하는 경우에는 병역의무의 이행으로 불이익한 처우를 받게 되어 헌법 제11조 제1항, 제15조, 제37조 제2항, 제39조 제2항에 각 위반된다.(헌재결 1989.11.20. 89헌가102)

④ **미결수용자가 수감되어 있는 동안 수사 또는 재판을 받을 때에도 사복을 입지 못하게 하고 재소자용 의류를 입게 한 행위는 기본권을 침해하는 것이다. 다만, 미결수용자가 수감되어 있는 동안 구치소 등 수용시설안에서 사복을 입지 못하게 하고 재소자용 의류를 입게 한 행위는 기본권을 침해하지 않는다.**(헌재결 1999.5.27. 97헌마137, 98헌마5)

⑤ **수용자가 밖으로 내보내는 모든 서신을 봉함하지 않은 상태로 교정시설에 제출하도록 규정**하고 있는 "형의 집행 및 수용자의 처우에 관한 법률 시행령 제65조 제1항"은 **청구인의 통신비밀의 자유를 침해**한다.(헌재결 2012.2.23. 2009헌마333)

⑥ 공직선거법상 의무위반자에 대하여 부과할 과태료의 액수를 감액의 여지없이 일률적으로 "제공받은 금액 또는 음식물·물품 가액의 50배에 상당한 금액"을 부과하도록 한 규정은 과잉금지원칙에 위반된다.(헌재결 2007헌가22)

⑦ **근무지를 이탈하여 상관을 비판하는 기자회견을 한 고등검사장을 면직**시킨, 이른바 "심재륜 사건"에서의 면직처분은 **비례원칙에 위반된 재량권 남용으로서 위법**하다. (대판 2001.8.24. 2000두7704)

⑧ **여권발급 신청인이 북한 고위직 출신의 탈북인사로서 신변에 대한 위해 우려가 있다는 이유로** 신청인의 **미국방문을 위한 여권발급을 거부한 것**은 여권법 제8조 제1항 제5호에 정한 사유에 해당한다고 볼 수 없고 **거주·이전의 자유를 과도하게 제한하는 것으로서 위법**하다.(대판 2008.1.24. 2007두10846)

⑨ 공정거래위원회가 부당한 공동행위를 한 다수의 사업자에게 과징금을 부과하면서 **일부사업자들이 조사에 협조하였다는 이유로 그들에 대하여는 부과율을 감경하여 과징금을 산정한 사안**에서, 위반행위의 내용 및 정도, 위반행위의 기간 및 횟수, 위반행위로 인해 취득한 이익의 규모등을 참작할 때, 조사협조의 정도에 따른 과징금 차등 부과의 필요성등을 감안하더라도, **특정사업자에 대하여 부과율을 감경하지 않고서 과징금을 산정한 부과명령은 비례원칙에 위배되어 재량권을 일탈·남용한 경우에 해당**한다.(대판 2006.3.24. 2004두11275)

⑩ 대리운전금지조건 위배로 1회 운행정지처분을 받은 사실을 알지 못한 채 개인택시운송사업면허를 양수한 원고가 지병인 만성신부전증등으로 몸이 아파 쉬면서 생계유지를 위하여 일시 대리운전을 하게 하고, 또 전날 과음한 탓으로 쉬면서 대리운전을 하게 하여 2회 적발되었는데, 원고는 그의 개인택시영업에 의한 수입만으로 가족의 생계를 유지하고 있는 사정등을 참작하면 원고에 대한 자동차운송사업면허취소의 처분이 재량권을 일탈한 위법한 처분이다.(대판 1991.11.8. 91누4973)

⑪ 주유소의 관리인이 부정휘발유를 구입판매한 것을 이유로 위험물취급소 설치허가를 취소한 행정처분이 재량권의 범위를 일탈한 것이라고 판시한 사례(대판 1989.3.28. 87누436)

⑫ 도로교통법상 이 사건 규정은 자동차등을 이용하여 범죄행위를 하기만 하면 그 범죄행위가 얼마나 중한 것인지, 그러한 범죄행위를 행함에 있어 자동차등이 당해 범죄행위에 어느 정도로 기여했는지 등에 대한 아무런 고려없이 무조건 운전면허를 취소하도록 하고 있으므로 이는 구체적 사안의 개별성과 특수성을 고려할 수 있는 여지를 일체 배제하고 그 위법의 정도나 비난의 정도가 극히 미약한 경우까지도 운전면허를 취소할 수 밖에 없도록 하는 것으로 최소침해의 원칙에 위반된다 할 것이다.(헌재결 2005.11.24. 2004헌가28)

⑬ 위해성 경찰장비인 살수차와 물포는 필요한 최소한의 범위에서만 사용되어야 하고, 특히 인명 또는 신체에 위해를 가할 가능성이 더욱 커지는 직사살수는 타인의 법익이나 공공의 안녕질서에 직접적이고 명백한 위험이 현존하는 경우에 한해서만 사용이 가능하다고 보아야 한다.(대판 2015다236196)

⑭ 단지 주민등록이 되어 있는지 여부에 따라 선거인명부에 오를 자격을 결정하여 그에 따라 선거권 행사 여부가 결정되도록 함으로써 엄연히 대한민국의 국민임에도 불구하고 주민등록법상 주민등록을 할 수 없는 재외국민의 선거권행사를 전면적으로 부정하고 있는 법 제37조 제1항은 어떠한 정당한 목적도 찾기 어려우므로 헌법 제37조 제2항에 위반된다.(헌재결 2007.6.28. 2004헌마644·2005헌마360 병합)

⑮ 원고가 단지 1회 훈령에 위반하여 요정출입을 하다가 적발된 정도라면 면직처분보다 가벼운 징계처분으로서도 능히 위 훈령의 목적을 달성할 수 있다고 볼 수 있는 점에서 이 사건 파면처분은 이른바 비례원칙에 어긋나는 것으로 위법하다.(대판 1967.5.2. 67누24)

⑯ 재산을 해외로 도피할 우려가 있는지 여부등을 확인하지 않은 채 단순히 일정 금액 이상의 조세를 미납하였고 그 미납에 정당한 사유가 없다는 사유만으로 바로 출국금지 처분을 하는 것은 헌법상의 기본권 보장 원리 및 과잉금지의 원칙에 비추어 허용되지 않는다.(대판 2012두18363)

⑰ 독서실 열람실 내 남녀별 좌석을 구분하고 위반시 교습정지처분을 할 수 있도록 한 조례는 과잉금지원칙에 반하여 독서실 운영자의 직업수행의 자유와 독서실 이용자의 일반적 행동자유권 내지 자기결정권을 침해하는 것으로 헌법에 위반된다고 보아야 한다.(대판 2019두59851)

(2) **비례원칙 위반** ×

① 해당지역에서 일정기간 거주하여야 한다는 요건 이외에 **해당지역 운수업체에 일정기간 근무한 경력이 있는 경우에만 개인택시운송사업면허 신청자격을 부여한다는 개인**

택시운송사업면허 업무규정은, 개인택시면허제도의 성격, 운송사업의 공익성, 지역에서 장기간 근속을 장려할 필요성, 기준의 명확성 요청 등의 제반사정에 **합리적인 제한**이다.(대판 2005.4.28. 2004두8910)

② (음주운전 3진 아웃제도)도로교통법 제48조의 2 제1항 제1호의 "**도로교통법 제44조 제1항을 2회 이상 위반한**"것에 구 도로교통법 제44조 제1항 위반 음주운전 전과도 포함된다고 해석하는 것이 **형벌불소급원칙이나 일사부재리원칙 또는 비례원칙에 위반되지 않는다**.(대판 2012.11.29. 2012도10269)

> **관련판례**
> 음주운전으로 인하여 개인과 사회 그리고 국가가 입는 엄청난 피해를 방지하여야 할 공익적 중대성은 아무리 강조하여도 결코 지나치다고 할 수 없고 이 사건 법률조항에 해당하여 운전면허를 필요적으로 취소당함으로써 입는 개인적인 불이익 내지 그로부터 파생되는 여타의 간접적 피해의 정도는 이러한 공익의 중대함에 결코 미치지 못하므로 법익균형성의 원칙에도 반하지 아니한다. 따라서 이 사건 법률조항은 과잉금지의 원칙에 반하여 직업의 자유 내지 일반적 행동의 자유를 침해하지 아니한다.(헌재결 2005헌바91)
> ➡ (비교판례) 음주운전 금지규정을 2회 이상 위반한 사람을 2년 이상 5년 이하의 징역이나 1천만원 이상 2천만원 이하의 벌금에 처하도록 한 도로교통법 제148조의 2 제1항은 비례의 원칙에 위반됨(헌재결 2019헌바446)

③ 지방식품의약품안전청장이 **수입녹용 중 전지 3대를 절단부위로부터 5cm까지의 부분을 절단하여 측정한 회분함량이 기준치를 0.5% 초과하였다는 이유로 수입녹용 전부에 대하여 전량폐기 또는 반송처리를 지시한 경우, 녹용수입업자가 입게 될 불이익이 의약품의 안전성과 유효성을 확보함으로써 국민보건의 향상을 기하고 고가의 한약재인 녹용에 대하여 부적합한 수입품의 무분별한 유통을 방지하려는 공익상 필요보다 크다고는 할 수 없으므로** 위 폐기 등 지시처분이 **재량권을 일탈·남용한 경우에 해당하지 않는다**.(대판 2006.4.14. 2004두3854)

④ 다른 차들의 통행을 원활히 하기 위하여 승용차를 주차목적으로 자신의 집 앞 약 6m를 운행했다 해도 이는 **도로교통법상 음주운전에 해당**하고, 이미 음주운전으로 면허정지처분을 받은 적이 있는데도 **혈중 알콜농도 0.182%의 만취상태에서 운전**한 것이라면 **교통사고가 발생하지 않았고, 운전승용차로 서적을 판매하여 가족의 생계를 책임져야 한다는 사정을 고려**하더라도 이 사건 **운전면허취소는 적법**하다.(대판 1996.9.6. 96누5995)

⑤ 운전면허 행정처분기준상 **면허취소사유인 범죄행위에 명문의 규정이 없는 강제추행이 포함**되며 자동차를 이용하여 **동종의 범죄를 재범할 위험이 크다는 이유로 한 운전면허취소처분은 정당**하다.(대판 1997.10.24. 96누17288)

⑥ **산림의 형질변경을 수반하는 공장의 설립**에 대하여 그 형질변경이 중대한 공익상의 필요에 위배됨을 이유로 **공장설립승인신청을 거부한 행정청의 처분은 재량권의 일탈·남용에 해당하지 않는다**.(대판 2003.3.28. 2002두12113)

⑦ 자동차가 대중적인 교통수단이고 그에 따라 자동차운전면허가 대량으로 발급되어 교통상황이 날로 혼잡해짐에 따라 교통법규를 엄격히 지켜야 할 필요성은 더욱 커지는 점, 음주운전으로 인한 교통사고 역시 빈번하고 그 결과가 참혹한 경우가 많아 대다수의 선량한 운전자 및 보행자를 보호하기 위하여 음주운전을 엄격하게 단속하여야 할 필요가 절실한 점 등에 비추어 보면, **음주운전으로 인한 교통사고를 방지할 공익상의 필요는 더욱 중시되어야 하고 운전면허의 취소는 일반의 수익적 행정행위의 취소와는 달리 그 취소로 인하여 입게 될 당사자의 불이익보다는 이를 방지하여야 하는 일반예방적 측면이 더욱 강조되어야** 한다.(대판 2019. 1. 17. 선고 2017두59949)

⑧ 도로 외의 곳에서의 음주운전·음주측정거부등에 대해서는 형사처벌만 가능하고 운전면허의 취소·정지처분은 부과할 수 없다.(대판 2018두42771)

Ⅲ 평등원칙

1. 평등원칙에 위반되는 사례

① **국유잡종재산은 사경제적 거래의 대상으로서 사적 자치의 원칙이 지배**되고 있으므로 시효제도의 적용에 있어서도 동일하게 보아야 하고, **국유잡종재산에 대한 시효취득을 부인하는 동규정은 합리적 근거없이 국가만을 우대하는 불평등한 규정**으로서 **헌법상의 평등원칙과 사유재산법의 이념 및 과잉금지의 원칙에 반한다**.(헌재결 1991.5.13. 89헌가97)

② 행정자치부의 지방조직 개편지침의 일환으로 **청원경찰의 인원감축을 위한 면직처분 대상자를 선정**함에 있어서 초등학교 졸업 이하 학력소지자 집단과 중학교 중퇴 이상 학력소지자 집단으로 나누어 **각 집단별로 같은 감원비율 상당의 인원을 선정한 것은 합리성과 공정성을 결여하고, 평등원칙에 위배하여 그 하자가 중대하다 할 것이나,** 그렇게 한 이유가 시험문제 출제수준이 중학교 학력수준이어서 초등학교 졸업이하 학력소지자에게 상대적으로 불리할 것이라는 판단아래 이를 보완하기 위한 것이었으므로 **그 하자가 객관적으로 명백하다고 보기는 어렵다**.(대판 2002.2.8. 2000두4057)

③ **국·공립학교의 채용시험에 국가유공자와 그 가족이 응시하는 경우 만점의 10%를 가산하도록 규정**하고 있는 국가유공자 등 예우 및 지원에 관한 법률 제31조 제1항·제2항, 독립유공자예우에 관한 법률 제16조 제3항중 국가유공자 등 예우 및 지원에 관한 법률 제31조 제1항·제2항 준용부분, 5.18민주유공자예우에 관한 법률 제22조 제1항·제2항은 **기타 응시자들의 평등권과 공무담임권을 침해한다**.(헌재결 2006.2.23. 2004헌마675·981·1022)

> **비교판례** 군제대자 가산점(헌재결 1999.12.23. 98헌마363)
>
> 과목별 득점에 과목별 만점의 5% 또는 3%를 가산하는 제대군인가산점제도는 제대군인에 비하여, 여성 및 제대군인이 아닌 남성을 부당한 방법으로 지나치게 차별하는 것으로서 헌법 제11조에 위배되어 평등권을 침해한다.

> **비교판례** 대학교특별전형(대판 1990.8.28. 89누8255)
>
> 해외근로자들의 자녀를 대상으로 한 특별전형에서 외교관과 공무원의 자녀에 대해서만 실제 취득점수에 20%의 가산점을 부여하여 합격사정을 함으로써 실제 취득점수에 의하면 합격할 수 있었던 응시자들에 대하여 한 불합격처분은 위법하다.

④ **플라스틱제품의 수입업자가 부담하는 폐기물부담금의 산출기준**을 제조업자와 달리 그 수입가만을 기준으로 한 것은 수입업자를 제조업자에 비하여 과도하게 차등을 둔 것으로서 **합리적 이유없는 차별**에 해당한다.(대판 2008.11.20. 2007두8287전합)

⑤ 조례안이 **지방의회의 감사 또는 조사를 위하여 출석요구를 받은 증인이 5급 이상 공무원인지 여부, 기관의 대표나 임원인지 여부 등 증인의 사회적 신분에 따라 미리부터 과태료의 액수에 차등을 두고 있는 경우**, 그와 같은 차별은 증인의 불출석이나 증언거부에 대하여 과태료를 부과하는 목적에 비추어 볼 때 그 합리성을 인정할 수 없고, 지위의 높고 낮음만을 기준으로 한 부당한 차별대우라고 할 것이어서 **헌법에 규정된 평등원칙에 위배되어 무효**이다.(대판 1997.2.25. 96추213)

⑥ **국공립사범대학 등 출신자를 교육공무원인 국공립학교 교사로 우선하여 채용하도록 규정한 교육공무원법 제11조 제1항**은 사립사범대학 졸업자와 일반대학의 교직과정이수자가 교육공무원으로 채용될 수 있는 기회를 제한·박탈하게 되어 결국 **교육공무원이 되고자 하는 자를 그 출신학교의 설립주체나 학과에 따라 차별하는 결과가 되는 바, 이러한 차별은 이를 정당화할 합리적인 근거가 없으므로 헌법상 평등원칙에 어긋난다.**(헌재결 1990.10.8. 89헌마89)

⑦ **개인택시운송사업면허의 우선순위기준**으로 무사고운전등의 성실의무를 반드시 동일 회사에서 이행하였을 것을 정하고 있는 지방자치단체의 개인택시운송사업면허사무처리규정은 **평등원칙에 반하고 직장선택의 자유를 침해하는 것으로서 재량권의 한계를 일탈**하였다.(대판 2007.2.8. 2006두13886)

⑧ 갑이 국립대학인 을 대학과 시간강사를 전업과 비전업으로 구분하여 시간당 강의료를 차등지급하는 내용의 근로계약을 체결하고 자신이 전업강사에 해당한다고 고지함에 따라 전업 시간강사 단가를 기준으로 3월분 강의료를 지급받았는데, 국민연금공단으로부터 '갑이 부동산임대사업자로서 별도의 수입이 있는 사람에 해당한다'는 사실을 통보받은 을 대학 총장이 이미 지급한 3월분 강사료 중 비전업 시간강사료와의 차액 반환을 통보하고, 4월분과 5월분의 비전업 시간강사료를 지급한 사안에서, 을 대학 총장이 시간강사를 전업과 비전업으로 구분하여 시간당 강의료를 차등지급하는

것이 부당한 차별적 대우에 해당하지 않는다고 본 원심판단에 법리를 오해한 잘못이 있다고 한 사례(대판 2015두46321)

⑨ 등기의 형식만을 근거로 다가구주택과 다세대주택의 소유자들 사이에 국민주택등의 특별공급과 관련하여 차이를 두는 것은 합리적인 차별로 보기 어려운 점등에 비추어 보면, 실질에 있어 다세대주택과 다가구주택 소유자들 각자에게 국민주택 특별분양권의 부여 신청을 거부한 처분은 재량권이 범위를 벗어난 것으로서 위법하다.(대판 2007.11.29. 2006두8495)

⑩ 공무원인 피징계자에게 징계사유가 있어서 징계처분을 하는 경우 어떠한 처분을 할 것인가는 징계권자의 재량에 맡겨진 것이지만, 그 징계권의 행사가 일반적으로 징계사유로 삼은 비행의 정도에 비하여 균형을 잃은 과중한 징계처분을 선택함으로써 비례의 원칙에 위반하거나 또는 합리적인 사유 없이 같은 정도의 비행에 대하여 일반적으로 적용하여 온 기준과 어긋나게 공평을 잃은 징계처분을 선택함으로써 평등의 원칙에 위반한 경우에 이러한 징계처분은 재량권의 한계를 벗어난 처분으로서 위법하다 할 것이다.(대판 2012.5.24. 2011두19727)

2. 평등원칙에 반하지 않는다고 판시한 사례

① 일반직 직원의 정년을 58세로 규정하면서 전화교환직력 직원만은 정년을 53세로 규정하여 **5년간의 정년차등을 둔 것은 사회통념상 합리성이 있다.**(대판 1996.8.23. 94누13589)

② 구 집회 및 시위에 관한 법률 제19조 제2항이 미신고 옥외집회 주최자와 미신고 시위 주최자를 함께 규율하면서 그 법정형을 같게 정하고 있다고 하더라도, 이것이 평등원칙에 위배된다고 할 수 없다.(헌재결 2009.5.28. 2007헌바22)

③ "**인천광역시 공항고속도로 통행료지원 조례안**"은 그 내용이 **현저하게 합리성을 결여하여 자의적인 기준을 설정한 것이라고 볼 수 없으므로 헌법의 평등원칙에 위배된다고 할 수 없고**, 구 지방자치법 제13조 제1항등에도 위배되지 않는다.(대판 2008.6.12. 2007추42)

> **비교판례** 원주혁신도시 및 기업도시 편입지역 주민지원 조례안 사건(대판 2009.10.15. 2008추32)
>
> 국가나 지방자치단체가 국민이나 주민을 수혜대상자로 하여 재정적 지원을 하는 정책을 실행하는 경우 그 정책은 재정상태에 따라 영향을 받을 수 밖에 없다고 할 것인바, 국가나 지방자치단체가 합리적인 기준에 따라 능력이 허용하는 범위 내에서 법적 가치의 상향적 구현을 위한 제도의 단계적인 개선을 추진할 수 있는 길을 선택할 수 없다면, 모든 사항과 계층을 대상으로 하여 동시에 제도의 개선을 추진하는 예외적인 경우를 제외하고는 어떠한 제도의 개선도 그 시행이 불가능하다는 결과에 이르게 되어 불합리할 뿐만 아니라 평등의 원칙이 실현하고자 하는 가치에도 어긋난다. **따라서 '원주 혁신도시 및 기업도시 편입지역 주민지원조례안'이 원주시내에 건설되는 혁신도시, 기업도시의주민등에게만 일정한 지원을 하도록 하고 있더라도 그것만으로는 위 조례안이 평등원칙을 위반하고 있다고 보기는 어렵다.**

④ 학습지 채택료를 수수하고 담당경찰관에게 수사무마비를 전달하려고 한 비위를 저지른 사립중학교 교사들 중 **잘못을 시인한 교사들은 정직 또는 감봉에, 잘못을 저지르지 아니한 교사들은 파면에 처한 것이 그 직무의 특성등에 비추어 재량권의 범위를 일탈·남용한 것이 아니다.**(대판 1999.8.20. 99두2611)
⑤ LPG는 석유에 비추어 화재 및 폭발의 위험성이 훨씬 커서 주택 및 근린생활시설이 들어설 지역에 LPG충전소의 설치금지는 불가피하다 할 것이고 석유와 LPG의 위와 같은 차이를 고려하여 연구단지 내 녹지구역에 LPG충전소의 설치를 금지한 것은 위와 같은 합리적 이유에 근거한 것이므로 이 사건 시행령 규정이 평등원칙에 위배된다고 볼 수 없다.(헌재결 2004.7.15. 2001헌마646)
⑥ **지방자치단체가 유서깊은 천주교 성당일대를 문화관광지로 조성**하기 위하여 상급단체로부터 문화관광지조성계획을 승인받은 후 사업부지 내 토지등을 수용재결 한 사안에서, **문화관광지조성계획승인과 그에 따른 토지 등 수용재결은 헌법의 정교분리원칙이나 평등권에 위배되지 않는다.**(대판 2009.5.28. 2008두16933)
⑦ 구 도로법 시행령 제42조 제1항 별표 2에서 도로점용료 산정의 기준토지를 도로점용 부분과 닿아있는 토지로 규정한 것이 도로점용자의 재산권을 침해하거나 평등원칙에 위배되지 않는다.(대판 2013.10.11. 2012두10833)
⑧ **사법시험 제2차시험에 과락제도를 적용하고 있는 구 사법시험령 제15조 제2항은 비례의 원칙, 과잉금지의 원칙 및 평등원칙에 위배되지 않는다.**(대판 2007.1.11. 2004두10432)
⑨ 대부계약등을 맺지 않고 국유잡종재산을 무단점유한 사람에게 통상 대부료의 20%를 할증한 변상금을 부과하도록 정한 국유재산법 제51조 제1항이 헌법상의 평등권과 재산권을 침해하지 아니한다.(대판 2008.5.15. 2005두11463)
⑩ 대략 같은 정도의 비위를 저지른 자들에 대하여 그 구체적인 직무의 특성, 금전 수수의 경우에는 그 액수와 횟수, 의도적·적극적 행위인지 여부, 개전의 정이 있는지 여부 등에 따라 징계의 종류의 선택과 양정에 있어서 차별적으로 취급하는 것은 사안의 성질에 따른 합리적 차별로서 이를 자의적 취급이라고 할 수 없어 평등의 원칙 내지 형평에 반하지 아니한다.(대판 2012. 5.24. 2011두19727)
⑪ 근로자의 소득액은 그의 월보수에 의하여 쉽게 파악되는 데 비하여 사용자는 자영업자로서 그의 소득을 정확히 파악할 수 있는 사회적, 제도적 장치가 마련되어 있지 않기 때문에 근로자를 고용하여 소득을 창출하는 사용자와 그 사용자에게 고용되어 임금을 수령하는 근로자 사잉에서 실질적으로 불평등이 발생할 우려가 있다는 점 등을 고려한 것이므로, 당해 규정이 헌법상 평등원칙을 위반하였거나 또는 재산권의 본질적인 내용을 침해하였다고 할 수 없다.(대판 2005두15472)
⑫ 의료보험법 제49조 제3항의 규정이 헌법상의 법률유보원칙이나 포괄위임금지원칙에 반한다고 할 수 없고, 지역의료보험조합 정관에서 피보험자의 생활수준별로 구분한

등급에 따라 소득금액을 차등 규정한 것은 헌법상의 평등원칙이나 사회보장원리 등에 합치된다.(대판 2001.1.30. 99두11431)

⑬ 주류·청량음료 제조업자 등 지하수를 사용하는 다른 경우와 달리 먹는 샘물 제조업자에 대해서만 수질개선 부담금을 부과하는 것은, 먹는 샘물의 이용이 일반화될 경우 먹는샘물용 지하수 개발 및 취수가 기하급수적으로 증가되어 그만큼 지하수자원의 고갈 및 오염의 우려가 높아진다는 점 등 여러 가지 사정을 종합적으로 고려할 때 합리적 이유가 있다고 할 것이어서 평등원칙에 위배되지 아니한다.(헌재결 1998.12.24. 98헌가1)

⑭ 소유자와 세입자는 생활의 근거의 상실 정도에 있어서 차이가 있는 점, 세입자에 대해서 주거이전비와 이사비가 보상되고 있는 점을 고려할 때, 입법자가 이주대책 대상자에서 세입자를 제외하고 있는 이 사건 조항을 불합리한 차별로서 세입자의 평등권을 침해하는 것이라고 볼 수는 없다.(헌재결 2006.2.23. 2004헌마19)

Ⅳ 행정의 자기구속의 법리

1. 자기구속의 법리 인정여부

대법원과 헌법재판소 판례 모두 인정하고 있다.

① 헌법재판소 판례
행정규칙이 법령의 규정에 의하여 행정관청에 법령의 구체적 내용을 보충할 권한을 부여한 경우 또는 **재량권 행사의 준칙인 행정규칙이 규정한 바에 따라 되풀이 시행되어 행정관행이 이룩되게 되면, 평등원칙이나 신뢰보호원칙에 따라** 행정기관이 그 상대방에 대한 관계에서 **그 규칙에 따라야 할 자기구속을 당하게 되고 그러한 경우에는 대외적인 구속력을 가지게 된다**고 할 것이다.(헌재결 1990.9.3. 90헌마13)

② 대법원 판례
행정규칙이 그 정한 바에 따라 되풀이 시행되어 행정관행이 이루어지게 되면 평등원칙이나 신뢰보호원칙에 따라 행정기관은 그 상대방에 대한 관계에서 그 규칙에 따라야 할 자기구속을 받게 되므로, 이러한 경우에는 특별한 사정이 없는 한 **그를 위반하는 처분은 평등원칙이나 신뢰보호원칙에 위배되어 재량권을 일탈·남용한 위법한 처분**이 된다.(대판 2009.12.24. 2009두7967)

2. 선례의 적법성 여부(불법의 평등대우)

행정의 자기구속의 법리가 인정된다고 하더라도 불법에서의 평등대우는 인정되지 아니한다.
위법한 행정처분이 수차례에 걸쳐 **반복적으로 행하여졌다 하더라도** 그러한 처분이 위법한 것인 때에는 행정청에 대하여 **자기구속력을 갖게 된다고 할 수 없다**.(대판 2009.6. 25. 2008두13132)

Ⅴ 신뢰보호의 원칙

1. 신뢰보호원칙의 이론적 근거

신의칙설	• 신뢰보호원칙의 근거를 사법상의 신의성실의 원칙에서 찾는 견해이며, 과거 독일의 입장이기도 하다. • '과부보조금청구에 관한 미망인사건'
법적안정성설	• 법치주의의 원리는 법률적합성의 원칙과 법적 안정성의 원칙으로 구성되는바, 후자에서 신뢰보호원칙의 근거를 두는 견해로서 오늘날 우리 다수설의 입장이다.
사회국가설	• 사회적 약자의 신뢰의 보호필요성에 기초하여 사회국가원리에 근거가 있다는 입장
독자성설	• 헌법과는 관계없이 신뢰보호를 독자적인 법사상으로서 보충법원칙으로 보는 견해

현재 판례의 입장은 법적 안정성설을 취하고 있다.

어떤 법령이 장래에도 그대로 존속할 것이라는 합리적이고 정당한 신뢰를 바탕으로 국민이 그 법령에 상응하는 구체적 행위로 나아가 일정한 법적 지위나 생활관계를 형성하여 왔음에도 **국가가 이를 전혀 보호하지 않는다면 법질서에 대한 국민의 신뢰는 무너지고 현재의 행위에 대한 장래의 법적 효과를 예견할 수 없게 되어 법적안정성이 크게 저해되기 때문**이다.(대판 2005두4649)

2. 신뢰보호원칙의 성립요건

(1) 신뢰보호원칙이 성립되기 위한 일반적인 요건

> **관련판례** 신뢰보호원칙의 성립요건
>
> 일반적으로 행정상의 법률관계에 있어서 행정청의 행위에 대하여 신뢰보호원칙이 적용되기 위하여는, 첫째 행정청이 개인에 대하여 신뢰의 대상이 되는 공적인 견해표명을 하여야 하고, 둘째 행정청의 견해표명이 정당하다고 신뢰한 데에 대하여 그 개인에게 귀책사유가 없어야 하며, 셋째 그 개인이 그 견해표명을 신뢰하고 이에 어떠한 행위를 하였어야 하고, 넷째 행정청이 위 견해표명에 반하는 처분을 함으로써 그 견해표명을 신뢰한 개인의 이익이 침해되는 결과가 초래되어야 하고, 어떠한 행정처분이 이러한 요건을 충족할 때에는, 공익 또는 제3자의 정당한 이익을 해할 우려가 있는 경우가 아닌 한 신뢰보호의 원칙에 반하는 행위로서 위법하게 된다.(대판 2005두3165)

(2) 행정청의 공적 견해표명

⑴ 행정청 : 실질설에 의하여 판단

> **관련판례** **실질설에 입각한 판례**
>
> ① 공적 견해표명이 있었는지의 여부에 관한 판단기준은 행정청의 공적 견해표명이 있었는지의 여부를 판단하는데 있어서는 담당자의 조직상의 지위와 임무, 당해 언동을 하게 된 구체적인 경위 및 그에 대한 상대방의 신뢰가능성등에 비추어 실질에 의하여 판단하여야 한다.(대판 2005두9644)
> ② 구청장의 지시에 따른 총무과 소속직원의 대체취득으로 인한 취득세면제약속에 대한 신뢰보호원칙인정사례 (대판 94누12159)

⑵ 공적견해표명
① 공적견해표명의 방법
   ㉠ 국세기본법 제18조 제3항에 규정된 **비과세관행이 성립하려면, 상당한 기간에 걸쳐 과세를 하지 아니한 객관적 사실이 존재할 뿐만 아니라, 과세관청 자신이 그 사항에 관하여 과세할 수 있음을 알면서도 어떤 특별한 사정 때문에 과세하지 않는다는 의사가 있어야 하며, 위와 같은 공적견해나 의사는 명시적 또는 묵시적으로 표시되어야 하지만 묵시적 표시가 있다고 하기 위하여는 단순한 과세누락과는 달리 과세관청이 상당기간의 비과세상태에 대하여 과세하지 않겠다는 의사표시를 한 것으로 볼 수 있는 사정**이 있어야 한다.(대판 2003.9.5. 2001두7855)
   ㉡ 과세관청이 **과거의 언동을 시정하여 장래에 향하여 처분하는 것은 신의성실의 원칙이나 소급과세금지원칙에 위반되지 않으므로, 비과세관행이 성립하였다고 하더라도 장래에 향한 과세처분은 할 수 있다.**(대판 2009.12.24. 2008두15350)
   ㉢ 일단 성립한 비과세관행이 소멸하였다고 하기 위해서는 종전의 비과세관행을 시정하여 앞으로 당해 과세물건에 대하여 과세하겠다는 과세관청의 확정적인 **의사가 명시적으로** 표시되어야 하며, 그러한 의사표시는 반드시 전체 과세관청에 의하여 이루어지거나 처분, 결정과 같이 **구체적인 행정작용을 통하여 이루어질 필요는 없지만, 적어도 공적 견해의 표명으로서 그로 인하여 납세자가 더 이상 종전의 비과세관행을 신뢰하는 것이 무리라고 여겨질 정도에 이르러야** 한다.(대판 2011.5.23. 2008두18250)

② 공적견해표명을 인정한 사례

관련판례 공적 견해표명을 인정한 사례

A. 과세처분 관련
  ⓐ 보세운송 면허세의 부과근거이던 지방세법 시행령이 1973.10.1.에 제정되었다가 1977.9.20.에 폐지될 때까지 4년 동안에 그 면허세를 부과할 수 있는 점을 알면서도 피고가 수출확대라는 공익상 필요에서 한건도 이를 부과한 일이 없었다면 납세자인 원고로서도 그것을 믿을 수 밖에 없고 그로써 비과세관행이 이루어졌다고 보아도 무방하다.(대판 1980.6.10. 80누6)
  ⓑ **세무서직원들이 골절치료기구의 수입판매업자인 원고들에게 명시적으로 위 물품이 부가가치세면제대상이라는 세무지도를 하였고**, 원고들로서는 위와 같은 세무지도를 믿고 그 이후의 국내거래에 있어서 부가가치세를 대행징수하지 아니하였으며, 그와 같이 믿게 된 데에 원고들에게 어떤 귀책사유가 있다고 볼 수 없다면, 이 사건 부가가치세 면세여부에 대한 과세관청의 공적인 견해표명이 있었다고 보아야 할 것이다.(대판 1990.10.10. 88누5280)
  ⓒ **보건사회부장관이 "의료취약지 병원설립자 신청공고"를 하면서 국세 및 지방세를 비과세하겠다고 발표**하였고, 그 후 내무부장관(현 안전행정부장관)이나 시도지사가 도 또는 시군에 대하여 지방세감면조례 제정을 지시하여 그 조례에 대한 승인의 의사를 미리 표명하였다면, **보건사회부장관에 의하여 이루어진 위 비과세의 견해표명은 당해 과세관청의 그것과 마찬가지로 볼 여지가 충분**하다고 할 것이고, 또한 납세자로서는 위와 같은 정부의 일정한 절차를 거친 공고에 대하여서는 보다 고도의 신뢰를 갖는 것이 일반적이다.(대판 1996.1.23. 95누13746)
  ⓓ 사업소세 도입 이래 20년 이상 간호전문대학의 운영자가 경영하는 병원에 대하여 사업소세를 부과하지 않으면서, 장기간 동안 인근 다른 과세관청의 유사 사례에 대한 사업소세 과세 시도를 보면서도 같은 조치를 취하지 않은 채 그 이의신청 절차나 심사청구 절차에서 사업소세의 부과처분이 취소된 취지에 부응하여 비과세조치를 계속 유지한 경우, 그 운영자의 교육적인 역할 등을 고려하여 묵시적으로 사업소세 비과세의 의사를 표시한 것으로 볼 수 있으므로, 국세기본법 제18조 제3항에서 정한 '비과세관행'이 성립하였다고 볼 수 있다고 한 사례(대판 2009.12.24. 선고 2008두15350)
  ⓔ **외교부 소속 전·현직 공무원을 회원으로 하는 비영리 사단법인인 甲 법인이 재외공무원 자녀들을 위한 기숙사 건물을 신축하면서, 甲 법인과 외무부장관이 과세관청과 내무부장관에게 취득세 등 지방세 면제 의견을 제출하자, 내무부장관이 '甲 법인이 학술연구단체와 장학단체이고 甲 법인이 직접 사용하기 위하여 취득하는 부동산이라면 취득세가 면제된다'고 회신하였고, 이에 과세관청은 약 19년 동안 甲 법인에 대하여 기숙사 건물 등 부동산과 관련한 취득세·재산세 등을 전혀 부과하지 않았는데, 그 후 과세관청이 위 부동산이 학술연구단체가 고유업무에 직접 사용하는 부동산에 해당하지 않는다는 등의 이유로 재산세 등의 부과처분을 한 사안**에서, 과세관청과 내무부장관이 甲 법인에 '甲 법인이 재산세 등이 면제되는 학술연구단체·장학단체에 해당하고, 위 부동산이 甲 법인이 고유업무에 직접 사용하는 부동산에 해당하여 재산세 등이 과세되지 아니한다'는 공적 견해를 명시적 또는 묵시적으로 표명하였으며, 甲 법인은 고유업무에 사용하는 부동산에 대하여는 재산세 등이 면제된다는 과세관청과 내무부장관 등의 공적인 견해표명을 신뢰하여 위 부동산을 취득하여 사용해 왔고, 甲 법인이 위 견해표명을 신뢰한 데에 어떠한 귀책사유가 있다고 볼 수 없으므로, **위 처분은 신의성실의 원칙에 반하는 것으로서 위법하다고 본 원심판단을 수긍**한 사례(대판 2019. 1. 17. 선고 2018두42559)

B. 행정계획 관련
  ⓐ **시의 도시계획과장과 도시계획국장이 도시계획사업의 준공과 동시에 사업부지에 편입한 토지에 대한 완충녹지 지정을 해제함과 아울러 당초의 토지소유자들에게 환매하겠다는 했음**에도, 이를 믿고 토지를 협의매매한 **토지소유자의 완충녹지지정해제신청을 거부한 것은 신뢰보호의 원칙에 위반**된다.(대판 2008. 10.9. 2008두6127)

ⓑ 폐기물처리업에 관하여 사전에 적정통보를 받고 허가요건을 갖추어 허가신청을 하였음에도 불구하고 청소업자 난립 등 공익을 이유로 불허가처분을 한 것은 신뢰보호원칙에 반한다.(대판 98두4061)

C. 기타 공적 견해표명 인정사례
  ⓐ 토지거래계약의 허가를 통하여서나 그 과정에서 그 소속공무원들을 통하여 <u>원고에 대하여 종교회관 건축을 위한 이 사건 토지의 형질변경이 가능하다는 공적 견해표명을 한 것이라고 볼 여지가 많다.</u>(대판 1997.9.12. 96누18380)
  ⓑ <u>대통령이 담화를 발표하고 이에 따라 국방부장관이 삼청교육 관련 피해자들에게 그 피해를 보상하겠다고 공고하고 피해신고까지 받은 것은, 대통령이 정부의 수반인 지위에서 피해자들인 국민에 대하여 향후 입법조치등을 통하여 그 피해를 보상해주겠다고 구체적 사안에 관하여 종국적으로 약속한 것으로서</u>, 거기에 채무의 승인이나 시효이익의 포기와 같은 사법상의 효과는 없더라도 그 상대방은 약속이 이행될 것에 대한 <u>강한 신뢰를 가지게 된다.</u>(대판 2001.7.10. 98다38364)

③ 공적 견해표명을 부정한 사례

관련판례 공적 견해표명을 부정한 사례

A. 일반적인 견해표명
  ⓐ 추상적 질의에 대한 일반적 견해표명은 공적견해의 표명으로 볼 수 없다.(대판 2000.2.11. 98두2119)
  ⓑ 병무청 담당부서의 담당공무원에게 공적 견해표명을 구하는 정식의 서면질의등을 하지 아니한 채 <u>총무과 민원팀장에 불과한 공무원이 민원봉사차원에서 상담에 응하여 안내한 것을 신뢰한 경우, 신뢰보호원칙이 적용되지 아니한다.</u>(대판 2003.12.26. 2003두1875)
  ⓒ <u>납세의무자가 인터넷 국세종합상담센터의 답변에 따라 세액을 과소신고·납부한 경우,</u> 그 답변은 과세관청의 공식적인 견해표명이 아니라 <u>상담직원의 단순한 상담에 불과하므로,</u> 납세의무자에게 신고·납세의무의 위반을 탓할 수 없는 정당한 사유가 있다고 보기 어렵다.(대판 2009.4.23. 2007두3107)
  ⓓ 고등훈련기 양산참여권의 포기대가와 관련하여 <u>국내에서 세금이 면제될 수 있도록 협조를 구하는 국방부장관의 질의에 대하여 답변한 재정경제부장관의 검토의견</u>은, 외국법인의 국내원천소득에 대한 재정경제부장관의 <u>일반론적인 견해표명에 불과하므로</u> 그에 대하여 신의성실의 원칙이 적용된다고 할 수 없다.(대판 2010.4.29. 2007두19447)
  ⓔ 甲 주식회사가 교육환경보호구역에 해당하는 사업부지에 콘도미니엄을 신축하기 위하여 교육환경평가승인신청을 한 데 대하여, 관할 교육지원청 교육장이 甲 회사에 '관광진흥법 제3조 제1항 제2호 (나)목에 따른 휴양 콘도미니엄업이 교육환경 보호에 관한 법률에 따른 금지행위 및 시설로 규정되어 있지는 않으나 성매매 등에 대한 우려를 제기하는 민원에 대한 구체적인 예방대책을 제시하시기 바람'이라고 기재된 보완요청서를 보낸 후 교육감으로부터 '콘도미니엄업에 관하여 교육환경보호구역에서 금지되는 행위 및 시설에 관한 교육환경 보호에 관한 법률 제9조 제27호를 적용하라'는 취지의 행정지침을 통보받고 甲 회사에 교육환경평가승인신청을 반려하는 처분을 한 사안에서, 위 처분은 신뢰의 대상이 되는 교육장의 공적 견해표명이 있었다고 보기 어렵고, 교육장의 교육환경평가승인이 공익 또는 제3자의 정당한 이익을 현저히 해할 우려가 있는 경우에 해당하므로 신뢰보호원칙에 반하지 않는다고 한 사례(대판 2019두52799)

B. 행정계획 관련
  ⓐ 당초 정구장 시설을 설치한다는 도시계획결정을 하였다가 정구장 대신 청소년수련시설을 설치한다는 도시계획변경결정 및 지적승인을 받은 경우, <u>당초의 도시계획결정만으로는 도시계획사업의 시행자 지정을 받게 된다는 공적인 견해를 표명하였다고 할 수 없다.</u>(대판 2000.11.10. 2000두727)

ⓑ 행정청이 용도지역을 자연녹지지역으로 지정결정하였다가 그보다 규제가 엄한 보전녹지지역으로 지정결정하는 내용으로 도시계획을 변경한 경우, 행정청이 용도지역을 자연녹지지역으로 결정한 것만으로는 그 결정 후 그 토지의 소유권을 취득한 자에게 용도지역을 종래와 같이 자연녹지지역으로 유지하거나 보전녹지지역으로 변경하지 않겠다는 취지의 공적인 견해표명을 한 것이라고 볼 수 없고, 토지소유자가 당해 토지 지상에 물류창고를 건축하기 위한 준비행위를 하였더라도 그와 같은 사정만으로는 용도지역을 자연녹지지역에서 보전녹지지역으로 변경하는 내용의 도시계획변경결정이 행정청의 공적인 견해표명에 반하는 처분을 함으로써 그 견해표명을 신뢰한 개인의 이익이 침해되는 결과가 초래된 것이라고도 볼 수 없다는 등의 이유로, 신뢰보호의 원칙이 적용되지 않는다고 본 원심의 판단을 수긍한 사례(대판 2005.03.10. 선고 2002두5474)

ⓒ 폐기물관리법령에 의한 폐기물처리업사업계획에 대한 적정통보와 국토이용관리법령에 의한 국토이용계획변경은 각기 그 제도적 취지와 결정단계에서 고려해야 할 사항들이 다르다는 이유로, **폐기물처리사업계획에 대하여 적정통보를 한 것만으로는 그 사업부지 토지에 대한 국토이용계획변경신청을 승인하여 주겠다는 취지의 공적인 견해표명을 한 것으로 볼 수 없다.**(대판 2005.4.28. 2004두8828)

ⓓ **행정청이 지구단위계획을 수립하면서 그 권장용도를 판매·위락·숙박시설로 결정하여 고시한 행위를 당해 지구 내에서는 공익과 무관하게 언제든지 숙박시설에 대한 건축허가가 가능하리라는 공적 견해를 표명한 것이라고 평가할 수는 없다.**(대판 2005.11.25. 2004두6822)

ⓔ 관광숙박시설지원등에 관한 특별법의 유효기간인 2002년 12월 31일 이전까지 사업계획승인신청을 한 경우에는 **유효기간이 경과한 이후에도 특별법을 적용할 수 있다는 내용의 회신은 문화관광부장관이 지방자치단체장에게 한 것**이어서 **이를 원고에 대한 공적인 견해표명으로 보기 어렵다.**(대판 2006.4.28 2005두6539)

C. 예정
ⓐ 재정경제부가 보도자료를 통해 '법인세법 시행규칙을 개정하여 법제처의 심의를 거쳐 6월말경 공포·시행할 예정'이라고 밝힌 것만으로 위 시행규칙을 시기적으로 반드시 6월말경까지 공포·시행하겠다는 내용의 공적 견해를 표명한 것으로 보기 어렵고~ (대판 2002.11.26. 2001두910)

ⓑ 다원적 의견이나 각가지 이익을 반영시킨 토론과정을 거쳐 다수결의 원리에 따라 통일적인 국가의사를 형성하는 **국회에서 일정한 법률안을 심의하거나 의결한 적이 있다고 하더라도, 그것이 법률로 확정되지 아니한 이상 국가가 이해관계자들에게 위 법률안에 관련된 사항을 약속하였다고 볼 수 없으며,** 이러한 사정만으로 어떠한 신뢰를 보호하였다고 볼 수도 없다.(대판 2008.5.29. 2004다33469)

ⓒ 정책의 주무 부처인 중앙행정기관이 그 소관사항에 대하여 입안한 법령안은 법제처 심사등의 절차를 거쳐 공포함으로써 확정되므로, 법령이 확정되기 이전에는 법적 효과가 발생할 수 없다. 따라서 **입법예고를 통해 법령안의 내용을 국민에게 예고한 적이 있다고 하더라도 그것이 법령으로 확정되지 아니한 이상 국가가 이해관계자들에게 위 법령안에 관련된 사항을 약속하였다고 볼 수 없으며,** 이러한 사정만으로 어떠한 신뢰를 부여하였다고 볼 수도 없다.(대판 2017다249769)

D. 기타 공적견해표명을 부정한 사례
ⓐ 과세관청의 공적인 견해표명은 원칙적으로 일정한 책임있는 지위에 있는 세무공무원에 의하여 이루어짐을 요하므로, **국가기관인 울산지방해운항만청장이 도세인 지역개발세의 과세관청이나 그 상급관청과 아무런 상의없이 이를 면제한다는 취지의 공적인 견해를 표명하였다고 하더라도 이로써 지역개발세 면제에 관한 과세관청의 견해표명이 있었다거나, 그와 마찬가지로 볼 수는 없다.**(대판 1997.11.28. 96두11495)

ⓑ **헌법재판소의 위헌결정은 행정청이 개인에 대하여 신뢰의 대상이 되는 공적인 견해를 표명한 것이라고 할 수 없으므로**, 그 결정에 관련한 개인의 행위에 대하여는 신뢰보호의 원칙이 적용되지 아니한다.(대판 2003.6.27. 2002두6965)

ⓒ 조세법령의 규정 내용 및 행정규칙 자체는 과세관청의 공적 견해표명에 해당하지 않는다.(대판 2003. 9. 5. 2001두403)
ⓓ 개발이익환수에 관한 법률에 정한 개발사업을 시행하기 전에, **행정청이 토지지상에 예식장등을 건축하는 것이 관계법령상 가능한지 여부를 질의하는 민원예비심사에 대하여 관련부서의견으로 개발이익환수에 관한 법률에 "저촉사항없음"이라고 기재**하였더라도, 이후의 개발부담금 부과처분에 관하여 신뢰보호의 원칙을 적용하기 위한 요건인, **개인에 대하여 신뢰의 대상이 되는 공적인 견해표명을 한 것이라고는 보기 어렵다.**(대판 2006. 6. 9. 2004두46)
ⓔ **행정청 내부의 사무처리준칙에 해당하는 지침의 공표**만으로는 지침에 명시된 요건을 충족할 경우 사업자로 선정되어 벼 매입자금 지원등의 혜택을 받을 수 있다는 **보호가치 있는 신뢰를 가지게 되었다고 보기도 어렵다.**(대판 2009. 12. 24. 2009두7967)
ⓕ 조세법률관계에서 신의성실의 원칙이 적용되기 위한 과세관청의 공적인 견해표명은 당해 언동을 하게 된 경위와 그에 대한 납세자의 신뢰가능성에 비추어 실질에 의하여 판단하여야 하나, **납세자가 수입신고 시 또는 그 사후에 협정관세 적용을 신청하여 세관장이 형식적 심사만으로 수리한 것을 두고 그에 대해 과세하지 않겠다는 공적인 견해표명이 있었다고 보기 어렵다.**(대판 2017두63726)

④ 입증책임
㉠ 과세요건사실의 입증책임 : 과세권자(대판 2009두5022)
㉡ 과세관청의 공적 견해표명이 있었다는 사실 : 납세자(대판 91누9824)
㉢ 비과세에 관하여 납세자에게 받아들여진 국세행정의 관행의 존재 : 납세자(대판 2011두5940)

(3) **보호가치있는 신뢰**
㈎ 보호가치 유무에 관한 판단기준
① 관계인의 귀책사유가 없을 것
② 소극적으로 알지 못한 것도 귀책사유 ○ : 행정청의 공적인 견해표명의 하자가 상대방의 적극적인 사실은폐나 사위에 의한 것에 국한되지 않고, 소극적으로 행정청의 공적인 견해표명에 하자가 있음을 알았거나 중과실로 알지 못한 경우도 포함된다.(대판 2006두10931)
㈏ 관계인의 범위 : 관계자 모두를 기준으로 판단(대판 2001두1512)

> **관련판례** 관계인의 범위
> 귀책사유라 함은 행정청의 견해표명의 하자가 상대방 등 관계자의 사실은폐나 기타 사위의 방법에 의한 신청행위등 부정행위에 기인한 것이거나, 그러한 부정행위가 없다고 하더라도 하자가 있음을 알았거나 중대한 과실로 알지 못한 경우 등을 의미한다고 해석함이 상당하고, 귀책사유의 유무는 상대방과 그로부터 신청행위를 위임받은 수임인 등 관계자 모두를 기준으로 판단해야 한다.(대판 2001두1512)

㈐ 보호가치 인정여부에 관련된 판례

> **관련판례** 보호가치의 인정여부
>
> ① <u>허위의 무사고증명을 제출하여 사위의 방법으로 면허를 받은 사람은</u> <u>그 이익이 위법하게 취득되었음을 알고 있어 그 취소가능성도 예상하고 있었을 것이므로</u> 그 자신이 위 행정행위에 대한 신뢰이익을 원용할 수 없음은 물론 행정청이 이를 고려하지 아니하였다 하더라도 재량권의 남용이 논의될 여지가 없다고 봄이 신의칙과 공평의 원칙에 합당하다.(대판 1986.8.19. 85누291)
> ② 충전소설치 예정지로부터 100m 내에 있는 <u>건물주의 동의를 모두 얻지 아니하였음에도 불구하고 이를 갖춘 양 허가신청을 하여 그 허가를 받아낸 것은 처분의 하자가 당사자의 사실은폐 내지 허위의 방법에 의한 신청행위에 기인한 것</u>이라 할 것이어서 <u>그 처분에 의한 이익이 위법하게 취득되었음을 알아 그 취소가능성도 능히 예상하고 있었다고 보아야 할 것이므로</u> 수익적 행정행위인 액화석유가스충전사업허가처분의 취소에 위법이 없다.(대판 1992.5.8. 91누13274)
> ③ 대판 1996.10.25. 선고 95누14190[옥외광고물설치허가취소처분등취소]
>   ㉠ 행정처분에 하자가 있음을 이유로 처분청이 이를 취소하는 경우에도 그 처분이 국민에게 권리나 이익을 부여하는 수익적 처분인 때에는 그 처분을 취소하여야 할 공익상의 필요와 그 취소로 인하여 당사자가 입게 될 불이익을 비교교량한 후 공익상의 필요가 당사자가 입을 불이익을 정당화할 만큼 강한 경우에 한하여 취소할 수 있는 것이지만, 그 <u>처분의 하자가 당사자의 사실은폐나 기타 사위의 방법에 의한 신청행위에 기인한 것이라면 당사자는 그 처분에 의한 이익이 위법하게 취득되었음을 알아 그 취소가능성도 예상하고 있었다고 할 것이므로, 그 자신이 위 처분에 관한 신뢰이익을 원용할 수 없음은 물론 행정청이 이를 고려하지 아니하였다고 하여도 재량권의 남용이 되지 아니한다.</u>
>   ㉡ 집합건물인 사실을 은폐하고 구분소유자의 승낙서류를 첨부하지 아니한 채 옥외광고물표시 허가를 받았다가, 뒤에 행정청으로부터 그 승낙서류의 보완을 지시받고도 제대로 보완하지 아니하여 허가를 취소당하였다면, 수익적 처분의 취소에 관한 재량권 남용이 있다고 할 수 없다고 본 사례
> ④ <u>허위의 고등학교 졸업증명서를 제출하는 사위의 방법</u>에 의한 하사관 지원의 하자를 이유로 하사관 임용일로부터 <u>33년이 경과한 후에 행정청이 행한 하사관 및 준사관임용취소처분은 적법</u>하다.(대판 2002.2.5. 2001두5286)
> ⑤ 수익적 행정처분의 하자가 당사자의 사실은폐 기타 사위의 방법에 의한 신청행위에 기인한 경우 <u>이러한 사실은폐나 기타 사위의 방법에 의한 신청행위가 제3자를 통하여 소극적으로 이루어졌다고 하여도 신뢰보호를 주장할 수 없다.</u>(대판 2008.11.13. 2008두8628)
> ⑥ 구 영유아보육법(2010. 1. 18. 법률 제9932호로 개정되기 전의 것) 제36조 등에서 정한 인건비 지원금은 성질상 넓은 의미의 보조금에 속하는 것이므로, <u>보조금 반환명령, 보육시설 운영정지명령, 보육시설장 자격정지명령 처분의 요건이 되는 '거짓이나 그 밖의 부정한 방법'이란 정상적인 절차에 의하여는 보조금을 지급받을 수 없음에도 위계 기타 사회통념상 부정이라고 인정되는 행위로서 보조금 교부에 관한 의사결정에 영향을 미칠 수 있는 적극적 및 소극적 행위</u>를 뜻하고, 위 각 처분의 성격이나 인건비 지원금의 재원, 지급 목적, 대상 및 요건 등에 비추어 보면 이는 조세범처벌이나 퇴직연금 반환 등에서 문제되는 '사기 기타 부정한 행위'나 '허위 기타 부정한 방법'의 경우와 같이 <u>반드시 적극적인 부정행위가 있어야만 하는 것은 아니다.</u>(대판 2012.12.27. 2011두30182)
> ⑦ 난민신청인이 난민신청과 심사과정에서 성명, 생년월일 등 인적사항에 관하여 거짓 진술을 하였고 그와 같이 거짓진술을 하게 된 경위에 관하여 합리적인 이유를 제시하지 못한다면, 이는 난민신청인의 전체적인 진술의 신빙성을 평가하는데 중대한 영향을 미칠 수 있는 사정에 해당할 수 있다. 그러므로 <u>거짓 진술로 난민신청인의 전체적인 진술의 신빙성이 부정되어 결국 난민인정 요건을 갖추지 못하였다고 인정된다면, 그러한 사정은 구 출입국관리법 제76조의 3에서 정한 난민인정의 취소사유</u>가 된다.(대판 2013두16333)

⑷ 신뢰에 기초한 상대방의 처리

⑸ 인과관계

⑹ 선행조치에 반하는 작용

⑺ 공익 또는 제3자의 정당한 이익을 현저히 해할 우려가 있는 경우가 아닐 것

소관관청이 이 사건 규정을 적용하여 **주유소 건축허가신청을 거부하여야 하는데도 이를 거부하지 아니하고 건축허가를 하였다면** 당해 관청으로서는 장차 그 주유소를 이용한 석유판매업등록신청이 있을 경우, 이를 무조건 받아들이겠다고 하는 견해를 표명하였다고까지 보기는 어렵다 하더라도, 적어도 이 사건 규정, 즉 주유소의 위치가 위 이격거리 요건에 미달한다는 점을 이유로 하여 그 <u>등록을 거부하지는 아니하겠다는 범위안에서 공적인 견해를 표명한 것으로 보아야 할 것</u>. 하지만 피고가 그 공적견해표명에 반하는 이 사건 처분(석유판매사업등록신청불가처분)을 함으로써 **달성하고자 하는 위 보육시설 내 영유아의 심신을 보호하고 건전한 교육을 통하여 건강한 사회성원으로 육성하고자 하는 공익이 원고가 이 사건 처분으로 인하여 입게 되는 이익의 침해를 정당화할 수 있을 정도로 크다고 할 거이어서** 결국, 이 사건처분은 신뢰보호원칙에 위반된다고 할 수 없다.(대판 2008.4.24. 2007두25060)

3. 신뢰보호원칙의 적용영역

⑴ 실권의 법리

> **관련법령** 행정기본법 제12조
> ② 행정청은 권한 행사의 기회가 있음에도 불구하고 장기간 권한을 행사하지 아니하여 국민이 그 권한이 행사되지 아니할 것으로 믿을 만한 정당한 사유가 있는 경우에는 그 권한을 행사해서는 아니 된다. 다만, 공익 또는 제3자의 이익을 현저히 해칠 우려가 있는 경우는 예외로 한다.

① 실권의 법리에 개념을 정립한 판례

실권 또는 실효의 법리는 법의 일반원리인 신의성실의 원칙에 바탕을 둔 파생원칙인 것이므로 공법관계 가운데 관리관계는 물론이고 권력관계에도 적용되어야 함을 배제할 수는 없다 하겠으나 그것은 본래 <u>권리행사의 기회가 있음에도 불구하고 권리자가 장기간에 걸쳐 그의 권리를 행사하지 아니하였기 때문에 의무자인 상대방은 이미 그의 권리를 행사하지 아니할 것으로 믿을만한 정당한 사유가 있게 되거나 행사하지 아니할 것으로 추인케 할 경우에 새삼스럽게 그 권리를 행사하는 것이 신의성실의 원칙에 반하는 결과가 될 때 그 권리행사를 허용하지 않는 것</u>을 의미한다.(대판 1988.4.27. 87누915)

② 행정서사 허가를 받은 때로부터 20년이 다되어 피고가 그 허가를 취소한 것이기는 하나, **피고가 취소사유를 알고서도 장기간 취소권을 행사하지 않는 것이 아니고 취소처분이 있기 바로 전에 취소사유를 알고 이에 대하여 다각도로 연구검토가 행해진 경우**에는 실권의 법리에 저촉되지 않는다.(대판 1988.4.27. 87누915)

③ 택시운전사가 운전면허정지기간 중의 운전행위를 하다가 적발되어 형사처벌을 받았으나 행정청으로부터 아무런 행정조치가 없어 안심하고 계속 운전업무에 종사하고 있던 중 **행정청이 위 위반행위가 있은 이후에 장기간에 걸쳐 아무런 행정조치를 취하지 않은 채 방치하고 있다가 3년여가 지난 후에 이를 이유로 행정제재를 하면서 가장 무거운 운전면허를 취소하는 행정처분을 하였다면 이는 행정청이 그간 별다른 행정조치가 없을 것이라고 믿은 신뢰의 이익과 그 법적 안정성을 빼앗는 것이 된다**.(대판 1987.9.8. 87누373)

④ 교통사고가 일어난 지 1년 10개월이 지난 뒤 교통사고를 일으킨 택시에 대하여 운송사업면허를 취소하였더라도 재량권의 범위를 일탈한 것이라고 보기는 어렵다.(대판 1989.6.27. 88누6283)

(2) **행정계획 : 계획보장청구권 ➡ 신뢰보호 ↓**

(3) **확약 : 신뢰보호 ○**

(4) **수익적 행정행위의 취소·철회의 제한**

(5) **소급효**

① 행정처분은 그 근거 법령이 개정된 경우에도 경과 규정에서 달리 정함이 없는 한 **처분 당시 시행되는 개정 법령과 그에서 정한 기준에 의하는 것이 원칙**이고, 그 개정 법령이 기존의 사실 또는 법률관계를 적용대상으로 하면서 국민의 재산권과 관련하여 종전보다 불리한 법률효과를 규정하고 있는 경우에도 그러한 사실 또는 법률관계가 개정 법률이 시행되기 이전에 이미 완성 또는 종결된 것이 아니라면 이를 헌법상 금지되는 소급입법에 의한 재산권 침해라고 할 수는 없으며, **그러한 개정 법률의 적용과 관련하여서는 개정 전 법령의 존속에 대한 국민의 신뢰가 개정 법령의 적용에 관한 공익상의 요구보다 더 보호가치가 있다고 인정되는 경우에 그러한 국민의 신뢰보호를 보호하기 위하여 그 적용이 제한될 수 있는 여지가 있을 따름**이다.(대판 2000.3.10. 97누13818)

② 개인의 신뢰이익에 대한 보호가치는 ① 법령에 따른 개인의 행위가 국가에 의하여 일정방향으로 유인된 신뢰의 행사인지, ② 아니면 단지 법률이 부여한 기회를 활용한 것으로서 원칙적으로 사적 위험부담의 범위에 속하는 것인지 여부에 따라 달라진다. 만일 법률에 따른 개인의 행위가 단지 법률이 반사적으로 부여하는 기회의 활용

을 넘어서 국가에 의하여 일정 방향으로 유인된 것이라면 특별히 보호가치가 있는 신뢰이익이 인정될 수 있고, 원칙적으로 개인의 신뢰보호가 국가의 법률개정이익에 우선된다고 볼 여지가 있다. (헌재결 2002.11.28. 2002헌바45)

(6) 세무행정

① <u>세무서 직원들의 세무지도를 믿고 부가가치세를 대행징수하지 아니한 골절치료기구의 수입판매업자들에 대한 부가가치세 부과처분은 신의성실의 원칙에 위반</u>한다. (대판 1990.10.10. 88누5280)

② 4년간 위 면허세가 <u>단 한 건도 부과된 적이 없고</u>, 그 주무관청인 <u>관세청장도 수출확대라는 공익상의 필요등에서 관계법조문의 삭제를 건의</u>하였다면, 그로써 위 면허세의 비과세관행이 이루어졌다고 보아야 하고, 과세근거법규가 폐지된 지 1년 3개월이나 지난 뒤에 행한 4년간의 위 면허세의 부과처분은 신의성실의 원칙과 위의 관행을 무시한 위법한 처분이다. (대판 1982.6.8. 81누38)

③ 비록 과세관청이 질의회신등을 통하여 어떤 견해를 표명하였다고 하더라도 <u>그것이 중요한 사실관계와 법적인 쟁점을 제대로 드러내지 아니한 채 질의한 데 따른 것이라면 공적인 견해표명에 의하여 정당한 기대를 가지게 할 만한 신뢰가 부여된 경우라고 볼 수 없다</u>. 또한 <u>비과세 관행 존중의 원칙도 비과세에 관하여 일반적으로 납세자에게 받아들여진 세법의 해석 또는 국세행정의 관행이 존재하여야 적용될 수 있는 것</u>으로서, 이는 비록 잘못된 해석 또는 관행이라도 특정납세자가 아닌 <u>불특정한 일반납세자에게 정당한 것으로 이의없이 받아들여져 납세자가 그와 같은 해석 또는 관행을 신뢰하는 것이 무리가 아니라고 인정될 정도에 이른 것을 의미</u>하고, <u>단순히 세법의 해석기준에 관한 공적인 견해의 표명이 있었다는 사실만으로 그러한 해석 또는 관행이 있다고 볼 수는 없으며, 그러한 해석 또는 관행의 존재에 대한 증명책임은 그 주장자인 납세자</u>에게 있다. (대판 2013.12.26. 2011두5940)

(7) 무효인 행정처분 : 신뢰보호의 원칙 ×

① 국가가 공무원임용결격사유가 있는 자에 대하여 결격사유가 있는 것을 알지 못하고 공무원으로 임용하였다가 사후에 결격사유가 있는 자임을 발견하고 공무원 임용행위를 취소하는 것은 당사자에게 원래의 임용행위가 당초부터 당연무효이었음을 통지하여 확인시켜 주는 행위에 지나지 아니하는 것이므로, 그러한 의미에서 당초의 임용처분을 취소함에 있어서는 신의칙 내지 신뢰의 원칙을 적용할 수 없고 또 그러한 의미의 취소권은 시효로 소멸하는 것도 아니다. (대판 1987.4.14. 86누459)

② 고등교육법 제33조 제2항에서 규정하고 있는 대학원 석사학위과정에 입학할 수 있는 자격을 갖추지 못한 자는 학칙이 정하는 과정을 이수하여 석사학위를 수여받았다고 하더라도 이는 당연무효이고, 이와 같은 당연무효의 행위를 학교법인이 취소하는

것은 석사학위수여의 행위가 처음부터 무효이었음을 당사자에게 통지하여 확인시켜 주는 것에 지나지 않으므로 여기에 신의칙 내지 신뢰의 원칙을 적용할 수 없다(대판 2007.7.27. 2005다22671).

(8) 사실상 공무원 이론

법률상 공무원이 아닌 자의 행위라 하더라도 공무원이라고 믿을만한 외관을 구비하였을 경우 이를 믿은 국민의 신뢰를 보호하기 위한 이론이다.

4. 신뢰보호원칙의 한계

(1) 신뢰보호원칙과 법률적합성 원칙과의 관계

양자동위설 ➔ 비교형량을 통하여 결정

(2) 사정변경

관련판례 신뢰보호원칙과 사정변경

신뢰보호의 원칙은 행정청이 공적인 견해를 표명할 당시의 사정이 그대로 유지됨을 전제로 적용되는 것이 원칙이므로, 사후에 그와 같은 사정이 변경된 경우에는 그 공적견해가 더 이상 개인에게 신뢰의 대상이 된다고 보기 어려운 만큼, 특별한 사정이 없는 한 행정청이 그 견해표명에 반하는 처분을 하더라도 신뢰보호의 원칙에 위반된다고 할 수 없다.(대판 2018두34732)

5. 신뢰보호원칙 관련 기타 중요판례정리

① 폐기물처리업에 대하여 사전에 관할관청으로부터 적정통보를 받고 막대한 비용을 들여 허가요건을 갖춘 다음 허가신청을 하였음에도, 다수 청소업자의 난립으로 안정적이고 효율적인 청소업무의 수행에 지장이 있다는 이유로 한 불허가처분은 신뢰보호의 원칙 및 비례의 원칙에 반하는 것으로서 재량권을 남용한 위법한 처분이다.(대판 1998.5.8. 98두4061)

② 건축허가를 받게 되면 그 허가를 기초로 하여 일정한 사실관계와 법률관계를 형성하게 되므로, 수허가자가 입게 될 불이익과 건축행정상의 공익 및 제3자의 이익과 허가조건 위반의 정도를 비교·교량하여 개인적 이익을 희생시켜도 부득이하다고 인정되는 경우가 아니면 함부로 그 허가를 취소할 수 없는바, 건축주가 건축허가 내용대로 완공하였으나 건축허가 자체에 하자가 있어서 위법한 건축물이라는 이유로 허가관청이 사용승인을 거부하려면 건축허가의 취소에 있어서와 같은 조리상의 제약이 따르고, 만약 당해 건축허가를 취소할 수 없는 특별한 사정이 있는 경우라면 그 사용승인도 거부할 수 없다.(대판 2009.3.12. 2008두18052)

③ 운전면허 취소사유에 해당하는 음주운전을 적발한 경찰관의 소속 경찰서장이 사무착오로 위반자에게 운전면허정지처분을 한 상태에서 위반자의 주소지 관할 지방경찰청장이 위반자에게 운전면허취소처분을 한 것은 선행처분에 대한 당사자의 신뢰 및 법적 안정성을 저해하는 것으로서 허용될 수 없다고 한 사례(대판 2000.2.25. 99두10520)

④ 실제의 공원구역과 다르게 경계측량 및 표지를 설치한 지 십수년 후 착오를 발견하여 지형도를 수정한 조치는 신뢰보호의 원칙에 위배되거나 행정의 자기구속의 법리에 반하는 것이라 할 수 없다.(대판 1992.10.13. 92누2325)

Ⅵ 부당결부금지의 원칙

1. 기부채납관련사례

(1) 부당결부금지원칙에 위반된다고 판시한 사례

① 인천시장이 甲에게 주택사업계획승인을 하게 됨을 기화로 **그 주택사업과는 아무런 관련이 없는 이 사건 토지를 기부채납하도록 하는 부관을 주택사업계획승인에 붙인 사실은 부당결부금지원칙에 위반되어 위법하다 하겠으나**, 그 부관의 하자가 중대하고 명백하여 당연무효라고는 볼 수 없다.(대판 1997.3.11. 96다49650)

② 건축물의 건축허가와 도로기부채납의무는 별개의 것인바, **도로기부채납의무를 불이행하였음을 이유로 하는 준공거부처분은 건축법에 근거없이 이루어진 부당결부로서 위법**하다.(대판 1992.11.27. 92누10364)

(2) 부당결부금지원칙에 위반되지 아니한다고 판시한 사례

65세대의 주택건설사업에 대한 사업계획승인시 "진입도로 설치 후 기부채납, 인근주민의 기존통행로 폐쇄에 따른 대체통행로 설치 후 그 부지 일부 기부채납"을 조건으로 붙은 것은 위법한 부관에 해당하지 않는다.

2. 송유관이전사건

고속도록 관리청이 고속도로 부지와 접도구역에 송유관 매설을 허가하면서 상대방과 체결한 협약에 따라 송유관시설을 이전하게 될 경우 그 비용을 상대방에게 부담하도록 하였고, 그 후 도로법시행규칙이 개정되어 접도구역에는 관리청의 허가없이도 송유관을 매설할 수 있게 된 사안에서, 위 협약이 효력을 상실하지 않을 뿐만 아니라 위 협약에 포함된 부관이 부당결부금지원칙에도 반하지 않는다.(대판 2009.2.12. 2005다65500)

제4절 행정법의 효력

I 시간적 효력

1. 효력의 발생

(1) 공포의 방법

헌법개정·법률·조약·대통령령·총리령 및 부령 +헌법개정안·예산 및 예산 외 국고부담계약의 공고	관보 ■ 관보 : 종이관보 + 전자관보 → 서로 동일한 효력
국회의장의 법률공포	서울시에서 발행되는 둘 이상의 일간신문
조례와 규칙의 공포	해당 지자체의 공보
지방의회 의장의 공포	공보나 **일간신문** 또는 게시판
교육규칙의 공포	시도의 공보 또는 일간신문에 게재하거나 시도교육청의 게시판에 게시함과 동시에 해당 교육청의 인터넷 홈페이지에 게시하는 방법

(2) 효력발생시기

특별한 규정이 있는 경우		규정대로 효력발생
특별한 규정이 없는 경우	원칙	20일 경과 후 효력발생
	예외	권리제한 또는 의무부과 → 적어도 30일

2. 소급효 금지 원칙

(1) 진정소급효와 부진정소급효의 구별

유형	특징	판례의 원칙적 입장	판례의 예외적 입장
진정소급효	이미 완료된 사건	부정 →법적안정성/예측가능성의 보호	허용 1. 유리한 소급효 2. 중대한 공익 3. 기득권침해관계× 4. 충분히 예상
부진정소급효	현재 진행중인 사건	허용	부정 신뢰보호가치 > 공익

(2) 소급효와 관련된 판례정리

관련법령 행정기본법

제14조(법 적용의 기준) ① 새로운 법령등은 법령등에 특별한 규정이 있는 경우를 제외하고는 그 법령등의 효력 발생 전에 완성되거나 종결된 사실관계 또는 법률관계에 대해서는 적용되지 아니한다.
② 당사자의 신청에 따른 처분은 법령등에 특별한 규정이 있거나 처분 당시의 법령등을 적용하기 곤란한 특별한 사정이 있는 경우를 제외하고는 처분 당시의 법령등에 따른다.
③ 법령등을 위반한 행위의 성립과 이에 대한 제재처분은 법령등에 특별한 규정이 있는 경우를 제외하고는 법령등을 위반한 행위 당시의 법령등에 따른다. 다만, 법령등을 위반한 행위 후 법령등의 변경에 의하여 그 행위가 법령등을 위반한 행위에 해당하지 아니하거나 제재처분 기준이 가벼워진 경우로서 해당 법령등에 특별한 규정이 없는 경우에는 변경된 법령등을 적용한다.

(가) 소급입법의 종류와 허용범위에 관련된 판례

① 새로운 입법으로 이미 종료된 사실관계에 작용케 하는 진정소급입법은 헌법적으로 허용되지 않는 것이 원칙이며 특단의 사정이 있는 경우에만 예외적으로 허용될 수 있는 반면, 현재 진행중인 사실관계에 작용케 하는 부진정소급입법은 원칙적으로 허용되지만 소급효를 요구하는 공익상의 사유와 신뢰보호의 요청 사이의 교량과정에서 신뢰보호의 관점이 입법자의 형성권에 제한을 가하게 된다.(헌재결 97헌바58)

② 진정소급입법은 개인의 신뢰보호와 법적안정성을 내용으로 하는 법치국가원리에 의하여 특단의 사정이 없는 한 허용되지 아니하는 것이 원칙이며, **진정소급입법이 허용되는 예외적인 경우로는 일반적으로 국민이 소급입법을 예상할 수 있었거나 법적 상태가 불확실하고 혼란스러웠거나 하여 보호할 만한 신뢰의 이익이 적은 경우와 소급입법에 의한 당사자의 손실이 없거나 아주 경미한 경우 그리고 신뢰보호의 요청에 우선하는 심히 중대한 공익상의 사유가 소급입법을 정당화하는 경우등을 들 수 있다.**(헌재결 97헌바38)

③ 법령의 소급적용, 특히 행정법규의 소급적용은 일반적으로는 법치주의의 원리에 반하고, 개인의 권리·자유에 부당한 침해를 가하며, 법률생활의 안정을 위협하는 것이어서, 이를 인정하지 않는 것이 원칙이고(법률불소급의 원칙 또는 행정법규불소급의 원칙), **다만 법령을 소급적용하더라도 일반 국민의 이해에 직접 관계가 없는 경우, 오히려 그 이익을 증진하는 경우, 불이익이나 고통을 제거하는 경우 등의 특별한 사정이 있는 경우에 한하여 예외적으로 법령의 소급적용이 허용된다.**(대판 2005.5.13. 2004다8630)

④ 법률에서 특별히 예외규정을 두지 아니하였음에도 **하위법령인 조례에서 새로운 납세의무를 부과하는 요건에 관한 규정을 신설하면서 그 시행시기 이전에 이미 종결한 과세요건사실에 소급하여 이를 적용하도록 하는 것은 허용될 수 없다.**(대판 2011.9.2. 2008두17363)

⑤ 구 친일반민족행위자 재산의 국가귀속에 관한 특별법 제3조 제1항 본문(귀속조항)은 **진정소급입법에 해당하지만 진정소급입법이라 하더라도 예외적으로 국민이 소급입법을 예상할 수 있었거나 신뢰보호의 요청에 우선하는 심히 중대한 공익상의 사유가 소급입법을 정당화하는 경우 등에는 허용**될 수 있다 할 것인데, 친일재산의 소급적 박탈은 일반적으로 소급입법을 예상할 수 있었던 예외적 사안이고, 진정소급입법을 통해 침해되는 법적 신뢰는 심각하다고 볼 수 없는데 반해 **이를 통해 달성되는 공익적 중대성은 압도적이라고 할 수 있으므로 진정소급입법이 허용되는 경우에 해당**한다. 따라서 귀속조항이 진정소급입법이라는 이유만으로 헌법 제13조 제2항에 위배된다고 할 수 없다.(대판 2012.2.23. 2010두17557)

⑥ 과세단위가 시간적으로 정해지는 조세에 있어 과세표준기간인 과세연도 진행중에 세율인상 등 납세의무를 가중하는 세법의 제정이 있는 경우에는 이미 충족되지 아니한 과세요건을 대상으로 하는 강학상 이른바 부진정소급효의 경우이므로 그 과세연도 개시시에 소급적용이 허용된다.(대판 1983.4.26. 81누423)

⑦ 대학이 성적불량을 이유로 학생에 대하여 징계처분을 하는 경우에 있어서 수강신청이 있은 후 징계요건을 완화하는 학칙개정이 이루어지고 이어 당해 시험이 실시되어 **그 개정학칙에 따라 징계처분을 한 경우라면 이는 이른바 부진정소급효에 관한 것으로서 구 학칙의 존속에 관한 학생의 신뢰보호가 대학당국의 학칙개정의 목적달성보다 더 중요하다고 인정되는 특별한 사정이 없는 한 위법이라고 할 수 없다.**(대판 1989.7.11. 87누1123)

⑧ 소관행정청이 허가신청을 수리하고도 정당한 이유없이 처리를 늦추어 그 사이에 법령 및 허가기준이 변경된 것이 아닌 한 새로운 법령 및 허가기준에 따라서 한 불허가처분이 위법하다고 할 수 없다.(대판 1992.12.8. 92누13813)

⑨ 변리사 제1차시험을 절대평가제에서 상대평가제로 환원하는 내용의 '변리사법 시행령'개정조항을 즉시 시행하도록 정한 부칙 부분은 절대평가제가 요구하는 합격기준에 맞추어 시험준비를 한 수험생들은 제1차 시험 실시를 불과 2개월 밖에 남겨놓지 않은 시점에서 개정시행령의 즉시시행으로 합격기준이 변경됨으로 인하여 시험준비에 막대한 차질을 입게 되어 위 신뢰가 크게 손상되었고, 시행령을 즉시 시행하여 바로 임박해 있는 2002년의 변리사 제1차시험에 적용하면서까지 이를 실현하여야 할 합리적인 이유가 있다고는 보기 어려우므로, **결국 개정 시행령의 즉시 시행으로 인한 수험생들의 신뢰이익침해는 개정 시행령의 즉시 시행에 의하여 달성하려는 공익적 목적을 고려하더라도 정당화될 수 없을 정도로 과도**하다.(대판 2006.11.16. 2003두12899)

⑩ 1977년 유료도로법에 따라 통행료를 징수할 수 없게 된 고속국도라 하더라도 1980년 유료도로법 또는 2001년 유료도로법에 따른 유료도로의 요건을 갖추었다면 그 시행 이후 도로를 통행하는 차량에 대하여 통행료를 부과할 수 있다고 해석

하는 것이 타당하고, 이러한 해석이 헌법상 소급입법에 의한 재산권 침해 금지 원칙에 반한다고 볼 수 없다.(대판 2015.10.15. 2013두2013)
(나) 유리한 소급적용은 반드시 허용해야 하는가?
① 개정된 신법이 피적용자에게 유리한 경우에 시혜적인 소급입법을 하여야 한다는 입법자의 의무가 헌법상의 원칙들로부터 도출되지는 아니한다. 따라서 이러한 시혜적 소급입법을 할 것인지의 여부는 입법재량의 문제로서 입법자에게 보다 광범위한 입법형성의 자유가 인정된다.(헌재결 97헌바65)
② 신법이 피적용자에게 유리한 경우에는 이른바 시혜적인 소급입법이 가능하지만, 그러한 소급입법을 할 것인지 여부는 그 일차적인 판단이 입법기관에 맡겨져 있으므로 입법자는 입법목적, 사회실정, 법률의 개정이유나 경위등을 참작하여 결정할 수 있고, 그 판단이 합리적 재량의 범위를 벗어나 현저하게 불합리하고 불공정한 것이 아닌 한 헌법에 위반된다고 할 수는 없다.(헌재결 2012.8.23. 2011헌바169)
(다) 법령등의 위반행위와 제재처분
① **면허수첩을 대여한 것이 그 당시 시행된 건설업법 제38조 제1항 제8호 소정의 건설업면허취소사유에 해당**된다면 그 후 동법 시행령 제3조 제1항이 **개정되어 건설사업면허취소사유에 해당하지 아니하게 되었다 하더라도** 건설부장관(현 국토교통부장관)은 동 면허수첩대여행위 당시 시행된 건설업법 제38조 제1항 제8호를 적용하여 **원고의 건설업면허를 취소**하여야 할 것이다.(대판 1982.12.28. 82누1)
② 법령이 변경된 경우 신법령이 피적용자에게 유리하여 이를 적용하도록 하는 경과규정을 두는 등의 특별한 규정이 없는 한 헌법 제13조 등의 규정에 비추어 볼 때 **그 변경 전에 발생한 사항에 대하여는 변경 후의 신법령이 아니라 변경 전의 구법령이 적용**되어야 한다.
건설업자가 시공자격 없는 자에게 전문공사를 하도급한 행위에 대하여 과징금 부과처분을 하는 경우, 구체적인 부과기준에 대하여 **처분시의 법령이 행위시의 법령보다 불리하게 개정되었고 어느 법령을 적용할 것인지에 대하여 특별한 규정이 없다면 행위시의 법령을 적용**하여야 한다.(대판 2002.12.10. 2001두3228)
③ 구 주택법 제100조의 양벌규정은 2009.2.3. 법률 제9405호로 개정되면서 **사업주인 법인이 그 위반행위를 방지하기 위하여 해당업무에 관하여 상당한 주의와 감독을 게을리하지 아니한 경우에는 양벌규정에 의하여 처벌하지 않는다는 내용의 단서규정이 추가되었다. 이는 범죄 후 법률의 변경에 의하여 그 행위가 범죄를 구성하지 아니하거나 형이 구법보다 가벼운 경우에 해당하여 형법 제1조 제2항에 따라 위와 같이 개정된 주택법의 양벌규정이 적용**되어야 할 것이다.(대판 2011.3.24. 2009도7230) ⇒ 유리한 소급입법의 적용을 허용!
④ 양벌규정에 면책규정이 신설된 경우 이는 범죄 후 법률의 변경에 의하여 그 행위

가 범죄를 구성하지 아니하거나 형이 구법보다 경한 경우에 해당하여 개정된 주택법의 양벌규정이 적용되었어야 할 것이다(대판 2011.3.24. 2009도7230).
⑤ 행정처분은 근거 법령이 개정된 경우에도 경과규정에서 달리 정함이 없는 한 처분 당시 시행되는 개정 법령과 그 정한 기준에 따르는 것이 원칙이나, 법령 위반 행위에 대하여 행정상의 제재처분을 하려면 달리 특별한 규정을 두고 있지 않은 이상 위반행위 당시 시행되던 법령에 따라야 한다.(대판 2023. 2. 23. 선고 2022두57381)

㈘ 위헌결정과 헌법불합치결정의 소급효
① 위헌결정과 소급효
㉠ 헌법재판소의 위헌결정의 효력은 위헌제청을 한 당해 사건, 위헌결정이 있기 전에 이와 동종의 위헌 여부에 관하여 헌법재판소에 위헌제청을 하였거나 법원에 위헌제청신청을 한 사건, 따로 위헌제청신청은 하지 않았지만 당해 법률 또는 법률 조항이 재판의 전제가 되어 법원에 계속중인 사건뿐만 아니라, 위헌결정 이후에 위와 같은 이유로 제소된 일반사건에도 미친다(대판 2009.6.11. 2008두21577).
㉡ 헌법재판소의 위헌결정의 효력은 위헌제청을 한 '당해사건', 위헌결정이 있기 전에 이와 동종의 위헌 여부에 관하여 헌법재판소에 위헌여부심판제청을 하였거나 법원에 위헌여부심판제청신청을 한 '동종사건'과 따로 위헌제청신청은 아니하였지만 당해 법률 또는 법률 조항이 재판의 전제가 되어 법원에 계속 중인 '병행사건'뿐만 아니라, 위헌결정 이후 같은 이유로 제소된 '일반사건'에도 미친다. 하지만 **위헌결정의 효력이 미치는 범위가 무한정일 수는 없고, 다른 법리에 의하여 그 소급효를 제한하는 것까지 부정되는 것은 아니며, 법적 안정성의 유지나 당사자의 신뢰보호를 위하여 불가피한 경우에 위헌결정의 소급효를 제한하는 것은 오히려 법치주의의 원칙상 요청된다.**(대판 2017. 3. 9. 선고 2015다233982)

② 헌법불합치결정과 소급효
㉠ 어떠한 법률조항에 대하여 헌법재판소가 헌법불합치결정을 하여 입법자에게 법률조항을 합헌적으로 개정 또는 폐지하는 임무를 입법자의 형성 재량에 맡긴 이상, 개선입법의 소급적용 여부와 소급적용의 범위는 원칙적으로 입법자의 재량에 달린 것이다. 따라서 어느 법률 또는 법률조항에 대한 적용중지의 효력을 갖는 헌법불합치결정에 따라 개선입법이 이루어진 경우 헌법불합치결정 이후에 제소된 일반사건에 관하여 개선입법이 소급하여 적용될 수 있는지 여부는, 그와 같은 입법형성권 행사의 결과로 만들어진 개정법률의 내용에 따라 결정되어야 하므로, 개정법률에 소급적용에 관한 명시적인 규정이 있는 경우에는 그에 따라야 하고, 개정법률에 그에 관한 경과규정이 없는 경우에는

다른 특별한 사정이 없는 한 헌법불합치결정 전의 구법이 적용되어야 할 사안에 관하여 개정법률을 소급하여 적용할 수 없는 것이 원칙이다(대판 2015.5. 29. 2014두35447).
- ⓒ 헌법재판소의 헌법불합치결정의 효력은 위헌제청을 한 당해 사건, 헌법불합치결정이 있기 전에 이와 동종의 위헌여부에 관하여 헌법재판소에 위헌여부심판제청을 하였거나 법원에 위헌여부심판제청신청을 한 경우만이 아니라, 따로 위헌제청신청은 하지 아니하였지만 당해 법률 또는 법률조항이 재판의 전제가 되어 법원에 계속 중인 사건에도 미친다고 할 것이다(대판 2010. 7.22. 2009다57910).

(마) 법령의 전면 개정 또는 일부개정과 부칙조항의 존속여부
① 개정 법률이 전부 개정인 경우에는 기존 법률을 폐지하고 새로운 법률을 제정하는 것과 마찬가지여서 원칙적으로 종전 법률의 본문 규정은 물론 부칙 규정도 모두 효력이 소멸되는 것으로 보아야 하므로 종전 법률 부칙의 경과규정도 실효되지만, 특별한 사정이 있는 경우에는 효력이 상실되지 않는다. 여기에서 말하는 **'특별한 사정'은 전부 개정된 법률에서 종전 법률 부칙의 경과규정에 관하여 계속 적용한다는 별도의 규정을 둔 경우뿐만 아니라, 그러한 규정을 두지 않았다고 하더라도 종전의 경과규정이 실효되지 않고 계속 적용된다고 보아야 할 만한 예외적인 사정이 있는 경우도 포함**한다. 이 경우 예외적인 '특별한 사정'이 있는지는 종전 경과규정의 입법 경위·취지, 전부 개정된 법령의 입법 취지 및 전반적 체계, 종전 경과규정이 실효된다고 볼 경우 법률상 공백상태가 발생하는지 여부, 기타 제반 사정 등을 종합적으로 고려하여 개별적·구체적으로 판단하여야 한다.(대판 2017두74320)

3. 한시법의 문제

① 허가를 받거나 신고를 하여야만 할 수 있던 행위의 일부를 허가나 신고없이 할 수 있도록 법령이 개정되었다 하더라도 **이는 법률 이념의 변천으로 과거에 범죄로서 처벌하던 일부 행위에 대한 처벌 자체가 부당하는 반성적 고려에서 비롯된 것이라기보다는 사정의 변천에 따른 규제범위의 합리적 조정의 필요에 따른 것**이라고 보이므로, 위 개발제한구역의 지정 및 관리에 관한 특별조치법과 같은 법 시행규칙의 신설 조항들이 시행되기 전에 이미 범하여진 개발제한구역 내 비닐하우스설치행위에 대한 가벌성이 소멸하는 것은 아니다.(대판 2007.9.6. 2007도4197)
② 구 도시 및 주거환경정비법 제85조 제9호는 원심판결 선고 후인 2009.2.6. 법률 제9444호로 개정되어, 정비사업전문관리업등록을 하지 아니한 자가 정비사업의 시행을 위하여 필요한 위 법 제69조 제1항 각호의 사항과 관련하여 추진위원회 또는 사업

시행자의 자문에 응하는 행위에 대한 기존의 벌칙조항이 삭제되었는바, 위 법 개정 당시 부칙등에 그 시행전의 정비사업전문관리업무등록자의 자문행위에 대한 벌칙의 적용에 관하여 아무런 경과규정등을 두지 않은 점등에 비추어 보면, **비록 정비사업전문관리업으로 등록하지 아니한 자라고 할지라도 정비사업의 시행을 위하여 필요한 법 제69조 제1항 각 호의 사항에 관한 추진위원회 또는 사업시행자의 자문에 응하는 행위를 처벌대상으로 삼은 종전의 조치가 부당하다는 반성적 고려에서 위와 같이 도시 및 주거환경정비법을 개정한 것**으로 보아야 한다.(대판 2009.9.24. 2007도6185)

Ⅱ 장소적 효력

Ⅲ 대인적 효력

CHAPTER 03 행정상 법률관계

제1절 행정상 법률관계의 종류

I 행정상 법률관계의 구조

1. 행정상 법률관계의 구조

종류	유형	기본법적용	보충법적용	쟁송형태
공법관계	권력관계	공법	제한적 사법	항고소송
	관리관계	사법적용	공법직접규제	당사자소송
사법관계	국고관계	사법적용	공법최소규제	민사소송

2. 공사법의 구별에 관한 학설

구주체설	① 주체를 기준으로 하는 분류방법 → 법률관계의 한쪽 당사자가 행정주체이면 공법관계로 파악을 한다. ② 비판 : 이 설에 의하면 조달행정은 사법관계가 아니라 공법관계가 되어 버린다.
신주체설	① 법률관계에서 발생하는 효과의 귀속을 가지고 구별하는 학설로서 귀속설이라고도 한다. ② 비판 : 효과의 귀속은 당사자 쌍방간에 귀속된다는 점에서 수긍하기 어렵다.
이익설	① 공익을 목적으로 공법, 사익을 목적으로 하면 사법관계가 된다는 견해 ② 비판 : 행정법관계에서도 사익추구성이 인정되며, 사법관계에서도 공익을 중시하므로 비판을 받고 있다.
생활관계설	① 정치적 생활관계를 추구하면 공법, 경제적 생활관계를 추구하면 사법이다. ② 구별 : 모든 법률관계가 정치와 경제로만 구성되는 것은 아니라는 비판을 받고 있다.
권력설	① 권력적 지배복종관계는 공법, 대등관계는 사법이 된다는 견해 ② 이 설에 의하면 국제법관계는 사법관계로 파악된다는 비판을 받고 있다.
복수기준설	여러 학설을 모두 적용한 복수기준을 통하여 양자를 구별하여야 한다는 견해로서, 우리의 통설적 입장이다.

3. 공사법관계의 분류

구분	공법관계	사법관계
재산	• 행정재산 사용 및 수익허가 • 행정재산의 목적외 사용 및 수익허가 • 국유재산무단점유자에 대한 변상금 부과 • 기부채납받은 행정재산에 대한 국유재산 관리청의 사용·수익허가 • 공무원연금관리공단의 퇴직급여결정 • 조세채무관계	• 일반재산의 매각 및 대부료 • 폐천부지양여행위 • 국가재정법상의 입찰보증금국고귀속조치 • 행정주체의 자금차입이나 국공채발행 • 기부채납받은 부동산의 사용허가 기간연장신청에 대한 거부행위
근무	• 국가나 지방자치단체의 청원경찰 근무 • 도시재개발조합과 조합원의 자격확인 • 국공립학교와 교직원의 근무관계 • 공립유치원전임강사의 해임처분 • 국공립학교 조교의 근무관계	• 서울지하철공사 직원의 근무관계 • 한국마사회의 기수면허취소 • 한국조폐공사 직원의 근무관계 • 재개발조합과 조합장의 선임이나 해임
사립대	• 학위수여	• 사립학교 교원의 근무관계 • 수업료징수관계
계약	• 공중보건의채용계약 • 국방홍보원장 채용계약 • 서울특별시 시립무용단원의 위촉, 해촉 • 행정기관의 입찰참가자격제한조치 • 국립중앙극장 전속단원 채용 • 임의적 공용부담계약 • 환경보전협정 • 국가연구개발사업을 위하여 중앙행정기관과 회사가 체결한 협약(한국형헬기사업)	• 창덕궁 관광안내원채용계약 • 행정주체의 물품구매계약 • 토지의 협의취득 • 국공립병원의 인턴, 레지던트 임용
서비스이용	• 국공립병원의 강제이용(즉시강제) • 전화요금의 강제징수	• 전화가입계약과 해지 • 국공립병원의 유료이용 • 철도나 지하철등의 교통수단(행정사법)
기타	• 세입자의 주거이전비보상청구권 • 하천법부칙에 의한 손실보상청구소송 • 보상금증감청구소송 • 부가가치세 환급청구	• 국가배상청구권 • 부당이득반환청구권 • 결과제거청구권 • 환매권의 행사 • 협의취득

Ⅱ 행정상 법률관계의 종류

1. 공법관계

① 수도법에 의하여 지방자치단체인 수도사업자가 그 수돗물의 공급을 받은 자에 대하여 하는 수도료의 부과·징수와 이에 따른 수도료의 납부관계는 공법상의 권리·의무관계에 해당한다.(대판 1977.2.22. 76다2517)

② 국유재산의 관리청이 그 무단점유자에 대하여 하는 변상금부과처분 : 공법관계(대판 1988.2.23. 87누1046)

③ 교육부장관(당시 문교부장관)의 권한을 재위임 받은 공립교육기관의 장에 의하여 공립유치원의 임용기간을 정한 전임강사로 임용되어 지방자치단체로부터 보수를 지급받으면서 공무원복무규정을 적용받고 사실상 유치원 교사의 업무를 담당하여 온 유치원 교사의 자격이 있는 자는 교육공무원에 준하여 신분보장을 받는 정원 외의 임시직 공무원으로 봄이 상당하므로 그에 대한 해임처분의 시정 및 수령지체된 보수의 지급을 구하는 소송은 행정소송의 대상이지 민사소송의 대상이 아니다.(대판 1991.5.10. 90다10766)

④ 국가나 지방자치단체에 근무하는 청원경찰은 국가공무원법이나 지방공무원법상의 공무원은 아니지만, 다른 청원경찰과는 달리 그 임용권자가 행정기관의 장이고, 국가나 지방자치단체로부터 보수를 받으며, 산업재해보상보험법이나 근로기준법이 아닌 공무원연금법에 따른 재해보상과 퇴직급여를 지급받고, 직무상의 불법행위에 대하여도 민법이 아닌 국가배상법이 적용되는 등의 특질이 있으며 그 외 임용자격, 직무, 복무의무 내용등을 종합하여 볼 때, 그 근무관계를 사법상의 고용계약관계로 보기는 어려우므로 그에 대한 징계처분의 시정을 구하는 소는 행정소송의 대상이지 민사소송의 대상이 아니다.(대판 1993.7.13. 92다47564)

> **비교판례**
> **청원주에 의하여 고용된 청원경찰의 근무관계는** 실질적으로 **사법상의 고용계약의 성질을 가지는바**, 청원경찰의 징계로 인하여 사적 고용계약상의 문제인 근로관계의 존속에 영향을 받을 수 있다 하더라도 이는 국가 행정주체와 관련되고 기본권의 보호가 문제되는 것이 아니어서 여기에 법률유보의 원칙이 적용될 여지가 없으므로, 그 징계에 관한 사항을 법률에 정하지 않았다고 하여 법률유보의 원칙에 위반된다 할 수 없다.(헌재결 2010.2.25. 2008헌바160)

⑤ 농지개량조합과 그 직원과의 관계는 사법상의 근로계약관계가 아닌 공법상의 특별권력관계이고, 그 조합의 직원에 대한 징계처분의 취소를 구하는 소송은 행정소송사항에 속한다.(대판1995.6.9. 94누10870)

⑥ 서울특별시립무용단 단원의 위촉은 공법상의 계약이라 할 것이고, 따라서 그 단원의 해촉에 대하여는 공법상의 당사자소송으로 그 무효확인을 청구할 수 있다.(대판

1995.12.22. 95누4636)
⑦ 구 도시재개발법에 의한 재개발조합은 조합원에 대한 법률관계에서 적어도 특수한 존립목적을 부여받은 특수한 행정주체로서 국가의 감독하에 그 존립목적인 특정한 공공사무를 행하고 있다고 볼 수 있는 범위 내에서는 공법상의 권리·의무관계에 서 있다. 따라서 조합을 상대로 한 쟁송에 있어서 강제가입제를 특색으로 한 조합원의 자격인정 여부에 관하여 다툼이 있는 경우에는 그 단계에서는 아직 조합의 어떠한 처분등이 개입될 여지는 없으므로 공법상의 당사자소송에 의하여 그 조합원 자격의 확인을 구할 수 있다.(대판 1996.2.15. 94다31236)
⑧ 공무원연금관리공단의 급여에 관한 결정은 국민의 권리에 직접 영향을 미치는 것이어서 행정처분에 해당하고, 공무원연금관리공단의 급여결정에 불복하는 자는 공무원연금급여 재심위원회의 심사결정을 거쳐 공무원연금관리공단의 급여결정을 대상으로 행정소송을 제기하여야 한다.(대판 1996.12.6. 96누6417)
⑨ 공유재산의 관리청이 행하는 행정재산의 사용·수익에 대한 허가는 순전히 사경제주체로서 행하는 사법상의 행위가 아니라 관리청이 공권력을 가진 우월적 지위에서 행하는 행정처분이다.(대판 2001.6.15. 99두509)
→ 기부채납받은 행정재산에 대한 공유재산관리청의 사용수익허가 : 공법관계
⑩ 공공하수도의 이용관계는 공법관계라고 할 것이고, 공공하수도 사용료의 부과·징수관계 역시 공법상의 권리·의무관계라 할 것이다.(대판 2003.6.24. 2001두8865)
⑪ 조세채무는 법률의 규정에 의하여 정해지는 법정채무로서 당사자가 그 내용등을 임의로 정할 수 없고, 조세채무관계는 공법상의 법률관계이고 그에 대한 쟁송은 원칙적으로 행정사건으로서 행정소송법의 적용을 받는다.(대판 2007.12.14. 2005다11848)
⑫ 수신료의 법적 성격, 피고 보조참가인의 수신료 강제징수권의 내용[구 방송법(2008. 2. 29. 법률 제8867호로 개정되기 전의 것) 제66조 제3항] 등에 비추어 보면 수신료 부과행위는 공권력의 행사에 해당하므로, 피고(한국전력공사)가 피고 보조참가인(한국방송공사)으로부터 수신료의 징수업무를 위탁받아 **자신의 고유업무와 관련된 고지행위와 결합하여 수신료를 징수할 권한이 있는지 여부를 다투는 이 사건 쟁송은 민사소송이 아니라 공법상의 법률관계를 대상으로 하는 것으로서 행정소송법 제3조 제2호에 규정된 당사자소송에 의하여야 한다고 봄이 상당**하다.(대판 2008.07.24. 선고 2007다25261[방송수신료통합징수권한부존재확인])
⑬ 도시 및 주거환경정비법상 **행정주체인 주택재건축정비사업조합을 상대로 관리처분계획안에 대한 조합 총회결의 효력등을 다투는 소송**은 행정처분에 이르는 절차적 요건의 존부나 효력 유무에 관한 소송으로서 그 소송결과에 따라 행정처분의 위법여부에 직접 영향을 미치는 공법상 법률관계에 관한 것이므로, 이는 **행정소송법상의 당사자소송에 해당**한다.(대판 2009.9.17. 2007다2428 전합)

⑭ 구 도시 및 주거환경정비법(2007. 12. 21. 법률 제8785호로 개정되기 전의 것)상 **재개발조합설립 인가신청에 대하여 행정청의 조합설립인가처분이 있은 이후에 조합설립결의에 하자가 있음을 이유로 재개발조합 설립의 효력을 부정하기 위해서는 항고소송으로 조합설립인가처분의 효력을 다투어야 하고**, 특별한 사정이 없는 한 이와는 별도로 민사소송으로 행정청으로부터 조합설립인가처분을 하는 데 필요한 요건 중의 하나에 불과한 조합설립결의에 대하여 무효확인을 구할 확인의 이익은 없다고 보아야 한다.(대결 2009.09.24. 자 2009마168)

⑮ 납세의무자에 대한 국가의 부가가치세 환급세액지급의무는 그 납세의무자로부터 어느 과세기간에 과다하게 거래징수된 세액 상당을 국가가 실제로 납부받았는지 여부와 관계없이 부가가치세법령의 규정에 의하여 직접 발생하는 것으로, 그 법적 성질은 정의와 공평의 관념에서 수익자와 손실자 사이의 재산상태 조정을 위해 인정되는 부당이득반환의무가 아니라 부가가치세법령에 의하여 그 존부나 범위가 구체적으로 확정되고 조세정책적 관점에서 특별히 인정되는 공법상 의무라고 봄이 타당하다.(대판 2013.3.21. 2011다95564 전합 : 판례변경)

⑯ 지방자치단체와 그 소속 경력직 공무원인 지방소방공무원 사이의 관계, 즉 지방소방공무원의 근무관계는 사법상의 근로계약관계가 아닌 공법상의 근무관계에 해당한다.(대판 2013.3.28. 2012다102629)

⑰ 국유재산법 제42조 제1항, 제73조 제2항 제2호에 따르면, 국유 일반재산의 관리·처분에 관한 사무를 위탁받은 자는 국유 일반재산의 대부료 등이 납부기한까지 납부되지 아니한 경우에는 **국세징수법 제23조와 같은 법의 체납처분에 관한 규정을 준용하여 대부료 등을 징수할 수 있다**. 이와 같이 국유 일반재산의 대부료 등의 징수에 관하여는 국세징수법 규정을 준용한 간이하고 경제적인 특별구제절차가 마련되어 있으므로, 특별한 사정이 없는 한 민사소송의 방법으로 그 대부료 등의 지급을 구하는 것은 허용되지 아니한다.(대판 2014.9.14. 2014다203588)

⑱ "국립의료원 부설주차장 사건"
국유재산 등의 관리청이 하는 행정재산의 사용·수익에 대한 허가는 순전히 사경제주체로서 행하는 사법상의 행위가 아니라 관리청이 공권력을 가진 우월적 지위에서 행하는 행정처분으로서 특정인에게 행정재산을 사용할 수 있는 권리를 설정하여 주는 강학상 특허에 해당한다.(대판 2006.3.9. 2004다31074)

⑲ 하천구역편입토지에 대한 손실보상청구소송 : 당사자소송(대판 2006.5.18. 2004다6207 전원합의체 판결).

⑳ 국가연구개발사업규정에 근거하여 국가 산하 중앙행정기관의 장과 참여기업인 甲 회사가 체결한 위 협약의 법률관계는 공법관계에 해당하므로 이에 관한 분쟁은 행정소송으로 제기하여야 한다고 한 사례(대판 2017. 11. 9. 선고 2015다215526)

㉑ 국공립대학교에 근무하는 조교의 근무관계 : 공법관계

국가공무원법 제2조 제2항 제2호, 교육공무원법 제2조 제1항 제1호, 제3항, 제8조, 제26조 제1항, 제34조 제2항, 교육공무원임용령 제5조의2 제4항에 의하면, 일정한 자격을 갖추고 소정의 절차에 따라 대학의 장에 의하여 임용된 **조교는 법정된 근무기간 동안 신분이 보장되는 교육공무원법상의 교육공무원 내지 국가공무원법상의 특정직공무원 지위가 부여되고, 근무관계는 사법상의 근로계약관계가 아닌 공법상 근무관계에 해당**한다.(대판 2015두52531)

㉒ 중학교 의무교육위탁관계 : 공법관계
중학교 의무교육의 위탁관계는 초·중등교육법 제12조 제3항 등 관련법령에 의하여 정해지는 공법적 관계로서, 대등한 당사자 사이의 자유로운 의사를 전제로 사익 상호간의 조정을 목적으로 하는 민법 제688조의 수임인의 비용상환청구권에 관한 규정이 그대로 준용된다고 보기도 어렵다.(대판 2012두7387)

2. 사법관계

(1) 일반재산의 사용관계

① 국유재산 매각신청을 반려한 거부행위도 단순한 사법상의 행위일 뿐 공법상의 행정처분으로 볼 수 없다.(대판 1986.6.24. 86누171)

② 산림청장이 국유임야를 대부하거나 매각하는 행위는 사법상의 행위이며 대부계약에 의한 대부료부과조치 역시 사법상 채무이행을 구하는 것으로 보아야지 이를 행정처분이라고 할 수 없다.(대판 1993.12.7. 91누11612)

③ 국유잡종재산을 대부하는 행위는 국가가 사경제주체로서 상대방과 대등한 위치에서 행하는 사법상의 계약이고, 국유재산법 제38조, 제25조의 규정에 의하여 국세징수법의 체납처분에 관한 규정을 준용하여 대부료를 징수할 수 있다고 하더라도 이로 인하여 대부계약의 성질이 달라지는 것은 아니다.(대판 2000.2.11. 99다61675)

④ 국유잡종재산을 대부하는 행위는 국가가 사경제주체로서 상대방과 대등한 위치에서 행하는 사법상의 계약이고, 국유잡종재산에 관한 대부료의 납부고지 역시 사법상의 이행청구에 해당하며, 이를 행정처분이라고 할 수 없다.(대판 2000.2.11. 99다61675)

(2) 사법상의 계약관계

① **입찰법상의 보증금의 국고귀속조치는 국가가 사법상의 재산권의 주체로서 행위**하는 것이지 공권력을 행사하는 것이거나 공권력작용과 일체성을 가진 것이 아니라 할 것이므로 이에 관한 분쟁은 행정소송이 아닌 민사소송의 대상이 될 수 밖에 없다고 할 것이다.(대판 1983.12.27. 81누366)

② 예산회계법 또는 지방재정법에 따라 지방자치단체가 당사자가 되어 체결하는 계약은

사법상의 계약일 뿐, 공권력을 행사하는 것이거나 공권력 작용과 일체성을 가진 것은 아니라고 할 것이므로 이에 관한 분쟁은 행정소송의 대상이 될 수 없다.(대판 1996.12.20. 96누14708)

③ 공공용지의 취득 및 손실보상에 관한 특례법에 의하여 **공공용지를 협의취득한 사업시행자가 그 양도인과의 사이에 체결한 매매계약은 공공기관이 사경제주체로서 행한 사법상 매매**이다.(대판 1999.11.26. 98다47245)

④ 국가를 당사자로 하는 계약에 관한 법률 및 그 시행령상의 입찰절차나 낙찰자 결정기준에 관한 규정의 성질은 국가의 내부규정에 불과하고, 이에 따른 낙찰자결정은 사법관계로 본다.(대판 2001.12.11. 2001다33604)

(3) 근무관계

① 한국조폐공사 직원의 근무관계는 사법관계에 속하고, 그 직원의 파면행위도 사법상의 행위라고 보아야 한다.(대판 1978.4.25. 78다414)

② 주한미군 한국인 직원의료보험조합직원의 근무관계는 사법관계에 속하는 것이므로 동조합 직원에 대한 위 조합의 징계면직처분은 항고소송의 대상이 되는 행정처분이 아니고 사법상의 법률행위라고 보아야 한다.(대판 1987.12.8. 87누884)

③ 서울특별시지하철공사의 임원과 직원의 근무관계의 성질은 지방공기업법의 모든 규정을 살펴보아도 공법상의 특별권력관계라고는 볼 수 없고 사법관계에 속하므로 이에 대한 불복절차는 민사소송에 의할 것이지 행정소송에 의할 수는 없다.(대판 1989.9.12. 89누2103)

④ 사립학교 교원은 학교법인 또는 사립학교경영자에 의하여 임면되는 것으로서 사립학교 교원과 학교법인의 관계를 공법상의 권력관계라고는 볼 수 없으므로, 사립학교 교원에 대한 학교법인의 해임처분을 취소소송의 대상이 되는 행정청의 처분으로 볼 수는 없고, 따라서 이에 대한 학교법인을 상대로 한 불복은 민사소송절차에 의할 것이지 행정소송에 의할 수 없는 것이다.(대판 1993.2.12. 92누13707)

⑤ 공무원 및 사립학교 교직원 의료보험법 등 관계법령의 규정내용에 비추어 보면, 공무원 및 사립학교 교직원 의료보험관리공단 직원의 근무관계는 공법관계가 아니라 사법관계이다.(대판 1993.11.23. 93누15212)

⑥ 창덕궁 관리소장이 1년 단위로 채용한 비원안내원들은 그 채용근거가 문화공보부장관의 훈령인 비정규직원계약 및 근무등에 관한 규정으로서 국가공무원법 소정의 전문직공무원과 다르고 직무의 성질에 비추어 볼 때 사법상 고용계약관계에 있는 사람이다.(대판 1995.10.13. 95다184)

⑦ 구 종합유선방송법상의 종합유선방송위원회는 그 설치의 법적 근거, 법에 의하여 부여된 직무, 위원의 임명절차등을 종합하여 볼 때 국가기관이고, 그 사무국 직원들의 근로관계는 사법상의 계약관계이다.(대판 2001.12.24. 2001다54038)

(4) 부당이득반환·손해전보

① 공무원의 직무상 불법행위로 손해를 받은 국민이 국가 또는 공공단체에 배상을 청구하는 경우 국가 또는 공공단체에 대하여 그의 불법행위를 이유로 손해배상을 구함은 국가배상법이 정하는 바에 따른다 하여도 이 역시 민사상의 손해배상책임을 특별법인 국가배상법이 정한 데 불과하다.(대판 1972.10.10. 69다701)

② 징발재산정리에 관한 특별조치법 제20조 소정의 **환매권은 일종의 형성권**으로서 그 존속기간은 제척기간으로 보아야 할 것이며, **위 환매권은 재판상이든 재판 외이든 그 기간 내에 행사하면 이로써 매매의 효력이 생기고, 위 매매는 같은 조 제1항에 적힌 환매권자와 국가간의 사법상의 매매**라 할 것이다.(대판 1992.4.24. 92다4673)

③ 조세부과처분이 당연무효임을 전제로 하여 이미 납부한 세금의 반환을 청구하는 것은 민사상의 부당이득반환청구로서 민사소송절차에 따라야 한다.(대판 1995.4.28. 94다55019)

④ 개발부담금부과처분이 취소된 이상 그 후의 부당이득으로서의 과오납금 반환에 관한 법률관계는 단순한 민사관계에 불과한 것이고, 행정소송 절차에 따라야 하는 관계로 볼 수 없다.(대판 1995.12.22. 94다51253)

⑤ 공공사업의 시행자가 토지수용법에 의하여 그 사업에 필요한 토지를 취득하는 경우 그것이 협의에 의한 취득이고 토지수용법 제25조의 2의 규정에 의한 협의 성립의 확인이 없는 이상, 그 취득행위는 어디까지나 사경제주체로서 행하는 사법상의 취득으로서 승계취득한 것으로 보아야 할 것이고, 재결에 의한 취득과 같이 원시취득한 것으로 볼 수는 없다.(대판 1996.2.13. 95다3510)

⑥ 공특법에 의한 손실보상의 협의는 공공기관이 사경제주체로서 행하는 사법상 계약의 성질을 가지는 것으로서, 당사자간의 합의로 손실보상의 요건을 완화하는 약정을 할 수 있고, 그와 같은 당사자간의 합의로 같은 법 소정의 손실보상의 기준에 의하지 아니한 매매대금을 정할 수 있다.(대판 99다26924)

(5) 재개발조합과 조합간부의 법률관계

구 도시 및 주거환경정비법상 재개발조합과 조합장 또는 조합임원사이의 선임·해임등을 둘러싼 법률관계의 성질(사법상의 법률관계)

구 도시 및 주거환경정비법상의 규정들이 재개발조합과 조합장 및 조합임원과의 관계를 특별히 공법상의 근무관계로 설정하고 있다고 볼 수도 없으므로, **재개발조합과 조합장 또는 조합임원 사이의 선임·해임등을 둘러싼 법률관계는 사법상의 법률관계로서 그 조합장 또는 조합임원의 지위를 다투는 소송은 민사소송**에 의하여야 할 것이다.(대판 2009.9.24. 2009마168·169)

(6) 입찰참가자격제한조치

수도권매립지관리공사가 갑에게 입찰참가자격을 제한하는 내용의 부정당업자제재처분을 하자, 갑이 제재처분의 무효확인 또는 취소를 구하는 행정소송을 제기하면서 제재처분의 효력정지신청을 한 사안에서, 수도권매립지관리공사는 행정소송법에서 정한 행정청 또는 그 소속기관이거나 그로부터 제재처분의 권한을 위임받은 공공기관에 해당하지 않으므로, 수도권매립지관리공사가 한 위 제재처분은 행정소송의 대상이 되는 행정처분이 아니라 단지 갑을 자신이 시행하는 입찰에 참가시키지 않겠다는 뜻의 사법상의 효력을 가지는 통지에 불과하므로, 갑이 수도권매립지관리공사를 상대로 하여 제기한 위 효력정지신청은 부적법함에도 그 신청을 받아들인 원심결정은 집행정지의 요건에 관한 법리를 오해한 위법이 있다고 한 사례(대판 2010.11.26. 자2010무137)
➔ 수도권매립지관리공사는 행정청이 아니므로 처분성을 부정한 사례

제2절 행정주체

I 행정주체와 행정청의 비교

구분	행정주체	행정청
특징	행정권한 행사+법적효과 귀속	행정의 의사결정과 표시
권리·의무의 귀속	○(법인격 인정)	×(법인격 부정)
피고적격	당사자소송의 피고적격	항고소송의 피고적격
사례	· 국가 · 서울시	· 대통령, ~장관 · 서울시장

II 행정주체의 종류

1. 국가

2. 공공단체

(1) **지방자치단체**

> **관련판례** 지방자치단체의 헌법소원 청구인적격
>
> 기본권의 보장에 관한 각 헌법규정의 해석상 국민(또는 국민과 유사한 지위에 있는 외국인과 사법인)만이 기본권의 주체라 할 것이고, 국가나 국가기관 또는 국가조직의 일부나 공법인은 기본권의 '수범자'이지 기본권의 주체로서 그 '소지자'가 아니고 오히려 국민의 기본권을 보호 내지 실현해야 할 책임과 의무를 지니고 있는 지위에 있을 뿐이므로, **공법인인 지방자치단체의 의결기관인 청구인 의회는 기본권의 주체가 될 수 없고 따라서 헌법소원을 제기할 수 있는 적격이 없다**(헌재결 1998.3.26. 96헌마345).

(2) **공공조합**

① 주택재건축정비사업조합의 법적 성격 : 행정주체

구 도시 및 주거환경정비법에 따른 **주택재건축정비사업조합은 관할 행정청의 감독 아래 위 법상 주택재건축사업을 시행하는 공법인**으로서, 그 목적 범위 내에서 법령이 정하는 바에 따라 일정한 행정작용을 행하는 **행정주체의 지위를 가진다.**(대판 2009.9.17. 2007다2428)

(3) **공법상 재단**

총포·화약안전기술협회와 관련된 판례(대판 2021. 12. 30. 선고 2018다241458)

> **판례** 핵심정리
>
> 1. 총포·화약안전기술협회(이하 '협회'라 한다)는 **총포화약류의 안전관리와 기술지원 등에 관한 국가사무를 수행하기 위하여 법률에 따라 설립된 '공법상 재단법인'이라고 보아야** 한다.
> 2. **공법상 재단법인으로서 총포·화약안전기술협회의 법적 성질과 회비의 조성방법과 사용용도 등을 위 법리에 비추어 살펴보면, 국가 또는 공공단체가 일정한 공행정활동과 특별한 관계에 있는 자에 대하여 그 활동에 필요한 경비를 조달하기 위하여 부담시키는 조세 외의 금전지급의무로서 공법상 부담금에 해당한다고 보아야** 한다.
> 3. **공법인인 협회가 자신의 공행정활동에 필요한 재원을 마련하기 위하여 회비납부의무자에 대하여 한 '회비납부통지'는 납부의무자의 구체적인 부담금액을 산정·고지하는 '부담금 부과처분'으로서 항고소송의 대상이 된다고 보아야** 한다.
> 4. **현행 행정소송법에서는 장래에 행정청이 일정한 내용의 처분을 할 것 또는 하지 못하도록 할 것을 구하는 소송(의무이행소송, 의무확인소송 또는 예방적 금지소송)은 허용되지 않는다.**
> 5. **법률이 헌법에 위반된다는 사정은 헌법재판소의 위헌결정이 있기 전에는 객관적으로 명백한 것이라고 할 수 없으므로 특별한 사정이 없는 한 이러한 하자는 행정처분의 취소사유에 해당할 뿐 당연무효사유는 아니다.**

6. 위헌결정의 소급효가 인정된다고 해서 위헌인 법률에 근거한 행정처분이 당연무효가 된다고는 할 수 없고, 이미 취소소송의 제기기간을 경과하여 불가쟁력이 발생한 행정처분에는 위헌결정의 소급효가 미치지 않는다.

7. 화약류 안정도시험 대상자가 총포·화약안전기술협회로부터 안정도시험을 받지 않는 경우에는 경찰청장 또는 지방경찰청장이 화약류 안정도시험 대상자에 대하여 일정 기한 내에 안정도시험을 받으라는 검사명령을 할 수 있으며, 이는 항고소송이 대상이 되는 '처분'이라고 보아야 한다.

(4) 영조물법인

3. 수권사인

(1) 사인에게 공무위탁을 할 것인가의 문제

국가가 자신의 임무를 그 스스로 수행할 것인지 아니면 그 임무의 기능을 민간부문으로 하여금 수행하게 할 것인지 하는 문제, 즉 국가가 어떤 임무수행방법을 선택할 것인가 하는 문제는 입법자가 당해 사무의 성격과 수행방식의 효율성 정도 및 비용, 공무원 수의 증가 또는 정부부문의 비대화 문제, 민간부문의 자본능력과 기술력의 성장정도, 시장 여건의 성숙도, 민영화에 대한 사회적·정치적 합의 등을 종합적으로 고려하여 판단해야 할 사항으로서 그 판단에 관하여는 입법자에게 광범위한 입법재량 내지 형성의 자유가 인정된다.(헌법재판소 2007.6.28. 2004헌마262)

(2) 소득세원천징수의무자의 행정주체성 여부

원천징수의무자가 비록 과세관청과 같은 행정청이라 하더라도 그의 원천징수행위는 법령에서 규정된 징수 및 납부의무를 이행하기 위한 것에 불과한 것이지, 공권력의 행사로서의 행정처분을 한 경우에 해당되지 아니한다.(대판 1990.3.23. 89누4789)

제3절 공권과 공의무

I 개인적 공권과 공의무의 특수성

1. 공권의 특수성

(1) 이전의 제한

① 국가유공자와 유족으로 등록되어 보상금을 받고 교육보호 등 각종 보호를 받을 수 있는 권리는 당해 개인에게 부여되어진 일신전속적 권리이어서 상속의 대상으로 될 수 없으므로, 전상군경등록거부처분취소청구소송은 원고의 사망과 동시에 종료하였고 상속인들에 의하여 승계되지 않는다.(대판 2003두5037)

② 국가나 지방자치단체가 특정한 사업을 육성하거나 재정상의 원조를 하기 위하여 지급하는 보조금으로서 그 금원의 목적 내지 성질, 용도 외 사용의 금지 및 감독 여부, 위반시의 제재조치 등 그 근거 법령의 취지와 규정 등에 비추어 국가 혹은 지방자치단체와 특정의 보조사업자 사이에서만 수수·결제되어야 하는 것으로 봄이 상당하다고 인정되는 보조금지급채권은 그 양도가 금지된 것으로 보아야 하고, 따라서 강제집행의 대상이 될 수 없다 할 것이다(대판 2008.04.24. 2006다33586).

③ 지방공무원 갑이 약 14~15년 정도 근무한 때에 을이 갑의 명예퇴직수당 채권에 대하여 채권가압류결정과 채권압류 및 추심명령을 받았고 그 후 갑이 약 20년 5개월을 근속한 뒤 명예퇴직한 사안에서, 명예퇴직수당의 기초가 되는 법률관계가 존재하고 그 발생근거와 제3채무자를 특정할 수 있어 그 권리의 특정이 가능하고, 권리가 가까운 장래에 발생할 것이 상당정도 기대되는 경우라고 볼 수 있으므로, 채권가압류결정등이 유효하다(대판 2010.2.25. 2009다76799).

(2) 포기의 제한

① 부제소특약

지방자치단체장이 도매시장법인의 대표이사에 대하여 위 지방자치단체장이 개설한 농수산물도시장의 도매시장법인으로 다시 지정함에 있어서 그 지정조건으로 "지정기간 중이라도 개설자가 농수산물유통정책의 방침에 따라 도매시장법인 이전 및 지정취소 또는 폐쇄지시에도 일체 소송이나 손실보상을 청구할 수 없다."라는 부관을 붙였으나, 그 중 부제소특약에 관한 부분은 당사자가 임의로 처분할 수 없는 공법상의 권리관계를 대상으로 하여, 사인의 국가에 대한 공권인 소권을 당사자의 합의로 포기하는 것으로서 허용될 수 없다(대판 1998.8.21. 98두8919).

② 석탄사업법 시행령 제41조 제4항 제5호 소정의 재해위로금청구권은 개인의 공권으로서 그 공익적 성격에 비추어 당사자의 합의에 의하여 이를 미리 포기할 수 없다(대

판 1998.12.23. 97누5046).
③ 주택재개발사업 정비구역 안에 있는 주거용 건축물에 거주하던 세입자 갑이 주거이전비를 받을 수 있는 권리를 포기한다는 취지의 '이주단지 입주에 따른 주거이전비 포기각서'를 제출한 후 사업시행자가 제공한 임대아파트에 입주한 다음 별도로 주거이전비를 청구한 사안에서, ~ 갑이 임대아파트에 입주하면서 **주거이전비를 포기하는 취지의 포기각서를 제출하였다 하더라도, 포기각서의 내용은 강행규정인 공익사업법 시행규칙 제54조 제2항에 위배되어 무효**라고 한 사례(대판 2011.07.14. 2011두3685)

2. 공의무의 특수성

① (구)산림법령상 채석허가는 대물적 허가의 성질을 가지므로 수허가자가 사망한 경우 특별한 사정이 없는 한 상속인이 수허가자의 지위를 승계하고, 산림을 무단으로 형질변경한 자가 사망한 경우 해당 토지의 소유권 또는 점유권을 승계한 상속인은 그 복구의무를 부담한다(대판 2005.8.19. 2003두9817).
② 이행강제금의 승계를 부정한 판례 : 그 이행강제금 납부의무는 상속인 기타의 사람에게 승계될 수 없는 일신전속적인 성질의 것이므로 이미 사망한 사람에게 이행강제금을 부과하는 내용의 처분이나 결정은 당연무효이고, 이행강제금을 부과받은 사람의 이의에 의하여 비송사건절차법에 의한 재판절차가 개시된 후에 그 이의한 사람이 사망한 때에는 사건 자체가 목적을 잃고 절차가 종료한다(대결 2006.12.08. 자2006마470).
③ 사실상 영업이 양도·양수되었지만 아직 승계신고 및 그 수리처분이 있기 이전에는 여전히 종전의 영업자인 양도인이 영업허가자이고, 양수인은 영업허가자가 되지 못한다 할 것이어서 행정제재처분의 사유가 있는지 여부 및 그 사유가 있다고 하여 행하는 행정제재처분은 영업허가자인 양도인을 기준으로 판단하여 그 양도인에 대하여 행하여야 할 것이고, 한편 양도인이 그의 의사에 따라 양수인에게 영업을 양도하면서 양수인으로 하여금 영업을 하도록 허락하였다면 그 양수인의 영업 중 발생한 위반행위에 대한 행정적인 책임은 영업허가자인 양도인에게 귀속된다고 보아야 할 것이다(대판 1995.2.24. 94누9146).
④ 과징금의 승계 : 부동산실권리자명의등기에 관한 법률 제5조에 의하여 부과된 과징금채무는 대체적 급부가 가능한 의무이므로 위 과징금을 부과받은 자가 사망한 경우 그 상속인에게 포괄승계된다(대판 1999. 5.14. 99두35).
⑤ 주택건설사업자가 사업주체가 되어 주택건설사업을 시행하다가 공사를 중단하고 다른 사람이 나머지 공사를 시공하면서 주택건설촉진법 제33조에 따라 사업주체 변경을 내용으로 하는 사업계획변경승인을 받은 경우 새로운 사업주체가 종전 사업주체의 공법상 권리의무를 승계하는 것은 별문제로 하고 **종전 사업주체가 제3자에 대하**

여 부담하고 있는 사법상 권리의무를 당연히 승계하지는 아니한다.(대판 2002다 45376)

II 원고적격과 법률상 이익

1. 항고소송의 원고적격

(1) 항고소송의 원고적격

① 항고소송에서의 원고적격
행정처분의 직접 상대방이 아닌 제3자라 하더라도 **당해 행정처분으로 인하여 법률상 보호되는 이익을 침해당한 경우에는 그 처분의 취소나 무효확인을 구하는 행정소송을 제기하여 그 당부의 판단을 받을 자격, 즉 원고적격이 있다.**(대판 2007.4.12. 2004두7924)

② 처분의 상대방이 아닌 제3자의 원고적격
행정처분의 직접 상대방이 아닌 제3자라 하더라도 당해 행정처분으로 인하여 법률상 보호되는 이익을 침해당한 경우에는 취소소송을 제기하여 그 당부의 판단을 받을 자격이 있다 할 것이고, **여기에서 말하는 법률상 보호되는 이익에는 당해 처분의 근거 법규에 의하여 보호되지는 아니하지만 당해 처분의 조건을 성취하거나 당해 처분의 행정목적을 달성하기 위한 일련의 관련 처분들의 근거 법규에 의하여 명시적으로 보호받는 법률상 이익도 포함**된다(대판 2004. 8. 16. 선고 2003두2175)

③ 과징금처분에 대한 택시기사의 원고적격 인정여부 사건

> **관련판례** 과징금처분에 대한 택시기사의 원고적격
>
> ㉠ 행정처분의 직접 상대방이 아닌 제3자라도 당해 행정처분의 취소를 구할 법률상의 이익이 있는 경우에는 원고적격이 인정된다 할 것이나, 여기서 말하는 **법률상의 이익은 당해 처분의 근거법률에 의하여 보호되는 직접적이고 구체적인 이익이 있는 경우를 말하고 다만 간접적이거나 사실적·경제적 이해관계를 가지는 데 불과한 경우는 여기에 포함되지 아니한다.**
>
> ㉡ 회사의 노사 간에 임금협정을 체결함에 있어 운전기사의 합승행위 등으로 회사에 대하여 과징금이 부과되면 당해 운전기사에 대한 상여금지급시 그 금액상당을 공제하기로 함으로써 과징금의 부담을 당해 운전기사에게 전가하도록 규정하고 있고 **이에 따라 당해 운전기사의 합승행위를 이유로 회사에 대하여 한 과징금부과처분으로 말미암아 당해 운전기사의 상여금지급이 제한되었다고 하더라도, 과징금부과처분의 직접 당사자 아닌 당해 운전기사로서는 그 처분의 취소를 구할 직접적이고 구체적인 이익이 있다고 볼 수 없다.**

④ 수익적 처분의 상대방과 원고적격
행정처분에 있어서 불이익처분의 상대방은 직접 개인적 이익의 침해를 받은 자로서 원고적격이 인정되지만 수익처분의 상대방은 그의 권리나 법률상 보호되는 이익이 침해 되었다고 볼 수 없으므로 달리 특별한 사정이 없는 한 취소를 구할 이익이 없다

고 할 것이다.(당원 1995.5.26. 선고 94누7324 판결 참조)

(2) 사익보호성의 해석

① 행정처분의 직접 상대방이 아닌 제3자라 하더라도 당해 행정처분으로 법률상 보호되는 이익을 침해당한 경우에는 취소소송을 제기하여 당부의 판단을 받을 자격이 있다. 여기에서 말하는 법률상 보호되는 이익은 당해 처분의 근거 법규 및 관련 법규에 의하여 보호되는 개별적·직접적·구체적 이익이 있는 경우를 말하고, 공익보호의 결과로 국민 일반이 공통적으로 가지는 일반적·간접적·추상적 이익과 같이 사실적·경제적 이해관계를 갖는 데 불과한 경우는 여기에 포함되지 아니한다. 또 당해 처분의 근거 법규 및 관련 법규에 의하여 보호되는 법률상 이익은 당해 처분의 근거 법규의 명문 규정에 의하여 보호받는 법률상 이익, 당해 처분의 근거 법규에 의하여 보호되지는 아니하나 당해 처분의 행정목적을 달성하기 위한 일련의 단계적인 관련 처분들의 근거 법규에 의하여 명시적으로 보호받는 법률상 이익, 당해 처분의 근거 법규 또는 관련 법규에서 명시적으로 당해 이익을 보호하는 명문의 규정이 없더라도 근거 법규 및 관련 법규의 합리적 해석상 그 법규에서 행정청을 제약하는 이유가 순수한 공익의 보호만이 아닌 개별적·직접적·구체적 이익을 보호하는 취지가 포함되어 있다고 해석되는 경우까지를 말한다(대판 2015.7.23. 2012두19496).

② 납골당 관련판례
행정처분의 직접 상대방이 아닌 제3자라 하더라도 당해 행정처분으로 인하여 법률상 보호되는 이익을 침해당한 경우에는 취소소송을 제기하여 그 당부의 판단을 받을 자격이 있다 할 것이고, **여기에서 말하는 법률상 보호되는 이익에는 당해 처분의 근거 법규에 의하여 보호되지는 아니하지만 당해 처분의 조건을 성취하거나 당해 처분의 행정목적을 달성하기 위한 일련의 관련 처분들의 근거 법규에 의하여 명시적으로 보호받는 법률상 이익도 포함**된다.(대판 2003두12073)

(3) 헌법상 기본권과 원고적격

> **관련판례** 헌법상 기본권과 원고적격의 인정여부

1. 구체적 기본권 : 알·접·자
  ① "접견교통권"과 관련된 판례
    ~ 형사소송법이 규정하고 있는 구속된 피고인 또는 피의자의 타인과의 접견권은 위와 같은 헌법상의 기본권을 확인하는 것일 뿐 형사소송법의 규정에 의하여 비로소 피고인 또는 피의자의 접견권이 창설되는 것으로는 볼 수 없다. 구속된 피고인은 교도소장의 접견허가거부처분으로 인하여 자신의 접견권이 침해되었음을 주장하여 위 거부처분의 취소를 구할 원고적격을 가진다(대판 1992. 5.8. 91부8).
  ② ~ 국민의 알 권리, 특히 국가정보에의 접근의 권리는 우리 헌법상 기본적으로 표현의 자유와 관련하여 인정되는 것으로, 그 권리의 내용에는 자신의 권익보호와 직접 관련이 있는 정보의 공개를 청구할 수 있는 이른바 개별적 정보공개청구권이 포함된다(대판 1999.9.21. 98두3426).

③ 국세청장의 납세병마개제조업자지정행위의 근거규범인 이 사건 조항들이 단지 공익만을 추구할 뿐 청구인 개개인의 이익을 보호하려는 것이 아니라는 이유로 청구인에게 취소소송을 제기할 법률상 이익을 부정한다고 하더라도, 청구인의 기본권인 경쟁의 자유가 바로 행정청의 지정행위의 취소를 구할 법률상 이익이 된다(헌재결 1998.4.30. 97헌마141).

2. 추상적 기본권 : 환·사
① 헌법 제35조 제1항에서 정하고 있는 환경권에 관한 규정만으로는 그 권리의 주체·대상·내용·행사방법 등이 구체적으로 정립되어 있다고 볼 수 없다. 환경영향평가 대상지역 밖에 거주하는 주민에게 헌법상의 환경권 또는 환경정책기본법에 근거하여 공유수면매립면허처분과 농지개량사업 시행인가처분의 무효확인을 구할 원고적격이 없다(대판 2006.3.16. 2006두330 전합).
② 헌법 제34조 제1항이 보장하는 인간다운 생활을 할 권리는 사회권적 기본권의 일종으로서 국가가 재정형편 등 여러 가지 상황들을 종합적으로 감안하여 법률을 통하여 구체화할 때 비로소 인정되는 법률적 권리라고 할 것이다(헌재결 2004.10.28. 2002헌마328).

Ⅱ 원고적격에 관련된 판례정리

1. 인근주민과 원고적격 인정여부

(1) 원고적격을 인정한 사례

① 주거지역 내의 연탄공장건축허가처분으로 불이익을 받고 있는 제3거주자는 당해 행정처분의 취소를 소구할 법률상 자격이 있다.(대판 1975.5.13. 73누96·97)
② 공설화장장 설치를 금지함에 의하여 보호되는 부근 주민들의 이익은 위 도시계획결정처분의 근거법률에 의하여 보호되는 법률상 이익이다.(대판 1995.9.26. 94누14544)
③ 원자로 시설부지 인근주민들에게 방사성물질 등에 의한 생명·신체의 안전침해를 이유로 부지사전승인처분의 취소를 구할 원고적격이 있다.(대판 1998.9.4. 97누19588)
④ 건축법 제53조(일조등의 확보를 위한 건축물의 높이제한), 동법 시행령 제86조 및 건축물 높이제한에 관한 조례는 공익뿐만 아니라 인근주민들의 사권으로서의 일조권을 보호하고 있다고 보아야 하고, 정북방향에 거주하는 주민 등 일조권을 침해받을 개연성이 있는 인근주민은 상기 법령의 위반을 주장하며 건축허가에 대한 취소소송을 제기할 원고적격이 있다고 보아야 한다.(대판 2000.7.6. 98두8292)
⑤ 폐기물소각시설(쓰레기소각장)을 설치하는 사업으로 인하여 직접적이고 중대한 환경상의 침해를 받으리라고 예상되는 직접영향권 내에 있는 주민들이나 폐기물소각시설의 부지경계선으로부터 300m 이내의 간접영향권 내에 있는 주민들은 원고적격이 인정된다고 할 것이고, 한편 폐기물소각시설의 부지경계선으로부터 300m 밖에 거주하는 주민들도 환경상 이익에 대한 침해우려가 있다는 것을 입증함으로써 그 처분의 무효확인을 구할 원고적격을 인정받을 수 있다.(대판 2005.3.11. 2003두13489)

⑥ 1일 처리능력이 100t 이상인 폐기물처리시설을 설치하기 위한 폐기물처리시설설치계획 입지결정·고시처분의 효력을 다투는 소송에 있어서 인근 주민들은 원고적격이 인정된다.(대판 2005.5.12. 2004두14229)

⑦ **환경영향평가대상지역 밖의 주민**이라 할지라도 공유수면매립면허처분 등으로 인하여 그 처분전과 비교하여 수인한도를 넘는 환경피해를 받거나 받을 우려가 있는 경우에는 **공유수면매립면허처분등으로 인하여 환경상 이익에 대한 침해 또는 침해우려가 있다는 것을 입증함**으로써 그 처분등의 무효확인을 구할 **원고적격을 인정받을 수 있다.**(대판 2006.3.16. 2006두330전합)

⑧ 환경정책기본법상 사전환경성검토협의 대상지역 내에 포함될 개연성이 충분하다고 보이는 주민들에게 그 협의대상에 해당하는 창업사업계획승인처분과 공장설립승인처분의 취소를 구할 원고적격이 인정된다.(대판 2006.12.22. 2006두14001)

⑨ **공장입지기준고시 제5조 제2호는 법규명령으로서 효력**을 가지는 것이므로 환경오염을 일으킬 수 있는 **공장설치와 관련한 인근주민의 생활환경상 이익은 이 사건 승인처분의 근거법규에 의해 보호되는 이익**으로 볼 수 있다.(대판 2007.6.1. 2005두11500)
→ 레미콘 공장부지 인근주민들의 원고적격을 인정한 사례

⑩ 광업권설정허가처분과 그에 따른 광산개발로 인하여 **재산상·환경상 이익의 침해를 받거나 받을 우려가 있는 토지나 건축물의 소유자와 점유자 또는 이해관계인 및 주민들로서는 그 처분전과 비교하여 수인한도를 넘는 재산상·환경상 이익의 침해를 받거나 받을 우려가 있다는 것을 증명함으로써 그 처분의 취소를 구할 원고적격을 인정**받을 수 있다.(대판 2008.9.11. 2006두7577)

⑪ 행정처분의 직접 상대방이 아닌 자로서 그 처분에 의하여 자신의 환경상 이익이 침해받거나 침해받을 우려가 있다는 이유로 취소나 무효확인을 구하는 제3자는, **자신의 환경상 이익이 그 처분의 근거법규 또는 관련법규에 의하여 개별적·직접적·구체적으로 보호되는 이익, 즉 법률상 보호되는 이익임을 입증하여야 원고적격이 인정**된다. 다만, 그 행정처분의 근거법규 또는 관련법규에 그 처분으로써 이루어지는 행위 등 사업으로 인하여 환경상 침해를 받으리라고 예상되는 영향권의 범위가 구체적으로 규정되어 있는 경우에는, 그 영향권 내의 주민들에 대하여는 당해 처분으로 인하여 직접적이고 중대한 환경피해를 받으리라고 예상할 수 있고, 이와 같은 환경상의 이익은 주민 개개인에 대하여 개별적으로 보호되는 직접적·구체적 이익으로서 그들에 대하여는 특단의 사정이 없는 한 환경상 이익에 대한 침해 또는 침해우려가 있는 것으로 사실상 추정되어 법률상 보호되는 이익으로 인정됨으로써 원고적격이 인정되며, **그 영향권 밖의 주민들은 당해 처분으로 인하여 그 처분전과 비교하여 수인한도를 넘는 환경피해를 받거나 받을 우려가 있다는 자신의 환경상 이익에 대한 침해 또는 침해 우려가 있음을 입증하여야만 법률상 보호되는 이익으로 인정**되어 원고적격이 인정된다.(대판 2009.9.24. 2009두2825)

> **동판례에서 주의할 점**
> ~ 단지 그 영향권 내의 건물·토지를 소유하거나 환경상 이익을 일시적으로 향유하는 데 그치는 사람은 포함되지 않는다.

⑫ 김해시장이 낙동강에 합류하는 하천수 주변의 토지에 구 산업집적활성화 및 공장설립에 관한 법률 제13조에 따라 공장설립을 승인하는 처분을 한 사안에서, **공장설립으로 수질오염등이 발생할 우려가 있는 취수장에서 물을 공급받는 부산광역시 또는 양산시에 거주하는 주민들도 위 처분의 근거법규 및 관련법규에 의하여 법률상 보호되는 이익이 침해되거나 침해될 우려가 있는 주민으로서 원고적격이 인정**된다.(대판 2010.4.15. 2007두16127)

⑬ **납골당설치장소에서 500m내에 20호 이상의 인가가 밀집한 지역에 거주하는 주민들**의 경우, 납골당이 누구에 의하여 설치되는지와 관계없이 **납골당설치에 대하여 환경이익침해 또는 침해우려가 있는 것으로 사실상 추정되어 원고적격이 인정**되고 있다.(대판 2011.9.8. 2009두6766)

⑭ 개발제한구역 안에서의 공장설립을 승인한 처분이 위법하다는 이유로 쟁송취소되었다고 하더라도 그 승인처분에 기초한 공장건축허가처분이 잔존하는 이상, 공장설립 승인처분이 취소되었다는 사정만으로 인근 주민들의 환경상 이익이 침해되는 상태나 침해될 위험이 종료되었다거나 이를 시정할 수 있는 단계가 지나버렸다고 단정할 수는 없고, 인근 주민들은 여전히 공장건축허가처분의 취소를 구할 법률상 이익이 있다고 보아야 한다.(대판 2015두3485)

(2) 원고적격을 부정한 사례

① **문화재의 지정이나 그 보호구역의 지정**은 문화재를 보존하여 이를 활용함으로써 **국민의 문화재향상을 도모함과 아울러 인류문화의 발전에 기여한다고 하는 목적을 위하여 행해지는 것이므로** 그 이익이 일반국민이나 인근주민의 문화재를 향유할 구체적이고도 법률적인 이익이라고 할 수는 없다.(대판 1992.9.22. 91누13212)

② 상수원보호구역 설정의 근거가 되는 수도법 제5조 제1항 및 동 시행령 제7조 제1항이 보호하고자 하는 것은 상수원의 확보와 수질보전일 뿐이고, 그 상수원에서 급수를 받고 있는 지역주민들이 가지는 상수원의 오염을 막아 양질의 급수를 받을 이익은 직접적이고 구체적으로는 보호하고 있지 않음이 명백하여 위 지역주민들이 가지는 이익은 상수원의 확보와 수질보호라는 공공의 이익이 달성됨에 따라 반사적으로 얻게 되는 이익에 불과하므로 지역주민들에 불과한 원고들에게는 위 상수원보호구역변경처분의 취소를 구할 법률상의 이익이 없다.(대판 1995.09.26. 선고 94누14544)

③ (구)문화재보호법 및 (구)경상남도문화재보호조례 규정에 의하여 행하여지는 **도지사의 도지정문화재 지정처분으로 인하여 어느 개인이나 그 선조의 명예 내지 명예감정**

이 손상되었다고 하더라도, 그러한 명예내지 명예감정은 위 지정처분의 근거법규에 의하여 직접적·구체적으로 보호되는 이익이라고 할 수 없으므로 그 처분의 취소를 구할 법률상의 이익에 해당하지 아니한다.(대판 2001.9.28. 99두8565)

④ **민간투자사업시행자지정처분 자체로 제3자의 재산권이 침해되지 않고**, 구 민간투자법 제18조에 의한 타인의 토지출입 등, 제20조에 의한 토지등의 수용·사용은 사업실시계획의 승인을 받은 후에야 가능하다. 그러므로 **원고(서울-춘천고속도로사업시행지 토지소유자)들의 재산권은 사업실시계획의 승인단계에서 보호되는 법률상 이익이라고 할 것이므로, 그 이전인 사업시행자지정처분 단계에서는 원고들의 재산권 침해를 이유로 그 취소를 구할 수 없다.** 이 사건에 대한 사전환경성검토협의나 환경영향평가협의는 모두 이 사건 사업시행자지정처분 이후에 이루어져도 적법하고, 반드시 이 사건 사업시행자지정처분 전에 사전환경성검토협의나 환경영향평가협의 절차를 거칠 필요는 없다. 그러므로 **환경정책기본법이나 '환경·교통·재해등에 관한 영향평가법'에 의해 보호되는 원고(인근주민)들의 환경이익은 이 사건 사업시행자지정처분의 단계에서는 아직 법률에 의하여 보호되는 이익이라고 할 수 없다.**(대판 2009.4.29. 2008두242)

⑤ 건물이 **이격거리를 유지하지 못하고 있고, 건축과정에서 인접주택 소유자에게 피해를 입혔다 하더라도 인접주택의 소유자로서는 위 건물에 대한 사용승인처분의 취소를 구할 법률상 이익이 있다고 볼 수 없다.**(대판 2007.4.26. 2006두18409)

⑥ **개발제한구역을 해제하는 내용의 도시관리계획변경결정**에 대하여 **특정토지의 소유자**가 자신의 토지가 그 해제대상에 포함되어야 한다고 주장하면서 **위 계획변경결정의 취소를 구할 원고적격이 없다.**(대판 2008.7.10. 2007두10242)

⑦ 서귀포시 강정동 해안변지역 105,295㎡가 **절대보전지역으로 유지됨으로써 원고들이 가지는 주거 및 생활환경상 이익은 그 지역의 경관등이 보호됨으로써 반사적으로 누리는 것일 뿐** 근거법규 또는 관련법규에 의하여 보호되는 개별적·직접적·구체적 이익이라고 할 수 없다.(대판 2012.7.5. 2011두13187)

⑧ 환경부장관이 생태·자연도 1등급으로 지정되었던 지역을 2등급 또는 3등급으로 변경하는 내용의 생태·자연도 수정·보완을 고시한 경우 인근 주민은 생태·자연도 등급변경처분의 무효확인을 구할 원고적격이 없다.
1등급 권역의 인근주민들이 가지는 이익은 환경보호라는 공공의 이익이 달성됨에 따라 반사적으로 얻게 되는 이익에 불과하므로, 인근주민에 불과한 갑은 생태·자연도 등급권역을 1등급에서 일부는 2등급으로, 일부는 3등급으로 변경한 결정의 **무효확인을 구할 원고적격이 없다.**(대판 2014.2.21. 2011두29052)

⑨ 횡단보도 설치에 관한 도로교통법의 규정들은 일반국민들의 도로상의 보행편의와 교통의 안정성의 보장등을 그 목적으로 하고 있는 것이고, **횡단보도의 설치 또는 폐지로 인하여 지하상가의 임대인 또는 임차인이 누리는 인근 지하상가의 영업권활성화**

와 같은 이익은 직접적이고 구체적인 이익이라 할 수 없으므로 지하상가의 임대인 또는 임차인은 횡단보도설치를 다툴 법률상의 이익은 없다.(대판 98두896)

2. 경업자소송

(1) 원고적격을 인정한 사례

① 자동차운송사업의 면허에 대하여 당해 노선에 관한 기존업자는 노선연장인가처분의 취소를 구할 법률상의 이익이 있다.(대판 1974.4.9. 73누173)
② 주유소거리제한으로 인하여 기존업자가 받는 이익 : 법률상 이익(대판 1974.11.26. 74누110)
③ 동종의 광업권을 갖고 있던 자는 신규업자에 대한 광업권허가처분에 대하여 구 광업법 제71조 소정의 이의신청을 할 적격이 있다.(대판 1982.7.27. 81누271)
④ 갑이 적법한 약종상허가를 받아 허가지역내에서 약종상영업을 경영하고 있음에도 불구하고 행정관청이 구 약사법시행규칙(1969.8.13. 보건사회부령 제344호)을 위배하여 같은 약종상인 을에게 을의 영업허가지역이 아닌 갑의 영업허가지역내로 영업소를 이전하도록 허가하였다면 갑으로서는 이로 인하여 기존업자로서의 법률상 이익을 침해받았음이 분명하므로 갑에게는 행정관청의 영업소이전허가처분의 취소를 구할 법률상 이익이 있다.(대판 1988.6.14. 87누873)
⑤ **주류제조면허는 국가의 수입확보를 위하여 설정된 재정허가의 일종이지만 일단 이 면허를 얻은 자의 이득은 단순한 사실상의 반사적 이득에만 그치는 것이 아니라 주세법의 규정에 따라 보호되는 이득이고**, 주세법상 주류제조면허의 양도가 인정되지 않고 있으나, 국세청훈령으로 보충면허제도를 두어 기존면허업자가 그 면허를 자진취소함과 동시에 그에 대체하여 동일제조장에 동일면허종목을 신청하는 경우에는 그 면허를 부여함으로써 당사자간의 면허의 양도를 간접적으로 허용하고 있으며, 주류제조의 신규면허는 주세당국의 억제책으로 사실상 그 취득이 거의 불가능하여 위와 같은 보충면허를 받는 방법으로 면허권의 양도가 이루어지고 있는 이상, 위 면허권이 가지는 재산적 가치는 현실적으로 부인할 수 없을 것이므로 주류제조회사의 순자산가액을 평가함에 있어서 주류제조면허를 포함시키지 아니한 것은 잘못이다.(대판 1989.12.22. 89누46)
⑥ 동일한 사업구역 내의 동종의 사업용 화물자동차면허대수를 늘리는 보충인가처분에 대하여 기존업자에게 그 취소를 구할 법률상 이익이 있다.(대판 1992.7.10. 91누9107)
⑦ 시외버스운송사업계획변경인가처분으로 시외버스 운행노선 중 일부가 기존의 시내버스 운행노선과 중복하게 되어 기존 시내버스사업자의 수입감소가 예상되는 경우, 기존의 시내버스운송사업자는 위 처분의 취소를 구할 법률상 이익이 있다.(대판

2002.10.25. 2001두4450)
⑧ 업종을 분뇨와 축산폐수 수집·운반업 및 정화조청소업으로 하여 분뇨 등 관련 영업허가를 받아 영업을 하고 있는 기존업자의 이익은 법률상 보호되는 이익이므로, 기존업자에게 경업자에 대한 영업허가처분의 취소를 구할 원고적격이 있다.(대판 2006.7.28. 2004두6716)
⑨ 중계유선방송사업허가를 받은 중계유선방송사업자의 사업상 이익이 방송법에 의하여 보호되는 법률상 이익이다.(대판 2007.5.11. 2004다11162)
⑩ **담배일반소매인의 지정기준으로서 일반소매인의 영업소간에 일정한 거리제한을 두고 있는 것**은 담배유통구조의 확립을 통하여 국민의 건강과 관련되고 국가등의 주요 세원이 되는 담배산업 전반의 건전한 발전 도모 및 국민경제에의 이바지라는 공익목적을 달성하고자 함과 동시에 **일반소매인 간의 과당경쟁으로 인한 불합리한 경영을 방지함으로써 일반소매인의 경영상 이익을 보호하는 데에도 그 목적**이 있다고 보이므로, 일반소매인으로 지정되어 영업을 하고 있는 기존업자의 신규일반소매인에 대한 이익은 단순한 사실상의 반사적 이익이 아니라 **법률상 보호되는 이익이라고 해석함이 상당**하다.(대판 2008.3.27. 2007두23811)
⑪ **수익적 행정처분의 근거가 되는 법률이 해당 업자들 사이의 과다경쟁으로 인한 경영의 불합리를 방지하는 목적**도 가지고 있는 경우, **기존업자가 경업자에 대한 면허나 인허가등의 수익적 행정처분의 취소를 구할 원고적격이 있다**.(대판 2010.6.10. 2009두10512)
 → 기존 시외버스운송사업자의 원고적격 인정사례
⑫ **직행형 시외버스운송사업자에 대한 사업계획변경인가처분**으로 인하여 기존의 고속형 시외버스운송사업자의 노선이 직행형 시외버스운송사업자들의 노선과 일부 중복하게 되어 **기존업자의 수익감소가 예상되는 경우, 기존의 고속형 시외버스운송사업자에게 위 처분의 취소를 구할 법률상의 이익이 있다**.(대판 2010.11.11. 2010두4179)
⑬ 한정면허를 받은 시외버스운송사업자가 일반면허를 받은 시외버스운송사업자에 대한 사업계획변경인가처분으로 수익감소가 예상되는 경우, 일반면허 시외버스운송사업자에 대한 사업계획변경인가처분의 취소를 구할 법률상의 이익이 인정된다.(대판 2015두53824)

판례요지
일반적으로 면허나 인허가 등의 수익적 행정처분의 근거가 되는 법률이 해당 업자들 사이의 과당경쟁으로 인한 경영의 불합리를 방지하는 것도 목적으로 하고 있는 경우, 다른 업자에 대한 면허나 인허가 등의 수익적 행정처분에 대하여 미리 같은 종류의 면허나 인허가 등의 수익적 행정처분을 받아 영업을 하고 있는 기존의 업자는 경업자에 대하여 이루어진 면허나 인허가 등 행정처분의 상대방이 아니라 하더라도 당해 행정처분의 취소를 구할 당사자적격이 있다.

(2) 원고적격을 부정한 사례

① 공중목욕장 거리제한으로부터 얻는 이익은 반사적 이익(대판 63누101)
② 석탄가공업허가로 인한 영업상 이익은 반사적 이익(대판 1980.07.22. 선고 80누33)
③ 숙박업구조변경허가로 인하여 인근여관업자들이 받게 될 영업상 불이익은 반사적 이익(대판 1990.08.14. 선고 89누7900)
④ 면허받은 장의자동차운송사업구역에 위반하였음을 이유로 한 행정청의 과징금 부과처분에 의하여 **동종업자의 영업이 보호되는 결과는 사업구역제도의 반사적 이익에 불과**하기 때문에 그 과징금부과처분을 취소한 재결에 대하여 처분의 상대방 아닌 제3자는 그 취소를 구할 법률상 이익이 없다.(대판 1992.12.8. 91누13700)
⑤ 한의사 면허는 경찰금지를 해제하는 명령적 행위(강학상 허가)에 해당하고, 한약조제시험을 통하여 약사에게 한약조제권을 인정함으로써 한의사들의 영업상 이익이 감소되었다고 하더라도 이러한 이익은 사실상의 이익에 불과하고 약사법이나 의료법 등의 법률에 의하여 보호되는 이익이라고는 볼 수 없으므로, 한의사들이 한약조제시험을 통하여 한약조제권을 인정받은 약사들에 대한 합격처분의 무효확인을 구하는 당해 소는 원고적격이 없는 자들이 제기한 소로서 부적법하다.(대판 1998.03.10. 선고 97누4289)
⑥ 담배일반소매인으로 영업중인 기존업자의 신규구내소매인에 대한 이익은 반사적 이익에 불과하다.(대판 2008.04.10. 선고 2008두402)
⑦ 치과의원 개설에 따른 인근 치과의원의 영업상 이익은 반사적 이익에 불과하다.(대판 90누813)

3. 경원자 소송

① 인·허가 등의 수익적 행정처분을 신청한 수인이 서로 경쟁관계에 있어서 일방에 대한 허가 등의 처분이 타방에 대한 불허가 등으로 귀결될 수밖에 없는 때 허가 등의 처분을 받지 못한 자는 **비록 경원자에 대하여 이루어진 허가 등 처분의 상대방이 아니라 하더라도 당해 처분의 취소를 구할 원고 적격이 있다. 다만, 명백한 법적 장애로 인하여 원고 자신의 신청이 인용될 가능성이 처음부터 배제되어 있는 경우에는 당해 처분의 취소를 구할 정당한 이익이 없다**.(대판 2009.12.10. 선고 2009두8359)
② 원심은 원고를 포함하여 법학전문대학원 설치인가 신청을 한 41개 대학들은 2,000명이라는 총 입학정원을 두고 그 설치인가 여부 및 개별 입학정원의 배정에 관하여 서로 경쟁관계에 있고 이 사건 각 처분이 취소될 경우 원고의 신청이 인용될 가능성도 배제할 수 없으므로, 원고가 이 사건 각 처분의 상대방이 아니라도 그 처분의 취소 등을 구할 당사자적격이 있다고 판단하였다. 위 법리에 비추어 보면, 이러한 원심의 판단은 정당하고 거기에 상고이유 주장과 같은 원고 적격에 관한 법리오해 등의

위법이 없다.(대판 2009.12.10. 선고 2009두8359 : 로스쿨 사건)
③ <u>인가·허가 등 수익적 행정처분을 신청한 여러 사람이 서로 경원관계에 있어서 한 사람에 대한 허가 등 처분이 다른 사람에 대한 불허가 등으로 귀결될 수밖에 없을 때 허가 등 처분을 받지 못한 사람은 신청에 대한 거부처분의 직접 상대방으로서 원칙적으로 자신에 대한 거부처분의 취소를 구할 원고적격이 있고</u>, 취소판결이 확정되는 경우 판결의 직접적인 효과로 경원자에 대한 허가 등 처분이 취소되거나 효력이 소멸되는 것은 아니더라도 행정청은 취소판결의 기속력에 따라 판결에서 확인된 위법사유를 배제한 상태에서 취소판결의 원고와 경원자의 각 신청에 관하여 처분요건의 구비 여부와 우열을 다시 심사하여야 할 의무가 있으며, 재심사 결과 경원자에 대한 수익적 처분이 직권취소되고 취소판결의 원고에게 수익적 처분이 이루어질 가능성을 완전히 배제할 수는 없으므로, <u>특별한 사정이 없는 한 경원관계에서 허가 등 처분을 받지 못한 사람은 자신에 대한 거부처분의 취소를 구할 소의 이익이 있다</u>(대판 2015.10.29. 2013두27517).

4. 기타 원고적격 인정여부

(1) 원고적격 인정사례

① 도시계획사업 시행지역에 포함된 토지의 소유자는 도시계획사업실시계획의 인가로 인하여 자기의 토지가 수용당하게 되고 또 자기의 토지가 수용되지 않는 경우에도 도시계획사업이 시행되어 도시계획시설이 어떻게 설치되느냐에 따라 토지의 이용관계가 달라질 수 있으므로, 도시계획사업 시행지역에 포함된 토지의 소유자는 도시계획사업 실시계획 인가처분의 효력을 다툴 이익이 있다.(대판 1995.12.8. 93누9927)
② 일반적으로 법인의 주주는 당해 법인에 대한 행정처분에 관하여 사실상이나 간접적인 이해관계를 가질 뿐이어서 스스로 그 처분의 취소를 구할 원고적격이 없는 것이 원칙이라고 할 것이지만, <u>그 처분으로 인하여 궁극적으로 주식이 소각되거나 주주의 법인에 대한 권리가 소멸하는 등 주주의 지위에 중대한 영향을 초래하게 되는데도 그 처분의 성질상 당해 법인이 이를 다툴 것을 기대할 수 없고 달리 주주의 지위를 보전할 구제방법이 없는 경우에는 주주도 그 처분에 관하여 직접적이고 구체적인 법률상 이해관계를 가진다고 보이므로 그 취소를 구할 원고적격이 있다</u>.(대판 2004.12.23. 2000두2648)
③ 처분의 효력이 유지되는 한 당해 법인이 종전에 행하던 영업을 다시 행할 수 없는 예외적인 경우에는 주주도 원고적격을 가진다.(대판 2005.1.27. 2002두5313)
→ 부실금융기관으로 지정된 은행의 주주에게 원고적격을 인정한 사례
④ 제약회사는 보건복지부고시인 약제급여·비급여목록 및 급여상한금액표의 취소를 구할 원고적격이 있다.(대판 2006.9.22. 2005두2506)

⑤ 회원제골프장의 기존회원은 회원모집계획서에 대한 시·도지사의 검토결과통보의 취소를 구할 법률상의 이익이 있다.(대판 2009.2.26. 2006두16243)

⑥ 임차인대표회의는 분양전환승인처분의 취소소송을 제기할 원고적격이 있다.(대판 2010.5.13. 2009두19168)

⑦ **도시환경정비사업에 대한 사업시행계획이 당연무효**인 경우, 분양신청기간 내에 분양신청을 하지 않거나 분양신청을 철회하여 도시 및 주거환경정비법 제47조 등에 의하여 **조합원의 지위를 상실한 토지 등 소유자에게도 관리처분계획의 무효확인 또는 취소를 구할 법률상 이익**이 있다.(대판 2011.12.8. 2008두18342)

⑧ 조합설립추진위원회의 구성에 동의하지 아니한 정비구역 내의 토지 등 소유자도 조합설립추진위원회 설립승인처분에 대하여 같은 법에 의하여 보호되는 직접적이고 구체적인 이익을 향유하므로 그 설립승인처분의 취소소송을 제기할 원고적격이 있다.(대판 2006두12289)

⑨ 임대주택법상 분양전환승인 중 분양전환가격을 승인하는 부분은 단순히 분양계약의 효력을 보충하여 그 효력을 완성시켜주는 강학상 인가에 해당한다고 볼 수 없고, **임차인들에게는 분양계약을 체결하기 전 또는 체결한 이후라도 항고소송을 통하여 분양전환승인의 효력을 다툴 법률상 이익**이 있다.(대판 2015두48129)

⑩ 재단법인 한국연구재단이 갑 대학교 총장에게 연구개발비의 부당집행을 이유로 "2단계 두뇌한국(BK)21사업"협약을 해지하고 연구팀장 을에 대한 국가연구개발사업의 3년간 참여제한등을 명하는 통보를 하자 을이 통보취소를 청구한 사안에서, 을은 위 협약해지통보의 효력을 다툴 법률상 이익이 있다.(대판 2012두28704)

판례요지
㉠ 협약해지 통보 : 처분성 인정 ㉡ 연구팀장 을에 대한 징계요구 : 처분성 부정

⑪ 미얀마 국적의 갑이 위명인 "을"명의의 여권으로 대한민국에 입국한 뒤 을 명의로 난민신청을 하였으나 법무부장관이 을 명의를 사용한 갑을 직접 면담하여 조사한 후 갑에 대하여 난민불인정 처분을 한 사안에서, 처분의 상대방은 허무인이 아니라 "을"이라는 위명을 사용한 갑이라는 이유로, 갑이 처분의 취소를 구할 법률상 이익이 있다고 한 사례(대판 2013두16852)

(2) **원고적격을 부정한 사례**

① **두부제조업체들에 의하여 설립된 연식품협동조합**이 식품위생법상의 식품위생이나 보건향상등에 의한 이익을 향수할 수 있는 주체도 아닐 뿐만 아니라 그 조합원에 대한 식품제조영업허가취소처분과는 직접적인 법률관계가 없고 다만 기존허가업체인 그 조합원과 간접적인 사실상의 관계가 있는 것에 불과하다면 위 조합은 위 행정처분

으로 자신의 업무수행상 법적으로 보호받아야 할 어떤 이익의 침해가 직접적으로 야기되었다고도 볼 수 없어 위 식품제조영업허가취소처분에 대한 **취소를 소구할 이익이 없다**.(대판 1987.5.26. 87누119)

② 원고 **전국고속버스운송사업조합**이 고속버스운송사업면허를 얻은 자동차운전사업자들을 조합원으로 하여 설립된 동업자단체로서 고속버스운송사업의 건전한 발전과 고속버스운송사업자들의 공동의 이익을 증진시키는 사업을 수행한다고 하더라도, 피고인 경상북도지사가 시외버스운송사업자에게, 그가 보유하고 있던 대구 – 주왕산 노선의 운행계통을 일부 분리하여 기점을 영천으로 하고 경부고속도로를 경유하여 종점을 서울까지로 연장하는 내용의 **이 사건 시외버스운송사업계획변동인가처분을 함으로 인하여, 그 노선에 관계가 있는 고속버스운송사업자의 경제적 이익이 침해됨은 별론으로 하고 원고조합 자신의 법률상 이익이 침해된다거나, 고속버스운송사업자가 아닌 원고조합이 이 사건 처분에 관하여 직접적이고 구체적인 이해관계를 가진다고는 볼 수 없으므로, 원고조합이 이 사건 시외버스운송사업계획변동인가처분의 취소를 구하는 행정소송을 제기할 원고적격은 없다**.(대판 1990.2.9. 89누4420)

③ 대학생들은 전공이 다른 교수를 임용함으로서 학습권을 침해당하였다는 이유를 들어 교수임용처분의 취소를 구할 소의 이익이 없다.(대판 1993.7.27. 93누8139)

④ 원천징수에 있어서 원천납세의무자는 과세권자가 직접 그에게 원천세액을 부과한 경우가 아닌 한 과세권자의 원천징수의무자에 대한 납세고지로 인하여 자기의 원천세 납세의무의 존부나 범위에 아무런 영향을 받지 아니하므로 이에 대하여 항고소송을 제기할 수 없다.(대판 1994.9.9. 93누22234)

⑤ 주택조합의 조합원이자 대표자는 주택조합설립인가신청반려처분의 취소를 구할 당사자적격이나 제소의 이익이 없다.(대판 1996.3.8. 94누12487)

⑥ 도시계획사업의 시행으로 인한 **토지수용에 의하여 토지에 대한 소유권을 상실한 자는 도시계획결정이 당연무효라고 볼 만한 특별한 사정이 없는 한** 도시계획결정의 취소를 청구할 법률상의 이익이 없다.(헌재결 2002.5.30. 2000헌바58)

⑦ 해양사고의조사및심판에관한법률은 제27조 제1항, 제39조의2 등에서 해양사고의 이해관계인에게 심판변호인 선임권과 조사관의 심판불요처분에 대한 심판신청권 등을 인정하고 있지만, 나아가 해양사고의 이해관계인이 중앙해양안전심판원의 재결에 대하여 대법원에 소를 제기할 수 있다는 규정은 두고 있지 않고, 같은 법 제74조 제1항에서 규정하는 중앙해양안전심판원의 재결에 대한 소는 행정처분에 대한 취소소송의 성질을 가지므로, 중앙해양안전심판원의 재결에 대한 취소소송을 제기하기 위하여는 행정소송법 제12조에 따른 원고적격이 있어야 할 것인데, **침몰선박의 부보 보험회사는 같은 법 제2조 제3호에 의한 해양사고관련자도 아니고 재결의 취소로 간접적이거나 사실적, 경제적인 이익을 얻을 뿐, 재결의 근거 법률에 의하여 직접 보호되는 구체적인 이익을 얻는다고 보기도 어렵다고 할 것이므로, 재결의 취소를 구할 법**

률상 이익이 없어 원고적격이 없다.(대판 2002.8.23. 2002추61)

⑧ 사단법인 대한의사협회는 의료법에 의하여 의사들을 회원으로 하여 설립된 사단법인으로서, 국민건강보험법상 요양급여행위, 요양급여비용의 청구 및 지급과 관련하여 직접적인 법률관계를 갖지 않고 있으므로, 보건복지부 고시인 '건강보험요양급여행위 및 그 상대가치점수 개정'으로 인하여 자신의 법률상 이익을 침해당하였다고 할 수 없다는 이유로 위 고시의 취소를 구할 원고적격이 없다고 한 사례(대판 2006.5.25. 2003두11988)

⑨ 재단법인 갑 수녀원이, **매립목적을 택지조성에서 조선시설용지로 변경하는 내용의 공유수면매립목적 변경 승인처분으로 인하여 법률상 보호되는 환경상 이익을 침해받았다면서 행정청을 상대로 처분의 무효 확인을 구하는 소송을 제기한 사안**에서, 공유수면매립목적 변경 승인처분으로 갑 수녀원에 소속된 수녀 등이 쾌적한 환경에서 생활할 수 있는 환경상 이익을 침해받는다고 하더라도 이를 가리켜 곧바로 갑 수녀원의 법률상 이익이 침해된다고 볼 수 없고, **자연인이 아닌 갑 수녀원은 쾌적한 환경에서 생활할 수 있는 이익을 향수할 수 있는 주체가 아니므로 위 처분으로 위와 같은 생활상의 이익이 직접적으로 침해되는 관계에 있다고 볼 수도 없으며**, 위 처분으로 환경에 영향을 주어 갑 수녀원이 운영하는 쨈 공장에 직접적이고 구체적인 재산적 피해가 발생한다거나 갑 수녀원이 폐쇄되고 이전해야 하는 등의 피해를 받거나 받을 우려가 있다는 점 등에 관한 증명도 부족하다는 이유로, 갑 수녀원에 처분의 무효 확인을 구할 원고적격이 없다고 한 사례(대판 2012.6.8. 2010두2005)

⑩ **건물의 사용검사처분은 건축허가를 받아 건축된 건물이 건축허가 사항대로 건축행정 목적에 적합한지 여부를 확인하고 사용검사필증을 교부하여 줌으로써 허가받은 자로 하여금 건축한 건물을 사용·수익할 수 있게 하는 법률효과를 발생시키는 것이다.** ~ 그리고 **입주자나 입주예정자들은 사용검사처분을 취소하지 않고서도 민사소송 등을 통하여 분양계약에 따른 법률관계 및 하자 등을 주장·증명함으로써 사업주체 등으로부터 하자 제거·보완 등에 관한 권리구제를 받을 수 있으므로**, ~ 따라서 이러한 사정들을 종합해 보면, 구 주택법상 입주자나 입주예정자는 사용검사처분의 취소를 구할 법률상 이익이 없다.

⑪ 교육부장관이 사학분쟁조정위원회의 심의를 거쳐 甲 대학교를 설치·운영하는 乙 학교법인의 이사 8인과 임시이사 1인을 선임한 데 대하여 甲 대학교 교수협의회와 총학생회 등이 이사선임처분의 취소를 구하는 소송을 제기한 사안에서, **甲 대학교 교수협의회와 총학생회는 이사선임처분을 다툴 법률상 이익을 가지지만, 전국대학노동조합 甲 대학교지부는 법률상 이익이 없다**고 한 사례(대판 2015.7.23. 2012두19496, 19502).

⑫ 사증발급의 법적 성질, 출입국관리법의 입법 목적, 사증발급 신청인의 대한민국과의 실질적 관련성, 상호주의원칙 등을 고려하면, **우리 출입국관리법의 해석상 외국인에**

게는 사증발급 거부처분의 취소를 구할 법률상 이익이 인정되지 않는다.(대판 2018. 5. 15. 선고 2014두42506)
⑬ 개발제한구역 중 일부 취락을 개발제한구역에서 해제하는 내용의 도시관리계획변경 결정에 대하여 개발제한구역 해제대상에서 누락된 토지의 소유자는 위 결정의 취소를 구할 법률상 이익이 없다.(대판 2007두10242)

Ⅲ 새로운 개인적 공권

1. 무하자재량행사청구권과 행정개입청구권의 비교

구분	무하자재량행사청구권	행정개입청구권
내용	하자없는 적법한 재량행사 청구	특정처분의 발동을 청구
법적성질	적극적·형식적·절차적 공권	적극적·실체적·사전+사후예방
적용영역	협의 : 선택재량에서 인정 광의 : 모든 재량(선택+결정)	기속·재량행위 모두 가능 원칙적으로 결정재량에서 문제
쟁송수단	의무이행심판, 취소소송, 부작위위법확인소송등	
관계	재량권이 영으로 수축된 경우 무하자재량행사청구권은 행정개입 청구권으로 전환	

2. 관련판례

(1) 무하자재량행사청구권

관련판례 검사임용거부처분 취소소송사건

검사의 임용 여부는 임용권자의 자유재량에 속하는 사항이나, 임용권자가 동일한 검사신규임용의 기회에 원고를 비롯한 다수의 검사 지원자들로부터 임용 신청을 받아 전형을 거쳐 자체에서 정한 임용기준에 따라 이들 일부만을 선정하여 검사로 임용하는 경우에 있어서 <u>법령상 검사임용 신청 및 그 처리의 제도에 관한 명문 규정이 없다고 하여도 조리상 임용권자는 임용신청자들에게 전형의 결과인 임용 여부의 응답을 해줄 의무가 있다고 할 것이며, 응답할 것인지 여부 조차도 임용권자의 편의재량사항이라고는 할 수 없다.</u>(대판 90누5825)

(2) 행정개입청구권

관련판례 행정개입청구권 관련

① 무장공비 색출체포를 위한 대간첩작전을 수행하기 위하여 파출소장, 순경 및 육군장교 수명등이 파출소에서 합동대기하고 있던 중 그로부터 불과 60~70m 거리에서 약 15분간에 걸쳐 주민들이 무장간첩과 격투하던 중 주민 1인이 무장간첩이 발사한 권총탄에 맞아 사망하였다면 위 군경공무원들의 직무유기행위와 위 망인의 사망과의 사이에 인과관계가 있다고 봄이 타당하다(대판 1971. 4.6. 71다124).

② 경찰관직무집행법 제5조는 경찰관은 인명 또는 신체에 위해를 미치거나 재산에 중대한 손해를 끼칠 우려가 있는 위험한 사태가 있을 때에는 그 각 호의 조치를 취할 수 있다고 규정하여 형식상 경찰관에게 재량에 의한 직무수행권한을 부여한 것처럼 되어 있으나, **경찰관에게 그러한 권한을 부여한 취지와 목적에 비추어 볼 때 구체적인 사정에 따라 경찰관이 그 권한을 행사하여 필요한 조치를 취하지 아니하는 것이 현저하게 불합리하다고 인정되는 경우에는 그러한 권한의 불행사는 직무상의 의무를 위반한 것이 되어 위법**하게 된다(대판 1998.8.25. 98다16890).

③ 지방자치단체장이 공장시설을 신축하는 회사에 대하여 사업승인 내지 건축허가 당시 부가하였던 조건을 이행할 때까지 신축공사를 중지하라는 명령을 한 경우, 위 회사에게는 중지명령의 원인사유가 해소되었음을 이유로 당해 공사중지명령의 해제를 요구할 수 있는 권리가 조리상 인정된다(대판 2007.5.11. 2007두1811).

제4절 특별권력관계

I 특별권력관계 관련된 판례정리

1. 특별권력관계의 해당여부

① **농지개량조합과 그 직원의 관계**는 사법상의 근로계약관계가 아닌 **공법상의 특별권력관계이고**, 그 조합의 직원에 대한 징계처분의 취소를 구하는 소송은 행정소송사항에 속한다.(대판 1995.6.9. 94누10870)

② **서울특별시지하철공사의 임원과 직원의 근무관계의 성질은 지방공기업법의 모든 규정을 살펴보아도 공법상의 특별권력관계라고는 볼 수 없고 사법관계에 속할 뿐만 아니라**, 위 지하철공사의 사장이 그 이사회의 결의를 거쳐 제정된 인사규정에 의거하여 소속직원에 대한 징계처분을 한 경우 위 사장은 행정소송법 제13조 제1항 본문과 제2조 제2항 소정의 행정처분에 해당되지 않으므로 공권력발동주체로서 위 징계처분을 행한 것으로 볼 수 없고, **따라서 이에 대한 불복절차는 민사소송에 의할 것이지 행정소송에 의할 수는 없다.**(대판 1989.9.12. 89누2103)

③ ㉮ 사립학교 교원은 학교법인 또는 사립학교 경영자에 의하여 임면되는 것으로서 **사립학교 교원과 학교법인의 관계를 공법상의 권력관계라고는 볼 수 없으므로 사립학교 교원에 대한 학교법인의 해임처분을 취소소송의 대상이 되는 행정청의 처분으로 볼 수 없고, 따라서 학교법인을 상대로 한 불복은 행정소송에 의할 수 없고 민사소송절차에 의할 것**이다.

㉯ 사립학교 교원에 대한 해임처분에 대한 구제방법으로 학교법인을 상대로 한 민사소송 이외 **교원지위향상을 위한 특별법 제7조 내지 제10조에 따라 교육부 내에 설치된 교원징계재심위원회에 재심청구를 하고 교원징계재심위원회의 결정에 불

복하여 행정소송을 제기하는 방법도 있으나, 이 경우에도 **행정소송의 대상이 되는 행정처분은 교원징계재심위원회의 결정이지 학교법인의 해임처분이 행정처분으로 의제되는 것은 아니며** 또한 교원징계재심위원회의 결정을 이에 대한 행정심판으로서의 재결에 해당되는 것으로 볼 수는 없다.(대판 1993.2.12. 92누13707)

④ 재심결정(교원소청심사위원회의 결정)에 대하여 **교원에게만 행정소송을 제기할 수 있도록 하고, 학교법인에게는 이를 금지한 교원지위향상을 위한 특별법 제10조 제3항은 헌법상 평등원칙에 위반**된다.(헌재결 2006.2.23. 2005헌가7, 2005헌마1163병합)

⑤ **사립대학교 총장이 소속 대학교 교원의 임용권을 위임받아 전임강사 갑에게 재임용기간 경과를 이유로 당연면직 통지**를 하였는데, 이에 대하여 교원소청심사위원회가 재임용거부처분을 취소한다는 결정처분을 한 사안에서, **대학교 총장이 결정처분의 취소를 구하는 행정소송을 제기할 당사자능력 및 당사자적격**이 있다.(대판 201.6.24 2008두9317)

2. 법률유보의 원칙적용을 인정한 특별권력관계 판례

법률의 구체적 위임에 의하지 아니한 '행형법 시행령'이나 계호근무준칙등의 규정은 수형자 또는 피보호감호자의 권리 내지 자유를 제한하는 근거가 되거나 그 제한조치의 위법여부를 판단하는 법적기준이 될 수는 없다.(대판 2003.7.25. 2001다60392)

3. 특별권력관계 구성원의 기본권제한에 관련된 판례

① **구속된 피고인 또는 피의자의 타인과의 접견이 헌법상의 기본권이라 하더라도 국가안전보장, 질서유지를 해칠 현저한 위험성이 있을 때와 같은 경우에는 구속된 피고인 또는 피의자의 접견권을 제한할 수 있을 것**이지만, 그와 같은 제한의 필요가 없는데도 접견권을 제한하거나 또는 제한의 필요가 있더라도 필요한 정도를 지나친 과도한 제한을 하는 것은 헌법상 보장된 기본권의 침해로서 위헌이라고 하지 않을 수 없다.(대판 1992.5.8. 91부8)

② 행형법상 징벌의 일종인 금치처분을 받은 자에 대하여 집필을 금지한 '**행형법 시행령 제145조 제2항 본문부분**은 **법률의 근거나 위임없이 수형자의 집필권을 제한**한 것으로서 **법률유보원칙에 위반**된다.(헌재결 2005.2.24. 2003헌마289)

③ **금치처분을 받은 수형자에 대한 절대적인 운동의 금지**는 징벌의 목적을 고려하더라도 그 수단과 방법에 있어서 필요한 최소한도의 범위를 벗어난 것으로서, 수형자의 **헌법 제10조의 인간의 존엄과 가치 및 신체의 안전성이 훼손당하지 아니할 자유를 포함하는 제12조의 신체의 자유를 침해**하는 정도에 이르렀다고 판단된다.(헌재결 2004.12.16. 2002헌마478)

④ 현행법령과 제도하에서 수형자가 수발하는 서신에 대한 검열로 인하여 수형자의 통신의 비밀이 일부 제한되는 것은 **국가목적을 위하여 부득이할 뿐만 아니라 유효적절한 방법에 의한 최소한의 제한**이며, 통신의 자유의 본질적 내용을 침해하는 것이 아니다.(헌재결 1998.8.27. 96헌마398)

⑤ **교도소장이 재소자의 영치품 중 긴 소매 티셔츠에 대한 사용신청을 수용질서유지등의 사유로 불허한 사안**에서, 위 불허처분은 **기본권 제한에서의 비례원칙에 위반되고 행복추구권을 침해하여 부당**하다.(대판 2007.6.1. 2007누191)

⑥ 민사책임과 형사책임은 지도이념과 증명책임, 증명의 정도등에서 서로 다른 원리가 적용되므로, 징계사유인 성희롱 관련 **형사재판에서 성희롱행위가 있었다는 점을 합리적 의심을 배제할 정도로 확신하기 어렵다는 이유로 공소사실에 관하여 무죄가 선고되었다고 하여 그러한 사정만으로 행정소송에서 징계사유의 존재를 부정할 것은 아니다.**(대판 2017두74702)

4. 특별권력관계와 사법심사

① **동장과 구청장과의 관계는 이른바 행정상의 특별권력관계에 해당**되며, 이러한 특별권력관계에 있어서도 위법·부당한 특별권력의 발동으로 말미암아 권리를 침해당한 자는 행정소송법 제1조의 규정에 따라 그 위법 또는 부당한 처분의 취소를 구할 수 있다.

② 학생징계에 관한 위 선도규정은 학칙에 그 근거를 둔 것으로서 무기정학 이상의 중징계에 관하여는 그 절차와 사유를 특히 엄격하게 정함으로써 신중과 공정을 기하고 학생의 신분을 보장할 목적으로 마련된 것이고, 학생이나 교직원들은 위 절차에 기하여 징계가 이루어질 것으로 신뢰하고 있다 할 것이므로 징계권자인 피고도 이 절차에 기속되어 이를 어기고 한 징계처분은 위법하다고 할 것이다.(대판 1992.7.14. 91누4737)

5. 서울교대 퇴학처분사건(대판 1991.11.22. 91누2144)

㈎ 행정소송의 대상이 되는 행정처분이란 행정청이 행하는 구체적 사실에 관한 법집행으로서의 공권력의 행사 또는 그 거부와 그 밖에 이에 준하는 행정작용을 말하는 것인바, 국립 교육대학 학생에 대한 퇴학처분은, 국가가 설립·경영하는 교육기관인 동 대학의 교무를 통할하고 학생을 지도하는 지위에 있는 학장이 교육목적실현과 학교의 내부질서유지를 위해 학칙 위반자인 재학생에 대한 구체적 법집행으로서 국가공권력의 하나인 징계권을 발동하여 학생으로서의 신분을 일방적으로 박탈하는 국가의 교육행정에 관한 의사를 외부에 표시한 것이므로, 행정처분임이 명백하다.

㈏ 학생에 대한 징계권의 발동이나 징계의 양정이 징계권자의 교육적 재량에 맡겨져 있

다 할지라도 법원이 심리한 결과 그 징계처분에 위법사유가 있다고 판단되는 경우에는 이를 취소할 수 있는 것이고, 징계처분이 교육적 재량행위라는 이유만으로 사법심사의 대상에서 당연히 제외되는 것은 아니다.

㈐ 국립 교육대학의 학칙에 학장이 학생에 대한 징계처분을 하고자 할 때에는 교수회의 심의·의결을 먼저 거쳐야 하도록 규정되어 있는 경우, 교수회의 학생에 대한 무기정학처분의 징계의결에 대하여 학장이 징계의 재심을 요청하여 다시 개최된 교수회에서 학장이 교수회의 징계의결내용에 대한 직권 조정권한을 위임하여 줄 것을 요청한 후 일부 교수들의 찬반토론은 거쳤으나 표결은 거치지 아니한 채 자신의 책임 아래 직권으로 위 교수회의 징계의결내용을 변경하여 퇴학처분을 하였다면, 위 퇴학처분은 교수회의 심의·의결을 거침이 없이 학장이 독자적으로 행한 것에 지나지 아니하여 위법하다.

6. 육군 3사관학교 생도퇴학사건(대판 2018. 8. 30. 선고 2016두60591)

육군 3사관학교 사관생도인 갑이 4회에 걸쳐 학교 밖에서 음주를 하여 "사관생도 행정예규"제12조에서 정한 품위유지의무를 위반하였다는 이유로 육군3사관학교장이 교육운영위원회의 의결에 따라 갑에게 퇴학처분을 한 사안에서, 위 금주조항은 사관생도의 일반적 행동자유권, 사생활의 비밀과 자유등 기본권을 과도하게 제한하는 것으로 무효이다.

판례요지
① 사관생도는 군 장교를 배출하기 위하여 국가가 모든 재정을 부담하는 특수교육기관인 육군3사관학교의 구성원으로서, 학교에 입학한 날에 육군 사관생도의 병적에 편입하고 준사관에 준하는 대우를 받는 특수한 신분관계에 있다(육군3사관학교 설치법 시행령 제3조). 따라서 <u>그 존립 목적을 달성하기 위하여 필요한 한도 내에서 일반 국민보다 상대적으로 기본권이 더 제한될 수 있으나, 그러한 경우에도 법률유보원칙, 과잉금지원칙 등 기본권 제한의 헌법상 원칙들을 지켜야 한다</u>. ② 퇴학처분이 위법하다고 판시한 이유 나아가 사관생도의 모든 사적 생활에서까지 예외 없이 금주의무를 이행할 것을 요구하는 것은 사관생도의 일반적 행동자유권은 물론 사생활의 비밀과 자유를 지나치게 제한하는 것이고, 둘째 구 예규 및 예규 제12조에서 사관생도의 모든 사적 생활에서까지 예외 없이 금주의무를 이행할 것을 요구하면서 제61조에서 사관생도의 음주가 교육 및 훈련 중에 이루어졌는지 여부나 음주량, 음주 장소, 음주 행위에 이르게 된 경위 등을 묻지 않고 일률적으로 2회 위반 시 원칙으로 퇴학 조치하도록 정한 것은 사관학교가 금주제도를 시행하는 취지에 비추어 보더라도 사관생도의 기본권을 지나치게 침해하는 것이다.

7. 군인의 상관명령에 대한 재판청구권의 행사(대판 2018.3.22. 2012두26401)

군인이 상관의 지시나 명령에 대하여 재판청구권을 행사하는 경우에 그것이 위법·위헌인 지시와 명령을 시정하려는 데 목적이 있을 뿐, 군 내부의 상명하복관계를 파괴하고 명령불복종 수단으로서 재판청구권의 외형만을 빌리거나 그 밖에 다른 불순한 의도가 있지 않다면, 정당한 기본권의 행사이므로 군인의 복종의무를 위반하였다고 볼 수 없다.

CHAPTER 04 행정법상 법률요건과 법률사실

제1절 공법상의 사건

I 시간의 경과

관련법령 행정기본법

제6조(행정에 관한 기간의 계산) ① 행정에 관한 기간의 계산에 관하여는 이 법 또는 다른 법령등에 특별한 규정이 있는 경우를 제외하고는 「민법」을 준용한다.
② 법령등 또는 처분에서 국민의 권익을 제한하거나 의무를 부과하는 경우 권익이 제한되거나 의무가 지속되는 기간의 계산은 다음 각 호의 기준에 따른다. 다만, 다음 각 호의 기준에 따르는 것이 국민에게 불리한 경우에는 그러하지 아니하다.
1. 기간을 일, 주, 월 또는 연으로 정한 경우에는 기간의 첫날을 산입한다.
2. 기간의 말일이 토요일 또는 공휴일인 경우에도 기간은 그 날로 만료한다.

제7조(법령등 시행일의 기간 계산) 법령등(훈령·예규·고시·지침 등을 포함한다. 이하 이 조에서 같다)의 시행일을 정하거나 계산할 때에는 다음 각 호의 기준에 따른다.
1. 법령등을 공포한 날부터 시행하는 경우에는 공포한 날을 시행일로 한다.
2. 법령등을 공포한 날부터 일정 기간이 경과한 날부터 시행하는 경우 법령등을 공포한 날을 첫날에 산입하지 아니한다.
3. 법령등을 공포한 날부터 일정 기간이 경과한 날부터 시행하는 경우 그 기간의 말일이 토요일 또는 공휴일인 때에는 그 말일로 기간이 만료한다.

제7조의2(행정에 관한 나이의 계산 및 표시) 행정에 관한 나이는 다른 법령등에 특별한 규정이 있는 경우를 제외하고는 출생일을 산입하여 만(滿) 나이로 계산하고, 연수(年數)로 표시한다. 다만, 1세에 이르지 아니한 경우에는 월수(月數)로 표시할 수 있다.
[본조신설 2022. 12. 27.]

II 시효

1. 소멸시효

(1) 국가재정법의 해석

(2) 행정법상 소멸시효

① 예산회계법 제96조에서 '다른 법률의 규정'이라 함은 다른 법률에 예산회계법 제96조에서 규정한 5년의 소멸시효기간보다 짧은 기간의 소멸시효의 규정이 있는 경우를

가리키는 것이고, 이보다 긴 **10년의 소멸시효를 규정한 민법 제766조 제2항은 예산회계법 제96조에서 말하는 '다른 법률의 규정'에 해당하지 아니한다.**(대판 2001.04.24. 선고 2000다57856)

② 공법과 사법의 구분이 항상 명확한 것은 아니므로, 지방자치단체에 대한 채권의 발생원인이 사법적인 소송 과정에서 생긴 것이라 해도 그 원인이 순수하게 사법적인 것인지 혹은 공법적인 것인지 의문인 경우가 있고, 지방자치단체에 대한 채권의 소멸시효기간에 관하여 입법기술상 그러한 구분을 행하기는 쉽지 않다고 볼 수 있다. 그렇다면 **입법자에게 상당한 범위의 입법재량이 인정되는 소멸시효기간을 정함에 있어서, 이 사건 법률조항이 지방자치단체에 대한 금전채권을 공법상의 원인에 기한 것과 사법상의 원인에 기한 것으로 구분하지 아니하고, 사법상의 채권에 대하여 공법상 채권과 마찬가지로 5년의 소멸시효를 규정한 것은 합리적인 이유가 있어 평등권을 침해하지 않는다.**(헌재결 2004.4.29. 2002헌바58)

③ 소멸시효는 권리자가 그 권리를 행사할 수 있음에도 일정한 기간 동안 행사하지 않는 권리불행사의 상태가 계속된 경우에 그 권리를 소멸시키는 제도로서, 상당한 기간 동안 권리불행사가 지속되어 있는 이상 그 권리가 사법상의 손실보상청구인지 아니면 공법상 손실보상청구인지에 따라 달리 볼 것은 아니다. 따라서 **공유수면매립법상 간척사업의 시행으로 인하여 관행어업권이 상실되었음을 이유로 한 손실보상청구권에도 그 소멸시효에 관하여 달리 정함이 없으면 민법에서 정하는 소멸시효규정이 유추적용될 수 있고**, 이 경우 관행어업권자가 그 매립면허를 받은 자 또는 사업시행자에 대하여 가지는 손실보상청구권은 금전의 지급을 구하는 채권적 권리이므로 **그 소멸시효기간은 민법 제162조 제1항에 따라 10년**이다. 또한 그 **소멸시효의 기산일**은 손실보상청구권이 객관적으로 발생하여 그 권리를 행사할 수 있는 때, 곧 특별한 사정이 없는 한 이 사건 간척사업으로 인하여 관행어업권자가 자연산 패류 및 해초류 어장으로서의 어장을 상실하는 등 **실질적이고 현실적인 손실이 발생한 때부터라고 보는 것이 타당**하다.(대판 2010.12.09. 선고 2007두6571)

(3) 소멸시효의 기산점

소멸시효는 **객관적으로 권리가 발생하여 그 권리를 행사할 수 있는 때로부터 진행하고 그 권리를 행사할 수 없는 동안만은 진행하지 아니하는데, 여기서 권리를 행사할 수 없는 경우라 함은 그 권리행사에 법률상의 장애사유가 있는 경우**를 말하는데, 변상금 부과처분에 대한 취소소송이 진행중이라도 그 부과권자로서는 위법한 처분을 스스로 취소하고 그 하자를 보완하여 다시 적법한 부과처분을 할 수도 있는 것이어서 그 권리행사에 법률상의 장애사유가 있는 경우에 해당한다고 할 수 없으므로, 그 처분에 대한 취소소송이 진행되는 동안에도 그 부과권의 소멸시효가 진행된다.(대판 2006.02.10. 선고 2003두5686)

(4) 시효의 중단과 정지

시효의 중단	시효의 정지
• 청구 • 압류 또는 가압류, 가처분 • 승인 • 납입고지 • 독촉 또는 납부최고	• 무능력자의 법정대리인이 없는 경우 • 천재 기타 사변등

① **과세처분의 취소 또는 무효확인청구의 소가 비록 행정소송이라고 할지라도 조세환급을 구하는 부당이득반환청구권의 소멸시효중단사유인 재판상 청구에 해당**한다고 볼 수 있다.(대판 1992.3.31. 91다32053)

② 예산회계법 제98조에서 법령의 규정에 의한 납입고지를 시효중단사유로 규정하고 있는바, <u>이러한 납입고지에 의한 시효중단의 효력은 그 납입고지에 의한 부과처분이 취소되더라도 상실되지 않는다.</u>(대판 2000.9.8. 98두19933)

③ <u>세무공무원이 국세징수법 제26조에 의하여 체납자의 가옥·선박·창고 기타의 장소를 수색하였으나 압류할 목적을 찾아내지 못하여 압류를 실행하지 못하고 수색조서를 작성하는데 그친 경우에도 소멸시효 중단의 효력이 있다.</u>(대판 2001.8.21. 2000다12419)

④ 공상을 입은 <u>군인의 국가배상법에 의한 손해배상청구소송 제기에 의하여 국가유공자 등 예우 및 지원에 관한 법률에 의한 보상금청구권과 군인연금법에 의한 재해보상금 청구권의 시효가 중단되었다고 볼 수 없다.</u>(대판 2002.5.10. 2000다39735)

⑤ <u>입법자가 비록 사법상의 원인에 기한 국가채권의 경우에도 납입의 고지에 있어 민법상의 최고의 경우보다 더 강한 시효중단 효력을 인정한 것은 합리적 이유가 있어 평등권을 침해하지 않는다.</u> (헌재결 2004.3.25. 2003헌바22)

⑥ 소멸시효는 객관적으로 권리가 발생하여 그 권리를 행사할 수 있는 때로부터 진행하고 그 권리를 행사할 수 없는 동안만은 진행하지 아니하는데, 여기서 권리를 행사할 수 없는 경우라 함은 그 권리행사에 법률상의 장애사유가 있는 경우를 말하는데, <u>변상금 부과처분에 대한 취소소송이 진행중이라도 그 부과권자로서는 위법한 처분을 스스로 취소하고 그 하자를 보완하여 다시 적법한 부과처분을 할 수도 있는 것이어서 그 권리행사에 법률상의 장애사유가 있는 경우에 해당한다고 할 수 없으므로, 그 처분에 대한 취소소송이 진행되는 동안에도 그 부과권의 소멸시효가 진행</u>된다(대판 2006.2.10. 2003두5686).

⑦ 이처럼 구 국유재산법(2009. 1. 30. 법률 제9401호로 전부 개정되기 전의 것, 이하 같다) 제51조 제1항, 제4항, 제5항에 의한 <u>변상금 부과·징수권은 민사상 부당이득 반환청구권과 법적 성질을 달리하므로, 국가는 무단점유자를 상대로 변상금 부과·

징수권의 행사와 별도로 국유재산의 소유자로서 민사상 부당이득반환청구의 소를 제기할 수 있다. 그(대판 2014.7.16. 2011다76402).
⑧ 납세의무자가 과세전 적부심사를 청구함에 따라 적부심의 심리가 진행 중이라고 하여 국세징수권의 소멸시효가 진행되지 아니한다고 볼 수 없다(대판 2016.12.1. 2014두8650).
⑨ 시효가 중단된 때에는 중단까지에 경과한 시효기간은 이를 산입하지 아니하고 중단사유가 종료한 때로부터 새로이 진행하는데(국세기본법 제28조 제2항, 민법 제178조 제1항), **소멸시효의 중단사유 중 '압류'에 의한 시효중단의 효력은 압류가 해제되거나 집행절차가 종료될 때 중단사유가 종료한 것으로 볼 수 있다.**(대판 2017. 4. 28. 선고 2016다239840)

판례요지

체납처분에 의한 채권압류로 인하여 채권자의 채무자에 대한 채권의 시효가 중단된 경우에 압류에 의한 체납처분 절차가 채권추심 등으로 종료된 때뿐만 아니라, 피압류채권이 기본계약관계의 해지·실효 또는 소멸시효 완성 등으로 인하여 소멸함으로써 압류의 대상이 존재하지 않게 되어 압류 자체가 실효된 경우에도 체납처분 절차는 더 이상 진행될 수 없으므로 시효중단사유가 종료한 것으로 보아야 하고, 그때부터 시효가 새로이 진행한다.

---

⑩ 민법 제168조 제1호, 제170조 제1항에서 시효중단 사유의 하나로 규정하고 있는 재판상의 청구는, 권리자가 시효를 주장하는 자를 상대로 소로써 권리를 주장하는 경우뿐 아니라, 시효를 주장하는 자가 원고가 되어 소를 제기한 데 대하여 피고로서 응소하여 그 소송에서 적극적으로 권리를 주장하고 그것이 받아들여진 경우도 포함한다.(대판 2018두56435)
⑪ **비위행위 자체에 대한 징계시효가 만료된 경우 비위행위에 대하여 나중에 수사나 언론보도 등이 있더라도 이로 인해 새로운 징계사유가 생긴 것으로 보거나 수사나 언론보도 등의 시점을 새로운 징계시효의 기산점으로 볼 수 없다.**(대판 2019두40338)
⑫ 채권자가 동일한 목적을 달성하기 위하여 복수의 채권을 갖고 있는 경우, 어느 하나의 청구권을 행사하는 것이 다른 채권에 대한 소멸시효 중단의 효력이 있다고 할 수 없다.(대판 2000다39735)
⑬ 국가가 공매절차에서 공매대금을 배분받아 결손처분이 취소된 체납세액에 충당한 것이 당연무효에 해당하여 부당이득반환청구권이 발생하였으나 위 공매대금 배분일로부터 5년의 시효기간이 경과한 사안에서, 소멸시효 완성 전에 제기한 공매처분 취소의 소는 부당이득반환청구권을 행사한 것으로 볼 수 없으므로 소멸시효 중단사유인 재판상 청구에 해당하지 않는다.(대판 2010다49540)

(5) 소멸시효 완성의 효력

① 판례의 입장 : 절대적 소멸설 + 당사자의 원용
당사자의 원용이 없어도 시효완성의 사실로서 채무는 당연히 소멸하고, 다만 **소멸시효의 이익을 받는 자가 소멸시효 이익을 받겠다는 뜻을 항변하지 않는 이상 그 의사에 반하여 재판할 수 없을 뿐**이다.(대판 1979.02.13. 선고 78다2157)

② 소멸시효 완성된 후에 부과된 과세처분의 효력
조세채권의 소멸시효가 완성되어 부과권이 소멸된 후에 부과한 과세처분은 위법한 처분으로 그 하자가 중대하고도 명백하여 무효라 할 것이다.(대판 1988.03.22. 선고 87누1018)

(6) 소멸시효의 주장과 권리의 남용

① 근로복지공단으로부터 요양불승인처분을 받은 다음 행정소송을 제기하여 승소확정 판결을 받은 근로자가 요양으로 인하여 취업하지 못한 기간의 휴업급여를 청구한 사안 : 시효완성으로 소멸하였다는 공단의 주장은 권리의 남용으로 허용 ×(대판 2007두2173)

② 전입한지 열흘도 지나지 않은 1991.2.3. 자살 ~ 2009.12.10. 손해배상소송제기하자 국가가 소멸시효완성을 주장한 경우(이 사건의 진상규명 : 2009.3.16. 이루어짐)
→ 권리의 남용으로 허용 ×(대판 2011다36091)

③ 1980년 10월부터 11월 사이에 일어난 이른바 10.27 법난 당시 수사관들에 의하여 불법행위를 당한 피해자가 불법구금 상태에서 벗어난 1980.11.26.부터 5년이 훨씬 경과한 2009.6.5.에야 손해배상소송을 제기한 경우 : 국가의 소멸시효 완성주장은 권리남용이 아니다.(대판 2011다54709)

④ 국가기관이 수사과정에서 한 위법행위 등으로 수집한 증거 등에 기초하여 공소가 제기되고 유죄의 확정판결까지 받았으나 재심사유의 존재 사실이 뒤늦게 밝혀짐에 따라 재심절차에서 무죄판결이 확정된 후 국가기관의 위법행위 등을 원인으로 국가를 상대로 손해배상을 청구하는 경우, 재심절차에서 무죄판결이 확정될 때까지는 채권자가 손해배상청구를 할 것을 기대할 수 없는 사실상의 장애사유가 있었다고 볼 것이다. 따라서 이러한 경우 채무자인 국가의 소멸시효 완성의 항변은 신의성실의 원칙에 반하는 권리남용으로 허용될 수 없다.(대판 2013다201844)

⑤ 한국전쟁 전후 시기의 민간인 집단 희생사건에서 과거사정리위원회의 진실규명결정이 있은 때부터 3년의 기간을 넘어 이루어진 손해배상청구에 대하여 국가의 소멸시효 완성주장 : 권리남용이 아니다.(대판 2013다203529)

⑥ 국가배상청구권에 대한 소멸시효 완성 후 국가가 배상책임을 이행한 경우 구상권행사 공무원의 불법행위로 손해를 입은 피해자의 국가배상청구권의 소멸시효 기간이 지났으나 국가가 소멸시효 완성을 주장하는 것이 신의성실의 원칙에 반하는 권리남용으

로 허용될 수 없어 배상책임을 이행한 경우에는, 그 소멸시효 완성 주장이 권리남용에 해당하게 된 원인행위와 관련하여 해당 공무원이 그 원인이 되는 행위를 적극적으로 주도하였다는 등의 특별한 사정이 없는 한, 국가가 해당공무원에게 구상권을 행사하는 것은 신의칙상 허용되지 않는다고 봄이 상당하다.(대판 2015다200258)

2. 취득시효

(1) 일반재산에 대한 과거 취득시효 금지규정에 대한 위헌여부

> **헌재결 1991.5.13. 89헌가97**
> 국유잡종재산은 사경제적 거래의 대상으로서 사적자치의 원칙이 지배되고 있으므로 시효제도의 적용에 있어서도 동일하게 보아야 하고, 국유잡종재산에 대한 시효취득을 부인하는 동규정은 합리적 근거없이 국가만을 우대하는 불평등한 규정으로서 헌법상의 평등의 원칙과 사유재산권 보장의 이념 및 과잉금지의 원칙에 반한다.

(2) 행정재산과 취득시효

① 1949.6.4. 대구국도사무소가 폐지되고, 그 소장관사로 사용되던 부동산이 그 이래 달리 공용으로 사용된 바 없다면 그 부동산은 이로 인하여 묵시적으로 공용이 폐지되어 시효취득의 대상이 되었다 할 것이다.(대판 1990.11.27. 90다5948)

② 원래 잡종재산이던 것이 행정재산으로 된 경우 잡종재산일 당시에 취득시효가 완성되었다고 하더라도 행정재산으로 된 이상 이를 원인으로 하는 소유권이전등기를 청구할 수 없다.(대판 1997.11.14. 96다10782)

③ 행정재산은 공용폐지가 되지 아니한 상태에서는 사법상 거래의 대상이 될 수 없으므로 관재당국이 착오로 행정재산을 다른 재산과 교환하였다 하여 그러한 사정만으로 적법한 공용폐지의 의사표시가 있다고 볼 수 없다.(대판 1998.11.10. 98다42974)

④ 구 지방재정법상 공유재산에 대한 취득시효가 완성되기 위하여는 그 공유재산이 취득시효 기간동안 계속하여 시효취득의 대상이 될 수 있는 잡종재산이어야 하고, 이러한 점에 대한 증명책임은 시효취득을 주장하는 자에게만 있다.(대판 2006다19177)

⑤ 공용폐지의 방법
  ㉠ 공유수면으로서 **자연공물인 바다의 일부가 매립에 의하여 토지로 변경된 경우에 다른 공물과 마찬가지로 공용폐지가 가능하다고 할 것이며, 이 경우 공용폐지의 의사표시는 명시적 의사표시뿐만 아니라 묵시적 의사표시도 무방**하다.(대판 2006다87538)

> **판례요지**
> 공물의 공용폐지에 관하여 국가의 묵시적인 의사표시가 있다고 인정되려면 공물이 사실상 본래의 용도에 사용되고 있지 않다거나 행정주체가 점유를 상실하였다는 정도의 사정만으로는 부족하고, 주위의 사정을 종합하여 객관적으로 공용폐지 의사의 존재가 추단될 수 있어야 한다.

ⓒ 공유수면은 소위 자연공물로서 그 자체가 직접 공공의 사용에 제공되는 것이므로 <u>공유수면의 일부가 사실상 매립되어 대지화되었다고 하더라도 국가가 공유수면으로서의 공용폐지를 하지 아니하는 이상 법률상으로는 여전히 공유수면으로서의 성질을 보유하고 있다</u>.(대판 2012두2764)

⑥ <u>도로는 도로로서의 형태를 갖추고, 도로법에 따른 노선의 지정 또는 인정의 공고 및 도로구역 결정·고시를 한 때 또는 도시계획법 또는 도시재개발법 소정의 절차를 거쳐 도로를 설치하였을 때에 공공용물로서 공용개시행위가 있다고 할 것이므로, 토지의 지목이 도로이고 국유재산대장에 등재되어 있다는 사정만으로 바로 그 토지가 도로로서 행정재산에 해당한다고 할 수는 없다.</u>(대판 2009다41533)

제2절 공법상 사무관리와 부당이득

I 공법상 사무관리

관련판례 태안반도 원유유출사건(대판 2012다15602)

① 사무관리가 성립하기 위하여는 우선 사무가 타인의 사무이고 타인을 위하여 사무를 처리하는 의사, 즉 관리의 사실상 이익을 타인에게 귀속시키려는 의사가 있어야 하며, 나아가 사무의 처리가 본인에게 불리하거나 본인의 의사에 반한다는 것이 명백하지 아니할 것을 요한다. 다만 **타인의 사무가 국가의 사무인 경우, 원칙적으로 사인이 법령상 근거 없이 국가의 사무를 수행할 수 없다는 점을 고려하면, 사인이 처리한 국가의 사무가 사인이 국가를 대신하여 처리할 수 있는 성질의 것으로서, 사무 처리의 긴급성 등 국가의 사무에 대한 사인의 개입이 정당화되는 경우에 한하여 사무관리가 성립**하고, 사인은 그 범위 내에서 국가에 대하여 **국가의 사무를 처리하면서 지출된 필요비 내지 유익비의 상환을 청구할 수 있다.**

② 갑 주식회사 소유의 유조선에서 원유가 유출되는 사고가 발생하자 해상 방제업 등을 영위하는 을 주식회사가 피해 방지를 위해 해양경찰의 직접적인 지휘를 받아 방제작업을 보조한 사안에서, 갑 회사의 조치만으로는 원유 유출사고에 따른 해양오염을 방지하기 곤란할 정도로 긴급방제조치가 필요한 상황이었고, 위 방제작업은 을 회사가 국가를 위해 처리할 수 있는 국가의 의무 영역과 이익 영역에 속하는 사무이며, 을 회사가 방제작업을 하면서 해양경찰의 지시·통제를 받았던 점 등에 비추어 **을 회사는 국가의 사무를 처리한다는 의사로 방제작업을 한 것으로 볼 수 있으므로, 을 회사는 사무관리에 근거하여 국가에 방제비용을 청구할 수 있다.**

II 공법상 부당이득

1. 부당이득반환청구권의 성격

(1) 사권설에 따른 판례

① 개발부담금 부과처분이 취소된 이상 그 후의 부당이득으로서의 과오납금 반환에 관한 법률관계는 단순한 민사 관계에 불과한 것이고, 행정소송 절차에 따라야 하는 관계로 볼 수 없다.(대판1995.12.22. 선고 94다51253)

② 국세환급금에 관한 국세기본법 및 구 국세기본법(2007. 12. 31. 법률 제8830호로 개정되기 전의 것) 제51조 제1항은 이미 부당이득으로서 존재와 범위가 확정되어 있는 과오납부액이 있는 때에는 국가가 납세자의 환급신청을 기다리지 않고 즉시 반환하는 것이 정의와 공평에 합당하다는 법리를 선언하고 있는 것이므로, **이미 존재와 범위가 확정되어 있는 과오납부액은 납세자가 부당이득의 반환을 구하는 민사소송으로 환급을 청구할 수 있다.**(대판 2015.08.27. 선고 2013다212639)

→ 실제사업자와 사업명의자가 다른 경우 환급청구권자 : 사업명의자(판례)

(2) 공권설에 따른 판례

납세의무자에 대한 **국가의 부가가치세 환급세액지급의무에 대응하는 국가에 대한 납세의무자의 부가가치세 환급세액지급청구는 민사소송이 아니라 행정소송법 제3조 제2호에 규정된 당사자소송의 절차**에 따라야 한다.(대판 2013.3.21. 2011다95564전합)

2. 부당이득의 성립여부

① 지방재정법 제87조 제1항에 의한 **변상금부과처분이 당연무효인 경우**에 이 변상금부과처분에 의하여 납부자가 **납부하거나 징수당한 오납금은 지방자치단체가 법률상 원인 없이 취득한 부당이득에 해당**하고, 이러한 오납금에 대한 **납부자의 부당이득반환청구권**은 처음부터 법률상 원인이 없이 납부 또는 징수된 것이므로 **납부 또는 징수시에 발생하여 확정되며, 그 때부터 소멸시효가 진행**한다.(대판 2005.01.27. 선고 2004다50143)

② 공익사업법에 따라 수용됨으로 인하여 기존 가압류의 효력이 소멸되는 한편 제3취득자인 토지소유자는 위 가압류의 부담에서 벗어나 토지수용보상금을 온전히 지급받게 되었다고 하더라도, 이는 위 법에 따른 토지수용의 효과일 뿐이지 이를 두고 법률상 원인없는 부당이득이라고 할 것은 아니다.(대판 2009.9.10. 2006다61536)

③ 원천징수의무자가 소득금액변동통지를 행정처분으로 본 대법원 전원합의체 판결선고이전에 이루어진 위**법한 소득금액변동통지에 의하여 근로소득세 원천징수분을 자진납부한 후 부당이득반환청구의 소를 제기한 경우 부당이득반환청구권이 인정**된

다.(대판 2009.12.24. 2007다25377)

④ **한국전력공사가 전선의 선하지 부분 도로를 점유·사용하는 것**은 전주에 관한 점용허가의 적법한 범위를 넘어 사용이익을 얻은 경우라고 볼 수 없어서 **법률상 원인이 없는 부당이득에 해당하지 아니한다.**(대판2012.05.24. 선고 2010다70247)

⑤ 제3자가 체납자가 납부하여야 할 체납액을 체납자의 명의로 납부한 경우에는 원칙적으로 체납자의 조세채무에 대한 유효한 이행이 되고, 이로 인하여 국가의 조세채권은 만족을 얻어 소멸하므로, 국가가 체납액을 납부받은 것이 법률상 원인이 없다고 할 수 없고, 제3자는 국가에 대하여 부당이득반환을 청구할 수 없다.(대판 2013다215263)

⑥ 납세자가 조세환급금에 대하여 이행청구를 한 이후에는 법정이자의 성질을 가지는 환급가산금청구권 및 이행지체로 인한 지연손해금청구권이 경합적으로 발생하고, 납세자는 자신의 선택에 좇아 그중 하나의 청구권을 행사할 수 있다.(대판 2018. 7. 19. 선고 2017다242409)

⑦ 특별시장 등이 거짓이나 부정한 방법으로 화물자동차 유가보조금을 교부받은 운송사업자 등으로부터 부정수급액을 반환받을 권리에 대한 소멸시효(=5년) 및 유가보조금 부정수급액 반환명령일을 기준으로 5년의 소멸시효가 완성된 부정수급액에 대하여 반환명령을 할 수 있는지 여부(소극)(대판 2019. 10. 17. 선고 2019두33897 판결)

⑧ 임용행위가 당연무효이거나 취소된 공무원(이하 이를 통칭하여 '임용결격공무원 등'이라 한다)의 공무원 임용 시부터 퇴직 시까지의 사실상의 근로(이하 '이 사건 근로'라 한다)는 법률상 원인 없이 제공된 것으로서, 국가 및 지방자치단체는 이 사건 근로를 제공받아 이득을 얻은 반면 임용결격공무원 등은 이 사건 근로를 제공하는 손해를 입었다 할 것이므로, 손해의 범위 내에서 국가 및 지방자치단체는 위 이득을 민법 제741조에 의한 부당이득으로 반환할 의무가 있다.(대판 2017.5.11. 2012다200486)

판례 핵심정리
임용결격공무원의 임용시부터 퇴직시까지의 사실상의 근로에 대하여 국가 및 지방자치단체는 부당이득반환의무가 인정된다.

제3절 사인의 공법행위

I 사인의 공법행위에 대한 적용법리

1. 사인의 공법행위의 철회와 보정시기

① 공무원이 한 사직의 의사표시는 그에 터잡은 **의원면직처분이 있을 때까지는 원칙적으로 이를 철회할 수 있는것이지만, 다만 의원면직처분이 있기 전이라도 사직의 의사표시를 철회하는 것이 신의칙에 반한다고 인정되는 특별한 사정이 있는 경우에는 그 철회는 허용되지 아니한다.**(대판 1993.7.27. 92누16942)

② **공무원이 한 사직의사표시의 철회나 취소는 그에 터잡은 의원면직처분이 있을 때까지 할 수 있는 것이고**, 일단 면직처분이 있고 난 이후에는 철회나 취소할 여지가 없다.(대판 2001.8.24. 99두9971)

③ 사인의 공법상 행위는 명문으로 금지되거나 성질상 불가능한 경우가 아닌 한 **그에 의거한 행정행위가 행하여질 때까지는 자유로이 철회하거나 보정이 가능하다고 보아야** 한다.(대판 2001.6.15. 99두5566)

2. 사인의 공법행위와 의사표시의 하자

① 여군하사관 전역지원의 의사표시가 진의 아닌 의사표시라고 하더라도 그 무효에 관한 법리를 선언한 **민법 제107조 제1항 단서의 규정은 그 성질상 사인의 공법행위에는 적용되지 않는다 할 것이므로 그 표시된 대로 유효한 것**으로 보아야 할 것이다.(대판 1994.1.11. 93누10057)

② 감사담당직원이 당해 공무원에 대한 비리를 조사하는 과정에서 사직하지 아니하면 징계파면이 될 것이고 또한 그렇게 되면 퇴직금 지급상의 불이익을 당하게 될 것이라는 등의 강경한 태도를 취하였다고 할지라도, **그 취지가 단지 비리에 따른 객관적 상황을 고지하면서 사직을 권고·종용한 것이 지나지 않고 위 공무원이 그 비리로 인하여 징계파면이 될 경우 퇴직금 지급상의 불이익을 당하게 될 것 등 여러 사정을 고려하여 사직서를 제출한 경우라면 그 의사결정이 의원면직처분의 효력에 영향을 미칠 하자가 있었다고는 볼 수 없다.**(대판 1997.12.12. 97누13962)

③ 이른바 **1980년의 공직자 숙청계획의 일환으로 일괄사표의 제출과 선별수리의 형식으로 공무원에 대한 의원면직처분이 이루어진 경우**, 사직원제출행위가 강압에 의하여 의사결정의 자유를 박탈당한 상태에서 이루어진 것이라 할 수 없고 민법상의 비진의의사표시에 관한 규정은 사인의 공법행위에는 적용되지 않는다는 이유로 그 의원면직처분을 당연무효라고 할 수 없다.(대판 2001.8.24. 99두9971)

3. 사인이 공법행위의 하자

(1) 사인의 공법행위에 흠결이 있는 경우 그 보완의 대상이 되는 흠의 정도

건축불허가처분을 하면서 그 사유의 하나로 소방시설과 관련된 소방서장의 건축부동의 의견을 들고 있으나 **그 보완이 가능한 경우, 보완을 요구하지 아니한 채 곧바로 건축허가신청을 거부한 것은 재량권의 범위를 벗어난 것이다.** (대판 2004.10.15. 2003두6573)

> ▶ 판례상 사인의 공법행위의 흠결이 있는 경우 그 보완의 대상이 되는 흠의 정도
> **보완이 가능한 경우이어야 함은 물론**이고, 그 내용 또한 형식적·절차적인 요건이거나, **실질적인 요건에 관한 흠이 있는 경우라도 그것이 민원인의 단순한 착오나 일시적인 사정 등에 기한 경우** 등이라야 한다.

(2) 자기완결적 공법행위

① 신고납세방식의 조세와 부당이득의 성립여부 및 하자의 정도 : 대판 2006.1.13. 2004다64340

㉠ **취득세와 등록세는 신고납세방식의 조세**로서 이러한 유형의 조세에 있어서는 원칙적으로 납세의무자가 스스로 과세표준과 세액을 정하여 신고하는 행위에 의하여 납세의무가 구체적으로 확정되고, 그 납부행위는 신고에 의하여 확정된 구체적 납세의무의 이행으로 하는 것이며 지방자치단체는 그와 같이 확정된 조세채권에 기하여 납부된 세액을 보유하는 것이므로, **납세의무자의 신고행위가 중대하고 명백한 하자로 인하여 당연무효로 되지 아니하는 한 그것이 바로 부당이득에 해당한다고 할 수 없고**, 여기에서 **신고행위의 하자가 중대하고 명백하여 당연무효에 해당하는지의 여부에 대하여는 신고행위의 근거가 되는 법규의 목적, 의미, 기능 및 하자 있는 신고행위에 대한 법적 구제수단 등을 목적론적으로 고찰함과 동시에 신고행위에 이르게 된 구체적 사정을 개별적으로 파악하여 합리적으로 판단**하여야 한다.

㉡ 취득세와 등록세의 신고·납부에 있어서, '**무상취득**'에 의한 세액만을 신고·납부하면 되는데도 이를 초과하여 '유상취득'임을 전제로 하여 **계산된 세액을 신고·납부한 경우, 그 초과 부분에 해당하는 신고·납부행위에는 조세채무의 확정력을 인정하기 어려운 중대하고 명백한 하자가 있어 당연무효에 해당한다**고 한 원심의 판단을 수긍한 사례.

(3) 행정요건적 공법행위

처분과의 관계	사인의 공법행위	행정처분
단순한 동기 (영향 ×)	유효	유효
	무효	유효
필수적 전제조건 (영향 ○)	유효	유효
	무효	무효

II 신청

> **관련판례** 신청에 관련된 판례정리
>
> ① 신청인의 행정청에 대한 신청의 의사표시는 명시적이고 확정적이어야 한다고 할 것이므로 신청인이 신청에 앞서 행정청의 **허가업무 담당자에게 신청서의 내용에 대한 검토를 요청한** 것만으로는 다른 특별한 사정이 없는 한 명시적이고 확정적인 **신청의 의사표시가 있었다고 하기 어렵다**.(대판 2003두13236)
> ② 보완가능함에도 보완을 요구하지 아니한 채 곧바로 허가신청을 거부한 것: 위법
> ㉠ 민원사무처리에 관한 법률 소정의 보완의 대상이 되는 흠은 보완이 가능한 경우이어야 함은 물론이고, 그 내용 또한 형식적·절차적 요건이나, 실질적인 요건에 관한 흠이 있는 경우라도 그것이 민원인의 단순한 착오나 일시적인 사정등에 기한 경우등이라야 한다.
> ㉡ 건축불허가처분을 하면서 그 사유의 하나로 소방시설과 관련된 소방서장의 건축부동의 의견을 들고 있으나 그 건축부동의 사유의 보완이 가능함에도 보완을 요구하지 아니한 채 곧바로 건축허가신청을 거부한 것은 재량권의 범위를 벗어난 것이다.(대판 2003두6573)

III 신고

1. 본래적 의미의 신고

(1) 수리를 요하는 신고와의 비교

① 수리를 요하는 신고와의 비교

구분	본래적 신고	수리를 요하는 신고
개념	일정한 사실을 통지함으로써 의무가 종료되는 신고	행정청이 수리함으로써 효과가 발생하는 신고
사례	① 건축법상 건축신고 ② 건축법상 착공신고 ③ 신고체육시설 영업신고	① 인허가의제효과를 수반하는 건축신고 ② 납골당설치신고

사례	④ 골프장 이용료 변경신고 ⑤ 수산제조업신고 ⑥ 의료법상 의원개설신고 ⑦ 축산물판매업신고	③ 회원제 골프장 회원모집계획서 제출 ④ 주민등록전입신고 ⑤ 영업양도 지위 ⑥ 건축주명의변경신고 ⑦ 수산업법상 어업신고 ⑧ 유통산업발전법상 대규모점포 개설등록 ⑨ 국제표준무도 교습학원 등록
행정절차법	○	×
요건	형식적 요건 구비 요(要) ○ ① 신고서 기재사항에 흠 × ② 필요한 구비서류 첨부 요(要) ③ 법령등에 규정된 형식상 요건에 적합 → 그 내용의 진실함이 증명 필요 ×	원칙: 형식적 요건 구비 요 ex) 건축주명의변경신고 예외: 형식적 요건 + 실질적 요건 ① 유료노인복지주택 : 부적격자 입소여부까지 ② 골재선별, 세척 또는 파쇄신고 ③ 인허가의제건축신고
복수요건	신고를 규정한 법률상의 요건 외에 타법상의 요건도 충족되어야 하는 경우 → 타법상의 요건도 구비 요(要) → ex) 식품위생법에 따른 식품접객업 영업신고 요건은 구비하였으나, 영업신고가 된 건축물이 무허가건축물인 경우 : 신고효력 ×	
신고수리	① 신고수리나 신고필증을 교부하는 행위 : 법적효과 ×	① 신고수리가 있어야 효력발생 ② 신고필증 교부 : 필수적인 것 ×
효력 적법	도달시 효력발생	수리시 효력발생
효력 부적법	효력발생 × → **수리여부와 관계없이 무신고영업에 해당**	효력발생 ×
처분성	처분성 × → 예외적으로 처분성 인정 : 건축신고 수리거부, 착공신고 반려	처분성 인정

② 자기완결적 신고의 사례

> - 건축법상의 건축신고, 건축물 착공신고
> - 가족관계의 등록등에 관한 법률상의 출생신고, 사망신고
> - 체육시설의 설치·이용에 관한 법률상의 신고체육시설업의 영업신고
> - 체육시설의 설치·이용에 관한 법률상의 골프장 이용료 변경신고
> - 수산업법상 수산제조업신고
> - 의료법에 의한 의원, 치과의원, 한의원, 조산소의 개설신고
> - 정보통신매체를 이용하여 학습비를 받고 불특정다수인에게 원격평생교육을 실시하기 위한 신고

(2) 자기완결적 신고의 특징

㈎ 신고의 요건과 심사

핵심정리

㉠ 자기완결적 신고에 있어서 심사는 형식적 심사에 의하며, 행정청으로서는 구비서류 등이 갖추어졌는지 여부등을 심사하여 그것이 법규정에 부합하는 이상 수리하여야 하며 법규에 정하지 아니한 사유를 심사하여 이를 이유로 신고수리를 거부할 수는 없다.

㉡ 여러 관련법의 요건을 구비하여야 하는 경우 ➡ 타법에서 정한 요건도 구비하여야 한다.

① 학교보건법과 체육시설의설치이용에관한법률은 그 입법목적, 규정사항, 적용범위 등을 서로 달리 하고 있어서 당구장의 설치에 관하여 체육시설의설치·이용에관한법률이 학교보건법에 우선하여 배타적으로 적용되는 관계에 있다고는 해석되지 아니하므로 **체육시설의설치·이용에관한법률에 따른 당구장업의 신고요건을 갖춘 자라 할지라도 학교보건법 제5조 소정의 학교환경 위생정화구역 내에서는 같은 법 제6조에 의한 별도 요건을 충족하지 아니하는 한 적법한 신고를 할 수 없다고 보아야** 한다.(대판 1991.07.12. 선고 90누8350)

② 식품위생법과 건축법은 그 입법 목적, 규정사항, 적용범위 등을 서로 달리하고 있어 식품접객업에 관하여 식품위생법이 건축법에 우선하여 배타적으로 적용되는 관계에 있다고는 해석되지 않는다. 그러므로 **식품위생법에 따른 식품접객업(일반음식점영업)의 영업신고의 요건을 갖춘 자라고 하더라도, 그 영업신고를 한 당해 건축물이 건축법 소정의 허가를 받지 아니한 무허가 건물이라면 적법한 신고를 할 수 없다.**(대판 2009.04.23. 선고 2008도6829)

③ **위 법령에서 규정하는 시설기준을 갖추어 축산물판매업 신고를 하는 경우 당연히 그 신고를 수리하여야 하고, 적법한 요건을 갖춘 신고의 경우에는 행정관청의 수**

리처분 등 별단의 조처를 기다릴 필요 없이 그 접수시에 신고로서의 효력이 발생하는 것이므로 그 수리가 거부되었다고 하여 미신고 영업이 되는 것은 아니라고 할 것이다(대법원 1985. 4. 23. 선고 84도2953 판결, 대법원 1998. 4. 24. 선고 97도3121 판결 등 참조). 따라서 피고시 담당공무원이 위 법령상의 시설기준이 아닌 사유로 축산물판매업 신고 수리를 할 수 없다는 통보를 하고 미신고 영업으로 고발할 수 있다는 통지를 한 것은 위법한 직무집행이라고 할 것이다.(대판 2010.04.29. 선고 2009다97925)

축산물가공업	시도지사의 허가
식육포장처리업 또는 축산물보관업	시장·군수·구청장의 허가
축산물판매업	시장·군수·구청장에 신고

④ 전통민간요법인 침·뜸행위를 온라인을 통해 교육할 목적으로 인터넷 침·뜸 학습센터를 설립한 갑이 구 평생교육법 제22조 제2항 등에 따라 평생교육시설로 신고하였으나 관할행정청이 교육내용이 의료법에 저촉될 우려가 있다는 등의 사유로 이를 반려하는 처분을 한 사안에서, **관할행정청은 형식적 심사범위에 속하지 않는 사항을 수리거부사유로 삼았을 뿐만 아니라 처분사유도 인정되지 않는다는 이유로, 위 처분은 위법**하다.(대판 2011.7.28. 2005두11784)

⑤ 수산제조업의 신고를 하는 자가 형식적 요건의 하자없이 그 신고서를 구비서류까지 첨부하여 제출한 경우 담당공무원이 법령에 규정되지 아니한 다른 사유를 들어 그 신고를 반려하였다고 하더라도, 그 신고서가 제출된 때에 신고가 있었다고 볼 것이다(대판 1999.12.24. 98다57419).

⑥ 수산제조업을 하고자 하는 사람이 형식적 요건을 모두 갖춘 수산제조업 신고서를 제출한 경우에는 담당 공무원이 관계 법령에 규정되지 아니한 사유를 들어 그 신고를 수리하지 아니하고 반려하였다고 하더라도 그 신고서가 제출된 때에 신고가 있었다고 볼 것이나, 담당 공무원이 관계 법령에 규정되지 아니한 서류를 요구하여 신고서를 제출하지 못하였다는 사정만으로는 신고가 있었던 것으로 볼 수 없다(대판 2002.3.12. 2000다73612).

⑦ 숙박업영업신고

숙박업을 하고자 하는 자가 법령이 정하는 시설과 설비를 갖추고 행정청에 신고를 하면, 행정청은 공중위생관리법령의 위 규정에 따라 원칙적으로 이를 수리하여야 한다. 행정청이 법령이 정한 요건 이외의 사유를 들어 수리를 거부하는 것은 위 법령의 목적에 비추어 이를 거부해야 할 중대한 공익상의 필요가 있다는 등 특별한 사정이 있는 경우에 한한다.(대판 2017두34087)

판례요지

이러한 법리는 **이미 다른 사람 명의로 숙박업 신고가 되어 있는 시설 등의 전부 또는 일부에서 새로 숙박업을 하고자 하는 자가 신고를 한 경우에도 마찬가지이다**. 기존에 다른 사람이 숙박업 신고를 한 적이 있더라도 새로 숙박업을 하려는 자가 그 시설 등의 소유권 등 정당한 사용권한을 취득하여 법령에서 정한 요건을 갖추어 신고하였다면, 행정청으로서는 특별한 사정이 없는 한 이를 수리하여야 하고, 단지 해당 시설 등에 관한 기존의 숙박업 신고가 외관상 남아있다는 이유만으로 이를 거부할 수 없다.

⑧ 가설건축물존치기간연장 신고
　㉠ 가설건축물은 건축법상 '건축물'이 아니므로 건축허가나 건축신고 없이 설치할 수 있는 것이 원칙이지만 일정한 가설건축물에 대하여는 건축물에 준하여 위험을 통제하여야 할 필요가 있으므로 신고 대상으로 규율하고 있다. **이러한 신고제도의 취지에 비추어 보면, 가설건축물 존치기간을 연장하려는 건축주 등이 법령에 규정되어 있는 제반 서류와 요건을 갖추어 행정청에 연장신고를 한 때에는 행정청은 원칙적으로 이를 수리하여 신고필증을 교부하여야 하고, 법령에서 정한 요건 이외의 사유를 들어 수리를 거부할 수는 없다**. 따라서 행정청으로서는 법령에서 요구하고 있지도 아니한 '대지사용승낙서' 등의 서류가 제출되지 아니하였거나, 대지소유권자의 사용승낙이 없다는 등의 사유를 들어 가설건축물 존치기간 연장신고의 수리를 거부하여서는 아니 된다.
　㉡ 건축법상의 이행강제금은 시정명령의 불이행이라는 과거의 위반행위에 대한 제재가 아니라, **의무자에게 시정명령을 받은 의무의 이행을 명하고 그 이행기간 안에 의무를 이행하지 않으면 이행강제금이 부과된다는 사실을 고지함으로써 의무자에게 심리적 압박을 주어 의무의 이행을 간접적으로 강제하는 행정상의 간접강제 수단에 해당**한다. 이러한 **이행강제금의 본질상 시정명령을 받은 의무자가 이행강제금이 부과되기 전에 그 의무를 이행한 경우에는 비록 시정명령에서 정한 기간을 지나서 이행한 경우라도 이행강제금을 부과할 수 없다**. 나아가 **시정명령을 받은 의무자가 그 시정명령의 취지에 부합하는 의무를 이행하기 위한 정당한 방법으로 행정청에 신청 또는 신고를 하였으나 행정청이 위법하게 이를 거부 또는 반려함으로써 결국 그 처분이 취소되기에 이르렀다면, 특별한 사정이 없는 한 그 시정명령의 불이행을 이유로 이행강제금을 부과할 수는 없다고 보는 것이 위와 같은 이행강제금 제도의 취지에 부합**한다.

⑨ 정신과 의원
　앞서 본 관련 법령의 내용과 이러한 신고제의 취지를 종합하면, **정신과의원을 개설하려는 자가 법령에 규정되어 있는 요건을 갖추어 개설신고를 한 때에, 행정청은 원칙적으로 이를 수리하여 신고필증을 교부하여야 하고, 법령에서 정한 요건

이외의 사유를 들어 의원급 의료기관 개설신고의 수리를 거부할 수는 없다.(대판 2018두44302)

> **관련판례** 병원과 의원
>
> 1. 평등원칙 위반여부 관련
>   관련 법령이 정신병원 등의 개설에 관하여는 허가제로, 정신과의원 개설에 관하여는 신고제로 각 규정하고 있는 것은 각 의료기관의 개설 목적 및 규모 등 차이를 반영한 합리적 차별로서 평등의 원칙에 반한다고 볼 수 없다. 또한 신고제 규정으로 사인인 제3자에 의한 개인의 생명이나 신체 훼손의 위험성이 증가한다고 할 수 없어 기본권 보호의무에 위반된다고 볼 수도 없다.(대판 2018두44302)
> 2. 의료기관 개설허가취소와 폐쇄명령
>   ㉠ 의료법 제33조 제4항에 따라 허가에 근거하여 개설된 의료기관에 대해서는 개설 허가 취소처분의 형식으로 하고, 제33조 제3항과 제35조 제1항 본문에 따라 신고에 근거하여 개설된 의료기관에 대해서는 폐쇄명령의 형식으로 해야 한다.
>   ㉡ 법인이 개설한 의료기관에서 거짓으로 진료비를 청구하였다는 범죄사실로 법인의 대표자가 금고 이상의 형을 선고받고 형이 확정된 경우, 의료법 제64조제1항 제8호에 따라 진료비 거짓 청구가 이루어진 해당 의료기관의 개설 허가 취소처분(또는 폐쇄명령)을 해야한다.(대판 2021. 3. 11. 선고 2019두57831) ➔ 재량 ×

　⑩ 가설건축물축조신고
　　2017. 1. 17. 개정 전 구 건축법은 가설건축물이 축조되는 지역과 용도에 따라 허가제와 신고제를 구분하면서, 가설건축물 신고와 관련하여서는 국토의 계획 및 이용에 관한 법률에 따른 개발행위허가 등 인·허가 의제 내지 협의에 관한 규정을 전혀 두고 있지 아니하다. **이러한 신고대상 가설건축물 규제 완화의 취지를 고려하면, 행정청은 특별한 사정이 없는 한 개발행위허가 기준에 부합하지 않는다는 점을 이유로 가설건축물 축조신고의 수리를 거부할 수는 없다.**

(나) 효력발생 : 도달주의
　① 구 체육시설의 설치·이용에 관한 법률 제18조에 의한 **행정청에 대한 신고(골프장이용료변경신고)에 행정청의 수리행위를 요하지 않으므로** 도지사에게 제출하여 **접수된 때에 신고가 있었다고 볼 것이고, 도지사의 수리행위가 있어야만 신고가 있었다고 볼 것은 아니다.**(대판 1993.7.6. 93마635)
　② 수산제조업의 신고를 하는 자가 **형식적 요건의 하자없이 그 신고서를 구비서류까지 첨부하여 제출한 경우** 담당공무원이 법령에 규정되지 아니한 다른 사유를 들어 그 신고를 반려하였다고 하더라도, **그 신고서가 제출된 때에 신고가 있었다고 볼 것이다.**(대판 1999.12.24. 98다57419)
　③ 수산제조업을 하고자 하는 사람이 형식적 요건을 모두 갖춘 수산제조업 신고서를 제출한 경우에는 **담당 공무원이 관계 법령에 규정되지 아니한 사유를 들어 그 신고를 수리하지 아니하고 반려하였다고 하더라도 그 신고서가 제출된 때에 신고가**

있었다고 볼 것이나, 담당 공무원이 관계 법령에 규정되지 아니한 서류를 요구하여 신고서를 제출하지 못하였다는 사정만으로는 신고가 있었던 것으로 볼 수 없다.(대판 2002.03.12. 선고 2000다73612)

④ ~이러한 법령에 비추어 볼 때 행정관청으로서는 위 법령에서 규정하는 시설기준을 갖추어 **축산물판매업 신고를 하는 경우 당연히 그 신고를 수리하여야 하고, 적법한 요건을 갖춘 신고의 경우에는 행정관청이 수리처분등 별단의 조치를 기다릴 필요없이 그 접수시에 신고로서의 효력이 발생하는 것이므로** 그 수리가 거부되었다 하여 미신고영업이 되는 것은 아니라고 할 것이다.(대판 2010.4.29. 2009다97925)

(다) 신고의 효과

핵심정리
㉠ 자기완결적 신고의 경우 적법한 요건을 갖추어 도달시 : 효력발생하며 무신고영업×
㉡ 자기완결적 신고의 경우 부적법신고 : 수리하더라도 수리의 효과 발생×
㉢ 신고의무 불이행시 행정벌 ○

① 신고체육시설업(당구장)
  소정의 시설을 갖추지 못한 체육시설업의 신고는 부적법한 것으로 그 수리가 거부될 수밖에 없고 그러한 상태에서 신고체육시설업의 영업행위를 계속하는 것은 무신고 영업행위에 해당할 것이지만, 이에 반하여 적법한 요건을 갖춘 신고의 경우에는 행정청의 수리처분 등 별단의 조치를 기다릴 필요 없이 그 접수시에 신고로서의 효력이 발생하는 것이므로 그 수리가 거부되었다고 하여 무신고 영업이 되는 것은 아니다.(대판 1998.04.24. 선고 97도3121)

② 공동주택 및 부대시설·복리시설의 소유자·입주자·사용자 및 관리주체가 건설부령이 정하는 **경미한 사항으로서 신고대상인 건축물의 건축행위를 하고자 할 경우에는 그 관계 법령에 정해진 적법한 요건을 갖춘 신고만을 하면 그와 같은 건축행위를 할 수 있고, 행정청의 수리처분 등 별단의 조치를 기다릴 필요가 없다고 할 것이며**, 또한 이와 같은 신고를 받은 행정청으로서는 그 신고가 같은 법 및 그 시행령 등 관계 법령에 신고만으로 건축할 수 있는 경우에 해당하는 여부 및 그 구비서류 등이 갖추어져 있는지 여부 등을 심사하여 그것이 법규정에 부합하는 이상 이를 수리하여야 하고, 같은 법 규정에 정하지 아니한 사유를 심사하여 이를 이유로 신고수리를 거부할 수는 없다.(대판1999.04.27. 선고 97누6780)

③ 영업장 면적 변경에 관한 신고의무가 이행되지 않은 일반음식점의 영업을 양수한 자가, 그 **신고의무를 이행하지 않은 채 영업을 계속한 행위**는 구 식품위생법상 신고의무불이행으로 인한 **처벌대상이 된다.**(대판 2010.7.15. 2010도4869)

㈑ 신고필증의 의미

의료법시행규칙 제22조 제3항에 의하면 **의원개설 신고서를 수리한 행정관청이 소정의 신고필증을 교부하도록 되어있다 하여도 이는 신고사실의 확인행위로서 신고필증을 교부하도록 규정한 것에 불과**하고 그와 같은 신고필증의 교부가 없다 하여 개설신고의 효력을 부정할 수 없다 할 것이다.(대판 1985.04.23. 선고 84도2953)

㈐ 본래적 의미의 신고와 처분성(항고소송의 대상적격 문제)

① 원칙 : 처분성 부정

부가가치세법상의 사업자등록은 과세관청으로 하여금 부가가치세의 납세의무자를 파악하고 그 과세자료를 확보케 하려는 데 입법취지가 있는 것으로서, **이는 단순한 사업사실의 신고로서 사업자가 소관 세무서장에서 소정의 사업자등록신청서를 제출함으로써 성립되는 것이고, 사업자등록증의 교부는 이와 같은 등록사실을 증명하는 증서의 교부행위에 불과한 것**이며, 부가가치세법 제5조 제5항에 의하면 사업자가 폐업하거나 또는 신규로 사업을 개시하고자 하여 사업개시일 전에 등록한 후 사실상 사업을 개시하지 아니하게 되는 때에는 과세관청이 직권으로 이를 말소하도록 하고 있는데, 사업자등록의 말소 또한 폐업사실의 기재일 뿐 그에 의하여 사업자로서의 지위에 변동을 가져오는 것이 아니라는 점에서 **과세관청의 사업자등록 직권말소행위는 불복의 대상이 되는 행정처분으로 볼 수가 없다.**(대판 2000.12.22. 선고 99두6903)

② 예외 : 처분성 인정

㉠ 건축주 등은 신고제하에서도 건축신고가 반려될 경우 당해 건축물의 건축을 개시하면 시정명령, 이행강제금, 벌금의 대상이 되거나 당해 건축물을 사용하여 행할 행위의 허가가 거부될 우려가 있어 불안정한 지위에 놓이게 된다. 따라서 **건축신고 반려행위가 이루어진 단계에서 당사자로 하여금 반려행위의 적법성을 다투어 그 법적 불안을 해소한 다음 건축행위에 나아가도록 함으로써 장차 있을지도 모르는 위험에서 미리 벗어날 수 있도록 길을 열어 주고, 위법한 건축물의 양산과 그 철거를 둘러싼 분쟁을 조기에 근본적으로 해결할 수 있게 하는 것이 법치행정의 원리에 부합**한다. 그러므로 건축신고 반려행위는 항고소송의 대상이 된다고 보는 것이 옳다. (대판 2010.11.18. 선고 2008두167 전합)

㉡ 건축주 등으로서는 착공신고가 반려될 경우, 당해 건축물의 착공을 개시하면 시정명령, 이행강제금, 벌금의 대상이 되거나 당해 건축물을 사용하여 행할 행위의 허가가 거부될 우려가 있어 불안정한 지위에 놓이게 된다. 따라서 착공신고 반려행위가 이루어진 단계에서 당사자로 하여금 반려행위의 적법성을 다투어 법적 불안을 해소한 다음 건축행위에 나아가도록 함으로써 장차 있을지도 모르는 위험에서 미리 벗어날 수 있도록 길을 열어 주고, 위법한 건축물

의 양산과 철거를 둘러싼 분쟁을 조기에 근본적으로 해결할 수 있게 하는 것이 법치행정의 원리에 부합한다. 그러므로 **행정청의 착공신고 반려행위는 항고소송의 대상이 된다**고 보는 것이 옳다. (대판 2011.06.10. 선고 2010두7321)

2. 수리를 요하는 신고

(1) 사례

> - 건축주명의변경신고 / 인허가의제효과를 수반하는 건축신고 / 개발행위허가로 의제되는 건축신고
> - 수산업법 소정의 어업신고
> - 등록체육시설업 신고 : 골프장, 스키장, 자동차 경주장 + 체육시설의 회원을 모집하고자 하는 자(골프장 사업자)의 회원모집계획서제출
> - 노인복지법에 의한 유료노인복지주택의 설치신고
> - 납골당설치신고
> - 양수양도 : 식품위생법에 의한 영업허가자명의변경신고, LPG 충전소 사업양수에 의한 지위승계 신고, 관광사업의 양수양도에 의한 지위승계신고, 개인택시운송사업의 상속신고
> - 주민등록 및 전입신고
> - 사회단체/노동조합설립신고
> - 장기요양기관의 폐업신고와 노인의료복지시설의 폐지신고

관련판례 　**장기요양기관의 폐업신고**

장기요양기관의 폐업신고와 노인의료복지시설의 폐지신고는 행정청이 요건에 맞는지를 심사한 후 수리하는 이른바 "수리를 요하는 신고"에 해당한다. 그러나 행정청이 그 신고를 수리하였다고 하더라도, 신고서 위조등의 사유가 있어 신고행위 자체가 효력이 없다면, 그 수리행위는 유효한 대상이 없는 것으로서, 수리행위 자체에 중대·명백한 하자가 있는지를 따질 것도 없이 당연히 무효이다.(대판 2018두33593)

(2) **성격**

　(가) 기속행위로 판시한 사례

　　① 구 관광진흥법 제8조 등 관계규정의 형식이나 체재 또는 문언등을 종합하여 보면, **관광사업의 양도·양수에 의한 지위승계신고에 대하여는 적법·유효한 사업양도가 있고, 양수인에게 구 관광진흥법 제7조 제1항 각호의 결격사유가 없는 한 행정청이 다른 사유를 들어 수리를 거절할 수 없다고 할 것**이므로, 위 신고의 수리에 관한 처분을 재량행위라고 볼 수 없다.(대판 2007.6.29. 2006두4097)

② 구 축산물가공처리법령에서 규정하는 시설기준을 갖추어 축산물판매업 신고를 한 경우, **행정관청은 당연히 그 신고를 수리하여야 하며 담당공무원이 위 법령상의 시설기준이 아닌 사유로 그 신고 수리를 할 수 없다는 통보를 하고 미신고 영업으로 고발할 수 있다는 통지를 한 것은 위법한 직무집행**이다.(대판 2010.4.29. 2009다97926)

③ 농어촌발전특별조치법 제47조 제1항의 규정취지 및 동 조항의 **농지전용신고는 법규정에 부합하는 이상 이를 수리하여야 하고, 위 법규정에 정하지 아니한 농지의 보전가치등을 심사하여 이를 이유로 신고수리를 거부할 수 없다.**(대판 1993.9.14. 93누6959)

④ 건축물의 용도변경신고가 건축기준에 적합한 경우, 행정청은 관계법령에 없는 다른 사유로 그 수리를 거부할 수 없다.(대판 2007.6.1. 2005두17201)

⑤ 토지거래신고를 받은 행정청이 **그 신고에 형식적·절차적 하자가 없는데도 신고된 토지의 이용계획이 도시계획에 부적합하다는 등의 실체적 이유를 들어 신고의 수리를 거부할 수 없다.**(대판 1997.8.29. 96누6646)

(내) 재량행위로 판시한 사례

① 구 장사등에 관한 법률 제14조 제1항에 의한 **사설납골시설의 설치신고는 설치기준에 부합하는 한, 수리하여야 하나, 보건위생상의 위해를 방지하거나 국토의 효율적 이용 및 공공복리의 증진 등 중대한 공익상 필요가 있는 경우에는 그 수리를 거부할 수 있다**고 보는 것이 타당하다.(대판 2010.9.9. 2008두22631)

② 주유소등록신청이 관계법령 소정의 제한사유 이외의 중대한 공익상 필요가 있는 경우에는 그 수리를 거부할 수 있다.(대판 1998.9.25. 98두7503)

③ 일정한 건축물에 관한 건축신고는 건축법 제14조 제2항, 제11조 제5항 제3호에 의하여 국토의 계획 및 이용에 관한 법률 제56조에 따른 개발행위허가를 받은 것으로 의제되는데, 국토의 계획 및 이용에 관한 법률 제58조 제1항 제4호에서는 **개발행위허가의 기준으로 주변 지역의 토지이용실태 또는 토지이용계획, 건축물의 높이, 토지의 경사도, 수목의 상태, 물의 배수, 하천·호소·습지의 배수 등 주변환경이나 경관과 조화를 이룰 것을 규정하고 있으므로, 국토의 계획 및 이용에 관한 법률상의 개발행위허가로 의제되는 건축신고가 위와 같은 기준을 갖추지 못한 경우 행정청으로서는 이를 이유로 그 수리를 거부할 수 있다**고 보아야 한다.(대판 2011.1.20. 2010두14954전합)

(3) 신고의 요건

(가) 형식적 요건

① 사회단체등록신청에 형식상의 요건불비가 없는데 등록청이 이미 설립목적 및 사업내용을 같이 하는 선등록단체가 있다 하여 그 단체와 제휴하거나 또는 등록없

이 자체적으로 설립목적을 달성하는 것이 바람직하다는 이유로 원고의 등록신청을 반려하였다면 그 반려처분은 사회단체등록에관한법률 제4조에 위반된 것이 명백하다.(대판 1989.12.26. 선고 87누308 전원합의체)
② 건축주명의변경신고에 대해 형식적 요건을 갖추어 시장, 군수에게 적법하게 건축주의 명의변경을 신고한때에는 시장, 군수는 그 신고를 수리하여야지 실체적 이유를 내세워 그신고의 수리를 거부할 수는 없다.(대판 1992.3.31. 91누4911)
➜ 형식적 요건심사
③ 정기간행물의 요건에 관하여는 실질적 심사가 아니라 형식적 심사에 그치도록 하고 있다.(헌재결 1997.8.21. 93헌바51)
④ 인터넷컴퓨터게임시설제공업의 시설기준에 관하여 형식적 심사에 그치도록 함으로서 그 규제수단도 최소한에 그치고 있다.(헌재결 2009.9.24. 2009헌바28) ➜ 형식적 요건심사

(나) 형식적 요건 + 실질적 요건
① 유료노인복지주택의 설치신고를 받은 행정관청으로서는 **그 유료노인복지주택의 시설 및 운영기준이 위 법령에 부합하는지**와 아울러 **그 유료노인복지주택이 적법한 입소대상자에게 분양되었는지와 설치신고 당시 부적격자들이 입소하고 있지는 않은지 여부까지 심사**하여 그 신고의 수리여부를 결정할 수 있다.(대판 2007.1.11. 2006두14537) ➜ 실질적 심사
② 골재채취법 제32조 제1항에서 '대통령령이 정하는 규모 이상의 골재를 선별, 세척 또는 파쇄하고자 하는 자는 건설교통부령이 정하는 바에 의하여 관할시장, 군수 또는 구청장에게 신고하여야 한다.'고 규정하고 있는바 입법연혁 및 관련규정의 취지에 비추어 **시장, 군수 또는 구청장은 골재선별, 세척 또는 파쇄신고에 대하여 실질적인 요건을 심사하여 신고를 수리하거나 거부할 수 있다.**(대판 2009.6.11. 2008두18021) ➜ 실질적 심사
③ **인허가의제효과를 수반하는 건축신고는 일반적인 건축신고와는 달리, 특별한 사정이 없는 한 행정청이 그 실체적 요건에 관한 심사를 한 후 수리하여야 하는 이른바 "수리를 요하는 신고"로 보는 것이 옳다.** (대판 2010두14954) ➜ 실질적 심사

(4) **수리를 요하는 신고의 효력발생과 신고필증**

핵심정리
• 효력발생 : 자기완결적 신고와 달리 수리하여야 그 신고의 법적 효과가 발생한다. • 신고필증의 의미 ① 증명의 의미를 가진다. ② 수리시 신고필증의 교부가 필수적인 것은 아니라는 것이 판례의 입장이다.

① 수산업법 제44조 소정의 **어업의 신고는 행정청의 수리에 의하여 비로소 그 효과가 발생하는 이른바 '수리를 요하는 신고'**라고 할 것이고, 따라서 설사 관할관청이 어업신고를 수리하면서 공유수면매립구역을 조업구역에서 제외한 것이 위법하다고 하더라도, **그 제외된 구역에 관하여 관할관청의 적법한 수리가 없었던 것이 분명한 이상 그 구역에 관하여는 같은 법 제44조 소정의 적법한 어업신고가 있는 것으로 볼 수 없다.**(대판 2000.05.26. 선고 99다37382)

② 납골당설치 신고는 이른바 '수리를 요하는 신고'라 할 것이므로, **납골당설치 신고가 구 장사법 관련 규정의 모든 요건에 맞는 신고라 하더라도 신고인은 곧바로 납골당을 설치할 수는 없고, 이에 대한 행정청의 수리처분이 있어야만 신고한 대로 납골당을 설치할 수 있다.** 한편 수리란 신고를 유효한 것으로 판단하고 법령에 의하여 처리할 의사로 이를 수령하는 수동적 행위이므로 **수리행위에 신고필증 교부 등 행위가 꼭 필요한 것은 아니다.**(대판 2011.09.08. 선고 2009두6766)

(5) 수리거부와 처분성

① 피고는 허가대상건축물의 양수인인 원고의 이 사건 건축주명의변경신고라는 구체적 사실에 관한 법집행으로서 그 신고를 수리하여야 할 법령상의 의무를 지고 있음에도 불구하고, 그 신고의 수리를 거부함으로써 원고가 건축공사를 계속하기 위하여 또는 건축공사를 완료한 후 자신의 명의로 소유권보존등기를 하기 위하여 가지는 구체적인 법적 이익을 침해하는 결과가 되었다고 할 것이므로,~ **이 사건 건축주명의변경신고 수리거부행위는 원고의 권리·의무에 직접 영향을 미치는 것으로서 취소소송의 대상이 되는 처분이라고 하지 않을 수 없다.**(대판 1992.3.31. 91누491)

② 재단법인이 아닌 종교단체가 설치하고자 하는 납골탑에는 관리사무실, 유족편의시설, 화장한 유골을 뿌릴 수 있는 시설, 그 밖에 필요한 시설물과 주차장을 마련하여야 하나, 위와 같은 시설들은 신고한 납골탑을 실제로 설치·관리함에 있어 마련해야 하는 시설에 불과한 것으로서 이에 관한 사항이 납골탑 설치신고의 신고대상이 되는 것으로 볼 아무런 근거가 없으므로, **종교단체가 납골탑 설치신고를 함에 있어 위와 같은 시설 등에 관한 사항을 신고한 데 대하여 행정청이 그 신고를 이를 일괄 반려하였다고 하더라도 그 반려처분 중 위와 같은 시설 등에 관한 신고를 반려한 부분은 항고소송의 대상이 되는 행정처분이라고 할 수 없다.**(대판2005.02.25. 선고 2004두4031)

③ 체육시설의 회원을 모집하고자 하는 자는 시·도지사 등으로부터 회원모집계획서에 대한 검토결과 통보를 받은 후에 회원을 모집할 수 있다고 보아야 하고, 따라서 **체육시설의 회원을 모집하고자 하는 자의 시·도지사 등에 대한 회원모집계획서 제출은 수리를 요하는 신고에서의 신고에 해당하며, 시·도지사 등의 검토결과 통보는 수리행위로서 행정처분에 해당**한다.(대판 2009.02.26. 선고 2006두16243)

3. 신고와 관련된 중요사례 정리

(1) "건축관련"

건축신고	건축주명의변경 신고	인허가의제건축신고
본래적 신고	수리를 요하는 신고	수리를 요하는 신고
형식적 요건	형식적 요건	형식적 + 실질적 요건
항고소송 ○	항고소송 ○	항고소송 ○

(2) 주민등록신고

관련판례 주민등록신고(대판 2006다17850)

㉠ <u>주민등록의 신고는 행정청에 도달하기만 하면 신고로서의 효력이 발생하는 것이 아니라 행정청이 수리한 경우에 비로소 신고의 효력이 발생한다.</u> 따라서 주민등록신고서를 행정청에 제출하였다가 행정청이 이를 수리하기 전에 신고로서의 내용을 수정하여 위와 같이 수정된 전입신고서가 수리되었다면 수정된 사항에 따라서 주민등록신고가 이루어진 것으로 보는 것이 타당하다.

㉡ 전입신고시 심사대상 : 30일 이상 생활의 근거로써 거주할 목적으로 거주지를 옮기는지 여부만으로 제한되어야 한다.

→ 전입신고자가 거주의 목적 이외에 다른 이해관계에 관한 의도를 가지고 있는지 여부, 무허가건축물의 관리, 전입신고를 수리함으로써 당해 지방자치단체에 미치는 영향등과 같은 사유는 주민등록법이 아닌 다른 법률에 의하여 규율되어야 할 것이고, 주민등록전입신고의 수리여부를 심사하는 단계에서는 고려대상이 될 수 없다.

(3) 납골당설치사건(대판 2009두6766)

판례요지

① **납골당설치 신고는 이른바 '수리를 요하는 신고'라 할 것이므로**, 납골당설치 신고가 구 장사법 관련 규정의 모든 요건에 맞는 신고라 하더라도 신고인은 곧바로 납골당을 설치할 수는 없고, 이에 대한 행정청의 수리처분이 있어야만 신고한 대로 납골당을 설치할 수 있다.

② 파주시장이 甲 교회에 이행통지를 함으로써 납골당설치 신고수리를 하였다고 보는 것이 타당하고, 이행통지가 새로이 甲 교회 또는 관계자들의 법률상 지위에 변동을 일으키지는 않으므로 이를 수리처분과 별도로 **항고소송 대상이 되는 다른 처분으로 볼 수 없다** 고 한 사례

(4) 골프장 회원모집계획서 제출사건의 쟁점(대판 2006두16243)

판례요지
① 회원모집계획서 제출 : 수리를 요하는 신고 ② 시도지사의 검토결과 : 수리로서 행정처분 인정 ③ 기존회원 : 재산권 침해로서 원고적격 인정

(5) 영업의 양수 및 양도판례

① **건축주명의변경신고에 대한 수리거부행위는 취소소송의 대상이 되는 처분**이다.(대판 1992.3.31. 91누4911)

② 액화석유가스의 안전 및 사업관리법(현 액화석유가스의 안전관리 및 사업법) 제7조 제2항에 의한 **액화석유가스충전사업 지위승계신고수리행위가 행정처분에 해당**한다.(대판 1993.6.8. 91누11544)

③ 체육시설의 회원(회원제 골프장)을 모집하고자 하는 자의 **시도자시에 대한 회원모집계획서제출은 수리를 요하는 신고에서의 신고에 해당하며, 시도지사의 검토결과통보는 수리행위로서 행정처분에 해당**한다.(대판 2009.2.26. 2006두16243)

④ 구 관광진흥법 제8조 제4항에 의한 지위승계신고를 수리하는 허가관청의 행위 및 구 체육시설의 설치·이용에 관한 법률 제20조, 제27조에 의한 영업양수신고나 문화체육관광부령으로 정하는 체육시설업의 시설기준에 따른 필수시설인수신고를 수리하는 관계행정청의 행위가 항고소송의 대상이다.(대판 2012.12.13. 2011두29144)

⑤ 지방세법에 의한 압류재산 매각절차에 따라 영업시설의 전부를 인수함으로써 그 영업자의 지위를 승계한 자가 관계행정청에 이를 신고하여 행정청이 이를 수리하는 경우에는 종전의 영업자에 대한 영업허가 등은 그 효력을 잃는다 할 것인데, **위 규정들을 종합하면 위 행정청이 구 식품위생법 규정에 의하여 영업자지위승계신고를 수리하는 처분은 종전의 영업자의 권익을 제한하는 처분**이라 할 것이다.(대판 2003.2.14. 2001두7015)

⑥ 행정청이 구 관광진흥법 또는 구 체육시설의 설치·이용에 관한 법률의 규정에 의하여 **유원시설업자 또는 체육시설업자 지위승계신고를 수리하는 처분을 하는 경우, 종전 영업시설업자 또는 체육시설업자에 대하여 행정절차법 제21조 제1항등에서 정한 처분의 사전통지 등 절차**를 거쳐야 한다.(대판 2012.12.13. 2011두29144)

⑦ 행정청이 구 식품위생법상의 **영업자지위승계신고수리처분을 하는 경우 종전의 영업자는 행정절차법 제2조 제4호 소정의 '당사자'에 해당하며, 수리처분시 종전의 영업자에게 행정절차법 소정의 행정절차를 실시**하여야 한다.(대판 2003.2.14. 2001두7015)

⑧ 사업양도·양수에 따른 허가관청의 지위승계신고의 수리는 적법한 사업의 양도·양

수가 있었음을 전제로 하는 것이므로 **그 수리대상인 사업양도·양수가 존재하지 아니하거나 무효인 때에는 수리를 하였다 하더라도 그 수리는 유효한 대상이 없는 것으로서 당연히 무효라 할 것이고, 사업의 양도행위가 무효라고 주장하는 양도자는 민사쟁송으로 양수·양도행위의 무효를 구함이 없이 바로 허가관청을 상대로 하여 행정소송으로 위 신고수리처분의 무효확인을 구할 법률상 이익**이 있다.(대판 2005.12.23. 2005두3554)

⑨ 영업양도에 따른 지위승계신고(대판 2019두38830)

판례요지

1. 식품위생법 제39조 제1항, 제3항에 의한 영업양도에 따른 지위승계 신고를 행정청이 수리하는 행위는 단순히 양도·양수인 사이에 이미 발생한 사법상의 영업양도의 법률효과에 의하여 양수인이 그 영업을 승계하였다는 사실의 신고를 접수하는 행위에 그치는 것이 아니라, 양도자에 대한 영업허가 등을 취소함과 아울러 양수자에게 적법하게 영업을 할 수 있는 지위를 설정하여 주는 행위로서 영업허가자 등의 변경이라는 법률효과를 발생시키는 행위이다.
2. 양수인은 영업자 지위승계 신고서에 해당 영업장에서 적법하게 영업을 할 수 있는 요건을 모두 갖추었다는 점을 확인할 수 있는 소명자료를 첨부하여 제출하여야 하며(식품위생법 시행규칙 제48조 참조), 그 요건에는 신고 당시를 기준으로 해당 영업의 종류에 사용할 수 있는 적법한 건축물(점포)의 사용권원을 확보하고 식품위생법 제36조에서 정한 시설기준을 갖추어야 한다는 점도 포함된다.
3. 영업장 면적이 변경되었음에도 그에 관한 신고의무가 이행되지 않은 영업을 양수한 자 역시 그와 같은 신고의무를 이행하지 않은 채 영업을 계속한다면 시정명령 또는 영업정지 등 제재처분의 대상이 될 수 있다.

제 2 편

행정작용법

Chapter 01 행정입법
Chapter 02 행정행위
Chapter 03 비권력적 행정작용
Chapter 04 행정계획
Chapter 05 행정법 부속법령

CHAPTER 01 행정입법

제1절 서설

Ⅰ 행정기본법상 행정의 입법활동

관련법령 행정기본법

제38조(행정의 입법활동) ① 국가나 지방자치단체가 법령등을 제정·개정·폐지하고자 하거나 그와 관련된 활동(법률안의 국회 제출과 조례안의 지방의회 제출을 포함하며, 이하 이 장에서 "행정의 입법활동"이라 한다)을 할 때에는 헌법과 상위 법령을 위반해서는 아니 되며, 헌법과 법령등에서 정한 절차를 준수하여야 한다.
② 행정의 입법활동은 다음 각 호의 기준에 따라야 한다.
 1. 일반 국민 및 이해관계자로부터 의견을 수렴하고 관계 기관과 충분한 협의를 거쳐 책임 있게 추진되어야 한다.
 2. 법령등의 내용과 규정은 다른 법령등과 조화를 이루어야 하고, 법령등 상호 간에 중복되거나 상충되지 아니하여야 한다.
 3. 법령등은 일반 국민이 그 내용을 쉽고 명확하게 이해할 수 있도록 알기 쉽게 만들어져야 한다.
③ 정부는 매년 해당 연도에 추진할 법령안 입법계획(이하 "정부입법계획"이라 한다)을 수립하여야 한다.
④ 행정의 입법활동의 절차 및 정부입법계획의 수립에 관하여 필요한 사항은 정부의 법제업무에 관한 사항을 규율하는 대통령령으로 정한다.

제39조(행정법제의 개선) ① 정부는 권한 있는 기관에 의하여 위헌으로 결정되어 법령이 헌법에 위반되거나 법률에 위반되는 것이 명백한 경우 등 대통령령으로 정하는 경우에는 해당 법령을 개선하여야 한다.
② 정부는 행정 분야의 법제도 개선 및 일관된 법 적용 기준 마련 등을 위하여 필요한 경우 대통령령으로 정하는 바에 따라 관계 기관 협의 및 관계 전문가 의견 수렴을 거쳐 개선조치를 할 수 있으며, 이를 위하여 현행 법령에 관한 분석을 실시할 수 있다.

제40조(법령해석) ① 누구든지 법령등의 내용에 의문이 있으면 법령을 소관하는 중앙행정기관의 장(이하 "법령소관기관"이라 한다)과 자치법규를 소관하는 지방자치단체의 장에게 법령해석을 요청할 수 있다.
② 법령소관기관과 자치법규를 소관하는 지방자치단체의 장은 각각 소관 법령등을 헌법과 해당 법령등의 취지에 부합되게 해석·집행할 책임을 진다.
③ 법령소관기관이나 법령소관기관의 해석에 이의가 있는 자는 대통령령으로 정하는 바에 따라 법령해석업무를 전문으로 하는 기관에 법령해석을 요청할 수 있다.
④ 법령해석의 절차에 관하여 필요한 사항은 대통령령으로 정한다.

제2절 법규명령

I 법규명령의 종류

1. 효력을 기준으로 한 분류

(1) 법률대위적 법규명령

(2) 법률종속적 법규명령

① 위임명령
② 집행명령
  ㉠ 변호사의 자격과 판사, 검사등의 임용의 전제가 되는 '사법시험의 합격'이라는 직업선택의 자유와 공무담임권의 기본적인 제한요건은 국회에서 제정한 법률인 변호사법, 법원조직법, 검찰청법등에서 규정되어 있는 것이고, **사법시험령은 단지 위 법률들이 규정한 사법시험의 시행과 절차등에 관한 세부사항을 구체화하고 국가공무원법상 사법연수생이라는 별정직 공무원의 임용절차를 집행하기 위한 집행명령의 일종**이라고 할 것이다.(대판 2007.1.11. 2004두10432
  ㉡ 임용권자가 시·군·구의 5급 이상 공무원을 직권면직시킬 경우 **시·도인사위원회의 의견을 듣도록 규정하고 있는 지방공무원 징계 및 소청규정 제14조, 제1조의 3 제1항 제1호는 집행명령으로서 직권면직절차에 관하여 위임에 관한 아무런 규정을 두지 아니하였다고 하더라도 무효라고 할 수 없다.**(대판 2006.10.27. 2004두12261)

2. 제정주체를 기준으로 한 분류

헌법이 인정한 법형식	법률이 인정한 법형식

• 대통령령 : 독립명령 + 법률종속명령
• 총리령과 부령
  → 총리직속기관 : 부령제정권×
  → 총리령과 부령의 우열 : 총리령 우위설(다수)
• 중앙선거관리위원회 규칙
• 대법원규칙
• 헌법재판소 규칙
	• 감사원규칙(감사원법)
	• 공정거래위원회규칙(독점규제법)
	• 중앙노동위원회규칙(노동위원회법)
	• 고시(행정규제기본법)

> **관련판례** 고시의 법규성
>
> ~헌법이 인정하고 있는 **위임입법의 형식은 예시적인 것으로 보아야 할 것이고, 그것은 법률이 행정규칙에 위임하더라도 그 행정규칙은 위임된 사항만을 규율할 수 있으므로, 국회입법의 원칙과 상치되지도 않는다.** 다만 행정규칙은 법규명령과 같은 엄격한 제정 및 개정절차를 요하지 아니하므로, **재산권 등과 같은 기본권을 제한하는 작용을 하는 법률이 입법위임을 할 때에는 대통령령, 총리령, 부령 등 법규명령에 위임함이 바람직하고, 고시와 같은 형식으로 입법위임을 할때에는 적어도 행정규제기본법 제4조 제2항 단서에서 정한 바와 같이 법령이 전문적·기술적 사항이나 경미한 사항으로서 업무의 성질상 위임이 불가피한 사항에 한정**된다 할 것이고, 그러한 사항이라 하더라도 포괄위임금지의 원칙상 법률의 위임은 반드시 구체적·개별적으로 한정된 사항에 대하여 행하여져야 한다.(헌재결 2006.12.28. 2005헌바59)

II 법규명령의 근거

1. 긴급명령 및 긴급재정경제명령

헌법 제76조를 근거로 하여 발동된다.

2. 법률종속적 법규명령

(1) **위임명령** : 개별법률에서 근거가 있는 경우에 한하여 위임범위내에서 제정가능

① **법령의 위임관계는 반드시 하위 법령의 개별조항에서 위임의 근거가 되는 상위 법령의 해당 조항을 구체적으로 명시하고 있어야만 하는 것은 아니라고 할 것**이므로, 규칙 제5조가 영 제8조 제3항과의 위임관계를 위와 같이 명시하고 있다고 하여 규칙의 다른 규정에서 영 제8조 제3항의 위임에 기하여 풍속영업의 운영에 관하여 필요한 사항을 따로 정하는 것을 배제하는 취지는 아니라고 할 것이다. 따라서 규칙 제5조 및 제8조 제1항의 위임관계에 관한 규정 내용만을 들어 이 사건 쟁점 조항과 영 제8조 제3항 사이의 위임관계를 부정할 수는 없다고 할 것이다.(대판 99두5658)

② 일반적으로 법률의 위임에 의하여 효력을 갖는 법규명령의 경우, 구법에 위임의 근거가 없어 무효였더라도 사후에 법개정으로 위임의 근거가 부여되면 그 때부터는 유효한 법규명령이 되나, 반대로 구법의 위임에 의한 유효한 법규명령이 법개정으로 위임의 근거가 없어지게 되면 그 때부터 무효인 법규명령이 되므로, 어떤 법령의 위임 근거 유무에 따른 유효 여부를 심사하려면 법개정의 전·후에 걸쳐 모두 심사하여야만 그 법규명령의 시기에 따른 유효·무효를 판단할 수 있다.(대판 93추83)

③ 법률의 시행령은 법률에 의한 위임이 없으면 개인의 권리·의무에 관한 내용을 변경·보충하거나 법률에 규정되지 아니한 새로운 내용을 정할 수는 없지만, 시행령의 내용이 모법의 입법 취지와 관련 조항 전체를 유기적·체계적으로 살펴보아 모법의 해석상 가능한 것을 명시한 것에 지나지 아니하거나 모법 조항의 취지에 근거하여

이를 구체화하기 위한 것인 때에는 모법의 규율 범위를 벗어난 것으로 볼 수 없으므로, **모법에 이에 관하여 직접 위임하는 규정을 두지 않았다고 하더라도 이를 무효라고 볼 수 없다.**(대판 2014두8650)

④ 일반적으로 법률의 위임에 따라 효력을 갖는 법규명령의 경우에 위임의 근거가 없어 무효였더라도 나중에 법 개정으로 위임의 근거가 부여되면 그때부터는 유효한 법규명령으로 볼 수 있다. 그러나 법규명령이 개정된 법률에 규정된 내용을 함부로 유추·확장하는 내용의 해석규정이어서 위임의 한계를 벗어난 것으로 인정될 경우에는 법규명령은 여전히 무효이다.(대판 2015두45700)

⑤ 위임명령은 법률이나 상위명령에서 구체적으로 범위를 정한 개별적인 위임이 있을 때에 가능하고, 여기에서 구체적인 위임의 범위는 규제하고자 하는 대상의 종류와 성격에 따라 달라지는 것이어서 일률적 기준을 정할 수는 없지만, **적어도 위임명령에 규정될 내용 및 범위의 기본사항이 구체적으로 규정되어 있어서 누구라도 당해 법률이나 상위법령으로부터 위임명령에 규정될 내용의 대강을 예측할 수 있어야** 한다. 하지만 이 경우 그 예측가능성의 유무는 당해 위임조항 하나만을 가지고 판단할 것이 아니라 그 위임조항이 속한 법률의 전반적인 체계와 취지 및 목적, 당해 위임조항의 규정형식과 내용 및 관련 법규를 유기적·체계적으로 종합하여 판단하여야 하며, 나아가 각 규제 대상의 성질에 따라 구체적·개별적으로 검토함을 요한다. **이러한 법리는 조례가 법률로부터 위임받은 사항을 다시 지방자치단체장이 정하는 '규칙' 등에 재위임하는 경우에도 적용**된다. (대판 2022. 4. 14. 선고 2020추5169)

Ⅲ 법규명령의 한계

1. 긴급명령 및 긴급재정경제명령의 한계

한계	구분	긴급재정경제명령	긴급명령
사전적 한계	상황적 한계	내우·외환·천재·지변 또는 중대한 재정·경제상의 위기에 있어서의 상황적 한계 구비	국가의 안위에 관계되는 중대한 교전상태에 있어서의 상황적 한계 구비
	목적	국가의 안전보장 또는 공공의 안녕질서를 유지하기 위하여	국가를 보위하기 위하여
	긴급성	긴급한 조치의 필요성	긴급한 조치의 필요성
	보충성	국회의 집회를 기다릴 여유가 없을 때의 보충성	국회의 집회가 불가능한 때에 한하여
사후적 한계	국회의 사후승인		

2. 위임명령의 한계

(1) 구체적 위임

① 헌법 제75조의 '구체적으로 범위를 정하여'라 함은 법률에 대통령령등 하위법규에 규정될 내용 및 범위의 기본사항이 가능한 한 가능한 한 구체적이고도 명확하게 규정되어 있어서 **누구라도 당해 법률 그 자체로부터 대통령령등에 규정될 내용의 대강을 예측할 수 있어야 함을 의미**한다(헌재결 1997.9.25. 96헌바18).

② 어느 시행령의 규정이 모법의 위임범위를 벗어난 것인지 여부를 벗어난 것인지 여부를 판단함에 있어서 중요한 기준 중 예측가능성인바, 이는 당해 시행령의 내용이 이미 모법에서 구체적으로 위임되어 있는 사항을 규정한 것으로서 누구라도 모법 자체로부터 그 위임된 내용의 대강을 예측할 수 있는 범위 내에 속한 것이어야 함을 의미한다(대판 2013.5.23. 2013두1829).

③ 조세법률주의의 원칙상 과세요건은 엄격히 해석되어야 하고 일반적·포괄적 위임입법은 금지되나, 법률규정 자체에 위임의 구체적 범위를 명확히 규정하고 있지 아니하여 외형상으로는 일반적·포괄적으로 위임한 것처럼 보이더라도, 그 법률의 전반적인 체계와 취지·목적, 당해 조항의 규정형식과 내용 및 관련법규를 살펴 이에 대한 해석을 통하여 그 내재적인 위임의 범위나 한계를 객관적으로 분명히 확정될 수 있는 것이라면 이를 일반적·포괄적인 위임에 해당하는 것으로 볼 수는 없다(대판 1996.3.21. 95누3640).

④ 위임명령은 법률이나 상위명령에서 구체적으로 범위를 정한 개별적인 위임이 있을 때에 가능하고, 여기에서 구체적인 위임의 범위는 규제하고자 하는 대상의 종류와 성격에 따라 달라지는 것이어서 일률적 기준을 정할 수는 없지만, 적어도 위임명령에 규정될 내용 및 범위의 기본사항이 구체적으로 규정되어 있어서 누구라도 당해 법률이나 상위명령으로부터 위임명령에 규정될 내용의 대강을 예측할 수 있어야 하나, 이 경우 그 예측가능성 유무는 당해 위임조항 하나만을 가지고 판단할 것이 아니라 그 위임조항이 속한 법률이나 상위명령의 전반적인 체계와 취지·목적, 당해 위임조항의 규정형식과 내용 및 관련법규를 유기적·체계적으로 종합판단하여야 하고, 나아가 각 규제대상의 성질에 따라 구체적·개별적으로 검토함을 요한다(대판 2006.4.14. 2004두14793).

⑤ 위임입법에 있어 위임의 구체성, 명확성의 요구 정도는 그 규율대상의 종류와 성격에 따라 달라질 것이지만 특히 처벌법규나 조세법규와 같이 국민의 기본권을 직접적으로 제한하거나 침해할 소지가 있는 법규에서는 구체성, 명확성의 요구가 강화되어 그 위임의 요건과 범위가 일반적인 급부행정의 경우보다 더 엄격하게 제한적으로 규정되어야 하는 반면에, 규율대상이 지극히 다양하거나 수시로 변화하는 성질의 것일 때에는 위임의 구체성, 명확성의 요건이 완화될 수도 있을 것이며, 조세감면규정의

경우에는 법률의 구체적인 근거없이 대통령령에서 감면대상, 감면비율등 국민의 납세의무에 직접 영향을 미치는 감면요건등을 규정하였는가 여부도 중요한 판단기준이 된다(헌재결 1997.2.20. 95헌바27).

⑥ 요양급여 및 분만급여의 방법·절차·범위·상한기준등을 미리 법률에 상세하게 규정하는 것은 입법기술상 매우 어렵다. 그리고 의료보험법 제31조 제1항에서 분만급여를 실시할 것을 규정한 이상 그 범위·상한기준까지 반드시 법률로써 정하여야 하는 사항은 아니며, 의료보험법의 전반적 체계를 종합해보면 내재적인 위임의 범위나 한계를 예측할 수 있으므로 이 사건 법률조합이 분만급여의 범위나 상한기준을 더 구체적으로 정하지 아니하였다고 하여 포괄위임에 해당한다고 할 수는 없다(헌재결 1997.12.24. 95헌마390).

⑦ 법령의 위임이 없음에도 법령에 규정된 처분요건에 해당하는 사항을 부령에서 변경하여 규정한 경우에는 그 부령의 규정은 행정청 내부의 사무처리기준등을 정한 것으로서 행정조직 내에서 적용되는 행정명령의 성격을 지닐 뿐 국민에 대한 대외적 구속력은 없다고 보아야 한다. 공공기관의 운영에 관한 법률 제39조 제3항의 위임에 따라 제정된 기획재정부령인 '공기업·준정부기관 계약사무규칙' 제15조 제1항의 법적 성격은 상위법령의 위임없이 규정한 것이므로 이는 행정기관 내부의 사무처리준칙을 정한 것에 지나지 않는다(대판 2013.9.12. 2011두10584).

⑧ 일반적·추상적·개괄적인 규정이라 할지라도 법관의 법보충작용으로서의 해석을 통하여 그 의미가 구체화·명확화될 수 있다면 그 규정이 명확성을 결여하여 과세요건명확주의에 반하는 것으로 볼 수 없다(대판 2001.4.27. 2000두9076).

⑨ 법률의 시행령이나 시행규칙은 법률에 의한 위임이 없으면 개인의 권리·의무에 관한 내용을 변경·보충하거나 법률이 규정하지 아니한 새로운 내용을 정할 수는 없지만, 법률의 시행령이나 시행규칙의 내용이 모법의 입법 취지와 관련 조항 전체를 유기적·체계적으로 살펴보아 모법의 해석상 가능한 것을 명시한 것에 지나지 아니하거나 모법 조항의 취지에 근거하여 이를 구체화하기 위한 것인 때에는 모법의 규율 범위를 벗어난 것으로 볼 수 없으므로, 모법에 이에 관하여 직접 위임하는 규정을 두지 아니하였다고 하더라도 이를 무효라고 볼 수는 없다. 이러한 법리는 지방자치단체의 교육감이 제정하는 교육규칙과 모법인 상위 법령의 관계에서도 마찬가지이다(대판 2014.8.20. 2012두19526).

⑩ 조세나 부담금에 관한 법률의 해석에 관하여, 그 부과요건이거나 감면요건을 막론하고 특별한 사정이 없는 한 법문대로 해석할 것이고 합리적 이유없이 확장해석하거나 유추해석하는 것은 허용되지 아니하고, 특히 감면요건 규정 가운데에 명백히 특혜규정이라고 볼 수 있는 것은 엄격하게 해석하는 것이 공평원칙에도 부합한다(대판 2007.10.26. 2007두9884).

⑪ 조례가 위임의 한계를 준수하였는지 판단하는 방법(대판 2016두61051)

㉠ 하위법령의 규정이 상위법령의 규정에 저촉되는지 여부가 명백하지 않은 경우에, 관련 법령의 내용과 입법 취지 및 연혁 등을 종합적으로 살펴 하위법령의 의미를 상위법령에 합치되는 것으로 해석하는 것이 가능한 경우라면, 하위법령이 상위법령에 위반된다는 이유로 쉽게 무효를 선언할 것은 아니다.
㉡ 특정 사안과 관련하여 법령에서 조례에 위임을 한 경우 조례가 위임의 한계를 준수하였는지를 판단할 때는 당해 법령 규정의 입법 목적과 규정 내용, 규정의 체계, 다른 규정과의 관계 등을 종합적으로 살펴야 하고, 수권 규정에서 사용하고 있는 용어의 의미를 넘어 그 범위를 확장하거나 축소하여 위임 내용을 구체화하는 단계를 벗어나 새로운 입법을 하였는지 등도 아울러 고려하여야 한다.
⑫ 예측가능성 유무를 판단하는 기준과 방법(대판 2022. 4. 14. 선고 2020추5169)
㉠ 위임명령은 법률이나 상위명령에서 구체적으로 범위를 정한 개별적인 위임이 있을 때에 가능하고, 여기에서 구체적인 위임의 범위는 규제하고자 하는 대상의 종류와 성격에 따라 달라지는 것이어서 일률적 기준을 정할 수는 없지만, 적어도 위임명령에 규정될 내용 및 범위의 기본사항이 구체적으로 규정되어 있어서 누구라도 당해 법률이나 상위법령으로부터 위임명령에 규정될 내용의 대강을 예측할 수 있어야 한다.
㉡ **그 예측가능성의 유무는 당해 위임조항 하나만을 가지고 판단할 것이 아니라 그 위임조항이 속한 법률의 전반적인 체계와 취지 및 목적, 당해 위임조항의 규정형식과 내용 및 관련 법규를 유기적·체계적으로 종합하여 판단하여야** 하며, 나아가 **각 규제 대상의 성질에 따라 구체적·개별적으로 검토**함을 요한다.
㉢ **이러한 법리는 조례가 법률로부터 위임받은 사항을 다시 지방자치단체장이 정하는 '규칙' 등에 재위임하는 경우에도 적용**된다.
⑬ 어느 특정한 장애가 장애인복지법시행령 제2조 제1항 별표 1에 명시적으로 규정되어 있지 않다고 하더라도 그 장애를 가진 사람이 장애인복지법 제2조에서 정한 장애인임이 분명하므로, 행정청은 그 장애가 시행령에 규정되어 있지 않다는 이유만으로 장애인등록신청을 거부할 수 없다. 이 경우 행정청으로서는 위 시행령 조항 중 해당 장애와 유사한 장애의 유형에 관한 규정을 찾아 유추적용함으로써 위 시행령 조항을 최대한 모법의 취지와 평등원칙에 부합하도록 운용하여야 한다.(대판 2016두50907)
→ 운동틱과 음성 틱 증상이 모두 나타나는 뚜렛증후군진단을 받고 10년 넘게 치료를 받았으나 증상이 나아지지 않던 갑이 장애인등록신청을 하였으나 거부하는 처분을 받은 경우 거부처분은 위법

(2) 조례와 위임

관련판례 조례와 위임

1. 원칙 : 법률의 위임을 요하지 아니한다.
   ① 학생인권조례안 사건(대판 2013추98)
      ㉠ 학생인권조례안의 내용 : 전체적으로 헌법과 법률의 테두리 안에서 이미 관련 법령에 의하여 인정되는 학생의 권리를 열거하여 그와 같은 권리가 학생에게 보장되는 것임을 확인하고 학교생활과 학교 교육과정에서 학생의 인권 보호가 실현될 수 있도록 내용을 구체화하고 있는 데 불과할 뿐, 법령에 의하여 인정되지 아니하였던 새로운 권리를 학생에게 부여하거나 학교운영자나 학교의 장, 교사 등에게 새로운 의무를 부과하고 있는 것이 아니고, 정규교과 시간 외 교육활동의 강요 금지, 학생인권 교육의 실시 등의 규정 역시 교육의 주체인 학교의 장이나 교사에게 학생의 인권이 학교 교육과정에서 존중되어야 함을 강조하고 그에 필요한 조치를 권고하고 있는 데 지나지 아니한다.
      ㉡ 위 규정들이 교사나 학생의 권리를 새롭게 제한하는 것이라고 볼 수 없으므로, 국민의 기본권이나 주민의 권리제한에서 요구되는 법률유보원칙에 위배된다고 할 수 없고, 내용이 법령의 규정과 모순·저촉되어 법률우위원칙에 어긋난다고 볼 수 없다.(대판 2013추98)
2. 예외 : (권리제한·의무부과·벌칙) 법률의 위임 요(要) ○ → 포괄적 위임으로 충분
   ① 주차수요를 유발하는 시설 부설주차장의 용도변경을 허용하면서 그에 관하여 조례에 위임하지 않고 있음에도, 순천시 주차장 조례 제13조 제2항이 당해 시설물이 소멸될 때까지 부설주차장의 용도를 변경할 수 없도록 규정하였다면 법률유보의 원칙에 위배되어 효력이 없다.(대판 2010두19270)
   ② 제주특별자치도에서 자동차대여사업을 하고자 하는 사람의 영업활동을 제한하는 내용의 제주특별자치도 여객자동차운수사업에 관한 조례안 제37조 제3항과 제4항 : 법률의 위임없이 국민의 권리제한 또는 의무부과에 관한 사항을 규정한 것으로 무효(대판 2006추52)
   ③ 법률이 주민의 권리의무에 관한 사항에 관하여 구체적으로 아무런 범위도 정하지 아니한 채 조례로 정하도록 포괄적으로 위임하였다고 하더라도, 행정관청의 명령과는 달리, 조례도 주민의 대표기관인 지방의회의 의결로 제정되는 지방자치단체의 자주법인 만큼 지방자치단체가 법령에 위반되지 않는 범위내에서 주민의 권리의무에 관한 사항을 조례로 제정할 수 있는 것이어야 한다.(대판 2004두947)
   ④ 지방자치단체가 조례를 제정할 때 내용이 주민의 권리제한 또는 의무부과에 관한 사항이나 벌칙인 경우에는 법률의 위임이 있어야 한다. 법률의 위임없이 주민의 권리를 제한하거나 의무를 부과하는 사항을 정한 조례는 효력이 없다.(대판 2016추5162)
   ⑤ 특정사안과 관련하여 법령에서 조례에 위임을 한 경우 조례가 위임의 한계를 준수하고 있는지 여부를 판단할 때에는 당해 법령규정의 입법목적과 규정내용, 규정의 체계, 다른 규정과의 관계등을 종합적으로 살펴야 하고, 수권규정에서 사용하고 있는 용어의 의미를 넘어 그 범위를 확정하거나 축소하여 위임내용을 구체화하는 단계를 벗어나 새로운 입법을 하였는지 등도 아울러 고려하여야 한다.(대판 2016두35229)
   ⑥ 주요도로와 주거 밀집지역 등으로부터 일정한 거리 내에 태양광발전시설의 입지를 제한함으로써 토지의 이용·개발을 제한하고 있는 청송군 도시계획 조례 제23조의2 제1항 제1호, 제2호의 법률상 위임근거가 있는지 문제 된 사안에서, 비록 국토의 계획 및 이용에 관한 법률(이하 '국토계획법'이라 한다)이 태양광발전시설 설치의 이격거리 기준에 관하여 조례로써 정하도록 명시적으로 위임하고 있지는 않으나, 조례에의 위임은 포괄 위임으로 충분한 점, 도시·군계획에 관한 사무의 자치사무로서의 성격, 국토계획법령의 다양한 규정들의 문언과 내용 등을 종합하면, 위 조례 조항은 국토계획법령이 위임한 사항을 구체화한 것이라고 한 사례(대판 2018두40744)

3. 조례에서 규율할 입법내용의 한계

지방자치단체가 조례를 제정할 수 있는 사항은 지방자치단체의 고유사무인 자치사무와 개별 법령에 따라 지방자치단체에 위임된 단체위임사무에 한정된다. 국가사무가 지방자치단체의 장에게 위임되거나 상위 지방자치단체의 사무가 하위 지방자치단체의 장에게 위임된 기관위임사무에 관한 사항은 원칙적으로 조례의 제정 범위에 속하지 않는다.(대판 2020.9.3. 2019두58650)

➜ 사립초등학교·중학교·고등학교 및 이에 준하는 각종 학교를 설치·경영하는 학교법인의 임시이사 선임에 관한 교육감의 권한 : 자치사무

(3) 의회유보

① "복무기간 사건"

병의 복무기간은 국방의무의 본질적 내용에 관한 것이어서, 이는 반드시 법률로 정하여야 할 입법사항에 속한다고 풀이할 것인바, 육군본부방위병 소집복무해제규정 제23조가 질병휴가, 청원휴가, 각종 사고(사무이탈, 구속, 영창, 징역, 유계결근), 1일 24시간 이상 지각, 조퇴한 날, 전속 보직변경에 따른 출발일자 전일까지의 기간등을 복무에서 제외한다고 규정하여 병역법 제25조 제3항이 규정하지 아니한 구속등의 사유를 복무기간에서 산입하지 않도록 규정한 것은 병역법에 위반하여 무효라고 할 것이다.(대판 1985.2.28. 85초13)

② **토지등소유자가 도시환경정비사업을 시행하는 경우 사업시행인가 신청시 필요한 토지등소유자의 동의는 개발사업의 주체 및 정비구역 내 토지등소유자를 상대로 수용권을 행사하고 각종 행정처분을 발할 수 있는 행정주체로서의 지위를 가지는 사업시행자를 지정하는 문제로서 그 동의요건을 정하는 것은 국민의 권리와 의무의 형성에 관한 기본적이고 본질적인 사항**이므로 국회가 스스로 행하여야 하는 사항에 속하는 것임에도 불구하고 사업시행인가 신청에 필요한 동의정족수를 토지등소유자가 자치적으로 정하여 운영하는 규약에 정하도록 한 것은 법률유보원칙에 위반된다.(헌법재판소 2011.8.30. 2009헌바 128)

③ 법인세, 종합소득세와 같이 납세의무자에게 조세의 납부의무뿐만 아니라 스스로 과세표준과세액을 계산하여 신고하여야 하는 의무까지 부과하는 경우에는 **신고의무 이행에 필요한 기본적인 사항과 신고의무불이행시 납세의무자가 입게 될 불이익등은 납세의무를 구성하는 기본적·본질적 내용으로서 법률로 정하여야** 한다(대판 2015.8.20. 2012두23808).

(4) 처벌규정의 위임

① 죄형법정주의와 위임입법의 한계의 요청상 처벌법규를 위임하기 위하여는 **특히 긴급한 필요가 있거나 미리 법률로써 자세히 정할 수 없는 부득이한 사정이 있는 경우에 한정되어야 하며(보충성)**, 이러한 경우일지라도 **법률에서 범죄의 구성요건은 처벌대상**

행위가 어떠한 것일 것이라고 예측할 수 있을 정도로 **구체적으로 정하여야 하며, 형벌의 종류 및 그 상한과 폭을 명백히 규정**하여야 한다.(헌재결 1995.10.26. 93헌바62)

② 이 사건 법률조항은 '약국관리에 필요한 사항'이라는 처벌법규의 구성요건 부분에 관한 기본사항에 관하여 보다 구체적인 기준이나 범위를 정함이 없이 그 내용을 모두 하위법령인 보건복지부령에 포괄적으로 위임함으로써, 약사로 하여금 광범위한 개념인 '약국관리'와 관련하여 준수하여야 할 사항의 내용이나 범위를 구체적으로 예측할 수 없게 하고, 나아가 헌법이 예방하고자 하는 행정부의 자의적인 행정입법을 초래할 여지가 있으므로, **헌법상 포괄위임입법금지 원칙 및 죄형법정주의의 명확성 원칙에 위반**된다.(헌법재판소 2000.7.20. 99헌가15)

③ 법률의 시행령은 모법인 법률의 위임 없이 법률이 규정한 개인의 권리·의무에 관한 내용을 변경·보충하거나 법률에서 규정하지 아니한 새로운 내용을 규정할 수 없고, 특히 **법률의 시행령이 형사처벌에 관한 사항을 규정하면서 법률의 명시적인 위임 범위를 벗어나 처벌의 대상을 확장하는 것은 죄형법정주의의 원칙에도 어긋나는 것이므로, 그러한 시행령은 위임입법의 한계를 벗어난 것으로서 무효**이다(대판 2017.2.16. 2015도16014).

→ 의료법 제41조에서 "환자의 진료등에 필요한 당직의료인을 두어야 한다."고 규정하고 있을 뿐인데 시행령에서 그 당직의료인의 수와 자격 등 배치기준을 규정하고 이를 위반하면 처벌의 대상이 되도록 규정하고 있는 경우, 이는 형사처벌의 대상을 신설 또는 확장한 경우 무효

(5) 재위임

① 법률에서 위임받은 사항을 전혀 규정하지 않고 재위임하는 것은 수권법의 내용변경을 초래하는 것이 되고, 부령의 제정·개정절차가 대통령령에 비하여 보다 용이한 점을 고려할 때 재위임에 의한 부령의 경우에도 위임에 의한 대통령령에 가해지는 헌법상의 제한이 당연히 적용되어야 할 것이므로 **법률에서 위임받은 사항을 전혀 규정하지 아니하고 그대로 재위임하는 것은 허용되지 않으며, 위임받은 사항에 관하여 대강을 정하고 그 중의특정사항의 범위를 정하여 하위법령에 다시 위임하는 경우에만 재위임이 허용**된다.(헌재결 1996.2.29. 94헌마213)

② 법률에서 위임받은 사항을 전혀 규정하지 않고 재위임하는 것은 복위임금지 원칙에 반할 뿐 아니라 위임명령의 제정 형식에 관한 수권법의 내용을 변경하는 것이 되므로 허용되지 않으나 <u>위임받은 사항에 관하여 대강을 정하고 그 중의 특정사항을 범위를 정하여 하위법령에 다시 위임하는</u> 경우에는 재위임이 허용된다. 이러한 법리는 조례가 지방자치법 제22조 단서에 따라 주민의 권리제한 또는 의무부과에 관한 사항을 법률로부터 위임받은 후, 이를 다시 지방자치단체장이 정하는 '규칙'이나 '고시' 등에 재위임하는 경우에도 마찬가지이다(대판 2015.1.15. 2013두14238).

Ⅳ 법규명령의 성립·효력요건과 하자 및 소멸

1. 법규명령의 성립·효력요건

2. 법규명령의 하자

① **구 소득세법 시행규칙 제82조 제2항은 소득세법이나 그로부터 위임받은 '소득세법 시행령'에 아무런 위임근거도 없이 과세요건에 관한 사항을 규정한 것이어서 조세법률주의의 원칙에 위반되어 무효**이다.(대판 1993.1.19. 92누6983)

② 구 상속세 및 증여세법 시행령 부칙 제6조는 "제31조 제6항의 개정규정은 이 영 시행 후 증여세를 결정하거나 경정하는 분부터 적용한다."고 규정하고 있으므로, 같은 법 시행령 본칙규정이 무효인 이상 위 부칙 규정 역시 효력이 없다고 보아야 한다(대판 2009.3.19. 2006두19693).

③ 위법한 법규명령에 근거한 행정처분의 하자
일반적으로 시행령이 헌법이나 법률에 위반된다는 사정은 **그 시행령의 규정을 위헌 또는 위법하여 무효라고 선언한 대법원의 판결이 선고되지 아니한 상태에서는 그 시행령 규정의 위헌 내지 위법 여부가 해석상 다툼의 여지가 없을 정도로 명백하였다고 인정되지 아니하는 이상 객관적으로 명백한 것이라 할 수 없으므로, 이러한 시행령에 근거한 행정처분의 하자는 취소사유에 해당할 뿐** 무효사유가 되지 아니한다.(대판 2007.6.14. 2004두619)

3. 법규명령의 소멸

① 상위법령의 시행에 필요한 세부적 사항을 정하기 위하여 행정관청이 일반적 직권에 의하여 제정하는 이른바 집행명령은 근거법령인 상위법령이 폐지되면 특별한 규정이 없는 이상 실효되는 것이나, **상위법령이 개정됨에 그친 경우에는 개정법령과 성질상 모순, 저촉되지 아니하고 개정된 상위법령의 시행에 필요한 사항을 규정하고 있는 이상 그 집행명령은 상위법령의 개정에도 불구하고 당연히 실효되지 아니하고 개정법령의 시행을 위한 집행명령이 제정, 발효될 때까지는 여전히 그 효력을 유지**한다. (대판 1989.09.12. 선고 88누6962)

② 일반적으로 법률의 위임에 의하여 효력을 갖는 법규명령의 경우, 구법에 위임의 근거가 없어 무효였더라도 사후에 법개정으로 위임의 근거가 부여되면 그 때부터는 유효한 법규명령이 되나, 반대로 구법의 위임에 의한 유효한 법규명령이 법개정으로 위임의 근거가 없어지게 되면 그 때부터 무효인 법규명령이 되므로, **어떤 법령의 위임 근거 유무에 따른 유효 여부를 심사하려면 법개정의 전·후에 걸쳐 모두 심사하여야만 그 법규명령의 시기에 따른 유효·무효를 판단**할 수 있다. (대판 1995.06.30.

선고 93추83)
③ 법규명령의 위임근거가 되는 법률에 대하여 위헌결정이 선고되면 그 위임에 근거하여 제정된 법규명령도 원칙적으로 효력을 상실한다.(대판2001.06.12. 선고 2000다18547)

V 법규명령의 통제

1. 입법적 통제

2. 사법적 통제

(1) 헌법 제107조 제2항과 구체적 규범통제

관련법령 헌법

제107조 ① 법률이 헌법에 위반되는지 여부가 재판의 전제가 된 경우에는 법원은 헌법재판소에 제청하여 그 심판에 의하여 재판한다.
② 명령·규칙 또는 처분이 헌법이나 법률에 위반되는 여부가 재판의 전제가 된 경우에는 대법원은 이를 최종적으로 심사할 권한을 가진다.

관련판례 "재판의 전제"의 의미

법원이 법률 하위의 법규명령, 규칙, 조례, 행정규칙 등(이하 '규정'이라 한다)이 위헌·위법인지를 심사하려면 그것이 '재판의 전제'가 되어야 한다. 여기에서 '재판의 전제'란 구체적 사건이 법원에 계속 중이어야 하고, 위헌·위법인지가 문제 된 경우에는 규정의 특정 조항이 해당 소송사건의 재판에 적용되는 것이어야 하며, 그 조항이 위헌·위법인지에 따라 그 사건을 담당하는 법원이 다른 판단을 하게 되는 경우를 말한다. 따라서 법원이 구체적 규범통제를 통해 위헌·위법으로 선언할 심판대상은, 해당 규정의 전부가 불가분적으로 결합되어 있어 일부를 무효로 하는 경우 나머지 부분이 유지될 수 없는 결과를 가져오는 특별한 사정이 없는 한, 원칙적으로 해당 규정 중 재판의 전제성이 인정되는 조항에 한정된다. (대판 2017두33985)

(2) 법규명령과 항고소송

① 원칙 : 항고소송 ×
  ㉠ 행정청의 위법한 처분등의 취소 또는 변경을 구하는 취소소송의 대상이 될 수 있는 것은 구체적인 권리·의무에 관한 분쟁이어야 하고 일반적·추상적인 법령이나 규칙등은 그 자체로서 국민의 구체적인 권리·의무에 직접적 변동을 초래케 하는 것이 아니므로 그 대상이 될 수 없다(대판 1992.3.10. 91누12639).
  ㉡ 의료기관의 명칭표시판에 진료과목을 함께 표시하는 경우 글자 크기를 제한하고 있는 구 의료법 시행규칙 제31조가 그 자체로서 국민의 구체적인 권리·의무나

법률관계에 직접적인 변동을 초래하지 아니하므로 항고소송의 대상이 되는 행정처분이라고 할 수 없다(대판 2007.4.12. 2005두15168).

② 예외 : 항고소송 ○ ➜ "처분법규
  ㉠ 두밀분교폐교조례사건
    조례가 집행행위의 개입 없이도 그 자체로서 직접 국민의 구체적인 권리의무나 법적 이익에 영향을 미치는 등의 법률상 효과를 발생하는 경우 그 조례는 항고소송의 대상이 되는 행정처분에 해당하고, 이러한 조례에 대한 무효확인소송을 제기함에 있어서 행정소송법 제38조 제1항, 제13조에 의하여 피고적격이 있는 처분 등을 행한 행정청은, 행정주체인 지방자치단체 또는 지방자치단체의 내부적 의결기관으로서 지방자치단체의 의사를 외부에 표시한 권한이 없는 지방의회가 아니라, 구 지방자치법(1994. 3. 16. 법률 제4741호로 개정되기 전의 것) 제19조 제2항, 제92조에 의하여 지방자치단체의 집행기관으로서 조례로서의 효력을 발생시키는 공포권이 있는 지방자치단체의 장이다(대판 1996.9.20. 95누8003).
  ㉡ 고시의 처분성

  【일반적·추상적 규율이지만 예외적으로 처분성을 인정한 사례】
  ⓐ 항정신병 치료제의 요양급여 인정기준에 관한 보건복지부고시
  ⓑ 약제급여·비급여목록 및 급여상한금액표에 관한 보건복지부고시
  ⓒ (구)청소년보호법에 따른 청소년보호위원회의 청소년유해매체물의 결정·고시

(3) 헌법재판소의 명령·규칙 심사권
  ① 부정한 사례 : 대법원 판례의 입장이다.
    소위 유신헌법 제53조에 근거한 '대통령의 긴급조치'는 헌법재판소의 위헌심판대상이 되는 '법률'에 해당한다고 할 수 없고, 긴급조치의 위헌여부에 대한 심사권은 최종적으로 대법원에 속한다(대판 2010.12.16. 2010도5986).
  ② 긍정한 사례 : 헌법재판소 판례의 입장이다.
    ㉠ 법무사법 시행규칙사건
      ⓐ 법무사법 시행규칙은 별도의 집행행위를 기다리지 않고 직접 기본권을 침해하는 것으로서 헌법소원의 대상이 된다.
      ⓑ 법무사법시행규칙 제3조 제1항은 법원행정처장이 법무사를 보충할 필요가 없다고 인정하면 법무사시험을 실시하지 아니해도 된다는 것으로서 상위법인 법무사법 제4조 제1항에 의하여 모든 국민에게 부여된 법무사 자격취득의 기회를 하위법인 시행규칙으로 박탈한 것이어서 평등권과 직업선택의 자유를 침해한 것이다(헌재결 1990.10.15. 89헌마178).
    ㉡ 대통령의 긴급조치 사건
      헌법 제107조 제1항, 제2항은 법원의 재판에 적용되는 규범의 위헌여부를 심사할

때, '법률'의 위헌여부는 헌법재판소가, 법률의 하위규범인 '명령·규칙 또는 처분' 등의 위헌 또는 위법여부는 대법원이 그 심사권한을 갖는 것으로 권한을 분배하고 있다. <u>이 조항에 규정된 '법률'인지 여부는 그 제정형식이나 명칭이 아니라 규범의 효력을 기준으로 판단하여야 하고, '법률'에는 국회의 의결을 거친 이른바 형식적 의미의 법률은 물론이고 그 밖에 조약 등 '형식적 의미의 법률과 동일한 효력'을 갖는 규범들도 모두 포함된다. 따라서 최소한 법률과 동일한 효력을 가지는 이 사건 긴급조치들의 위헌여부 심사권한도 헌법재판소에 전속한다. 헌법재판소가 행하는 구체적 규범통제의 심사기준은 원칙적으로 헌법재판을 할 당시에 규범적 효력을 가지는 현행 헌법이다.</u> 국가긴급권의 행사라 하더라도 헌법재판소의 심판대상이 되고, 긴급조치에 대한 사법심사 배제조항을 둔 유신헌법 제53조 제4항은 입헌주의에 대한 중대한 예외일 뿐 아니라, 현행헌법이 반성적 견지에서 사법심사배제조항을 승계하지 아니하였으므로, 현행 헌법에 따라 이 사건 긴급조치들의 위헌성을 다툴 수 있다.(헌재결 2010헌바70·132·170 병합)

3. 행정입법부작위의 문제

(1) 입법의무

① 명문의 규정 ×
② 판례의 입장
　㉠ 원칙 : 의무인정
　　삼권분립의 원칙, 법치행정의 원칙을 당연한 전제로 하고 있는 우리 헌법하에서 행정권의 행정입법등 법집행의무는 헌법적 의무라고 보아야 한다.(헌재결 96헌마246)
　㉡ 예외 : 의무부정
　　~ 만일 하위 행정입법의 제정없이 상위법령의 규정만으로도 집행이 이루어질 수 있는 경우라면 하위 행정입법을 하여야 할 헌법적 작위의무는 인정되지 아니한다.(대판 2004헌마66)

(2) 행정입법부작위와 구제

① 부작위위법확인소송
　행정소송은 구체적 사건에 대한 법률상 분쟁을 법에 의하여 해결함으로써 법적 안정을 기하자는 것이므로 **부작위위법확인소송의 대상이 될 수 있는 것은 구체적 권리·의무에 관한 분쟁이어야 하고 추상적인 법령에 관한 제정의 여부등은 그 자체로서 국민의 구체적인 권리·의무에 직접적 변동을 초래하는 것이 아니어서 그 소송의 대상이 될 수 없다.**(대판 1992.5.8. 91누11261)

② 국가배상

입법부가 법률로써 행정부에게 특정한 사항을 위임했음에도 불구하고 행정부가 정당한 이유없이 이를 이행하지 않는다면 권력분립의 원칙과 법치국가 내지 법치행정의 원칙에 위배되는 것으로서 위법함과 동시에 위헌적인 것이 되는 바, (구)군법무관임용법 제5조 제3항과 군법무관 임용등에 관한 법률 제6조가 군법무관의 보수를 법관 및 검사의 예에 준하도록 규정하면서 그 구체적 내용을 시행령에 위임하고 있는 이상, 위 법률의 규정들은 군법관의 보수의 내용을 법률로써 일차적으로 형성한 것이고, **위 법률들에 의해 상당한 수준의 보수청구권이 인정되는 것이므로, 위 보수청구권은 단순한 기대이익을 넘어서는 것으로서 법률의 규정에 의해 인정된 재산권의 한 내용이 되는 것으로 봄이 상당하고, 따라서 행정부가 정당한 이유없이 시행령을 제정하지 않는 것은 위 보수청구권을 침해하는 불법행위에 해당**한다.(대판 2007.11.29. 2006다3561)

③ 헌법소원

보건복지부장관이 <u>의료법과 대통령령의 위임에 따라 치과전문의자격시험제도를 실시할 수 있도록 시행규칙을 개정하거나 필요한 조항을 신설하는 등 제도적 조치를 마련하지 아니하는 부작위는 청구인들의 기본권을 침해한 것으로서 헌법에 위반</u>된다.(헌재결 1998.7.16. 96헌마246)

제3절 행정규칙

I 행정규칙의 법적성격

1. 학설정리

학설구분	학설의 내용
비법규설	• 행정규칙은 법규적 성격을 가지고 있지 않고, 단지 내부만을 구속할 뿐이다. • 실질적 법규개념에 입각
법규설	• 행정규칙은 직접 법규적 성격을 가지고 있다. • 형식적 법규개념 • 특별명령설 • 이원적 법권론 /규범구체화 행정규칙론
준법규설	• 행정규칙은 직접적으로는 법규가 아니나 간접적으로 재량준칙등과 관련하여 자기구속의 법리에 의하여 법규적 성격을 가지게 된다.

2. 판례정리

(1) 비법규설에 따른 판례

① 훈령이란 행정조직내부에 있어서 그 권한의 행사를 지휘감독하기 위하여 발하는 행정명령으로서 **훈령, 예규, 통첩, 지시, 고시, 각서등 그 사용명칭 여하에 불구하고 공법상의 법률관계내부에서 준거할 준칙 등을 정하는데 그치고 대외적으로는 아무런 구속력도 가지는 것이 아니다.**(대판 1983.06.14. 선고 83누54)

② 건강보험심사평가원의 원장이 **보건복지부장관의 고시에 따라 진료심사평가위원회의 심의를 거쳐 정한 요양급여비용의 심사기준 또는 심사지침은 심사평가원이 법령에서 정한 요양급여의 인정기준을 구체적 진료행위에 적용하기 위하여 마련한 내부적 업무처리기준으로서 행정규칙에 불과하므로**, 그 기준에 맞지 않는다고 하여 반드시 법령상 인정되는 적정한 요양급여에 해당하지 않는다고 할 것은 아니다. 다만, 그 기준이 국민건강보험법령의 목적이나 취지에 비추어 객관적으로 합리성이 없다고 볼만한 특별한 사정이 없는 이상 이를 재판절차에서 요양급여의 적정성 여부를 판단하는 세부적 기준으로 참작한다고 하여 하등 문제될 것은 없다.(대판 2012.11.29. 2008두21669)

③ 규정형식상 부령인 시행규칙 또는 지방자치단체의 규칙으로 정한 행정처분의 기준은 행정처분등에 관한 사무처리기준과 처분절차 등 행정청 내의 사무처리준칙을 규정한 것에 불과하므로 행정조직 내부에 있어서의 행정명령의 성격을 지닐 뿐 대외적으로 국민이나 법원을 구속하는 힘이 없고, **그 처분이 위 규칙에 위배되는 것이라고 하더라도 위법의 문제는 생기지 아니하고, 또 위 규칙에서 정한 기준에 적합하다 하여 바로 그 처분이 적법한 것이라고도 할 수 없으며, 그 처분의 적법 여부는 위 규칙에 적합한지의 여부에 따라 판단할 것이 아니고 관계법령의 규정 및 그 취지에 적합한지의 여부에 따라 개별적·구체적으로 판단하여야** 한다.(대판 91누8128)

(2) 법규설·준법규설에 입각한 판례

재량권 행사의 준칙인 행정규칙이 그 정한 바에 따라 되풀이 시행되어 행정관행이 이루어지게 되면 평등의 원칙이나 신뢰보호의 원칙에 따라 행정기관은 그 상대방에 대한 관계에서 그 규칙에 따라야 할 자기구속을 받게 되므로, 이러한 경우에는 특별한 사정이 없는 한 그를 위반하는 처분은 평등의 원칙이나 신뢰보호의 원칙에 위배되어 재량권을 일탈·남용한 위법한 처분이 된다.(대판 2009.12.24. 2009두7967)

Ⅱ 형식과 내용의 불일치

1. 법규명령 형식의 행정규칙

(1) 시행령의 형식

① 당해 처분의 기준이 된 '주택건설촉진법 시행령' 제10조의 3 제1항 별표1은 주택건설촉진법 제7조 제2항의 위임규정에 터잡은 규정형식상 대통령령이므로 그 성질이 부령인 시행규칙이나 또는 지방자치단체의 규칙과 같이 통상적으로 행정조직 내부에 있어서의 행정명령에 지나지 않는 것이 아니라 대외적으로 국민이나 법원을 구속하는 힘이 있는 법규명령에 해당한다.(대판 1997.12.26. 97누15418)

② 구 청소년보호법 제49조 제1항·제2항에 따른 같은 법 시행령 제40조 별표6의 위반행위의 종별에 따른 과징금처분기준은 법규명령이기는 하나, 모법의 위임규정의 내용과 취지 및 헌법상의 과잉금지의 원칙과 평등의 원칙등에 비추어 같은 유형의 위반행위라 하더라도 그 규모나 기간, 사회적 비난 정도, 위반행위로 인하여 다른 법률에 의하여 처벌받은 다른 사정, 행위자의 개인적 사정 및 위반행위로 얻은 불법이익의 규모등 여러 요소를 종합적으로 고려하여 사안에 따라 적정한 과징금의 액수를 정하여야 할 것이므로 그 수액은 정액이 아니라 최고한도액이다.(대판 2001.3.9. 99두5207)

③ 국민건강보험법 제8조 제1항·제2항에 따른 같은 법 시행령 제61조 제1항 별표5의 업무정지처분 및 과징금부과의 기준은 법규명령이기는 하나, 모법의 위임규정의 내용과 취지 및 헌법상의 과잉금지의 원칙과 평등의 원칙등에 비추어 같은 유형의 위반행위라 하더라도 그 규모나 기간, 사회적 비난정도, 위반행위로 인하여 다른 법률에 의하여 처벌받은 다른 사정, 행위자의 개인적 사정 및 위반행위로 얻은 불법이익의 규모 등 여러 요소를 종합적으로 고려하여 사안에 따라 적정한 업무정지의 기간 및 과징금의 금액을 정하여야 할 것이므로 그 기간 내지 금액은 확정적인 것이 아니라 최고한도라고 할 것이다.(대판 2006.2.9. 2005두11982)

④ 경찰공무원임용령 제46조 제1항(경찰공무원의 채용시험 또는 경찰간부후보생 공개경쟁선발시험에서 부정행위를 한 응시자에 대하여는 당해 시험을 정지 또는 무효로 하고, 그로부터 5년간 이 영에 의한 시험에 응시할 수 없도록 한 규정)은 행정청 내부의 사무처리기준을 정한 재량준칙이 아니라 일반국민이나 법원을 구속하는 법규명령에 해당하므로 그에 의한 처분은 재량행위가 아니라 기속행위이다.(대판 2007두18321)

⑤ 국토의 계획 및 이용에 관한 법률(이하 '국토계획법'이라 한다) 제124조의2 제1항, 제2항 및 국토의 계획 및 이용에 관한 법률 시행령 제124조의3 제3항이 토지이용에 관한 이행명령의 불이행에 대하여 법령 자체에서 토지이용의무 위반을 유형별로 구분

하여 이행강제금을 차별하여 규정하고 있는 등 규정의 체계, 형식 및 내용에 비추어 보면, 국토계획법 및 국토의 계획 및 이용에 관한 법률 시행령이 정한 이행강제금의 부과기준은 단지 **상한을 정한 것에 불과한 것이 아니라, 위반행위 유형별로 계산된 특정 금액을 규정한 것이므로** 행정청에 이와 다른 이행강제금액을 결정할 재량권이 없다고 보아야 한다.(대판2014.11.27. 선고 2013두8653)
→ 법령상 기속행위로 규정된 처분의 기준은 한도기준이 아니라 정액으로 보는 판례

⑥ **국토의 계획 및 이용에 관한 법률 시행령(이하 '국토계획법 시행령'이라 한다) 제56조 제1항 [별표 1의2] '개발행위허가기준'**은 국토계획법 제58조 제3항의 위임에 따라 제정된 **대외적으로 구속력 있는 법규명령에 해당**한다. (대판 2023. 2. 2. 선고 2020두43722)

(2) **시행규칙의 형식**

㈎ 행정규칙에 불과하다고 판시한 사례

① <u>도로교통법 시행규칙 제53조 제1항이 정하고 있는 별표16 운전면허행정처분기준은 관할행정청이 운전면허의 취소 및 운전면허의 효력정지등의 사무처리를 함에 있어서 처리기준과 . 방법등의 세부사항을 규정한 행정기관 내부의 처리지침에 불과한 것으로서 대외적으로 국민이나 법원을 기속하는 것은 아니므로</u>, 자동차운전면허취소처분의 적법여부는 위 운전면허 행정처분기준이 상위법령에 근거가 있는지 여부등에 의하여 판단할 것이 아니라 도로교통법의 규정 내용과 취지에 따라 판단하여야 한다.(대판 1996.4.12. 95누10396)

② 자동차운수사업법 제31조등의 규정에 의한 사업면허의 취소등의 처분에 관한 규칙(대판 1996.9.6. 96누914)

③ 공중위생법 시행규칙은 형식은 부령으로 되어 있으나 그 성질은 행정기관 내부의 사무처리준칙을 규정한 것에 불과한 것으로서 같은 법 제23조 제1항에 의하여 보장된 재량권을 기속하거나 대외적으로 국민이나 법원을 기속하는 것은 아니다. (대판 1992.6.23. 92누2851)

④ **구 식품위생법 시행규칙 제53조에서 별표 15로 식품위생법 제58조에 따른 행정처분의 기준을 정하였다고 하더라도 이는 형식만 부령으로 되어 있을 뿐, 그 성질은 행정기관 내부의 사무처리준칙을 정한 것으로서 행정명령의 성질을 가지는 것이고, 대외적으로 국민이나 법원을 기속하는 힘이 있는 것은 아니므로** 식품위생법 제58조 제1항에 의한 처분의 적법여부는 <u>같은 법 시행규칙에 따라 판단할 것이 아니라 같은 법의 규정 및 그 취지에 적합한 것인가의 여부에 따라 판단</u>하여야 한다.(대판 1995.3.28. 94누6925)

【주의할 판례】
식품위생법 시행규칙 제53조에 따른 별표 15의 행정처분기준은 행정기관 내부의 사무처리 준칙을 규정한 것에 불과하기는 하지만 규칙 제53조 단서의 식품등의 수급정책 및 국민보건에 중대한 영향을 미치는 특별한 사유가 없는 한 행정청은 당해 위반사항에 대하여 위 처분기준에 따라 행정처분을 함이 보통이라 할 것이므로, **만일 행정청이 이러한 처분기준을 따르지 아니하고 특정한 개인에 대하여만 위 처분기준을 과도하게 초과하는 처분을 한 경우에는 재량권의 한계를 일탈하였다고 볼만한 여지가 충분**하다.(대판 1993.6.29. 93누5635)

⑤ 여객자동차운수사업법시행규칙(부령)으로 정한 지자체의 개인택시운송사업면허기준 : 행정규칙

구 여객자동차운수사업법시행규칙 제17조에 근거한 지방자치단체의 개인택시운송사업면허 관련규정은 재량권 행사의 기준으로 마련된 행정청 내부의 사무처리 준칙에 불과하고, 그 규정에서 정하고 있는 서류 이외에 이에 준하는 객관적이고 합리적인 증거자료에 의하여 개인택시운송사업면허를 받고자 하는 사람의 운전경력을 인정할 수 있다.(대판 2005두999)

⑥ 공공기관의 운영에 관한 법률 제39조 제3항의 위임에 따라 제정된 기획재정부령인 공기업·준정부기관 계약사무규칙 제15조 제1항(처분요건 완화) : 행정규칙

법령에서 행정처분의 요건 중 일부 사항을 부령으로 정할 것을 위임한 데 따라 시행규칙 등 부령에서 이를 정한 경우에 그 부령의 규정은 국민에 대해서도 구속력이 있는 법규명령에 해당한다고 할 것이지만, 법령의 위임이 없음에도 법령에 규정된 처분 요건에 해당하는 사항을 부령에서 변경하여 규정한 경우에는 그 부령의 규정은 행정청 내부의 사무처리 기준 등을 정한 것으로서 행정조직 내에서 적용되는 행정명령의 성격을 지닐 뿐 국민에 대한 대외적 구속력은 없다고 보아야 한다. 따라서 어떤 행정처분이 그와 같이 법규성이 없는 시행규칙 등의 규정에 위배된다고 하더라도 그 이유만으로 처분이 위법하게 되는 것은 아니라 할 것이고, 또 그 규칙 등에서 정한 요건에 부합한다고 하여 반드시 그 처분이 적법한 것이라고 할 수도 없다. 이 경우 처분의 적법 여부는 그러한 규칙 등에서 정한 요건에 합치하는지 여부가 아니라 일반 국민에 대하여 구속력을 가지는 법률 등 법규성이 있는 관계 법령의 규정을 기준으로 판단하여야 한다.(대판 2011두10584)

➜ 처분요건 완화에 대하여 상위법령의 위임없이 제정하였으므로 행정규칙

(나) 법규성을 인정한 사례

① 구 여객자동차운수사업법 시행규칙 제31조 제2항 제1호·제2호·제6호는 구 여객자동차운수사업법 제11조 제4항의 위임에 따라 시외버스운송사업의 사업계획

변경에 관한 절차, 인가기준등을 구체적으로 규정한 것으로서 대외적인 구속력이 있는 법규명령이라 할 것이고, 그것을 행정청 내부의 사무처리준칙을 규정한 행정규칙에 불과하다고 할 수는 없다.(대판 2006.6.27. 2003두4355

② **공익사업을 위한 토지등의 취득 및 보상에 관한 법률 제68조 제3항은 협의취득의 보상액 산정에 관한 구체적 기준을 시행규칙에 위임하고 있고,** 위임범위 내에서 동법 시행규칙 제22조는 토지에 건축물등이 있는 경우에는 건축물등이 없는 상태를 상정하여 토지를 평가하도록 규정하고 있는데, **이는 비록 행정규칙의 형식이나 동 법률의 내용이 될 사항을 구체적으로 정하여 내용을 보충하는 기능을 갖는 것이므로, 동 법률규정과 결합하여 대외적인 구속력을 가진다**.(대판 2012.3.29. 2011다104253)

③ 총포·도검·화약류단속법령을 종합하여 보면, 총포등의 소지허가의 범위, 즉 어떠한 경우에 소지허가를 받아야 하는 것인지에 대하여는 법 제12조 제3항의 수권을 받아 총포등의 종류 및 용도별로 시행령에서 정하고, 소지허가의 구체적인 요건에 대하여는 법 제12조 제1항의 수권에 따라 시행규칙에서 정하도록 한 것이라고 보아야 한다. **그리고 위 시행규칙처럼 행정규칙에서 법령의 수권에 의하여 법령을 보충하는 사항을 정한 경우에는 행정규칙도 그 근거법령의 규정과 결합하여 대외적으로 구속력이 있는 법규명령으로서의 성질과 효력을 가진다**.(대판 2012.4.26. 2011도17812)

(3) 처분기준에 대한 법률의 위임여부

① 상위법령의 위임없이 자치단체장의 규칙으로 정해진 경우
지방자치단체장이 제정하는 규칙은 상위법령이나 조례의 위임을 받아 제정된 경우에는 법령보충규칙으로서 법규명령의 성질을 갖지만, 이러한 위임없이 제정된 규칙은 행정규칙으로서 대외적 구속력을 갖지 못한다.(대판 1995.10.17. 94누14148)

② 제재적 행정처분의 기준이 부령의 형식으로 규정되어 있는 경우, 그 기준에 따른 처분의 적법성에 관한 판단방법

> 제재적 행정처분의 기준이 부령의 형식으로 규정되어 있더라도 그것은 행정청 내부의 사무처리준칙을 정한 것에 지나지 아니하여 대외적으로 국민이나 법원을 기속하는 효력이 없고, 당해 처분의 적법 여부는 위 처분기준만이 아니라 관계 법령의 규정 내용과 취지에 따라 판단되어야 하므로, 위 처분기준에 적합하다 하여 곧바로 당해 처분이 적법한 것이라고 할 수는 없지만, **위 처분기준이 그 자체로 헌법 또는 법률에 합치되지 아니하거나 위 처분기준에 따른 제재적 행정처분이 그 처분사유가 된 위반행위의 내용 및 관계 법령의 규정 내용과 취지에 비추어 현저히 부당하다고 인정할 만한 합리적인 이유가 없는 한 섣불리 그 처분이 재량권의 범위를 일탈하였거나 재량권을 남용한 것이라고 판단해서는 안 된다**.(대판 2007.09.20. 선고 2007두6946)

③ 법령에서 행정처분의 요건 중 일부 사항을 부령으로 정할 것을 위임한 데 따라 시행규칙 등 부령에서 이를 정한 경우에 그 부령의 규정은 국민에 대해서도 구속력이 있는 법규명령에 해당한다고 할 것이지만, 법령의 위임이 없음에도 법령에 규정된 처분요건에 해당하는 사항을 부령에서 변경하여 규정한 경우에는 그 부령의 규정은 행정청 내부의 사무처리 기준등을 정한 것으로서 행정조직 내에서 적용되는 행정명령의 성격을 지닐 뿐 국민에 대한 대외적 구속력은 없다고 보아야 한다.(대판 2011두10584)

④ 법령의 위임을 받더라도 행정적 편의를 도모하기 위한 경우 : 법규성 부정
~ 작성요령은 법률의 위임을 받은 것이기는 하나 법인세의 부과징수라는 행정적 편의를 도모하기 위한 절차적 규정으로서 단순히 행정규칙의 성질을 가지는 데 불과하여 과세관청이나 일반국민을 기속하는 것이 아니다.(대판 2001두403)

2. 행정규칙 형식의 법규 : 법령보충규칙

(1) 법적근거

관련법령 행정규제기본법 제4조

② 규제는 법률에 직접 규정하되, 규제의 세부적인 내용은 법률 또는 상위법령에서 구체적으로 범위를 정하여 위임한 바에 따라 대통령령·총리령·부령 또는 조례·규칙으로 정할 수 있다. 다만, 법령에서 전문적·기술적 사항이나 경미한 사항으로서 업무의 성질상 위임이 불가피한 사항에 관하여 구체적으로 범위를 정하여 위임한 경우에는 고시등으로 정할 수 있다.

(2) 헌법에서 규정하는 법규명령의 형식

관련판례

헌법 제40조와 헌법 제75조·제95조의 의미를 살펴보면, 국회입법에 의한 수권이 입법기관이 아닌 행정기관에게 법률등으로 구체적인 범위를 정하여 위임한 사항에 관하여는 당해 행정기관에게 법정립의 권한을 갖게 되고 입법자가 규율의 형식도 선택할 수도 있다 할 것이므로 헌법이 인정하고 있는 위임입법의 형식은 예시적인 것으로 보아야 할 것이고 ~(헌재결 99헌바91)

(3) 법령보충규칙의 인정여부와 법령보충규칙이 적용되는 영역

관련판례

① ~형식의 선택에 있어서 규율의 밀도와 규율영역의 특성이 개별적으로 고찰되어야 할 것이고, 그에 따라 입법자에게 상세한 규율이 불가능한 것으로 보이는 영역이라면 행정부에게 필요한 보충을 할 책임이 인정되고 극히 전문적인 식견에 좌우되는 영역에서는 행정기관에 의한 구체화의 우위가 불가피하게 있을 수 있다. 그러한 영역에서 행정규칙에 대한 위임입법이 제한적으로 인정될 수 있다.

② 법령의 규정이 특정행정기관에게 그 법령내용의 구체적 사항을 정할 수 있는 권한을 부여하면서 권한행사의 절차나 방법을 특정하고 있지 아니한 관계로 수임행정기관이 행정규칙의 형식으로 그 법령의 내용이 될 사항을 구체적으로 정하고 있는 경우, 그러한 행정규칙, 규정은 행정조직 내부에서만 효력을 가질 뿐 대외적인 구속력을 갖지 않는 행정규칙의 일반적 효력으로서가 아니라, 행정기관에 법령의 구체적 내용을 보충할 권한을 부여한 법령규정의 효력에 의하여 그 내용을 보충하는 기능을 갖게 되고, 따라서 당해 법령의 위임한계를 벗어나지 아니하는 한 그것들과 결합하여 대외적인 구속력이 있는 법규명령으로서의 효력을 갖게 된다. (대판 1998.6.9. 97누19915)

(3) 법령보충규칙 그 자체가 법규성을 가지는가?

관련판례

① ~따라서 이와 같은 행정규칙은 당해 법령의 위임한계를 벗어나지 않는 한 그것들과 결합하여 대외적인 구속력이 있는 법규명령으로서의 효력을 가진다.(대판 2006두3742)
② 이른바 법령보충적 행정규칙이라도 그 자체로서 직접적으로 대외적인 구속력을 갖는 것은 아니다. 즉 상위법령과 결합하여 일체가 되는 한도 내에서 상위법령의 일부가 됨으로써 대외적 구속력이 발생되는 것일 뿐 그 행정규칙 자체는 대외적 구속력을 갖는 것은 아니라 할 것이다.(헌재결 99헌바91)
③ 금융위원회의 설치 등에 관한 법률 제60조의 위임에 따라 금융위원회가 고시한 "금융기관 검사 및 제재에 관한 규정" 제18조 제1항은 금융위원회 법령의 위임한계를 벗어나지 않으므로 그와 결합하여 대외적으로 구속력이 있는 법규명령의 효력을 가진다.(대판 2019.5.30. 2018두52204)

(4) 법령보충규칙과 위임원칙

관련판례

① 법령보충적 행정규칙은 당해 법령의 위임한계를 벗어나지 아니하는 범위내에서만 그것들과 결합하여 법규적 효력을 가지는 것이므로 보건사회부장관이 정한 1994년도 노인복지사업지침은 노령수당의 지급대상자를 '70세 이상'의 생활보호대상자로 규정하면서 당초 법령이 예정한 65세의 노령수당의 지급대상자를 부당하게 축소·조정하였고, 따라서 위 지침 가운데 노령수당의 지급대상자를 '70세 이상'으로 규정한 부분은 법령의 위임한계를 벗어난 것이어서 그 효력이 없다(대판 1996.4.12. 95누7727)
② 특정 고시가 비록 법령에 근거를 둔 것이더라도 규정 내용이 법령의 위임범위를 벗어난 것일 경우에는 법규명령으로서 대외적 구속력을 인정할 여지는 없다.(대판 2015두51132)
③ 법률의 위임 규정 자체가 의미 내용을 정확하게 알 수 있는 용어를 사용하여 위임의 한계를 분명히 하고 있는데도 고시에서 문언적 의미의 한계를 벗어났다든지, 위임 규정에서 사용하고 있는 용어의 의미를 넘어 범위를 확장하거나 축소함으로써 위임 내용을 구체화하는 단계를 벗어나 새로운 입법을 한 것으로 평가할 수 있다면, 이는 위임의 한계를 일탈한 것으로서 허용되지 아니한다(대판 2016.8.17. 2015두51132, 대판 2019.5.30. 2016다276177)
④ 처벌규정의 위임 : 제한적으로 허용(대판 2004도1078)
⑤ 재위임의 문제 : 구체적으로 기준을 정하여 재위임가능

⑥ 위임한계를 준수하고 있는가의 판단기준
이러한 경우 특정 행정규칙이 위임의 한계를 준수하고 있는지는 해당 법령 규정의 목적과 규정 내용, 규정의 체계, 다른 규정과의 관계 등을 종합적으로 살펴 판단하여야 하는데, 해당 법령의 해석상 가능한 것을 명시한 것에 지나지 아니하거나 해당 법령 조항의 취지에 근거하여 이를 구체화하기 위한 것인 때에는 위임 범위를 벗어난 것으로 볼 수 없다.(대판 2019.10.17. 2014두3020·3037)

(5) 위임형식의 특정

관련판례

행정규칙이나 규정이 상위법령의 위임범위를 벗어난 경우에는 법규명령으로서 대외적 구속력을 인정할 여지는 없다. 이는 행정규칙이나 규정 내용이 위임범위를 벗어난 경우뿐 아니라 상위법령의 위임규정에서 특정하여 정한 권한행사의 절차나 방식에 위배되는 경우도 마찬가지이므로, 상위법령에서 세부사항등을 시행규칙으로 정하도록 위임하였음에도 이를 고시등 행정규칙으로 정하였다면 그 역시 대외적 구속력을 가지는 법규명령으로서 효력이 인정될 수 없다(대판 2012.7.5. 2010다72076).

(6) 법령보충규칙의 공포여부 : 공표를 요하지 아니한다.(대판 89누3731)

(7) 법령보충규칙과 행정규칙의 사례

관련판례

1. 법령보충규칙에 해당한다고 판시한 사례
   ① 국세청장 훈령인 재산제세사무처리규정(대판 1987.9.29. 86누484)
   ② 보건사회부장관인 식품영업허가기준고시(대판 1995.11.14. 92도496)
   ③ 보건사회부장관의 1994년 노인복지사업지침(대판 1996.4.12. 95누7727)
   ④ 국무총리훈령인 개별토지가격합동조사지침
      지가의 공개열람 및 토지소유자 또는 이해관계인의 의견접수를 절차의 하나로 규정하고 있는 규정은 법규명령이며, 집행명령의 성질을 갖는다(대판 1994.2.8. 93누111).
   ⑤ 상공자원부장관의 공장입지기준고시(대판 1999.7.23. 97누6261)
   ⑥ 전라남도 주유소등록요건에 관한 고시(대판 1998.9.25. 98두7503)
   ⑦ 구 독점규제 및 공정거래에 관한 법률 제23조 제3항의 위임규정에 따라 공정거래위원회가 제정한 표시·광고에 관한 공정거래지침 중 불공정거래행위를 예방하기 위하여 사업자가 준수하여야 할 지침을 마련한 것으로 볼 수 있는 내용의 규정은 위 법의 위임범위 내에 있는 거으로서 위 법의 규정과 결합하여 법규적 효력을 갖는다. 그러나 공정거래위원회가 부담하고 있는 표시·광고내용의 허위성등에 관한 입증책임을 전환하여 사업자로 하여금 그 반대사실에 관한 입증책임을 부담하도록 한 규정은 법규적 효력을 갖지 않는다(대판 2000.9.29. 98두12772).
   ⑧ 보건복지부고시인 '의료보험진료수가기준'중 '수탁검사실시기관인정등 기준'(대판 1999.6.22. 98두17807)
   ⑨ 액화석유가스판매사업허가기준에 관한 고시(대판 2002.9.27. 2000두7933)
   ⑩ 공정거래위원회고시인 '시장지배적 지위남용행위의 유형 및 기준'
   ⑪ 산업자원부고시 공장입지기준 제5조 제2호의 위임에 따라 정한 김포시고시 공장입지제한처리기준(대판 2004.5.28. 2002두4716)

⑫ 상표제품과 비상표제품의 구체적인 표시기준 및 표시방법을 정한 산업자원부장관고시(대판 2006. 4. 27. 2004도1078)
⑬ 건설교통부장관이 정한 '택지개발업무처리지침'
⑭ 산림청고시인 '산지전용허가기준의 세부검토기준에 곤한 규정'
⑮ 전략물자수출입공고(산자부고시) / 산업입지의 개발에 관한 통합지침
⑯ 지식경제부고시인 '신재생에너지이용 발전전력의 기준가격 지침'(대판 2016.2.18. 2014두6135)
⑰ 구 지방공무원보수업무 등 처리지침(2014. 8. 8. 안전행정부 예규 제104호로 개정되기 전의 것, 이하 '지침'이라 한다) [별표 1] '직종별 경력환산율표 해설'이 정한 민간근무경력의 호봉 산정에 관한 부분은 ~ 지침은 상위법령과 결합하여 대외적인 구속력이 있는 법규명령으로서의 효력을 갖게 된다(대판 2016.1.28. 2015두53121).
⑱ 구 석유 및 석유대체연료의 수입·판매부과금의 징수, 징수유예 및 환급에 관한 고시(산업자원부 고시)와 구 소요량의 산정 및 관리와 심사(관세청 고시)(대판 2016.10.27. 2014두12017)
⑲ 금융위원회가 고시한 "금융기관 검사 및 제재에 관한 규정" 제18조 제1항(대판 2018두52204)

2. 행정규칙에 불과하다고 판시한 사례
① 공직선거관리규칙과 중앙선거관리위원회의 '개표관리요령'(대판 1996.7.12. 96우16)
② 소득금액조정합계표작성요령(대판 2003.9.5. 2001두403)
③ 비관리청 항만공사 시행허가를 위한 심사기준을 정한 업무처리요령(대판 2011.1.27. 2010두20508)
④ 지방자치단체가 제정한 개인택시운송사업면허사무처리규칙(대판 2002.1.22. 2001두8414)
⑤ 행정정보공개운영지침(대판 1999.9.21. 97누5114)
⑥ 신수용가가 구수용가의 체납전기요금을 승계하도록 규정한 한국전력공사의 전기공급규정(대판 1992.12.24. 92다16669)
⑦ 공정거래위원회의 부당한 지원행위의 심사지침(대판 2005.6.9. 2004두7153)
⑧ 건강보험심사평가원의 원장이 보건복지부장관의 고시에 따라 진료심사평가위원회의 심의를 거쳐 정한 요양급여비용의 심사기준 또는 심사지침(대판 2012.11.29. 2008두21669)
⑨ 한국감정평가업협회가 제정한 토지보상평가지침(대판 2002.6.14. 2000두3450)
⑩ 서울시가 정한 개인택시운송사업면허지침(대판 1997.1.21. 95누12941)
⑪ 서울특별시 상수도손괴원인자부담처리지침(대판 1993.4.23. 92누7535)
⑫ 서울특별시의 철거민에 대한 시영아파트 특별분양개선지침(대판 1989.12.26. 87누1214)
⑬ 교육부장관의 내신성적 산정지침(대판 1994.9.10. 94두33)
⑭ 법무부장관이 제정한 집행증서 작성사무 지침(공증인) (대판 2020.11.26. 2020두42262)
⑮ 서울특별시 철거민등에 대한 국민주택특별공급규칙(대판 2007.11.29. 2006두8495)
⑯ 구 '부당한 공동행위 자진신고자등에 대한 시정조치 등 감면제도 운영고시(대판 2013.11.14. 2011두28783)
⑰ 구 국립묘지안장대상심의위원회 운영규정(대판 2013.12.26. 2012두19571)
⑱ 제주시 징계의 양정에 관한 규칙(대판 1990.11.23. 90누1861)
⑲ '제주도학원의 설립·운영에 관한 조례'나 그에 근거한 '제주도학원 업무처리지침'의 수강료기준에 관한 규정'(대법원 1995.5.23. 94도2502)
⑳ 2006년 교육공무원 보수업무등 편람(대판 2010.12.9. 2010두16349)
㉑ 개발제한구역관리규정(대판 1998.6.9. 97누19915)
㉒ 구 국립묘지안장대상심의위원회의 운영규정(대판 2013.12.26. 2012두19571)
㉓ 2006년 교육공무원 보수업무 등 편람은 교육인적자원부(현 교육부)에서 관련 행정기관 및 그 직원을 위한 업무처리지침 내지 참고사항을 정리해 둔 것에 불과하고 법규명령의 성질을 가진 것이라고는 볼 수 없다(대판 2010.12.9. 2010두16349)
㉔ 국가를 당사자로 하는 계약에 관한 법률상의 입찰절차나 낙찰자결정기준(대판 2001다33604)

Ⅲ 특수한 행정규칙

1. "고시"의 법적성격

(1) 고시의 법적성격

구분	사례
통지행위	• 귀화고시
법규명령	• 청소년유해매체물의 표시방법에 관한 정보통신부 고시 • 주유소등록요건에 관한 도지사의 고시 • 산업자원부장관의 공장입지기준고시
행정처분	• 도로구역결정고시 • 도시관리계획의 용도구역지정고시 • 항정신병 치료제의 요양급여 인정기준에 관한 보건복지부 고시 • 청소년보호법에 따른 청소년보호위원회의 청소년유해매체물 고시 • 약제급여·비급여목록 및 급여상한금액표에 관한 보건복지부 고시

(2) 고시의 성격에 따른 판례소개

① "통지"에 해당한다 판시한 사례

> ~ 이 사건 국세청고시는 특정사업자를 납세병매개 제조자로 지정하였다는 행정처분의 내용을 모든 병마개 제조자에게 알리는 통지수단에 불과하므로, 청구인의 이 사건 국세청고시에 대한 헌법소원심판청구는 고시 그 자체가 아니라 고시의 실질적 내용을 이루는 국세청장의 위 납세병매가 제조자 지정처분에 대한 것으로 해석함이 타당하다.(헌재결 1998.4.30. 97헌마141)

② "법규성"을 인정한 사례 ➜ 법령보충규칙

> **어떤 법령이 특정 행정기관에 그 법령 내용의 구체적 사항을 정할 수 있는 권한을 부여하면서도 그 권한행사의 구체적인 절차나 방법을 정하고 있지 않은 관계로 수임 행정기관이 고시로 그 법령의 내용이 될 사항을 구체적으로 규정한 경우, 그 고시는 당해 법률과 그 시행령의 위임한계를 벗어나지 아니하는 한 그와 결합하여 대외적으로 구속력이 있는 법규명령으로서 효력**을 가진다(대법원 2014. 3. 27. 선고 2011두8420 판결 등 참조) ~ 이 사건 고시규정(신재생에너지이용 발전전력의 기준가격 지침)은 신재생에너지법과 결합하여 대외적으로 구속력이 있는 법규명령으로서 효력을 가진다고 할 것이다.(대판2016.02.18. 선고 2014두6135)

③ "처분성"을 인정한 사례

> ㉠ 보건복지부 고시인 약제급여·비급여목록 및 급여상한금액표(보건복지부 고시 제2002-46호로 개정된 것)는 다른 집행행위의 매개 없이 그 자체로서 국민건강보험가입자, 국민건강보험공단, 요양기관 등의 법률관계를 직접 규율하는 성격을 가지므로 항고소송의 대상이 되는 행정처분에 해당한다.(대판 2006.09.22. 선고 2005두2506)
> ㉡ 구 청소년보호법(2001. 5. 24. 법률 제6479호로 개정되기 전의 것)에 따른 청소년유해매체물 결정 및 고시처분은 당해 유해매체물의 소유자 등 특정인만을 대상으로 한 행정처분이 아니라 일반 불특정 다수인을 상대방으로 하여 일률적으로 표시의무, 포장의무, 청소년에 대한 판매·대여 등의 금지의무 등 각종 의무를 발생시키는 행정처분으로서, 정보통신윤리위원회가 특정 인터넷 웹사이트를 청소년유해매체물로 결정하고 청소년보호위원회가 효력발생시기를 명시하여 고시함으로써 그 명시된 시점에 효력이 발생하였다고 봄이 상당하고, 정보통신윤리위원회와 청소년보호위원회가 위 처분이 있었음을 위 웹사이트 운영자에게 제대로 통지하지 아니하였다고 하여 그 효력 자체가 발생하지 아니한 것으로 볼 수는 없다. (대판 2007.06.14. 선고 2004두619)

2. 규범구체화 행정규칙

(1) 규범구체화 행정규칙의 연혁

> ▶ 규범구체화규칙의 연혁
> ① 개념 : 원자력 또는 환경과 같이 고도의 기술적 내용을 규율하는 법률이 그 내용을 구체화하지 못하고 그것을 사실상 행정기관에 일임한 경우에 행정기관이 당해 규범을 구체화하는 내용으로 발령하는 행정규칙을 말한다.
> ② 연혁 : "배출공기나 지표수를 통한 방사능의 유출에 있어서 방사선노출에 관한 일반적 산정기준"과 관련된 내무부장관의 지침에 대한 독일연방행정법원의 Wyhl 판결에서 비롯된 개념으로서, 이러한 행정규칙에 대해서는 법원도 구속되는 직접적인 외부적 효력을 인정한 바 있다.

(2) 규범구체화 행정규칙과 법령보충규칙의 비교

▶ 규범구체화행정규칙과 법령보충적 행정규칙

규범구체화행정규칙과 법령보충적 행정규칙을 동일하게 보는 견해와 양자를 구별하는 견해가 있다. 구별하는 견해에 의하면 규범구체화행정규칙은 행정규칙의 형식을 취하지만 법규명령의 효력을 갖는 점에서 법령보충적 행정규칙과 같지만, 법령의 명시적인 위임이 없이도 제정될 수 있고 법률을 구체화하는 것에 그치는 점에서 명문의 위임에 근거하여 법령을 보충하는 새로운 사항을 정하는 법령보충적 행정규칙과 다

르다 할 것이다.(박균성)

규범구체화행정규칙	법령보충적 행정규칙
• 법령의 위임을 요하지 아니한다.	• 법령의 위임을 요한다
• 그 자체가 법규성을 가진다.	• 상위법령과 결합하여 법규성을 가진다.
• 상위법령을 집행하는 역할	• 상위법령을 보충하는 역할

Ⅳ 행정규칙의 효력

1. 내부적 효력

행정조직 내부의 상대방을 구속하므로 행정규칙에 반하는 행위를 한 자에게는 징계책임이 성립한다.

2. 외부적 효력

(1) 원칙 : 법적 구속력 ×

행정규칙을 위반하였다는 사실만으로 그 처분이 위법하게 되는 것은 아니며, 행정규칙에 따른 행정처분이라 하더라도 곧바로 적법성의 추정을 받는 것도 아니다.

> **관련판례** 행정규칙의 비법규성
> ① 구 국립묘지안장대상심의위원회 운영규정의 법적 성격 : 행정규칙
> ② ~ 위 기준에 부합한다고 하여 곧바로 당해 처분이 적법한 것이라고 할 수는 없지만, 위 기준 자체로 헌법 또는 법률에 합치되지 않거나 이를 적용한 결과가 처분사유의 내용 및 관계 법령의 규정과 취지에 비추어 현저히 부당하다고 인정할 만한 합리적인 이유가 없는 한, 섣불리 위 기준에 따른 처분이 재량권의 범위를 일탈하였거나 재량권을 남용한 것이라고 판단해서는 안 된다.(대판 2012두19571)

(2) 예외 : 법적 구속력 ○

법령보충적 행정규칙이나 재량준칙의 경우 자기구속의 법리를 통하여 법규성이 인정되므로, 이를 위반할 경우 위법의 효과가 발생한다.

3. 행정규칙에 위반한 행정처분의 효력

① 어떠한 처분의 근거가 행정규칙에 규정되어 있다고 하더라도, 그 처분이 상대방에게 권리의 설정 또는 의무의 부담을 명하거나 기타 법적인 효과를 발생하게 하는 등으로 그 상대방의 권리·의무에 직접 영향을 미치는 행위라면, 이 경우에도 항고소송의 대상이 되는 행정처분에 해당한다.
정부간 항공노선의 개설에 관한 잠정협정 및 비밀양해각서와 **건설교통부 내부지침**

에 의한 항공노선에 대한 운수권배분처분은 항고소송의 대상이 되는 행정처분에 **해당**한다.

② 행정규칙에 의한 징계처분(불문경고조치)은 항고소송의 대상이 되는 행정처분에 해당한다.
행정규칙에 의한 불문경고조치가 비록 법률상의 징계처분은 아니지만 위 처분을 받지 아니하였다면 차후 다른 징계처분이나 경고를 받게 될 경우 징계감경사유로 사용될 수 있었던 표창공적의 사용가능성을 소멸시키는 효과와 **1년동안 인사기록카드에 등재됨으로써 그 동안은 장관표창이나 도지사표창 대상자에서 제외시키는 효과등이 있다는 이유로 항고소송의 대상이 되는 행정처분에 해당**한다.(대판 2002.7.26. 2001두3532)

③ **부당한 공동행위 자진신고자 등의 시정조치 또는 과징금 감면신청에 대한 감면불인정통지는 항고소송의 대상이 되는 행정처분에 해당**한다고 보아야 한다.(대판 2012.9.27. 2010두3541)

④ 국립 교육대학의 학칙에 학장이 학생에 대한 징계처분을 하고자 할 때에는 교수회의 심의·의결을 먼저 거쳐야 하도록 규정되어 있는 경우, 교수회의 학생에 대한 무기정학처분의 징계의결에 대하여 학장이 징계의 재심을 요청하여 다시 개최된 교수회에서 학장이 교수회의 징계의결내용에 대한 직권조정권한을 위임하여 줄 것을 요청한 후 **일부 교수들의 찬반토론은 거쳤으나 표결은 거치지 아니한 채 자신의 책임아래 직권으로 위 교수회의 징계의결내용을 변경하여 퇴학처분을 하였다면, 위 퇴학처분은 교수회의 심의·의결을 거침이 없이 학장이 독자적으로 행한 것에 지나지 아니하여 위법**하다.(대판 1991.11.22. 91누2144)

Ⅴ 행정규칙의 통제

1. 행정규칙과 항고소송

(1) 원칙 : 항고소송 ×

① **개인택시면허우선순위에 관한 교통부장관의 시달**은 단순히 개인택시면허처분을 위하여 그 면허순위에 관한 내부적 심사기준을 시달한 예규나 통첩에 불과하여 현실적으로 특정인의 권리를 침해하는 것이 아니므로 이를 행정소송의 대상이 되는 행정처분이라고 할 수 없다.(대판 1985.11.26. 85누394)

② 대학입시기본계획 내의 내신성적산정지침은 항고소송의 대상인 행정처분성을 갖지 않는다.
교육부장관이 내신성적산정기준의 통일을 기하기 위해 **대학입시기본계획의 내용에서 내신성적산정기준에 관한 산정지침을 마련하여 시·도교육감에게 통보한 것은 행

정조직 내부에서 내신성적 평가에 관한 내부적 심사기준을 하달한 것에 불과하며, 특정인의 구체적인 권리·의무에 직접적으로 변동을 초래케 하는 것은 아니라 할 것이어서 **내신성적산정지침을 항고소송의 대상이 되는 행정처분으로 볼 수 없다.**(대판 1994.9.10. 94두33)

(2) 예외 : 항고소송 ○

① 어떠한 고시가 일반적·추상적 성격을 가질 때에는 법규명령 또는 행정규칙에 해당할 것이지만, 다른 집행행위의 매개없이 그 자체로서 직접 국민의 구체적인 권리·의무나 법률관계를 규율하는 성격을 가질 때에는 항고소송의 대상이 되는 행정처분에 해당한다. 항정신병 치료제의 요양급여인정기준에 관한 보건복지부고시가 다른 집행행위의 매개없이 그 자체로서 제약회사, 요양기관, 환자 및 국민건강보험공단 사이의 법률관계를 직접 규율한다는 이유로 항고소송의 대상이 되는 행정처분에 해당한다.(대판 2003.10.9. 2003무23)

② 보건복지부 고시인 약제급여·비급여목록 및 급여상한금액표는 다른 집행행위의 매개없이 그 자체로서 국민건강보험가입자, 국민건강보험공단, 요양기관 등의 법률관계를 직접 규율하는 성격을 가지므로 항고소송의 대상이 되는 행정처분에 해당한다.(대판 2006.9.22. 2005두2506)

③ 구 청소년보호법에 따른 청소년유해매체물 결정고시 : 처분성 인정

2. 행정규칙과 헌법소원

(1) 헌법소원의 대상적격을 부정한 사례

① **교육부장관이 예술고학생에 대한 학생부성적반영지침**을 발하였다면, 위 지침은 위 기본계획에 정하여진 **대학입학전형방법에 아무런 변경도 가져오는 것이 아니므로**, 청구인들의 기본권을 새로이 침해하는 헌법재판소법 제68조 제1항 소정의 **공권력의 행사에 해당한다고 볼 수 없다.**(헌재결 1997.12.19. 97헌마317)

② 경기도교육청의 1999.6.2. 자 '학교장, 교사초빙제실시'는 행정조직 내부에서만 효력을 가지는 행정상의 운영지침을 정한 것으로서 국민이나 법원을 구속하는 효력이 없는 행정규칙에 해당하므로 헌법소원의 대상이 되지 않는다고 할 것이다.(헌재결 2001.5.31. 99헌마413)

(2) 헌법소원의 대상적격을 인정한 사례

① 법령의 직접적인 위임에 따라 위임행정기관이 그 법령을 시행하는데 필요한 구체적 사항을 정한 것이면, 그 제정형식은 비록 법규명령이 아닌 고시, 훈령, 예규등과 같은 행정규칙이더라도 그것이 상위법령의 위임한계를 벗어나지 아니하는 한, 상위법령과 결합하여 대외적인 구속력을 갖는 법규명령으로서 기능하게 된다고 보아야 할

것인바, 청구인이 법령과 예규의 관계규정으로 말미암아 직접 기본권침해를 받았다면 이에 대하여 바로 헌법소원심판을 청구할 수 있다.(헌재결 1992.6.26. 91헌마25)

② 계호근무준칙(법무부훈령)은 행정규칙이기는 하나 검사조사실에서의 계구사용에 관한 재량권행사의 준칙으로서 오랫동안 반복적으로 시행되어 그 내용이 관행으로 확립되었다 할 수 있는 것으로 헌법소원의 대상이 된다.(헌재결 2005.5.26. 2004헌마49)

③ 1994학년도 서울대신입생선발입시요강사건

국립대학인 서울대학교의 94학년도 대학입학고사주요요강은 사실상의 준비행위 내지 사전안내로 행정쟁송의 대상이 될 수 있는 행정처분이나 공권력의 행사는 될 수 없지만, **그 내용이 국민의 기본권에 직접 영향을 끼치는 내용이고 앞으로 법령의 뒷받침에 의하여 그대로 실시될 것이 틀림없을 것으로 예상되어 그로 인하여 직접적으로 기본권침해를 받게 되는 사람에게는 사실상의 규범작용으로 인한 위험성이 이미 현실적으로 발생하였다고 보아야 할 것이므로, 이는 헌법소원의 대상이 되는 헌법재판소법 제68조 제1항 소정의 공권력의 행사에 해당**된다고 할 것이며, 이 경우 헌법소원 외에 달리 구제방법이 없다.(헌재결 1992.10.1. 92헌마68)

④ "청소년유해매체물표시방법"에 관한 정보통신부고시 ➔ 법령보충적 행정규칙으로서 대상적격인정(헌재결 2004.1.29. 2001헌마894)

⑤ 신문고시 ➔ 법령보충적 행정규칙으로서 대상적격인정(헌재결 2002.7.18. 2001헌마605)

⑥ 게임제공업소의 경품취급기준고시 ➔ 법령보충적 행정규칙으로서 대상적격인정(헌재결 2008.11.27. 2005헌마161)

Ⅵ 행정규칙의 최근판례 정리

1. 금융위원회의 설치등에 관한 법률 제60조의 위임에 따라 금융위원회가 고시한 "금융기관 검사 및 제재에 관한 규정" 제18조 제1항

대외적으로 구속력이 있는 법규명령의 효력을 가진다.(대판 2018두52204)

2. 제재적 행정처분의 기준이 부령형식으로 규정된 경우

이러한 제재적 행정처분의 기준이 부령 형식으로 규정되어 있더라도 그것은 행정청 내부의 사무처리준칙을 규정한 것에 지나지 않아 대외적으로 국민이나 법원을 기속하는 효력이 없다. 따라서 **그 처분의 적법 여부는 처분기준만이 아니라 관계 법령의 규정 내용과 취지에 따라 판단하여야 한다. 그러므로 처분기준에 부합한다 하여 곧바로 처분이 적법한 것이라고 할 수는 없지만, 처분기준이 그 자체로 헌법 또는 법률에 합치되지 않**

거나 그 기준을 적용한 결과가 처분사유인 위반행위의 내용 및 관계 법령의 규정과 취지에 비추어 현저히 부당하다고 인정할 만한 합리적인 이유가 없는 한, 섣불리 그 기준에 따른 처분이 재량권의 범위를 일탈하였다거나 재량권을 남용한 것으로 판단해서는 안 된다. (대판 2019.9.26. 2017두48406)

3. 세부적인 업무처리절차나 법령의 해석·적용 기준을 정해주는 행정규칙

상급행정기관이 소속 공무원이나 하급행정기관에 대하여 세부적인 업무처리절차나 법령의 해석·적용 기준을 정해 주는 '행정규칙'은 상위법령의 구체적 위임이 있지 않는 한 행정조직 내부에서만 효력을 가질 뿐 대외적으로 국민이나 법원을 구속하는 효력이 없다. 다만 행정규칙이 이를 정한 행정기관의 재량에 속하는 사항에 관한 것인 때에는 그 규정 내용이 객관적 합리성을 결여하였다는 등의 특별한 사정이 없는 한 법원은 이를 존중하는 것이 바람직하다. (대판 2019.10.31. 2013두20011)

4. 법무부장관이 제정한 "집행증서 작성사무 지침"의 성격

판례요지
① 상급행정기관은 소속 공무원이나 하급행정기관에 대하여 업무처리지침이나 법령의 해석·적용 기준을 정해주는 '행정규칙'을 제정할 수 있다. ② 공증인은 직무에 관하여 공무원의 지위를 가지고, **법무부장관은 공증인에 대한 감독기관이므로 공증인법 제79조 제1호에 근거한 직무상 명령을 개별·구체적인 지시의 형식으로 할 수도 있으나, 행정규칙의 형식으로 일반적인기준을 제시하거나 의무를 부과할 수도 있다.** ③ '집행증서 작성사무 지침'의 성격은 **공증인의 감독기관인 법무부장관이 상위법령의 구체적인 위임 없이 공증인이 직무수행에서 준수하여야할 세부적인 사항을 규정한 '행정규칙'이라고 보아야 한다. 따라서 공증인이 직무수행에서 위 지침을 위반한 경우에는 공증인법 제79조 제1호에 근거한직무상 명령을 위반**한 것이다. ④ 공무원이 **상급행정기관이나 감독권자의 직무상 명령을 위반하였다는 점을 징계사유로 삼으려면 직무상 명령이 상위법령에 반하지 않는 적법·유효한 것이어야** 한다. ⑤ 행정규칙'은 상위법령의 구체적 위임이 있지 않는 한 행정조직 내부에서만효력을 가질 뿐 대외적으로 국민이나 법원을 구속하는 효력이 없다. 다만 행정규칙이 이를 정한 행정기관의 재량에 속하는 사항에 관한 것인 때에는 그규정 내용이 객관적 합리성을 결여하였다는 등의 특별한 사정이 없는 한 법원은 이를 존중하는 것이 바람직하다.(대판 2020.11.26. 2020두42262)

5. 한국수력원자력 주식회사가 제정·운용하고 있는 공급자관리지침

판례요지
① 한국수력원자력 주식회사가 제정·운용하고 있는 "공급자관리지침"중 등록취소 및 그에 따른 일정기간의 거래제한조치에 관한 규정들은 공공기관으로서 행정청에 해당하는 한국수력원자력 주식회사가 상위법령의 구체적 위임없이 정한 것이어서 대외적 구속력이 없는 행정규칙이다. ② 피고의 내부 규정에 근거한 10년간의 거래제한조치가 항고소송의 대상인 "처분"에 해당하며, 나아가 행정청인 피고가 공공기관 운영법 제39조에 따라 2년의 입찰참가자격제한처분을 받은 원고에 대하여 다시 법률상 근거없이 자신이 만든 행정규칙에 근거하여 공공기관 운영법 제39조에서 정한 입찰참가자격제한처분의 상한인 2년을 훨씬 초과하여 10년간의 거래제한조치를 추가로 하는 것은 제재처분의 상한을 규정한 공공기관 운영법에 정면으로 반하는 것이어서 그 하자가 중대·명백하다 보아야 한다.(대판 2017두66541)

CHAPTER 02 행정행위

제1절 행정행위의 개념

I 행정행위의 개념에 대한 학설정리

구분	내용
최광의설	"**행정청**"의 일체 모든 행위
광의설	행정청의 **공법행위**
협의설	행정청의 "구체적 사실에 관한 법집행"으로서의 공법행위
최협의설	행정청의 구체적 사실에 관한 법집행으로서 "권력적·단독적 공법행위"

II 최협의 개념에 따른 행정행위의 개념요소

행정청의 행위	① 행정청이란 일반적으로 행정주체의 의사를 외부적으로 결정·표시할 수 있는 권한을 가진 기관을 말하며, 여기서 행정청은 반드시 조직법상 행정청과 일치하지는 않으며 기능적인 개념이다. ② 따라서 행정청의 행위뿐만 아니라 공권력을 위임 또는 위탁받은 공공단체나 공무수탁사인의 행위도 이에 포함된다.
구체적 사실에 관한 법집행행위	① 행정행위는 규범정립행위가 아니라 구체적 사실에 관한 법집행작용이다. ② 법령은 일반적·추상적인 규범의 정립이므로 행정행위가 아니지만, 그 법령이 처분적 성격을 가질 경우 처분법규로서 행정행위로 취급된다. ③ 대상은 반드시 특정인이어야 하는 것은 아니며 불특정다수인을 대상으로 하는 일반처분도 행정행위에 해당한다.
외부에 대하여 직접 법률효과를 발생	① 내부행위나 중간행위는 행정행위가 아니다. ② 사실행위는 법적 효과를 발생하지 아니하므로 행정행위가 아니지만, 권력적 사실행위는 항고소송의 대상이 되는 행정처분에 해당한다.
권력적·단독적 공법행위	① 행정지도나 비공식적 행정작용과 같은 행위 : 행정행위 × ② 계약이나 합동행위 ➡ 비권력적·쌍방행위 : 행정행위 ×

1. "행정청"의 행위

(1) **행정청의 특징** : 기능적 요소에서 관찰 : 행정의사결정 + 외부에 표시

(2) **"지방의회"관련 판례**
① 지방의회를 대표하고 의사를 정리하며 회의장 내의 질서를 유지하고 의회의 사무를 감독하며 위원회에 출석하여 발언할 수 있는 등의 직무권한을 가지는 **지방의회의장에 대한 불신임의결은 의장으로서의 권한을 박탈하는 행정처분의 일종으로서 항고소송의 대상**이 된다.(대판 1994.10.11. 94두23)
② 지방의회 의원징계의결은 그로 인해 의원의 권리에 직접 법률효과를 미치는 행정처분의 일종으로서 **행정소송의 대상이 된다.**(대판 1993.11.26. 93누7341)

(3) **교통안전공단의 분담금납부통지사건**

구 교통안전공단법에 의하여 설립된 교통안전공단의 사업목적과 분담금의 부담에 관한 같은 법 제13조, 그 납부통지에 관한 같은 법 제17조·제18조등의 규정 내용에 비추어 **교통안전공단이 그 사업목적에 필요한 재원으로 사용할 기금조성을 위하여 같은 법 제13조에 정한 분담금납부의무자에 대하여 한 분담금납부통지는 그 납부의무자의 구체적인 분담금납부의무를 확정시키는 효력을 갖는 행정처분**이라고 보아야 할 것이다.(대판 2000.9.8. 2000다12716)

(4) 대한주택공사가 시행한 택지개발사업 및 이에 따른 이주대책에 관한 처분은 행정행위에 해당하므로 항고소송의 대상이 된다.(대판 1992.11.27. 92누3618)

2. 구체적 사실에 관련된 법집행행위

▶ "일반처분"에 관련된 정리

구분	대상	의의	사례
대인적 일반처분	사람	구체적 사안과 관련하여 일반적 기준에 따라 결정되거나 결정될 수 있는 자를 대상으로 발하여지는 행정행위	• 특정한 날짜의 집회금지
대물적 일반처분 (물적 행정행위)	물건	• 직접적 : 물건 • 간접적 : 이용자들에게 영향	• 문화재지정 • 주정차금지구역설정 • 공용개시행위 • 개별공시지가 지정 • 용도지역 지정고시

① 시장·군수 또는 구청장의 **개별토지가격결정은 관계법령에 의한 토지초과이득세, 택지초과소유부담금 또는 개발부담금산정의 기준이 되어 국민의 권리나 의무 또는 법률상 이익에 직접적으로 관계되는 것으로서** 행정소송법 제2조 제1항 제1호 소정의 행정청이 행하는 구체적 사실에 관한 법집행으로서의 공권력행사이므로 **항고소송의 대상이 되는 행정처분에 해당**한다.(대판 1994.2.28. 93누111)

② 구 도시계획법 제30조 제2항은 **도시계획사업실시계획의 허가**를 토지수용법 제14조의 규정에 의한 사업인정으로 보도록 규정하고 있는바, **이와 같은 사업인정은 그 후 일정한 절차를 거칠 것을 조건으로 하여 일정한 내용의 수용권을 설정하여 주는 행정처분의 성격을 띠는 것으로서 독립하여 행정소송의 대상이 되고** 그 사업인정을 받음으로써 수용할 목적물의 범위가 확정되고 수용권으로 하여금 목적물에 관한 현재 및 장래의 권리자에게 대항할 수 있는 일종의 공법상의 권리로서 효력을 발생시킨다. (대판 1994.5.24. 93누24230)

3. 외부에 대하여 직접적인 법적 효과를 발생시키는 행위

(1) 행정행위는 법적 행위이다.

① ~국가공무원법상의 당연퇴직은 결격사유가 있을 때 법률상 당연히 퇴직하는 것이지 공무원관계를 소멸시키기 위한 별도의 행정처분을 요하는 것이 아니며, **당연퇴직의 인사발령은 법률상 당연히 발생하는 퇴직사유를 공적으로 확인하여 알려주는 이른바 관념의 통지에 불과하고, 공무원의 신분을 상실시키는 새로운 형성적 행위가 아니므로** 행정소송의 대상이 되는 독립한 행정처분이라고 할 수 없다.(대판 1995.11.14. 95누2036)

② **수도사업자가 급수공사신청자에 대하여 급수공사비 내역과 이를 지정기일 내에 선납하라는 취지로 한 납부통지**는 수도사업자가 급수공사를 승인하면서 급수공사비를 계산하여 급수공사신청자에게 이를 알려주고 위 신청자가 이에 따라 공사비를 납부하면 급수공사를 하여 주겠다는 취지의 **강제성이 없는 의사 또는 사실상의 통지행위라고 풀이함이 상당하고, 이는 항고소송의 대상이 될 수 없다.**(대판 1993.10.26. 93누6331)

③ 한국전력공사가 전기공급의 적법여부를 조회한데 대한 **관할 구청장의 회신은 권고적 성격의 행위에 불과한 것으로서 항고소송의 대상이 되는 행정처분이라고 할 수 없다.**(대판 1995.11.21. 95누9000)

(2) 행정행위는 외부적 행위이다.

① 군의관의 신체등위판정의 처분성부정(대판 1993.8.27. 93누3356)
② 경제기획원장의 정부투자기관에 대한 예산편성지침통보의 처분성부정(대판 1993.9.

14. 93누9163)
③ 벌점부과 : 처분성 부정
④ 자산관리공사의 공매결정 자체는 내부적인 의사결정에 불과하여 항고소송의 대상이 되는 행정처분이라고 볼 수 없다.(대판 1998.6.26. 96누12030)
⑤ **국세기본법상의 국세환급금결정이나 이 결정을 구하는 신청에 대한 환급거부결정등**은 납세의무자가 갖는 환급청구권의 존부나 범위에 구체적이고 직접적인 영향을 미치는 처분이 아니어서 **항고소송의 대상이 되는 처분이라고 볼 수 없다.**(대판 1989.6.15. 88누6436)
⑥ **공정거래위원회의 고발의결은 행정청 내부의 의사결정에 불과할 뿐** 최종적인 처분은 아니므로 항고소송의 대상이 되는 행정처분이 되지 못한다.(대판 1995.5.12. 94누13794)
⑦ **상급행정기간의 하급행정기관에 대한 승인·동의·지시등은 행정기관 상호간의 내부행위로서 국민의 권리·의무에 직접 영향을 미치는 것이 아니므로** 항고소송의 대상이 되는 행정처분에 해당한다고 볼 수 없다.(대판 1997.9.26. 97누8540)
⑧ 지방병무청장이 복무기관을 정하여 공익근무요원소집통지를 한 후 소집대상자의 원에 의하여 또는 직권으로 그 기일을 연기한 다음 다시 한 공익근무요원소집통지는 항고소송의 대상이 되는 독립한 행정처분이 아니다.(대판 2005.10.28. 2003두14550)
⑨ 정부의 수도권 소재 공공기관의 지방이전시책을 추진하는 과정에서 도지사가 도내 특정시를 공공기관이 이전할 **혁신도시최종입지로 선정한 행위는 항고소송의 대상이 되는 행정처분이 아니다.**(대판 2007.11.15. 2007두10198)
⑩ **국토해양부, 환경부, 문화체육관광부, 농림수산부, 식품부가 합동으로 2009.6.8. 발표한 '4대강 살리기 마스터플랜'등은 행정기관 내부에서 사업의 기본방향을 제시하는 계획일뿐** 국민의 권리·의무에 직접 영향을 미치는 것이 아니어서, 행정처분에 해당하지 않는다.(대판 2011.4.21. 2010무111전합)

4. 행정청의 권력적 단독행위

① 국유재산법 제31조, 제32조 제3항, 산림법 제75조 제1항의 규정등에 의하여 **국유잡종재산에 관한 관리처분의 권한을 위임받은 기관이 국유잡종재산을 대부하는 행위는 국가가 사경제주체로서 상대방과 대등한 위치에서 행하는 사법상의 계약**이고, 행정청이 공권력의 주체로서 상대방의 의사 여하에 불구하고 일방적으로 행하는 행정처분이라고 볼 수 없으며, **국유잡종재산에 관한 대부료의 납부고지 역시 사법상의 이행청구에 해당하고, 이를 행정처분이라고 할 수 없다.**(대판 2000.2.11. 99다61675)
② 한국마사회가 조교사 또는 기수의 면허를 부여하거나 취소하는 것은 경마를 독점적

으로 개최할 수 있는 지위에서 우수한 능력을 갖추었다고 인정되는 사람에게 경마에서의 일정한 기능과 역할을 수행할 수 있는 자격을 부여하거나 이를 박탈하는 것에 지나지 아니하므로, **이는 국가 기타 행정기관으로부터 위탁받은 행정권한의 행사가 아니라 일반 사법상의 법률관계에서 이루어지는 단체 내부에서의 징계 내지 제재처분이다.**(대판 2008.1.31. 2005두8269)

Ⅲ 행정쟁송법상 처분과의 관계

1. 처분개념에 관한 일원설과 이원설

일원설	이원설
• 실체법상 처분개념＝쟁송법상 처분개념	• 실체법상 처분개념 ＜ 쟁송법상 처분개념 • 형식적 행정행위

2. 형식적 행정행위

행정기관 또는 이에 준하는 자의 행위가 공권력 행사로서의 실체는 갖지 않지만 행정목적 실현을 위해 국민의 법익에 계속적으로 사실상 지배력을 미치는 경우에 이를 쟁송법상의 처분으로 파악하여 항고소송의 제기를 가능하게 하기 위한 행위를 의미한다.

제2절 행정행위의 종류

Ⅰ 행정행위의 종류

1. 법률효과의 발생원인에 따른 분류

(1) **법률행위적 행정행위**

(2) **준법률행위적 행정행위**

2. 재량여부에 따른 분류

(1) **기속행위**

(2) **재량행위**

3. 효과에 따른 분류

(1) 수익적 행정행위

(2) 침익적 행정행위

> **관련판례** 침익적 행정행위에 관련된 행정법규의 해석
>
> **침익적 행정행위의 근거가 되는 행정법규는 엄격하게 해석·적용하여야 하고** 상대방에게 불리한 방향으로 확장해석하거나 유추해석해서는 안 되며, 그 입법취지와 목적등을 고려한 목적론적 해석이 전적으로 배제되는 것은 아니라고 하더라도 그 해석이 문언의 통상적인 의미를 벗어나서는 안된다.(대판 2011두3388)

(3) 복효적 행정행위

4. 법률상태의 변동에 따른 분류

(1) 적극적 행정행위 : 현재상태의 변동 ○

(2) 소극적 행정행위 : 현재상태의 유지 ×

5. 대상에 따른 분류

대인적	人의 주관적 사정 ➔ 이전성 ×
대물적	物의 객관적 상태 ➔ 이전성 ○
혼합적	人 + 物 ➔ 이전성 제한

> **관련판례** 대물적 행정처분의 성격
>
> 요양기관이 속임수나 그 밖의 부당한 방법으로 보험자에게 요양급여비용을 부담하게 한 때에 구 국민건강보험법 제85조 제1항 제1호에 의해 받게 되는 **요양기관 업무정지처분은 의료인 개인의 자격에 대한 제재가 아니라 요양기관의 업무 자체에 대한 것으로서 대물적 처분의 성격을 갖는다. 따라서 속임수나 그 밖의 부당한 방법으로 보험자에게 요양급여비용을 부담하게 한 요양기관이 폐업한 때에는 그 요양기관은 업무를 할 수 없는 상태일 뿐만 아니라 그 처분대상도 없어졌으므로 그 요양기관 및 폐업 후 그 요양기관의 개설자가 새로 개설한 요양기관에 대하여 업무정지처분을 할 수는 없다.** 이러한 해석은 침익적 행정행위의 근거가 되는 행정법규는 엄격하게 해석·적용하여야 하고, 입법 취지와 목적 등을 고려한 목적론적 해석이 전적으로 배제되는 것이 아니라고 하더라도 그 해석이 문언의 통상적인 의미를 벗어나서는 아니 된다는 법리에도 부합한다. 더군다나 구 의료법 제66조 제1항 제7호에 의하면 보건복지부장관은 의료인이 속임수 등 부정한 방법으로 진료비를 거짓 청구한 때에는 1년의 범위에서 면허자격을 정지시킬 수 있고 이와 같이 요양기관 개설자인 의료인 개인에 대한 제재수단이 별도로 존재하는 이상, 위와 같은 사안에서 제재의 실효성 확보를 이유로 구 국민건강보험법 제85조 제1항 제1호의 '요양기관'을 확장해석할 필요도 없다.(대판 2022. 1. 27. 선고 2020두39365)

핵심정리

① 요양기관 업무정지처분은 의료인 개인의 자격에 대한 제재가 아니라 요양기관의 업무 자체에 대한 것으로서 대물적 처분의 성격을 갖는다.
② 속임수나 그 밖의 부당한 방법으로 보험자에게 요양급여비용을 부담하게 한 요양기관이 폐업한 때에는 그 요양기관은 업무를 할 수 없는 상태일 뿐만 아니라 그 처분대상도 없어졌으므로 그 요양기관 및 폐업 후 그 요양기관의 개설자가 새로 개설한 요양기관에 대하여 업무정지처분을 할 수는 없다.

6. 의사결정단계에 따른 분류

(1) 확약

(가) 확약과 행정절차법

관련판례 행정절차법

제40조의 2(확약) ① 법령등에서 당사자가 신청할 수 있는 처분을 규정하고 있는 경우 행정청은 당사자의 신청에 따라 장래에 어떤 처분을 하거나 하지 아니할 것을 내용으로 하는 의사표시(이하 "확약"이라 한다.)를 할 수 있다.
② 확약은 문서로 하여야 한다.
③ 행정청은 다른 행정청과의 협의 등의 절차를 거쳐야 하는 처분에 대하여 확약을 하려는 경우에는 확약을 하기 전에 그 절차를 거쳐야 한다.
④ 행정청은 다음 각 호의 어느 하나에 해당하는 경우에는 확약에 기속되지 아니한다.
1. 확약을 한 후에 확약의 내용을 이행할 수 없을 정도로 법령등이나 사정이 변경된 경우
2. 확약이 위법한 경우
⑤ 행정청은 확약이 제4항 각 호의 어느 하나에 해당하여 확약을 이행할 수 없는 경우에는 지체없이 당사자에게 그 사실을 통지하여야 한다.

(나) 확약과 관련판례

① 확약의 처분성

㉠ 어업권면허에 선행하는 우선순위결정은 행정청이 우선권자로 결정된 자의 신청이 있으면 어업권면허처분을 하겠다는 것을 약속하는 행위로서 강학상 확약에 불과하고 행정처분은 아니므로, 우선순위결정에 공정력이나 불가쟁력과 같은 효력은 인정되지 아니하며, 따라서 우선순위결정이 잘못되었다는 것을 이유로 종전의 어업권면허처분이 취소되면 행정청은 종전의 우선순위 결정을 무시하고 다시 우선순위를 결정한 다음 새로운 우선순위결정에 기하여 새로운 어업권면허를 할 수 있다(대판 1995.1.20. 94누6529).

㉡ 자동차운송사업양도양수계약에 기한 양도양수인가신청에 대하여 피고 시장이 내인가를 한 후 위 내인가에 기한 본인가신청이 있었으나 자동차운송사업

양도양수인가신청서가 합의에 의한 정당한 신청서라고 할 수 없다는 이유로 위 내인가를 취소한 경우, 위 내인가의 법적 성질이 행정행위의 일종으로 볼 수 있든 아니든 그것이 행정청의 상대방에 대한 의사표시임이 분명하고, <u>피고가 위 내인가를 취소함으로써 다시 본인가에 대하여 따로이 인가 여부의 처분을 한다는 사정이 보이지 않는다면 위 내인가취소를 인가신청을 거부하는 처분으로 보아야 할 것이다</u>(대판 1991.6.28. 90누4402).

② 확약과 실효

행정청이 상대방에게 장차 어떤 처분을 하겠다고 확약 또는 공적인 의사표명을 하였다고 하더라도 그 기간내에 상대방의 신청이 없었다거나 확약 또는 공적인 의사표명이 있은 후에 사실적·법률적 상태가 변경되었다면, 그와 같은 확약 또는 공적인 의사표명은 행정청의 별다른 의사표시를 기다리지 않고 실효된다(대판 1996.8.20. 95누10877).

(2) 예비결정

폐기물관리법 관계법령의 규정에 의하면 폐기물처리업의 허가를 받기 위하여는 먼저 사업계획서를 제출하여 허가권자로부터 사업계획에 대한 적정통보를 받아야 하고, 그 적정통보를 받은 자만이 일정기간내에 시설·장비·기술능력·자본금을 갖추어 허가신청을 할 수 있으므로, 결국 부적정통보는 허가신청 자체를 제한하는 등 개인의 권리 내지 법률상의 이익을 개별적이고 구체적으로 규제하고 있어 행정처분에 해당한다.(대판 97누21086)

(3) 부분허가

관련판례 원자력발전소 부지사전승인처분사건

① 구 원자력법 제11조 제3항에 근거한 원자로 및 관계시설의 부지사전승인처분은 원자로등의 건설허가 전에 그 원자로 등 건설예정지로 계획중인 부지가 원자력법의 관계규정에 비추어 적법성을 구비한 것인지 여부를 심사하여 행하는 사전적 부분 건설허가처분의 성격을 가지고 있는 것이므로, 원자력법 제12조 제2호, 제3호로 규정한 원자로 및 관계시설의 허가기준에 관한 사항은 건설허가처분의 기준이 됨은 물론 부지사전승인처분의 기준으로도 된다.

② 원자로 및 관계시설의 부지사전승인처분은 그 자체로서 건설부지를 확정하고 사전공사를 허용하는 법률효과를 지닌 독립한 행정처분이기는 하지만, 건설허가 전에 신청자의 편의를 위하여 미리 그 건설허가의 일부 요건을 심사하여 행하는 사전적 부분 건설허가처분의 성격을 갖고 있는 것이어서 나중에 건설허가처분이 있게 되면 그 건설허가처분에 흡수되어 독립된 존재가치를 상실함으로써 그 건설허가처분만이 쟁송의 대상이 되는 것이므로, 부지사전승인처분의 취소를 구하는 소는 소의 이익을 잃게 되고 따라서 부지사전승인처분의 위법성은 나중에 내려진 건설허가처분의 취소를 구하는 소송에서 이를 다투면 된다.(대판 97누19588)

7. 행정의 자동화 작용

관련법령 행정기본법

제20조(자동적 처분) 행정청은 법률로 정하는 바에 따라 완전히 자동화된 시스템(인공지능 기술을 적용한 시스템을 포함한다)으로 처분을 할 수 있다. 다만, 처분에 재량이 있는 경우는 그러하지 아니하다.

Ⅱ 복효적 행정행위와 관련문제

1. 제3자효 행정처분과 관련되는 판례정리

① 행정처분의 직접 상대방이 아닌 제3자는 일반적으로 처분이 있는 것을 알 수 없는 처지에 있으므로 <u>위와 같은 심판청구기간 내에 심판청구를 제기하지 아니하였다고 하더라도, 위 법조항 본문의 적용을 배제할 "정당한 사유"가 있는 경우에 해당한다고 보아</u> 위와 같은 심판청구기간이 경과한 뒤에도 심판청구를 제기할 수 있다.(대판 91누12844)

② ~ 제3자가 <u>어떤 경위로든 행정처분이 있음을 알았거나 쉽게 알 수 있는 등 행정심판법 제18조 소정의 심판청구기간 내에 심판청구가 가능하였다는 사정이 있는 경우에는 그때부터 90일 이내에 행정심판을 청구하여야</u> 한다.(대판 96누14661)

제3절 기속행위와 재량행위

Ⅰ 기속행위와 재량행위의 구별실익 : 사법심사방식

행정행위가 그 재량성의 유무 및 범위와 관련하여 이른바 기속행위 내지 기속재량행위와 재량행위 내지 자유재량행위로 구분된다고 할 때, 그 구분은 당해 행위의 근거가 된 법규의 체재·형식과 그 문언, 당해 행위가 속하는 행정분야의 주된 목적과 특성, 당해 행위 자체의 개별적 성질과 유형 등을 모두 고려하여 판단하여야 하고, 이렇게 구분되는 양자에 대한 사법심사는, <u>전자의 경우 그 법규에 대한 원칙적인 기속성으로 인하여 법원이 사실인정과 관련 법규저의 해석·적용을 통하여 일정한 결론을 도출한 후 그 결론에 비추어 행정청이 한 판단의 적법 여부를 독자의 입장에서 판정하는 방식에 의하게 되나, 후자의 경우 행정청의 재량에 기한 공익판단의 여지를 감안하여 법원은 독자의 결론을 도출함이 없이 당해 행위에 재량권의 일탈·남용이 있는지 여부만을 심사하게 되고,</u> 이러한 재량권의 일탈·남용 여부에 대한 심사는 사실오인, 비례·평등의 원칙 위배, 당해 행위의 목적위반이나 동기의 부정 유무 등을 그 판단대상으로 한다(대판 2001.2.9. 98두17593).

기속행위	법규에 대한 원칙적인 기속성으로 인하여 **법원이 사실인정과 관련법규의 해석 적용을 통하여 일정한 결론을 도출한 후 그 결론에 비추어** 행정청이 한 판단의 적법 여부를 독자의 입장에서 판정하는 방식
재량행위	행정청의 재량에 기한 공익판단의 여지를 감안하여 **법원은 독자의 결론을 도출함이 없이 당해 행위에 재량권의 일탈남용이 있는지 여부만을 심사하게 되고**, 이러한 재량권의 일탈·남용여부에 대한 심사는 사실오인, 비례·평등의 원칙, 당해행위의 목적위반이나 동기의 부정유무등을 그 판단대상으로 함

Ⅱ 기속행위와 재량행위의 구별기준

1. 요건재량설에 따른 판례

① **불확정개념으로 규정되어 있는 의료법 제59조 제1항**에서 정한 지도와 명령의 요건에 해당하는지, 나아가 요건에 해당하는 경우 행정청이 어떠한 종류와 내용의 지도나 명령을 할 것인지의 판단에 관해서는 행정청에 재량권이 부여되어 있다.(대판 2013두21120)

② 국토계획법이 정한 용도지역안에서의 건축허가는 건축법 제11조 제1항에 의한 건축허가와 국토계획법 제56조 제1항의 개발행위허가의 성질을 아울러 갖는데, **개발행위 허가는 허가기준 및 금지요건이 불확정개념으로 규정된 부분이 많아 그 요건에 해당하는지 여부는 행정청의 재량판단의 영역**에 속한다.(대판 2016두55490)

2. 효과재량설에 따른 판례

① 구 주택건설촉진법 제33조에 의한 주택건설사업계획의 승인은 상대방에게 권리나 이익을 부여하는 효과를 수반하는 이른바 수익적 행정처분으로서 법령에 행정처분의 요건에 관하여 일의적으로 규정되어 있지 아니한 이상 행정청의 재량행위에 속하므로, 허가관청은 산림훼손허가신청 대상토지의 현상과 위치 및 주위의 상황등을 고려하여 국토 및 자연의 유지와 환경의 보전 등 중대한 공익상 필요가 있다고 인정될 때에는 허가를 거부할 수 있고, 그 경우 법규에 명문의 근거가 없더라도 거부처분을 할 수 있다(대판 2007.5.10. 2005두13315).

② 상대방에게 권리나 이익을 부여하는 효과를 수반하는 수익적 행정행위로서, 관계법령에 행정처분의 요건에 관하여 일의적으로 규정되어 있지 아니한 이상 관리청의 재량행위에 속하고, 이러한 재량행위에 있어서는 관계법령에 명시적인 금지규정이 없

는 한 행정목적을 달성하기 위하여 부관을 붙일 수 있다(대판 1998.10.23. 97누164).
③ 개인택시운송사업면허는 특정인에게 권리나 이익을 부여하는 행정행위로서 법령에 특별한 규정이 없는 한 재량행위이고, 그 면허에 필요한 기준을 정하는 것 역시 행정청의 재량에 속하는 것이므로 그 기준이 객관적으로 보아 합리적이 아니라든가 타당하지 아니하여 재량권을 남용한 것이라고 인정되지 아니하는 이상 행정청의 의사는 가능한 한 존중되어야 한다(대판 2005. 4.28. 2004두8910).

3. 종합적 판단설에 따른 판례의 입장

① 어느 행정행위가 기속행위인지 재량행위인지 나아가 재량행위라고 할지라도 기속재량행위인지 또는 자유재량에 속하는 것인지의 여부는 이를 일률적으로 규정지을 수는 없는 것이고, 당해 처분의 근거가 된 규정의 형식이나 체재 또는 문언에 따라 개별적으로 판단하여야 한다(대판 1997. 12.26. 97누15418).

② 행정행위가 재량성의 유무 및 범위와 관련하여 이른바 기속행위 내지 기속재량행위와 재량행위 내지 자유재량행위로 구분된다고 할 때, 그 구분은 당해 행위의 근거가 된 법규의 체재·형식과 문언, 당해 행위가 속하는 행정 분야의 주된 목적과 특성, 당해 행위 자체의 개별적 성질과 유형 등을 모두 고려하여 판단하여야 한다. 이렇게 구분되는 양자에 대한 사법심사는, 전자의 경우 그 법규에 대한 원칙적인 기속성으로 인하여 법원이 사실인정과 관련 법규의 해석·적용을 통하여 일정한 결론을 도출한 후 그 결론에 비추어 행정청이 한 판단의 적법 여부를 독자의 입장에서 판정하는 방식에 의하게 된다. 후자의 경우 행정청의 재량에 기한 공익판단의 여지를 감안하여 법원은 독자의 결론을 도출함이 없이 당해 행위에 재량권의 일탈·남용이 있는지 여부만을 심사하게 되고, 이러한 재량권의 일탈·남용 여부에 대한 심사는 사실오인, 비례·평등의 원칙 위배, 당해 행위의 목적 위반이나 동기의 부정 유무 등을 판단 대상으로 한다.(대판 2018. 10. 4. 선고 2014두37702)

Ⅲ 기속행위와 재량행위에 관련된 판례

1. 기속행위와 관련된 판례

① 국유재산의 무단점유등에 대한 변상금 징수(대판 98두7602)
② 음주운전자에 대한 경찰관의 측정요구 불응(대판 2003두12042)
③ 부동산명의신탁자에 대한 과징금 부과(대판 2005두17287) ➔ 과징금 감경여부 : 재량행위
④ 법무부장관은 인종, 종교, 국적, 특정 사회집단의 구성원 신분 또는 정치적 의견을 이유로 박해를 받을 충분한 근거 있는 공포로 인해 국적국의 보호를 받을 수 없거나

국적국의 보호를 원하지 않는 대한민국 안에 있는 외국인에 대하여 그 신청이 있는 경우 난민협약이 정하는 난민으로 인정하여야 한다.(대판 2008.07.24. 선고 2007두3930)

⑤ **의무복무기간을 모두 마친 장기복무장교가 전역을 지원할 경우, 전시사변등의 국가비상시가 아닌 이상 전역권자는 원칙적으로 전역을 허가하여야** 할 것이나, 전역희망 의사의 확인 또는 업무공백의 방지 등 공익적 목적을 위하여 필요한 한도 내에서 전역일을 조정하는 등 조치를 취할 수 있다.(대판 2009다77280)

⑥ 의료법 제64조 제1항 제8호(의료기관 개설자가 거짓으로 진료비를 청구하여 금고 이상의 형을 선고받고 그 형이 확정된 때)에 해당하는 경우, 관할 행정청은 반드시 해당 의료기관에 대하여 개설허가 취소처분 또는 폐쇄명령을 하여야 한다.(대판 2019두57831)

2. 재량행위와 관련된 판례

관련판례 재량행위와 관련된 판례

① 야생동식물보호법에 의한 용도변경승인 행위 및 용도변경의 불가피성 판단에 필요한 기준을 정하는 행위(대판 2010두23033)
② 국방부장관이 군인명예전역수당 지급대상자로 결정하거나 배제하는 행위(대판 2009두14231)
③ 대기오염물질 총량관리사업장 설치의 허가 또는 변경허가처분의 여부(대판 2012두22799)
④ 제주특별도지사의 절대보전지역 지정 및 변경행위(대판 2011두19239)
⑤ 비관리청 항만공사 시행허가(대판 2010두20580)
⑥ **구 자동차관리법 제13조 제3항 제4호에 따른 직권말소처분**은 자동차를 효율적으로 관리하고 자동차의 성능 및 안전을 확보함으로써 공공의 복리를 증진하기 위한 것으로 **재량행위이다.**(대판 2013.5.9. 2010두28748)
⑦ **주택건설사업계획의 승인은 이른바 수익적 행정처분으로서 행정청의 재량행위에 속하고, 따라서 그 전 단계인 사업계획의 사전결정 역시 재량행위라고 할 것이므로**, 사전결정시 신청된 사업계획이 관계법령에서 정하는 제한에 배치될 경우는 물론, 이러한 법령상의 제한사유가 없더라도 공익상 필요가 있는 경우에는 그 사전결정 신청에 대하여 불허가결정을 할 수 있다.(대판 1997.9.5. 96누10256)
⑧ 택지개발예정지구 지정처분(대판 96누10096)
⑨ 공원사업시행허가여부(대판 98두13553)
⑩ 학교환경위생정화구역 안에서의 금지행위 및 시설을 해제하거나 계속하여 금지하는 조치(대판 2009두17643)
⑪ 자연공원사업시행(대판 99두5092)
⑫ 보건복지부장관에게 예방접종으로 인한 질병, 장애 또는 사망의 인정권한을 부여한 것(대판 2014두274)
⑬ 택지공급(대판 2006두19068)
⑭ 공유수면매립목적 변경승인(대판 2010두2005)
⑮ 방산물자 지정 및 지정취소(대판 2010다39413)
⑯ 어린이집 운영정지 처분을 할 것인지 이에 갈음하여 과징금을 부과할 것인지 선택(대판 2015두39378)
⑰ 중요무형문화재 보유자의 추가인정여부(대판 2013두20585)
⑱ 의료법상 지도와 명령의 요건에 해당하는지 여부(대판 2013두21120)

⑲ 국토계획법이 정한 용도지역안에서의 건축허가(대판 2016두55490)
⑳ 공유수면의 점용·사용허가(대판 2017두30139)
㉑ 국토계획법 제56조에 따른 개발행위허가와 농지법 제34조에 따른 농지전용허가·협의는 금지요건·허가기준등이 불확정개념으로 규정된 부분이 많아 그 요건·기준에 부합하는지의 판단에 관하여 행정청에 재량권이 부여되어 있다.(대판 2017두48956)
㉒ 행정청의 건설폐기물 처리 사업계획서에 대한 적합여부결정(대판 2017두46783)
㉓ 여객자동차운송사업이 적정하게 이루어질 수 있도록 해당 지역에서의 현재 및 장래의 수송 수요와 공급상황 등을 고려하여 휴업허가를 위하여 필요한 기준을 정하는 것도 역시 행정청의 재량에 속하는 것이므로 그에 관하여 내부적으로 설정한 기준이 객관적으로 합리적이 아니라거나 타당하지 않다고 볼 만한 다른 특별한 사정이 없는 이상 행정청의 의사는 가능한 한 존중하여야 한다.(대판 2017두51501) ➜ 마땅히 고려해야 할 사항을 제대로 살피지 아니한 경우 : 위법
㉔ 운전면허를 받은 사람이 음주운전을 한 경우에 운전면허의 취소여부 : 행정청의 재량행위(대판 2017두67476)
  ➜ 일반의 수익적 행정행위의 취소와는 달리 취소로 인하여 입게 될 당사자의 불이익보다는 이를 방지하여야 하는 일반예방적 측면이 더욱 강조되어야~
㉕ 법무부장관의 공증인 임명 사건 관련판례 쟁점(대판 2018두41907)

판례요지
㉠ 법무부장관에게는 각 지방검찰청 관할 구역의 면적, 인구, 공증업무의 수요, 주민들의 접근가능성 등을 고려하여 공증인의 정원을 정하고 <u>임명공증인을 임명하거나 인가공증인을 인가할 수 있는 광범위한 재량이 주어져 있다고 보아야</u> 한다. ㉡ 처분이나 민원의 처리기간을 정하는 것은 신청에 따른 사무를 가능한 한 조속히 처리하도록 하기 위한 것이다. <u>처리기간에 관한 규정은 훈시규정에 불과할 뿐 강행규정이라고 볼 수 없다.</u> ㉢ 행정청이 처리기간이 지나 처분을 하였더라도 이를 처분을 취소할 절차상 하자로 볼 수 없다. 민원처리법 시행령 제23조에 따른 민원처리진행상황 통지도 민원인의 편의를 위한 부가적인 제도일 뿐 그 통지를 하지 않았더라도 이를 처분을 취소할 절차상 하자로 볼 수 없다.

㉖ 행정청이 복수의 민간공원추진자로부터 자기의 비용과 책임으로 공원을 조성하는 내용의 공원조성계획 입안 제안을 받은 후 <u>도시·군계획시설사업 시행자지정 및 협약체결 등을 위하여 순위를 정하여 그 제안을 받아들이거나 거부하는 행위 또는 특정 제안자를 우선협상자로 지정하는 행위는 재량행위로 보아야</u> 한다.(대판 2019. 1. 10. 선고 2017두43319)
㉗ 다른 개별 법률이 다른 방식의 민간투자사업을 허용하고 있는 이상, 행정청에는 민간투자법 이외에 다른 개별 법률에 근거해서도 다른 방식으로 민간투자사업을 추진할 수 있는 재량이 있다고 봄이 타당하고, 이는 대상시설이 민간투자법상 사회기반시설에 해당하여 민간투자법에 따른 민간투자사업 방식이 가능한 경우에도 마찬가지이다.(대판 2017두31064)
㉘ 여객자동차운송사업의 한정면허 관련판례(대판 2020.6.11. 2020두34384

판례요지
㉠ <u>여객자동차운송사업의 한정면허는 ~ 그 범위내에서는 법령이 특별히 규정한 바가 없으면 행정청이 재량을 보유하고 이는 한정면허가 기간만료로 실효되어 갱신되는 경우에도 마찬가지이다.</u> ㉡ 한정면허가 신규로 발급되는 때에는 물론이고 한정면허의 갱신여부를 결정하는 때에도 관계 법규내에서 한정면허의 기준이 충족되었는지를 판단하는 것은 관할 행정청의 재량에 속한다.

㉙ 국토계획법상 개발행위허가는 허가기준 및 금지요건이 불확정개념으로 규정된 부분이 많아 그 요건에 해당하는지 여부는 행정청의 재량판단의 영역에 속한다.(대판 2020두51280)

㉚ 가축분뇨법에 따른 처리방법 변경허가(대판 2021. 6. 30. 선고 2021두35681)

판례요지
㉠ 가축분뇨법에 따른 처리방법 변경허가는 허가권자의 재량행위에 해당한다. 허가권자는 변경허가 신청 내용이 가축분뇨법에서 정한 처리시설의 설치기준(제12조의2 제1항)과 정화시설의 방류수 수질기준(제13조)을 충족하는 경우에도 반드시 이를 허가하여야 하는 것은 아니고, 자연과 주변 환경에 미칠 수 있는 영향 등을 고려하여 허가 여부를 결정할 수 있다. ㉡ 가축분뇨 처리방법 변경 불허가처분에 대한 사법심사는 법원이 허가권자의 재량권을 대신 행사하는 것이 아니라 허가권자의 공익판단에 관한 재량의 여지를 감안하여 원칙적으로 재량권의 일탈·남용이 있는지 여부만을 판단하여야 하고, 사실오인과 비례·평등원칙 위반 여부 등이 판단 기준이 된다.

㉛ 징계사유에 해당하는지 여부에 관한 징계권자의 판단은 재량이지만, 징계사유에 해당하는 것이 명백한 경우에는 관할 인사위원회에 징계를 요구할 의무는 인정된다.(대판 2006도1390)

㉜ 제주특별자치도지사의 절대보전지역 지정 및 변경행위는 재량행위로 봄이 상당하다. 한편 도지사가 보전지역·지구등을 지정·변경하고자 하는 때에는 주민의 의견을 들어야 하나, 경미한 사항의 변경의 경우에는 그러하지 아니하므로, 도지사가 절대보전지역의 면적을 축소하는 경우에는 주민의견청취절차를 거칠 필요가 없다.(대판 2011두19239)

㉝ 전염병예방법에 따른 예방접종으로 인한 질병, 장애, 사망의 결정은 보건복지부장관의 재량에 해당한다.(대판 2014두274)

Ⅳ 재량권의 한계

1. 재량의 일탈·남용

(1) 재량의 일탈·남용을 인정한 사례

① 공정한 업무처리에 대한 사의로 두고간 돈 30만원을 피동적으로 수수하였다가 돌려준 20년 근속의 경찰공무원에 대한 해임처분은 재량권의 남용에 해당한다.(대판 1991. 7. 23. 90누8954)

② **폐기물처리업허가와 관련된 사업계획 적정 여부에 관한 기준설정이 행정청의 재량에 해당하며 구체적이고 합리적인 이유의 제시없이 사업계획의 부적정통보를 하거나 사업계획서를 반려하는 경우에는 재량권의 일탈·남용에 해당하여 위법**하다.(대판 2004. 5. 28. 2004두961)

③ 원고가 급량비가 나올 때마다 바로 지급하지 않고 이를 모아두었다가 일정액에 달하였을 때에 지급하여 온 것이 관례화되어 있을뿐더러 원고가 급량비를 유용한 것은 개인적인 목적을 위한 것이 아니고 시립무용단장의 지시에 따라 시립무용단의 다른 용도에 일시 전용된 것이라는 점, 유용한 금액이 비교적 소액이고 그 후에 모두 단원들에게 지급된 점 등 이 사건 변론에 나타난 여러 사정을 종합하여 보면, 원고를 징계하기 위하여 한 이 사건 해촉은 너무 가혹하여 징계권을 남용한 것이어서 무효이다.(대판 1995. 12. 22. 95누4636)

④ 공무원이 예비군동원훈련 도중 2시간 30분간 근무이탈하여 구멍가게에서 술을 마신 사실은 공무원의 신분을 보유케 한 것이라고 단정하기 어렵고 그보다 가벼운 징계처분으로서도 능히 기강확립의 행정목적을 달할 수 있다 할 것이므로 공무원의 신분을 박탈하는 해임처분은 이른바 비례원칙에 어긋난, 재량권의 범위를 벗어난 위법한 처분이다.(대판 1983.6.28. 83누94)

⑤ 준조세 폐해 근절 및 경제난 극복을 이유로 북한어린이를 위한 의약품 지원을 위하여 성금 및 의약품등을 모금하는 행위 자체를 불허한 것이 재량권의 일탈·남용 및 비례원칙에 위반된다.(대판 1999.7.23. 99두3690)

⑥ 여객자동차운수사업법에 의한 개인택시운송사업면허의 법적성질은 재량행위이며 **행정청이 면허발급여부를 심사하면서 이미 설정된 면허기준의 해석상 당해 신청이 명백하게 면허발급 우선순위에 해당함에도 면허거부처분을 한 경우, 재량권을 남용한 위법한 처분**이다.(대판 2010.1.28. 2009두19137)

⑦ 징계권의 행사가 공익적 목적을 위하여 징계권을 행사하여야 할 공익의 원칙에 반하거나 일반적으로 징계사유로 삼은 비행의 정도에 비하여 균형을 잃은 과중한 징계처분을 선택함으로써 비례의 원칙에 반하거나 또는 같은 정도의 비행에 대하여 일반적으로 적용하여 온 기준에 비추어 합리적인 이유 없이 공평을 잃은 징계처분을 선택함으로써 평등의 원칙을 위반한 경우 이러한 징계처분은 재량권의 한계를 벗어난 처분으로서 위법하다. 그리고 지방의회에서의 의원에 대한 징계에 관하여도 위와 같은 법리가 적용된다(대판 2015.1.29. 2014두40616).

(2) 재량의 일탈·남용을 부정한 사례

① 경찰공무원이 그 단속의 대상이 되는 신호위반자에게 먼저 적극적으로 돈을 요구하고 다른 사람이 볼 수 없도록 돈을 접어 건네주도록 전달방법을 구체적으로 알려주었으며 동승자에게 신고시 범칙금처분을 받게 된다는 등 비위신고를 막기 위한 말까지 하고 금품을 수수한 경우, 비록 그 받은 돈이 1만원에 불과하더라도 위 금품수수행위를 징계사유로 하여 당해 경찰공무원을 **해임처분한 것은 징계재량권의 일탈·남용이 아니다.**(대판 2006.12.21. 2006두16274)

② 국립대학교 총장이 대학인사위원회의 결의내용을 존중하여 한 교수임용거부처분은 재량을 일탈·남용하였거나 신뢰보호원칙에 위배되지 않는다.(대판 2006.9.28. 2004두7818)

③ 미성년자를 출입시켰다는 이유로 2회나 영업정지에 갈음한 과징금을 부과받은지 1개월만에 다시 만17세도 되지 아니한 고등학교 1학년 재학생까지 포함된 미성년자들을 연령을 확인하지 않고 출입시킨 행위에 대한 영업허가취소처분이 재량권을 일탈한 위법한 처분이라고 보기 어렵다.(대판 1993.10.26. 93누5185)

④ **생물학적 동등성 시험자료 일부에 조작이 있음을 이유로 해당 의약품의 회수 및 폐기**

를 명한 행정처분이 재량권을 일탈·남용하여 위법하다고 볼 수 없다.(대판 2008. 11.13. 2008두8628)

⑤ **문화재청장이 국가지정문화재의 보호구역에 인접한 나대지에 건물을 신축하기 위한 국가지정문화재 현상변경신청을 허가하지 않은 경우**, 그 불허가처분을 재량권을 일탈·남용한 위법한 처분이라고 단정하기 어렵다.(대판 2006.5.12. 2004두9920)

⑥ 약사의 의약품 개봉판매행위에 대하여 구 약사법령에 근거하여 **업무정지에 갈음하는 과징금 부과처분을** 한것은 재량권의 일탈·남용에 해당한다고 보기 어렵다.(대판 2007.9.20. 2007두6946)

⑦ 자연녹지구역으로 지정하는 절차가 진행중인 통도사 인근 임야에 고층아파트를 건축하는 내용의 임대주택사업계획승인신청을 국토 및 자연의 유지와 환경의 보존 등 중대한 공익상의 필요를 이유로 거부한 경우, 재량권의 일탈·남용이 아니다.(대판 2002.6.14. 2000두10663)

⑧ 초등학교로부터 약 100여미터 떨어진 곳에 액화석유가스(LPG) 충전소를 운영하기 위한 학교환경위생정화구역내 금지시설해제신청을 교육청 교육장이 거부한 사안에서, 그 처분이 재량권의 범위를 일탈하였거나 남용한 것으로 보기 어렵다.(대판 2010.3.11. 2009두17643)

⑨ 태국에서 수입하는 냉동새우에 **유해화학물질인 말라카이트그린이 들어 있음에도 수입신고서에 말라카이트그린이 사용된 사실을 기재하지 않았음을 이유로 행정청이 영업정지 1개월의 처분을** 한 것이 재량권을 일탈·남용한 것은 아니다.(대판 2010.4.8. 2009두22997)

⑩ 예인선단과 대형 유조선의 충돌로 발생한 이른바 '태안반도 유조선 기름누출사고'와 관련하여 중앙해양안전심판원이 주 예인선 선장 갑에게 2급 항해사 면허취소, 예인선단장 을에게 시정권고의 재결을 한 사안에서, **갑과 을의 과실을 인정하고 나아가 갑의 2급 항해사 면허를 취소한 것은 재량권의 일탈·남용에 해당하지 않는다.**(대판 2011.2.24. 2009추15)

⑪ 교통사고를 일으켜 피해자 2인에게 각 전치 2주의 상해를 입히고 약 296,890원 상당의 손해를 입히고도 구호조치 없이 도주한 수사 담당경찰관에 대한 해임처분은 재량권의 범위를 일탈·남용한 것이 아니다.(대판 1999.10.8. 99두6101)

⑫ 서울특별시 의사회가 진단서 등 의료기관 증명서의 발급수수료를 현행보다 2배 수준으로 인상하기로 의결하고 이를 소속 회원들에게 시행하도록 한 행위를, 공정거래위원회가 '과징금부과 세부기준 등에 관한 고시'에 정한 '중대한' 위반행위로 보아 과징금을 산정한 것은 재량권의 한계를 일탈하거나 남용한 것이 아니다.(대판 2009.6.23. 2007두18062)

⑬ 행정청이 개인택시운송사업의 면허를 발급하면서 '택시'운전경력자를 일정부분 우대하는 처분을 하여 택시 이외의 운전경력자에게 반사적인 불이익을 가져온다고 하여

행정청의 조치가 재량권을 일탈·남용한 위법한 것은 아니다.(대판 2009.7.9. 2008두11099)

⑭ 폐기물처리업을 위한 국토이용계획변경신청을 폐기물처리시설이 들어설 경우 **수질오염등으로 인근 주민들의 생활환경에 피해를 줄 우려가 있다는 등의 공익상의 이유를 들어 거부한 경우 ,그 거부처분은 재량권의 일탈·남용이 아니다.**(대판 2005.4.28. 2004두8828)

⑮ 법학전문대학원의 설치인가심사기준 중 법원행정처장등에 대한 의견수렴절차 후에 추가·변경된 법조인 배출실적등의 사항에 대하여 다시 위 의견수렴절차를 거치지 않은 것이 법학전문대학원의 설치·운영에 관한 법률 제21조의 절차에 위배되었다고 할 수 없고, 그 심사기준들이 교육과학기술부장관이 재정지원을 하여 제출된 용역보고서에 제시되지 않았다고 하더라도 설치인가 심사기준을 설정함에 있어 신뢰이익을 침해하였거나 재량권을 일탈·남용한 위법이 없다.(대판 2009.12.10. 2009두8359)

⑯ 곰의 웅지를 추출하여 비누, 화장품등의 재료로 사용할 목적으로 곰의 용도를 '사육곰'에서 '식가공품 및 약용재료'로 변경하겠다는 내용의 국제적 멸종위기종의 용도변경 승인신청에 대하여, 한강유역환경청장이 용도변경신청을 거부한 사안에서, 그 처분은 환경부장관의 '사육곰 용도변경시의 유의사항 통보'에 따른 것으로 적법하다.(대판 2011.1.27. 2010두23033)

⑰ 명예퇴직 합의 후 명예퇴직예정일 사이에 허위로 병가를 받아 다른 회사에 근무하였음을 이유로 한 징계해임처분이 징계재량권의 일탈·남용으로 볼 수 없다.(대판 2002.8.23. 2000다60890)

⑱ 지방국토관리청장 산하 국도유지관리사무소 소속 청원경찰로서 **과적차량단속업무를 담당하던 갑이 건설장비 대여업자에게서 과적단속을 피할 수 있는 이동단속반의 위치정보등을 알려달라는 청탁을 받고 이를 알려준 대가로 6회에 걸쳐 190만원의 뇌물을 받았다는 이유로 지방국토관리청장이 파면처분을 한 사안**에서, 위 처분이 객관적으로 명백히 부당한 것으로서 사회통념상 현저하게 타당성을 잃었다고 볼 수 없다. (대판 2011.11.10. 2011두13767)

⑲ 동물복제 연구등의 분야에서 업적을 남긴등의 사정이 있다고 하더라도, 국립대학교 교수가 수행하는 직무 및 이 사건 연구의 특성, 허위논문 작성에 대한 엄격한 징계의 필요성, 원고가 논문의 데이터 중 일부를 고의로 조작하여 허위논문을 작성한 점, 원고에게 엄한 징계를 하지 않을 경우 연구기강을 확립하고 과학연구자 전체 및 서울대학교에 대한 국민적 신뢰를 회복하기 어려운 점 등에 비추어 볼 때 **이 사건 처분의 징계내용이 객관적으로 명백히 부당한 것으로서 사회통념상 현저하게 타당성을 잃어 징계권자에게 맡긴 재량권을 일탈하였거나 남용한 것이라고 볼 수 없다.**(대판 2014.2.27. 2011두2954) (황우석교수징계사건)

⑳ 객관식 택일형 시험문제에서 응시자로서는 문항이나 답항의 일부 용어표현이 미흡하

거나 부정확하다고 하더라도, 그것이 평균수준의 응시자에게 전체의 문항과 답항의 종합분석을 통하여 진정한 출제의도의 파악과 정답선택에 있어 장애를 주지 않을 정도에 그친다면, 특별한 사정이 없는 한, 출제행위에 재량권의 범위를 일탈하거나 남용한 위법이 있다고 할 수 없다(대판 2007.10.12. 2007다35534).

㉑ 방산물자 지정취소 처분에 관하여 재량권 행사의 기초가 되는 사실인정에 오류가 있다고 볼 수 없고, 방위산업육성에 있어서 경제성, 효율성 추구를 위한 공익상 필요에 따라 방산물자 지정을 취소하였으므로 비례・평등의 원칙 위배등 재량권의 범위를 일탈・남용한 위법이 있다고 볼 수 없다(대판 2010.9.9. 2010다39413).

㉒ 구 출입국관리법(2012. 2. 10. 법률 제11298호로 개정되기 전의 것) 제76조의3 제1항 제3호의 문언・내용 등에 비추어 보면, 비록 그 규정에서 정한 사유가 있더라도, 법무부장관은 난민인정 결정을 취소할 공익상의 필요와 취소로 당사자가 입을 불이익 등 여러 사정을 참작하여 취소 여부를 결정할 수 있는 재량이 있다. 그러나 그 취소처분이 사회통념상 현저하게 타당성을 잃거나 비례・평등의 원칙을 위반하였다면 재량권을 일탈・남용한 것으로서 위법하다. 다만 구 출입국관리법 제76조의3 제1항 제3호는 거짓 진술이나 사실은폐 등으로 난민인정 결정을 하는 데 하자가 있음을 이유로 이를 취소하는 것이므로, 당사자는 애초 난민인정 결정에 관한 신뢰를 주장할 수 없음은 물론 행정청이 이를 고려하지 않았다고 하더라도 재량권을 일탈・남용하였다고 할 수 없다.(대판 2017. 3. 15. 선고 2013두16333)

㉓ 甲이 혈중알코올농도 0.140%의 주취상태로 배기량 125cc 이륜자동차를 운전하였다는 이유로 관할 지방경찰청장이 甲의 자동차운전면허[제1종 대형, 제1종 보통, 제1종 특수(대형견인・구난), 제2종 소형]를 취소하는 처분을 한 사안 : 적법하다 판시한 사례(대판 2017. 3. 15. 선고 2013두16333)

㉔ 진도 연안 해상교통관제센터에서 설치된 CCTV의 영상자료 원본파일을 삭제한 행위는 징계사유에 해당하고, 그 센터장에 대한 정직 3월의 징계처분은 재량권을 일탈・남용한 것으로 볼 수 없다.(대판 2017두47472)
→ 형사재판에서는 위법성 조각으로 무죄판결을 받았으나, 징계사유는 별도로 판단할 수 있다고 판시한 사례

㉕ 저수지 인근에서 가축분뇨 배출시설을 운영하던 원고가 가축분뇨 처리를 위한 "액비화 처리시설"설치를 위하여 개발행위 허가신청을 하였으나, 피고가 환경상 위해 우려등을 이유로 원고의 허가신청을 거부한 사안에서, 재량권 일탈・남용이라고 단정하기 어렵다.(대판 2020두51280)

㉖ 가축분뇨법령상 공공처리시설에 적용되는 방류수 수질기준이 자체 정화시설에 적용되는 방류수 수질기준보다 엄격하기 때에문에 원고가 자체 정화시설에 적용되는 방류수 수질기준을 준수하더라도 방류수의 수질은 공공처리시설의 방류수 수질보다 낮을 수 있는 점등에 비추어 보면, 피고의 재량적 판단이 현저히 합리성을 잃었다거나

형평이나 비례의 원칙에 뚜렷하게 배치된다고 보기 어렵다.(대판 2021두35681)
㉗ 농수산물유통법에 비추어 볼 때, 도매시장의 개설자는 도매시장의 업무규정을 마련함에 있어 해당 시장의 규모나 현황, 거래에 미치는 영향력등을 종합적으로 고려하여 그 적용범위 및 내용을 정할 수 있는 재량권을 가진다고 봄이 상당하다. 따라서 업무규정의 적용대상별로 그 규율내용에 다소의 차이가 있더라도 그것이 재량권의 한계를 벗어나지 않는 한 불합리한 차별에 해당한다고 볼 수 없으므로 헌법상 평등원칙에 반하지 않는다.(대판 2019두36384)
㉘ 울산·미포 국가산업단지에 입주한 폐기물처리업체인 원고의 폐기물소각시설 증설을 위한 산업단지 개발계획 변경신청을 피고가 거부한 것은 재량권을 일탈·남용한 것으로 볼 수 없다.(대판 2021두33593)
㉙ 예산편성에 절차상 하자가 있다는 사정만으로 곧바로 4대강 사업 관련처분에 하자가 있다고 보기 어렵다.(대판 2011두32515(

2. 재량의 불행사

① **부동산 실권리자 명의신탁 관련**

실권리자명의 등기의무를 위반한 명의신탁자에 대하여 부과하는 과징금의 감경에 관한 '부동산 실권리자명의 등기에 관한 법률 시행령' 제3조의2 단서는 임의적 감경규정임이 명백하므로, 그 감경사유가 존재하더라도 과징금 부과관청이 감경사유까지 고려하고도 과징금을 감경하지 않은 채 과징금 전액을 부과하는 처분을 한 경우에는 이를 위법하다고 단정할 수는 없으나, **위 감경사유가 있음에도 이를 전혀 고려하지 않았거나 감경사유에 해당하지 않는다고 오인한 나머지 과징금을 감경하지 않았다면 그 과징금 부과처분은 재량권을 일탈·남용한 위법한 처분**이라고 할 수밖에 없다(대판 2010. 7. 15. 2010두7031).

② **요양기관업무정지처분취소청구사건**

행정청이 제재처분 양정을 하면서 공익과 사익의 형량을 전혀 하지 않았거나 이익형량의 고려대상에 마땅히 포함하여야 할 사항을 누락한 경우 또는 이익형량을 하였으나 정당성·객관성이 결여된 경우에는 제재처분은 재량권을 일탈·남용한 것이라고 보아야 한다. 처분상대방에게 법령에서 정한 임의적 감경사유가 있는 경우에, 행정청이 감경사유까지 고려하고도 감경하지 않은 채 개별처분기준에서 정한 상한으로 처분을 한 경우에는 재량권을 일탈·남용하였다고 단정할 수는 없으나, 행정청이 감경사유를 전혀 고려하지 않았거나 감경사유에 해당하지 않는다고 오인하여 개별처분기준에서 정한 상한으로 처분을 한 경우에는 마땅히 고려대상에 포함하여야 할 사항을 누락하였거나 고려대상에 관한 사실을 오인한 경우에 해당하여 재량권을 일탈·남용한 것이라고 보아야 한다.(대판 2019두52980)

Ⅴ 재량행위와 사법심사

① **학생에 대한 징계권의 발동이나 징계의 양정이 징계권자의 교육적 재량에 맡겨져 있다 할지라도 법원이 심리한 결과 그 징계처분에 위법사유가 있다고 판단되는 경우에는 이를 취소할 수 있는 것이고**, 징계처분이 교육적 재량행위라는 이유만으로 사법심사의 대상에서 당연히 제외되어야 하는 것은 아니다.(대판 1991.11.22. 91누2144)

② 해외근무자의 자녀를 대상으로 한 특별전형에서 외교관과 공무원의 자녀에 대하여만 실제 취득점수에 20%의 가산점을 부여하여 합격사정을 함으로써 실제 취득점수에 의하면 합격할 수 있었던 응시자들에 대하여 한 불합격처분은 위법하다.(대판 1990.8.28. 89누8255)

③ 행정행위로서의 시험의 출제업무에 있어서 **출제 담당위원은 법령규정의 허용범위 내에서 어떠한 내용의 문제를 출제할 것인가, 그 문제의 문항과 답항을 어떤 용어나 문장형식을 써서 구성할 것인가를 자유롭게 정할 수 있다는 의미에서 재량권을 가지고**, 반면에 그 재량권에는 그 시험의 목적에 맞추어 수험생들의 능력을 평가할 수 있도록 **출제의 내용과 구성에서 적정하게 행사되어야 할 한계가 내재하는 것이어서 그 재량권의 행사가 그 한계를 넘을 때에는 그 출제행위는 위법**하게 된다.(대판 2006.12.22. 2006두12883)

Ⅵ 판단여지

1. 판단여지가 인정되는 영역

영역	사례
비대체적 결정	국가시험 답안채점, 학생성적평가, 면접평가, 근무성적평정
형성적 결정	지방자치단체의 주민복지증진을 위한 공공시설설치, 공무원인사를 위한 인력수급계획의 결정
예측적 결정	법무부장관의 출국금지명령, 지역경제여건의 변화에 대한 예측, 환경행정에 있어서의 유해성 평가
구속적 가치평가	청소년보호위원회의 청소년유해도서물 결정, 영화의 공연적합성 판정, 문화재의 판정

2. 판단여지와 관련된 판례

① 교과서검정이 고도의 학술상·교육상의 전문적인 판단을 요한다는 특성에 비추어 보면, 교과용 도서를 검정함에 있어 법령과 심사기준에 따라서 심사위원회의 심사를 거치고, 또 검정상 판단이 사실적 기초가 없다거나 사회통념상 현저히 부당하다는

등 현저하게 재량권의 범위를 일탈한 것이 아닌 이상 그 검정을 위법하다고 할 수 없다.(대판 1992.4.24. 91누6634)

② '지가공시 및 토지등의 평가에 관한 법률 시행령' 제18조 제1항·제2항은 감정평가사 시험의 합격기준으로 절대평가제방식을 원칙으로 하되, **행정청이 감정평가사의 수급상 필요하다고 인정할 때에는 상대평가제방식으로 할 수 있다고 규정하고 있으므로, 감정평가사시험을 실시함에 있어 어떠한 합격기준을 선택할 것인가는 시험실시기관인 행정청의 고유한 정책적인 판단에 맡겨진 것으로서 자유재량**에 속한다.(대판 1996.9.20. 96누6882)

③ **군인사법상 현역복무 부적합 여부를 판정함에 있어서는 참모총장이나 전역심사위원회등 관계 기관에서 원칙적으로 자유재량에 의하여 판단할 사항**으로서 군의 특수성에 비추어 명백한 법규위반이 없는 이상 군 당국의 판단을 존중하여야 한다.

④ 학생의 입학을 전형함에 있어 대학은 법령과 학칙에 정해진 범위내에서 대학의 목적과 그 대학의 특수사정을 고려하여 자유로이 수학능력의 기준을 결정할 수 있고, **입학지원자가 모집정원에 미달한 경우라도 대학이 정한 입학사정기준에 미달하는 자에 대하여는 입학지원자가 모집정원에 미달한 경우라도 대학이 정한 입학사정기준에 미달하는 자에 대하여는 입학을 거부할 수 있다.**(대판 1982.7.27. 81누398)

⑤ 여러 가지 사회현상에 대한 법령의 적용이 적절한 것인지의 여부를 묻는 사법시험 객관식시험문제의 특성상 출제의도와 답항선택의 지시사항은 시험문제 자체에서 객관적으로 파악·평가되어야 하므로 특별한 사정도 없이 문언의 한계를 벗어나 임의로 출제자의 숨겨진 주관적 출제의도를 짐작하여 판단할 수 없으나, 그것은 문항에 의하여 명시적으로만 결정되는 것이 아니라 문항과 답항에 대한 종합적 분석을 통하여 명시적·묵시적으로 진정한 출제의도와 답항선택에 관한 지시사항이 결정되는 것이라고 보아야 할 것이므로, 수험생으로는 위와 같은 명시적·묵시적 지시사항에 따라 문항과 답항의 내용을 상호 비교·검토하여 가장 적합한 하나만을 정답으로 골라야 하는 것이다.(대판 2002.10.22. 2001두236)

⑥ (구)문화재보호법 제44조 제1항 단서 제3호의 규정에 의한 **'건설공사를 계속하기 위한 고분발굴허가'는 허가권자의 재량행위에 속하는 것이므로 행정청이 매장문화재의 원형보존이라는 목표를 추구하기 위하여 문화재보호법등 관계법령이 정하는 바에 따라 내린 전문적·기술적 판단은 특별히 다른 사정이 없는 한 이를 최대한 존중**하여야 한다.(대판 2000.10.27. 99두264)

⑦ 공무원 임용을 위한 면접전형에서 임용신청자의 능력이나 적격성 등에 관한 판단은 면접위원의 고도의 교양과 학식, 경험에 기초한 자율적 판단에 의존하는 것으로서 오로지 면접위원의 자유재량에 속하고, 그와 같은 판단이 현저하게 재량권을 일탈·남용하지 않은 한 이를 위법하다고 할 수 없다.(대판2008.12.24. 선고 2008두8970)

⑧ 구 도로법(2014. 1. 14. 법률 제12248호로 전부 개정되기 전의 것, 이하 같다) 제24

조에 의한 도로구역의 결정은 행정에 관한 전문적·기술적 판단을 기초로 도로망의 정비를 통한 교통의 발달과 공공복리의 향상이라는 행정목표를 달성하기 위한 행정작용으로서, 구 도로법과 하위법령에는 추상적인 행정목표와 절차만이 규정되어 있을 뿐 도로구역을 결정하는 기준이나 요건에 관하여는 별다른 규정을 두고 있지 않아 행정주체는 해당 노선을 이루는 구체적인 도로구역을 결정함에 있어서 비교적 광범위한 형성의 자유를 가진다.(대판 2015.06.11. 선고 2015두35215)

⑨ **국방부장관 또는 관할부대장의 고도의 전문적·군사적 판단 : 재량행위**

군사기지 및 군사시설 보호법상 국방부장관 또는 관할부대장에 대한 관계 행정기관장의 협의요청 대상인 행위가 군사작전에 지장을 초래하거나 초래할 우려가 있는지 등은 고도의 전문적·군사적 판단 사항에 해당하고, 그 판단에 관하여 국방부장관 또는 관할부대장등에게 재량권이 부여되어 있다.(대판 2017두39785)

→ 공군비행장 인근에 "버스차고지 부지"조성목적의 개발행위허가신청에 대한 불허가처분사건

⑩ 행정청이 관계 법령이 정하는 바에 따라 고도의 전문적이고 기술적인 사항에 관하여 전문적인 판단을 하였다면, 판단의 기초가 된 사실인정에 중대한 오류가 있거나 판단이 객관적으로 불합리하거나 부당하다는 등의 특별한 사정이 없는 한 존중되어야 한다. 환경오염물질의 배출허용기준이 법령에 정량적으로 규정되어 있는 경우 행정청이 채취한 시료를 전문연구기관에 의뢰하여 배출허용기준을 초과한다는 검사결과를 회신받아 제재처분을 한 경우, 이 역시 고도의 전문적이고 기술적인 사항에 관한 판단으로서 그 전제가 되는 실험결과의 신빙성을 의심할 만한 사정이 없는 한 존중되어야 함은 물론이다.(대판 2022. 9. 16. 선고 2021두58912)

3. 판단여지와 한계

지방공무원특별임용시험 면접에 참관인 명목으로 참여한 시장이 응시자격요건과 무관한 해당 시의 행정구역 내 거주 여부를 묻는 등 면접위원에게 특정 부류의 응시생들에 대한 예단 내지 편견을 조장하여 면접 결과에 영향을 미친 행위는, 지방공무원임용령 제45조 제3항에서 규제하는 시험의 신뢰도에 대한 침해행위로서 위법하다고 한 사례(대판 2008.12.24. 2008두8970)

제4절 행정행위의 내용

I 법률행위적 행정행위

1. 명령적 행정행위

(1) 하명

① 하명의 성질 : 원칙적 기속행위
국유재산의 무단점유등에 대한 변상금징수는 국유재산법 제51조 제1항에 명백히 규정되어 있으므로 **변상금을 징수할 것인가는 처분청의 재량을 허용하지 않는 기속행위**이다.(대판 2000.1.28. 97누4098)

② 하명 : 적법요건 ⇒ if 이행 × : 강제○ but 사법상 효력은 원칙은 유효하다.
거주자와 비거주자 사이의 채권의 발생·변제·거주자의 비거주자에 대한 지급을 제한 또는 금지하는 외국환관리법 제21조·제23조등은 단속법규에 불과하므로, 이에 저촉되는 행위의 사법상의 효력에는 아무런 영향이 없다.

(2) 허가

(가) 통상의 허가와 예외적 허가

허가	예외적 허가(승인)
예방적 금지의 해제	억제적 금지의 해제
원칙 : 기속행위	원칙 : 재량행위
자연적 자유의 회복	권리의 범위 확대

① ~ 도시의 무질서한 확산을 방지하고 도시주변의 자연환경을 보전하여 도시민의 건전한 생활환경을 확보하기 위하여 지정되는 **개발제한구역 내에서는 구역지정의 목적상 건축물의 건축이나 그 용도변경은 원칙적으로 금지되고, 다만 구체적인 경우에 위와 같은 구역지정의 목적에 위배되지 아니할 경우 예외적으로 허가에 의하여 그러한 행위를 할 수 있게 되어 있음이 위와 같은 관련규정의 체재와 문언상 분명한 한편,** 이러한 건축물의 용도변경에 대한 **예외적인 허가는 그 상대방에게 수익적인 것에 틀림이 없으므로, 이는 그 법률적 성질이 재량행위 내지 자유재량행위에 속하는 것이라고 할 것이고,** 따라서 그 위법여부에 대한 심사는 재량권 일탈·남용의 유무를 그 대상으로 한다.(대판 2001.2.9. 98두17593)

② **~자연공원법이 적용되는 지역 내에서 식품위생법상 식품접객업의 하나인 단란주점영업허가의 신청이 있는 경우에, 식품위생법 관련규정상 시설요건등을 갖추었다고 하여 반드시 허가하여야 하는 것이 아니라** 자연공원법의 관련규정에 의하

여 자연공원 지정의 목적, 공원내의 시설현황, 용도지구, 탐방객의 수와 이용통로, 점포의 위치, 주변의 사정등을 고려하여 그 단란주점영업이 자연공원법의 목적인 국민의 보건 및 여가와 정서생활의 함양, 건전한 탐방질서의 유지등에 배치되는 등 공익상 필요가 있을 때에는 불허가할 수 있다.(대판 2001.1.30. 99두3577)
③ 학교환경위생정화구역 안에서의 유흥주점영업허가

(나) 허가의 성격
① 원칙 : 기속행위
㉠ 식품위생법상 일반음식점영업허가는 성질상 일반적 금지의 해제에 불과하므로 허가권자는 허가신청이 법에서 정한 요건을 구비한 때에는 허가하여야 하고 관계 법령에서 정하는 제한사유 외에 공공복리 등의 사유를 들어 허가신청을 거부할 수는 없고, 이러한 법리는 일반음식점 허가사항의 변경허가에 관하여도 마찬가지이다(대판 2000.3.24. 97누12532).
㉡ 건축허가권자는 건축법 등 관계법령에서 정하는 제한에 배치되지 않는 이상 건축허가를 하여야 하고 관계법규에서 정하는 제한사유 이외의 사유를 들어 그 허가신청을 거부할 수 없다(대판 1992.6.9. 91누11766).

> **관련판례** 건축허가의 기속성 여부에 관련된 판례
> ⓐ 건축허가권자는 건축허가신청이 관계법규에서 정하는 어떠한 제한에 배치되지 않은 이상 당연히 건축허가를 하여야 하므로 공익상 필요가 없음에도 요건을 갖춘 자에 대한 허가를 관계법령에서 정하는 제한사유 이외의 사유를 들어 거부할 수 없다.(대판 92누3038)
> ⓑ 건축허가신청이 관계법규에서 정하는 건축허가 제한사유에 해당하지 않는 이상 행정청이 자연경관 훼손 및 주변환경의 오염과 농촌지역의 주변정서에 부정적인 영향을 끼치고 농촌지역에 퇴폐분위기를 조성할 우려가 있다는 사유를 들어 숙박시설 건축을 불허할 수 없다.(대판 95누9051)
> ⓒ 장례식장을 건축하는 것이 현저히 부적합한 용도의 건축물을 건축하는 경우에 해당하는 것으로 볼 수 없음에도, 건축허가신청을 불허할 사유가 되지 않는 인근 주민들의 민원이 있다는 사정만으로 건축허가신청을 반려한 처분은 법령의 근거없이 이루어진 것으로 위법하다.(대판 2002두9762)

㉢ 주류판매업면허는 강학상의 허가로서 해석되므로 주세법에 열거된 면허제한사유에 해당하지 아니하는 한 면허관청으로서는 임의로 그 면허를 거부할 수 없다(대판 1995.11.10. 95누5714).
② 예외 : 재량행위
㉠ 산림형질변경허가와 그 허가기간의 연장신청 대상지역이 <u>법령상의 금지 또는 제한지역에 해당하지 않더라도 국토 및 자연의 유지와 상수원수질과 같은 환경의 보전등을 위한 중대한 공익상의 필요가 있을 경우, 그 허가를 거부할 수 있다</u>(대판 2000.7.7. 99두66).

ⓒ 일반적인 건축허가는 기속행위이나, 국토의 계획 및 이용에 관한 법률에 의하여 지정된 도시지역 안에서 토지의 형질변경행위를 수반하는 건축허가는 재량행위이다(대판 2005.7.14. 2004두6181).
　　ⓒ 산림훼손은 국토 및 자연의 유지와 수질등 환경의 보전에 직접적으로 영향을 미치는 행위이므로, 법령이 규정하는 산림훼손금지 또는 제한지역에 해당하는 경우는 물론 금지 또는 제한지역에 해당하지 않더라도 허가관청은 산림훼손허가신청 대상토지의 현상과 위치 및 주위의 상황등을 고려하여 국토 및 자연의 유지와 환경의 보전 등 중대한 공익상 필요가 있다고 인정될 때에는 허가를 거부할 수 있고, 그 경우 법규에 명문의 근거가 없더라도 거부처분을 할 수 있다(대판 2003.3.28. 2002두12113).
　　ⓔ 주유소설치허가신청을 관계법령상의 제한 이외의 중대한 공익상의 필요를 이유로 거부할 수 있다(대판 1999.4.23. 97누14378).
(다) 행정권의 독자적인 허가요건의 추가 : 부정적
　① 양곡관리법등 관계법령에 양곡 가공시설물 설치장소에 대한 거리를 제한할 수 있는 규정을 한 조문이 없으므로 그 제한거리를 규정한 서울특별시의 예규가 헌법상 보장된 영업의 자유를 제한할 수도 없을 것이다.(대판 1981.1.27. 79누433)
　② 매장 및 묘지등에 관한 법률 제8조의 사설묘지등의 설치허가행위는 같은 법 시행령 제5조 제2항등에 정해진 기준에 의한 기속재량행위라고 보아야 할 것이므로, 행정청으로서는 법령이 정한 기준에 해당하면 사설묘지등을 설치하는 것을 허가하지 아니하면 아니되고, **군의회에서 의결된 '묘지등 설치허가시 주민의견청취에 관한 조례안' 제3조는 위 법률이 정한 사설묘지 등의 허가요건에 대하여 위 법률과 동일 또는 유사한 목적에서 법령의 근거없이 영향권 내 주민 3분의 2이상의 찬성이라는 새로운 허가요건을 가중하는 것이 되므로** 법령의 요건에만 해당하면 사설묘지등의 설치허가를 하여야 하도록 규정한 매장 및 묘지등에 관한 **법률 및 같은 법 시행령에 위반되는 위법한 것**이다.(대판 1995.12.22. 95추32)
(라) 허가의 종류
　① 폐기물중간처리업 허가의 성격은 대물적 허가 또는 대물적 요소가 강한 혼합적 허가이다.(대판 2008.4.11. 2007두17113)
　② 채석허가는 수허가자에 대하여 일반적·상대적 금지를 해제하여 줌으로써 채석행위를 자유롭게 할 수 있는 자유를 회복시켜 주는 것일 뿐 권리를 설정하는 것이 아니라 하더라도, **대물적 허가의 성질을 아울러 가지고 있는 점 등을 감안하여 보면, 수허가자가 사망한 경우 특별한 사정이 없는 한 수허가자의 상속인이 수허가자로서의 지위를 승계한다고 봄이 상당**하다.(대판 2005.8.19. 2003두9817)
　③ 건축허가서는 허가된 건물에 관한 실체적 권리의 득실변경의 공시방법이 아니며 그 추정력도 없으므로 건축허가서에 건축주로 기재된 자가 그 소유권을 취득하는

것은 아니며, **건축 중인 건물의 소유자와 건축허가의 건축주가 반드시 일치하여야 하는 것도 아니다.**(대판 2009.3.12. 2006다28454)
- ㈎ 허가를 통하여 얻게 되는 이익
  ① 반사적 이익
    ㉠ 목욕장사건
    ㉡ 유기장영업허가 : 반사적 이익
      유기장영업허가는 유기장경영권을 설정하는 설권행위가 아니고 일반적 금지를 해제하는 영업자유의 회복이라 할 것이므로 그 영업상의 이익은 반사적 이익에 불과하다.(대판 1985.2.8. 84누369)
    ㉢ 담배 일반소매인으로 지정되어 영업을 하고 있는 **기존업자의 신규 구내소매인에 대한 이익**은 반사적 이익이다.(대판 2008.4.10. 2008두402)
    ㉣ 숙박업구조변경허가를 받은 건물의 인근에서 여관업을 하는 자의 영업상 이익 : 반사적 이익(대판 89누7900)
  ② 법률상 이익
    ㉠ 주류제조면허는 재정허가의 일종으로서 일반적 금지의 해제로 자유의 회복일 뿐 새로운 권리의 설정은 아니지만, **일단 이 주류제조업의 면허를 얻은 자의 이익은 단순한 사실상의 반사적 이익에만 그치는 것이 아니고 주세법의 규정에 따라 보호되는 이익**이다.(대판 1989.12.22. 89누46)
    ㉡ 채석허가를 받은 자에 대한 관할 행정청의 채석허가취소처분에 대하여 수허가자의 지위를 양수한 양수인에게 그 소처분의 취소를 구할 법률상 이익이 있다.(대판 2003.7.11. 2001두6289)
    ㉢ 구 오수·분뇨 및 축산폐수의 처리에 관한 법률과 같은 법 시행령상 업종을 분뇨와 축산폐수 수집·운반업 및 정화조 청소업으로 하여 분뇨 등 관련영업허가를 받아 영업을 하고 있는 기존업자의 이익은 법률상 보호되는 이익이다.(대판 2006.7.28. 2004두6716)
    ㉣ 담배일반소매인으로 지정되어 영업중인 기존일반소매인의 이익은 법률상 보호되는 이익이다.(대판 2008.3.27. 2007두23811)
    ㉤ 적법한 약종상허가를 받아 허가지역 내에서 약종상영업을 경영하고 있음에도 불구하고 행정관청이 구 약사법 시행규칙을 위배하여 같은 약종상에게 영업허가지역 내로 영업소를 이전하도록 허가하였다면 기존업자로서 법류상 이익을 침해받았음이 분명하므로 행정관청이 영업소이전허가처분의 취소를 구할 법률상 이익이 있다.(대판 1988.6.14. 87누873)
- ㈏ 허가의 요건
  ① 입법목적등을 달리하는 법률들이 일정한 행위에 관한 요건을 각기 정하고 있는 경우, 그 행위에 관하여 각 법률의 규정에 따른 인허가를 받아야 한다.(대판

2010. 9. 9. 2008두22631)
② 도로법 제50조 제1항에 의하여 접도구역으로 지정된 지역안에 있는 건물에 관하여 같은 법 제4항·제5항에 의하여 도로관리청으로부터 개축허가를 받은 경우 건축법 제5조 제1항에 의한 건축허가를 다시 받아야 한다.(대판 1991.
③ 식품접객업의 영업허가를 신청한 당해 건축물이 하천법 제45조 소정의 허가를 받지 아니한 무허가건물이라고 한다면, 비록 그 건물이 식품위생법이 규정하는 물적 시설요건을 갖추었다고 하더라도 적법한 식품접객업의 영업허가를 받을 수 없다.(대판 1999. 3. 9. 98두19070)
④ 채광계획의 인가를 받은 광업권자가 광물이 함유된 암석을 쇄골재용으로 채취하는 경우, 구 산림법 제90조의 2 제1항에 의한 채석허가를 별도로 받아야 한다.(대판 2001. 11. 13. 2001도3716)

(사) 허가의 갱신

① **건설업면허의 갱신이 있으면 기존 면허의 효력은 동일성을 유지하면서 장래에 향하여 지속한다 할 것이고**, 갱신에 의하여 갱신전의 면허는 실효되고 새로운 면허가 부여된 것이라고 볼 수 없으므로, **면허갱신에 의하여 갱신전의 건설업자의 모든 위법사유가 치유된다거나 일정한 시일의 경과로써 그 위법사유가 치유된다고 볼 수 없다.**(대판 1984. 9. 11. 83누658)
② 유료직업소개사업의 허가갱신은 허가취득자에게 종전의 지위를 계속 유지시키는 효과를 갖는 것에 불과하고 **갱신 후에는 갱신전의 법위반사항을 불문에 붙이는 효과를 발생시키는 것이 아니므로 일단 갱신이 있은 후에도 갱신 전의 법위반사실을 근거로 허가를 취소할 수 있다.**(대판 1982. 7. 27. 81누174)
③ 구 복표발생, 현상 기타 사행행위단속법에 의한 사행행위영업허가에 대한 **유효기간도과후의 갱신허가의 성질은 새로운 행정행위이므로 허가요건의 적합여부를 새로이 판단하여 그 허가여부를 결정**하여야 한다.(대판 1993. 6. 29. 92누15314)
④ **어업에 관한 허가 또는 신고의 경우 그 유효기간이 경과하면 그 허가나 신고의 효력이 당연히 소멸하며, 재차 허가를 받거나 신고를 하더라도 허가나 신고의 기간만 갱신되어 종전의 어업허가나 신고의 효력 또는 성질이 계속된다고 볼 수 없고 새로운 허가 내지 신고로서의 효력이 발생**한다. 이러한 법리는 수산업법상 어장이용개발계획에 따른 대체개발 등을 이유로 종전의 어업권을 포기하고 다른 어장에 대하여 새로운 어업권을 등록한 경우에도 마찬가지로 적용된다.(대판 2019. 4. 11. 2018다284400)

(아) 허가의 기준시점 : 처분시
채석허가기준에 관한 관계법령의 규정이 개정된 경우, 새로이 개정된 법령의 경과규정에서 달리 정함이 없는 한 처분당시에 시행되는 개정법령과 그에서 정한 기준에 의하여 채석허가여부를 결정하는 것이 원칙이고, 그러한 개정법령의 적용과 관련하여서는 개정 전 법령의 존속에 대한 국민의 신뢰가 개정법령의 적용에 관한 공익상의 요구보다 더 보호가치가 있다고 인정되는 경우에 그러한 국민의 신뢰를 보호하기 위하여 그 적용이 제한될 수 있는 여지가 있을 따름이다.(대판 2005.7.29. 2003두3550)

⑺ 허가의 양도 및 지위승계

① 석유사업법 제12조 제3항, 제9조 제1항, 제12조 제4항 등을 종합하면 석유판매업(주유소)허가는 소위 대물적 허가의 성질을 갖는 것이어서 그 사업의 양도도 가능하고 이 경우 양수인은 양도인의 지위를 승계하게 됨에 따라 양도인의 위 허가에 따른 권리의무가 양수인에게 이전되는 것이므로 <u>만약 양도인에게 그 허가를 취소할 위법사유가 있다면 허가관청은 이를 이유로 양수인에게 응분의 제재조치를 취할 수 있다 할 것이고, 양수인이 그 양수후 허가관청으로부터 석유판매업허가를 다시 받았다 하더라도 이는 석유판매업의 양수도를 전제로 한 것이어서 이로써 양도인의 지위승계가 부정되는 것은 아니므로 양도인의 귀책사유는 양수인에게 그 효력이 미친다</u>(대판 1986.7. 22. 86누203).

② 행정청이 구 식품위생법 규정에 의하여 영업자지위승계신고를 수리하는 처분은 종전의 영업자의 권익을 제한하는 처분이라 할 것이고 따라서 <u>종전의 영업자는 그 처분에 대하여 직접 그 상대가 되는 자에 해당한다고 봄이 상당하므로, 행정청으로서는 위 신고를 수리하는 처분을 함에 있어서 행정절차법 규정 소정의 당사자에 해당하는 종전의 영업자에 대하여 위 규정 소정의 행정절차를 실시하고 처분을 하여야</u> 한다(대판 2003.2.14. 2001두7015).

③ 사업양도·양수에 따른 허가관청의 지위승계신고의 수리는 적법한 사업의 양도·양수가 있었음을 전제로 하는 것이므로 그 수리대상인 사업양도·양수가 존재하지 아니하거나 무효인 때에는 수리를 하였다 하더라도 그 수리는 유효한 대상이 없는 것으로서 당연히 무효라 할 것이고, 사업의 양도행위가 무효라고 주장하는 양도자는 민사쟁송으로 양도·양수행위의 무효를 구함이 없이 막바로 허가관청을 상대로 하여 행정소송으로 위 신고수리처분의 무효확인을 구할 법률상 이익이 있다(대판 2005.12.23. 2005두3554).

⑻ 인허가의제제도

> **관련법령** 행정기본법
>
> **제24조(인허가의제의 기준)** ① 이 절에서 "인허가의제"란 하나의 인허가(이하 "주된 인허가"라 한다)를 받으면 법률로 정하는 바에 따라 그와 관련된 여러 인허가(이하 "관련 인허가"라 한다)를 받은 것으로 보는 것을 말한다.
> ② 인허가의제를 받으려면 주된 인허가를 신청할 때 관련 인허가에 필요한 서류를 함께 제출하여야 한다. 다만, 불가피한 사유로 함께 제출할 수 없는 경우에는 주된 인허가 행정청이 별도로 정하는 기한까지 제출할 수 있다.

③ 주된 인허가 행정청은 주된 인허가를 하기 전에 관련 인허가에 관하여 미리 관련 인허가 행정청과 협의하여야 한다.
④ 관련 인허가 행정청은 제3항에 따른 협의를 요청받으면 그 요청을 받은 날부터 20일 이내(제5항 단서에 따른 절차에 걸리는 기간은 제외한다)에 의견을 제출하여야 한다. 이 경우 전단에서 정한 기간(민원 처리 관련 법령에 따라 의견을 제출하여야 하는 기간을 연장한 경우에는 그 연장한 기간을 말한다) 내에 협의 여부에 관하여 의견을 제출하지 아니하면 협의가 된 것으로 본다.
⑤ 제3항에 따라 협의를 요청받은 관련 인허가 행정청은 해당 법령을 위반하여 협의에 응해서는 아니 된다. 다만, 관련 인허가에 필요한 심의, 의견 청취 등 절차에 관하여는 법률에 인허가의제 시에도 해당 절차를 거친다는 명시적인 규정이 있는 경우에만 이를 거친다.

제25조(인허가의제의 효과) ① 제24조제3항·제4항에 따라 협의가 된 사항에 대해서는 주된 인허가를 받았을 때 관련 인허가를 받은 것으로 본다.
② 인허가의제의 효과는 주된 인허가의 해당 법률에 규정된 관련 인허가에 한정된다.

제26조(인허가의제의 사후관리 등) ① 인허가의제의 경우 관련 인허가 행정청은 관련 인허가를 직접 한 것으로 보아 관계 법령에 따른 관리·감독 등 필요한 조치를 하여야 한다.
② 주된 인허가가 있은 후 이를 변경하는 경우에는 제24조·제25조 및 이 조 제1항을 준용한다.
③ 이 절에서 규정한 사항 외에 인허가의제의 방법, 그 밖에 필요한 세부 사항은 대통령령으로 정한다.

관련판례 — 인허가의제의 중요 쟁점

1. 인허가의제제도의 개념
   ① 구 건축법 제8조 제1항, 제3항, 제5항에 의하면, 건축허가를 받은 경우에는 구 도시계획법 제4조에 의한 토지의 형질변경허가나 농지법 제36조에 의한 농지전용허가등을 받은 것으로 본다.(대판 99두10988)
   ② 인허가의제제도는 목적사업의 원활한 수행을 위해 창구를 단일화하여 행정절차를 간소화하는 데 입법취지가 있고 목적사업이 관계법령상 인허가의 실체적 요건을 충족하였는지에 관한 심사를 배제하려는 취지는 아니다.(대판 2020두42569)
   ③ 산업집적법에 따르면 산업단지에서 제조업을 하려는 자가 관리기관과 입주계약을 체결한 때에는 시장·군수 또는 구청장의 공장설립승인을 받은 것으로 의제된다. 그러나 공장설립 승인이 의제된다고 하여 건축법상 건축허가 또는 국토계획법상 개발행위허가를 받은 것으로 의제하는 규정은 없다. 또한 산업집적법상 입주계약은 건축법상 건축허가나 국토계획법상 개발행위허가와는 목적과 취지, 요건과 효과를 달리하는 별개의 제도이다. 따라서 입주계약 체결에 따라 공장설립 승인을 받은 것으로 의제되는 경우에도 그 공장건물을 건축하려면 건축법상 건축허가와 국토계획법상 개발행위허가를 받아야 한다.(대판 2021두33883)

2. 인허가의제가 되기 위한 요건과 효과
   ① 건축불허가처분을 하면서 그 처분사유로 건축불허가 사유뿐만 아니라 형질변경불허가 사유나 농지전용불허가 사유를 들고 있다고 하여 그 건축불허가처분 외에 별개로 형질변경불허가처분이나 농지전용불허가처분이 존재하는 것이 아니므로,(대판 99두10988)
   ② 주된 인허가에 관한 사항을 규정하고 있는 법률에서 주된 인허가가 있으면 다른 법률에 의한 인허가를 받은 것으로 의제한다는 규정을 둔 경우, 주된 인허가가 있으면 다른 법률에 의한 인허가가 있는 것으로 보는 데 그치고, 거기에서 더 나아가 다른 법률에 의하여 인허가를 받았음을 전제로 하는 그 다른 법률의 모든 규정들까지 적용되는 것은 아니다.(대판 2016. 11. 24. 선고 2014두47686)

③ 어떤 인허가의 근거법령에서 절차간소화를 위하여 관련인허가를 의제 처리할 수 있는 근거규정을 둔 경우에는, 사업시행자가 인허가를 신청하면서 하나의 절차내에서 관련 인허가를 의제처리해줄 것을 신청할 수 있다. 관련인허가 의제 제도는 사업시행자의 이익을 위하여 만들어진 것이므로, 사업시행자가 반드시 관련 인허가 의제처리를 신청할 의무가 있는 것은 아니다.(대판 2019두31839)

3. 인허가의제요건을 구비하지 아니한 경우의 쟁송
   ① <u>그 건축불허가처분을 받은 사람은 그 건축불허가처분에 관한 쟁송에서 건축법상의 건축불허가 사유뿐만 아니라 같은 도시계획법상의 형질변경불허가 사유나 농지법상의 농지전용불허가 사유에 관하여도 다툴 수 있는 것이지, 그 건축불허가처분에 관한 쟁송과는 별개로 형질변경불허가처분이나 농지전용불허가처분에 관한 쟁송을 제기하여 이를 다투어야 하는 것은 아니며, 그러한 쟁송을 제기하지 아니하였어도 형질변경불허가 사유나 농지전용불허가 사유에 관하여 불가쟁력이 생기지 아니한다</u>(대판 2001.1.16. 99두10988).

4. 인허가의제 이후 의제된 인허가의 취소·철회
   ① 의제된 인허가만 취소 내지 철회함으로써 사업계획에 대한 승인의 효력은 유지하면서 해당 의제된 인허가의 효력만을 소멸시킬 수 있다.(대판 2017두48734)
   ② 의제된 인허가는 통상적인 인허가와 동일한 효력을 가지므로, 적어도 "부분 인허가 의제"가 허용되는 경우에는 그 효력을 제거하기 위한 법적수단으로 의제된 인허가의 취소나 철회가 허용될 수 있고, 이러한 직권취소·철회가 가능한 이상 그 의제된 인허가에 대한 쟁송취소 역시 허용된다. 따라서 주택건설사업계획 승인처분에 따라 의제된 인허가가 위법함으로 다투고자 하는 이해관계인은 주택건설사업계획승인처분의 취소를 구할 것이 아니라 의제된 인허가의 취소를 구하여야 하며, 의제된 인허가는 주택건설사업계획 승인처분과 별도로 항고소송의 대상이 되는 처분에 해당한다.(대판 2016두38792)

2. 형성적 행정행위

(1) 특허

(가) 특허로 인정한 사례
① 토지수용법 제14조의 규정에 의한 사업인정은 그 후 일정한 절차를 거칠 것을 조건으로 하여 일정한 내용의 수용권을 설정해 주는 행정처분의 성격을 띠는 것으로서 그 사업인정을 받음으로써 수용할 목적물의 범위가 확정되고 수용권으로 하여금 목적물에 관한 현재 및 장래의 권리자에게 대항할 수 있는 일종의 공법상의 권리로서의 효력을 발생시킨다.(대판 1994.11.11. 93누19375)
② **재개발조합설립인가신청에 대한 행정청의 조합설립인가처분**은 단순히 사인들의 조합설립행위에 대한 보충행위로서의 성질을 가지는 것이 아니라 **법령상 일정한 요건을 갖추는 경우 행정주체의 지위를 부여하는 일종의 설권적 처분의 성질**을 가진다고 보아야한다.(대판 2014.2.27. 2011두11570)
③ 토지등 소유자들이 직접 시행하는 도시환경정비사업에서 토지등 소유자에 대한 사업시행인가처분은 단순히 사업시행계획에 대한 보충행위로서의 성질을 가지는 것이 아니라 구 도시정비법상 정비사업을 시행할 수 있는 권한을 가지는 행정주

체로서의 지위를 부여하는 일종의 설권적 처분의 성격을 가진다.(대판 2013.6. 3. 2011두19994)

④ 국립의료원 부설주차장에 관한 위탁관리용역운영계약 : 행정재산의 사용수익허가 공유재산의 관리청의 행정재산의 사용수익에 대한 허가는 순전히 사경제주체로서 행하는 사법상의 행위가 아니라, 관리청 공권력을 가진 우월적 지위에서 행하는 행정처분으로서 특정인에게 행정재산을 사용할 수 있는 권리를 설정하여 주는 강학상 특허에 해당한다.(대판 2006.3.9. 2004다31074)

⑤ 개발촉진지구 안에서 시행되는 지역개발사업에서 지정권자의 실시계획승인처분은 시행자에게 구 지역균형개발법상 지구개발사업을 시행할 수 있는 지위를 부여하므로 설권적 처분의 성격을 가진 독립된 행정처분이다.(대판 2014.9.26. 2012두5619)

⑥ 하천의 점용허가권은 특허에 의한 공물사용권의 일종으로서 하천의 관리주체에 대하여 일정한 특별사용을 청구할 수 있는 채권에 지나지 아니하고 대세적 효력이 있는 물권이라 할 수 없다.(대판 2015.1.29. 2012두27404)

⑦ <u>체류자격 변경허가</u>는 신청인에게 당초의 체류자격과 다른 체류자격에 해당하는 활동을 할 수 있는 권한을 부여하는 <u>일종의 설권적 처분의 성격을 가지므로</u>, 허가권자는 신청인이 관계 법령에서 정한 요건을 충족하였더라도, 신청인의 적격성, 체류 목적, 공익상의 영향 등을 참작하여 허가 여부를 결정할 수 있는 재량을 가진다. 다만 재량을 행사할 때 판단의 기초가 된 사실인정에 중대한 오류가 있는 경우 또는 비례·평등의 원칙을 위반하거나 사회통념상 현저하게 타당성을 잃는 등의 사유가 있다면 이는 재량권의 일탈·남용으로서 위법하다(대판 2016.7. 14. 2015두48846).

(나) 특허의 성격 : 원칙적 재량행위
① 귀화허가는 외국인에게 대한민국 국적을 부여함으로써 국민으로서의 법적 지위를 포괄적으로 설정하는 행위에 해당한다. 한편 국적법등에는 외국인에게 대한민국의 국적을 취득할 권리를 부여하였다고 볼 만한 규정이 없다. 따라서 **법무부장관은 귀화신청인이 법률이 정하는 귀화요건을 갖추었다고 하더라도 귀화를 허가할 것인지 여부에 관하여 재량권을 가진다**.(대판 2010두6496)

> **관련판례** 귀화요건을 갖추지 아니한 경우
> 귀화신청인이 구 국적법 제5조 각호에서 정한 귀화요건을 갖추지 못한 경우 법무부장관은 귀화 허부에 관한 재량권을 행사할 여지 없이 귀화불허처분을 하여야 한다.(대판 2016두31616)

② 체류자격 변경허가는 신청인에게 당초의 체류자격과 다른 체류자격에 해당하는 활동을 할 수 있는 권한을 부여하는 설권적 처분의 성질을 가지므로, 허가권자는 신청인

이 관계법령에서 정한 요건을 충족하였더라도, 신청인의 적격성등을 참작하여 허가 여부를 결정할 수 있는 재량을 가진다.(대판 2015두48846)

③ **공유수면 관리 및 매립에 관한 법률에 따른 공유수면의 점용·사용허가는 특정인에게 공유수면 이용권이라는 독점적 권리를 설정하여 주는 처분으로서 처분 여부 및 내용의 결정은 원칙적으로 행정청의 재량에 속하고**, 이와 같은 재량처분에 있어서는 재량권 행사의 기초가 되는 사실인정에 오류가 있거나 그에 대한 법령적용에 잘못이 없는 한 처분이 위법하다고 할 수 없다.(대판 2017두30139)

④ 구 도로법(2015. 1. 28. 법률 제13086호로 개정되기 전의 것) 제61조 제1항에 의한 **도로점용허가는 일반사용과 별도로 도로의 특정 부분에 대하여 특별사용권을 설정하는 설권행위**이다. 도로관리청은 신청인의 적격성, 점용목적, 특별사용의 필요성 및 공익상의 영향 등을 참작하여 점용허가 여부 및 점용허가의 내용인 점용장소, 점용면적, 점용기간을 정할 수 있는 재량권을 갖는다.(대판 2016두56721)

판례요지
도로점용허가는 도로의 일부에 대한 특정사용을 허가하는 것으로서 도로의 일반사용을 저해할 가능성이 있으므로 그 범위는 점용목적 달성에 필요한 한도로 제한되어야 한다. **도로관리청이 도로점용허가를 하면서 특별사용의 필요가 없는 부분을 점용장소 및 점용면적에 포함하는 것은 그 재량권 행사의 기초가 되는 사실인정에 잘못이 있는 경우에 해당하므로 그 도로점용허가 중 특별사용의 필요가 없는 부분은 위법**하다. 이러한 경우 도로점용허가를 한 도로관리청은 위와 같은 흠이 있다는 이유로 유효하게 성립한 도로점용허가 중 특별사용의 필요가 없는 부분을 직권취소할 수 있음이 원칙이다. 다만 이 경우 행정청이 소급적 직권취소를 하려면 이를 취소하여야 할 공익상 필요와 그 취소로 당사자가 입을 기득권 및 신뢰보호와 법률생활 안정의 침해 등 불이익을 비교교량한 후 공익상 필요가 당사자의 기득권 침해 등 불이익을 정당화할 수 있을 만큼 강한 경우여야 한다. 이에 따라 **도로관리청이 도로점용허가 중 특별사용의 필요가 없는 부분을 소급적으로 직권취소하였다면, 도로관리청은 이미 징수한 점용료 중 취소된 부분의 점용면적에 해당하는 점용료를 반환하여야** 한다.

⑷ 이중특허

광업법상 이미 광업법이 설정된 동일한 구역에 대하여 동일한 광물에 대한 광업권을 중복설정할 수 없고, 이종광물이라고 할지라도 광업권이 설정된 광물과 동일광상 중에 부존하는 이종광물은 광업권설정에 있어서 동일광물로 보게 되므로 **이러한 이종광물에 대하여는 기존 광업권이 적법히 취소되거나 그 존속기간이 만료되지 않는 한 별도로 광업권을 설정할 수 없다**.(대판 1986.2.25. 85누712)

⑷ 재개발조합과 관련된 판례
 ① 주택재건축조합 설립인가처분 : 설권적 행위
  행정청이 도시 및 주거환경정비법 등 관련 법령에 근거하여 행하는 조합설립인가

처분은 단순히 사인들의 조합설립행위에 대한 보충행위로서의 성질을 갖는 것에 그치는 것이 아니라 법령상 요건을 갖출 경우 도시 및 주거환경정비법상 주택재건축사업을 시행할 수 있는 권한을 갖는 행정주체(공법인)로서의 지위를 부여하는 일종의 설권적 처분의 성격을 갖는다고 보아야 한다(대판 2009.9.24. 2008다60568).

② **토지소유자가 직접 사업을 시행하고자 하는 경우 사업시행인가 : 설권적 행위**
토지 등 소유자들이 직접 시행하는 도시환경정비사업에서 토지 등 소유자에 대한 사업시행인가처분은 단순히 사업시행계획에 대한 보충행위로서의 성질을 가지는 것이 아니라 구 도시정비법상 정비사업을 시행할 수 있는 권한을 가지는 행정주체로서의 지위를 부여하는 일종의 설권적 처분의 성격을 가진다(대판 2013.6.13. 2011두19994).

③ **관리처분계획안에 대한 총회결의의 효력을 다투는 소송의 형태**

[1] 도시 및 주거환경정비법상 행정주체인 주택재건축정비사업조합을 상대로 **관리처분계획안에 대한 조합 총회결의의 효력 등을 다투는 소송**은 행정처분에 이르는 절차적 요건의 존부나 효력 유무에 관한 소송으로서 그 소송결과에 따라 행정처분의 위법 여부에 직접 영향을 미치는 공법상 법률관계에 관한 것이므로, 이는 **행정소송법상의 당사자소송에 해당**한다.

[2] 도시 및 주거환경정비법상 주택재건축정비사업조합이 같은 법 제48조에 따라 수립한 **관리처분계획에 대하여 관할 행정청의 인가·고시까지 있게 되면 관리처분계획은 행정처분으로서 효력이 발생하게 되므로, 총회결의의 하자를 이유로 하여 행정처분의 효력을 다투는 항고소송의 방법으로 관리처분계획의 취소 또는 무효확인을 구하여야 하고**, 그와 별도로 행정처분에 이르는 절차적 요건 중 하나에 불과한 총회결의 부분만을 따로 떼어내어 효력 유무를 다투는 확인의 소를 제기하는 것은 특별한 사정이 없는 한 허용되지 않는다(대판 2009.9.17. 2007다2428).

> **관련판례** 당사자소송과 가처분
> 시 및 주거환경정비법(이하 '도시정비법'이라 한다)상 행정주체인 주택재건축정비사업조합을 상대로 관리처분계획안에 대한 조합 총회결의의 효력을 다투는 소송은 행정처분에 이르는 절차적 요건의 존부나 효력 유무에 관한 소송으로서 소송결과에 따라 행정처분의 위법 여부에 직접 영향을 미치는 공법상 법률관계에 관한 것이므로, 이는 행정소송법상 당사자소송에 해당한다. 그리고 이러한 당사자소송에 대하여는 행정소송법 제23조 제2항의 집행정지에 관한 규정이 준용되지 아니하므로(행정소송법 제44조 제1항 참조), 이를 본안으로 하는 가처분에 대하여는 행정소송법 제8조 제2항에 따라 민사집행법상 가처분에 관한 규정이 준용되어야 한다.(대결 2015무26)

④ **재개발조합과 조합장 또는 조합임원등의 법률관계 : 사법관계**
구 도시 및 주거환경정비법(2007. 12. 21. 법률 제8785호로 개정되기 전의 것)상

재개발조합이 공법인이라는 사정만으로 재개발조합과 조합장 또는 조합임원 사이의 선임·해임 등을 둘러싼 법률관계가 공법상의 법률관계에 해당한다거나 그 조합장 또는 조합임원의 지위를 다투는 소송이 당연히 공법상 당사자소송에 해당한다고 볼 수는 없고, 구 도시 및 주거환경정비법의 규정들이 재개발조합과 조합장 및 조합임원과의 관계를 특별히 공법상의 근무관계로 설정하고 있다고 볼 수도 없으므로, <u>재개발조합과 조합장 또는 조합임원 사이의 선임·해임 등을 둘러싼 법률관계는 사법상의 법률관계로서 그 조합장 또는 조합임원의 지위를 다투는 소송은 민사소송에 의하여야 할 것이다</u>(대판 2009.9.24. 자2009마168).

⑤ 주택조합인가의 유무에 따라 기본행위의 효력이 문제되는 것은 주택건설촉진법과 관련한 공법상의 관계에서이지 주택조합과 조합원 또는 조합원들 사이의 내부적인 사법관계에까지 영향을 미치는 것은 아니므로, **이 법 조항에 따라 설립인가를 받아야 함에도 설립인가를 받지 아니한 채 주택조합을 설립한 결과, 그 조합이 주택건설촉진법의 적용을 받지 못하게 되었다 하더라도, 정관에 따라 조합원의 자격을 취득한 조합원으로서는 인가 여부와는 관계없이 조합에 대하여 조합원의 권리를 행사할 수 있다.**(대결 2002그12)

(2) 인가

(가) 인가의 사례

① 구 국토이용관리법 제21조의 2 제1항 소정의 허가가 규제지역 내의 모든 국민에게 전반적으로 토지거래의 자유를 금지하고 일정한 요건을 갖춘 경우에만 금지를 해제하여 계약체결의 자유를 회복시켜 주는 성질의 것이라고 보는 것은 위 법의 입법소지를 넘어선 지나친 해석이라고 할 것이고, 규제지역 내에서도 토지거래의 자유가 인정되나, **다만 위 허가를 허가전의 유동적 무효상태에 있는 법률행위의 효력을 완성시켜 주는 인가적 성질을 띤 것이라고 보는 것이 타당**하다.(대판 1991.12.24. 90다12243)

② 도시정비법에 기초하여 주택재개발정비사업조합이 수립한 사업시행계획은 그것이 인가·고시를 통해 확정되면 이해관계인에 대한 구속적 행정계획으로서 독립된 행정처분에 해당하므로, 사업시행계획을 인가하는 행정청의 행위는 주택재개발정비사업조합의 사업시행계획에 대한 법률상의 효력을 완성시키는 보충행위에 해당한다.(대판 2009두4913)

(나) 인가의 법적 성질

① 재량행위라고 판시했던 사례

㉠ 재단법인의 임원취임이 사법인인 재단법인의 정관에 근거한다 할지라도 이에 대한 행정청의 승인행위는 법인에 대한 주무관청의 감독권에 연유하는 이상 그 인가행위 또는 인가거부행위는 공법상의 행정처분으로서, <u>그 임원취임을</u>

인가 또는 거부할 것인지 여부는 주무관청의 권한에 속하는 사항이라고 할 것이고, **재단법인의 임원취임승인신청에 대하여 주무관청이 이에 기속되어 이를 당연히 승인하여야 하는 것은 아니다.**(대판 1995.7.25. 95누28883)

ⓒ 채광계획인가의 성격 : 재량행위

구 광업법에 정한 채광계획인가나 변경인가는 행정청의 재량행위에 속하고, 채광계획의 내용의 합리성과 사업성 및 안정성의 측면이나 당해 채광계획이 수반할 수 있는 수질과 토양의 오염, 지하수의 고갈등 환경보전의 측면에서 중대한 공익상 필요가 있다고 인정할 때에는 채광계획인가나 변경인가를 거부할 수 있으며, 이는 당해 채광계획에 나타난 사업의 내용·규모·방법과 그것이 환경에 미치는 영향 등 제반사정과 종합하여 사회관념상 공익침해의 우려가 현저한지 여부에 의하여 판단할 수 있다.(대판 2008.9.11. 2006두7577)

② 기속행위라고 판시한 사례

㉠ 학교법인이사취임승인은 학교법인의 임원선임행위를 보충하여 법률상의 효력을 완성시키는 보충적 행정행위로서 기속행위에 속한다.(대판 1992.9.22. 92누5461)

ⓒ 사립학교법상 감독청의 이사회소집승인의 성격은 기속행위이다.

감독청으로서는 위와 같은 요건을 갖춘 이사회소집승인신청이 있으면 이를 승인할 의무가 있다 할 것이고, 다른 이유를 들어 이를 거부할 수는 없다고 할 것이며, 그 소집승인행위는 그 신청자에게 이사회의 소집권한을 부여하는 것이다.(대판 1988.4.27. 87누1106)

⒟ 인가의 효력 : 효력요건

① 공유수면매립의 면허로 인한 권리·의무의 양도·양수에 있어서의 면허관청의 인가는 효력요건으로서 위 각 규정은 강행규정이라고 할 것인바, 위 면허의 공동명의자 사이의 면허로 인한 권리·의무양도약정은 면허관청의 인가를 받지 않은 이상 법률상 아무런 효력도 발생할 수 없다.(대판 1991.6.25. 90누5184)

⒠ 기본행위와 인가의 쟁송방법

① 원래 인가는 다른 사람의 법률적 행위의 효력을 보충하여 이를 완성시키는 보충적 행정행위에 지나지 않으므로 **기본적 행위인 학교법인 이사회의 해산결의가 성립하지 않거나 무효인 때에는 교육부장관의 인가를 받았더라도 그 해산결의가 유효로 되는 것은 아니며, 인가도 무효로 된다.**(대판 1989.5.9. 87다카2407)

② 사립학교법 제20조 제2항에 의한 학교법인의 임원에 대한 감독청의 취임승인은 학교법인의 임원선임행위를 보충하여 그 법률상의 효력을 완성하게 하는 보충적 행정행위로서 성질상 기본행위를 떠난 승인처분 그 자체만으로서 법률상 아무런 효력도 발생할 수 없으므로 **기본행위인 학교법인의 임원선임행위가 불성립 또는 무효인 경우에는 비록 그에 대한 감독청의 취임승인이 있었다 하여도 이로써 무**

효인 그 선임행위가 유효한 것으로 될 수는 없다.(대판 1987.8.18. 86누152)
③ 구 주택건설촉진법상 조합설립인가처분의 **기본행위였던 조합설립행위가 무효여서 그에 대한 인가처분이 무효인 경우, 그후 도시 및 주거환경정비법의 시행등으로 인가처분이 설권적 처분으로 의제되더라도 무효**이다.(대판 2014.2.27. 2011두11570)
④ 기본행위의 하자만으로 인가조합의 사업시행계획도 원칙적으로 재건축결의에서 결정된 내용에 따라 작성되어야 **하지만, 조합이 사업시행계획을 재건축결의에서 결정된 내용과 달리 작성한 경우 이러한 하자는 기본행위인 사업시행계획 작성행위의 하자이고, 이에 대한 보충행위인 행정청의 인가처분이 그 근거조항인 위 법 제28조의 적법요건을 갖추고 있는 이상은 그 인가처분 자체에 하자가 있는 것이라 할 수 없다.**(대판 2008.1.10. 2007두16691)

⑷ 기본행위와 인가의 쟁송방법
① 인가는 기본행위인 재단법이의 정관변경에 대한 법률상의 효력을 완성시키는 보충행위로서 그 기본이 정관변경결의에 하자가 있을 때에는 그에 대한 인가가 있었다 하여도 기본행위인 정관변경결의가 유효한 것으로 될 수 없으므로 기본행위인 정관변경결의가 적법·유효하고 보충행위인 인가처분 자체에만 하자가 있다면 그 인가처분의 무효나 취소를 주장할 수 있지만, **인가처분에 하자가 없다면 기본행위에 하자가 있다 하더라도 따로 그 기본행위의 하자를 다투는 것은 별론으로 하고 기본행위의 무효를 내세워 바로 그에 대한 행정청의 인가처분의 취소 또는 무효확인을 소구할 법률상의 이익이 없다 할 것이다.**(대판 1996.5.16. 95누4810)
② 기본행위인 재건축조합설립행위에 하자가 있는 경우, 기본행위의 불성립 또는 무효를 내세워 그에 대한 감독청의 인가처분의 취소 또는 무효확인을 소구할 법률상 이익이 없다.(대판 2000.9.5. 99두1854)
③ 도시재개발법 제34조에 의한 관리처분계획의 하자를 이유로 관리처분계획인가 처분의 취소 또는 무효확인을 소구할 법률상 이익이 없다.(대판 2001.12.11. 2001두7541)
④ 구 도시 및 주거환경정비법(2013. 12. 24. 법률 제12116호로 개정되기 전의 것)에 기초하여 **주택재개발정비사업조합이 수립한 사업시행계획은 관할 행정청의 인가·고시가 이루어지면 이해관계인들에게 구속력이 발생하는 독립된 행정처분에 해당하고, 관할 행정청의 사업시행계획 인가처분은 사업시행계획의 법률상 효력을 완성시키는 보충행위에 해당**한다. 따라서 **기본행위인 사업시행계획에는 하자가 없는데 보충행위인 인가처분에 고유한 하자가 있다면 그 인가처분의 무효확인이나 취소를 구하여야 할 것이지만, 인가처분에는 고유한 하자가 없는데 사업시행계획에 하자가 있다면 사업시행계획의 무효확인이나 취소를 구하여야 할 것이

지 사업시행계획의 무효를 주장하면서 곧바로 그에 대한 인가처분의 무효확인이나 취소를 구하여서는 아니 된다.(대판 2020두48031)
→ 조합원자격이 없는 현금청산 대상자들이 총회결의에 일부 참여하였다는 점만으로 총회결의가 무효라거나 총회결의를 통해 수립된 사업시행계획에 이를 취소하여야 할 정도의 위법사유가 있다고 단정하기는 어렵다라고 판시

Ⅱ 준법률행위적 행정행위

1. 확인

〈확인에 해당하는 사례〉
① 당선자결정, 국가시험합격자결정
② 신체검사, 건물준공처분(사용승인)
③ 교과서 검인정(but 헌법재판소 : 특허)
④ 도로구역·하천구역결정, 도시구역의 지역지구 구역결정
⑥ 소득금액결정
⑦ 발명특허
⑧ 행정심판재결(but 토지수용재결 : 대리), 친일재산에 대한 친일반민족행위자 재산조사위원회의 국가귀속결정, 장해등급결정, 국가유공자결정

① **준공검사처분은 건축허가를 받아 건축한 건물이 건축허가사항대로 건축행정목적에 적합한가의 여부를 확인하고 준공검사필증을 교부하여 줌으로써 허가받은 자로 하여금 건축한 건물을 사용·수익할 수 있게 하는 법률효과를 발생시키는 것**이므로 허가관청은 특단의 사정이 없는 한 건축허가내용대로 완공된 건축물의 준공을 거부할 수 없다.(대판 1992.4.10. 91누5358)
② 친일반민족행위자 재산의 국가귀속에 관한 특별법 제2조 제2호에 정한 친일재산이 친일반민족행위자재산조사위원회의 국가귀속결정이 있어야 비로소 국가의 소유로 되는 것은 아니며 **위 위원회의 국가귀속결정의 법적 성격은 준법률행위적 행정행위에 해당**한다.(대판 2008.11.13. 2008두13491)
③ 공업배치 및 공장설립에 관한 법률 제9조에 따라 시장·군수 또는 구청장이 토지소유자 기타 이해관계인의 신청이 있는 경우에 그 관할구역 안의 토지에 대하여 지번별로 공장설립이 가능한지 여부를 확인하여 통지하는 공장입지기준확인은, 공장을 설립하고자 하는 사람이 공장설립승인신청 등 공장설립에 필요한 각종 절차를 밟기 전에 어느 토지 위에 공장설립이 가능한지 여부를 손쉽게 확인할 수 있도록 편의를 도모하기 위하여 마련된 절차로서 **그 확인으로 인하여 신청인 등 이해관계인의 지위에 영향을 주는 법률상의 효과가 발생하지 아니하므로, 공장입지기준확인 그 자체는 항

고소송의 대상이 될 수 없다.(대판 2003.2.11. 2002두10735)

④ 대판 2020.1.16. 2019다264700

국방전력발전업무훈령 제113조의5 제1항에 의한 연구개발확인서 발급은 개발업체가 '업체투자연구개발' 방식 또는 '정부·업체공동투자연구개발' 방식으로 전력지원체계 연구개발사업을 성공적으로 수행하여 군사용 적합판정을 받고 국방규격이 제·개정된 경우에 사업관리기관이 개발업체에게 해당 품목의 양산과 관련하여 경쟁입찰에 부치지 않고 수의계약의 방식으로 국방조달계약을 체결할 수 있는 지위(경쟁입찰의 예외사유)가 있음을 인정해 주는 **'확인적 행정행위'로서 공권력의 행사인 '처분'에 해당하고, 연구개발확인서 발급 거부는 신청에 따른 처분 발급을 거부하는 '거부처분'에 해당**한다.

⑤ 선순위 유족이 유족연금수급권을 상실함에 따라 동순위 또는 차순위 유족이 상실 시점에서 유족연금수급권을 법률상 이전받더라도 동순위 또는 차순위 유족은 국방부장관에게 "유족연금수급권 이전 청구서"를 제출하여 심사·판단받는 절차를 거쳐야 비로소 유족연금을 수령할 수 있게 된다. 이에 관한 국방부장관의 결정은 선순위 유족의 수급권 상실로 청구인에게 유족연금수급권 이전이라는 법률효과가 발생하였는지를 "확인"하는 행정행위에 해당하므로, 항고소송의 대상인 처분에 해당한다고 보아야 한다.(대판 2018두46780)

2. 공증

(1) 공증의 처분성을 부정한 경우

① 자동차운전면허대장사건 : 대판 1991.9.24. 91누1400

② 무허가건물관리대장에 등재하거나 변경 또는 삭제하는 행위로 실체상의 권리관계변동을 가져오는 것이 아니고, 무허가건물의 건축시기, 용도등이 관리대장의 기재에 의해서만 증명되는 것도 아니므로, 당해 무허가건물을 관리대장에서 삭제하는 행위는 특별한 사정이 없는 한 항고소송의 대상이 되는 행정처분이 아니다.(대판 2009.3.12. 2008두11525)

③ 행정청이 토지대장의 소유자명의변경신청을 거부한 행위는 항고소송의 대상이 되는 행정처분이 아니다.(대판 2012.1.12. 2010두12354)

④ 부가가치세법상의 사업자등록은 과세관청으로 하여금 부가가치세의 납세의무자를 파악하고 그 과세자료를 확보케 하려는 데 입법취지가 있는 것으로서, 이는 단순한 사업사실의 신고로서 사업자가 소관 세무서장에서 소정의 사업자등록신청서를 제출함으로써 성립되는 것이고, 사업자등록증의 교부는 이와 같은 등록사실을 증명하는 증서의 교부행위에 불과한 것이며, 부가가치세법 제5조 제5항에 의하면 사업자가 폐업하거나 또는 신규로 사업을 개시하고자 하여 사업개시일 전에 등록한 후 사실상

사업을 개시하지 아니하게 되는 때에는 과세관청이 직권으로 이를 말소하도록 하고 있는데, 사업자등록의 말소 또한 폐업사실의 기재일 뿐 그에 의하여 사업자로서의 지위에 변동을 가져오는 것이 아니라는 점에서 과세관청의 사업자등록 직권말소행위는 불복의 대상이 되는 행정처분으로 볼 수가 없다(대판 2000.12.22. 99두6903)

(2) 공증의 처분성을 인정한 경우

① 지목은 토지에 대한 공법상의 규제, 개발부담금의 부과대상, 지방세의 과세대상, 공시지가의 산정, 손실보상가액의 산정등 토지행정의 기초로서 공법상의 법률관계에 영향을 미치고, 토지소유자는 지목을 토대로 토지의 사용·수익·처분에 일정한 제한을 받게 되는 점 등을 고려하면, **지목은 토지소유권을 제대로 행사하기 위한 전제요건으로서 토지소유자의 실체적 권리관계에 밀접하게 관련되어 있으므로 지적공부 소관청의 지목변경신청반려행위는 국민의 권리관계에 영향을 미치는 것으로서 항고소송의 대상이 되는 행정처분에 해당**한다.(대판 2004.4.22. 2003두9015)

② 건축물대장의 작성은 건축물의 소유권을 제대로 행사하기 위한 전제요건으로서 건축물 소유자의 실체적 권리관계에 밀접하게 관련되어 있으므로 **건축물대장 소관청의 작성신청 반려행위는 국민의 권리관계에 영향을 미치는 것으로서 항고소송의 대상이 되는 행정처분에 해당**한다.(대판 2009.2.12. 2007두17359)

③ (구)지적법 제28조 제1호의 "공공사업등으로 인하여 학교용지·도로·철도용지·제방·하천·구거·유지·수도용지등의 지목으로 되는 토지의 경우에는 그 사업시행자가 이 법에 의하여 토지소유자가 하여야 하는 신청을 대위할 수 있다."는 규정에 따라 **토지소유자의 같은 법 제24조 제1항에 규정된 지적공부등록사항 정정신청권을 대위하여 피고 화성시장에게 한 토지면적등록 정정신청을 피고가 반려한 것**은 공공사업의 원활한 수행을 위하여 부여된 **원고 한국도로공사의 위 관계법령상의 권리 또는 이익에 영향을 미치는 공권력의 행사 또는 그 거부에 해당하는 것으로서 항고소송의 대상이 되는 행정처분에 해당**한다.(대판 2011.8.25. 2011두3371)

④ 지적공부 소관청이 토지대장을 직권으로 말소한 행위는 항고소송의 대상이 되는 행정처분에 해당한다.(대판 2013.10.24. 2011두13286)

3. 통지

▶ 통지의 처분성 인정사례

처분성 인정	① 계고(1차)와 대집행영장발부통지 ② 대학교원에 대한 임용기간만료통지 ③ 과세관청의 소득처분에 따른 원천징수의무자에게 한 소득금액변동통지 ④ 과다지급된 공무원퇴직연금급여의 환수통지(대판 2009.5.14. 2007두16202)

처분성 부정	① 정년퇴직발령통지 ② 형성적 재결의 결과통보 ③ 행정관청이 노동조합에 대하여 업무조사에 따른 자료제출요구를 한 뒤 이에 불응하자 다시 제출요구를 한 2,3차의 자료의 제출요구 ④ 공무원연금관리공단이 공무원연금법령의 개정사실과 퇴직연금 수급자가 퇴직연금 중 일부금액의 지급정지대상자가 되었다는 사실의 통보 ⑤ 수도사업의 급수공사 신청자에 대한 급수공사비 납부통지 ⑥ 자동차대여사업 등록실효통지 ⑦ 재개발조합이 조합원들에게 한 "조합원 동·호수 추첨결과 통보 및 분양계약체결안내"라는 제목의 통지 ⑧ 소득귀속자에게 한 소득금액변동통지

(1) 처분성이 긍정된 경우

① 기간제로 임용되어 임용기간이 만료된 국·공립대학의 조교수는 교원으로서의 능력과 자질에 관하여 합리적인 기준에 의한 공정한 심사를 받아 위 기준에 부합되면 특별한 사정이 없는 한 재임용되리라는 기대를 가지고 재임용여부에 관하여 합리적인 기준에 의한 공정한 심사를 요구할 법규상 또는 조리상 신청권을 가진다고 할 것이니, <u>임용권자가 임용기간이 만료된 조교수에 대하여 재임용을 거부하는 취지로 한 임용기간만료의 통지는 위와 같은 대학교원의 법률관계에 영향을 주는 것으로서 행정소송의 대상이 되는 행정처분에 해당</u>한다(대판 2004.4.22. 2000두7735). ➔ 서울대학교 김민수교수사건

② 과세관청의 소득처분과 그에 따른 소득금액변동통지가 있는 경우 원천징수의무자인 법인은 소득금액변동통지서를 받은 날에 그 통지서에 기재된 소득의 귀속자에게 당해 소득금액을 지급한 것으로 의제되어 그 때 원천징수하는 소득세의 납세의무가 성립함과 동시에 확정되고, 원천징수의무자인 법인으로서는 소득금액변동통지서에 기재된 소득처분의 내용에 따라 원천징수세액을 그 다음달 10일까지 관할 세무서장 등에게 납부하여야 할 의무를 부담하며, 만일 이를 이행하지 아니하는 경우에는 가산세의 제재를 받게 됨은 물론이고 형사처벌까지 받도록 규정되어 있는 점에 비추어 보면, <u>소득금액변동통지는 원천징수의무자인 법인의 납세의무에 직접 영향을 미치는 과세관청의 행위로서, 항고소송의 대상이 되는 조세행정처분이라고 봄이 상당</u>하다(대판 2006.4.20. 2002두1878).

③ 구 공무원연금법 제47조에 정한 퇴직연금이 잘못 지급된 경우, 과다하게 지급된 급여의 환수를 위한 행정청의 환수통지는 행정처분에 해당한다(대판 2009.5.14. 2007두16202).

(2) **처분성이 부정된 경우**
① 당연퇴직의 인사발령(대판 95누2036)
② 정년퇴직통지(대판 81누263)
③ 공무원연금관리공단이 위와 같은 법령의 개정사실과 퇴직연금 수급자가 퇴직연금 중 일부 금액의 지급정지대상자가 되었다는 사실을 통보한 것은 단지 위와 같이 법령에서 정한 사유의 발생으로 퇴직연금 중 일부 금액의 지급이 정지된다는 점을 알려주는 관념의 통지에 불과하고, 그로 인하여 비로소 지급이 정지되는 것은 아니므로 항고소송의 대상이 되는 행정처분으로 볼 수 없다(대판 2004.7.8. 2004두244).
④ 소득의 귀속자에 대한 소득금액변동통지는 원천납세의무자인 소득 귀속자의 법률상 지위에 직접적인 법률적 변동을 가져오는 것이 아니므로, 항고소송의 대상이 되는 행정처분이라고 볼 수 없다(대판 2015.3.26. 2013두9267).
⑤ 재개발조합이 조합원들에게 한 '조합원 동·호수 추첨결과 통보 및 분양계약체결 안내'라는 제목의 통지(대판 2001두6333)
⑥ 국민건강보험공단이 갑등에게 "직장가입자 자격상실 및 자격변동 안내 통보" 및 "사업장 직권탈퇴에 따른 가입자 자격상실 안내"통보를 한 사안에서, 국민건강보험 직장가입자 또는 지역가입자 자격변동은 법령이 정하는 사유가 생기면 별도 처분등의 개입없이 사유가 발생한 날부터 변동의 효력이 당연히 발생하므로, 위 각 통보의 처분성이 인정되지 않는다.(대판 2016두41729)

4. 수리

① 사업양도·양수에 따른 허가관청의 지위승계신고의 수리는 적법한 사업의 양도·양수가 있었음을 전제로 하는 것이므로 그 수리대상인 사업양도·양수가 존재하지 아니하거나 무효인 때에는 수리를 하였다 하더라도 그 수리는 유효한 대상이 없는 것으로서 당연히 무효라 할 것이고, **사업의 양도행위가 무효라고 주장하는 양도자는 민사쟁송으로 양도·양수행위의 무효를 구함이 없이 막바로 허가관청을 상대로 하여 행정소송으로 위 신고수리처분의 무효확인을 구할 법률상 이익이 있다.**(대판 2005.12.23. 2005두3354)
② 체육시설(회원제골프장)의 회원을 모집하고자 하는 자의 시도지사등에 대한 회원모집계획서제출은 수리를 요하는 신고에서의 신고에 해당하며, 시도지사등의 검토결과통보는 수리행위로서 행정처분에 해당한다.(대판 2009.2.26. 2006두16243)

제5절 행정행위의 부관

I 개설

1. 행정기본법상 부관

관련판례 행정기본법

제17조(부관) ① 행정청은 처분에 재량이 있는 경우에는 부관(조건, 기한, 부담, 철회권의 유보 등을 말한다. 이하 이 조에서 같다)을 붙일 수 있다.
② 행정청은 처분에 재량이 없는 경우에는 법률에 근거가 있는 경우에 부관을 붙일 수 있다.
③ 행정청은 부관을 붙일 수 있는 처분이 다음 각 호의 어느 하나에 해당하는 경우에는 그 처분을 한 후에도 부관을 새로 붙이거나 종전의 부관을 변경할 수 있다.
1. 법률에 근거가 있는 경우
2. 당사자의 동의가 있는 경우
3. 사정이 변경되어 부관을 새로 붙이거나 종전의 부관을 변경하지 아니하면 해당 처분의 목적을 달성할 수 없다고 인정되는 경우
④ 부관은 다음 각 호의 요건에 적합하여야 한다.
1. 해당 처분의 목적에 위배되지 아니할 것
2. 해당 처분과 실질적인 관련이 있을 것
3. 해당 처분의 목적을 달성하기 위하여 필요한 최소한의 범위일 것

2. 부관의 개념

(1) 협의설과 광의설의 비교

	전통적 견해	새로운 견해
개념정리	~ 종된 의사표시	~효력제한하는 종된 규율
법률행위	부관 ○	개별적으로 판단
준법률행위	부관 ×	부관 ○(ex : 유효기간)
재량행위	부관 ○	부관 ○ (예외 : 신분관계 설정)
기속행위	부관 ×	법률요건충족적 부관 : 가능

위 "가"항의 고시(식품제조영업허가기준고시)에 정한 허가기준에 따라 보존음료수 제조업의 허가에 붙여진 전량수출 또는 주한외국인에 대한 판매에 한한다는 내용의 조건은 **이른바 법정부관으로서 행정청의 의사에 기하여 붙여지는 본래의 의미에서의 행정행위의 부관은 아니므로, 이와 같은 법정부관에 대하여는 행정행위에 부관을 붙일 수 있는 한계에 관한 일반적인 원칙이 적용되지는 않는다.** (대판 1994.03.08. 선고 92누1728)

(2) 법정부관에 대한 판례의 입장

① 건축허가를 하면서 일정 토지를 기부채납하도록 하는 내용의 허가조건은 **부관을 붙일 수 없는 기속행위 내지 기속적 재량행위인 건축허가에 붙인 부담이거나 또는 법령상 아무런 근거가 없는 부관이어서 무효**이다.(대판 1995.6.13. 94다56883)
② 주택재건축사업시행인가의 법적성질은 재량행위이며, 이에 대하여 법령상의 제한에 근거하지 않은 조건을 부과할 수 있다.(대판 2007.7.12. 2007두6663)
③ **하천부지점용허가 여부는 관리청의 자유재량에 속하고, 재량행위에 있어서는 법령상의 근거가 없다고 하더라도 부관을 붙일 것인가의 여부는 당해 행정청의 재량에 속한다고 할 것이고**, 또한 같은 법 제25조 단서가 하천의 오염방지에 필요한 부관을 붙이도록 규정하고 있으므로 하천부지점용허가의 성질의 면으로 보나 법규정으로 보나 부관을 붙일 수 있음은 명백하다.(대판 1991.10.11. 90누8688)
④ 사회복지법인의 정관변경허가(인가)의 법적 성질은 재량행위이며 비례의 원칙 및 평등의 원칙에 적합하고 행정처분의 본질적 효력을 해하지 않는 한도 내에서 부관을 붙일 수 있다.(대판 2002.9.24. 2000두5661)
⑤ 일반적으로 기속재량행위에는 부관을 붙일 수 없고 가사 부관을 붙였다 하더라도 이는 무효이므로, 주무관청이 채광계획의 인가를 함에 있어 '규사광물 이외의 채취금지 및 규사의 목적외 사용금지'를 조건으로 붙인 것은 광업법 등에 의하여 보호되는 광업권자의 광업권을 침해하는 내용으로서 무효이다. (대판1997.06.13. 선고 96누12269)
⑥ 행정청이 건축변경허가를 함에 있어 건축주에게 새 담장을 설치하라는 부관을 붙인 것은 법령상 근거없는 부담을 부가한 것으로 위법하다.(대판 2000.2.11. 98누7527)

(3) 기속행위와 재량행위에 대한 부관의 가능성

일반적으로 부관은 재량행위에 설정이 가능하다고 보는 것이 판례와 다수설의 입장이나, 최근 기속행위의 경우에 요건충족적 부관을 설정하여 허가등을 하는 것이 당사자에게 더 유익하다는 점에서 기속행위에 대한 부관의 가능성에 대하여 인정하는 견해가 유력해지고 있다.

(4) 법률요건충족적 부관

Ⅱ 부관의 종류

1. 조건

▶ 부담, 정지조건, 해제조건의 항목별 비교

구분	정지조건	해제조건	부담
주된 행위	• 조건성취시 효력발생	• 조건성취시 실효사유	• 일단 효력발생
불이행시	• 효력발생 ×	• 당연히 실효	• 철회사유가 된다 • 독자적 강제집행가능
처분성	부정	부정	긍정
독립쟁송	부정	부정	긍정
독립취소	견해대립	견해대립	긍정
사례	• 운동장부지확보시 학교법인허가를 함	• 6월 이내 공사착공을 조건으로 한 공유수면 매립면허	• "도로점용허가"를 하면서 매월 일정금액의 납부의무

2. 기한

① 일반적으로 행정처분에 효력기간이 정하여져 있는 경우에는 그 기간의 경과로 그 행정처분의 효력은 상실되며, **다만 허가에 붙은 기한이 그 허가된 사업의 성질상 부당하게 짧은 경우에는 이를 그 허가 자체의 존속기간이 아니라 그 허가조건의 존속기간으로 보아 그 기한이 도래함으로써 그 조건의 개정을 고려한다는 뜻으로 해석**할 수 있을 것이다.(대판 2004.11.25. 2004두7023)

② 허가에 붙은 기한이 그 허가된 사업의 성질상 부당하게 짧아 그 기한을 허가조건의 존속기간으로 볼 수 있는 경우에, **허가기간이 연장되기 위하여는 그 종기 도래 이전에 연장에 관한 신청이 있어야 한다.**(대판 2007.10.11. 2005두12404)

③ 허가에 붙은 당초의 **기한이 상당기간 연장되어 허가된 사업의 성질상 부당하게 짧지 않은 경우, 관계법령의 규정에 따라 허가여부의 재량권을 가진 행정청이 기간연장을 불허가하는 것은 가능**하다.(대판 2004.3.25. 2003두12837)

3. 부담

(1) 부담의 법적 성질

하천법 및 공유수면관리법에 규정된 하천 또는 공유수면의 점용이라 함은 하천 또는 공유수면에 대하여 일반사용과는 별도로 하천 또는 공유수면의 특정부분을 유형적·고정적으로 특정한 목적을 위하여 사용하는 이른바 특별사용을 의미하는 것이므로, **이러한 특별사용에 있어서의 점용료부과처분은 공법상의 의무를 부과하는 공권적인 처분으로**

서 항고소송의 대상이 되는 행정처분에 해당한다.(대판 2004.10.15. 2002다68485)

(2) 부담의 형식 : 처분 + 협약의 방식

수익적 행정처분에 있어서는 법령에 특별한 근거규정이 없다고 하더라도 그 부관으로서 부담을 붙일 수 있고, 그와 같은 **부담은 행정청이 행정처분을 하면서 일방적으로 부가할 수도 있지만 부담을 부가하기 이전에 상대방과 협의하여 부담의 내용을 협약의 형식으로 미리 정한 다음 행정처분을 하면서 이를 부가할 수도 있다.**(송유관 사건 대판 2005다65500)

판례요지
① 부담의 전제가 된 주된 행정처분의 근거법령이 개정됨으로써 행정청이 더 이상 부관을 붙일 수 없게 된 경우에도 곧바로 협약의 효력이 소멸하는 것은 아니다. ② 원상복구비용을 상대방이 부담 : 부당결부 위반 ×

(3) 부담불이행의 효과 : 철회사유

부담부 행정처분에 있어서 처분의 상대방이 부담을 이행하지 아니한 경우에 처분행정청으로서는 이를 들어 당해 처분을 취소할 수 있는 것이다.(대판 1989.10.24. 89누243)

(4) 부담과 조건의 구별

① 부담과 해제조건의 구별 : 종합적으로 판단
행정행위의 부관에 관하여 그것이 행정행위의 효력소멸을 "장래에 발생 여부가 불확실한 사실"에 의존시키는 해제조건에 해당하는지, 아니면 수익적 행정행위에 부가된 부관으로서 상대방에게 작위·부작위·수인·급부를 명하는 "부담"에 해당하는지 여부가 다투어지는 경우에 그 법적의미는 **그 처분에 표시된 행정청의 객관적 의사를 중심으로 그 처분의 경위나 배경, 처분의 근거된 법령과 당해 처분을 통하여 행정청이 달성하려는 행정목적을 종합적으로 참작하여 합리적으로 확정하여야** 한다.(서울고법 2004누8172)

② 부담인지 조건인지의 구별이 불분명한 경우 : 부담으로 해석
행정청이 도시환경정비사업 시행자에게 "무상양도 되지 않는 구역 내 국유지를 착공신고 전까지 매입"하도록 한 부관을 붙여 사업시행인가를 하였으나 시행자가 국유지를 매수하지 않고 점용한 사안에서, 그 부관은 조건이 아니라 작위의무를 부과하는 부담이므로, 사업시행인가를 받은 때에 국유지에 대해 사용·수익허가를 받은 것이어서 변상금 부과처분은 위법하다.(대판 2007두24289)

4. 철회권의 유보

① 행정청이 종교단체에 대하여 기본재산전환인가를 함에 있어 인가조건을 부가하고 그 불이행시 인가를 취소할 수 있도록 한 경우, 인가조건의 의미는 철회권을 유보한 것이다.(대판 2003.5.30. 2003다6422)

② 철회권을 유보한 경우에 있어서도 무조건 취소권을 행사할 수 있는 것은 아니고, 취소를 필요로 할 만한 공익상의 필요가 있는 경우에 한하여 취소권을 행사할 수 있다.(대판 1964.6.9. 64누40)

③ 법령에 규정된 사유 이외에도 철회권을 유보할 수 있다.
행정행위의 부관으로 취소권이 유보되어 있는 경우, 당해 행정행위를 한 행정청은 그 취소사유가 법령에 규정되어 있는 경우뿐만 아니라 의무위반이 있는 경우, 사정변경이 있는 경우, 좁은 의미의 취소권이 유보된 경우 또는 중대한 공익상의 필요가 발생한 경우등에도 그 행정처분을 취소할 수 있는 것이다.(대판 1984.11.13. 84누269)

5. 법률효과의 일부배제

행정행위의 부관은 부담의 경우를 제외하고는 독립하여 행정소송의 대상이 될 수 없는 것인바, **행정청이 한 공유수면매립준공인가 중 매립지 일부에 대하여 한 국가귀속처분은 매립준공인가를 함에 있어서 매립의 면허를 받은 자의 매립지에 대한 소유권취득을 규정한 공유수면매립법 제14조의 효과일부를 배제하는 부관을 붙인 것이므로 이러한 행정행위의 부관에 대하여는 독립하여 행정소송의 대상으로 삼을 수 없다.**(대판 1991.12.13. 90누8503)

Ⅲ 부관의 한계

1. 부관의 가능성

(1) 법률의 규정

구분	규정 ○	규정 ×
기속행위	부관 ○	부관 ×
재량행위	부관 ○	부관 ○

(2) 법률행위와 준법률행위

① 전통적 견해 : 부관은 "주된 의사표시"에 붙여진 "종된 의사표시"이므로 의사표시를 구성요소로 하는 법률행위적 행정행위에만 붙여지며, 준법률행위적 행정행위는 행

정청의 의사표시가 아닌 인식과 판단을 그 요소로 하므로 부관을 붙일 수 없다.
② 새로운 견해 : 최근에는 개별적으로 판단하여야 한다는 견해도 유력하게 제기되고 있다.

(3) 기속행위와 재량행위

⑺ 재량행위와 부관

① 재량행위는 관계 법령에 명시적인 금지규정이 없는 한 행정목적을 달성하기 위하여 조건이나 기한, 부담등의 부관을 붙일 수 있고, 그 부관 내용이 이행가능하고 비례의 원칙 및 평등원칙에 적합하며 행정처분의 본질적 효력을 저해하지 아니하는 이상 위법하다고 할 수 없다.(대판 2008두9829)

② 하천부지점용허가 여부는 관리청의 재량에 속하므로 하천부지 점용허가의 성질의 면으로 보나 법규정으로 보나 부관을 붙일 수 있다.(대판 2007두25930)

③ 사회복지법인의 정관변경허가의 법적 성질은 재량행위이며 비례의 원칙 및 평등원칙에 적합하고 행정처분의 본질적 효력을 해하지 않는 한도 내에서 부관을 붙일 수 있다.(대판 2000두5661)

④ 개발제한구역 내에서 예외적인 개발행위의 허가는 상대방에게 수익적인 것이므로 그 법률적 성질은 재량행위 내지 자유재량행위에 속하는 것이고, 이러한 재량행위에 있어서는 관계법령에 명시적인 금지규정이 없는 한 행정목적을 달성하기 위하여 조건이나 기한, 부담등의 부관을 붙일 수 있다.(대판 2003두12837)

⑷ 기속행위와 부관

① 기속행위나 기속적 재량행위에는 부관을 붙일 수 없고 부관을 붙였다 하더라도 무효이다. 건축허가를 하면서 일정 토지를 기부채납하도록 하는 내용의 허가조건은 부관을 붙일 수 없는 기속행위 내지 기속적 재량행위에 붙인 부담이거나 또는 법령상 아무런 근거가 없는 부관이어서 무효이다.(대판 94다56883)

② 행정청이 건축변경허가를 함에 있어 건축주에게 새 담장을 설치하라는 부관을 붙인 것은 법령상 근거없는 부담을 부가한 것으로 위법하다.(대판 98누7527)

③ 건축허가 시 보차혼용통로를 조성·제공하도록 한 것은 "도시설계지구 안에서는 도시의 기능 및 미관의 증진을 위하여 건축물을 도시설계에 적합하게 건축하여야 한다."고 규정한 구 건축법(1997. 12. 13. 법률 제5450호로 개정되기 전의 것) 제61조 제1항의 규정에 따른 것일 뿐이지 수익적 행정행위인 건축허가에 부가된 부관으로서 부담이라고 할 수는 없으므로, 보차혼용통로를 조성·제공하도록 한 것이 기속행위나 기속재량행위에 붙은 부관이어서 무효라고 볼 것은 아니다.(대판 2011두8277)

➜ 기속행위라도 법률의 규정에 의한 것이므로 위법하지 않다.

2. 부관의 한계

(1) 일반적 한계

① 기선선망어업의 허가를 하면서 운반선, 등선 등 부속선을 사용할 수 없도록 제한한 부관은 그 어업허가의 목적달성을 사실상 어렵게 하여 그 본질적 효력을 해하는 것일 뿐만 아니라 위 시행령의 규정에도 어긋나는 것이며, 더욱이 어업이나 기타 공익상 필요하다고 인정되는 사정이 없는 이상 위법한 것이다.(대판 1990.4.27. 89누6808)

② 구 건축법 제72조, 같은 법 시행령 제118조 등 관련규정에 의하면 건축주가 2미터 이상의 담장을 설치하고자 하는 경우에는 이를 신고하여야 한다고 규정하고 있을 뿐 건축관계법령은 건축물 건축시 반드시 담장을 설치하여야 한다는 취지의 규정은 두지 아니하고 있으므로, **행정청이 건축변경허가를함에 있어 건축주에게 새담장을 설치하라는 부관을 붙인 것은 법령상 근거없는 부담을 부가한 것으로 위법**하다.(대판 2000.2.11. 98누7527)

③ 65세대 주택건설사업에 대한 사업계획승인시 '진입도로 설치 후 기부채납, 인근주민의 기존통행로 폐쇄에 따른 대체 통행로 설치 후 그 부지 일부 기부채납'을 조건으로 붙인 것은 위법한 부관에 해당하지 않는다.(대판 1997.3.14. 96누16698)

④ 지방자치단체장이 도매시장법인의 대표이사에 대하여 위 지방자치단체장이 개설한 농수산물도매시장의 도매시장법인으로 다시 지정함에 있어서 그 지정조건으로 "지정기간중이라도 개설자가 농수산물 유통정책의 방침에 따라 도매시장법인 이전 및 지정취소 또는 폐쇄지시에도 일체 소송이나 손실보상을 청구할 수 없다."라는 부관을 붙였으나, **그 중 부제소특약에 관한 부분은 당사자가 임의로 처분할 수 없는 공법상의 권리관계를 대상으로 하여 사인의 국가에 대한 공권인 소권을 당사자의 합의로 포기하는 것으로서 허용될 수 없다.**(대판 1998.8.21. 98두8919)

⑤ 하천부지점용허가와 부관(대법원 2008.07.24. 선고 2007두25930 판결)

> 하천부지 점용허가를 하면서 **'점용기간 만료 또는 점용을 폐지하였을 때에는 즉시 원상복구할 것'**이라는 부관을 붙인 사안에서, 위 부관의 의미는 하천부지에 대한 점**용기간 만료시 그에 관한 개간비보상청구권을 포기하는 것을 조건**으로 한 것으로 본 사례

(2) 시간적 한계(사후부관·부관만의 사후변경)

> 행정처분에 이미 부담이 부가되어 있는 상태에서 그 의무의 범위 또는 내용등을 변경하는 부관의 사후변경은 법률에 명문규정이 있거나, 그 변경이 미리 유보되어 있는 경우, 상대방의 동의가 있는 경우에 한하여 허용되는 것이 원칙이지만, 사정변경으로 인하여 당초에 부담을 부가한 목적을 달성할 수 없게 된 경우에도 그 목적달성에 필요한 범위 내에서 예외적으로 허용된다.(대판 1997.5.30. 97누2627)

Ⅳ 부관의 하자

도로점용허가의 점용기간은 행정행위의 본질적 요소에 해당하는 것이어서 부관인 점용기간에 위법사유가 있다면 이로써 도로점용허가행위 전부가 위법하게 된다.(대판 1985.7.9. 84누604)

Ⅴ 부관과 쟁송

1. 진정일부취소소송과 부진정일부취소소송의 개념정립

	쟁송대상	소송물(訴訟物)	법원의 판결
진정일부취소소송	부관	부관의 위법성	전부취소판결
부진정일부취소소송	부관부 행정행위	부관만의 위법성	일부취소판결

2. 부관과 독립쟁송

(1) **부담**

독립하여 부담만 쟁송이 가능하다. 즉 진정일부취소송의 형태가 인정된다.

(2) **기타 부관**

기타의 부관에 대하여 판례는 위법한 부담 이외의 부관으로 인해 권리를 침해받은 자는 부관부 행정행위 전체의 취소를 청구하든지, 아니면 행정청에 부관이 없는 처분으로의 변경을 청구한 다음 그것이 거부된 경우 거부처분취소소송을 제기하여야 한다는 경우로 판시를 하고 있다.

① 어업면허의 유효기간 1년은 그 면허처분에붙인 부관이며, 이러한 부관에 대하여는 독립한 행정쟁송을 제기할 수 없다.(대판 1986.8.19. 86누202)
② 행정행위의 부관은 부담인 경우를 제외하고는 독립하여 행정소송의 대상이 될 수 없는바, 기부채납받은 행정재산에 대한 **사용수익허가에서 공유재산의 관리청이 정한 사용·수익허가의 기간은 그 허가의 효력을 제한하기 위한 행정행위의 부관으로서 이러한 사용수익허가의 기간에 대해서는 독립하여 행정소송을 제기할 수 없다**.(대판 2001.6.15. 99두509)
③ 행정행위의 부관은 행정행위의 일반적인 효력이나 효과를 제한하기 위하여 의사표시의 주된 내용에 부가되는 종된 의사표시이지 그 자체로서 직접 법효과를 발생하는 독립된 처분이 아니므로 **현행 행정쟁송제도 아래서는 부관 그 자체만을 독립된 쟁송의 대상으로 할 수 없는 것이 원칙이나, 행정행위의 부관 중에서도 행정행위에 부수하여 그 행정행위의 상대방에게 일정한 의무를 부과하는 행정청의 의사표시인 부담의 경우에는 다른 부관과는 달리 행정행위의 불가분적인 요소가 아니고 그 존속이 본체인 행정행위의 존재를 전제로 하는 것일 뿐이므로 부담 그 자체로서 행정쟁송의 대상이 될 수 있다**.(대판 1992.1.21. 91누1264)

3. 부관과 독립취소

(1) 부담

독립하여 취소할 수 있다.

(2) 기타 부관

판례는 부진정일부취소소송의 형태를 인정하지 않는 결과 부담만 독립하여 취소할 수 있고, 그 이외의 부관은 독립하여 취소의 대상이 되지 않는다는 입장이다. 따라서 **부담 이외의 부관은 부관만의 취소가 인정되지 않기에 위법한 부관이 중요부분이면 전부취소 판결을 하고, 그렇지 않다면 기각판결로써 사건을 종결**하게 된다.

제6절 행정행위의 성립요건과 효력발생요건

I 행정행위의 성립요건과 효력발생요건

구분		내용	흠결시 효과
성립요건	내부적	① 주체 ② 내용 ③ 형식 ④ 절차	흠결시 : 무효 혹은 취소
	외부적	외부에 표시	흠결시 : 부존재
효력요건		· 원칙적으로 성립과 동시에 효력발생 · 상대방이 특정된 경우 : "도달주의" · 상대방이 불특정다수인인 경우 : "공시·공고"를 통한 효력발생	

II 성립요건

1. 내부적 성립요건

(1) 주체

① 운전면허에 대한 정지처분권한은 경찰청장으로부터 경찰서장에게 권한위임된 것이므로, 단속경찰관이 자신의 명의로 운전면허행정처분통지서를 작성·교부하여 행한 운전면허정지처분은 권한없는 자에 의하여 행하여진 점에서 무효의 처분에 해당한다.(대판 97누2313)

② 적법한 권한위임없이 세관출장소장에 의하여 행하여진 관세부과처분 : 취소사유(대판 2003두2403)

(2) 내용

① 공정거래위원회가 법 제24조 소정의 시정명령 등 행정처분을 하기 위해서는 그 대상이 되는 '이익제공강요' 및 '불이익제공'의 내용이 구체적으로 명확하게 특정되어야 하고, 그러하지 아니한 상태에서 이루어진 그 시정명령 등 행정처분은 위법하다.(대판 2007.01.12. 선고 2004두7146)

(3) 절차

① 환경영향평가법상 환경영향평가를 실시하여야 할 사업에 대하여 환경영향평가를 거치지 아니하였음에도 승인등 처분을 한 경우 : 무효(대판 2005두14363)
   ➜ 환경영향평가가 다소 부실한 경우 : 당연히 위법하게 되는 것은 아니다.(대판 2006두330)

② 교통영향평가는 환경영향평가와 취지 및 내용, 대상사업의 범위에 차이가 있고 그 후 교통영향분석·개선대책으로 대체된 점등에 비추어 행정청이 사전에 교통영향평가를 거치지 아니한 채 부관을 붙여서 한 처분에 중대명백한 흠이 있다고 할 수 없으므로 무효로 보기는 어렵다.(대판 2009두102)

(4) 형식

① 행정절차법 제24조 제1항에서 행정청이 처분을 하는 때에는 **다른 법령 등에 특별한 규정이 있는 경우를 제외하고는 문서로 하도록 규정한 것은 처분 내용의 명확성을 확보하고 처분의 존부나 내용에 관한 다툼을 방지하기 위한 것**인바, 이와 같은 행정절차법의 규정 취지를 감안해 보면, 행정청이 문서에 의하여 처분을 한 경우 원칙적으로 그 처분서의 문언에 따라 어떤 처분을 하였는지 확정하여야 하나, 그 처분서의 문언만으로는 행정청이 어떤 처분을 하였는지 불분명하다는 등 특별한 사정이 있는 때에는 처분 경위나 처분 이후의 상대방의 태도 등 다른 사정을 고려하여 처분서의 문언과 달리 그 처분의 내용을 해석할 수도 있다.(대판 2010.02.11. 선고 2009두18035)

② 행정절차법 제24조는, 행정청이 처분을 하는 때에는 다른 법령 등에 특별한 규정이 있는 경우를 제외하고는 문서로 하여야 하고 전자문서로 하는 경우에는 당사자 등의 동의가 있어야 하며, 다만 신속을 요하거나 사안이 경미한 경우에는 구술 기타 방법으로 할 수 있다고 규정하고 있는데, 이는 행정의 공정성·투명성 및 신뢰성을 확보하고 국민의 권익을 보호하기 위한 것이므로 위 규정을 위반하여 행하여진 행정청의 처분은 하자가 중대하고 명백하여 원칙적으로 무효이다.(대판 2011.11.10. 선고 2011도11109)
   ➜ 소방공무원이 행정처분을 구술로 고지한 것을 무효라고 판시한 사례

2. 외부적 성립요건

① 일반적으로 처분이 주체·내용·절차와 형식의 요건을 모두 갖추고 외부에 표시된 경우에는 처분의 존재가 인정된다. 행정의사가 외부에 표시되어 행정청이 자유롭게 취소·철회할 수 없는 구속을 받게 되는 시점에 처분이 성립하고, 그 성립 여부는 행정청이 행정의사를 공식적인 방법으로 외부에 표시하였는지를 기준으로 판단해야 한다.(스티븐 유 사건 대판 2019.7.11. 2017두38874)

> **판례요지**
>
> 법무부장관이 출입국관리법 제11조 제1항 제3호 또는 제4호, 출입국관리법 시행령 제14조 제1항, 제2항에 따라 위 입국금지결정을 했다고 해서 '처분'이 성립한다고 볼 수는 없고, <u>위 입국금지결정은 법무부장관의 의사가 공식적인 방법으로 외부에 표시된 것이 아니라 단지 그 정보를 내부전산망인 '출입국관리정보시스템'에 입력하여 관리한 것에 지나지 않으므로, 위 입국금지결정은 항고소송의 대상이 될 수 있는 '처분'에 해당하지 않는데도</u>, 위 입국금지결정이 처분에 해당하여 공정력과 불가쟁력이 있다고 본 원심판단에 법리를 오해한 잘못이 있다고 한 사례.

② 과세관청이 납세의무자의 기한 후 신고에 대하여 내부적인 결정을 하였다 하더라도 이를 납세의무자에게 공식적인 방법으로 통지하지 않은 경우에는 기한 후 신고에 대한 결정이 외부적으로 성립하였다고 볼 수 없으므로, 항고소송의 대상이 되는 처분이 존재한다고 할 수 없다.(대판 2016두60898)

Ⅲ 효력발생요건

1. 상대방이 특정인인 경우

(1) 도달주의

> **관련판례**
>
> 1. 처분의 상대방
>   대규모 점포 개설자에게 영업시간 제한등 처분을 할 경우, 처분의 상대방은 대규모점포등의 유지·관리책임을 지는 개설자이며, 임대매장의 임차인이 처분상대방이 되는 것은 아니다.
> 2. 도달주의
>   ① <u>행정처분의 효력발생요건으로서의 도달이란 상대방이 그 내용을 현실적으로 양지할 필요까지는 없고, 다만 양지할 수 있는 상태에 놓여짐으로서 충분하다고 할 것인데</u>, 갑의 처가 갑의 주소지에서 갑에 대한 정부인사발령통지서를 수령하였다면 비록 그 때 갑이 구치소에 수감중이었고 처분청 역시 그와 같은 사실을 알고 있었다거나 갑의 처가 위 통지서를 갑에게 전달하지 아니하고 폐기해버렸더라도 갑의 처가 위 통지서를 수령한 때에 그 내용을 양지할 수 있는 상태에 있었다고 볼 것이다.(대판 1989.9.26. 89누4963)
>   ② 문화재보호법 제13조 제2항의 소정의 중요문화재 가지정의 효력발생요건인 통지는 행정처분을 상대방에게 표시하는 것으로서 <u>상대방이 인식할 수 있는 상태에 둠으로써 족하고</u>, 객관적으로 보아서 행정처분으로 인식할 수 있도록 고지하면 되는 것이다.(대판 2003두513)

③ 행정처분의 효력발생요건으로서의 도달이란 처분상대방이 처분서의 내용을 현실적으로 알았을 필요까지는 없고 처분상대방이 알 수 있는 상태에 놓임으로써 충분하다.
→ 처분서가 처분상대방의 주민등록상 주소지로 송달되어 처분상대방의 사무원등 또는 그 밖에 우편물 수령권한을 위임받은 사람이 수령하면 처분상대방이 알 수 있는 상태가 되었다고 할 것이다.(대판 2016두60577)

(2) 송달

(가) **행정절차법상의 송달** : 송달에 관해서는 행정절차법에 규정이 있는바, 행정절차법에 따르면 송달은 우편, 교부 또는 정보통신망 이용등의 방법으로 하되 송달받을 자의 주소·거소·영업소·사무소 또는 전자우편주소로 한다. 다만, 송달받을 자가 동의하는 경우에는 그를 만나는 장소에서 송달할 수 있다.(행정절차법 제14조)

관련판례

① 납입고지의 송달이 부적법하여 송달의 효력이 발생하지 아니하는 이상 상대방이 객관적으로 위 부과처분의 존재를 인식할 수 있었다 하더라도 그와 같은 사실로써 송달의 하자가 치유된다고 볼 수는 없다.(대판 1988.3.22. 87누986)
② 납세자가 과세처분의 내용을 이미 알고 있는 경우에도 납세고지서의 송달이 불필요하다고 할 수는 없다.(대판 96누5094)
③ 납세의무자가 고의로 납세고지서 수령을 회피한 경우
납세의무자가 고의로 납세고지서의 수령을 회피하여 세무공무원이 부득이 사업장에 납세고지서를 두고 온 경우, 신의칙상 적법한 고지서 송달로 볼 수 없다.(대판 2003두13908)
④ ~면허관청이 운전면허를 취소하였다고 하더라도 위 규정에 따른 적법한 통지나 공고가 없으면 그 효력을 발생할 수 없으며, 나아가 (구)도로교통법시행규칙 제53조 제2항에 위반되는 방법에 의한 통지는 특별한 사정이 없는 한 효력이 없다.(대판 98두9653)
⑤ 상대방있는 행정처분이 상대방에게 고지되지 않았으나 상대방이 다른 경로를 통해 행정처분의 내용을 알게 된 경우라도 행정처분의 효력발생 ×(대판 2019두38656)
→ 피고(행정청)가 인터넷 홈페이지에 이 사건 처분의 결정 내용을 게시한 것만으로는 행정절차법 제14조에서 정한 바에 따라 송달이 이루어졌다고 볼 수 없고, 원고가 그 홈페이지에 접속하여 결정내용을 확인하여 알게 되었다고 하더라도 마찬가지이다.

(나) 교부 및 보충송달

관련판례

송달받을 사람의 동거인에게 송달할 서류가 교부되고 그 동거인이 사리를 분별할 지능이 있는 이상 송달받을 사람이 그 서류의 내용을 실제로 알지 못한 경우에도 송달의 효력은 있다. 이 경우 사리를 분별할 지능이 있다고 하려면, 사법제도 일반이나 소송행위의 효력까지 이해할 수 있는 능력이 있어야 한다고 할 수는 없을 것이지만 적어도 적어도 송달의 취지를 이해하고 그가 영수한 서류를 송달받을 사람에게 교부하는 것을 기대할 수 있는 정도의 능력은 있어야 한다.(대판 2011재두148)

(다) 우편에 의한 송달

관련판례

1. 송달 수령권한
   ① 과세처분의 상대방인 납세의무자 등 서류의 송달을 받을 자가 다른 사람에게 우편물 기타 서류의 수령권한을 명시적 또는 묵시적으로 위임한 경우에는 그 수임자가 해당서류를 수령함으로써 그 송달받을 자 본인에게 해당 서류가 적법하게 송달된 것으로 보아야 하고, **그러한 수령권한을 위임받은 자는 반드시 위임인의 종업원이거나 동거인일 필요가 없다.**(대판 2000.7.4. 2000두1164)
   ② APT 경비원 사례
      ㉠ 아파트 경비원이 과징금부과처분의 납부고지서를 수령한 날이 그 납부의무자가 행정심판법상의 '처분이 있음을 안 날'은 아니다.(대판 2002.8.27. 2002두3850)
      ㉡ 아파트 경비원이 우편집배원으로부터 납세고지서를 수령한 날이 국세기본법에 정한 '처분의 통지를 받은 날'에 해당한다.(대판 2000.7.4. 2000두1164)
   ③ 처분서가 처분상대방의 주민등록상 주소지로 송달되어 처분상대방의 사무원 등 또는 그 밖에 우편물 수령권한을 위임받은 사람이 수령하면 처분상대방이 알 수 있는 상태가 되었다고 할 것이다.(대판 2016두60577)
2. 우편송달의 효력
   ① 내용증명우편이나 등기우편과는 달리, **보통우편의 방법으로 발송되었다는 사실만으로는 그 우편물이 상당한 기간 내에 도달하였다고 추정할 수 없고**, 송달의 효력을 주장하는 측에서 증거에 의하여 이를 입증하여야 한다.(대판 2009.12.10. 2007두20140)
   ② 우편물이 등기취급의 방법으로 발송된 경우 반송되는 등의 특별사정이 없는 한 그 무렵 수취인에게 배달되었다고 보아야 한다.(대판 91누3819)
   ③ 우편물이 등기취급의 방법으로 발송된 경우 그것이 도중에 유실되었거나 반송되었다는 등의 특별한 사정에 대한 반증이 없는 한 수취인에게 배달되었다고 추정할 수 있다.(대판 2016두60577)
   ④ 납세의무자가 거주하지 아니하는 주민등록상 주소지로 납세고지서를 등기우편으로 발송한 후 반송된 사실이 없는 경우, 송달은 부적법하다.(대판 97누8977)
   ⑤ 등기우편의 경우 특별한 사정이 없는 한 도달을 추정하며, 다만, 수취인이 주민등록지에 실제로 거주하지 아니하는 등 특별한 사정이 있는 경우 도달이 추정되지 않으므로 행정청이 도달사실을 입증하여야 한다.(대판 97누8977)

(라) 공시송달

관련판례

1. 소재불명에 해당하지 않아 공시송달을 할 수 없는 경우
   ① 행정절차법 제14조 제1항은 문서의 송달방법의 하나로 우편송달을 규정하고 있고, 행정절차법 제16조 제2항은 외국에 거주 또는 체류하는 자에 대한 기간 및 기한은 행정청이 그 우편이나 통신에 소요되는 일수를 감안하여 정하여야 한다고 규정하고 있는 점등에 비추어 보면, **국내에 주소·거소·영업소 또는 사무소가 없는 외국사업자에 대하여도 우편송달의 방법으로 문서를 송달할 수 있다고 할 것이다. 그럼에도 불구하고 원심이 이와는 달리 국내에 주소등이 없는 외국사업자에 대하여는 행정절차법 제14조 제1항의 우편송달을 할 수 없고, 달리 송달할 방법이 없어 같은 조 제4항 제2호 소정의 '송달이 불가능한 경우'에 해당하므로 공시송달의 방법을 취할 수 밖에 없다고 한 것은 잘못**이다.(대판 2006.3.24. 2004두11275)

② 납세자의 "송달할 장소"가 여러 곳이어서 각각의 장소에 송달을 시도할 수 있었는데도 세무공무원이 그 중 일부 장소에만 방문하여 수취인이 부재 중인 것으로 확인된 경우에는 국세기본법 제11조 제1항 제3호, 국세기본법 시행령 제7조의 2 제2호에 따라 납세고지서를 공시송달할 수 있는 경우에 해당하지 않는다. (대판 2015두43599)

2. 상대방이 불특정 다수인인 경우

(1) 취지

개별법에서 고시 또는 공고를 행정행위의 통지방법으로 규정하고 있는 경우가 있다. 대부분 행정행위의 상대방이 불특정다수인이거나 상대방이 특정될 수 있으나 일일이 통지하는 것이 적절하지 않은 경우에 고시 또는 공고를 하도록 하고 있다.

관련판례

국토계획법상 도시계획시설사업에서 사업시행자 지정은 특정인에게 도시계획시설사업을 시행할 수 있는 권한을 부여하는 처분이고, 사업시행자 지정 내용의 고시는 사업시행자 지정처분을 전제로 하여 그 내용을 불특정 다수인에게 알리는 행위이다. 위 사업시행자 지정과 그 고시는 명확하게 구분되는 것으로, 사업시행자 지정 처분이 '고시'의 방법으로 행하여질 수 있음은 별론으로 하고 그 처분이 반드시 '고시'의 방법으로만 성립하거나 효력이 생긴다고 볼 수 없다.(대판 2016두35120)

(2) 효력발생일을 명시하여 고시 또는 공고를 한 경우

관련판례

1. 청소년유해매체물결정고시 사건(대판 2004두 619)
   ① 청소년유해매체물결정고시의 성격 : 당해 유해매체물의 소유자 등 특정인만을 대상으로 한 행정처분이 아니라 일반 불특정다수인을 상대방으로 하여 일률적으로 표시의무, 포장의무, 청소년에 대한 판매・대여등 금지의무등 각종 의무를 발생시키는 행정처분
   ② 효력발생 : 정보통신윤리위원회가 특정 인터넷 웹사이트를 청소년유해매체물로 결정하고 청소년보호위원회가 효력발생시기를 명시하여 고시함으로써 그 명시된 시점에 효력이 발생하였다고 봄이 상당하고, 정보통신윤리위원회와 청소년보호위원회가 위 처분이 있었음을 위 웹사이트 운영자에게 제대로 통지하지 아니하였다고 하여 그 효력 자체가 발생하지 아니한 것으로 볼 수는 없다.

(3) 효력발생일에 대해 규정이 없는 경우

관련법령 행정효율과 협업촉진에 관한 규정 제6조 3항

제2항에도 불구하고 공고문서는 그 문서에서 효력발생시기를 구체적으로 밝히고 있지 않으면 그 고시 또는 공고등이 있은 날부터 5일이 경과한 때에 효력이 발생한다.

> **관련판례**
>
> 1. 불특정다수인을 대상으로 고시 또는 공고를 할 경우의 효력발생
>   통상 고시 또는 공고에 의하여 행정처분을 하는 경우에는 그 처분의 상대방이 불특정다수인이고 그 처분의 효력이 불특정다수인에게 일률적으로 적용되는 것이므로, **행정처분에 이해관계를 갖는 자가 고시 또는 공고가 있었다는 사실을 현실적으로 알았는지 여부에 관계없이 고시가 효력을 발생하는 날에 행정처분이 있음을 알았다고 보아야 한다.**(대판 2001.7.27. 99두9490)
> 2. 협업촉진규정에 의한 사례
>   ~ 구 주택법 제16조에 다라 정하는 사업계획승인의 효력은 사업계획승인권자의 고시가 있은 후 5일이 경과한 날부터 발생한다.(대판 2012다57231)

제7절 행정행위의 효력

I 공정력

1. 공정력의 개념

공정력이란 행정행위에 성립상의 하자가 있어도 당연무효가 아닌 이상 권한있는 기관에 의하여 취소될 때까지 일응 유효한 것으로 추정되어 함부로 그 효력을 부인하지 못하는 힘을 말한다.

> **관련판례** 공정력
>
> ① 행정처분이 아무리 위법하다고 하여도 그 하자가 중대하고 명백하여 당연무효라고 보아야 할 사유가 있는 경우를 제외하고는 아무도 그 하자를 이유로 무단히 그 효과를 부정하지 못하는 것으로, 이러한 행정행위의 공정력은 판결의 기판력과 같은 효력은 아니지만 그 공정력의 객관적 범위에 속하는 행정행위의 하자가 취소사유에 불과한 때에는 그 처분이 취소되지 않는 한 처분의 효력을 부정하여 그로 인한 이득을 법률상 원인없는 이득이라고 말할 수 없는 것이다.(대판 94두28000)
> ② 구 유통산업발전법에 따른 대규모점포의 개설등록 및 구 재래시장법에 따른 시장관리자 지정은 행정청이 실체적 요건에 관한 심사를 한 후 수리하여야 하는 이른바 '수리를 요하는 신고'로서 행정처분에 해당한다. 그러므로 이러한 행정처분에 당연무효에 이를 정도의 중대하고도 명백한 하자가 존재하거나 <u>그 처분이 적법한 절차에 의하여 취소되지 않는 한 구 유통산업발전법에 따른 대규모점포개설자의 지위 및 구 재래시장법에 따른 시장관리자의 지위는 공정력을 가진 행정처분에 의하여 유효하게 유지된다고 봄이 타당하다.</u>(대판 2019.9.10. 2019다208953)

2. 공정력과 근거

구분		내용
이론적 근거	자기확인설	㉠ 행정행위와 판결의 유사성을 근거로 행정청이 그의 권한내에서 한 행정행위는 스스로 적법하다고 추정하게 됨 ㉡ 비판 : 행정행위와 판결과는 그 담당기관·절차등에 있어 현저한 차이가 있으므로 본질적으로 동일하게 볼 수 없다.
	법적안정설	공익을 추구하는 행정목적의 신속한 달성과 행정의 능률성 및 실효성 확보, 행정법관계의 안정과 그에 대한 상대방과 제3자의 신뢰를 보호하기 위한 정책적 필요성에서 인정된다는 견해로서 현재의 통설이다.
법적 근거		㉠ 직접적 근거 : 행정기본법 제15조 ㉡ 간접적 근거 : 행정심판법 및 행정소송법의 쟁송취소에 관한 규정등이 그 근거가 된다. ※ 집행부정지원칙 : 공정력의 근거가 될 것인가에 대한 대립
한계		㉠ 무효인 행정행위 : 인정되지 않는다. ㉡ 기타 행정작용 : 인정되지 않는다.

3. 공정력과 선결문제

민사소송	위법여부가 선결문제인 경우 (ex : 국가배상)	민사법원은 그 위법여부를 판단하여 배상을 명할 수 있다.	
	효력유무가 선결문제인 경우 ex : 부당이득반환청구	무효	민사법원이 무효판단 ○
		취소	민사법원은 그 효력 존중
형사소송	위법여부가 선결문제인 경우	형사법원은 위법여부를 심리할 수 있다.	
	효력유무가 선결문제인 경우	무효	형사법원은 무효를 판단 ○
		취소	형사법원은 그 효력 존중

4. 공정력과 관련된 판례

관련판례

1. 민사사건과 공정력
   ① 민사소송에 있어서 **어느 행정처분의 당연무효 여부가 선결문제로 되는 때에는 이를 판단하여 당연무효임을 전제로 판결할 수 있고 반드시 행정소송 등의 절차에 의하여 그 취소나 무효확인을 받아야 하는 것은 아니다.**(대판2010.04.08. 선고 2009다90092)
   ② 국세등의 부과 및 징수처분등과 같은 행정처분이 당연무효임을 전제로 하여 민사소송을 제기한 때에는 그 행정처분의 당연무효인지의 여부가 선결문제이므로, 법원은 이를 심사하여 그 행정처분의 하자가 중대하고 명백하여 당연무효라고 인정될 경우에는 이를 전제로 하여 판단할 수 있으나, **그 하자가 단순한 취소사유에 그칠 때에는 법원은 그 효력을 부인할 수 없다 할 것**이다.(대판 1973.7.10. 70다1439)

③ 행정소송법 제10조는 처분의 취소를 구하는 취소소송에 당해 처분과 관련되는 부당이득반환청구소송을 관련청구로 병합할 수 있다고 규정하고 있는바, 이 조항을 둔 취지에 비추어 보면, 취소소송에 병합할 수 있는 당해 처분과 관련되는 부당이득반환소송에는 당해 처분의 취소를 선결문제로 하는 부당이득반환청구가 포함되고, **이러한 부당이득반환청구가 인용되기 위해서는 그 소송절차에서 판결에 의해 당해 처분이 취소되면 충분하고 그 처분의 취소가 확정되어야 하는 것은 아니라고 보아야** 한다.(대판 2009.4.9. 2008두23153)
④ 만일 무단으로 공유재산 등을 사용·수익·점유하는 자가 관리청의 변상금부과처분에 따라 그에 해당하는 돈을 납부한 경우라면 **위 변상금부과처분이 당연 무효이거나 행정소송을 통해 먼저 취소되기 전에는 사법상 부당이득반환청구로써 위 납부액의 반환을 구할 수 없다.** (대판 2013.01.24. 선고 2012다79828)
⑤ 계고처분이 위법임을 이유로 배상을 청구하는 취지가 인정될 수 있는 사건에 있어, 미리 행정처분의 취소판결이 있어야만 그 위법임을 이유로 피고에게 배상을 청구할 수 있는 것은 아니다.(대판 1972.4.28. 72다337)

2. 형사사건과 공정력
① 연령미달의 결격자인 피고인이 소외인의 이름으로 운전면허시험에 응시, 합격하여 교부받은 운전면허는 당연무효가 아니고 취소되지 않는 한 유효하므로 피고인의 운전행위는 무면허운전에 해당하지 아니한다.(대판 1982.6.8. 80도2646)
② 물품을 수입하고자 하는 자가 일단 세관장에게 수입신고를 하여 그 면허를 받고 물품을 통관한 경우에는, 세관장의 수입면허가 중대하고도 명백한 하자가 있는 행정행위이어서 **당연무효가 아닌 한 관세법 제181조 소정의 무면허수입죄가 성립될 수 없다.**(대판 1989.3.28. 89도149)
③ 병역의무자가 소정의 절차에 따라 현역병입영대상자로 병역처분을 받고 징집되어 군부대에 들어갔다면, 설령 그 병역처분에 흠이 있다고 하더라도 그 흠이 당연무효에 해당하는 것이 아닌 이상, 그 사람은 입영한 때부터 현역의 군인으로서 군형법의 적용대상이 되는 것으로 보아야 한다.(대판 2002도740)

3. 시정명령과 이를 위반한 경우 ~ 위반죄로 처벌할 수 있는가?

시정명령		복종의무	불이행죄로 처벌여부
적법		○	○
위법	무효	×	×
	취소	×	×

① 토지의 형질을 변경한 자도 아닌 자에 대하여 원상복구의 시정명령이 발하여진 경우 위 원상복구의 시정명령은 위법하다 할 것이다.(대판 90도1709)
② 구 도시계획법 제78조 제1항에 정한 처분이나 조치명령을 받은 자가 이에 위반한 경우 같은 법 제92조에 정한 처벌을 하기 위하여는 그 처분이나 조치명령이 적법한 것이라야 하고, 그 처분이 당연무효가 아니라 하더라도 그것이 위법한 처분으로 인정되는 한 같은 법 제92조 위반죄가 성립될 수 없다.(대판 90도1709)
③ 당해 공무원의 동의 없는 지방공무원법 제29조의3의 규정에 의한 전출명령은 위법하여 취소되어야 하므로, 그 전출명령이 적법함을 전제로 내린 징계처분은 그 전출명령이 공정력에 의하여 취소되기 전까지는 유효하다고 하더라도 징계양정에 있어 재량권을 일탈하여 위법하다.(대판 2001.12.11. 선고 99두1823)
④ 소방시설설치유지 및 안전관리에 관한 법률 제9조에 의한 소방시설등의 설치 또는 유지·관리에 대한 명령을 정당한 사유없이 위반한 자는 같은 법 제48조의 2 제1호에 의하여 행정형벌에 처해지는데 **위 명령이 행정처분으로서 하자가 있어 무효인 경우에는 위 명령에 따른 의무위반이 생기지 아니하므로 행정형벌을 부과할 수 없다.**(대판 2011.10.11. 2011도11109)

⑤ 행정청으로부터 구 주택법 제91조에 의한 시정명령을 받고도 이를 위반하였다는 이유로 위 법 제98조 제11호에 의한 처벌을 하기 위해서는 그 시정명령이 적법한 것이어야 하고, 그 시정명령이 위법하다고 인정되는 한 위법 제98조 제11호 위반죄는 성립하지 않는다.(대판 2006도824)

Ⅱ 확정력

1. 불가쟁력과 불가변력의 비교

구분	불가쟁력	불가변력
성질	절차적 효력(형식적 존속력)	실체적 효력(실질적 존속력)
대상	처분의 상대방이나 이해관계인인 제3자	처분청 스스로
목적	행정의 능률성과 법적 안정성	법적 안정성
사유	불복기간의 경과, 심급의 종료	
한계	① 무효인 행정행위 : 인정× ② 위법성이 치유되는 것은 아니므로 국가배상청구는 가능하나, 취소심판이나 취소소송을 제기할 경우 : 부적법각하	① 무효인 행정행위 : 인정× ② 당해 행정행위에 대하여서만 인정되는 것이고, 동종의 행정행위라 하더라도 그 대상을 달리할 때에는 인정할 수 없다.(대판 1974. 12.10, 73누129)
영역	모든 종류(법률행위 + 준법률행위)	○ ① 준사법적 행위(확인) ② 신분관계 설정 ③ 보충행위(인가) △ 수익적 행정행위의 취소제한 × ① 가행정행위(ex : 직위해제) ② 침익적 행위
불가쟁력과 위헌결정의 소급효	① 이미 취소소송의 제기기간을 경과하여확정력이 발생한 행정처분의 경우에는 위헌결정의 소급효가 미치지 않는다.	
양자의 관계	① 불가쟁력이 발생한 행정행위라도 불가변력이 없는 한 행정청이 직권으로 취소하는 것은 가능하다. ② 피재해자에게 이루어진 요양승인처분이 불복기간의 경과로 확정되었다 하더라도 사업주는 피재해자가 재해발생 당시 자신의 근로자가 아니라는 사정을 들어 보험급여액징수처분의 위법성을 주장할 수 있다.	불가변력이 발생한 행정행위라도 불가쟁력이 발생하기 전에는 이해관계인은 행정쟁송절차를 통하여 효력을 다툴 수 있다.

2. 불가쟁력과 관련된 판례

① 물품세 과세대상이 아닌 것을 세무공무원이 직무상 과실로 과세대상으로 오인하여 과세처분을 행함으로 인하여 손해가 발생된 경우에는, **동 과세처분이 취소되지 아니하였다 하더라도 국가는 이로 인한 손해를 배상할 책임이 있다.**(대판 1979.4.10. 79다262)

② 개별토지에 대한 가격결정도 행정처분에 해당하며, 원래 행정처분을 한 처분청은 그 행위에 하자가 있는 경우에는 원칙적으로 별도의 법적근거가 없더라도 스스로 이를 직권으로 취소할 수 있는 것이고, **행정처분에 대한 법정의 불복기간이 지나면 직권으로 취소할 수 없게 되는 것은 아니므로, 처분청은 토지에 대한 개별토지가격의 산정에 명백한 잘못이 있다면 이를 직권으로 취소할 수 있다.**(대판 1995.9.15. 95누6311)

③ 피재해자에게 이루어진 요양승인처분이 불복기간의 경과로 확정되었다 하더라도 사업주는 피재해자가 재해발생 당시 자신의 근로자가 아니라는 사정을 들어 보험급여액징수처분의 위법성을 주장할 수 있다.(대판 2008.7.24. 2006두20808)

④ 일반적으로 행정처분이나 행정심판 재결이 불복기간의 경과로 인하여 확정될 경우 그 확정력은 그 처분으로 인하여 법률상 이익을 침해받은 자가 당해 처분이나 재결의 효력을 더 이상 다툴 수 없다는 의미일 뿐, **더 나아가 판결에 있어서와 같은 기판력이 인정되는 것은 아니어서 그 처분의 기초가 된 사실관계나 법률적 판단이 확정되고 당사자들이나 법원이 이에 기속되어 모순되는 주장이나 판단을 할 수 없게 되는 것은 아니다.**(대판 2004.7.8. 2002두11288)
→ 기판력과 불가쟁력을 구별하는 판례임을 주의!

⑤ 제소기간이 이미 도과하여 불가쟁력이 생긴 행정처분에 대하여는 개별 법규에서 그 변경을 요구할 신청권을 규정하고 있거나 관계 법령의 해석상 그러한 신청권이 인정될 수 있는 등 특별한 사정이 없는 한 국민에게 그 행정처분의 변경을 구할 신청권이 있다 할 수 없다.(대판 2007.04.26. 선고 2005두11104)

3. 불가변력에 관련된 판례

① 국민의 권리와 이익을 옹호하고 법적 안정을 도모하기 위하여 **특정한 행위에 대하여는 행정청이라 하여도 이것을 자유로이 취소·변경 및 철회할 수 없다는 행정행위의 불가변력은 당해 행정행위에 대하여서만 인정되는 것이고, 동종의 행정행위라 하더라도 그 대상을 달리하는 때에는 이를 인정할 수 없다.**(대판 1974.12.10. 73누129)

② 과세처분에 관한 불복절차과정에서 과세관청이 그 불복사유가 옳다고 인정하고 이에 따라 필요한 처분을 하였을 경우에는, 불복제도와 이에 따른 시정방법을 인정하고 있는 국세기본법 제55조 제1항·제3항등 규정들의 취지에 비추어 동일사항에 관하

여 특별한 사유없이 이를 번복하고 다시 종전의 처분을 되풀이할 수는 없는 것이므로, **과세처분에 관한 이의신청절차에서 과세관청이 이의신청사유가 옳다고 인정하여 과세처분을 직권으로 취소한 이상 그 후 특별한 사유없이 이를 번복하고 종전 처분을 되풀이 하는 것은 허용되지 않는다.**(대판 2010.9.30. 2009두1020)
③ 과세처분에 관한 불복절차에서 불복사유가 옳다고 인정하고 이에 따라 필요한 처분을 하였을 경우에는 불복제도와 이에 따른 시정방법을 인정하고 있는 위 법 규정의 취지에 비추어 동일 사항에 관하여 특별한 사유 없이 이를 번복하고 다시 종전의 처분을 되풀이할 수는 없다(대판 2019.1.31. 2017두75873)).

4. 행정기본법상 이의신청제도와 처분의 재심사

관련법령 행정기본법

제36조(처분에 대한 이의신청) ① 행정청의 처분(「행정심판법」 제3조에 따라 같은 법에 따른 행정심판의 대상이 되는 처분을 말한다. 이하 이 조에서 같다)에 이의가 있는 당사자는 처분을 받은 날부터 30일 이내에 해당 행정청에 이의신청을 할 수 있다.
② 행정청은 제1항에 따른 이의신청을 받으면 그 신청을 받은 날부터 14일 이내에 그 이의신청에 대한 결과를 신청인에게 통지하여야 한다. 다만, 부득이한 사유로 14일 이내에 통지할 수 없는 경우에는 그 기간을 만료일 다음 날부터 기산하여 10일의 범위에서 한 차례 연장할 수 있으며, 연장 사유를 신청인에게 통지하여야 한다.
③ 제1항에 따라 이의신청을 한 경우에도 그 이의신청과 관계없이 「행정심판법」에 따른 행정심판 또는 「행정소송법」에 따른 행정소송을 제기할 수 있다.
④ 이의신청에 대한 결과를 통지받은 후 행정심판 또는 행정소송을 제기하려는 자는 그 결과를 통지받은 날(제2항에 따른 통지기간 내에 결과를 통지받지 못한 경우에는 같은 항에 따른 통지기간이 만료되는 날의 다음 날을 말한다)부터 90일 이내에 행정심판 또는 행정소송을 제기할 수 있다.
⑤ 다른 법률에서 이의신청과 이에 준하는 절차에 대하여 정하고 있는 경우에도 그 법률에서 규정하지 아니한 사항에 관하여는 이 조에서 정하는 바에 따른다.
⑥ 제1항부터 제5항까지에서 규정한 사항 외에 이의신청의 방법 및 절차 등에 관한 사항은 대통령령으로 정한다.
⑦ 다음 각 호의 어느 하나에 해당하는 사항에 관하여는 이 조를 적용하지 아니한다.
1. 공무원 인사 관계 법령에 따른 징계 등 처분에 관한 사항
2. 「국가인권위원회법」 제30조에 따른 진정에 대한 국가인권위원회의 결정
3. 「노동위원회법」 제2조의2에 따라 노동위원회의 의결을 거쳐 행하는 사항
4. 형사, 행형 및 보안처분 관계 법령에 따라 행하는 사항
5. 외국인의 출입국·난민인정·귀화·국적회복에 관한 사항
6. 과태료 부과 및 징수에 관한 사항
[시행일 : 2023. 3. 24.] 제36조
제37조(처분의 재심사) ① 당사자는 처분(제재처분 및 행정상 강제는 제외한다. 이하 이 조에서 같다)이 행정심판, 행정소송 및 그 밖의 쟁송을 통하여 다툴 수 없게 된 경우(법원의 확정판결이 있는 경우는 제외한다)라도 다음 각 호의 어느 하나에 해당하는 경우에는 해당 처분을 한 행정청에 처분을 취소·철회하거나 변경하여 줄 것을 신청할 수 있다.

1. 처분의 근거가 된 사실관계 또는 법률관계가 추후에 당사자에게 유리하게 바뀐 경우
2. 당사자에게 유리한 결정을 가져다주었을 새로운 증거가 있는 경우
3. 「민사소송법」 제451조에 따른 재심사유에 준하는 사유가 발생한 경우 등 대통령령으로 정하는 경우

② 제1항에 따른 신청은 해당 처분의 절차, 행정심판, 행정소송 및 그 밖의 쟁송에서 당사자가 중대한 과실 없이 제1항 각 호의 사유를 주장하지 못한 경우에만 할 수 있다.
③ 제1항에 따른 신청은 당사자가 제1항 각 호의 사유를 안 날부터 60일 이내에 하여야 한다. 다만, 처분이 있은 날부터 5년이 지나면 신청할 수 없다.
④ 제1항에 따른 신청을 받은 행정청은 특별한 사정이 없으면 신청을 받은 날부터 90일(합의제행정기관은 180일) 이내에 처분의 재심사 결과(재심사 여부와 처분의 유지·취소·철회·변경 등에 대한 결정을 포함한다)를 신청인에게 통지하여야 한다. 다만, 부득이한 사유로 90일(합의제행정기관은 180일) 이내에 통지할 수 없는 경우에는 그 기간을 만료일 다음 날부터 기산하여 90일(합의제행정기관은 180일)의 범위에서 한 차례 연장할 수 있으며, 연장 사유를 신청인에게 통지하여야 한다.
⑤ 제4항에 따른 처분의 재심사 결과 중 처분을 유지하는 결과에 대해서는 행정심판, 행정소송 및 그 밖의 쟁송수단을 통하여 불복할 수 없다.
⑥ 행정청의 제18조에 따른 취소와 제19조에 따른 철회는 처분의 재심사에 의하여 영향을 받지 아니한다.
⑦ 제1항부터 제6항까지에서 규정한 사항 외에 처분의 재심사의 방법 및 절차 등에 관한 사항은 대통령령으로 정한다.
⑧ 다음 각 호의 어느 하나에 해당하는 사항에 관하여는 이 조를 적용하지 아니한다.
1. 공무원 인사 관계 법령에 따른 징계 등 처분에 관한 사항
2. 「노동위원회법」 제2조의2에 따라 노동위원회의 의결을 거쳐 행하는 사항
3. 형사, 행형 및 보안처분 관계 법령에 따라 행하는 사항
4. 외국인의 출입국·난민인정·귀화·국적회복에 관한 사항
5. 과태료 부과 및 징수에 관한 사항
6. 개별 법률에서 그 적용을 배제하고 있는 경우
[시행일 : 2023. 3. 24.] 제37조

제8절 행정행위의 하자

I 의의

1. 하자의 개념

하자있는 행정행위라 함은 성립당시부터 성립요건이나 효력발생요건등의 적법요건을 갖추지 못하여 완전한 효력을 발생하지 못하는 행정행위를 말한다.

2. 하자의 판단시점 : 처분시

① 행정소송에서 **행정처분의 위법여부는 행정처분이 행하여졌을 때의 법령과 사실상태를 기준으로 하여 판단하여야** 하고, 처분 후 법령의 개폐나 사실상태의 변동에 의하여 영향을 받지는 않으므로, 난민인정 거부처분의 취소를 구하는 취소소송에서도 그 거부처분을 한 후 국적국의 정치적 상황이 변화하였다고 하여 처분의 적법여부가 달라지는 것은 아니다.(대판 2008.7.24. 2007두3930)

② 행정청이 수익적 행정처분을 하면서 **부가한 부담의 위법 여부는 처분 당시 법령을 기준으로 판단하여야 하고**, 부담이 처분 당시 법령을 기준으로 적법하다면 처분 후 부담의 전제가 된 주된 행정처분의 근거 법령이 개정됨으로써 행정청이 더 이상 부관을 붙일 수 없게 되었다 하더라도 곧바로 위법하게 되거나 그 효력이 소멸하게 되는 것은 아니다.(대판 2009.02.12. 선고 2005다65500)

Ⅱ 무효와 취소의 구별기준

1. 중대명백설에 따른 판례

① 하자있는 행정처분이 당연무효가 되기 위하여는 그 하자가 법규의 중요한 부분을 위반한 중대한 것으로 객관적으로 명백한 것이어야 하며, 하자가 중대하고 명백한 것인지 여부를 판별함에 있어서는 그 법규의 목적·의미·기능등을 목적론적으로 고찰함과 동시에 구체적 사안 자체의 특수성에 관하여도 합리적으로 고찰함을 요한다.(대판 1996.11.12. 96누1221)

② 적법한 권한위임없이 세관출장소장에 의하여 행하여진 관세부과처분이 그 하자가 중대하기는 하지만, 객관적으로 명백하다고 할 수 없어 당연무효는 아니다.(대판 2004.11.26. 2003두2403)

③ 일반적으로 과세대상이 되는 법률관계나 사실관계가 전혀 없는 사람에 한 과세처분은 그 하자가 중대하고도 명백하다고 할 것이지만, **과세대상이 되지 아니하는 어떤 법률관계나 사실관계에 대하여 이를 과세대상이 되는 것으로 오인할만한 객관적인 사정이 있는 경우에 그것이 과세대상이 되는지의 여부가 그 사실관계를 정확히 조사하여야 비로소 밝혀질 수 있는 경우라면, 그 하자가 중대한 경우라도 외관상 명백하다고 할 수 없으므로** 과세요건사실을 오인한 위법의 과세처분을 당연무효라고 볼 수 없다.(대판 2001.6.29. 2000다17339)

④ 수개의 징계사유 중 그 일부가 인정되지 않는다 하더라도 인정되는 타의 일부징계사유만으로도 당해 징계처분이 정당하다고 인정되는 경우에는 그 징계처분을 유지한다고 하여 위법하다고 할 수 없다.(대판 1997.5.9. 96누1184)

⑤ 어느 법률관계나 사실관계에 대하여 어느 법령의 규정을 적용하여 과세처분을 한 경

우에 그 법률관계나 사실관계에 대하여는 그 법령의 규정을 적용할 수 없다는 법리가 명백히 밝혀져서 해석에 다툼의 여지가 없음에도 과세관청이 그 법령의 규정을 적용하여 과세처분을 하였다면 그 하자는 중대하고도 명백하다고 할 것이나, **그 법률관계나 사실관계에 대하여 그 법령의 규정을 적용할 수 없다는 법리가 명백히 밝혀지지 아니하여 해석에 다툼의 여지가 있는 때에는 과세관청이 이를 잘못 해석하여 과세처분을 하였더라도 이는 과세요건사실을 오인한 것에 불과하여 그 하자가 명백하다고 할 수 없다.**(대판 2018. 7. 19. 선고 2017다242409)

관련판례 **다툼의 여지**

과세관청이 법령 규정의 문언상 과세처분 요건의 의미가 분명함에도 합리적인 근거 없이 그 의미를 잘못 해석한 결과, 과세처분 요건이 충족되지 아니한 상태에서 해당 처분을 한 경우에는 법리가 명백히 밝혀지지 아니하여 그 해석에 다툼의 여지가 있다고 볼 수 없다.(대판 2018다287287)

⑥ 행정처분이 당연무효라고 하기 위해서는 처분에 위법사유가 있다는 것만으로는 부족하고 그 하자가 법규의 중요한 부분을 위반한 중대한 것으로서 객관적으로 명백한 것이어야 한다. 특히 **법령 규정의 문언만으로는 처분 요건의 의미가 분명하지 아니하여 그 해석에 다툼의 여지가 있었더라도 해당 법령 규정의 위헌 여부 및 그 범위, 법령이 정한 처분 요건의 구체적 의미 등에 관하여 법원이나 헌법재판소의 분명한 판단이 있고, 행정청이 그러한 판단 내용에 따라 법령 규정을 해석·적용하는 데에 아무런 법률상 장애가 없는데도 합리적 근거 없이 사법적 판단과 어긋나게 행정처분을 하였다면 그 하자는 객관적으로 명백하다고 봄이 타당**하다.(대판 2017. 12. 28. 선고 2017두30122)

2. 중대성만으로 무효를 인정한 사례

① 행정처분 자체의 효력이 쟁송기간 경과 후에도 존속중인 경우, 특히 그 처분이 위헌 법률에 근거하여 내려진 것이고 그 행정처분의 목적달성을 위하여서는 후행 행정처분이 필요한데 후행 행정처분은 아직 이루어지지 않은 경우와 같이 **그 행정처분을 무효로 하더라도 법적 안정성을 크게 해치지 않는 반면에, 그 하자가 중대하여 그 구제가 필요한 경우에 대하여서는 그 예외를 인정하여 이를 당연무효 사유로 보아서** 쟁송기간 경과 후에라도 무효확인을 구할 수 있는 것이라고 보아야 할 것이다.(헌재결 1994.6.30. 92헌바23)

② 취득세 신고행위는 납세의무자와 과세관청 사이에 이루어지는 것으로서 취득세 신고행위의 존재를 신뢰하는 제3자의 보호가 특별히 문제되지 않아 그 신고행위를 당연무효로 보더라도 법적 안정성이 크게 저해되지 않는 반면, 과세요건 등에 관한 중대한 하자가 있고 그 법적 구제수단이 국세에 비하여 상대적으로 미비함에도 위법한

결과를 시정하지 않고 납세의무자에게 그 신고행위로 인한 불이익을 감수시키는 것이 과세행정의 안정과 그 원활한 운영의 요청을 참작하더라도 납세의무자의 권익구제 등의 측면에서 현저하게 부당하다고 볼 만한 특별한 사정이 있는 때에는 예외적으로 이와 같은 하자 있는 신고행위가 당연무효라고 함이 타당하다.(대판 2009.02.12. 선고 2008두11716)

Ⅲ 위헌결정과 행정처분의 하자

1. 위헌결정의 효력범위

① 헌법재판소의 위헌결정의 효력은 위헌제청을 한 당해 사건은 물론 위헌제청신청은 아니하였지만 당해 법률 또는 법률의 조항이 재판의 전제가 되어 법원에 계속중인 사건뿐만 아니라 위헌 결정 이후에 위와 같은 이유로 제소된 일반사건에도 미친다.(대판 92누12247)

② 헌법재판소가 한 위헌결정의 효력은 위헌으로 결정된 당해 법률조항이 재판의 전제가 되는 일반사건에도 미친다고 할 것이나, 법적 안정성 유지나 당사자의 신뢰보호를 위하여 불가피한 경우에 그 소급효를 제한하는 것은 오히려 법치주의의 원칙상 요청되는 바이다.(대판 2007두16202)

③ 위헌결정 이후의 제소된 사건에 소급적용을 제한한 사례

헌법재판소의 위헌결정의 효력은 위헌제청을 한 당해사건, 위헌결정이 있기 전에 이와 동종의 위헌 여부에 관하여 헌법재판소에 위헌여부심판제청을 하였거나 법원에 위헌여부심판제청신청을 한 동종사건과 따로 위헌제청신청은 아니하였지만 당해 법률 또는 법률 조항이 재판의 전제가 되어 법원에 계속중인 병행사건뿐만 아니라, 위헌결정 이후에 위와 같은 이유로 제소된 일반사건에도 미친다고 할 것이나, **위헌결정의 효력은 그 미치는 범위가 무한정일 수는 없고 다른 법리에 의하여 그 소급효를 제한하는 것까지 부정되는 것은 아니라 할 것이며, 법적 안정성의 유지나 당사자의 신뢰보호를 위하여 불가피한 경우에 위헌결정의 소급효를 제한하는 것은 오히려 법치주의의 원칙상 요청되는** 바라 할 것이다.(대판 2005.11.10. 선고 2005두5628)

2. 위헌인 법률에 근거한 처분의 효력

(1) 취소사유로 판시한 사례

이미 취소소송의 제기기간을 경과하여 확정력이 발생한 행정처분의 경우에는 위헌결정의 소급효가 미치지 않는다고 보아야 할 것이고, 일반적으로 법률이 헌법에 위반된다는 사정은 헌법재판소의 위헌결정이 있기 전에는 객관적으로 명백한 것이라고 할 수는 없으므로 헌법재판소의 위헌결정이 있기 전에는 객관적으로 명백한 것이라고 할 수는 없

으므로 헌법재판소의 위헌결정 전에 행정처분의 근거되는 당해 법률이 헌법에 위반된다는 사유는 특별한 사정이 없는 한 그 행정처분의 취소소송의 전제가 될 수 있을 뿐 당연무효사유는 아니라고 봄이 상당하다.(대판 2002.11.8. 2001두3181)

(2) 무효사유로 판시한 사례

행정처분을 무효로 하더라도 법적 안정성을 크게 해치지 않는 반면에 그 하자가 중대하여 그 구제가 필요한 경우에 대하여는 그 예외를 인정하여 이를 당연무효사유로 보아서 쟁송기간 경과후에라도 무효확인을 구할 수 있는 것이라고 봐야 할 것이다.(헌재결 1994.6.30. 92헌바23)

→ (헌법재판소) 명백하지 않더라도 예외적으로 무효로 판시한 사례

3. 불가쟁력과 위헌결정의 소급효

이미 취소소송의 제기기간을 경과하여 확정력이 발생한 행정처분의 경우에는 위헌결정의 소급효가 미치지 않는다고 보아야 할 것이다.(대판 2001두3181)

4. 행정처분의 근거법률이 위헌이라는 이유로 무효확인소송이 제기된 경우

어느 행정처분에 대하여 그 행정처분의 근거가 된 법률이 위헌이라는 이유로 무효확인청구의 소가 제기된 경우에는 다른 특별한 사정이 없는 한 법원으로서는 그 법률이 위헌인지 여부에 대하여는 판단할 필요없이 **그 무효확인청구를 기각(각하×)하여야 한다.**(대판 1994.10.28. 92누9463)

5. 위헌결정이 난 처분의 근거법률을 변경한 경우

행정처분의 취소를 구하는 **소송계속 중 헌법재판소의 위헌결정으로 인하여 당해 처분의 근거규정인 법률이 효력을 상실하자 처분청이 처분의 근거법률을 적법하게 변경한 경우 당해 처분은 법률에 근거없는 처분이 아니다.**(대판 2005.3.10. 2002두9285)

6. 위헌법령에 근거한 행정처분의 집행력의 하자정도

① 위헌결정 이후에 별도의 행정처분으로서 다른 재산에 대한 압류처분, 징수처분 등 체납처분절차를 진행하였다면 이는 근거되는 법률이 없는 것이어서 그 하자가 중대하고 명백하여 당연무효라고 하지 않을 수 없다.(대판 2002.6.28. 2001다60873)
② 갑 주식회사의 체납국세에 관하여, 과세관청이 구 국세기본법 제39조 제1항 제2호 다목에 따라 을에게 과세처분을 하였는데, 이후 **위 규정에 대해 헌법재판소의 위헌결정이 있었으나 과세관청이 조세채권의 집행을 위해 을의 예금채권에 압류처분을 한 사안에서, 압류처분은 당연무효**이다.(대판 2012.2.16. 2010두10907)

7. 공무원의 고의와 과실

법률이 헌법에 위반되는지 여부는 헌법재판소는 위헌결정이 있기 전까지는 객관적으로 명백한 것이라 할 수 없어, 그 법률을 적용한 공무원에게 고의 또는 과실이 있다고 단정할 수 없다.(헌재결 2011.3.31. 2009헌바286)

Ⅳ 하자의 구체적 유형

1. 주체상 하자

관련판례

1. 정당한 권한이 없는 행정기관의 행위
   ① 입지선정위원회는 폐기물처리시설의 입지를 선정하는 의결기관이고~ 주민대표나 주민대표추천에 의한 전문가의 참여없이 의결이 이루어지는 등 입지선정위원회의 구성방법이나 절차가 위법한 경우에는 그 하자있는 입지선정위원회의 의결에 터잡아 이루어진 폐기물처리시설 입지결정처분도 위법하게 된다.(대판 2006두20150) ➔ 절차상 하자가 되기도 한다.
   ② 학교법인 이사회의 승인의결없이 한 기본재산 교환허가신청에 대한 감독청의 교환허가처분은 무효이다.
2. 행정기관의 권한외의 행위
   ① 조세채권의 소멸시효기간이 완성된 후에 부과한 과세처분은 무효(대판 87누1018)
   ② 국세부과의 제척기간이 경과한 후에 이루어진 부과처분은 무효(대판 2016두62726)
   ③ 내부위임을 받은 자가 자신의 명의로 처분을 한 경우 : 무효(대판 93누6621)
   ④ 음주운전을 단속한 경찰관 자신의 명의로 행한 운전면허정지처분 : 무효(대판 97누2313)
   ⑤ 적법한 권한위임없이 세관출장소장이 행한 관세부과처분 : 구 하자가 중대하지만 객관적으로 명백하다고 할 수 없어 무효는 아니다.(대판 2003두2403)
   ⑥ 임면권자가 아닌 국가정보원장이 5급 이상의 국가정보원 직원에 대하여 한 의원면직처분 : 무효는 아니다.(대판 2005두15748)
3. 행정기관의 의사에 하자가 있는 경우
   ① 행정행위는 그 요소에 착오가 있다고 해서 그것만을 이유로 하여 취소할 수 없다.(대판 75누214)
   ② 부동산을 양도한 사실에 없는 자에 대한 양도소득세 부과처분은 당연무효이다.(대판 83누179)
   ③ 개발이익환수에 관한 법률 시행 당시 납부의무자가 아닌 주택조합의 조합원에 대하여 한 개발부담금부과처분은 당연무효이다.(대판 95나30390)

2. 절차상 하자

관련판례

① 경찰공무원에 대한 징계위원회의 심의과정에 감경사유에 해당하는 공적사항이 제시되지 아니하는 경우에는 그 징계양정이 결과적으로 적법한지와 상관없이 이는 관계법령이 정한 징계절차를 지키지 않은 것으로 위법하다.(대판 2012두13245)
② 분배신청을 한 바 없고 분배받은 사실조차 알지 못하고 있는 자에 대한 농지분배는 허무인에게 분배한 것이나 다름이 없는 당연무효의 처분이라고 할 것이다.(대판 70다1750)

③ 건설부장관(현 국토교통부장관)이 관계중앙행정기관의 장과 협의를 거치지 아니하고 택지개발예정지구를 지정한 경우 지정처분은 위법하나 당연무효가 되는 것은 아니다.(대판 99두653)
④ 구 학교보건법상 학교환경위생정화구역의 금지행위 및 시설의 해제여부에 관한 행정처분을 함에 있어 학교환경위생정화위원회의 심의를 누락한 행정처분은 취소사유가 된다.(대판 2006두15806)
⑤ 구 환경영향평가법상 환경영향평가를 실시하여야 할 사업에 대하여 환경영향평가를 거치지 아니하였음에도 승인 등 처분을 한 경우 그 처분은 당연무효이다.
⑥ 환경영향평가법령에서 정한 환경영향평가절차를 거쳤으나 그 환경영향평가의 내용이 부실한 경우~ 그 부실로 인하여 당연히 당해 승인 등 처분이 위법하게 되는 것은 아니다.(대판 2006두330)
⑦ 국방·군사시설 사업에 관한 법률 및 구 산림법에서 보전임지를 다른 용도로 이용하기 위한 사업에 대하여 승인등 처분을 하기 전에 미리 산림청장과 협의를 하라고 규정한 경우 이러한 협의를 거치지 아니한 승인처분은 당연무효가 아니다.(대판 2005두14363)
⑧ 행정청이 사전에 교통영향평가를 거치지 아니한 채 "건축허가 전까지 교통영향평가 심의필증을 교부받을 것"을 부관으로 붙여서 한 "실시계획변경 승인 및 공사시행변경 인가처분"은 중대하고 명백한 흠이 있다고 할 수 있어 무효로 보기 어렵다.(대판 2009두102)
⑨ 주민등록말소처분이 주민등록법 제17조의 2에 규정한 최고·공고의 절차를 거치지 아니하였다 하더라도 그러한 하자는 중대하고 명백한 것이라고 할 수 없다.(대판 94누3223)
⑩ 체납자등에 대한 공매통지없이 한 공매처분이 당연무효가 되는 것은 아니다.(2010다50625)
⑪ 택지개발계획의 공람절차를 거치지 아니하였다거나 수용할 토지의 세목을 고시하고 토지소유자에게 이를 통지하는 절차를 취하지 아니하였다는 등의 하자들은 이의재결에 대한 소송에서 그 재결의 취소를 구하는 사유가 될 뿐 당연무효의 사유는 아니다.
⑫ 사업시행자가 토지소유자와 협의를 거치지 아니한 채 토지의 수용을 위한 재결을 신청하였다는 등의 하자들 역시 절차상 위법으로서 이의재결의 취소를 구할 수 있는 사유가 될지언정 당연무효의 사유라고 할 수는 없다.(대판 93누2148)
⑬ 예산의 편성에 절차상 하자가 있다는 사정만으로 위법 ×
국가재정법령에 규정된 예비타당성조사는 이 사건 각 처분과 형식상 전혀 별개의 행정계획인 예산의 편성을 위한 절차일 뿐 이 사건 각 처분에 앞서 거쳐야 하거나 그 근거법규 자체에서 규정한 절차가 아니므로, 예비타당성조사를 실시하지 아니한 하자는 원칙적으로 예산 자체의 하자일뿐, 그로써 곧바로 이 사건 각 처분의 하자가 된다고 할 수 없다.(대판 2011두32515)
⑭ 과세관청이 과세예고 통지 후 과세전적부심사청구나 그에 대한 결정이 있기 전에 과세처분을 한 경우, 원칙적으로 절차상 하자가 중대명백하여 과세처분은 무효가 된다.(대판 2016두49228)

3. 내용상 하자

4. 형식상 하자

관련판례

① 행정청의 처분의 방식을 규정한 행정절차법 제24조를 위반하여 행해진 행정청의 처분은 그 하자가 중대하고 명백하여 원칙적으로 무효이다.
→ 소방공무원이 소방시설 불량사항을 시정·보완하라는 명령을 구술로 고지한 것 : 당연무효(대판 2011도11109)

Ⅴ 하자의 치유·전환·승계

1. 하자의 치유

(1) 하자의 치유에 대한 판례의 입장

① 하자있는 행정행위의 치유나 전환은 행정행위의 성질이나 법치주의 관점에서 볼 때 원칙적으로 허용될 수 없는 것이지만, **행정행위의 무용한 반복을 피하고 당사자의 법적안정성을 위해 이를 허용하는 때에도 국민의 권리와 이익을 침해하지 않는 범위에서 구체적 사정에 따라 합목적적으로 인정**해야 할 것이다.(대판 1983.7.26. 82누420)

② 선행처분인 개별공시지가결정이 위법하여 그에 기초한 개발부담금부과처분도 위법하게 된 경우, 그 후 적법한 절차를 거쳐 공시된 개별공시지가결정이 종전의 위법한 공시지가결정과 그 내용이 동일하다는 사정만으로 그 개발부담금부과처분의 하자가 치유되어 적법하게 되지 않는다.(대판 2001.6.26. 99두11592)

③ 주택재개발정비사업조합 설립추진위원회가 주택재개발정비사업조합 설립인가처분의 취소소송에 대한 제1심 판결 이후 정비구역 내 토지 등 소유자의 4분의 3을 초과하는 조합설립동의서를 새로 받았다고 하더라도, 위 설립인가처분의 하자가 치유된다고 볼 수 없다.(대판 2010.8.26. 2010두2579)

④ 재건축조합설립인가처분 당시 동의율을 충족하지 못한 하자는 후에 추가동의서가 제출되었다는 사정만으로 치유될 수 없다.(대판 2013.7.11. 2011두27544)

(2) 치유의 대상

(가) 내용상 하자

노선여객자동차운송사업의 사업계획변경인가처분에 관한 하자가 행정처분의 내용에 관한 것이고 새로운 노선면허가 소 제기 이후에 이루어진 사정등에 비추어 하자의 사후적 치유는 인정되지 않는다.(대판 1991.5.28. 90누1359)

(나) 무효인 행정처분

① 징계처분이 중대하고 명백한 하자 때문에 **당연무효라면 비록 상대방이 이를 용인하였더라도 그 하자가 치유되는 것은 아니다.**(대판 1989.12.12. 88누8869)

② 세법상의 조사결정 방법을 무시하고 막연한 방법으로 과세표준액과 세액을 정한 과세처분은 당연무효이고 그 후 이를 경정하는 결정이 있었다 하여도 이로써 그 처분이 소급하여 유효로 되는 것은 아니다.(대판 1982.5.11. 80누223)

③ 환지변경처분 후에 이의를 유보함이 없이 변경처분에 따른 청산금을 교부받았다 하더라도 그 사정만으로 무효인 행정처분의 흠이 치유된다고 볼 수 없고 소권을 포기 또는 부제소합의를 하였다고 인정할 수 없다.(대판 1992.11.10. 91누8227)

④ 토지등급결정내용의 개별통지가 있다고 볼 수 없어 **토지등급결정이 무효인 이상,**

토지소유자가 그 결정 이전이나 이후에 토지등급결정내용을 알았다거나 또는 그 결정 이후 매년 정기 등급수정의 결과가 토지소유자 등의 열람에 공하여졌다 하더라도 개별통지의 하자가 치유되는 것은 아니다.(대판1997.05.28. 선고 96누5308)

(3) 치유의 시간적 한계

① 과세처분시 납세고지서에 과세표준·세율·세액의 산출근거등이 누락된 경우에는 늦어도 과세처분에 대한 불복여부의 결정 및 불복신청에 편의를 줄 수 있는 상당한 기간내에 보정행위를 하여야 그 하자가 치유된다 할 것이므로, 과세처분이 있은지 4년이 지나서 그 취소소송이 제기된 때에 보정된 납세고지서를 송달하였다는 사실이나 오랜 기간의 경과로써 과세처분의 하자가 치유되었다고 볼 수는 없다.(대판 1983.7.26. 82누420)

② 과세관청이 취소소송의 계속 중에 납세고지서의 세액산출근거를 밝히는 보정통지를 하였다 하여 이것을 종전에 위법한 부과처분을 스스로 취소하고 새로운 부과처분을 한 것으로 볼 수 없으므로 이미 항고소송이 계속 중인 단계에서 위와 같은 보정통지를 하였다 하여 그 위법성이 이로써 치유된다 할 수 없다.(대판 1988.2.9. 83누404)

③ 주택재개발정비사업조합 설립추진위원회가 주택재개발정비사업조합 설립인가처분의 취소소송에 대한 1심 판결 이후 정비구역 내 토지 등 소유자의 4분의 3을 초과하는 조합설립동의서를 새로 받았다고 하더라도, 위 설립인가처분의 하자가 치유된다고 볼 수 없다.(대판 2010두2579)

(4) 치유의 허용여부

(가) 치유를 허용한 사례

① 납세고지서의 기재사항 일부등이 누락된 경우라도 앞서 보낸 과세예고통지서등에 필요적 기재사항이 제대로 기재된 경우, 그 하자는 치유가능하다.(대판 2001.3.27. 99두8039)

② 행정청이 청문서 도달기간을 다소 어겼다하더라도 영업자가 이에 대하여 이의하지 아니한 채 스스로 청문일에 출석하여 그 의견을 진술하고 변명하는 등 방어의 기회를 충분히 가졌다면 청문서 도달기간을 준수하지 아니한 하자는 치유되었다고 봄이 상당하다.(대판 1992.10.23. 선고 92누2844)

③ 과세관청이 과세처분에 앞서 납세의무자에게 보낸 과세예고통지서 등에 의하여 납세의무자가 그 처분에 대한 불복 여부의 결정 및 불복신청에 전혀 지장을 받지 않았음이 명백하다면, 이로써 납세고지서의 흠결이 보완되거나 하자가 치유된다고 보아야 하나, 이와 같이 납세고지서의 하자를 사전에 보완할 수 있는 서면은 법령 등에 의하여 납세고지에 앞서 납세의무자에게 교부하도록 되어 있어 납세고

지서와 일체를 이룰 수 있는 것에 한정되는 것은 물론, 납세고지서의 필요적 기재사항이 제대로 기재되어 있어야 한다.(대판 1998.06.26. 선고 96누12634)

④ 공매절차에서 독촉장의 송달이 흠결되었다고 하더라도 그 이후에 이루어진 공매절차에서 공매통지서가 체납자에게 적법하게 송달된 경우에는 실질적으로 체납자의 절차상의 권리나 이익이 침해되었다고 보기 어려운 점 등에 비추어 보면, 비록 압류처분의 단계에서 독촉의 흠결과 같은 절차상의 하자가 있었다고 하더라도 그 이후에 이루어진 공매절차에서 공매통지서가 적법하게 송달된 바가 있다면 매수인이 매각결정에 따른 매수대금을 납부한 이후에는 다른 특별한 사정이 없는 한, 당해 공매처분을 취소할 수 없다.(대판 2006.5.12. 2004두14717)

(나) 치유를 부정한 사례

① 세액산출근거가 기재되지 아니한 납세고지서에 의한 부과처분은 강행법규에 위반하여 취소대상이 된다 할 것이므로 **부과된 세금을 자진납부하였다고 하더라도 위법성은 치유되는 것이라고는 할 수 없다**.(대판 1985.4.9. 84누431)

② **송달이 부적법**하여 송달의 효력이 발생하지 아니하는 이상 상대방이 객관적으로 위 부과처분의 존재를 **인식할 수 있었다 하더라도 그와 같은 사실로써 송달의 하자가 치유된다고 볼 수 없다**.(대판 1988.3.22. 87누986)

③ 피고의 이 사건 '판매가격합의'부분에 대한 시정조치 및 과징금납부명령은 피고가 그 부분에 대하여 조사결과를 서면으로 원고에게 통지한 바 없고, 사전에 의견진술의 기회를 부여한 바도 없으므로 위법하여 취소를 면할 수 없다. 또한 원고가 위 시정조치 및 과징금납부명령에 불복하여 피고에게 이의신청을 하면서 뒤늦게나마 '판매가격 합의'부분에 대한 의견을 제출하였다고 하더라도, 이로써 그 처분 전에 발생한 절차상 하자가 치유된다고 볼 수도 없다.(대판 2001.6.26. 99두11592)

④ 토지소유자등의 동의율을 충족하지 못했다는 주택재건축정비사업조합설립인가 처분 당시의 하자는 후에 토지소유자등의 추가동의서가 제출되었다 하더라도 그 하자가 치유되지는 않는다.(대판2011두27544)

2. 하자의 전환

귀속재산을 불하받은 자가 사망한 후에 그 수불하자 대하여 한 그 불하처분은 사망자에 대한 행정처분이므로 무효이지만 그 취소처분을 수불하자의 상속인에게 송달한 때에는 그 송달시에 그 상속인에 대하여 다시 그 불하처분을 취소한다는 새로운 행정처분을 한 것이라고 할 것이다.(대판 1969.01.21. 선고 68누190)

3. 하자의 승계

(1) 승계의 요건

① 계고처분의 후속절차인 대집행에 위법이 있다고 하더라도, 그와 같은 후속절차에 위법성이 있다는 점을 들어 선행절차인 계고처분이 부적법하다는 사유로 삼을 수는 없다.(대판 1997.02.14. 선고 96누15428)

② 적법한 건축물에 대한 철거명령은 그 하자가 중대하고 명백하여 당연무효라고 할 것이고, 그 후행행위인 건축물철거 대집행계고처분 역시 당연무효라고 할 것이다.(대판 1999.04.27. 선고 97누6780)

③ 행정청의 원고에 대한 원상복구명령은 권한없는 자의 처분으로 무효라고 할 것이고, 위 원상복구명령이 당연무효인 이상 후행처분인 계고처분의 효력에 당연히 영향을 미쳐 그 계고처분 역시 무효로 된다.(대판 1996.6.28. 96누4374)

④ 선행처분과 후행처분이 서로 독립하여 별개의 법률효과를 목적으로 하는 때에도 선행처분이 당연무효이면 선행처분의 하자를 이유로 후행처분의 효력을 다툴 수 있다. 도시계획시설사업의 시행자가 작성한 실시계획을 인가하는 처분은 도시계획시설사업 시행자에게 도시계획시설사업의 공사를 허가하고 수용권을 부여하는 처분으로서 <u>선행처분인 도시계획시설사업 시행자 지정 처분이 처분 요건을 충족하지 못하여 당연무효인 경우에는 사업시행자 지정 처분이 유효함을 전제로 이루어진 후행처분인 실시계획 인가처분도 무효라고 보아야</u> 한다(대판 2017.7.11. 2016두35120)

(2) 승계에 대한 다수설에 입각한 판례

① 대집행의 계고, 대집행영장에 의한 통지, 대집행의 실행, 대집행에 요한 비용의 납부명령 등은 타인이 대신하여 행할 수 있는 행정의무의 이행을 의무자의 비용부담하에 확보하고자 하는, 동일한 행정목적을 달성하기 위하여 단계적인 일련의 절차로 연속하여 행하여지는 것으로서, 서로 결합하여 하나의 법률효과를 발생시키는 것이므로, 선행처분인 계고처분이 하자가 있는 위법한 처분이라면, 비록 그 하자가 중대하고도 명백한 것이 아니어서 당연무효의 처분이라고 볼 수 없고 행정소송으로 효력이 다투어지지도 아니하여 이미 불가쟁력이 생겼으며, 후행처분인 대집행영장발부통보처분 자체에는 아무런 하자가 없다고 하더라도, 후행처분인 대집행영장발부통보처분의 취소를 청구하는 소송에서 청구원인으로 선행처분인 계고처분이 위법한 것이기 때문에 그 계고처분을 전제로 행하여진 대집행영장발부통보처분도 위법한 것이라는 주장을 할 수 있다.(대판 1996.02.09. 선고 95누12507)

② 직위해제처분과 후행면직처분의 승계부정 : 대판 1984.9.11. 84누191

③ 정기총회에서 사업시행계획 수립에 조합원 3분의 2 이상의 동의를 얻지 못한 하자가 있다고 하더라도 그 하자가 객관적으로 명백하다고 보기 어려워 무효사유가 아니라

취소사유에 불과하고, 사업시행계획에 관한 취소사유인 하자는 관리처분계획에 승계되지 아니하여 그 하자를 들어 관리처분계획의 적법 여부를 다툴 수 없다는 이유로, 관리처분계획이 적법하다고 본 원심의 결론은 정당하다.(대판 2012.08.23. 선고 2010두13463)

④ 도시계획시설변경 및 지적승인고시처분과 사업계획승인처분사이의 승계부정 : 대판 2000.9.5. 99두9889

⑤ 도시관리계획계획의 결정 및 고시, 사업시행자지정고시, 사업실시계획인가고시, 수용재결등의 순서로 진행되는 도시계획시설사업의 경우, 위 각각의 처분은 이전의 처분을 전제로 한 것이기는 하나, 단계적으로 별개의 법률효과가 발생되는 독립한 행정처분이어서 선행처분인 이 사건 사업시행자지정고시처분에 불가쟁력이 생겨 그 효력을 다툴 수 없게 되었다면, 그 처분에 하자가 있다고 하더라도 그것이 당연후묘의 사유가 아닌 한 후행처분인 이사건 인가고시처분(수용재결)에 승계되는 것은 아니라고 할 것이다.(헌재결 2010.12.28. 2009헌바429)

⑥ 종전 상이등급 결정과 이후에 이루어진 상이등급 개정 여부에 관한 결정이 동일한 행정목적을 달성하기 위하여 단계적인 일련의 절차로 연속하여 행하여지는 것으로서, 서로 결합하여 하나의 법률효과를 발생시키는 관계에 있다고 볼 수 없다. 따라서 <u>종전 상이등급 결정에 불가쟁력이 생겨 효력을 다툴 수 없게 된 경우 종전 상이등급 결정의 하자가 중대·명백하여 당연무효가 아닌 이상, 그 하자를 들어 이후에 이루어진 상이등급 개정 여부에 관한 결정의 효력을 다툴 수 없다</u>(대판 2015.12.10. 2015두46505).

→ 상이등급 결정과 상이등급개정의 승계부정

⑦ 선행처분인 도시·군계획시설결정에 하자가 있더라도 그것이 당연무효가 아닌 한 원칙적으로 후행처분인 실시계획인가에 승계되지 않는다(대판 2017.7.18. 2016두49938)

(3) 하자의 승계에 대한 판례의 예외적 입장

① **개별공시지가의 결정은 이를 기초로 한 과세처분등과는 별개의 독립된 처분으로서 서로 독립하여 별개의 법률효과를 목적으로 하는 것이나,** 위와 같이 개별공시지가는 이를 토지소유자와 이해관계인에게 개별적으로 고지하도록 되어 있는 것이 아니어서 토지소유자등이 개별공시지가의 결정내용을 알고 있었다고 전제하기도 곤란할 뿐만 아니라, 결정된 개별공시지가가 자신에게 유리하게 작용될 것인지 또는 불이익하게 작용될 것인지 여부를 쉽사리 예견할 수 있는 것이 아니므로 **위법한 개별공시지가의 결정에 대하여 그 정해진 시정절차를 통하여 시정하도록 요구하지 아니하였다는 이유로 위법한 개별공시지가를 기초로 한 과세처분 등 후행행정처분에서 개별공시지가 결의 위법을 주장할 수 없도록 하는 것은 수인한도를 넘는 불이익을 강요**하는 것으로

서 국민의 재산권과 재판받을 권리를 보장한 헌법의 이념에도 부합하는 것이 아니라고 할 것이므로 **개별공시지의 결정에 위법이 있는 경우에는 그자체를 행정소송의 대상이 되는 행정처분으로 보아 그 위법 여부를 다툴 수 있음은 물론 이를 기초로 한 과세처분 등 행정처분의 취소를 구하는 행정소송에서도 선행처분인 개별공시지가결정의 위법을 독립된 위법사유로 주장할 수 있다고 해석함이 타당**하다.(대판 1994.1.25. 93누8542)

② 개별공시지가와 과세처분 간에도 수인한도와 예측가능성을 침해하지 않는 경우에는 승계되지 않는다.(대판 1998.3.13. 96누6059)

③ 표준지공시지가는 이를 인근 토지의 소유자나 기타 이해관계인에게 개별적으로 고지하도록 되어 있는 것이 아니어서 **위법한 표준지공시지가를 기초로 한 수용재결 등 후행 행정처분에서 표준지공시지가결정의 위법을 주장할 수 없도록 하는 것은 수인한도를 넘는 불이익을 강요**하는 것이다.(대판 2008.8.21. 2007두13845)

④ 갑을 친일반민족행위자로 결정한 친일반민족행위진상규명위원회의 최종발표(선행처분)에 따라 지방보훈지청장이 독립유공자 예우에 관한 법률 적용대상자로 보상금 등의 예우를 받던 갑의 유가족 을에 대하여 독립유공자 예우에 관한 법률 적용배제자 결정(후행처분)을 한 사안에서, 선행처분의 후행처분에 대한 구속력을 인정할 수 없어 선행처분의 위법을 이유로 후행처분의 효력을 다툴 수 있다.(대판 2013.3.14. 2012두6964)

제9절 행정행위의 무효

I 주체에 관한 무효사유

무효 ○

① **도지사의 인사교류안 작성과 그에 따른 인사교류의 권고가 전혀 이루어지지 않은 상태에서 행하여진 관할 구역 내 시장의 인사교류에 관한 처분**은 지방공무원법 제30조의2 제2항의 입법취지에 비추어 그 하자가 **중대하고 객관적으로 명백하여 당연무효**이다. (대판 2005.6.24. 2004두10968)

② **단속경찰관이 자신의 명의로 운전면허행정처분통지서를 작성·교부하여 행한 운전면허정지처분**은 비록 그 처분의 내용·사유·근거등이 기재된 서면을 교부하는 방식으로 행하여졌다고 하더라도 권한없는 자에 의하여 행하여진 점에서 **무효인 처분에 해당**한다. (대판 1997.5.16. 97누2313)

③ 폐기물처리시설 설치계획에 대한 승인권자는 구 폐기물처리시설 설치촉진 및 주변지역 지원등에 관한 법률 제10조 제2항의 규정에 의하여 환경부장관이며, 이러한 설치승인권한을 환경관리청장에게 위임할 수 있는 근거도 없으므로, **환경관리청장의 폐기물처리시설 설치승인처분은 권한없는 기관에 의한 행정처분으로서 그 하자가 중대하고 명백하여 당연무효**이다.(대판 2004.7.22. 2002두10704)

④ 체납취득세에 대한 압류처분권한은 도지사로부터 시장에게 권한위임된 것이고 **시장으로부터 압류처분권한을 내부위임받은데 불과한 구청장으로서는 시장 명의로 압류처분을 대행처리할 수 있을 뿐이고 자신의 명의로 이를 할 수 없다 할 것이므로** 구청장이 자신의 명의로 한 압류처분은 권한없는 자에 의하여 행하여진 위법무효의 처분이다.(대판 1993.5.27. 93누6621)

⑤ 교육위원회의 관장사무인 유치원설립인가를 교육감이 한 것 (대판 1993.5.27. 93누6621)

⑥ 도지사의 인사교유안 작성과 그에 따른 인사교류의 권고가 전혀 없이 이루어진 시장의 인사교류처분(대판 2005.6.24. 2004두10968)

무효 ×

① **건설부장관이 택지개발예정지구를 지정함에 있어 미리 관계중앙행정기관의 장과 협의를 하라고 규정한 의미는 그의 자문을 구하라는 것이지 그 의견을 따라 처분을 하라는 의미는 아니라 할 것이므로** 이러한 협의를 거치지 아니하였다고 하더라도 이는 **위 지정처분을 취소할 수 있는 원인이 되는 하자 정도에 불과하고 위 지정처분이 당연무효가 되는 하자에 해당하는 것은 아니다.**(대판 2000.10.13. 99두653)

② 행정청은 일반적으로 어떤 행정처분을 함에 앞서 법령 또는 재량에 의하여 그 사전심사를 위한 심의기구를 구성하여 이를 위임할 수 있는 것이므로 피고가 개인택시를 면허함에 있어서 개인택시면허심사위원회를 구성하여 그 심사위원회로 하여금 면허신청자의 자격등을 심사하도록 하고 그 **심사위원 중에 공무원 아닌 사람이 포함되어 있다고 하여 심사절차나 그 심사위원에 관하여 특별한 규정이 없는 이상 이를 무효라고 할 이유가 없다.**(대판 1985.11.26. 85누394)

③ 행정청의 공무원에 대한 의원면직처분은 공무원의 사직의사를 수리하는 소극적 행정행위에 불과하고, 당해 공무원의 사직의사를 확인하는 확인적 행정행위의 성격이 강하며 재량의 여지가 거의 없기 때문에 의원면직처분에서의 행정청의 권한유월행위를 다른 일반적 행정행위에서의 그것과 반드시 같이 보아야 할 것은 아니다.(대판 2007.7.26. 2005두15748)

  → 임면권자가 아닌 국가정보원장이 5급 이상의 국가정보원직원에 대하여 한 의원면직처분은 당연무효가 아니다.

④ 적법한 권한 위임 없이 세관출장소장에 의하여 행하여진 관세부과처분이 그 하자가 중대하기는 하지만 객관적으로 명백하다고 할 수 없어 당연무효는 아니라고 한 사례(대판 2004.11.26. 선고 2003두2403)

⑤ 서울특별시장이 가지는 택시운전자격정지처분을 구청장이 한 경우 그 하자가 중대하기는 하지만 객관적으로 명백하다 할 수 없어 당연무효는 아니다.(대판 2002.12.10. 2001두4566)

⑥ 건설부장관이 택지개발예정지구를 지정함에 있어 미리 관계중앙행정기관의 장과 협의를 하라고 규정한 의미는 그의 자문을 구하라는 것이지 그 의견을 따라 처분을 하라는 의미는 아니라 할 것이므로 이러한 협의를 거치지 아니하였다고 하더라도 이는 위 지정처분을 취소할 수 있는 원인이 되는 하자 정도에 불과하고 위 지정처분이 당연무효가 되는 하자에 해당하는 것은 아니다.(대판 2000.10.13. 선고 99두653)

⑦ 국방·군사시설 사업에 관한 법률 및 구 산림법(2002. 12. 30. 법률 제6841호로 개정되기 전의 것)에서 보전임지를 다른 용도로 이용하기 위한 사업에 대하여 승인 등 처분을 하기 전에 미리 산림청장과 협의를 하라고 규정한 의미는 그의 자문을 구하라는 것이지 그 의견을 따라 처분을 하라는 의미는 아니라 할 것이므로, 이러한 협의를 거치지 아니하였다고 하더라도 이는 당해 승인처분을 취소할 수 있는 원인이 되는 하자 정도에 불과하고 그 승인처분이 당연무효가 되는 하자에 해당하는 것은 아니라고 봄이 상당하다.(대판2006.06.30. 선고 2005두14363)

2. 내용에 관한 무효사유

① **부동산을 양도한 사실이 없음에도 세무당국이 부동산을 양도한 것으로 오인하여 양도소득세를 부과**하였다면 그 부과처분은 착오에 의한 행정처분으로서 그 표시된 내용에 중대하고 명백한 하자가 있어 **당연무효**이다.(대판 1983.8.23. 83누179)

② 주택건설촉진법에 의한 설립인가를 받은 주택조합이 아파트지구개발사업의 사업계획을 승인받아 아파트를 건축한 경우 구 개발이익환수에 관한 법률 제6조 제1항 소정의 **개발부담금납부의무자는 사업시행자인 주택조합이고 그 조합원들이 아니므로, 납부의무자가 아닌 조합원들에 대한 개발부담금 부과처분은 그 처분의 법적근거가 없는 것으로서 그 하자가 중대하고도 명백하여 무효**이다.(대판 1998.5.8. 95다30390)

③ 변상금연체료 부과처분의 근거인 "서울특별시 공유재산 관리조례"의 관련규정이 지방재정법 등 상위법령의 위임이 없어 효력이 없는지 여부가 명백하다고 할 수 없으므로, 위 부과처분은 당연무효에 해당하지 않는다.(대판 2009.10.29. 2007두26285)

④ 법률관계나 사실관계에 대하여 그 법률의 규정을 적용할 수 없다는 법리가 명백히 밝혀지지 아니하여 그 해석에 다툼의 여지가 있는 때에는 행정관청이 이를 잘못 해석하여 행정처분을 하였더라도 이는 그 처분 요건사실을 오인한 것에 불과하여 그 하자가 명백하다고 할 수 없다.(대판 2009.9.24. 2009두2825)

⑤ 주택재개발조합의 대의원회가 관리처분계획에서 정한 방법에 의하지 않고 보류지분을 처분한 경우, 그 처분행위의 효력은 무효이며, 이에 관한 관리처분계획의 내용에 반하는 조합정관규정의 효력도 무효이다.(대판 2009.6.25. 2007다28642)

⑥ 예산이 각 처분 등으로써 이루어지는 '4대강 살리기 사업' 중 한강 부분을 위한 재정지출을 내용으로 하고 있고 예산의 편성에 절차상 하자가 있다는 사정만으로 각 처분에 취소사유에 이를 정도의 하자가 존재한다고 보기 어렵다.(대판 2015.12.10. 선고 2011두32515)

3. 절차에 관한 무효사유

① 구 환경영향평가법에서 정한 환경영향평가를 거쳐야 할 대상사업에 대하여 환경영향평가를 거치지 아니하였음에도 그 사업실시계획승인처분을 한 경우, 그 처분은 당연무효이다.(대판 2006.6.30. 2005두14363)

② 정비구역의 지정 및 고시없이 행하여지는 시장·군수의 재개발조합설립추진위원회의 설립승인의 효력은 무효이다.(대판 2009.10.29. 2009두12297)

③ 행정행위 중 신청에 의한 처분의 경우, 신청에 대하여 일단 거부처분이 행하여진 후 그 거부처분이 적법한 절차에 의하여 취소되지 않은 상태에서 사유를 추가하여 반복하여 행한 거부처분의 효력은 무효이다.(대판 1999.12.28. 98두1895)

④ 구 폐기물처리시설 설치촉진 및 주변지역 지원등에 관한 법률에 정한 입지선정위원회가 그 구성방법 및 절차에 관한 같은 법 시행령의 규정에 위배하여 군수와 주민대표가 선정·추천한 전문가를 포함시키지 않은 채 임의로 구성되어 의결을 한 경우, 그에 터잡아 이루어진 폐기물처리시설입지결정처분의 하자는 중대한 것이고 객관적으로도 명백하므로 무효사유에 해당한다.(대판 2007.4.12. 2006두20150)

⑤ 면허관청이 운전면허정지처분을 하면서 서식의 통지서에 의하여 면허정지사실을 통지하지 아니하거나 처분집행예정일 7일 전까지 이를 발송하지 아니한 경우에는 특별한 사정이 없는 한 위 관계법령이 요구하는 절차·형식을 갖추지 아니한 조치로서 그 효력이 없고, 위와 같은 법리는 면허관청이 임의로 출석한 상대방의 편의를 위하여 구두로 면허정지사실을 알렸다고 하더라도 마찬가지이다.(대판 1996.6.14. 95누17823)

⑥ 행정청이 사전환경성검토협의를 거쳐야 할 대상사업에 대하여 법의 해석을 잘못한 나머지 세부용도지역이 지정되지 않은 개발사업 부지에 대하여 사전환경성검토협의를 할지 여부를 결정하는 절차를 생략한 채 승인등의 처분을 한 사안에서, 그 하자가 객관적으로 명백하다고 할 수 없다.(대판 2009.9.24. 2009두2825)

⑦ 구 학교보건법상 학교환경위생정화구역에서의 금지행위 및 시설의 해제 여부에 관한 행정처분을 함에 있어 **학교환경위생정화위원회의 심의를 누락한 행정처분은 취소사유**이다.(대판 2007.3.15. 2006두15806)

⑧ 개발부담금 부과처분을 하면서 납부고지서에 납부기한을 법정납부기한보다 단축하여 기재한 경우, 그 부과처분이 위법하게 되지 않는다.(대판 2002.7.23. 2000두9946)

⑨ 주택재개발사업의 사업시행자인 정비사업조합은 관할행정청의 조합설립인가와 등기에 의해 설립되고, 조합설립에 대한 토지 등 소유자의 동의는 조합설립인가처분이라는 행정처분을 하는데 필요한 절차적 요건 중 하나에 불과하므로, 조합설립등에 흠이 있다 하더라도 그 흠이 중대·명백하지 않다면 조합설립인가처분이 당연무효라고 할 수 없다.(대판 2010.12.23. 2010두16578)

⑩ 재외국민의 주민등록신고요건 및 거주용여권 무효확인서를 첨부하지 아니하였음을 이유로 최고·공고의 절차를 거치지 않고 한 주민등록말소처분은 당연무효가 아니다.(대판 1994.8.26. 94누3223)

⑪ 도시 및 주거환경정비법에 의해 설립된 재건축정비사업조합이 조합원 총회 의결을 거치지 않고, '예산으로 정한 사항 외에 조합원의 부담이 될 계약'을 체결한 경우 그 효력은 무효이다.(대판 2011.4.28. 2010다105112)

⑫ 주민등록말소처분이 주민등록법에 규정한 최고·공고의 절차를 거치지 아니하였다 하더라도 그러한 하자는 중대하고 명백한 것이라고 할 수 없어 당연무효가 아니다.(대판 1994.8.26. 94누3223)

⑬ 국방·군사시설 사업에 관한 법률 및 구 산림법(2002. 12. 30. 법률 제6841호로 개정되기 전의 것)에서 보전임지를 다른 용도로 이용하기 위한 사업에 대하여 승인 등 처분을 하기 전에 미리 산림청장과 협의를 하라고 규정한 의미는 그의 자문을 구하라는 것이지 그 의견을 따라 처분을 하라는 의미는 아니라 할 것이므로, 이러한 협의를 거치지 아니하였다고 하더라도 이는 당해 승인처분을 취소할 수 있는 원인이 되는 하자 정도에 불과하고 그 승인처분이 당연무효가 되는 하자에 해당하는 것은 아니라고 봄이 상당하다(대판 2006.6.30. 2005두14363).

⑭ 과세예고 통지 후 과세전적부심사 청구나 그에 대한 결정이 있기도 전에 과세처분을 하는 것은 원칙적으로 과세전적부심사 이후에 이루어져야 하는 과세처분을 그보다 앞서 함으로써 과세전적부심사 제도 자체를 형해화시킬 뿐만 아니라 과세전적부심사 결정과 과세처분 사이의 관계 및 불복절차를 불분명하게 할 우려가 있으므로, 그와 같은 과세처분은 납세자의 절차적 권리를 침해하는 것으로서 절차상 하자가 중대하고도 명백하여 무효이다(대판 2016.12.27. 2016두49228)

⑮ 행정처분과 형벌은 각각 그 권력적 기초, 대상, 목적이 다르다. 일정한 법규 위반 사실이 행정처분의 전제사실이자 형사법규의 위반 사실이 되는 경우에 동일한 행위에 관하여 독립적으로 행정처분이나 형벌을 부과하거나 이를 병과할 수 있다. **법규가 예외적으로 형사소추 선행 원칙을 규정하고 있지 않은 이상 형사판결 확정에 앞서 일정한 위반사실을 들어 행정처분을 하였다고 하여 절차적 위반이 있다고 할 수 없다.**(대판 2017.6.19. 2015두59808)

⑯ **세무조사결과통지 후 과세전적부심사 청구나 그에 대한 결정이 있기도 전에 과세처분을 하는 것**은 원칙적으로 과세전적부심사 이후에 이루어져야 하는 과세처분을 그보다 앞서 함으로써 과세전적부심사 제도 자체를 형해화시킬 뿐 아니라 과세전적부심사 결정과 과세처분 사이의 관계 및 불복절차를 불분명하게 할 우려가 있으므로, 그와 같은 과세처분은 **납세자의 절차적 권리를 침해하는 것으로서 절차상 하자가 중대하고도 명백하여 무효**이다.(대판 2017두51174)

4. 형식에 관한 무효사유

① 행정청의 처분의 방식에 관하여 규정한 행정절차법 제24조(문서에 의하도록 한 처분)에 위반하여 행하여진 행정청의 처분은 그 하자가 중대하고 명백하여 원칙적으로 무효이다.(대판 2011.10.11. 2011도11109)
② 납세고지서에 관한 법령규정들은 강행규정으로서 이들 법령이 요구하는 기재사항 중 일부를 누락시킨 하자가 있는 경우 이로써 그 부과처분은 위법하게 되지만, 납세고지서 작성과 관련한 하자는 그 고지서가 납세의무자에게 송달된 이상 과세처분의 본질적 요소를 이루는 것은 아니어서 과세처분의 취소사유가 됨은 별론으로 하고 당연무효의 사유는 되지 아니한다.(대판 1998.6.26. 96누12634)

제10절 행정행위의 취소

1. 취소권자

상급 지방자치단체장이 하급지방자치단체장에게 기간을 정하여 그 시정을 명하였음에도 이를 이행하지 아니하자 지방자치법 제157조 제1항에 따라 위 승진처분을 취소한 것은 적법하고, 그 취소권 행사에 재량권 일탈 남용의 위법이 있다고 할 수 없다.

2. 직권취소의 법적근거

① 행정행위를 한 처분청은 비록 그 처분 당시에 별다른 하자가 없었고, 또 **그 처분 후에 이를 취소할 별도의 법적근거가 없다 하더라도 원래의 처분을 존속시킬 필요가 없게 된 사정변경이 생겼다거나 또는 중대한 공익상의 필요가 발생한 경우에는 그 효력을 상실하게 하는 별개의 행정행위로 이를 취소할 수 있다**.(대판 1995.5.26. 94누8266)
② 도시계획시설사업의 사업자 지정이나 실시계획의 인가처분을 한 관할청은 도시계획시설사업의 시행자지정이나 실시계획 인가처분에 하자가 있는 경우, 별도의 법적근거가 없더라도 스스로 이를 취소할 수 있다.(대판 2014.7.10. 2013두7025)

3. 직권취소의 신청권 여부

산림법령에는 채석허가처분을 한 처분청이 산림을 복구한 자에 대하여 복구설계서승인 및 복구준공통보를 한 경우 **그 취소신청과 관련하여 아무런 규정을 두고 있지 않고, 원래 행정처분을 한 처분청은 그 처분에 하자가 있는 경우에는 원칙적으로 별도의 법적근**

거가 없더라도 스스로 이를 직권으로 취소할 수 있지만, 그와 같이 직권취소를 할 수 있다는 사정만으로 이해관계인에게 처분청에 대하여 그 취소를 요구할 신청권이 부여된 것으로 볼 수는 없으므로, 처분청이 위와 같이 법규상 또는 조리상의 신청권이 없이 한 이해관계인의 복구준공통보등의 취소신청을 거부하더라도, 그 거부행위는 항고소송의 대상이 되는 처분에 해당하지 않는다.(대판 2006.6.30. 2004두701)

4. 취소소송 진행 중 직권취소의 가능성

변상금부과처분에 대한 취소소송이 진행중이라도 그 부과권자로서는 위법한 처분을 스스로 취소하고 그 하자를 보완하여 다시 적법한 부과처분을 할 수도 있는 것이다.(대판 2006.2.10. 2003두56686

5. 취소사유에 해당한다고 판시한 사례

① 납세의무자가 세금을 납부기한까지 납부하지 아니하자 과세청이 그 징수를 위하여 압류처분에 이른 것이라면 비록 독촉절차없이 압류처분을 하였다 하더라도 이러한 사유만으로는 압류처분을 무효로 되게 하는 중대하고도 명백한 하자로는 되지 않는다.(대판 1987.9.22. 87누383)

② 주민등록을 말소하는 처분을 한 경우 이 처분이 주민등록법 제17조의 2에 규정한 최고·공고의 절차를 거치지 아니하였다 하더라도 그러한 하자는 중대하고 명백한 것이라고 할 수 없어 처분의 당연무효사유에 해당하는 것이라고는 할 수 없다.(대판 1994.8.26. 94누3223)

③ 도시계획의 수립에 있어서 도시계획법 제16조의 2 소정의 공청회를 열지 아니하고 공공용지의 취득 및 손실보상에 관한 특례법 제8조 소정의 이주대책을 수립하지 아니하였더라도 이는 절차상의 위법으로서 취소사유에 불과하고 그 하자가 도시계획결정 또는 도시계획사업시행인가를 무효라고 할 수 있을 정도로 중대하고 명백하다고는 할 수 없으므로~(대판 1990.1.23. 87누947)

④ (구)학교보건법상 학교환경위생정화구역에서의 금지행위 및 시설의 해제여부에 관한 행정처분을 함에 있어 학교환경위생정화위원회의 심의누락 : 취소사유(대판 2007.3.15. 2006두15806)

⑤ 법률관계나 사실관계에 대하여 그 법률의 규정을 적용할 수 없다는 법리가 명백히 밝혀지지 아니하여 그 해석에 다툼의 여지가 있는 때 행정관청이 이를 잘못 해석하여 한 행정처분(대판 2009.9.24. 2009두2825)

⑥ 법학전문대학원의 설치·운영에 관한 법률상 법학교육위원회의 교수위원이 제척사유에 위반하여 자신이 재학하고 있는 있는 대학교의 인가신청의 심의에 관여하여 내린 법학전문대학원 설치인가(대판 2009.12.10. 2009두8359)

⑦ 행정청이 사전에 교통영향평가를 거치지 아니한 채 '건축허가 전까지 교통영향평가 심의필증을 교부받을 것'을 부관으로 붙여서 한 실시계획변경 승인 및 공사시행변경 인가처분(대판 2010.2.25. 2009두102)

6. 직권취소의 인정여부와 취소의 제한

① **처분의 하자가 당사자의 사실은폐나 기타 사위의 방법에 의한 신청행위에 기인한 것**이라면 당사자는 그 처분에 의한 이익이 위법하게 취득되었음을 알아 그 취소가능성도 예상하고 있었다 할 것이므로, **그 자신이 위 처분에 관한 신뢰이익을 원용할 수 없음은 물론 행정청이 이를 고려하지 아니하였다고 하더라도 재량권의 남용이 되지 아니한다**.(대판 1996.10.25. 95누14190)

② 공장의 용도뿐만 아니라 공장외의 용도로도 활용할 내심의 의사가 있었다고 하더라도 그와 같은 사유만으로는 하자있는 행정행위로서 취소사유가 있다고 할 수 없다. (대판 2006.5.25. 2003두4669)

③ **과세처분에 대한 쟁송이 진행중에** 과세관청이 납세고지서에 세액산출 근거를 기재하지 아니한 채 **절차상의 하자를 이유로 동 과세처분을 취소하고 하자없는 동일한 내용의 새로운 과세처분을 할 수 있으며**, 선행의 과세처분에 내재된 절차상 하자를 이유로 이를 취소하고 새로운 과세처분을 한 경우, 새로운 과세처분에 대하여 별도로 전심절차를 거쳐야 한다.

④ 산업기능요원이 실질적으로 지정업체의 해당 분야에 종사하지 않은 사실을 의무종사기간이 경과한 후에 발견한 경우, 복무만료처분 및 산업기능요원편입처분을 취소하고 현역병입영처분을 할 수 있다.(대판 2008.8.21. 2008두5414)

⑤ 건축허가를 받은 자가 건축허가가 취소되기 전에 공사에 착수하였다면 허가권자는 그 착수기간이 지났다고 하더라도 건축허가를 취소하여야 할 특별한 공익상 필요가 인정되지 않는 한 건축허가를 취소할 수 없다. 이는 건축허가를 받은 자가 건축허가가 취소되기 전에 공사에 착수하려 하였으나 허가권자의 위법한 공사중단명령으로 공사에 착수하지 못한 경우에도 마찬가지이다(대판 2017.7.11. 2012두22973).

⑥ 수익적 행정처분을 취소 또는 철회하거나 중지시키는 경우에는 이미 부여된 그 국민의 기득권을 침해하는 것이 되므로, 비록 취소등의 사유가 있다고 하더라도 그 취소권등의 행사는 기득권의 침해를 정당화할 만한 중대한 공익상의 필요 또는 제3자의 이익보호의 필요가 있는 때에 한하여 상대방이 받는 불이익과 비교·교량하여 결정하여야 한다.(대판 2003두7606)

⑦ 수익적 행정처분에 대한 취소권 등의 행사는 **기득권의 침해를 정당화할 만한 중대한 공익상의 필요 또는 제3자의 이익보호의 필요가 있는 때에 한하여 허용될 수 있다는 법리는, 처분청이 수익적 행정처분을 직권으로 취소·철회하는 경우에 적용되는 법리일 뿐 쟁송취소의 경우에는 적용되지 않는다.**(대판 2018두104)

7. 일부취소

① 과세처분취소소송에서 세액의 산출과정에 잘못이 있어 과세처분이 위법한 것으로 판단되는 경우라도 적법하게 부과될 세액이 산출되는 때에는 법원은 과세처분 전부를 위법한 것으로 취소할 것이 아니라 과세처분 중 정당한 산출세액을 초과하는 부분만을 취소하여야 한다.(대판 97누19496)

② 여러 개의 상이에 대한 국가유공자요건비해당처분에 대한 취소소송에서 그 중 일부 상이가 국가유공자요건이 인정되는 상이에 해당하더라도 나머지 상이에 대하여 위 요건이 인정되지 아니하는 경우에는 국가유공자요건비해당처분 중 위 요건이 인정되는 상이에 대한 부분만을 취소하여야 할 것이고, 그 비해당처분 전부를 취소할 수는 없다고 할 것이다.(대판 2011두9263)

③ 보조금 중 "거짓이나 부정한 방법으로 지급받은 부분"과 "정상적으로 지급받은 부분"을 구분할 수 없고, 보조금이 거짓이나 부정한 방법에 의하여 일체로서 지급된 것이라고 판단할 수 있는 경우에는 보조금 전부를 거짓이나 부정한 방법으로 지급받은 것으로 보아야 한다.(대판 2017두47137)

8. 취소의 소급효

① 피고인이 행정청으로부터 자동차 운전면허취소처분을 받았으나 나중에 행정처분 자체가 행정쟁송절차에 의하여 취소되었다면, 위 운전면허취소처분은 그 처분시에 소급하여 효력을 잃게 되고, 피고인은 위 운전면허취소처분에 복종할 의무가 원래부터 없었음이 후에 확정되었다고 봄이 타당할 것이고, 행정행위에 공정력의 효력이 인정된다고 하여 행정소송에 의하여 적법하게 취소된 운전면허취소처분이 단지 장래에 향하여서만 효력을 잃게 된다고 볼 수는 없다.(대판 1999.2.5. 98도4239)

② 과세처분을 취소하는 판결이 확정되면 그 과세처분은 처분시에 소급하여 소멸하므로 그 뒤에 과세관청에서 그 과세처분을 경정하는 경정처분을 하였다면 이는 존재하지 않는 과세처분을 경정한 것으로서 그 하자가 중대하고 명백한 당연무효의 처분이다.(대판 1989.5.9. 88다카16096)

③ 영업허가취소처분이 행정쟁송절차에 의하여 취소된 경우 영업허가취소처분 이후의 영업행위를 무허가영업이라고 볼 수 없다(대판 1993.6.25. 93도277).

④ 도시 및 주거환경정비법(이하 '도시정비법'이라고 한다)상 주택재개발사업조합의 조합설립인가처분이 법원의 재판에 의하여 취소된 경우 그 조합설립인가처분은 소급하여 효력을 상실하고, 이에 따라 당해 주택재개발사업조합 역시 조합설립인가처분 당시로 소급하여 도시정비법상 주택재개발사업을 시행할 수 있는 행정주체인 공법인으로서의 지위를 상실하므로, <u>당해 주택재개발사업조합이 조합설립인가처분 취소 전에 도시정비법상 적법한 행정주체 또는 사업시행자로서 한 결의 등 처분은 달리 특별</u>

한 사정이 없는 한 소급하여 효력을 상실한다고 보아야 한다. 다만, 그 효력 상실로 인한 잔존사무의 처리와 같은 업무는 여전히 수행되어야 하므로, 종전에 결의 등 처분의 법률효과를 다투는 소송에서의 당사자지위까지 함께 소멸한다고 할 수는 없다(대판 2012.3.29. 2008다95885).

9. 취소의 취소

(1) **원처분이 침해적 처분인 경우** : ~ 다시 처분하여야

① ~설사 부과의 취소에 위법사유가 있다고 하더라도 당연무효가 아닌 한 일단 유효하게 성립하여 부과처분을 확정적으로 상실시키는 것이므로, <u>과세관청은 부과의 취소를 다시 취소함으로써 원부과처분을 소생시킬 수는 없고 납세의무자에게 종전의 과세대상에 대한 납부의무를 지우려면 다시 법률에서 정한 부과절차에 좇아 동일한 내용의 새로운 처분을 하는 수 밖에 없다.</u>(대판 1995.3.10. 94누7027)

② 지방병무청장이 재신체검사 등을 거쳐 현역병입영대상편입처분을 하려면 보충역편입처분이나 제2국민역편입처분으로 변경하거나 보충역편입처분을 제2국민역편입처분으로 변경하는 경우, 그 후 새로운 병역처분의 성립에 하자가 있었음을 이유로 하여 이를 취소한다고 하더라도 종전의 병역처분의 효력이 되살아나지 않는다.(대판 2002.5.28. 2001두9653)

(2) **원처분이 수익적 처분인 경우 : 다시 소생**

① 행정처분이 취소되면 그 소급효에 의하여 처음부터 그 처분이 없었던 것과 같은 효과를 발생하게 되는바, 행정청이 **의료법인의 이사에 대한 이사취임승인취소처분(제1처분)을 직권으로 취소(제2처분)한 경우에는 그로 인하여 이사가 소급하여 이사로서의 지위를 회복하게 되고, 그 결과 위 제1처분과 제2처분 사이에 법원에 의하여 선임결정된 임시이사들의 지위는 법원의 해임결정이 없더라도 당연히 소멸**된다.(대판 1997.1.21. 96누3401)

제11절 행정행위의 철회와 실효

I 행정행위의 철회

1. 철회의 개념

① 도시 및 주거환경정비법 제16조의2 제1항은, 추진위원회 구성에 동의한 토지등소유자의 2분의 1 이상 3분의 2 이하의 범위에서 시·도조례로 정하는 비율 이상의 동의 또는 토지등소유자 과반수의 동의로 추진위원회의 해산을 신청하는 경우(제1호), 조합 설립에 동의한 조합원의 2분의 1 이상 3분의 2 이하의 범위에서 시·도조례로 정하는 비율 이상의 동의 또는 토지등소유자 과반수의 동의로 조합의 해산을 신청하는 경우(제2호), 제4조의3에 따라 정비예정구역 또는 정비구역의 지정이 해제되는 경우(제3호)에, 시장·군수는 추진위원회 승인 또는 조합 설립인가를 취소하여야 한다고 규정하고 있는데, 여기에서 말하는 추진위원회 승인 또는 조합 설립인가의 '취소'는 <u>추진위원회 승인이나 조합 설립인가 당시에 위법 또는 부당한 하자가 있음을 이유로 한 것이 아니라 처분 이후 발생한 후발적 사정을 이유로 하는 것이므로, 추진위원회 승인 또는 조합 설립인가의 효력을 소급적으로 상실시키는 행정행위의 '취소'가 아니라 적법요건을 구비하여 완전히 효력을 발하고 있는 추진위원회 승인 또는 조합 설립인가의 효력을 장래에 향해 소멸시키는 행정행위의 '철회'이다</u>(대판 2016.6.10. 2015도576).

② 행정행위의 취소는 일단 유효하게 성립한 행정행위를 성립 당시 존재하던 하자를 사유로 소급하여 효력을 소멸시키는 행정처분이고, 행정행위의 철회는 적법요건을 구비하여 유효한 행정행위를 행정행위 성립 이후 새로이 발생한 사유로 행위의 효력을 장래에 향해 소멸시키는 행정처분이다. 행정청의 행정행위 취소가 있더라도 취소사유의 내용, 경위 기타 제반 사정을 종합하여 명칭에도 불구하고 행정행위의 효력을 장래에 향해 소멸시키는 행정행위의 철회에 해당하는지 살펴보아야 한다.(대결 2022.9.29. 자 2022마118)

2. 철회의 법적근거

행정행위를 한 처분청은 비록 그 처분 당시에 별다른 하자가 없었고, **또 그 처분 후에 이를 철회할 별도의 법적근거가 없다 하더라도 원래의 처분을 존속시킬 필요가 없게 된 사정변경이 생겼거나 또는 중대한 공익상의 필요가 발생한 경우에는 그 효력을 상실하게 하는 별개의 행정행위로 이를 철회할 수 있다.**(대판 2004.11.26. 2003두10251)

3. 철회사유

① 행정청이 일단 행정처분을 한 경우에는 행정처분을 한 행정청이라도 **법령에 규정이 있는 때, 행정처분에 하자가 있는 때, 행정처분의 존속이 공익에 위반되는 때, 또는 상대방의 동의가 있는 때 등의 특별한 사유가 있는 경우**를 제외하고는 행정처분을 자의로 취소할 수 없다.(대판 2000.2.25. 99두10520)

② 부담부 행정처분에 있어서 처분의 상대방이 부담을 이행하지 아니한 경우에 처분행정청으로서는 이를 들어 당해 처분을 취소(철회)할 수 있는 것이다.(대판 89누2431)

4. 철회신청권

① 도시계획법령이 토지형질변경행위허가의 변경신청 및 변경허가에 관하여 아무런 규정을 두지 않고 있을 뿐 아니라, 처분청이 처분 후에 원래의 처분을 그대로 존속시킬 필요가 없게 된 사정변경이 생겼거나 중대한 공익상의 필요가 발생한 경우에는 별도의 법적 근거가 없어도 별개의 행정행위로 이를 철회·변경할 수 있지만 이는 그러한 철회·변경의 권한을 처분청에게 부여하는 데 그치는 것일 뿐 상대방 등에게 그 철회·변경을 요구할 신청권까지를 부여하는 것은 아니라 할 것이므로, 이와 같이 법규상 또는 조리상의 신청권이 없이 한 국민들의 토지형질변경행위 변경허가신청을 반려한 당해 반려처분은 항고소송의 대상이 되는 처분에 해당되지 않는다.(대판 96누6219)

② 건축주가 토지 소유자로부터 토지사용승낙서를 받아 그 토지 위에 건축물을 건축하는 대물적(對物的) 성질의 건축허가를 받았다가 착공에 앞서 건축주의 귀책사유로 해당 토지를 사용할 권리를 상실한 경우, 건축허가의 존재로 말미암아 토지에 대한 소유권 행사에 지장을 받을 수 있는 토지 소유자로서는 건축허가의 철회를 신청할 수 있다고 보아야 한다. 따라서 토지 소유자의 위와 같은 신청을 거부한 행위는 항고소송의 대상이 된다.(대판 2014두41190)

5. 철회권행사

(1) 일부철회

외형상 하나의 행정처분이라 하더라도 **가분성이 있거나 그 처분대상의 일부가 특정될 수 있다면 그 일부만의 취소도 가능하고 그 일부의 취소는 당해 취소부분에 관하여 효력이 생긴다고 할 것인바**, 이는 한 사람이 여러 종류의 자동차운전면허를 취득한 경우 그 각 운전면허를 취소하거나 그 운전면허의 효력을 정지함에 있어서도 마찬가지이다.(대판 1995.11.16. 95누8850)

(2) 철회권 행사의 제한

수익적 행정행위를 취소·철회하거나 중지시키는 경우에는 이미 부여된 국민의 기득권을 침해하는 것이므로, 비록 **취소 등의 사유가 있다고 하더라도 취소권 등의 행사는 기득권의 침해를 정당화할 만한 중대한 공익상의 필요 또는 제3자의 이익을 보호할 필요가 있고, 이를 상대방이 받는 불이익과 비교·교량하여 볼 때 공익상의 필요 등이 상대방이 입을 불이익을 정당화할 만큼 강한 경우에 한하여 허용**될 수 있다.(대판 2021. 9. 30. 선고 2021두34732)

> 도시계획시설인 공원시설 부지에 도시공원을 설치하여 기부채납하되 공원부지 일부에 아파트를 건축·분양하여 설치비용을 회수하고 일정 이윤을 얻겠다는 甲 주식회사의 민간특례사업 제안을 관할 시장이 받아들였다가, 공원조성계획변경안을 심사하는 과정에서 도시계획위원회가 공원조성계획변경안을 부결함에 따라 甲 회사의 공원조성계획변경신청을 거부하고 甲 회사에 대한 민간특례사업 제안수용 결정을 취소한 사안에서, 위 제안수용 취소처분에는 甲 회사가 입을 불이익을 정당화할 만한 충분한 공익상 필요가 있음에도 이와 달리 본 원심판단에 법리오해의 위법이 있다.

6. 철회의 취소

적법한 영업허가취소처분이 제소기간의 경과로 확정된 이상 영업허가처분은 그 효력이 확정적으로 상실되었다 할 것이므로 그 영업허가취소처분을 다시 취소하여 이미 상실한 영업허가의 효력을 다시 소생시킬 수 없으며 이를 소생시키기 위하여는 원 행정행위와 동일한 내용의 새로운 행정행위를 할 수 밖에 없다.(대판 1980.4.8. 80누27)

7. 철회의 소급효

(1) **원칙** : 소급효 ×

당초 관리처분계획의 주요부분을 실질적으로 변경하는 내용으로 새로운 관리처분계획을 수립하여 시장·군수의 인가를 받은 경우에는 당초 관리처분계획은 달리 특별한 사정이 없는 한 효력을 상실한다. 이 때 당초 관리처분계획이 효력을 상실한다는 것은 당초 관리처분계획이 유효하게 존속하다가 변경시점을 기준으로 장래를 향하여 실효된다는 의미이지 소급적으로 무효가 된다는 의미가 아니다. 그리고 변경된 관리처분계획이 당초 관리처분계획의 주요부분을 실질적으로 변경하는 정도에 이르지 않는 경우에도 동일하게 적용되므로, 당초 관리처분계획 중 변경되는 부분은 장래를 향하여 실효된다.(대판 2014다16500)

(2) **예외** : 소급효 ○ ➡ 별도의 법적근거 要 ○

영유아보육법 제30조 제5항 제3호에 따른 평가인증의 취소는 평가인증 당시에 존재하였던 하자가 아니라 그 이후에 새로이 발생한 사유로 평가인증의 효력을 소멸시키는 경우에 해당하므로, 법적 성격은 평가인증의 '철회'에 해당한다. 그런데 행정청이 평가인증을 철회하면서 그 효력을 철회의 효력발생일 이전으로 소급하게 하면, 철회 이전의 기간에 평가인증을 전제로 지급한 보조금 등의 지원이 그 근거를 상실하게 되어 이를 반환하여야 하는 법적 불이익이 발생한다. 이는 장래를 향하여 효력을 소멸시키는 철회가 예정한 법적 불이익의 범위를 벗어나는 것이다. 이처럼 **행정청이 평가인증이 이루어진 이후에 새로이 발생한 사유를 들어 영유아보육법 제30조 제5항에 따라 평가인증을 철회하는 처분을 하면서도, 평가인증의 효력을 과거로 소급하여 상실시키기 위해서는, 특별한 사정이 없는 한 영유아보육법 제30조 제5항과는 별도의 법적 근거가 필요하다.** (대판 2015두58195)

Ⅱ 실효

① 유기장의 영업허가는 신청에 의하여 행하여지는 처분으로서 **허가를 받은 자가 영업을 폐업할 경우에는 그 효력이 당연히 소멸되는 것이나, 이와 같은 경우 허가행정청의 허가취소처분은 허가가 실효되었음을 확인하는 것에 지나지 않는다고 보아야 할 것이므로**, 유기장의 영업허가를 받은 자가 영업장소를 명도하고 유기시설을 모두 철거하여 매각함으로써 유기장업을 폐업하였다면 영업허가취소처분의 취소를 청구할 **소의 이익이 없는 것이라고 볼 수 있다**.(대판 1990.7.13. 90누2284)

② 청량음료제조업허가는 신청에 의한 처분이고, 이와 같이 신청에 의한 허가처분을 받은 원고가 그 영업을 폐업한 경우에는 그 영업허가는 당연실효되고, 이런 경우 허가행정청의 허가취소처분은 허가의 실효됨을 확인하는 것에 불과하므로 원고는 그 허가취소처분의 취소를 구할 소의 이익이 없다고 할 것이다.(대판 1981.7.14. 80누593)

③ 구 도시 및 주거환경정비법(2012. 2. 1. 법률 제11293호로 개정되기 전의 것, 이하 '구 도시정비법'이라고 한다) 제48조 제1항의 내용, 형식 및 취지 등에 비추어 보면, 당초 관리처분계획의 경미한 사항을 변경하는 경우와는 달리 당초 관리처분계획의 주요 부분을 실질적으로 변경하는 내용으로 새로운 관리처분계획을 수립하여 시장·군수의 인가를 받은 경우에는 당초 관리처분계획은 달리 특별한 사정이 없는 한 효력을 상실한다. 이때 당초 관리처분계획이 효력을 상실한다는 것은 당초 관리처분계획이 유효하게 존속하다가 변경 시점을 기준으로 장래를 향하여 실효된다는 의미이지 소급적으로 무효가 된다는 의미가 아니다. 그리고 이러한 법리는 변경된 관리처분계획이 당초 관리처분계획의 주요 부분을 실질적으로 변경하는 정도에 이르지 않는 경우에도 동일하게 적용되므로, 이와 같은 경우 당초 관리처분계획 중 변경되는 부분은 장래를 향하여 실효된다(대판 2016.6. 23. 2014다16500).

CHAPTER 03 비권력적 행정작용

제1절 공법상 계약

I 계약의 의의

1. 공법상 계약의 개념

공법상 계약이란 공법상 효과발생을 목적으로 하여 복수의 대등한 당사자간에 반대방향의 의사표시의 합치에 의하여 성립되는 공법행위를 말하며, 비권력적 법적 행위이다.

> **관련판례** 공법상 계약
>
> ① 광주광역시문화예술회관장의 단원 위촉은 광주광역시문화예술회관장이 행정청으로서 공권력을 행사하여 행하는 행정처분이 아니라 공법상의 근무관계의 설정을 목적으로 하여 광주광역시와 단원이 되고자 하는 자 사이에 대등한 지위에서 의사가 합치되어 성립하는 공법상 근로계약에 해당한다고 보아야 할 것이다.(대판 2001.12.11. 선고 2001두7794)
> ② 중소기업 정보화지원사업에 따른 지원금 출연을 위하여 중소기업청장이 체결하는 협약은 공법상 계약에 해당한다.(대판 2015두41449)

2. 공공계약과의 구별

> **관련판례** 공공계약
>
> ① 지방재정법에 의하여 준용되는 국가계약법에 따라 지방자치단체가 당사자가 되는 이른바 공공계약은 사경제의 주체로서 상대방과 대등한 위치에서 해결하는 사법상의 계약으로서 그 본질적인 내용은 사인간의 계약과 다를 바가 없으므로, 그에 관한 법령에 특별한 정함이 있는 경우를 제외하고는 사적자치와 계약자유의 원칙 등 사법의 원리가 그대로 적용된다 할 것이다.(대판 2001.12.11. 2001다33604)
> ② 지방자치단체가 구 지방재정법 제63조에 의하여 준용되는 국가를 당사자로 하는 계약에 관한 법률에 따라 시행한 입찰절차에서 낙찰자를 결정한 경우, 지방자치단체가 계약의 주요 내용 내지 조건을 입찰공고와 달리 변경하거나 새로운 조건을 추가하는 것은 이미 성립된 예약에 대한 승낙의무에 반하는 것으로서 특별한 사정이 없는 한 허용될 수 없다.(대판 2006.6.29. 2005다41603)
> ③ 지방재정법에 의하여 준용되는 '국가를 당사자로 하는 계약에 관한 법률'에 따라 지방자치단체가 당사자가 되는 이른바 공공계약은 사경제의 주체로서 상대방과 대등한 위치에서 체결하는 사법상의 계약이다.(대판 2006.6.19. 2006마117)
> ④ 예산회계법 또는 지방재정법에 따라 지방자치단체가 당사자가 되어 체결하는 계약은 사법상의 계약일 뿐, 공권력을 행사하는 것이거나 공권력 작용과 일체성을 가진 것은 아니라고 할 것이므로 이에 관한 분쟁은 행정소송의 대상이 될 수 없다.(대판 1996.12.20. 96누14708)

⑤ 공공계약의 특수성에 비추어 그 내용이 앞서 본 계약 관계 법령에 위반하거나 비례의 원칙에 반하여 계약상 대방에게 지나치게 가혹한 것이거나 선량한 풍속 기타 사회질서에 반하는 결과를 초래할 것임이 분명하여 이를 무효로 하지 않으면 공공계약의 공공성과 공정성을 유지하기 어렵다고 할 만한 특별한 사정이 있는 경우에는 무효로 된다고 해석함이 상당하다(대판 2014.12.24. 2010다83182).

⑥ ㉠ 지방자치단체가 일방 당사자가 되는 이른바 '공공계약'이 사경제의 주체로서 상대방과 대등한 위치에서 체결하는 사법상 계약에 해당하는 경우 그에 관한 법령에 특별한 정함이 있는 경우를 제외하고는 사적 자치와 계약자유의 원칙 등 사법의 원리가 그대로 적용된다.

㉡ 지방자치단체가 계약의 적정한 이행을 위하여 계약상대방과의 계약에 근거하여 계약당사자 사이에 효력이 있는 계약특수조건 등을 부가하는 것이 금지되거나 제한된다고 할 이유는 없고, 사적 자치와 계약자유의 원칙상 관련 법령에 이를 금지하거나 제한하는 내용이 없는데도 그러한 계약내용이나 조치의 효력을 함부로 부인할 것은 아니다. 다만 구 지방자치단체를 당사자로 하는 계약에 관한 법률(2013. 8. 6. 법률 제12000호로 개정되기 전의 것) 제6조 제1항에 따라 공공계약에서 계약상대방의 계약상 이익을 부당하게 제한하는 특약은 효력이 없으나, 이에 해당하기 위해서는 그 특약이 계약상대방에게 다소 불이익하다는 점만으로는 부족하고 지방자치단체 등이 계약상대방의 정당한 이익과 합리적인 기대에 반하여 형평에 어긋나는 특약을 정함으로써 계약상대방에게 부당하게 불이익을 주었다는 점이 인정되어야 한다. 계약상대방의 계약상 이익을 부당하게 제한하는 특약인지는 그 특약에 의하여 계약상대방에게 생길 수 있는 불이익의 내용과 정도, 불이익 발생의 가능성, 전체 계약에 미치는 영향, 당사자들 사이의 계약체결과정, 관계 법령의 규정 등 모든 사정을 종합하여 판단하여야 한다.(대판 2018. 2. 13. 선고 2014두11328)

⑦ 국유임산물 매각계약 : 사법상 계약(대판 2020.5.14. 2018다298409)

3. 공법상 계약과 행정기본법

관련법령 행정기본법

제27조(공법상 계약의 체결) ① 행정청은 법령등을 위반하지 아니하는 범위에서 행정목적을 달성하기 위하여 필요한 경우에는 공법상 법률관계에 관한 계약(이하 "공법상 계약"이라 한다)을 체결할 수 있다. 이 경우 계약의 목적 및 내용을 명확하게 적은 계약서를 작성하여야 한다.
② 행정청은 공법상 계약의 상대방을 선정하고 계약 내용을 정할 때 공법상 계약의 공공성과 제3자의 이해관계를 고려하여야 한다.

Ⅱ 공법상 계약과 법치행정

근로기준법등의 입법취지, 지방공무원법 및 지방공무원징계 및 소청규정의 제규정 내용에 의하면, 지방계약직공무원에 대해서도 채용계약상 특별한 약정이 없는 한, 지방공무원법 및 '지방공무원징계 및 소청규정'에 정한 징계절차에 의하지 아니하고는 보수를 삭감할 수 없다고 봄이 상당하다.(대판 2008.6.12. 2006두16328)

Ⅲ 공법상 계약의 종류

1. 행정주체 상호간의 공법상 계약

2. 행정주체와 사인간의 공법상 계약

사회기반시설에 대한 민간투자법상 민간투자에 관한 협약은 공법상 계약이라고 할 수 있어도, 사업시행자 지정행위는 행정처분이라고 판시한 바 있다.

> ① 재활용자원화시설의 민간위탁대상자선정취소 : 처분성 인정(대판 2007.9.21. 2006두7973)
> ② 사회기반시설에 대한 민간투자법상 민간투자사업자의 사업시행자 지정 : 처분성 인정(대판 2009.4.23. 2007두13159)

3. 수권사인과 사인 상호간의 공법상 계약

관련판례 협의취득

① 공공용지의 취득 및 손실보상에 관한 특례법에 의하여 공공용지를 협의취득한 사업시행자가 그 양도인과 사이에 체결한 매매계약은 공공기관이 사경제주체로서 행한 사법상 매매이다.(대판 1999.11.26. 98다47245)
② 공익사업을 위한 토지등의 취득 및 보상에 관한 법령에 의한 협의취득은 사법상의 법률행위이므로 당사자 사이의 자유로운 의사에 따라 채무불이행책임이나 매매대금 과부족금에 대한 지급의무를 약정할 수 있다.(대판 2012.2.23. 2010다91206)
③ (구)공공용지의 취득 및 손실보상에 관한 특례법에 따른 토지등의 협의취득은 공공사업에 필요한 토지등을 그 소유자와의 협의에 의하여 취득하는 것으로서 공공기관이 사경제주체로서 행하는 사법상 매매 내지 사법상 계약의 성질을 가지는 것이지 행정청이 공권력의 주체로서 상대방의 의사 여하에 불구하고 일방적으로 행하는 행정처분이라 볼 수 없는 것이고, **위 협의취득에 기한 손실보상금의 환수통보 역시 사법상의 이행청구에 해당하는 것으로서 이를 항고소송의 대상이 되는 행정처분이라고 할 수 없다.**(대판 2010.11.11. 2010두14367))

Ⅳ 공법상 계약의 특수성

1. 실체법적 특수성

(Ⅰ) 계약의 성립

① 사법상 원리가 수정·제한 : 행정청은 공법상 계약의 상대방을 선정하고 계약 내용을 정할 때 공법상 계약의 공공성과 제3자의 이해관계를 고려하여야 한다.(행정기본법

제29조 제2항)

② **계약의 방식** : 공법상 계약을 체결할 경우 계약의 목적 및 내용을 명확하게 적은 계약서를 작성하여야 한다.(행정기본법 제29조 제1항 단서)

구 지방재정법(2005. 8. 4. 법률 제7663호로 전부 개정되기 전의 것) 제63조는 지방자치단체를 당사자로 하는 계약에 관하여 이 법 및 다른 법령에서 정한 것을 제외하고는 '국가를 당사자로 하는 계약에 관한 법률'의 규정을 준용한다고 규정하고 있고, 이에 따른 준용조문인 국가를 당사자로 하는 계약에 관한 법률 제11조 제1항, 제2항에 의하면 지방자치단체가 계약을 체결하고자 할 때에는 계약의 목적, 계약금액, 이행기간, 계약보증금, 위험부담, 지체상금 기타 필요한 사항을 명백히 기재한 계약서를 작성하여야 하고, 그 담당공무원과 계약상대자가 계약서에 기명·날인 또는 서명함으로써 계약이 확정된다고 규정하고 있는바, **위 각 규정의 취지에 의하면 지방자치단체가 사경제의 주체로서 사인과 사법상의 계약을 체결함에 있어서는 위 법령에 따른 계약서를 따로 작성하는 등 그 요건과 절차를 이행하여야 하고, 설사 지방자치단체와 사인 사이에 사법상의 계약 또는 예약이 체결되었다 하더라도 위 법령상의 요건과 절차를 거치지 않은 계약 또는 예약은 그 효력이 없다.** (대판 2009.12.24. 선고 2009다51288)

(2) 계약의 해지

① 지방공무원법과 지방전문직공무원규정등 관계법령의 규정내용에 비추어 보면, **지방전문직공무원 채용계약에서 정한 채용기간이 만료한 경우 채용계약을 갱신하거나 채용기간을 연장할 것인지 여부는 지방자치단체장의 재량에 맡겨져 있는 것으로 보아야 할 것이므로** 지방전문직공무원 채용계약에서 정한 기간이 형식적인 것에 불과하고 그 채용계약은 기간의 약정이 없는 것이라고 볼 수 없다.(대판1993.09.14. 선고 92누4611)

② 계속적 계약은 당사자 상호간의 신뢰관계를 그 기초로 하는 것이므로, **당해 계약의 존속 중에 당사자의 일방이 그 계약상의 의무를 위반함으로써 그로 인하여 계약의 기초가 되는 신뢰관계가 파괴되어 계약관계를 그대로 유지하기 어려운 정도에 이르게 된 경우에는 상대방은 그 계약관계를 막바로 해지함으로써 그 효력을 장래에 향하여 소멸시킬 수 있다고 봄이 타당**하다.(대판 2002.11.26. 2002두5948)

③ 피고(대한민국) 산하 교육과학기술부장관에 의하여 전남대학교병원 감사로 임명된 원고가 개인적으로 지출한 비용 1,422,000원을 특정업무비로 청구하여 부당하게 지급받았음을 이유로 해임된 데 대하여 여러 사정을 종합하여 **원고 피고 사이에 신뢰관계가 파괴되어 계속적 계약관계를 그대로 유지하기 어려운 정도에 이르게 되었다고 볼 수 없으므로 해임의 의사표시는 무효**이다.(대판 2010.8.19. 2010두4971)

(3) **계약의 하자** : 행정행위와 달리 무효라고 보고 있다.
- ■ 일부무효 : 공법상 계약의 일부분에 위법이 있는 경우, 분리가능성이 있는 경우 일부만이 무효이지만, 위법한 부분이 없었더라면 당해 계약을 체결하지 않았을 경우 전체가 무효가 된다. 동시에 분리가능성이 없는 경우도 전부 무효가 된다.
- ① 계약담당 공무원이 입찰절차에서 지방자치단체를 당사자로 하는 계약에 관한 법률 및 그 시행령이나 세부심사기준에 어긋나게 적격심사를 하였다고 하더라도 그 사유만으로 당연히 낙찰자 결정이나 그에 따른 계약이 무효가 되는 것은 아니고, 이를 위반한 하자가 입찰절차의 공공성과 공정성이 현저히 침해될 정도로 중대할 뿐 아니라 상대방도 이러한 사정을 알았거나 알 수 있었을 경우 또는 누가 보더라도 낙찰자 결정 및 계약체결이 선량한 풍속 기타 사회질서에 반하는 행위에 의하여 이루어진 것임이 분명한 경우 등 이를 무효로 하지 않으면 그 절차에 관하여 규정한 위 법률의 취지를 몰각하는 결과가 되는 특별한 사정이 있는 경우에 한하여 무효가 된다.(대판 2022. 6. 30. 선고 2022다209383)

2. 절차법적 특수성

계약직공무원에 관한 현행 법령의 규정에 비추어 볼 때, 계약직공무원 채용계약해지의 의사표시는 일반공무원에 대한 징계처분과는 달라서 항고소송의 대상이 되는 처분 등의 성격을 가진 것으로 인정되지 아니하고, 일정한 사유가 있을 때에 국가 또는 지방자치단체가 채용계약 관계의 한쪽 당사자로서 대등한 지위에서 행하는 의사표시로 취급되는 것으로 이해되므로, **이를 징계해고 등에서와 같이 그 징계사유에 한하여 효력 유무를 판단하여야 하거나, 행정처분과 같이 행정절차법에 의하여 근거와 이유를 제시하여야 하는 것은 아니다.**(대판2002.11.26. 선고 2002두5948)
→ 국방홍보원장 해촉사건("피바다"사건)

3. 쟁송법적 특수성

(1) **당사자소송에 해당한다고 판시한 사례**
- ① 지방전문직공무원 채용계약 해지의 의사표시에 대하여는 대등한 당사자간의 소송형식인 공법상 당사자소송으로 그 의사표시의 무효확인을 청구할 수 있다.(대판 1993.9.14. 92누4611)
- ② 지방자치법 제9조 제2항 제5호 (라)목 및 (마)목 등의 규정에 의하면, 서울특별시립무용단원의 공연 등 활동은 지방문화 및 예술을 진흥시키고자 하는 서울특별시의 공공적 업무수행의 일환으로 이루어진다고 해석될 뿐 아니라, 단원으로 위촉되기 위하여는 일정한 능력요건과 자격요건을 요하고, 계속적인 재위촉이 사실상 보장되며,

공무원연금법에 따른 연금을 지급받고, 단원의 복무규율이 정해져 있으며, 정년제가 인정되고, 일정한 해촉사유가 있는 경우에만 해촉되는 등 서울특별시립무용단원이 가지는 지위가 공무원과 유사한 것이라면, **서울특별시립무용단 단원의 위촉은 공법상의 계약이라고 할 것이고, 따라서 그 단원의 해촉에 대하여는 공법상의 당사자소송으로 그 무효확인을 청구**할 수 있다. (대판 1995.12.22. 선고 95누4636)

③ 현행 실정법이 **전문직공무원인 공중보건의사의 채용계약 해지의 의사표시는 일반공무원에 대한 징계처분과는 달라서 항고소송의 대상이 되는 처분 등의 성격을 가진 것으로 인정되지 아니하고**, 일정한 사유가 있을 때에 관할 도지사가 채용계약 관계의 한쪽 당사자로서 대등한 지위에서 행하는 의사표시로 취급하고 있는 것으로 이해되므로, **공중보건의사 채용계약 해지의 의사표시에 대하여는 대등한 당사자간의 소송형식인 공법상의 당사자소송으로 그 의사표시의 무효확인을 청구할 수 있는 것이지**, 이를 항고소송의 대상이 되는 행정처분이라는 전제하에서 그 취소를 구하는 항고소송을 제기할 수는 없다.(대판 1996.05.31. 선고 95누10617)

④ 광주광역시문화예술회관장의 단원 위촉은 광주광역시문화예술회관장이 행정청으로서 공권력을 행사하여 행하는 행정처분이 아니라 공법상의 근무관계의 설정을 목적으로 하여 광주광역시와 단원이 되고자 하는 자 사이에 대등한 지위에서 의사가 합치되어 성립하는 공법상 근로계약에 해당한다고 보아야 할 것이므로, 광주광역시립합창단원으로서 위촉기간이 만료되는 자들의 재위촉 신청에 대하여 광주광역시문화예술회관장이 실기와 근무성적에 대한 평정을 실시하여 재위촉을 하지 아니한 것을 항고소송의 대상이 되는 불합격처분이라고 할 수는 없다.(대판 2001.12.11. 선고 2001두7794)

(2) 항고소송으로 다투어야 한다고 판시한 사례

① **산업단지 입주계약의 해지통보**는 단순히 대등한 당사자의 지위에서 형성된 공법상 계약을 계약당사자의 지위에서 종료시키는 의사표시에 불과하다고 볼 것이 아니라 행정청이 관리권자로부터 관리업무를 위탁받은 피고가 우월적 지위에서 원고에게 일정한 법률상 효과를 발생하게 하는 것으로서 **항고소송의 대상이 되는 행정처분에 해당**한다.(대판 2011.6.30. 2010두23859)

② 재단법인 한국연구재단이 과학기술기본법령에 따라 연구개발비의 회수 및 관련자에 대한 국가연구개발사업 참여제한을 내용으로 하여 "2단계 두뇌한국 21 사업협약"을 해지하는 통보를 하였다면, 그 통보는 행정처분에 해당한다(대판 2011.6.30. 2010두23859).

(3) 민사소송으로 다투어야 한다고 판시한 사례

① 수도권매립지관리공사는 공공기관의 운영에 관한 법률에 의한 '기타 공공기관'에 불과하여 같은 법 제39조에 의한 입찰참가자격 제한조치를 할 수 없고, 위 공사의 대표

자는 국가를 당사자로 하는 계약에 관한 법률 제27조 제1항에 의하여 입찰참가자격 제한조치를 할 수 있는 '각 중앙관서의 장'에 해당하지 아니한다. **따라서 위 공사는 행정소송법에 정한 행정청 또는 그 소속기관이거나 그로부터 제재처분의 권한을 위임받은 공공기관에 해당하지 아니하므로, 위 공사가 한 이 사건 제재처분은 행정소송의 대상이 되는 행정처분이 아니라 단지 신청인을 위 공사가 시행하는 입찰에 참가시키지 않겠다는 뜻의 사법상의 효력을 가지는 통지행위에 불과**하다.(대판 2010.11.26. 2010무137)

② ~ 이 사건 계약은 피고가 원고들에게 음식물류 폐기물의 수집・운반, 가로 청소, 재활용품의 수집・운반 업무의 대행을 위탁하고 그에 대한 대행료를 지급하는 것을 내용으로 하는 용역계약으로서 이 사건 변경계약에 따른 대행료 정산의무의 존부는 민사 법률관계에 해당하므로 민사소송에 해당하는 것으로 보아야 한다.(대판 2014두11328)

판례요지
① 민사사건을 행정소송 절차로 진행한 것 자체가 위법하다고 볼 수 없다.
② 계약특수조건등을 부가하는 것이 금지되거나 제한된다고 할 이유는 없다.

③ 자원회수시설과 부대시설의 운영・유지관리에 관한 협약은 사법상 계약에 해당한다.(대판 2018두60588)

4. 계약과 처분과의 비교

① 중소기업기술정보진흥원장이 甲 주식회사와 중소기업 정보화지원사업 지원대상인 사업의 지원에 관한 협약을 체결하였는데, 협약이 甲 회사에 책임이 있는 사업실패로 해지되었다는 이유로 협약에서 정한 대로 지급받은 정부지원금을 반환할 것을 통보한 사안에서, 중소기업 정보화지원사업에 따른 지원금 출연을 위하여 중소기업청장이 체결하는 협약은 공법상 대등한 당사자 사이의 의사표시의 합치로 성립하는 공법상 계약에 해당하는 점, 구 중소기업 기술혁신 촉진법(2010. 3. 31. 법률 제10220호로 개정되기 전의 것) 제32조 제1항은 제10조가 정한 기술혁신사업과 제11조가 정한 산학협력 지원사업에 관하여 출연한 사업비의 환수에 적용될 수 있을 뿐 이와 근거 규정을 달리하는 중소기업 정보화지원사업에 관하여 출연한 지원금에 대하여는 적용될 수 없고 달리 지원금 환수에 관한 구체적인 법령상 근거가 없는 점 등을 종합하면, 협약의 해지 및 그에 따른 환수통보는 공법상 계약에 따라 행정청이 대등한 당사자의 지위에서 하는 의사표시로 보아야 하고, 이를 행정청이 우월한 지위에서 행하는 공권력의 행사로서 행정처분에 해당한다고 볼 수는 없다고 한 사례(대판 2015.8.27. 2015두41449)

② 공기업・준정부기관이 법령 또는 계약에 근거하여 선택적으로 입찰참가자격 제한 조

치를 할 수 있는 경우, **계약상대방에 대한 입찰참가자격 제한 조치가 법령에 근거한 행정처분인지 아니면 계약에 근거한 권리행사인지는 원칙적으로 의사표시의 해석 문제이다. 이때에는 공기업·준정부기관이 계약상대방에게 통지한 문서의 내용과 해당 조치에 이르기까지의 과정을 객관적·종합적으로 고찰하여 판단하여야** 한다. 그럼에도 불구하고 공기업·준정부기관이 법령에 근거를 둔 **행정처분으로서의 입찰참가자격 제한 조치를 한 것인지 아니면 계약에 근거한 권리행사로서의 입찰참가자격 제한 조치를 한 것인지가 여전히 불분명한 경우에는, 그에 대한 불복방법 선택에 중대한 이해관계를 가지는 그 조치 상대방의 인식가능성 내지 예측가능성을 중요하게 고려하여 규범적으로 이를 확정함이 타당**하다.(대판 2018. 10. 25. 선고 2016두 33537)

③ 계약위반과 입찰참가자격제한처분

공기업·준정부기관이 입찰을 거쳐 계약을 체결한 상대방에 대해 위 규정들에 따라 계약조건 위반을 이유로 입찰참가자격제한처분을 하기 위해서는 입찰공고와 계약서에 미리 계약조건과 그 계약조건을 위반할 경우 입찰참가자격 제한을 받을 수 있다는 사실을 모두 명시해야 한다. 계약상대방이 입찰공고와 계약서에 기재되어 있는 계약조건을 위반한 경우에도 공기업·준정부기관이 입찰공고와 계약서에 미리 그 계약조건을 위반할 경우 입찰참가자격이 제한될 수 있음을 명시해 두지 않았다면, 위 규정들을 근거로 입찰참가자격제한처분을 할 수 없다. (대판 2021. 11. 11. 선고 2021두 43491)

제2절 행정지도

I 의의

1. 행정지도의 법적 성격 : 비권력적 사실행위

> 행정관청이 건축허가시에 도로의 폭에 대하여 행정지도를 하였다는 점만으로는 건축법시행령 제64조 제1항 소정의 도로지정이 있었던 것으로 볼 수 없다.(대판 1991.12.13. 선고 91누1776)

2. 행정지도와 행정절차법

관련법령 행정절차법

제48조(행정지도의 원칙) ① 행정지도는 그 목적 달성에 필요한 최소한도에 그쳐야 하며, 행정지도의 상대방의 의사에 반하여 부당하게 강요하여서는 아니 된다.
② 행정기관은 행정지도의 상대방이 행정지도에 따르지 아니하였다는 것을 이유로 불이익한 조치를 하여서는 아니 된다.
제49조(행정지도의 방식) ① 행정지도를 하는 자는 그 상대방에게 그 행정지도의 취지 및 내용과 신분을 밝혀야 한다.
② 행정지도가 말로 이루어지는 경우에 상대방이 제1항의 사항을 적은 서면의 교부를 요구하면 그 행정지도를 하는 자는 직무 수행에 특별한 지장이 없으면 이를 교부하여야 한다.
제50조(의견제출) 행정지도의 상대방은 해당 행정지도의 방식·내용 등에 관하여 행정기관에 의견제출을 할 수 있다.
제51조(다수인을 대상으로 하는 행정지도) 행정기관이 같은 행정목적을 실현하기 위하여 많은 상대방에게 행정지도를 하려는 경우에는 특별한 사정이 없으면 행정지도에 공통적인 내용이 되는 사항을 공표하여야 한다.

II 행정지도와 권리구제

1. 행정지도와 항고소송

(Ⅰ) 처분성을 부정한 사례

① **세무당국이 소외 회사에 대하여 원고와의 주류거래를 일정기간 중지하여 줄 것을 요청한 행위**는 권고 내지 협조를 요청하는 권고적 성격의 행위로서, 소외 회사나 원고의 법률상의 지위에 직접적인 법률상의 변동을 가져오는 **행정처분이라고 볼 수 없는 것이므로 항고소송의 대상이 될 수 없다.**(대판 1980.10.27. 80누395)

② 구 건축법 제2조 제15호 본문 후단에 의하여 도로지정이 있게 되면 그 도로부지 소유자들은 건축법에 따른 토지사용상의 제한을 받게 되므로 도로지정은 도로의 구간·연장·폭 및 위치등을 특정하여 명시적으로 행하여져야 하고, 또한 행정관청이 건축허가시 도로의 폭에 관하여 행정지도를 하였다고 하여 시장·군수의 도로지정이 있었던 것으로 볼 수도 없다.(대판 1999.8.24. 99두592)

③ **금융감독원장이 종합금융주식회사의 전 대표이사**에게 재직 중 위법·부당행위사례를 첨부하여 금융관련법규를 위반하고 신용질서를 심히 문란하게 한 사실이 있다는 내용으로 '**문책경고장**'을 보낸 행위는 항고소송의 대상이 되는 행정처분에 해당하지 아니한다.(대판 2005.2.17. 2003두10312)

④ **서면에 의한 경고**는 국가공무원법상의 징계의 종류에 해당하지 아니하고, 근무충실에 관한 권고행위 내지 지도행위로서 그 때문에 공무원으로서의 신분에 불이익을 초

래하는 법률상의 효과가 발생하는 것도 아니므로, **경고가 국가공무원법상의 징계처분이나 행정소송의 대상이 되는 행정처분이라고 할 수 없어** 그 취소를 구할 법률상의 이익이 없다.(대판 1991.11.12. 91누2700)

⑤ 구청장이 도시재개발구역내의 건물소유자 갑에게 건물의 자진철거를 요청하는 내용의 공문을 보냈다고 하더라도 ~ **이를 행정소송의 대상이 되는 처분이라고 볼 수 없다.**(대판 1989.09.12. 선고 88누8883)

(2) 처분성을 인정한 사례

① 교육감이 학교법인에 대한 감사실시 후 처리지시를 하고 그와 함께 그 시정조치에 대한 결과를 증빙서를 첨부한 문서로 보고하도록 한 것은, 의무의 부담을 명하거나 기타 법률상의 효과를 발생하게 하는 것으로서 항고소송의 대상이 되는 행정처분에 해당하다.(대판 2008.9.11. 2006두18362)

② **금융기관의 임원에 대한 금융감독원장의 문책경고** : 처분성인정(대판 2005.2.17. 2003두14765)

③ 국가인권위원회의 성희롱결정 및 시정조치권고 : 처분성인정(대판 2005.7.8. 2005두487)

④ **행정규칙에 의한 불문경고조치**가 비록 법률상의 징계처분은 아니지만, 위 처분을 받지 아니하였다면 차후 다른 징계처분이나 경고를 받게 될 경우 징계감경사유로 사용될 수 있었던 표창공적의 사용가능성을 소멸시키는 효과와 1년동안 인사기록카드에 등재됨으로써 그동안은 장관표창이나 도지사표창 대상자에서 제외시키는 효과등이 있다는 이유로 항고소송의 대상이 되는 행정처분에 해당한다.(대판 2002.7.26. 2001두3532)

⑤ **공정거래위원회의 '표준약관 사용권장행위'**는 그 통지를 받은 해당 사업자 등에게 표준약관과 다른 약관을 사용할 경우 표준약관과 다르게 정한 주요내용을 고객이 알기 쉽게 표시하여야 할 의무를 부과하고, 그 불이행에 대해서는 과태료에 처하도록 되어 있으므로, **이는 사업자 등의 권리·의무에 직접 영향을 미치는 행정처분으로서 항고소송의 대상이 된다.**(대판 2010.10.14. 선고 2008두23184)

2. 행정지도와 국가배상

① 국가배상법이 정한 배상청구의 요건인 '공무원의 직무'에는 권력적 작용만이 아니라 행정지도와 같은 비권력적 작용도 포함되며 단지 행정주체가 사경제주체로서 하는 활동만 제외된다.(대판 1998.07.10. 선고 96다38971)

② 행정지도가 강제성을 띠지 않은 비권력적 작용으로서 행정지도의 한계를 일탈하지 아니하였다면 그로 인하여 원고에게 어떤 손해가 발생하였다 하더라도 피고는 그에 대한 배상책임이 없으나, **행정지도에 따를 의사가 없는 상대방에게 이를 부당하게**

강요하는 경우에는 행정지도의 한계를 일탈한 위법한 행정지도에 해당하여 불법행위를 구성한다.(대판 2008.9.25. 2006다18228)

③ 1995. 1. 3. 행한 행정지도는 그에 따를 의사가 없는 원고에게 이를 부당하게 강요하는 것으로서 행정지도의 한계를 일탈한 위법한 행정지도에 해당하여 불법행위를 구성하므로, 피고는 1995. 1. 3.부터 원고가 피고로부터 "원고의 어업권은 유효하고 향후 어장시설공사를 재개할 수 있으나 어업권 및 시설에 대한 보상은 할 수 없다"는 취지의 통보를 받은 1998. 4. 30.까지 원고가 실질적으로 어업권을 행사할 수 없게 됨에 따라 입은 손해를 배상할 책임이 있다.(대판 2008.09.25. 선고 2006다18228)

3. 행정지도와 헌법소원

① 교육인적자원부장관의 대학총장들에 대한 이 사건 학칙시정요구는 고등교육법 제6조 제2항, 동법 시행령 제4조 제3항에 따른 것으로서 **그 법적 성격은 대학총장의 임의적인 협력을 통하여 사실상의 효과를 발생시키는 행정지도의 일종이지만, 그에 따르지 않을 경우 일정한 불이익조치를 예정하고 있어 사실상 상대방에게 그에 따를 의무를 부과하는 것과 다를 바 없으므로 단순한 행정지도로서의 한계를 넘어 규제적·구속적 성격을 상당히 강하게 갖는 것으로서 헌법소원의 대상이 되는 공권력의 행사**라고 볼 수 있다.(헌재결 2003.6.26. 2002헌마337)

② 재무부장관이 제일은행장에 대하여 한 국제그룹의 해체준비착수지시와 언론발표지시는 상급관청의 하급관청에 대한 지시가 아님은 물론 동 은행에 대한 임의적 협력을 기대하여 행하는 비권력적권고·조언 등의 단순한 행정지도서의 한계를 넘어선 것이고, 이와 같은 공권력의 개입은 주거래 은행으로 하여금 공권력에 순응하여 제3자 인수식의 국제그룹 해체라는 결과를 사실상 실현시키는 행위라고 할 것으로, 이와 같은 유형의 행위는 형식적으로는 사법인인 주거래 은행의 행위였다는 점에서 행정행위는 될 수 없더라도 그 실질이 공권력의 힘으로 재벌기업의 해체라는 사태변동을 일으키는 경우인 점에서 일종의 권력적 사실행위로서 헌법소원의 대상이 되는 공권력의 행사에 해당한다. (헌재결 1993.7.29. 89헌마31)

③ **행정기관인 방송통신심의위원회의 시정요구**는 정보통신서비스제공자 등에게 조치결과 통지의무를 부과하고 있고, 정보통신서비스제공자등이 **이에 따르지 않는 경우 방송통신위원회의 해당 정보의 취급거부·정지 또는 제한명령이라는 법적 조치가 예정되어 있으며**, 행정기관인 방송통신심의위원회가 표현의 자유를 제한하게 되는 결과의 발생을 의도하거나 또는 적어도 예상하였다 할 것이므로, 이는 단순한 행정지도로서의 한계를 넘어 규제적·구속적 성격을 갖는 것으로서 **헌법소원 또는 항고소송의 대상이 되는 공권력의 행사에 해당**한다.(헌재결 2011헌가13)

4. 위법한 행정지도에 따른 행위의 위법성 조각문제

토지의 매매대금을 허위로 신고하고 계약을 체결하였다면 이는 계약예정금액에 대하여 허위의 신고를 하고 토지등의 거래계약을 체결한 것으로서 구 국토이용관리법 제33조 제4호에 해당한다고 할 것이고, **행정관청이 국토이용관리법 소정의 토지거래계약신고에 관하여 공시된 기준시가를 기준으로 매매가격을 신고하도록 행정지도를 하여 그에 따라 허위신고를 한 것이라 하더라도 이와 같은 행정지도는 법에 어긋나는 것으로서 그와 같은 행정지도나 관행에 따라 허위신고행위에 이르렀다고 하여도 이것만 가지고서는 그 범법행위가 정당화될 수 없다.**(대판 1994.6.14. 93도3247)

→ 행정지도가 위법할 경우, 이를 믿고 따른다 할지라도 위법성이 조각되지 아니한다.

제3절 사실행위

I 사실행위에 관련된 판례정리

① 무단 용도변경을 이유로 단전조치된 건물의 소유자로부터 새로이 전기공급신청을 받은 한국전력공사가 관할 구청장에게 전기공급의 적법 여부를 조회한 데 대하여, **관할 구청장이 한국전력공사에 대하여 건축법 제69조 제2항, 제3항의 규정에 의하여 위 건물에 대한 전기공급이 불가하다는 내용의 회신**을 하였다면, 그 회신은 권고적 성격의 행위에 불과한 것으로서 한국전력공사나 특정인의 법률상 지위에 직접적인 변동을 가져오는 것은 아니므로 항고소송의 대상이 되는 행정처분이라고 볼 수 없다.(대판1995.11.21. 선고 95누9099)

② 교도소 이송처분 : 처분성인정(대판 1992.8.7. 92두30)

③ **수도사업자의 급수공사 신청자에 대한 급수공사비납부통지**는 사실상의 통지행위에 불과하므로 행정처분이 아니다.(대판 1993.10.26. 93누6331)

④ **교도소장이 수형자 갑을 '접견내용 녹음·녹화 및 접견 시 교도관 참여대상자'로 지정한 사안**에서, 위 지정행위는 수형자의 구체적 권리의무에 직접적 변동을 가져오는 행정청의 공법상 행위로서 항고소송의 대상이 되는 **'처분'에 해당**한다.(대판2014. 2.13. 선고 2013두20899)

⑤ 추첨방식에 의하여 운수사업 면허대상자를 선정하는 경우 **추첨 자체는 다수의 면허신청자 중에서 면허를 받을 수 있는 신청자를 특정하여 선발하는 행정처분을 위한 사전 준비절차로서의 사실행위에 불과한 것으로** 이 단계에서의 신청자격 유무의 심사는 신청서류에 의하여 형식적으로 심사함으로써 족하고 서류상 자격이 있다고 인

정되면 추첨에 참여시켜야 하는 것이며, 행정청으로서는 당첨된 신청인을 상대로 면허처분을 할 때 다시 자격 유무를 구체적으로 조사 판단하여 종국적으로 면허 또는 면허거부처분을 하여야 할 것이다.(대판 1993.05.11. 선고 92누15987)

⑥ **진료비청구명세서에 대한 의료보험연합회의 심사결과통지**는 그 자체로서 원고의 의료보호비용 청구에 관한 법률상 지위에 직접적인 법률적 변동을 가져오는 것은 아니므로 **이를 가리켜 항고소송의 대상이 되는 행정처분이라고 볼 수는 없다.**(대판 1999.06.25. 선고 98두15863)

⑦ **방송통신위원회**가 지상파 방송사인 갑 주식회사에 뉴스보도에서 횡령 혐의자의 보석석방 소식을 전하면서 피고인의 실루엣으로 을 의원의 사진을 사용하여 시청자를 혼동케 하고 을 의원의 명예를 훼손함으로써 지상파 방송으로서의 품위를 유지하지 못하였다는 이유로 방송법 제100조 제1항, 제4항에 따라 제재조치명령과 함께 **고지방송명령**을 한 사안에서, **고지방송명령은 권고적 효력만을 가지는 비권력적 사실행위에 해당할 뿐 항고소송의 대상이 되는 행정처분에 해당하지 않는다.**(2015.03.12. 선고 2014두43974)

⑧ **수형자의 서신을 교도소장이 검열하는 행위** : 권력적 사실행위(헌재결 1998.8.27. 96헌마398)

⑨ **학교당국이 미납공납금을 완납하지 아니할 경우에 졸업증의 교부와 증명서를 발급하지 않겠다고 통고한 것** : **비권력적 사실행위**로 헌법소원의 대상이 되는 공권력의 행사 ×(헌재결 2001.10.25. 2001헌마113)

⑩ **선거법위반행위에 대한 중지촉구**공문 : 비권력적 사실행위로서 헌법소원의 대상이 되는 공권력행사 ×

⑪ 우월적 지위에서 일방적으로 강제하는 권력적 사실행위는 헌법소원의 대상이 되는 헌법재판소법 제68조 제1항의 '공권력의 행사'에 해당한다(헌재결 2003.12.18. 2001헌마754).

⑫ 행정소송은 공권력의 행사, 불행사 등으로 인한 국민의 권리 또는 이익의 침해를 구제함을 목적으로 하고 있으므로, 행정청의 공권력의 행사로서 구체적인 권리의무에 관한 분쟁이 아닌 단순한 사실행위는 행정소송의 대상이 되지 아니한다.(대판 88누3116)

CHAPTER 04 행정계획

I. 행정계획의 의의

행정계획이란 행정에 관한 전문적·기술적 판단을 기초로 하여 특정한 행정목표를 달성하기 위하여 서로 관련되는 행정수단을 종합·조정함으로써 장래의 일정한 시점에 일정한 질서를 실현하기 위한 활동기준을 설정하는 것이다. 그런데 관계 법령에는 추상적인 행정목표와 절차만을 규정하고 있을 뿐 행정계획의 내용에 관하여는 별다른 규정을 두고 있지 아니하므로, 행정주체는 구체적인 행정계획을 입안·결정할 때 비교적 광범위한 형성의 자유를 가진다. 다만 행정주체가 갖는 이와 같은 형성의 자유는 무제한적인 것이 아니라 그 행정계획에 관련되는 자들의 이익을 공익과 사익 사이에서는 물론이고 공익 상호간과 사익 상호간에도 정당하게 비교·교량하여야 한다는 제한이 있으므로, **행정주체가 행정계획을 입안·결정함에 있어서 이익형량을 전혀 행하지 아니하거나 이익형량의 고려 대상에 마땅히 포함시켜야 할 사항을 누락한 경우 또는 이익형량을 하였으나 정당성과 객관성이 결여된 경우, 그 행정계획결정은 형량에 하자가 있어 위법**하게 된다.(대판 2010두21464)

II. 행정계획의 법적 성격

1. 처분성을 인정한 사례

① 구 도시계획법 제12조 소정의 도시계획결정이 고시되면 도시계획구역안의 토지나 건물소유자의 토지형질변경, 건축물의 신축·개축 또는 증축 등 권리행사가 일정한 제한을 받게 되는바, 이런 점에서 볼 때 **고시된 도시계획결정은 특정개인의 권리 내지 법률상의 이익을 개별적이고 구체적으로 규제하는 효과를 가져오게 하는 행정청의 처분이라 할 것**이고, 이는 행정소송의 대상이 되는 것이라 할 것이다.(대판 1982. 3. 9. 80누105)

② 도시재개발법에 의한 재개발조합은 조합원에 대한 법률관계에서 적어도 특수한 존립목적을 부여받은 특수한 행정주체로서 국가의 감독하에 그 존립목적인 특정한 공공사무를 행하고 있다고 볼 수 있는 범위 내에서는 공법상의 권리·의무관계에 서 있는 것이므로 **분양신청 후에 정하여진 관리처분계획의 내용에 관하여 다툼이 있는 경우에는 그 관리처분계획은 토지등의 소유자에게 구체적이고 결정적인 영향을 미치는 것으로서 조합이 행한 처분에 해당하므로 항고소송의 방법으로 그 무효확인이나 취

소를 구할 수 있다.(대판 2002.12.10. 2001두6333)
③ 택지개발촉진법 제3조에 의한 건설교통부장관의 **택지개발예정지구의 지정**은 그 처분의 고시에 의하여 개발할 토지의 위치, 면적과 그 행사가 제한되는 권리내용 등이 특정되는 처분인 반면에, 같은 법 제8조에 의한 건설교통부장관의 택지개발계획 시행자에 대한 **택지개발계획의 승인**은 당해 사업이 택지개발촉진법상의 택지개발사업에 해당함을 인정하여 시행자가 그 후 일정한 절차를 거칠 것을 조건으로 하여 일정한 내용의 수용권을 설정하여 주는 처분으로서 그 승인고시에 의하여 수용할 목적물의 범위가 확정되는 것이므로, 그 두 처분은 후자가 전자의 처분을 전제로 하는 것이기는 하나 **각각 단계적으로 별개의 법률효과를 발생하는 독립한 행정처분**이다.(대판 1996.12.06. 선고 95누8409)
→ 택지개발예정지구의 지정과 택지개발계획의 승인에 대하여 처분성 인정
④ 재건축정비사업조합이 이러한 행정주체의 지위에서 위 법(구 도시 및 주거환경정비법)에 기초하여 수립한 사업시행계획은 인가·고시를 통해 확정되면 이해관계인에 대한 구속적 행정계획으로서 독립된 행정처분에 해당한다.(대결 2009.11.2 2009마596)
⑤ 건설교통부장관의 개발제한구역의 지정·고시라는 별도의 구체적인 집행행위에 의하여 비로소 재산권침해여부의 문제가 발생할 수 있는 것이지, 위 법률조항 자체에 의하여 직접 자유의 제한, 의무의 부과, 권리 또는 법적지위의 박탈이 생긴 경우라고는 볼 수 없다.(헌재결 1999.10.21. 98헌마407)
⑥ 토지구획정리사업법 제57조, 제62조 등의 규정상 환지예정지 지정이나 환지처분은 그에 의하여 직접 토지소유자 등의 권리의무가 변동되므로 이를 항고소송의 대상이 되는 처분이라고 볼 수 있으나, **환지계획은 위와 같은 환지예정지 지정이나 환지처분의 근거가 될 뿐 그 자체가 직접 토지소유자 등의 법률상의 지위를 변동시키거나 또는 환지예정지 지정이나 환지처분과는 다른 고유한 법률효과를 수반하는 것이 아니어서 이를 항고소송의 대상이 되는 처분에 해당한다고 할 수가 없다.**(대판 1999.08.20. 선고 97누6889)
→ 환지계획에 대하여는 처분성을 부정하였으나, 환지예정지지정이나 환지처분에 대해서는 처분성을 인정한 사례
⑦ 도시설계는 도시계획구역의 일부분을 그 대상으로 하여 토지의 이용을 합리화하고, 도시의 기능 및 미관을 증진시키며 양호한 도시환경을 확보하기 위하여 수립하는 도시계획의 한 종류로서 도시설계지구 내의 모든 건축물에 대하여 구속력을 가지는 구속적 행정계획의 법적 성격을 갖는다고 할 것이다.(헌재결 2003.6.26. 2002헌마402)

2. 처분성을 부정한 사례

① **택지공급방법의 결정은 내부적인 행정계획에 불과하여 그것만으로 택지공급희망자의 권리나 법률상 이익에 개별적이고 구체적인 영향을 미치는 것은 아니므로**, 택지개발사업시행자가 그 공급방법을 결정하여 통보한 것은 분양계약을 위한 사전준비절차로서의 사실행위에 불과하고, 항고소송의 대상이 되는 행정처분으로 볼 수 없다. (대판 1993.7.13. 93누36)

② 구 도시계획법 제10조의 2, 제16조의 2, 같은 법 시행령 제7조, 제14조의 2 각 규정을 종합하면, **도시기본계획은 도시의 기본적인 공간구조와 장기발전방향을 제시하는 종합계획으로서 그 계획에는 토지이용계획, 환경계획, 공원녹지계획등 장래의 도시개발의 일반적인 방향이 제시되지만, 그 계획은 도시계획입안의 지침이 되는 것에 불과하여** 일반국민에 대한 직접적인 구속력은 없는 것이다.(대판 2002.10.11. 2000두8226)

③ **도시환경정비사업을 직접 시행하려는 토지 등 소유자들은 시장·군수로부터 사업시행인가를 받기 전에는 행정주체로서의 지위를 가지지 못한다. 따라서 그가 작성한 사업시행계획은 인가처분의 요건 중 하나에 불과하고 항고소송의 대상이 되는 독립된 행정처분에 해당하지 아니한다고 할 것**이다.(대판 2013.6.13. 2011두19994)

④ 기존의 하수도정비기본계획을 변경하여 광역하수종말처리시설을 설치하는 등의 내용으로 수립한 **하수도정비기본계획은 항고소송의 대상이 되는 행정처분에 해당하지 아니한다.**(대판 2002.5.17. 2001두10578)

⑤ 농어촌도로정비기본계획 : 처분성 부정(대판 2000.9.5. 99두974)

⑥ 국토해양부, 환경부, 문화체육관광부, 농림수산부, 식품부가 합동으로 2009. 6. 8. 발표한 '4대강 살리기 마스터플랜' 등은 4대강 정비사업과 주변 지역의 관련 사업을 체계적으로 추진하기 위하여 수립한 종합계획이자 '4대강 살리기 사업'의 기본방향을 제시하는 계획으로서, 행정기관 내부에서 사업의 기본방향을 제시하는 것일 뿐, 국민의 권리·의무에 직접 영향을 미치는 것이 아니어서 행정처분에 해당하지 않는다.(대판 2011.04.21. 자 2010무111)

Ⅲ 행정계획의 내용

1. 행정계획 수립과정의 절차상 하자와 효력

① 도시계획결정을 함에 있어서 도시계획법 제15조 제1항 소정의 기초조사절차를 적법하게 거치지 아니한 하자가 있었더라도 **그러한 절차상의 하자는 그 도시계획결정의 취소사유는 될지언정 당연무효의 사유라고는 보여지지 않는다.** (대판 1990.06.12. 선고 90누2178)

② ~ 정당하게 도시계획결정등의 처분을 하였다고 하더라도 이를 관보에 게재하여 고시하지 아니한 이상 대외적으로는 아무런 효력도 발생하지 아니한다.(대판 1985. 12. 10. 85누186)

③ **도시계획의 수립에 있어서 도시계획법 제16조의2 소정의 공청회를 열지 아니하고 공공용지의취득및손실보상에관한특례법 제8조 소정의 이주대책을 수립하지 아니하였더라도 이는 절차상의 위법으로서 취소사유에 불과하고** 그 하자가 도시계획결정 또는 도시계획사업시행인가를 무효라고 할 수 있을 정도로 중대하고 명백하다고는 할 수 없으므로 이러한 위법을 선행처분인 도시계획결정이나 사업시행인가 단계에서 다투지 아니하였다면 그 쟁소기간이 이미 도과한 후인 수용재결단계에 있어서는 도시계획수립 행위의 위와 같은 위법을 들어 재결처분의 취소를 구할 수는 없다고 할 것이다.(대판 1990. 01. 23. 선고 87누947)

④ 도시계획법 제16조의2 제2항과 같은법시행령 제14조의2 제6항 내지 제8항의 규정을 종합하여 보면 도시계획의 입안에 있어 해당 도시계획안의 내용을 공고 및 공람하게 한 것은 다수 이해관계자의 이익을 합리적으로 조정하여 국민의 권리자유에 대한 부당한 침해를 방지하고 행정의 민주화와 신뢰를 확보하기 위하여 국민의 의사를 그 과정에 반영시키는데 있는 것이므로 **이러한 공고 및 공람 절차에 하자가 있는 도시계획결정은 위법**하다.(대판 2000. 03. 23. 선고 98두2768)

⑤ 관할 행정청으로 하여금 도시관리계획을 입안할 때 해당 도시관리계획안의 내용을 주민에게 공고·열람하도록 한 것은 다수 이해관계자의 이익을 합리적으로 조정하여 국민의 권리에 대한 부당한 침해를 방지하고 행정의 민주화와 신뢰를 확보하기 위하여 국민의 의사를 그 과정에 반영시키는 데 그 취지가 있다. 이러한 주민의견청취 절차의 의의와 필요성은 시장 또는 군수가 도시관리계획을 입안하는 과정에서뿐만 아니라 도시관리계획안이 도지사에게 신청된 이후에 내용이 관계 행정기관의 협의 및 도시계획위원회의 심의 등을 거치면서 변경되는 경우에도 마찬가지이고, 도지사가 도시관리계획의 결정 과정에서 신청받은 도시관리계획안의 중요한 사항을 변경하는 것은 그 범위에서 시장 또는 군수에 의하여 신청된 도시관리계획안을 배제하고 도지사가 직접 도시관리계획안을 입안하는 것과 다르지 않다. 그러므로 도지사가 관계 행정기관의 협의 등을 반영하여 신청받은 당초의 도시관리계획안을 변경하고자 하는 경우 내용이 해당 시 또는 군의 도시계획조례가 정하는 중요한 사항인 때에는 다른 특별한 사정이 없는 한 법 제28조 제2항, 시행령 제22조 제5항을 준용하여 그 내용을 관계 시장 또는 군수에게 송부하여 주민의 의견을 청취하는 절차를 거쳐야 한다.(대판 2015. 01. 29. 선고 2012두11164)

2. 계획의 변경

① 행정청은 이미 도시계획이 결정·고시된 지역에 대하여도 다른 도시계획을 결정·고시할 수 있고, **이 때에 후행도시계획에 선행도시계획과 서로 양립할 수 없는 내용이 포함되어 있다면, 특별한 사정이 없는 한 선행도시계획은 후행도시계획과 같은 내용으로 적법하게 변경**되었다고 할 것이다.(대판 1997.6.24. 96누1313)

② **후행도시계획의 결정을 하는 행정청이 선행도시계획의 결정·변경등에 관한 권한을 가지고 있지 아니한 경우**, 선행도시계획과 양립할 수 없는 내용이 포함된 **후행도시계획결정의 효력은 무효**이다.(대판 2000.9.8. 99두11257)

③ 도시 및 주거환경정비법 관련규정의 내용·형식 및 취지등에 비추어 보면, 당초 관리처분계획의 경미한 사항을 변경하는 경우와 달리 **관리처분계획의 주요부분을 실질적으로 변경하는 내용으로 새로운 관리처분계획을 수립하여 시장·군수의 인가를 받은 경우에는 당초 관리처분계획은 달리 특별한 사정이 없는 한 효력을 상실한다.**(대판 2012.3.22. 2011두6400전합)

3. 계획의 집중효

① 건설부장관이 구 주택건설촉진법(1991.3.8. 법률 제4339호로 개정되기전의 것) 제33조에 따라 관계기관의 장과의 협의를 거쳐 **사업계획승인을 한 이상 같은 조 제4항의 허가·인가·결정·승인 등이 있는 것으로 볼 것이고, 그 절차와 별도로 도시계획법 제12조 등 소정의 중앙도시계획위원회의 의결이나 주민의 의견청취 등 절차를 거칠 필요는 없다.**(대판 1992.11.10. 선고 92누1162)
→ 절차집중효!

② 건축법에서 인허가의제 제도를 둔 취지는, 인허가의제사항과 관련하여 건축허가의 관할 행정청으로 창구를 단일화하고 절차를 간소화하며 비용과 시간을 절감함으로써 국민의 권익을 보호하려는 것이지, 인허가의제사항 관련 법률에 따른 각각의 인허가 요건에 관한 일체의 심사를 배제하려는 것으로 보기는 어려우므로, **도시계획시설인 주차장에 대한 건축허가신청을 받은 행정청으로서는 건축법상 허가 요건뿐 아니라 국토의 계획 및 이용에 관한 법령이 정한 도시계획시설사업에 관한 실시계획인가 요건도 충족하는 경우에 한하여 이를 허가해야** 한다.(대판 2015.07.09. 선고 2015두39590)

③ 주된 인허가에 관한 사항을 규정하고 있는 법률에서 주된 인허가가 있으면 다른 법률에 의한 인허가를 받은 것으로 의제한다는 규정을 둔 경우, 주된 인허가가 있으면 다른 법률에 의한 인허가가 있는 것으로 보는 데 그치고, 거기에서 더 나아가 <u>다른 법률에 의하여 인허가를 받았음을 전제로 하는 그 다른 법률의 모든 규정들까지 적용되는 것은 아니다</u>(대판 2016.11.24. 2014두47686).

4. 계획재량

(1) 계획재량과 행정기본법

관련법령 행정절차법

제40조의4(행정계획) 행정청은 행정청이 수립하는 계획 중 국민의 권리·의무에 직접 영향을 미치는 계획을 수립하거나 변경·폐지할 때에는 관련된 여러 이익을 정당하게 형량하여야 한다.

(2) 계획재량에 관련된 판례정리

① 행정계획이라 함은 행정에 관한 전문적·기술적 판단을 기초로 하여 도시의 건설·정비·개량 등과 같은 특정한 행정목표를 달성하기 위하여 서로 관련되는 행정수단을 종합·조정함으로써 장래의 일정한 시점에 있어서 일정한 질서를 실현하기 위한 활동기준으로 설정된 것으로서, 도시계획법 등 관계 법령에는 추상적인 행정목표와 절차만이 규정되어 있을 뿐 행정계획의 내용에 대하여는 별다른 규정을 두고 있지 아니하므로 행정주체는 구체적인 행정계획을 입안·결정함에 있어서 비교적 광범위한 형성의 자유를 가지는 한편, 행정주체가 가지는 이와 같은 형성의 자유는 무제한적인 것이 아니라 그 행정계획에 관련되는 자들의 이익을 공익과 사익 사이에서는 물론이고 공익 상호간과 사익 상호간에도 정당하게 비교교량하여야 한다는 제한이 있는 것이고, 따라서 행정주체가 행정계획을 입안·결정함에 있어서 이익형량을 전혀 행하지 아니하거나 이익형량의 고려 대상에 마땅히 포함시켜야 할 사항을 누락한 경우 또는 이익형량을 하였으나 정당성·객관성이 결여된 경우에는 그 행정계획결정은 재량권을 일탈·남용한 것으로서 위법하게 된다.(대판 2000.03.23. 선고 98두2768)

② 행정주체가 구 국토의 계획 및 이용에 관한 법률 제26조에 의한 **주민의 도시관리계획입안제안에 대하여 이를 받아들여 도시관리계획결정을 할 것인지 여부를 결정함에 있어서도 마찬가지**이고, 나아가 **도시계획시설구역 내 토지등을 소유하고 있는 주민이 장기간 집행되지 아니한 도시계획시설의 결정권자에 대하여 도시계획시설의 변경을 신청하고, 그 결정권자가 이러한 신청을 받아들여 도시계획시설을 변경할 것인지 여부를 결정함에 있어서도 동일하게 적용된다고 보아야** 한다.(대판 2012.1.12. 2010두5806)

③ 구 도로법(2014. 1. 14. 법률 제12248호로 전부 개정되기 전의 것, 이하 같다) 제24조에 의한 도로구역의 결정은 행정에 관한 전문적·기술적 판단을 기초로 도로망의 정비를 통한 교통의 발달과 공공복리의 향상이라는 행정목표를 달성하기 위한 행정작용으로서, 구 도로법과 하위법령에는 추상적인 행정목표와 절차만이 규정되어 있을 뿐 도로구역을 결정하는 기준이나 요건에 관하여는 별다른 규정을 두고 있지 않아

행정주체는 해당 노선을 이루는 구체적인 도로구역을 결정함에 있어서 비교적 광범위한 형성의 자유를 가진다(대판 2015.6.11. 2015두35215).

④ 행정청이 행정계획을 수립함에 있어서는 일반 재량행위의 경우에 비하여 더욱 광범위한 판단 여지 내지는 형성의 자유, 즉 계획재량이 인정되는바, 이 경우 일반적인 행정행위의 요건을 규정하는 경우보다 추상적이고 불확정적인 개념을 사용하여야 할 필요성이 더욱 커진다(헌재결 2007. 10.4. 2006헌바91).

⑤ 행정계획은 특정한 행정목표를 달성하기 위하여 행정에 관한 전문적·기술적 판단을 기초로 관련되는 행정수단을 종합·조정함으로써 장래의 일정한 시점에 일정한 질서를 실현하기 위하여 설정한 활동기준이나 그 설정행위를 말한다. 행정청은 구체적인 행정계획을 입안·결정할 때 비교적 광범위한 형성의 재량을 가진다. 다만 행정청의 이러한 형성의 재량이 무제한적이라고 할 수는 없고, 행정계획에서는 그에 관련되는 자들의 이익을 공익과 사익 사이에서는 물론이고 공익 사이에서나 사익 사이에서도 정당하게 비교·교량하여야 한다는 제한이 있으므로, 행정청이 행정계획을 입안·결정할 때 이익형량을 전혀 행하지 아니하거나 이익형량의 고려 대상에 마땅히 포함시켜야 할 사항을 누락한 경우 또는 이익형량을 하였으나 정당성과 객관성이 결여된 경우에는 그 행정계획 결정은 이익형량에 하자가 있어 위법하게 될 수 있다. **이러한 법리는 산업입지 및 개발에 관한 법률상 산업단지개발계획 변경권자가 산업단지 입주업체 등의 신청에 따라 산업단지개발계획을 변경할 것인지를 결정하는 경우에도 마찬가지로 적용**된다.(대판 2021. 7. 29. 선고 2021두33593)

⑥ 행정계획을 입안·결정할 때 가지는 형성의 자유의 한계는 주민의 입안제안 또는 변경신청을 받아들여 도시관리계획결정을 하거나 도시계획시설을 변경할 것인지를 결정할 때에도 동일하게 적용된다.(대판 2010두5806)

⑦ 취소 확정판결의 기속력의 범위에 관한 법리 및 도시관리계획의 입안·결정에 관하여 행정청에 부여된 재량을 고려하면, 주민 등의 도시관리계획 입안 제안을 거부한 처분을 이익형량에 하자가 있어 위법하다고 판단하여 취소하는 판결이 확정되었더라도 행정청에 그 입안 제안을 그대로 수용하는 내용의 도시관리계획을 수립할 의무가 있다고는 볼 수 없고, **행정청이 다시 새로운 이익형량을 하여 적극적으로 도시관리계획을 수립하였다면 취소판결의 기속력에 따른 재처분의무를 이행한 것이라고 보아야** 한다. 다만 **취소판결의 기속력 위배 여부와 계획재량의 한계 일탈 여부는 별개의 문제이므로, 행정청이 적극적으로 수립한 도시관리계획의 내용이 취소판결의 기속력에 위배되지는 않는다고 하더라도 계획재량의 한계를 일탈한 것인지의 여부는 별도로 심리·판단하여야** 한다.(대판 2019두56135)

⑧ 개발제한구역 내에 묘지공원과 화장장 시설을 설치하는 내용의 도시계획시설결정은 개발제한구역의 지정목적에 어긋나는 것은 아니므로 위법한 것은 아니다.(대판 2005두1893)

Ⅳ 행정계획과 권리구제

1. 행정계획과 법률상 이익

① 도시계획사업의 시행으로 인한 <u>토지수용에 의하여 이미 이 사건 토지에 대한 소유권을 상실한 청구인은 도시계획결정과 토지의 수용이 법률에 위반되어 당연무효라고 볼만한 특별한 사정이 보이지 않는 이상</u> 이 사건 토지에 대한 <u>도시계획결정의 취소를 청구할 법률상의 이익을 흠결하여 당해 소송은 적법한 것이 될 수 없다.</u>(헌재결 2002.5.30. 2000헌바58)

② 도시계획시설의 설치에 관한 도시관리계획 대상 지역 내 토지 소유자에게 도시관리계획변경결정의 효력을 다툴 법률상 이익이 있다.(대판 2012.12.26. 2012두19311)

2. 행정계획과 헌법소원

① 비구속적 행정계획에 대한 헌법소원의 대상적격 요건
비구속적 행정계획안이나 행정지침이라도 <u>국민의 기본권에 직접적으로 영향을 끼치고, 앞으로 법령의 뒷받침에 의하여 그대로 실시될 것이 틀림없을 것으로 예상될 수 있을 때</u>에는 공권력행위로서 예외적으로 헌법소원의 대상이 될 수 있다.(헌재결 2000.6.1. 99헌마538)

② <u>학교교육정상화를 위한 대학입학제도 개선안</u>은 현행 대학입학제도의 문제점 및 개선방향 혹은 추진방향 및 추진을 위한 보완수단등에 관한 일반적인 내용이 담겨 있을 뿐이므로, 행정청의 지침 내지 의견진술에 불과하다. 그렇다면 이 사건 개선안은 비구속적 행정계획에 불과할 뿐 아니라 예외적으로 헌법소원의 대상이 되는 공권력 행사로 볼 여지가 없다.(헌재 2007헌마376)

③ 국공립대학의 총장직선제 개선여부를 재정지원 평가요소로 반영하고 이를 개선하지 않을 경우 다음 연도에 지원금을 삭감 또는 환수하도록 규정한 교육부장관의 "대학교육역량강화사업 기본계획"은 헌법소원의 대상이 되지 않는다.(헌재결 2013헌마576)

3. 장기미집행도시계획시설결정의 실효와 법적근거의 여부

장기미집행 도시계획시설결정의 실효제도는 도시계획시설부지로 하여금 도시계획시설결정으로 인한 사회적 제약으로부터 벗어나게 하는 것으로서 결과적으로 개인의 재산권이 보다 보호되는 측면이 있는 것은 사실이나, <u>이와 같은 보호는 입법자가 새로운 제도를 마련함에 따라 얻게 되는 법률에 기한 권리일 뿐 헌법상 재산권으로부터 당연히 도출되는 권리는 아니다.</u>(헌재결 2005.9.29. 2002헌바84·89)

4. 계획보장청구권

(1) 원칙 : 계획변경청구권 부정

① 구 도시계획법(현 국토의 계획 및 이용에 관한 법률)상 주민이 행정청에 대하여 도시계획 및 그 변경에 대하여 어떤 신청을 할 수 있음에 관한 규정이 없고, 도시계획과 같이 장기성·종합성이 요구되는 행정계획에 있어 **그 계획이 일단 확정된 후에 어떤 사정의 변동이 있다고 하여 지역주민에게 일일이 그 계획의 변경 또는 폐지를 청구할 권리를 인정해 줄 수도 없는 것이므로 지역주민에게 도시계획시설의 변경·폐지를 신청할 조리상의 권리가 있다고도 볼 수 없다.**(대판 1994.12.9. 94누8433)

② 장기성·종합성이 요구되는 행정계획에 있어서는 그 계획이 일단 확정된 후에 어떤 사정의 변경이 있다 하여 지역주민에게 일일이 그 계획의 변경을 청구할 권리가 인정되지 않는다.(대판 1989.10.24. 89누725)

(2) 예외 : 계획변경청구권 인정

① 장래 일정한 기간 내에 관계법령이 규정하는 시설등을 갖추어 일정한 행정처분을 구하는 신청을 할 수 있는 법률상 지위에 있는 자의 **국토이용계획변경신청을 거부하는 것이 실질적으로 당해 행정처분 자체를 거부하는 결과가 되는 경우에는 예외적으로 그 신청인에게 국토이용계획변경을 신청할 권리가 인정된다고 봄이 상당**하므로, 이러한 신청에 대한 거부행위는 항고소송의 대상이 되는 행정처분에 해당한다.(대판 2003.9.23. 2001두10936)

→ 폐기물처리사업계획적정통보를 받은 자가 당해 지역의 도시계획변경청구를 거부한 것이 예정된 다음 허가를 무의미하게 만들 경우 신청권을 인정한 사례

② 도시계획구역 내 토지등을 소유하고 있는 주민으로서는 입안권자에게 도시계획입안을 요구할 수 있는 법규상 또는 조리상의 신청권이 있다고 할 것이고, 이러한 신청에 대한 거부행위는 항고소송의 대상이 되는 행정처분에 해당한다.(대판 2004.4.28. 2003두1806)

③ 문화재보호구역 내 토지소유자는 문화재보호구역지정해제신청에 대한 법규상 또는 조리상의 신청권이 있다고 할 것이고, 이러한 신청에 대한 거부행위는 항고소송의 대상이 되는 행정처분에 해당한다.(대판 2004.4.27. 2003두8821)

④ 도시관리계획 구역 내 토지등을 소유하고 있는 주민의 납골시설에 관한 도시관리계획의 입안제안을 반려한 군수의 처분은 항고소송의 대상이 되는 행정처분에 해당한다.(대판 2010.7.22. 2010두5745)

⑤ **도시계획구역 내 토지 등을 소유하고 있는 사람과 같이 당해 도시계획시설결정에 이해관계가 있는 주민으로서는 도시시설계획의 입안권자 내지 결정권자에게 도시시설계획의 입안 내지 변경을 요구할 수 있는 법규상 또는 조리상의 신청권이 있고,** 이러

한 신청에 대한 거부행위는 항고소송의 대상이 되는 행정처분에 해당한다.(대판 2015.03.26. 선고 2014두42742)

⑥ **산업단지개발계획상 산업단지 안의 토지 소유자로서 산업단지개발계획에 적합한 시설을 설치하여 입주하려는 자는 산업단지지정권자 또는 그로부터 권한을 위임받은 기관에 대하여 산업단지개발계획의 변경을 요청할 수 있는 법규상 또는 조리상 신청권이 있고, 이러한 신청에 대한 거부행위는 항고소송의 대상이 되는 행정처분에 해당한다고 보아야** 한다.(대판 2016두44186)

판례요지
1. 도시계획시설부지 소유자에게는 그에 관한 도시·군관리계획의 변경 등을 요구할 수 있는 법규상 또는 조리상 신청권이 인정된다고 해석되고 있다.
2. 산업단지개발계획상 산업단지 안의 토지 소유자로서 산업단지개발계획에 적합한 시설을 설치하여 입주하려는 자는 산업단지지정권자 또는 그로부터 권한을 위임받은 기관에 대하여 산업단지개발계획의 변경을 요청할 수 있는 법규상 또는 조리상 신청권이 있고, 이러한 신청에 대한 거부행위는 항고소송의 대상이 되는 행정처분에 해당한다고 보아야 한다.

CHAPTER 05 행정법 부속법령

제1절 행정절차법

I 행정절차의 근거

1. 행정절차의 헌법적 근거

① **헌법 제12조 제3항 본문은 동조 제1항과 함께 적법절차원리의 일반조항에 해당하는 것으로서, 형사절차상의 영역에 한정되지 않고 입법·행정등 국가의 모든 공권력의 작용에는 절차상의 적법성 뿐만 아니라 법률의 실체적 내용도 합리성과 정당성을 갖춘 실체적인 적법성이 있어야 한다고 하여** 적법절차의 원칙을 헌법의 기본원리로 명시하고 있다.(헌재결 1992.12.24. 92헌가8)

② 부가가치세법과 같이 개별 세법에서 납세고지에 관한 별도의 규정을 두지 않은 경우라 하더라도 해당 본세의 납세고지서에 국세징수법 제9조 제1항이 규정한 것과 같은 세액의 산출근거 등이 기재되어 있지 않다면 그 과세처분은 적법하지 않다고 한다. **말하자면 개별 세법에 납세고지에 관한 별도의 규정이 없더라도 국세징수법이 정한 것과 같은 납세고지의 요건을 갖추지 않으면 안 된다는 것이고, 이는 적법절차의 원칙이 과세처분에도 적용됨에 따른 당연한 귀결**이다. 같은 맥락에서, 하나의 납세고지서에 의하여 복수의 과세처분을 함께 하는 경우에는 과세처분별로 그 세액과 산출근거 등을 구분하여 기재함으로써 납세의무자가 각 과세처분의 내용을 알 수 있도록 해야 하는 것 역시 당연하다고 할 것이다.(대판 2012.10.18. 선고 2010두12347)

2. 법률상 근거

II 통칙

1. 적용범위

(1) **행정절차 적용** ○

① 산업기능요원편입취소처분이 행정절차법의 적용이 배제되는 사항인 행정절차법 제3조 제2항 제9호, 같은 법 시행령 제2조 제1호에서 규정하는 '병역법에 의한 소집에 관한 사항'에 해당하지 아니하므로, 행정절차법상의 '처분의 사전통지'와 '의견제출

기회의 부여'등의 절차를 거쳐야 한다.(대판 2002.9.6. 2002두554)
② 군인사법령에 의하여 진급예정자명단에 포함된 자에 대하여 의견제출의 기회를 부여하지 아니한 채 진급선발을 취소하는 처분을 한 것이 절차상 하자가 있어 위법하다. (대판 2006두20631)

> 공무원인사관계법령에 의한 처분에 관한 사항 전부에 대하여 행정절차법의 적용이 배제되는 것이 아니라 **성질상 행정절차를 거치기 곤란하거나 불필요하다고 인정되는 처분이나 행정절차에 준하는 절차를 거치도록 하고 있는 처분의 경우에만 행정절차법의 적용이 배제**된다.

③ 대통령기록물관리에 관한 법률에서 5년 임기의 **별정직 공무원으로 규정한 대통령기록관장으로 임용된 원고를 직권면직한 처분은 의무를 과하거나 원고의 권익을 제한하는 처분이므로 사전통지나 의견제출의 기회를 주지 않았다면 위법**하다.(대판 2013.1.16. 2011두30687)
④ 대통령이 한국방송공사 적자구조 만성화에 대한 경영책임을 물어 사장인 원고를 해임하면서 행정절차법 소정의 사전통지 등 절차를 거치지 않은 것은 위법하다.(대판 2012.2.23. 2011두5001)
⑤ **정규공무원으로 임용된 사람에게 시보임용처분 당시 지방공무원법 제31조 제4호에 정한 공무원임용 결격사유가 있어 시보임용처분을 취소하고 그에 따라 정규임용처분을 취소한 사안**에서, **정규임용처분을 취소하는 처분은 성질상 행정절차를 거치는 것이 불필요하여 행정절차법의 적용이 배제되는 경우에 해당하지 않으므로, 그 처분을 하면서 사전통지를 하거나 의견제출의 기회를 부여하지 않은 것은 위법**하다.(대판 2009.01.30. 선고 2008두16155)
  → 정규임용처분은 당연무효인 시보임용처분과 다르게 결격사유가 해소된 후에 한 처분이므로, 별도로 절차를 거쳐야 한다고 판시한 사례
⑥ 행정절차법 제3조 제2항, 행정절차법 시행령 제2조 등 행정절차법령 관련 규정들의 내용을 행정의 공정성, 투명성 및 신뢰성을 확보하고 국민의 권익보호를 목적으로 하는 행정절차법의 입법 목적에 비추어 보면, **행정절차법의 적용이 제외되는 공무원 인사관계 법령에 의한 처분에 관한 사항이란 성질상 행정절차를 거치기 곤란하거나 불필요하다고 인정되는 처분이나 행정절차에 준하는 절차를 거치도록 하고 있는 처분에 관한 사항만을 말하는 것으로 보아야 한다. 이러한 법리는 '공무원 인사관계 법령에 의한 처분'에 해당하는 육군3사관학교 생도에 대한 퇴학처분에도 마찬가지로 적용**된다. 그리고 행정절차법 시행령 제2조 제8호는 '학교·연수원 등에서 교육·훈련의 목적을 달성하기 위하여 학생·연수생들을 대상으로 하는 사항'을 행정절차법의 적용이 제외되는 경우로 규정하고 있으나, 이는 교육과정과 내용의 구체적 결정, 과제의 부과, 성적의 평가, 공식적 징계에 이르지 아니한 질책·훈계 등과 같이 교

육·훈련의 목적을 직접 달성하기 위하여 행하는 사항을 말하는 것으로 보아야 하고, 생도에 대한 퇴학처분과 같이 신분을 박탈하는 징계처분은 여기에 해당한다고 볼 수 없다.(대판 2016두33339)

> **판례요지 : 육군3사관학교 생도퇴학사건**
>
> 육군3사관학교의 사관생도에 대한 징계절차에서 징계심의대상자가 대리인으로 선임한 변호사가 징계위원회 심의에 출석하여 진술하려고 하였음에도, 징계권자나 그 소속 직원이 변호사가 징계위원회의 심의에 출석하는 것을 막았다면 징계위원회 심의·의결의 절차적 정당성이 상실되어 그 징계의결에 따른 징계처분은 위법하여 원칙적으로 취소되어야 한다. 다만 징계심의대상자의 대리인이 관련된 행정절차나 소송절차에서 이미 실질적인 증거조사를 하고 의견을 진술하는 절차를 거쳐서 징계심의대상자의 방어권 행사에 실질적으로 지장이 초래되었다고 볼 수 없는 특별한 사정이 있는 경우에는, 징계권자가 징계심의대상자의 대리인에게 징계위원회에 출석하여 의견을 진술할 기회를 주지 아니하였더라도 그로 인하여 징계위원회 심의에 절차적 정당성이 상실되었다고 볼 수 없으므로 징계처분을 취소할 것은 아니다.

(2) 행정절차 적용 ×

① 국가공무원법상 직위해제처분은 구 행정절차법 제3조 제2항 제9호, 동법 시행령 제2조 제3호에 의하여 당해 행정작용의 성질상 행정절차를 거치기 곤란하거나 불필요하다고 인정되는 사항 또는 행정절차에 준하는 절차를 거친 사항에 해당하므로, 처분의 사전통지 및 의견청취 등에 관한 행정절차법의 규정이 별도로 적용되지 아니한다고 봄이 상당하다.(대판 2014.05.16. 선고 2012두26180)

② 출입국관리법 규정은 난민인정 거부처분의 이유제시에 관한 행정절차법, 특히 심판대상 법률조항에 대한 특별규정이라 할 것이므로, 이 사건 처분의 적법성에 대한 당해 사건 재판에서 심판대상 법률조항은 적용이 배제된다.(헌재결 2009.1.13. 2008헌바161)

③ 검사에 대한 인사발령처분은 공무원 인사관계 법령에 의한 처분으로서 성질상 행정절차를 거치기 곤란하거나 불필요하다고 인정되는 처분에 해당한다.(대판 2010.2.11. 2009두16350)

④ 구 군인사법상 보직해임처분은 구 행정절차법 제3조 제2항 제9호, 같은 법 시행령 제2조 제3호에 의하여 당해 행정작용의 성질상 행정절차를 거치기 곤란하거나 불필요하다고 인정되는 사항 또는 행정절차에 준하는 절차를 거친 사항에 해당하므로, 처분의 근거와 이유 제시 등에 관한 구 행정절차법의 규정이 별도로 적용되지 아니한다고 봄이 상당하다.(대판 2014.10.15. 선고 2012두5756)

⑤ 행정절차법 제3조 제2항, 같은법시행령 제2조 제6호에 의하면 공정거래위원회의 의결·결정을 거쳐 행하는 사항에는 행정절차법의 적용이 제외되게 되어 있으므로, 설

사 공정거래위원회의 시정조치 및 과징금납부명령에 행정절차법 소정의 의견청취절차 생략사유가 존재한다고 하더라도, 공정거래위원회는 행정절차법을 적용하여 의견청취절차를 생략할 수는 없다.(대판 2001.05.08. 선고 2000두10212)

2. 당사자 등

① 행정청이 구 식품위생법 규정에 의하여 **영업자지위승계신고를 수리하는 처분은 종전의 영업자의 권익을 제한하는 처분이라 할 것이고 따라서 종전의 영업자는 그 처분에 대하여 직접 그 상대가 되는 자에 해당한다고 봄이 상당**하므로, 행정청으로서는 위 신고를 수리하는 처분을 함에 있어서 행정절차법 규정 소정의 당사자에 해당하는 종전의 영업자에 대하여 위 규정 소정의 행정절차를 실시하고 처분을 하여야 한다.(대판 2003.2.14. 2001두7015)

② 행정청이 구 관광진흥법 또는 구 체육시설의 설치·이용에 관한 법률의 규정에 의하여 유원시설업자 또는 체육시설업자지위승계신고를 수리하는 처분을 한 경우, 종전 유원시설업자 또는 체육시설업자에 대하여 행정절차법 제21조 제1항등에서 정한 처분의 사전통지등 절차를 거쳐야 한다.(대판 2012.12.13. 2011두29144)

3. 송달

① 납세고지서의 송달을 받아야 할 자가 부과처분 제척기간이 임박하자 그 수령을 회피하기 위하여 일부러 송달을 받을 장소를 비워 두어 **세무공무원이 송달을 받을 자와 보충송달을 받을 자를 만나지 못하여 부득이 사업장에 납세고지서를 두고 왔다고 하더라도 이로써 신의성실의 원칙을 들어 그 납세고지서가 송달되었다고 볼 수는 없다.**(대판 2004.04.09. 선고 2003두13908)

② 수취거절은 구 국세기본법(2002. 12. 18. 법률 제6782호로 개정되기 전의 것)상 유치송달의 사유가 될 수 있으나 공시송달의 사유가 될 수 없을 뿐더러(제10조 제4항, 제11조 제1항 참조), 이 사건 수취거절 당시 누가 거절하였는지 분명하지 않으며 피고가 이 사건 공시송달을 할 당시 이 사건 소송이 계속중에 있었던 만큼 원고의 주소 또는 영업소가 분명하지 아니한 경우에 해당한다고 볼 수도 없어 결국 이 사건 공시송달이 적법하다고 할 수 없다.(대판 2007.03.16. 선고 2006두16816)

③ '독점규제 및 공정거래에 관한 법률' 제55조의2 및 이에 근거한 '공정거래위원회 회의운영 및 사건절차 등에 관한 규칙'(공정거래위원회 고시 제2001-8호) 제3조 제2항에 의하여 준용되는 구 행정절차법(2002. 12. 30. 법률 제6839호로 개정되기 전의 것) 제14조 제1항은 문서의 송달방법의 하나로 우편송달을 규정하고 있고, 같은 법 제16조 제2항은 **외국에 거주 또는 체류하는 자에 대한 기간 및 기한은 행정청이 그 우편이나 통신에 소요되는 일수를 감안하여 정하여야 한다고 규정하고 있는 점 등에**

비추어 보면, **공정거래위원회는 국내에 주소·거소·영업소 또는 사무소가 없는 외국사업자에 대하여도 우편송달의 방법으로 문서를 송달할 수 있다**.(대판 2006.3.24. 선고 2004두11275)

④ 납세자의 '송달할 장소'가 여러 곳이어서 각각의 장소에 송달을 시도할 수 있었는데도 세무공무원이 그 중 일부장소에만 방문하여 수취인이 부재중인 것으로 확인된 경우에는 국세기본법 제11조 제1항 제3호에 따라 납세고지서를 공시송달할 수 있는 경우에 해당하지 않는다고 보아야 한다(대판 2015.10.29. 2015두43599).

Ⅲ 처분절차

1. 공통절차

(1) 처분기준의 설정과 공표

① 처분의 성질상 처분기준을 미리 공표하는 경우 행정목적을 달성할 수 없게 되는 경우에는 행정절차법 제20조에 따라 처분기준을 따로 공표하지 않거나 개략적으로 공표할 수도 있다.(대판 2018두41907)

② 행정청이 행정절차법 제20조 제1항의 처분기준 사전공표 의무를 위반하여 미리 공표하지 아니한 기준을 적용하여 처분을 하였더라도, 그러한 사정만으로 곧바로 해당 처분에 취소사유에 이를 정도의 흠이 존재한다고 볼 수는 없다.(대판 2018두45633)

(2) 처분의 방식

① 집합건물 중 일부 구분건물의 소유자인 피고인이 관할 소방서장으로부터 소방시설 불량사항에 관한 시정보완명령을 받고도 따르지 아니하였다는 내용으로 기소된 사안에서, **담당 소방공무원이 행정처분인 위 명령을 구술로 고지한 것은 행정절차법 제24조를 위반한 것으로 하자가 중대하고 명백하여 당연 무효**이고, 무효인 명령에 따른 의무위반이 생기지 아니하는 이상 피고인에게 명령 위반을 이유로 소방시설 설치유지 및 안전관리에 관한 법률 제48조의2 제1호에 따른 행정형벌을 부과할 수 없는데도, 이와 달리 **위 명령이 유효함을 전제로 유죄를 인정한 원심판결에는 행정처분의 무효와 행정형벌의 부과에 관한 법리오해의 위법**이 있다.(대판 2011.11.10. 선고 2011도11109)

② 행정처분을 하는 문서의 문언만으로 **행정처분의 내용이 분명한 경우, 그 문언과 달리 다른 행정처분까지 포함되어 있다고 해석할 수 없다.**
지방소방사시보 발령을 취소한다고만 기재되어 있는 인사발령통지서에 정규공무원인 지방소방사 임용행위까지 취소한다는 취지가 포함되어 있다고 볼 수 없다.(대판 2005.7.28. 2003두469)

③ 행정청이 문서에 의하여 처분을 하였으나 <u>그 처분서의 문언만으로는 행정처분의 내용이 불분명한 경우, 처분경위나 처분이후의 상대방의 태도등을 고려하여 처분서의 문언과 달리 그 처분의 내용을 해석할 수 있다.</u>

산지전용허가에 있어 그 허가증의 산지전용목적란에는 그 목적이 '창고부지조성'으로 기재되어 있으나 그 허가증에 기재된 허가조건에는 산지전용의 목적사업인 '건축물 건축'이 이행되지 아니할 경우 산지전용허가가 취소될 수 있다고 되어 있고 그 허가증의 교부통지서에는 산지전용허가의 목적이 '창고'로 기재되어 있는 등 이 사건 산지전용허가의 처분서라고 할 수 있는 산지전용허가증과 그 교부통지서의 문언만으로는 산지전용의 목적사업이 '창고부지조성'인지 '창고건축'인지 분명하지 아니한 경우 산지전용허가의 목적사업을 창고부지조성이 아니라 창고건축으로 본 원심의 판단은 정당하다.(대판 2010.2.11. 2009두18035)

④ 행정청이 문서에 의하여 처분을 한 경우 <u>처분서의 문언이 불분명하다는 등의 특별한 사정이 없는 한</u>, 문언에 따라 어떤 처분을 하였는지를 확정하여야 하고, 처분서의 문언만으로도 행정청이 어떤 처분을 하였는지가 분명함에도 <u>처분 경위나 처분 이후의 상대방의 태도 등 다른 사정을 고려하여 처분서의 문언과는 달리 다른 처분까지 포함되어 있는 것으로 확대해석하여서는 아니 된다</u>(대판 2016.10.13. 2016두42449).

⑤ 행정청이 문서에 의하여 처분을 한 경우 처분서의 문언이 불분명하다는 등의 특별한 사정이 없는 한, **문언에 따라 어떤 처분을 하였는지를 확정하여야** 한다. **처분서의 문언만으로도 행정청이 어떤 처분을 하였는지가 분명한데도 처분 경위나 처분 이후의 상대방의 태도 등 다른 사정을 고려하여 처분서의 문언과는 달리 다른 처분까지 포함되어 있는 것으로 확대해석해서는 안 된다.**(대판 2017.8.29. 2016두44186)

⑥ '침익적 행정처분 근거 규정 엄격해석의 원칙'
단순히 행정실무상의 필요나 입법정책적 필요만을 이유로 문언의 가능한 범위를 벗어나 처분상대방에게 불리한 방향으로 확장해석하거나 유추해석해서는 안 된다는 것이지, 처분상대방에게 불리한 내용의 법령해석은 일체 허용되지 않는다는 취지가 아니다. 문언의 가능한 범위 내라면 체계적 해석과 목적론적 해석은 허용된다. 또한 행정법규 위반에 대한 제재처분은 행정 목적의 달성을 위하여 행정법규 위반이라는 객관적 사실에 착안하여 가하는 제재이므로, **반드시 현실적인 행위자가 아니라도 법령상 책임자로 규정된 자에게 부과되고, 특별한 사정이 없는 한 위반자에게 고의나 과실이 없더라도 부과할 수 있다.**(대판 2021. 2. 25. 선고 2020두51587)

⑦ 행정절차법 제24조 제1항은 행정청이 처분을 할 때에는 다른 법령 등에 특별한 규정이 있는 경우, 신속히 처리할 필요가 있거나 사안이 경미한 경우를 제외하고는 **원칙적으로 문서로 하여야 한다고 정하고 있다. 이는 처분 내용의 명확성을 확보하고 처분의 존부에 관한 다툼을 방지하여 처분상대방의 권익을 보호하기 위한 것이므로, 행정청이 문서로 처분을 한 경우 원칙적으로 처분서의 문언에 따라 어떤 처분을 하였**

는지 확정하여야 한다. 그러나 **처분서의 문언만으로는 행정청이 어떤 처분을 하였는지 불분명한 경우에는 처분 경위와 목적, 처분 이후 상대방의 태도 등 여러 사정을 고려하여 처분서의 문언과 달리 처분의 내용을 해석할 수 있다.** 특히 **행정청이 행정처분을 하면서 논리적으로 당연히 수반되어야 하는 의사표시를 명시적으로 하지 않았다고 하더라도, 그것이 행정청의 추단적 의사에도 부합하고 상대방도 이를 알 수 있는 경우에는 행정처분에 위와 같은 의사표시가 묵시적으로 포함되어 있다고 볼 수 있다.**(대판 2017다207932)

> **판례요지**
>
> 행정청이 행정처분을 하면서 논리적으로 당연히 수반되어야 하는 의사표시를 명시적으로 하지 않았다고 하더라도, 그것이 행정청의 추단적 의사에도 부합하고 상대방도 이를 알 수 있는 경우에는 행정처분에 위와 같은 의사표시가 묵시적으로 포함되어 있다고 볼 수 있다.

⑧ 명예전역 선발을 취소하는 처분은 당사자의 의사에 반하여 예정되어 있던 전역을 취소하고 명예전역수당의 지급 결정 역시 취소하는 것으로서 임용에 준하는 처분으로 볼 수 있으므로, 행정절차법 제24조 제1항에 따라 문서로 해야 한다.(대판 2016두49808)

관련법령 | 행정절차법

제24조(처분의 방식) ① 행정청이 처분을 할 때에는 다른 법령등에 특별한 규정이 있는 경우를 제외하고는 문서로 하여야 하며, 다음 각 호의 어느 하나에 해당하는 경우에는 전자문서로 할 수 있다. 〈개정 2022. 1. 11.〉
1. 당사자등의 동의가 있는 경우
2. 당사자가 전자문서로 처분을 신청한 경우
② 제1항에도 불구하고 공공의 안전 또는 복리를 위하여 긴급히 처분을 할 필요가 있거나 사안이 경미한 경우에는 말, 전화, 휴대전화를 이용한 문자 전송, 팩스 또는 전자우편 등 문서가 아닌 방법으로 처분을 할 수 있다. 이 경우 당사자가 요청하면 지체 없이 처분에 관한 문서를 주어야 한다. 〈신설 2022. 1. 11.〉
③ 처분을 하는 문서에는 그 처분 행정청과 담당자의 소속·성명 및 연락처(전화번호, 팩스번호, 전자우편주소 등을 말한다)를 적어야 한다.

(3) 이유부기

(개) 이유부기의 정도

① 허가의 취소처분에는 그 근거가 되는 법령과 처분을 받은 자가 어떠한 위반사실에 대하여 당해 처분이 있었는지를 알 수 있을 정도의 위 법령에 해당하는 사실의 적시를 요한다.(대판 1984.7.10. 82누551)

② 무면허판매업자에게 주류를 판매하여'라는 단순한 사실기재만으로는 그 처분의

이유제시로서는 불충분한 것으로서, 무면허주류업자 누구에게 주류를 판매한 것이 취소사유에 해당하는 것인지를 구체적으로 기재하여야 한다.(대판 1990.9.11. 90누1786)

③ 시설종목마다 각각 다른 공동시설세 세율 중 **구 지방세법 제240조 제1항 제1호·제2호 소정의 '소방시설에 요하는 공동시설세'의 세율을 납세고지서에 상세히 기재한 이상 납세고지서에 시설종목을 표시하는 세목이 기재되어 있지 아니하였더라도 이 사건 공동시설세 부과처분은 적법**하다.(대판 2008.11.13. 2007두160)

④ **폐기물처리업 허가와 관련된 사업계획 적정여부에 관한 기준설정은 행정청의 재량에 해당하며, 구체적이고 합리적인 이유의 제시없이 사업계획의 부적정통보를 하거나 사업계획서를 반려하는 경우에는 재량권의 일탈·남용에 해당하여 위법**하다.(대판 2004.5.28. 2004두961)

⑤ 구 국유재산법시행령(2000. 7. 27. 대통령령 제16913호로 개정되기 전의 것) 제56조 제4항은 변상금부과 징수의 주체, 납부고지서에 명시하여야 할 사항, 납부기한 등의 절차적 규정에 관하여 가산금의 부과절차에 관한 위 시행령 제31조 제2항 내지 제4항을 준용하고 있음이 분명한바, 국유재산 무단 점유자에 대하여 변상금을 부과함에 있어서 그 납부고지서에 일정한 사항을 명시하도록 요구한 위 시행령의 취지와 그 규정의 강행성 등에 비추어 볼 때, 처분청이 변상금 부과처분을 함에 있어서 그 납부고지서 또는 적어도 사전통지서에 그 산출근거를 밝히지 아니하였다면 위법한 것이고, 위 시행령 제26조, 제26조의2에 변상금 산정의 기초가 되는 사용료의 산정방법에 관한 규정이 마련되어 있다고 하여 산출근거를 명시할 필요가 없다거나, 부과통지서 등에 위 시행령 제56조를 명기함으로써 간접적으로 산출근거를 명시하였다고는 볼 수 없다.(대판 2001.12.14. 선고 2000두86)

⑥ 처분서에 기재된 내용과 관계 법령 및 당해 처분에 이르기까지 전체적인 과정 등을 종합적으로 고려하여, **처분 당시 당사자가 어떠한 근거와 이유로 처분이 이루어진 것인지를 충분히 알 수 있어서 그에 불복하여 행정구제절차로 나아가는 데에 별다른 지장이 없었던 것으로 인정되는 경우에는 처분서에 처분의 근거와 이유가 구체적으로 명시되어 있지 않았다고 하더라도 그로 말미암아 그 처분이 위법한 것으로 된다고 할 수는 없다.**(대판 2013.11.14. 선고 2011두18571)

⑦ 하나의 납세고지서에 의하여 복수의 과세처분을 하는 경우에는 과세처분별로 그 세액과 산출근거등을 구분하여 기재함으로써 납세의무자가 각 과세처분의 내용을 알 수 있도록 해야 하는 것 역시 당연하다고 할 것이다.(대판 2012.10.18. 2010두12347)

⑧ 행정청이 폐기물처리사업계획서 부적합 통보를 하면서 처분서에 불확정개념으로 규정된 법령상의 허가기준 등을 충족하지 못하였다는 취지만을 간략히 기재하였

다면, 부적합 통보에 대한 취소소송절차에서 행정청은 처분을 하게 된 판단 근거나 자료 등을 제시하여 구체적 불허가사유를 분명히 하여야 한다.(대판 2020두36007)

(나) 이유부기의 범위
① 계약직공무원 채용계약해지의 의사표시에 있어서는 행정절차법에 따른 근거와 이유제시를 하여야 하는 것은 아니다.
계약직공무원에 관한 현행 법령의 규정에 비추어 볼 때, **계약직 공무원 채용계약해지의 의사표시는 일반공무원에 대한 징계처분과는 달라서 항고소송의 대상이 되는 처분등의 성격을 가진 것으로 인정되지 아니하고**, 일정한 사유가 있을 때에 국가 또는 지방자치단체가 채용계약관계의 한쪽 당사자로서 대등한 지위에서 행하는 의사표시로 취급되는 것으로 이해되므로, 이를 징계해고등에서와 같이 그 징계사유에 관하여 효력유무를 판단하여야 하거나, **행정처분과 같이 행정절차법에 의하여 근거와 이유를 제시하여야 하는 것은 아니다**.(대판 2002.11.26. 2002두5948)
② 신청에 대한 거부처분의 경우에는 이유부기가 완화될 수 있다.
당사자가 근거규정등을 명시하여 신청하는 인허가등을 거부하는 처분을 함에 있어 당사자가 그 근거를 알 수 있을 정도로 상당한 이유를 제시한 경우에는 **당해 처분의 근거 및 이유를 구체적 조항 및 내용까지 명시하지 않았더라도 그로 말미암아 그 처분이 위법한 것이 된다고 할 수 없다**.(대판 2002.5.17. 2000두8912)

(다) 이유부기의 하자
① 납세고지서에 그와 같은 세액산출근거의 기재가 누락되었다면 과세처분 자체가 위법한 것으로 취소의 대상이다.(대판 1985.12.10. 84누243)
② ~이러한 납세고지서 작성과 관련한 하자는 그 고지서가 납세의무자에게 송달된 이상 과세처분의 본질적 요소를 이루는 것은 아니어서 **과세처분의 취소사유가 됨은 별론으로 하고 당연무효의 사유로는 되지 아니한다**.(대판 1998.6.26. 96누12634)
③ 처분서에 기재된 내용과 관계법령 및 당해 처분에 이르기까지 전체적인 과정등을 종합적으로 고려하여, **처분 당시 당사자가 어떠한 근거와 이유로 처분이 이루어진 것인지를 충분히 알 수 있어서 그에 불복하여 행정구제절차로 나아가는 데에 별다른 지장이 없었던 것으로 인정되는 경우**에는 처분서에 **처분의 근거와 이유가 구체적으로 명시되어 있지 않았다고 하더라도 그로 말미암아 그 처분이 위법한 것으로 된다고 할 수는 없다**.(대판 2013.11.14. 2011두18571)

(라) 이유부기 하자의 치유
① 면허의 취소처분에는 그 근거가 되는 법령이나 취소권유보의 부관등을 명시하여야 함은 물론 처분을 받은 자가 어떠한 위반사실에 대하여 당해 처분이 있었는지

를 알 수 있을 정도로 사실을 적시할 것을 요하며, **이와 같은 취소처분의 근거 외 위반사실의 적시를 빠트린 하자는 피처분자가 처분 당시 그 취지를 알고 있었다거나 그 후 알게 되었다 하여도 치유될 수 없다.**(대판 1990.9.11. 90누1786)
② **세액산출근거가 누락된 납세고지서에 의한 과세처분의 하자의 치유를 허용하려면 늦어도 과세처분에 대한 불복여부의 결정 및 불복신청에 편의를 줄 수 있는 상당한 기간 내에 하여야 한다고 할 것이므로** 위 과세처분에 대한 전심절차가 모두 끝나고 상고심의 계류중에 세액산출근거의 통지가 있었다고 하여 이로써 위 과세처분의 하자가 치유되었다고는 볼 수 없다.(대판 1984.4.10. 83누393)

⑷ 이유부기의 의미
'이유를 제시한 경우'는 처분서에 기재된 내용과 관계 법령 및 당해 처분에 이르기까지의 전체적인 과정 등을 종합적으로 고려하여, 처분 당시 당사자가 어떠한 근거와 이유로 처분이 이루어진 것인지를 충분히 알 수 있어서 그에 불복하여 행정구제절차로 나아가는 데 별다른 지장이 없었다고 인정되는 경우를 뜻한다.(대판 2019. 1. 31. 선고 2016두64975)

2. 신청에 의한 처분

① 상당한 보완기간을 주지 않고 면허기준미달만을 이유로 건설업면허의 갱신을 거절한 처분은 위법하다.
건설업면허의 갱신 여부를 결정함에 있어서는 '건설업법 시행령' 제8조 소정의 기준에 미달되었다는 사실만으로 곧 그 갱신신청을 거절할 것이 아니라 **그 기준미달사유가 특별한 사정으로 인한 일시적인 것이어서 그 보완이 가능하다고 인정될 경우에는 상당기한을 주어 보완케 함이 상당하고 위와 같은 사정을 참작함이 없이 위 기준미달만을 사유로 그 갱신을 거절함은 재량권의 행사를 잘못한 것으로서 위법**하다.(대판 1985.4.9. 84누378)

② 행정청의 허가업무 담당자에게 신청서의 내용에 대한 검토를 요청한 것만으로는 다른 특별한 사정이 없는 한 명시적이고 확정적인 신청의 의사표시가 있었다고 하기 어렵다.
구 행정절차법 제17조 제3항 본문은 "행정청은 신청이 있는 때에는 다른 법령 등에 특별한 규정이 있는 경우를 제외하고는 그 접수를 보류 또는 거부하거나 부당하게 되돌려 보내서는 아니되며, 신청을 접수한 경우에는 신청인에게 접수증을 교부하여야 한다."고 규정하고 있는바, **여기에서의 신청인의 행정청에 대한 신청의 의사표시는 명시적이고 확정적인 것이어야 한다고 할 것이므로 신청인이 신청에 앞서 행정청의 허가업무 담당자에게 신청서의 내용에 대한 검토를 요청한 것만으로는 다른 특별한 사정이 없는 한 명시적이고 확정적인 신청의 의사표시가 있었다고 하기 어렵다.**

(대판 2004.9.24. 200두13236)

③ 민원사무처리에관한법률 제4조 제2항, 같은법시행령(2002. 8. 21. 대통령령 제17719호로 개정되기 전의 것) 제15조 제1항, 제2항, 제16조 제1항에 의하면, 행정기관은 민원사항의 신청이 있는 때에는 다른 법령에 특별한 규정이 있는 경우를 제외하고는 그 접수를 보류하거나 거부할 수 없으며, 민원서류에 흠이 있는 경우에는 보완에 필요한 상당한 기간을 정하여 지체 없이 민원인에게 보완을 요구하고 그 기간 내에 민원서류를 보완하지 아니할 때에는 7일의 기간 내에 다시 보완을 요구할 수 있으며, 위 기간 내에 민원서류를 보완하지 아니한 때에 비로소 접수된 민원서류를 되돌려 보낼 수 있도록 규정되어 있는바, **위 규정 소정의 보완의 대상이 되는 흠은 보완이 가능한 경우이어야 함은 물론이고, 그 내용 또한 형식적·절차적인 요건이거나, 실질적인 요건에 관한 흠이 있는 경우라도 그것이 민원인의 단순한 착오나 일시적인 사정 등에 기한 경우 등이라야** 한다.(대판 2004.10.15. 선고 2003두6573)

④ 행정절차법 제17조에 따르면, 행정청은 신청에 구비서류의 미비 등 흠이 있는 경우에는 보완에 필요한 상당한 기간을 정하여 지체 없이 신청인에게 보완을 요구하여야 하고(제5항), 신청인이 그 기간 내에 보완을 하지 않았을 때에는 그 이유를 구체적으로 밝혀 접수된 신청을 되돌려 보낼 수 있으며(제6항), 신청인은 처분이 있기 전에는 그 신청의 내용을 보완·변경하거나 취하할 수 있다(제8항 본문). **이처럼 행정절차법 제17조가 '구비서류의 미비 등 흠의 보완'과 '신청 내용의 보완'을 분명하게 구분하고 있는 점에 비추어 보면, 행정절차법 제17조 제5항은 신청인이 신청할 때 관계 법령에서 필수적으로 첨부하여 제출하도록 규정한 서류를 첨부하지 않은 경우와 같이 쉽게 보완이 가능한 사항을 누락하는 등의 흠이 있을 때 행정청이 곧바로 거부처분을 하는 것보다는 신청인에게 보완할 기회를 주도록 함으로써 행정의 공정성·투명성 및 신뢰성을 확보하고 국민의 권익을 보호하려는 행정절차법의 입법 목적을 달성하고자 함이지, 행정청으로 하여금 신청에 대하여 거부처분을 하기 전에 반드시 신청인에게 신청의 내용이나 처분의 실체적 발급요건에 관한 사항까지 보완할 기회를 부여하여야 할 의무를 정한 것은 아니라고 보아야** 한다.(대판 2020두36007)

⑤ 처분이나 민원의 처리기간을 정하는 것은 신청에 따른 사무를 가능한 조속히 처리하도록 하기 위한 것이다. 처리기간에 관한 규정은 훈시규정에 불과할 뿐, 강행규정이라고 볼 수 없다. 행정청이 처리기간이 지나 처분을 하였더라도 이를 처분을 취소할 절차상 하자로 볼 수 없다. 민원처리법 시행령 제23조에 따른 민원처리진행상황통지도 민원인의 편의를 위한 부가적인 제도일 뿐, 그 통지를 하지 않았더라도 이를 처분을 취소할 절차상 하자로 볼 수 없다.(대판 2018두41907)

3. 불이익처분

(1) 사전통지

① **신청에 대한 거부처분 : 사전통지의 대상 ×**

신청에 따른 처분이 이루어지지 아니한 경우에는 아직 당사자에게 권익이 부과되지 아니하였으므로 특별한 사정이 없는 한 신청에 대한 거부처분이라고 하더라도 직접 당사자의 권익을 제한하는 것은 아니어서 신청에 대한 거부처분을 여기에서 말하는 당사자의 권익을 제한하는 처분에 해당한다고 할 수 없는 것이어서 처분의 사전통지 대상이 된다고 할 수 없다.(2003.11.28. 2003두674)

② **도로구역변경고시 : 의견청취나 사전통지의 대상이 되는 처분 ×**

행정절차법 제2조 제4호가 행정절차법의 당사자를 행정청의 처분에 대하여 직접 그 상대가 되는 당사자로 규정하고, **도로법 제25조 제3항이 도로구역을 결정하거나 변경할 경우 이를 고시에 의하도록 하면서, 그 도면을 일반인이 열람할 수 있도록 한 점등을 종합하여 보면,** 도로구역을 변경한 이 사건 처분은 행정절차법 제21조 제1항의 사전통지나 제22조 제3항의 의견청취의 대상이 되는 처분은 아니라 할 것이다. (대판 2008.6.12. 2007두1767)

③ 행정청이 온천지구임을 간과하여 지하수개발·이용신고를 수리하였다가 **행정절차법의 사전통지를 하거나 의견제출의 기회를 주지 아니한 채 그 신고수리처분을 취소하고 원상보구명령의 처분을 한 경우, 행정지도방식에 의한 사전고지나 그에 따른 당사자의 자진폐공의 약속등의 사유만으로는 사전통지등을 하지 않아도 되는 행정절차법 소정의 예외적 경우에 해당한다고 볼 수 없다는 이유로 그 처분은 위법**하다.(대판 2000.11.14. 99누5870)

④ 행정절차법 제2조 제4호는 '당사자 등'을 행정청의 처분에 대하여 직접 그 상대가 되는 당사자와 행정청이 직권 또는 신청에 의하여 행정절차에 참여하게 한 이해관계인으로 정하고 있다. 그러므로 불이익처분의 직접 상대방인 당사자 또는 행정청이 참여하게 한 이해관계인이 아닌 제3자에 대하여는 사전통지 및 의견제출에 관한 같은 법 제21조, 제22조가 적용되지 않는다.(대판 2009.4.23. 2008두686)

⑤ 행정절차법 제21조 제1항, 제4항, 제22조 제1항 내지 제4항에 의하면, 행정청이 당사자에게 의무를 과하거나 권익을 제한하는 처분을 하는 경우에는 미리 처분하고자 하는 원인이 되는 사실과 처분의 내용 및 법적 근거, 이에 대하여 의견을 제출할 수 있다는 뜻과 의견을 제출하지 아니하는 경우의 처리방법 등의 사항을 당사자 등에게 통지하여야 하고, 다른 법령 등에서 필요적으로 청문을 실시하거나 공청회를 개최하도록 규정하고 있지 아니한 경우에도 당사자 등에게 의견제출의 기회를 주어야 하되, 당해 처분의 성질상 의견청취가 현저히 곤란하거나 명백히 불필요하다고 인정될 만한 상당한 이유가 있는 경우 등에는 처분의 사전통지나 의견청취를 하지 아니할

수 있도록 규정하고 있으므로, **행정청이 침해적 행정처분을 함에 있어서 당사자에게 위와 같은 사전통지를 하거나 의견제출의 기회를 주지 아니하였다면 사전통지를 하지 않거나 의견제출의 기회를 주지 아니하여도 되는 예외적인 경우에 해당하지 아니하는 한 그 처분은 위법하여 취소를 면할 수 없다.**(대판 2000.11.14. 선고 99두5870)

⑥ 구 행정절차법(2011. 12. 2. 법률 제11109호로 개정되기 전의 것, 이하 같다) 제22조 제3항에 따라 행정청이 의무를 부과하거나 권익을 제한하는 처분을 할 때 의견제출의 기회를 주어야 하는 '당사자'는 '행정청의 처분에 대하여 직접 그 상대가 되는 당사자'(구 행정절차법 제2조 제4호)를 의미한다. 그런데 **'고시'의 방법으로 불특정 다수인을 상대로 의무를 부과하거나 권익을 제한하는 처분은 성질상 의견제출의 기회를 주어야 하는 상대방을 특정할 수 없으므로, 이와 같은 처분에 있어서까지 구 행정절차법 제22조 제3항에 의하여 그 상대방에게 의견제출의 기회를 주어야 한다고 해석할 것은 아니다.**(대판 2014.10.27. 선고 2012두7745)

⑦ 민원사무를 처리하는 행정기관이 민원1회방문처리제를 시행하는 절차의 일환으로 민원사항의 심의·조정등을 위한 민원조정위원회를 개최하면서 **민원인에게 회의일정등을 사전에 통지하지 아니하였다 하더라도, 이러한 사정만으로 곧바로 민원사항에 대한 행정기관의 장의 거부처분에 취소사유에 이를 정도의 흠이 존재한다고 보기는 어렵다**. 다만 행정기관의 장의 거부처분이 재량행위인 경우에, 위와 같은 사전통지의 흠결로 민원인에게 의견진술의 기회를 주지 아니한 결과 민원조정위원회 심의과정에서 고려대상에 마땅히 포함시켜야 할 사항을 누락하는 등 재량권의 불행사 또는 해태로 볼 수 있는 구체적 사정이 있다면, 거부처분은 재량권을 일탈·남용한 것으로서 위법하다(대판 2015.8.27. 2013두1560).

⑧ 행정절차에 관한 일반법인 행정절차법 제21조, 제22조에서 사전 통지와 의견청취에 관하여 정하고 있다. 행정청이 당사자에게 의무를 부과하거나 권익을 제한하는 처분을 하는 경우에는 미리 '처분의 제목', '처분하려는 원인이 되는 사실과 처분의 내용 및 법적 근거', '이에 대하여 의견을 제출할 수 있다는 뜻과 의견을 제출하지 아니하는 경우의 처리방법', '의견제출기관의 명칭과 주소', '의견제출기한' 등을 당사자 등에게 통지하여야 한다(제21조 제1항). 다른 법령 등에서 필수적으로 청문을 하거나 공청회를 개최하도록 정하고 있지 않은 경우에도 당사자 등에게 의견제출의 기회를 주어야 하고(제22조 제3항), 다만 '해당 처분의 성질상 의견청취가 현저히 곤란하거나 명백히 불필요하다고 인정될 만한 상당한 이유가 있는 경우' 등에 한하여 처분의 사전 통지나 의견청취를 하지 않을 수 있다(제21조 제4항, 제22조 제4항). 따라서 **행정청이 침해적 행정처분을 하면서 당사자에게 행정절차법상의 사전 통지를 하거나 의견제출의 기회를 주지 않았다면, 사전 통지를 하지 않거나 의견제출의 기회를 주지 않아도 되는 예외적인 경우에 해당하지 않는 한, 그 처분은 위법하여 취소를 면할 수 없다.**(대판 2017두66602)

판례요지

행정절차법 시행령 제13조 제2호에서 정한 "법원의 재판 또는 준사법적 절차를 거치는 행정기관의 결정 등에 따라 처분의 전제가 되는 사실이 객관적으로 증명되어 처분에 따른 의견청취가 불필요하다고 인정되는 경우"는 법원의 재판 등에 따라 처분의 전제가 되는 사실이 객관적으로 증명되면 행정청이 반드시 일정한 처분을 해야 하는 경우 등 의견청취가 행정청의 처분 여부나 그 수위 결정에 영향을 미치지 못하는 경우를 의미한다고 보아야 한다. **처분의 전제가 되는 '일부' 사실만 증명된 경우이거나 의견청취에 따라 행정청의 처분 여부나 처분 수위가 달라질 수 있는 경우라면 위 예외사유에 해당하지 않는다.**

(2) 청문절차

① 청문통지서가 반송되어 온 경우나 청문일시에 불출석한 경우는 청문의 예외사유가 아니다.

구 공중위생법상 유기장업허가취소처분을 함에 있어서 두 차례에 걸쳐 발송한 청문통지서가 모두 반송되어 온 경우, 행정절차법 제21조 제4항 제3호에 정한 청문을 실시하지 않아도 되는 예외사유에 해당한다고 단정하여 당사자가 청문일시에 불출석하였다는 이유로 청문을 거치지 않고 이루어진 위 처분은 위법하다.(대판 2001.4.13. 2000두3337)

② 당사자간의 협약으로 법령상 규정된 청문등을 배제할 수 없다.

행정청이 당사자와의 사이에 도시계획사업의 시행과 관련한 협약을 체결하면서 관계 법령 및 행정절차법에 규정된 청문의 실시 등 의견청취절차를 배제하는 조항을 두었다고 하더라도, 이러한 협약이 체결되었다고 하여 청문의 실시에 관한 규정의 적용이 배제된다거나 청문을 실시하지 않아도 되는 예외적인 경우에 해당한다고 할 수 없다.(대판 2004.7.8. 2002두8350)

③ 퇴직연금의 환수결정은 당사자에게 의무를 과하는 처분이기는 하나, **관련 법령에 따라 당연히 환수금액이 정하여지는 것이므로, 퇴직연금의 환수결정에 앞서 당사자에게 의견진술의 기회를 주지 아니하여도 행정절차법 제22조 제3항이나 신의칙에 어긋나지 아니한다.**(대판 2000.11.28. 선고 99두5443)

④ 건축법상의 공사중지명령에 대한 사전통지를 하고 의견제출의 기회를 준다면 많은 액수의 손실보상금을 기대하여 공사를 강행할 우려가 있다는 사정이 사전통지 및 의견제출절차의 예외사유에 해당하지 아니한다.(대판 2004.05.28. 선고 2004두1254)

⑤ 이 사건 시정지시(사회복지시설에 대하여 특별감사를 실시한 후 행한 감사결과 지적사항에 대한 시정지시를 의미)는 보건복지부, 서울특별시, 피고가 합동으로 원고등에 대하여 특별감사를 실시한 후 이루어진 것으로 감사결과의 통보 및 감사기관의 의견표명의 성질도 지니고 있는데, 특별감사를 받은 원고 등은 감사과정을 거치면서

감사결과 및 그에 따른 감사기관의 의견표명이 있으리라는 점을 충분히 예상할 수 있어 별도로 사전에 통지를 한다거나 의견진술의 기회를 부여할 필요가 있다고 보기 어려운 점, 이 사건 시정지시를 이행하지 않을 경우에 이루어지게 될 구 사회복지사 업상의 시정명령 및 설립허가취소등의 후행처분을 위해서는 사전통지 및 의견진술의 기회 부여 등 행정절차법이 정한 절차를 거쳐야 하고, 실제로 피고가 원고에게 이 사건 시정지시를 하면서 그와 동시에 원고가 시정지시를 받은 사항에 대하여 의견진술과 이의를 제기할 기회를 준 점 등에 비추어 보면, 이 사건 **시정지시에 대하여는 그 성질상 당사자의 사전 의견청취가 불필요하다고 볼 상당한 이유가 있는 것으로 명백히 인정되는 경우에 해당**한다고 할 것이다.(대판 2009.2.12. 2008두14999)

⑥ 광업법 제88조 제2항에서 처분청이 동조 제1항의 규정에 의하여 **광업용 토지수용을 위한 사업인정을 하고자 할 때에 토지소유자와 토지에 관한 권리를 가진 자의 의견을 들어야 한다고 한 것은 그 사업인정 여부를 결정함에 있어서 소유자나 기타 권리자가 의견을 반영할 기회를 주어 이를 참작하도록 하고자 하는데 있을 뿐, 처분청이 그 의견에 기속되는 것은 아니다.**(대판 1995.12.22. 95누30)

⑦ 행정청이 영업허가취소 등의 처분을 하려면 반드시 사전에 청문절차를 거쳐야 하고 설사 식품위생법 제26조 제1항 소정의 사유가 분명이 존재하는 경우라 할지라도 당해 영업자가 청문을 포기한 경우가 아닌 한 청문절차를 거치지 않고 한 영업소폐쇄명령은 위법하여 취소사유에 해당된다.(대판 1983.6.14. 83누14)

⑧ 여관의 영업허가명의자로부터 사실상 영업을 양수하여 경영하는 자는 구 공중위생법 (1993.12.27. 법률 제4636호로 개정되기 전의 것) 제24조에서 말하는 '처분의 대상이 되는 영업자 등이나 그 대리인'이라 할 수 없어, **그 자에게 청문기회가 부여되었다 하여 이로써 영업허가명의자에 대한 청문기회가 부여되었다거나 또는 영업허가명의자에 대한 청문을 생략할 정당한 사유에 해당한다고 할 수 없다.** (대판 1994.04.12. 선고 93누16666)

⑨ 원고가 피고의 사무실을 방문하여 피고 소속 공무원에게 "처분을 좀 연기해 달라"는 내용의 서류를 제출한 것을 들어 여객자동차 운수사업법이 필요적으로 실시하도록 규정한 청문을 실시한 것으로 볼 수 없고, 피고 소속 공무원이 피고의 사무실을 방문한 원고에게 관련법규와 행정처분 절차에 대하여 설명하였다거나 그 자리에서 청문절차를 진행하고자 하였음에도 원고가 이에 응하지 않았다는 사정이 청문 등 의견청취를 하지 않을 수 있는 예외사유에 해당한다고 볼 수 없다.(대판 2016두63224)

> **관련법령** 행정절차법
>
> **제22조(의견청취)** ① 행정청이 처분을 할 때 다음 각 호의 어느 하나에 해당하는 경우에는 청문을 한다. 〈개정 2014. 1. 28., 2022. 1. 11.〉
> 1. 다른 법령등에서 청문을 하도록 규정하고 있는 경우
> 2. 행정청이 필요하다고 인정하는 경우

3. 다음 각 목의 처분을 하는 경우
  가. 인허가 등의 취소
  나. 신분·자격의 박탈
  다. 법인이나 조합 등의 설립허가의 취소

제28조(청문 주재자) ① 행정청은 소속 직원 또는 대통령령으로 정하는 자격을 가진 사람 중에서 청문 주재자를 공정하게 선정하여야 한다. 〈개정 2019. 12. 10.〉
② 행정청은 다음 각 호의 어느 하나에 해당하는 처분을 하려는 경우에는 청문 주재자를 2명 이상으로 선정할 수 있다. 이 경우 선정된 청문 주재자 중 1명이 청문 주재자를 대표한다. 〈신설 2022. 1. 11.〉
1. 다수 국민의 이해가 상충되는 처분
2. 다수 국민에게 불편이나 부담을 주는 처분
3. 그 밖에 전문적이고 공정한 청문을 위하여 행정청이 청문 주재자를 2명 이상으로 선정할 필요가 있다고 인정하는 처분
③ 행정청은 청문이 시작되는 날부터 7일 전까지 청문 주재자에게 청문과 관련한 필요한 자료를 미리 통지하여야 한다. 〈신설 2014. 1. 28., 2022. 1. 11.〉
④ 청문 주재자는 독립하여 공정하게 직무를 수행하며, 그 직무 수행을 이유로 본인의 의사에 반하여 신분상 어떠한 불이익도 받지 아니한다. 〈개정 2014. 1. 28., 2022. 1. 11.〉
⑤ 제1항 또는 제2항에 따라 선정된 청문 주재자는 「형법」이나 그 밖의 다른 법률에 따른 벌칙을 적용할 때에는 공무원으로 본다. 〈개정 2014. 1. 28., 2022. 1. 11.〉
⑥ 제1항부터 제5항까지에서 규정한 사항 외에 청문 주재자의 선정 등에 필요한 사항은 대통령령으로 정한다. 〈신설 2022. 1. 11.〉
[전문개정 2012. 10. 22.]

제29조(청문 주재자의 제척·기피·회피) ① 청문 주재자가 다음 각 호의 어느 하나에 해당하는 경우에는 청문을 주재할 수 없다. 〈개정 2019. 12. 10.〉
1. 자신이 당사자등이거나 당사자등과 「민법」 제777조 각 호의 어느 하나에 해당하는 친족관계에 있거나 있었던 경우
2. 자신이 해당 처분과 관련하여 증언이나 감정(鑑定)을 한 경우
3. 자신이 해당 처분의 당사자등의 대리인으로 관여하거나 관여하였던 경우
4. 자신이 해당 처분업무를 직접 처리하거나 처리하였던 경우
5. 자신이 해당 처분업무를 처리하는 부서에 근무하는 경우. 이 경우 부서의 구체적인 범위는 대통령령으로 정한다.
② 청문 주재자에게 공정한 청문 진행을 할 수 없는 사정이 있는 경우 당사자등은 행정청에 기피 신청을 할 수 있다. 이 경우 행정청은 청문을 정지하고 그 신청이 이유가 있다고 인정할 때에는 해당 청문 주재자를 지체 없이 교체하여야 한다.
③ 청문 주재자는 제1항 또는 제2항의 사유에 해당하는 경우에는 행정청의 승인을 받아 스스로 청문의 주재를 회피할 수 있다.
[전문개정 2012. 10. 22.]

제30조(청문의 공개) 청문은 당사자가 공개를 신청하거나 청문 주재자가 필요하다고 인정하는 경우 공개할 수 있다. 다만, 공익 또는 제3자의 정당한 이익을 현저히 해칠 우려가 있는 경우에는 공개하여서는 아니 된다.
[전문개정 2012. 10. 22.]

제31조(청문의 진행) ① 청문 주재자가 청문을 시작할 때에는 먼저 예정된 처분의 내용, 그 원인이 되는 사실 및 법적 근거 등을 설명하여야 한다.
② 당사자등은 의견을 진술하고 증거를 제출할 수 있으며, 참고인이나 감정인 등에게 질문할 수 있다.
③ 당사자등이 의견서를 제출한 경우에는 그 내용을 출석하여 진술한 것으로 본다.
④ 청문 주재자는 청문의 신속한 진행과 질서유지를 위하여 필요한 조치를 할 수 있다.
⑤ 청문을 계속할 경우에는 행정청은 당사자등에게 다음 청문의 일시 및 장소를 서면으로 통지하여야 하며, 당사자등이 동의하는 경우에는 전자문서로 통지할 수 있다. 다만, 청문에 출석한 당사자등에게는 그 청문일에 청문 주재자가 말로 통지할 수 있다.
[전문개정 2012. 10. 22.]

제32조(청문의 병합·분리) 행정청은 직권으로 또는 당사자의 신청에 따라 여러 개의 사안을 병합하거나 분리하여 청문을 할 수 있다.
[전문개정 2012. 10. 22.]

제33조(증거조사) ① 청문 주재자는 직권으로 또는 당사자의 신청에 따라 필요한 조사를 할 수 있으며, 당사자등이 주장하지 아니한 사실에 대하여도 조사할 수 있다.
② 증거조사는 다음 각 호의 어느 하나에 해당하는 방법으로 한다.
1. 문서·장부·물건 등 증거자료의 수집
2. 참고인·감정인 등에 대한 질문
3. 검증 또는 감정·평가
4. 그 밖에 필요한 조사
③ 청문 주재자는 필요하다고 인정할 때에는 관계 행정청에 필요한 문서의 제출 또는 의견의 진술을 요구할 수 있다. 이 경우 관계 행정청은 직무 수행에 특별한 지장이 없으면 그 요구에 따라야 한다.
[전문개정 2012. 10. 22.]

제34조(청문조서) ① 청문 주재자는 다음 각 호의 사항이 적힌 청문조서(聽聞調書)를 작성하여야 한다.
1. 제목
2. 청문 주재자의 소속, 성명 등 인적사항
3. 당사자등의 주소, 성명 또는 명칭 및 출석 여부
4. 청문의 일시 및 장소
5. 당사자등의 진술의 요지 및 제출된 증거
6. 청문의 공개 여부 및 공개하거나 제30조 단서에 따라 공개하지 아니한 이유
7. 증거조사를 한 경우에는 그 요지 및 첨부된 증거
8. 그 밖에 필요한 사항
② 당사자등은 청문조서의 내용을 열람·확인할 수 있으며, 이의가 있을 때에는 그 정정을 요구할 수 있다.
[전문개정 2012. 10. 22.]

제34조의2(청문 주재자의 의견서) 청문 주재자는 다음 각 호의 사항이 적힌 청문 주재자의 의견서를 작성하여야 한다.
1. 청문의 제목
2. 처분의 내용, 주요 사실 또는 증거
3. 종합의견

4. 그 밖에 필요한 사항
[전문개정 2012. 10. 22.]

제35조(청문의 종결) ① 청문 주재자는 해당 사안에 대하여 당사자등의 의견진술, 증거조사가 충분히 이루어졌다고 인정하는 경우에는 청문을 마칠 수 있다.
② 청문 주재자는 당사자등의 전부 또는 일부가 정당한 사유 없이 청문기일에 출석하지 아니하거나 제31조제3항에 따른 의견서를 제출하지 아니한 경우에는 이들에게 다시 의견진술 및 증거제출의 기회를 주지 아니하고 청문을 마칠 수 있다.
③ 청문 주재자는 당사자등의 전부 또는 일부가 정당한 사유로 청문기일에 출석하지 못하거나 제31조제3항에 따른 의견서를 제출하지 못한 경우에는 10일 이상의 기간을 정하여 이들에게 의견진술 및 증거제출을 요구하여야 하며, 해당 기간이 지났을 때에 청문을 마칠 수 있다. 〈개정 2019. 12. 10.〉
④ 청문 주재자는 청문을 마쳤을 때에는 청문조서, 청문 주재자의 의견서, 그 밖의 관계 서류 등을 행정청에 지체 없이 제출하여야 한다.
[전문개정 2012. 10. 22.]

제35조의2(청문결과의 반영) 행정청은 처분을 할 때에 제35조제4항에 따라 받은 청문조서, 청문 주재자의 의견서, 그 밖의 관계 서류 등을 충분히 검토하고 상당한 이유가 있다고 인정하는 경우에는 청문결과를 반영하여야 한다.
[전문개정 2012. 10. 22.]

제36조(청문의 재개) 행정청은 청문을 마친 후 처분을 할 때까지 새로운 사정이 발견되어 청문을 재개(再開)할 필요가 있다고 인정할 때에는 제35조제4항에 따라 받은 청문조서 등을 되돌려 보내고 청문의 재개를 명할 수 있다. 이 경우 제31조제5항을 준용한다.
[전문개정 2012. 10. 22.]

제37조(문서의 열람 및 비밀유지) ① 당사자등은 의견제출의 경우에는 처분의 사전 통지가 있는 날부터 의견제출기한까지, 청문의 경우에는 청문의 통지가 있는 날부터 청문이 끝날 때까지 행정청에 해당 사안의 조사결과에 관한 문서와 그 밖에 해당 처분과 관련되는 문서의 열람 또는 복사를 요청할 수 있다. 이 경우 행정청은 다른 법령에 따라 공개가 제한되는 경우를 제외하고는 그 요청을 거부할 수 없다. 〈개정 2022. 1. 11.〉
② 행정청은 제1항의 열람 또는 복사의 요청에 따르는 경우 그 일시 및 장소를 지정할 수 있다.
③ 행정청은 제1항 후단에 따라 열람 또는 복사의 요청을 거부하는 경우에는 그 이유를 소명(疎明)하여야 한다.
④ 제1항에 따라 열람 또는 복사를 요청할 수 있는 문서의 범위는 대통령령으로 정한다.
⑤ 행정청은 제1항에 따른 복사에 드는 비용을 복사를 요청한 자에게 부담시킬 수 있다.
⑥ 누구든지 의견제출 또는 청문을 통하여 알게 된 사생활이나 경영상 또는 거래상의 비밀을 정당한 이유 없이 누설하거나 다른 목적으로 사용하여서는 아니 된다. 〈개정 2022. 1. 11.〉
[전문개정 2012. 10. 22.]

(3) 공청회

① 묘지공원과 화장장의 후보지를 선정하는 과정에서 **서울특별시, 비영리법인, 일반기업등이 공동발족한 협의체인 추모공원건립추진협의회가 후보지 주민들의 의견을 청취하기 위하여 그 명의로 개최한 공청회는 행정청이 도시계획시설결정을 하면서 개**

<u>최한 공청회가 아니므로, 위 공청회의 개최에 관하여 행정절차법에서 정한 절차를 준수하여야 하는 것은 아니다.</u>(대판 2007. 4. 12. 2005두1893)

> **관련법령** 행정절차법

제22조(의견청취)
② 행정청이 처분을 할 때 다음 각 호의 어느 하나에 해당하는 경우에는 공청회를 개최한다. 〈개정 2019. 12. 10.〉
1. 다른 법령등에서 공청회를 개최하도록 규정하고 있는 경우
2. 해당 처분의 영향이 광범위하여 널리 의견을 수렴할 필요가 있다고 행정청이 인정하는 경우
3. 국민생활에 큰 영향을 미치는 처분으로서 대통령령으로 정하는 처분에 대하여 대통령령으로 정하는 수 이상의 당사자등이 공청회 개최를 요구하는 경우

제38조(공청회 개최의 알림) 행정청은 공청회를 개최하려는 경우에는 공청회 개최 14일 전까지 다음 각 호의 사항을 당사자등에게 통지하고 관보, 공보, 인터넷 홈페이지 또는 일간신문 등에 공고하는 등의 방법으로 널리 알려야 한다. 다만, 공청회 개최를 알린 후 예정대로 개최하지 못하여 새로 일시 및 장소 등을 정한 경우에는 공청회 개최 7일 전까지 알려야 한다. 〈개정 2019. 12. 10.〉
1. 제목
2. 일시 및 장소
3. 주요 내용
4. 발표자에 관한 사항
5. 발표신청 방법 및 신청기한
6. 정보통신망을 통한 의견제출
7. 그 밖에 공청회 개최에 필요한 사항
[전문개정 2012. 10. 22.]

제38조의2(온라인공청회) ① 행정청은 제38조에 따른 공청회와 병행하여서만 정보통신망을 이용한 공청회(이하 "온라인공청회"라 한다)를 실시할 수 있다. 〈개정 2022. 1. 11.〉
② 제1항에도 불구하고 다음 각 호의 어느 하나에 해당하는 경우에는 온라인공청회를 단독으로 개최할 수 있다. 〈신설 2022. 1. 11.〉
1. 국민의 생명·신체·재산의 보호 등 국민의 안전 또는 권익보호 등의 이유로 제38조에 따른 공청회를 개최하기 어려운 경우
2. 제38조에 따른 공청회가 행정청이 책임질 수 없는 사유로 개최되지 못하거나 개최는 되었으나 정상적으로 진행되지 못하고 무산된 횟수가 3회 이상인 경우
3. 행정청이 널리 의견을 수렴하기 위하여 온라인공청회를 단독으로 개최할 필요가 있다고 인정하는 경우. 다만, 제22조제2항제1호 또는 제3호에 따라 공청회를 실시하는 경우는 제외한다.
③ 행정청은 온라인공청회를 실시하는 경우 의견제출 및 토론 참여가 가능하도록 적절한 전자적 처리능력을 갖춘 정보통신망을 구축·운영하여야 한다. 〈개정 2022. 1. 11.〉
④ 온라인공청회를 실시하는 경우에는 누구든지 정보통신망을 이용하여 의견을 제출하거나 제출된 의견 등에 대한 토론에 참여할 수 있다. 〈개정 2022. 1. 11.〉
⑤ 제1항부터 제4항까지에서 규정한 사항 외에 온라인공청회의 실시 방법 및 절차에 관하여 필요한 사항은 대통령령으로 정한다. 〈개정 2022. 1. 11.〉
[전문개정 2012. 10. 22.]
[제목개정 2022. 1. 11.]

제38조의3(공청회의 주재자 및 발표자의 선정) ① 행정청은 해당 공청회의 사안과 관련된 분야에 전문적 지식이 있거나 그 분야에 종사한 경험이 있는 사람으로서 대통령령으로 정하는 자격을 가진 사람 중에서 공청회의 주재자를 선정한다. 〈개정 2019. 12. 10.〉
② 공청회의 발표자는 발표를 신청한 사람 중에서 행정청이 선정한다. 다만, 발표를 신청한 사람이 없거나 공청회의 공정성을 확보하기 위하여 필요하다고 인정하는 경우에는 다음 각 호의 사람 중에서 지명하거나 위촉할 수 있다.
1. 해당 공청회의 사안과 관련된 당사자등
2. 해당 공청회의 사안과 관련된 분야에 전문적 지식이 있는 사람
3. 해당 공청회의 사안과 관련된 분야에 종사한 경험이 있는 사람
③ 행정청은 공청회의 주재자 및 발표자를 지명 또는 위촉하거나 선정할 때 공정성이 확보될 수 있도록 하여야 한다.
④ 공청회의 주재자, 발표자, 그 밖에 자료를 제출한 전문가 등에게는 예산의 범위에서 수당 및 여비와 그 밖에 필요한 경비를 지급할 수 있다.
[전문개정 2012. 10. 22.]

제39조(공청회의 진행) ① 공청회의 주재자는 공청회를 공정하게 진행하여야 하며, 공청회의 원활한 진행을 위하여 발표 내용을 제한할 수 있고, 질서유지를 위하여 발언 중지 및 퇴장 명령 등 행정안전부장관이 정하는 필요한 조치를 할 수 있다. 〈개정 2013. 3. 23., 2014. 11. 19., 2017. 7. 26.〉
② 발표자는 공청회의 내용과 직접 관련된 사항에 대하여만 발표하여야 한다.
③ 공청회의 주재자는 발표자의 발표가 끝난 후에는 발표자 상호간에 질의 및 답변을 할 수 있도록 하여야 하며, 방청인에게도 의견을 제시할 기회를 주어야 한다.
[전문개정 2012. 10. 22.]

제39조의2(공청회 및 온라인공청회 결과의 반영) 행정청은 처분을 할 때에 공청회, 온라인공청회 및 정보통신망 등을 통하여 제시된 사실 및 의견이 상당한 이유가 있다고 인정하는 경우에는 이를 반영하여야 한다. 〈개정 2022. 1. 11.〉
[전문개정 2012. 10. 22.]
[제목개정 2022. 1. 11.]

제39조의3(공청회의 재개최) 행정청은 공청회를 마친 후 처분을 할 때까지 새로운 사정이 발견되어 공청회를 다시 개최할 필요가 있다고 인정할 때에는 공청회를 다시 개최할 수 있다.
[본조신설 2019. 12. 10.]

(4) 의견제출의 기회

Ⅳ 기타 행정절차

관련법령 행정절차법

제3장 신고, 확약 및 위반사실 등의 공표 등 〈개정 2022. 1. 11.〉
제40조(신고) ① 법령등에서 행정청에 일정한 사항을 통지함으로써 의무가 끝나는 신고를 규정하고 있는 경우 신고를 관장하는 행정청은 신고에 필요한 구비서류, 접수기관, 그 밖에 법령등에 따른 신고에 필요한 사항을 게시(인터넷 등을 통한 게시를 포함한다)하거나 이에 대한 편람을 갖추어 두고 누구나 열람할 수 있도록 하여야 한다.

② 제1항에 따른 신고가 다음 각 호의 요건을 갖춘 경우에는 신고서가 접수기관에 도달된 때에 신고 의무가 이행된 것으로 본다.
1. 신고서의 기재사항에 흠이 없을 것
2. 필요한 구비서류가 첨부되어 있을 것
3. 그 밖에 법령등에 규정된 형식상의 요건에 적합할 것
③ 행정청은 제2항 각 호의 요건을 갖추지 못한 신고서가 제출된 경우에는 지체 없이 상당한 기간을 정하여 신고인에게 보완을 요구하여야 한다.
④ 행정청은 신고인이 제3항에 따른 기간 내에 보완을 하지 아니하였을 때에는 그 이유를 구체적으로 밝혀 해당 신고서를 되돌려 보내야 한다.
[전문개정 2012. 10. 22.]

제40조의2(확약) ① 법령등에서 당사자가 신청할 수 있는 처분을 규정하고 있는 경우 행정청은 당사자의 신청에 따라 장래에 어떤 처분을 하거나 하지 아니할 것을 내용으로 하는 의사표시(이하 "확약"이라 한다)를 할 수 있다.
② 확약은 문서로 하여야 한다.
③ 행정청은 다른 행정청과의 협의 등의 절차를 거쳐야 하는 처분에 대하여 확약을 하려는 경우에는 확약을 하기 전에 그 절차를 거쳐야 한다.
④ 행정청은 다음 각 호의 어느 하나에 해당하는 경우에는 확약에 기속되지 아니한다.
1. 확약을 한 후에 확약의 내용을 이행할 수 없을 정도로 법령등이나 사정이 변경된 경우
2. 확약이 위법한 경우
⑤ 행정청은 확약이 제4항 각 호의 어느 하나에 해당하여 확약을 이행할 수 없는 경우에는 지체 없이 당사자에게 그 사실을 통지하여야 한다.
[본조신설 2022. 1. 11.]

제40조의3(위반사실 등의 공표) ① 행정청은 법령에 따른 의무를 위반한 자의 성명·법인명, 위반사실, 의무 위반을 이유로 한 처분사실 등(이하 "위반사실등"이라 한다)을 법률로 정하는 바에 따라 일반에게 공표할 수 있다.
② 행정청은 위반사실등의 공표를 하기 전에 사실과 다른 공표로 인하여 당사자의 명예·신용 등이 훼손되지 아니하도록 객관적이고 타당한 증거와 근거가 있는지를 확인하여야 한다.
③ 행정청은 위반사실등의 공표를 할 때에는 미리 당사자에게 그 사실을 통지하고 의견제출의 기회를 주어야 한다. 다만, 다음 각 호의 어느 하나에 해당하는 경우에는 그러하지 아니하다.
1. 공공의 안전 또는 복리를 위하여 긴급히 공표를 할 필요가 있는 경우
2. 해당 공표의 성질상 의견청취가 현저히 곤란하거나 명백히 불필요하다고 인정될 만한 타당한 이유가 있는 경우
3. 당사자가 의견진술의 기회를 포기한다는 뜻을 명백히 밝힌 경우
④ 제3항에 따라 의견제출의 기회를 받은 당사자는 공표 전에 관할 행정청에 서면이나 말 또는 정보통신망을 이용하여 의견을 제출할 수 있다.
⑤ 제4항에 따른 의견제출의 방법과 제출 의견의 반영 등에 관하여는 제27조 및 제27조의2를 준용한다. 이 경우 "처분"은 "위반사실등의 공표"로 본다.
⑥ 위반사실등의 공표는 관보, 공보 또는 인터넷 홈페이지 등을 통하여 한다.
⑦ 행정청은 위반사실등의 공표를 하기 전에 당사자가 공표와 관련된 의무의 이행, 원상회복, 손해배상 등의 조치를 마친 경우에는 위반사실등의 공표를 하지 아니할 수 있다.

⑧ 행정청은 공표된 내용이 사실과 다른 것으로 밝혀지거나 공표에 포함된 처분이 취소된 경우에는 그 내용을 정정하여, 정정한 내용을 지체 없이 해당 공표와 같은 방법으로 공표된 기간 이상 공표하여야 한다. 다만, 당사자가 원하지 아니하면 공표하지 아니할 수 있다.
[본조신설 2022. 1. 11.]

제40조의4(행정계획) 행정청은 행정청이 수립하는 계획 중 국민의 권리·의무에 직접 영향을 미치는 계획을 수립하거나 변경·폐지할 때에는 관련된 여러 이익을 정당하게 형량하여야 한다.
[본조신설 2022. 1. 11.]

제4장 행정상 입법예고

제41조(행정상 입법예고) ① 법령등을 제정·개정 또는 폐지(이하 "입법"이라 한다)하려는 경우에는 해당 입법안을 마련한 행정청은 이를 예고하여야 한다. 다만, 다음 각 호의 어느 하나에 해당하는 경우에는 예고를 하지 아니할 수 있다. 〈개정 2012. 10. 22.〉
1. 신속한 국민의 권리 보호 또는 예측 곤란한 특별한 사정의 발생 등으로 입법이 긴급을 요하는 경우
2. 상위 법령등의 단순한 집행을 위한 경우
3. 입법내용이 국민의 권리·의무 또는 일상생활과 관련이 없는 경우
4. 단순한 표현·자구를 변경하는 경우 등 입법내용의 성질상 예고의 필요가 없거나 곤란하다고 판단되는 경우
5. 예고함이 공공의 안전 또는 복리를 현저히 해칠 우려가 있는 경우
② 삭제〈2002. 12. 30.〉
③ 법제처장은 입법예고를 하지 아니한 법령안의 심사 요청을 받은 경우에 입법예고를 하는 것이 적당하다고 판단할 때에는 해당 행정청에 입법예고를 권고하거나 직접 예고할 수 있다. 〈개정 2012. 10. 22.〉
④ 입법안을 마련한 행정청은 입법예고 후 예고내용에 국민생활과 직접 관련된 내용이 추가되는 등 대통령령으로 정하는 중요한 변경이 발생하는 경우에는 해당 부분에 대한 입법예고를 다시 하여야 한다. 다만, 제1항 각 호의 어느 하나에 해당하는 경우에는 예고를 하지 아니할 수 있다. 〈신설 2012. 10. 22.〉
⑤ 입법예고의 기준·절차 등에 관하여 필요한 사항은 대통령령으로 정한다. 〈개정 2012. 10. 22.〉

제42조(예고방법) ① 행정청은 입법안의 취지, 주요 내용 또는 전문(全文)을 다음 각 호의 구분에 따른 방법으로 공고하여야 하며, 추가로 인터넷, 신문 또는 방송 등을 통하여 공고할 수 있다. 〈개정 2019. 12. 10.〉
1. 법령의 입법안을 입법예고하는 경우 : 관보 및 법제처장이 구축·제공하는 정보시스템을 통한 공고
2. 자치법규의 입법안을 입법예고하는 경우 : 공보를 통한 공고
② 행정청은 대통령령을 입법예고하는 경우 국회 소관 상임위원회에 이를 제출하여야 한다.
③ 행정청은 입법예고를 할 때에 입법안과 관련이 있다고 인정되는 중앙행정기관, 지방자치단체, 그 밖의 단체 등이 예고사항을 알 수 있도록 예고사항을 통지하거나 그 밖의 방법으로 알려야 한다.
④ 행정청은 제1항에 따라 예고된 입법안에 대하여 온라인공청회 등을 통하여 널리 의견을 수렴할 수 있다. 이 경우 제38조의2제3항부터 제5항까지의 규정을 준용한다. 〈개정 2022. 1. 11.〉
⑤ 행정청은 예고된 입법안의 전문에 대한 열람 또는 복사를 요청받았을 때에는 특별한 사유가 없으면 그 요청에 따라야 한다.

⑥ 행정청은 제5항에 따른 복사에 드는 비용을 복사를 요청한 자에게 부담시킬 수 있다.
[전문개정 2012. 10. 22.]

제43조(예고기간) 입법예고기간은 예고할 때 정하되, 특별한 사정이 없으면 40일(자치법규는 20일) 이상으로 한다.
[전문개정 2012. 10. 22.]

제44조(의견제출 및 처리) ① 누구든지 예고된 입법안에 대하여 의견을 제출할 수 있다.
② 행정청은 의견접수기관, 의견제출기간, 그 밖에 필요한 사항을 해당 입법안을 예고할 때 함께 공고하여야 한다.
③ 행정청은 해당 입법안에 대한 의견이 제출된 경우 특별한 사유가 없으면 이를 존중하여 처리하여야 한다.
④ 행정청은 의견을 제출한 자에게 그 제출된 의견의 처리결과를 통지하여야 한다.
⑤ 제출된 의견의 처리방법 및 처리결과의 통지에 관하여는 대통령령으로 정한다.
[전문개정 2012. 10. 22.]

제45조(공청회) ① 행정청은 입법안에 관하여 공청회를 개최할 수 있다.
② 공청회에 관하여는 제38조, 제38조의2, 제38조의3, 제39조 및 제39조의2를 준용한다.
[전문개정 2012. 10. 22.]

제5장 행정예고

제46조(행정예고) ① 행정청은 정책, 제도 및 계획(이하 "정책등"이라 한다)을 수립·시행하거나 변경하려는 경우에는 이를 예고하여야 한다. 다만, 다음 각 호의 어느 하나에 해당하는 경우에는 예고를 하지 아니할 수 있다. 〈개정 2019. 12. 10.〉
1. 신속하게 국민의 권리를 보호하여야 하거나 예측이 어려운 특별한 사정이 발생하는 등 긴급한 사유로 예고가 현저히 곤란한 경우
2. 법령등의 단순한 집행을 위한 경우
3. 정책등의 내용이 국민의 권리·의무 또는 일상생활과 관련이 없는 경우
4. 정책등의 예고가 공공의 안전 또는 복리를 현저히 해칠 우려가 상당한 경우
② 제1항에도 불구하고 법령등의 입법을 포함하는 행정예고는 입법예고로 갈음할 수 있다.
③ 행정예고기간은 예고 내용의 성격 등을 고려하여 정하되, 20일 이상으로 한다. 〈개정 2022. 1. 11.〉
④ 제3항에도 불구하고 행정목적을 달성하기 위하여 긴급한 필요가 있는 경우에는 행정예고기간을 단축할 수 있다. 이 경우 단축된 행정예고기간은 10일 이상으로 한다. 〈신설 2022. 1. 11.〉
[전문개정 2012. 10. 22.]

제46조의2(행정예고 통계 작성 및 공고) 행정청은 매년 자신이 행한 행정예고의 실시 현황과 그 결과에 관한 통계를 작성하고, 이를 관보·공보 또는 인터넷 등의 방법으로 널리 공고하여야 한다.
[본조신설 2014. 1. 28.]

제47조(예고방법 등) ① 행정청은 정책등안(案)의 취지, 주요 내용 등을 관보·공보나 인터넷·신문·방송 등을 통하여 공고하여야 한다.
② 행정예고의 방법, 의견제출 및 처리, 공청회 및 온라인공청회에 관하여는 제38조, 제38조의2, 제38조의3, 제39조, 제39조의2, 제39조의3, 제42조(제1항·제2항 및 제4항은 제외한다), 제44조제1항부터 제3항까지 및 제45조제1항을 준용한다. 이 경우 "입법안"은 "정책등안"으로, "입법예고"는 "행정예고"로, "처분을 할 때"는 "정책등을 수립·시행하거나 변경할 때"로 본다. 〈개정 2022. 1. 11.〉
[전문개정 2019. 12. 10.]

> **제6장 행정지도**
> **제48조(행정지도의 원칙)** ① 행정지도는 그 목적 달성에 필요한 최소한도에 그쳐야 하며, 행정지도의 상대방의 의사에 반하여 부당하게 강요하여서는 아니 된다.
> ② 행정기관은 행정지도의 상대방이 행정지도에 따르지 아니하였다는 것을 이유로 불이익한 조치를 하여서는 아니 된다.
> [전문개정 2012. 10. 22.]
> **제49조(행정지도의 방식)** ① 행정지도를 하는 자는 그 상대방에게 그 행정지도의 취지 및 내용과 신분을 밝혀야 한다.
> ② 행정지도가 말로 이루어지는 경우에 상대방이 제1항의 사항을 적은 서면의 교부를 요구하면 그 행정지도를 하는 자는 직무 수행에 특별한 지장이 없으면 이를 교부하여야 한다.
> [전문개정 2012. 10. 22.]
> **제50조(의견제출)** 행정지도의 상대방은 해당 행정지도의 방식·내용 등에 관하여 행정기관에 의견 제출을 할 수 있다.
> [전문개정 2012. 10. 22.]
> **제51조(다수인을 대상으로 하는 행정지도)** 행정기관이 같은 행정목적을 실현하기 위하여 많은 상대방에게 행정지도를 하려는 경우에는 특별한 사정이 없으면 행정지도에 공통적인 내용이 되는 사항을 공표하여야 한다.
> [전문개정 2012. 10. 22.]

V 절차상 하자의 독자적 위법성

1. 절차상 하자의 독자적 위법성

① 식품위생법 제64조, 같은 법 시행령 제37조 제1항 <u>소정의 청문절차를 전혀 거치지 아니하거나 거쳤다고 하여도 그 절차적 요건을 제대로 준수하지 아니한 경우에는 가사 영업정지사유 등 위 법 제58조 등 소정의 사유가 인정된다고 하더라도 그 처분은 위법하여 취소를 면할 수 없다</u>. (대판 1991.7.9. 91누971)

② 청문제도는 행정처분의 사유에 대하여 당사자에게 변명과 유리한 자료를 제출할 기회를 부여함으로써 위법사유의 시정가능성을 고려하고 처분의 신중과 적정을 기하려는데 그 취지가 있음에 비추어 볼 때, <u>행정청이 침해적 행정처분을 함에 즈음하여 청문을 실시하지 않아도 되는 예외적인 경우에 해당하지 않는 한 반드시 청문을 실시하여야 하고, 그 절차를 결여한 처분은 위법한 처분으로서 취소사유에 해당</u>한다. (대판 2004.7.8. 2002두8350)

③ 지방세법 제1조 제1항 제5호, 제25조 제1항, 지방세법시행령 제8조 등 납세고지서에 관한 법령 규정들은 강행규정으로서 이들 법령이 요구하는 기재사항 중 일부를 누락시킨 하자가 있는 경우 이로써 그 부과처분은 위법하게 되지만, 이러한 납세고지서 작성과 관련한 하자는 그 고지서가 납세의무자에게 송달된 이상 과세처분의 본질적

요소를 이루는 것은 아니어서 과세처분의 취소사유가 됨은 별론으로 하고 당연무효의 사유로는 되지 아니한다.(대판 1998.06.26. 선고 96누12634)
④ 구 학교보건법상 학교환경위생정화구역에서의 금지행위 및 시설의 해제여부에 관한 행정처분을 함에 있어 학교환경위생정화위원회의 심의를 누락한 행정처분은 취소사유이다.(대판 2007.3.15. 2006두15806)

(2) 절차상 하자의 치유

① 납세고지서에 세액산출근거등의 기재사항이 누락되었거나 과세표준과 세액의 계산명세서가 첨부되지 않았다면 적법한 납세의 고지라고 볼 수 없으며, **위와 같은 납세고지의 하자는 납세의무자가 그 나름대로 산출근거를 알고 있다거나 사실상 이를 알고서 쟁송에 이르렀다 하더라도 치유되지 않는다.**(대판 2002.11.13. 2001두1543)
② 납세의무자가 부과된 세금을 자진 납부하였다 하여 세액산출근거가 누락된 납세고지서에 의한 부과처분의 하자가 치유되지 않는다.
세액산출근거가 기재되지 아니한 납세고지서에 의한 부과처분은 강행법규에 위반하여 취소대상이 된다 할 것이므로 **이와 같은 하자는 납세의무자가 전심절차에서 이를 주장하지 아니하였거나, 그 후 부과된 세금을 자진납부하였다거나, 또는 조세채권의 소멸시효기간이 만료되었다 하여 치유되는 것이라고는 할 수 없다.**(대판 1985.4.9. 84누431)
③ 행정청이 식품위생법상의 청문절차를 이행함에 있어 소정의 청문서 도달기간을 지키지 아니하였다면 이는 청문의 절차적 요건을 준수하지 아니한 것이므로 이를 바탕으로 한 행정처분은 일단 위법하다고 보아야 할 것이지만 **행정청이 청문서 도달기간을 다소 어겼다 하더라도 영업자가 이에 대하여 이의하지 아니한 채 스스로 청문일에 출석하여 그의견을 진술하고 변명하는 등 방어의 기회를 충분히 가졌다면 청문서 도달기간을 준수하지 아니한 하자는 치유되었다고 봄이 상당**하다.(대판 2001.4.13. 2000두3337)
④ 부과처분 전 **부담금예정통지서에 필요적 기재사항이 기재되어 있는 경우, 납부고지서에 기재사항의 일부가 누락되었더라도 그 하자가 치유될 수 있다.**(대판 1997.12.26. 97누9390)
⑤ 국세징수법 제9조, 구 상속세법(1990. 12. 31. 법률 제4283호로 개정된 것) 제34조의7, 제25조, 제25조의2, 구 상속세법시행령(1990. 12. 31. 대통령령 제13196호로 개정된 것) 제42조 제1항, 제19조 제1항의 각 규정에 의하여 증여세의 납세고지서에 과세표준과 세액의 계산명세가 기재되어 있지 아니하거나 그 계산명세서를 첨부하지 아니하였다면 그 납세고지는 위법하다고 할 것이나, 한편 **과세관청이 과세처분에 앞서 납세의무자에게 보낸 과세예고통지서 등에 납세고지서의 필요적 기재사항이 제대로 기재되어 있어 납세의무자가 그 처분에 대한 불복 여부의 결정 및 불복신청에 전**

혀 지장을 받지 않았음이 명백하다면, 이로써 납세고지서의 하자가 보완되거나 치유될 수 있다.(대판 2001.03.27. 선고 99두8039)
⑥ 세액산출근거가 누락된 납세고지서에 의한 과세처분의 하자의 치유를 허용하려면 늦어도 과세처분에 대한 불복여부의 결정 및 불복신청에 편의를 줄 수 있는 상당한 기간 내에 하여야 한다고 할 것이므로 위 과세처분에 대한 전심절차가 모두 끝나고 상고심의 계류중에 세액산출근거의 통지가 있었다고 하여 이로써 위 과세처분의 하자가 치유되었다고는 볼 수 없다(대판 1984.4.10. 83누393).
⑦ 과세처분시 납세고지서에 과세표준, 세율, 세액의 산출근거등이 누락된 경우 늦어도 과세처분에 대한 불복여부의 결정 및 불복신청에 편의를 줄 수 있는 상당한 기간 내에 보정행위를 하여야 그 하자가 치유된다 할 것이므로, 과세처분이 있은 지 4년이 지나서 취소소송이 제기된 때에 보정된 납세고지서를 송달하였다는 사실이나 오랜 기간의 경과로써 과세처분의 하자가 치유되었다고 볼 수는 없다(대판 1983.7.26. 82누420).

Ⅵ 절차상 하자와 국가배상

국가나 지방자치단체가 공익사업을 시행하는 과정에서 해당 사업부지 인근 주민들은 의견제출을 통한 행정절차 참여 등 법령에서 정하는 절차적 권리를 행사하여 환경권이나 재산권 등 사적 이익을 보호할 기회를 가질 수 있다. 그러나 법령에서 주민들의 행정절차 참여에 관하여 정하는 것은 어디까지나 주민들에게 자신의 의사와 이익을 반영할 기회를 보장하고 행정의 공정성, 투명성과 신뢰성을 확보하며 국민의 권익을 보호하기 위한 것일 뿐, 행정절차에 참여할 권리 그 자체가 사적 권리로서의 성질을 가지는 것은 아니다. **이와 같이 행정절차는 그 자체가 독립적으로 의미를 가지는 것이라기보다는 행정의 공정성과 적정성을 보장하는 공법적 수단으로서의 의미가 크므로, 관련 행정처분의 성립이나 무효·취소 여부 등을 따지지 않은 채 주민들이 일시적으로 행정절차에 참여할 권리를 침해받았다는 사정만으로 곧바로 국가나 지방자치단체가 주민들에게 정신적 손해에 대한 배상의무를 부담한다고 단정할 수 없다.**
이와 같은 행정절차상 권리의 성격이나 내용 등에 비추어 볼 때, 국가나 지방자치단체가 행정절차를 진행하는 과정에서 주민들의 의견제출 등 절차적 권리를 보장하지 않은 위법이 있다고 하더라도 그 후 이를 시정하여 절차를 다시 진행한 경우, 종국적으로 행정처분 단계까지 이르지 않거나 처분을 직권으로 취소하거나 철회한 경우, 행정소송을 통하여 처분이 취소되거나 처분의 무효를 확인하는 판결이 확정된 경우 등에는 주민들이 절차적 권리의 행사를 통하여 환경권이나 재산권 등 사적 이익을 보호하려던 목적이 실질적으로 달성된 것이므로 특별한 사정이 없는 한 절차적 권리 침해로 인한 정신적 고통에 대한 배상은 인정되지 않는다. 다만 이러한 조치로도 주민들의 절차적 권리 침해로 인한 정신적 고통이 여전히 남아 있다고 볼 특별한 사정이 있는 경우에 국가나 지방자치단체는 그 정신적 고통으로 인한 손해를 배상할 책임이 있다. 이때 특별한 사정이 있다는 사실에 대한 주장·증명책임은 이를 청구하는 주민들에게 있고, 특별한 사정이 있는지는 주민들에게 행정절차 참여권을 보장하는 취지, 행정절차 참여권이 침해된 경위와 정도, 해당 행정절차 대상사업의 시행경과 등을 종합적으로 고려해서 판단해야 한다.(대판 2015다221668)

제2절 공공기관의 정보공개에 관한 법률

I 의의

1. 정보공개법의 법적근거

(1) **헌법적 근거**

① 헌법 제21조에 규정된 표현의 자유와 자유민주주의적 기본질서를 천명하고 있는 헌법 전문·제1조·제4조의 해석상 국민의 정부에 대한 일반적 정보공개를 구할 권리(청구권적 기본권)로서 인정되는 알 권리를 침해한 것이고, 위 열람·복사민원의 처리는 법률의 제정이 없더라도 불가능한 것이 아니다.(헌재결 1989.9.4. 88헌마22)

② **국민의 정부에 대한 일반적 정보공개를 구할 권리(청구권적 기본권)라고 할 것이며, 이러한 "알 권리"의 실현은 법률의 제정이 뒤따라 이를 구체화시키는 것이 충실하고도 바람직하지만, 그러한 법률이 제정되어 있지 않다고 하더라도 불가능한 것은 아니고 헌법 제21조에 의해 직접 보장될 수 있다고 하는 것이 헌법재판소의 확립된 판례인 것이다.**(헌재결 1991.5.13. 90헌마133)

(2) **법률상 근거**

① 민사소송법 제344조 제2항은 같은 조 제1항에서 정한 문서에 해당하지 아니한 문서라도 문서의 소지자는 원칙적으로 그 제출을 거부하지 못하나, 다만 '공무원 또는 공무원이었던 사람이 그 직무와 관련하여 보관하거나 가지고 있는 문서'는 예외적으로 제출을 거부할 수 있다고 규정하고 있는바, 여기서 말하는 '<u>공무원 또는 공무원이었던 사람이 그 직무와 관련하여 보관하거나 가지고 있는 문서'는 국가기관이 보유·관리하는 공문서를 의미한다고 할 것이고, 이러한 공문서의 공개에 관하여는 공공기관의 정보공개에 관한 법률에서 정한 절차와 방법에 의하여야</u> 할 것이다. (대결 2010.01.19. 자 2008마546)

② 공공기관의 정보공개에 관한 법률 (2013. 8. 6. 법률 제11991호로 개정되기 전의 것, 이하 '정보공개법'이라 한다) 제4조 제1항은 "정보의 공개에 관하여는 다른 법률에

특별한 규정이 있는 경우를 제외하고는 이 법이 정하는 바에 의한다"고 규정하고 있다. 여기서 '정보공개에 관하여 다른 법률에 특별한 규정이 있는 경우'에 해당한다고 하여 정보공개법의 적용을 배제하기 위해서는, 그 특별한 규정이 '법률'이어야 하고, 나아가 그 내용이 정보공개의 대상 및 범위, 정보공개의 절차, 비공개대상정보 등에 관하여 정보공개법과 달리 규정하고 있는 것이어야 한다. (대판 2014.04.10. 선고 2012두17384)

(3) 조례에 의한 정보공개청구

지방자치단체는 그 내용이 주민의 권리의 제한 또는 의무의 부과에 관한 사항이거나 벌칙에 관한 사항이 아닌 한 법률의 위임이 없더라도 조례를 제정할 수 있다 할 것인데, **청주시의회에서 의결한 청주시 행정정보공개조례안은 행정에 대한 주민의 알 권리의 실현을 그 근본내용으로 하면서도 이로 인한 개인의 권익침해가능성을 배제하고 있으므로 이를 들어 주민의 권리를 제한하거나 의무를 부과하는 조례라고는 단정할 수 없고, 따라서 그 제정에 있어서 반드시 법률의 개별적 위임이 따로 필요한 것은 아니다.**(대판 1992.6.23. 92추17)

2. 공개시 고려할 기준

국가가 북한을 이탈하여 귀순한 주민들에 관한 정보를 공개하는 때에는 **위와 같은 헌법과 법률의 취지, 탈북주민의 불안정한 신분상 지위 및 정서적 불안감, 북한 내 가족등에 대한 위해의 우려 기타 제반사정을 감안하여 신원은 물론 탈북경위 등 공표내용과 절차 및 시기등 여러 면에서 일반적인 행정정보등의 공개때보다 훨씬 엄격한 기준에 의하여야** 하고, 합리적인 보호기준에 미치지 못한 경우에는 정당성을 인정할 수 없다.(대판 2012.4.26. 2011다53164)

Ⅱ 정보공개청구권자와 정보공개기관

1. 정보공개청구권자

① 공공기관의 정보공개에 관한 법률 제6조 제1항은 "모든 국민은 정보의 공개를 청구할 권리를 가진다."고 규정하고 있는데, **여기에서 말하는 국민에는 자연인은 물론 법인, 권리능력없는 사단·재단도 포함되고, 법인·권리능력없는 사단·재단등의 경우에는 설립목적을 불문**하며, 한편 **정보공개청구권은 법률상 보호되는 구체적인 권리이므로 청구인이 공공기관에 대하여 정보공개를 청구하였다가 거부처분을 받은 것 자체가 법률상 이익의 침해에 해당**한다. (대판 2003.12.12. 2003두8050)
→ 환경운동연합단체의 정보공개청구에 대한 원고적격 인정

② 국민의 정보공개청구권은 법률상 보호되는 구체적인 권리이므로, 공공기관에 대하여 정보의 공개를 청구하였다가 공개거부처분을 받은 청구인은 행정소송을 통하여 그 공개거부처분의 취소를 구할 법률상의 이익이 있고, 공개청구의 대상이 되는 정보가 이미 공개되어 있다거나 다른 방법으로 손쉽게 알 수 있다는 사정만으로 소의 이익이 없다거나 비공개결정이 정당화될 수 없다. 또한, 청구인이 공공기관에 대하여 정보공개를 청구하였다가 거부처분을 받은 이상, 그 자체로 공개거부처분의 취소를 구할 법률상 이익이 인정되고, 그 외에 추가로 어떤 법률상 이익이 있을 것을 요하지 않는다.(대판 2022두33439)

판례요지

견책의 징계처분을 받은 甲이 사단장에게 징계위원회에 참여한 징계위원의 성명과 직위에 대한 정보공개청구를 하였으나 위 정보가 공공기관의 정보공개에 관한 법률 제9조 제1항 제1호, 제2호, 제5호, 제6호에 해당한다는 이유로 공개를 거부한 사안에서, **비록 징계처분 취소사건에서 甲의 청구를 기각하는 판결이 확정되었더라도 이러한 사정만으로 위 처분의 취소를 구할 이익이 없어지지 않고, 사단장이 甲의 정보공개청구를 거부한 이상 甲으로서는 여전히 정보공개거부처분의 취소를 구할 법률상 이익이 있으므로, 이와 달리 본 원심판결에 법리오해의 잘못이 있다**고 한 사례

③ 감봉 1개월의 징계처분을 받은 원고가 징계위원들의 성명과 직위에 대한 정보공개청구를 하였다가 거부처분을 받은 사안에서, 비록 징계처분에 대한 항고절차에서 원고가 징계위원회 구성에 절차상 하자가 있다는 사실을 알게 되었거나 징계처분이 취소되었다고 하더라도, 그와 같은 사정들만으로 위 거부처분의 취소를 구할 법률상 이익이 없다고 볼 수 없고, 피고가 원고의 정보공개청구를 거부한 이상 원고로서는 여전히 정보공개거부처분의 취소를 구할 법률상 이익을 갖는다.(대판 2022두34562)

④ 지방자치단체가 정보공개청구권자가 될 수 있는가?
공권력의 행사자인 국가나 국가기관 또는 국가조직의 일부나 공법인이나 그 기관은 기본권의 '수범자'이지 기본권의 주체가 아니고 오히려 국민의 기본권을 보호내지 실현해야 할 '책임'과 '의무'를 지니고 있을 뿐이다. 따라서 지방자치단체나 그 기관인 지방자치단체장은 기본권의 주체가 아니다.(헌재겨 1997.12.24. 96헌마365)

2. 정보공개기관

① 사립대학교가 공공기관이 될 수 있는가?
사립대학교에 대한 국비지원이 한정적·일시적·국부적이라는 점을 고려하더라도 '정보공개법 시행령' 제2조 제1호가 정보공개의무를 지는 공공기관의 하나로 사립대학교를 들고 있는 것이 모법의 위임범위를 벗어났다거나 사립대학교가 국비의 지원을 받는 범위 내에서만 공공기관의 성격을 가진다고 볼 수 없다.(대판 2006.8.24. 2004두2783)

② 한국증권업협회 : 공공기관 × (대판 2010.4.29. 2008두5643)
③ 한국방송공사 : 공공기관 ○ (대판 2010.12.23. 2008두13101)
④ 교육기관정보공개법은 교육관련기관이 학교교육과 관련하여 직무상 작성 또는 취득하여 관리하고 있는 정보의 공개에 관하여 특별히 규율하는 법률이므로, 학교에 대하여 교육기관정보공개법이 적용된다고 하여 더 이상 정보공개법을 적용할 수 없게 되는 것은 아니라고 할 것이다.(대판 2011두5049)

Ⅲ 정보공개대상이 되는 정보와 공개의무

1. 정보공개대상이 되는 정보

① 정보공개법상 공개청구의 대상이 되는 정보란 공공기관이 직무상 작성 또는 취득하여 현재 보유·관리하고 있는 문서에 한정되는 것이기는 하나, 그 문서가 반드시 원본일 필요는 없다.(대판 2006두3049)
② 정보공개법상 정보라 함은 당해 공공기관이 작성하여 보유·관리하고 있는 정보뿐만 아니라 경위를 불문하고 당해 공공기관이 보유·관리하고 있는 모든 정보를 의미한다고 할 것이다.(대판 2008두8680)
③ 공공기관이 사경제주체의 지위에서 작성한 정보도 정보공개법의 적용대상인 정보에 해당한다.(대판 2006두20587)

2. 공개의무

알 권리에서 파생되는 정부의 공개의무는 특별한 사정이 없는 한 국민의 적극적인 정보수집행위, 특히 **특정의 정보에 대한 공개청구가 있는 경우에야 비로소 존재하므로**, 정보공개청구가 없었던 경우 대한민국과 중화인민공화국이 2000.7.31. 체결한 양국 간 마늘교역에 관한 합의서 및 그 부속서 중 '2003.1.1.부터 한국의 민간기업이 자유롭게 마늘을 수입할 수 있다.'는 부분을 **사전에 마늘재배농가들에게 공개할 정부의 의무는 인정되지 아니한다**.(헌재결 2004.12.16. 2002헌마579)

Ⅳ 비공개대상 정보

1. 다른 법률 또는 법률에서 위임한 명령(국회규칙·대법원규칙·헌법재판소규칙·중앙선거관리위원회 규칙·대통령령 및 조례에 한함)에 따라 비밀이나 비공개사항으로 규정된 정보

(1) 다른 법률

① 구 공공기관의 정보공개에 관한 법률(2013. 8. 6. 법률 제11991호로 개정되기 전의

것, 이하 '정보공개법'이라 한다) 제4조 제1항은 "정보의 공개에 관하여는 다른 법률에 특별한 규정이 있는 경우를 제외하고는 이 법이 정하는 바에 의한다."라고 규정하고 있다. **여기서 '정보공개에 관하여 다른 법률에 특별한 규정이 있는 경우'에 해당한다고 하여 정보공개법의 적용을 배제하기 위해서는, 특별한 규정이 '법률'이어야 하고, 내용이 정보공개의 대상 및 범위, 정보공개의 절차, 비공개대상정보 등에 관하여 정보공개법과 달리 규정하고 있는 것**이어야 한다.(대판 2014.04.10. 선고 2012두17384)

② 국가정보원이 직원에게 지급하는 현금급여 및 월초수당에 관한 정보는 공공기관의 정보공개에 관한 법률 제9조 제1항 제1호의 비공개대상정보인 '다른 법률에 의하여 비공개사항으로 규정된 정보'에 해당한다.(대판 2010.12.23. 2010두14800)

③ 국가정보원의 조직·소재지 및 정원에 관한 정보는 공공기관의 정보공개에 관한 법률 제9조 제1항 제1호에서 말하는 '다른 법률에 의하여 비공개사항으로 규정된 정보'에 해당한다.(대판 2013.1.24. 2010두18918)

④ 학교폭력예방 및 대책에 관한 법률 제21조 제1항, 제2항, 제3항 및 같은 법 시행령 제17조 규정들의 내용, 학교폭력예방 및 대책에 관한 법률의 목적, 입법 취지, 특히 학교폭력예방 및 대책에 관한 법률 제21조 제3항이 학교폭력대책자치위원회의 회의를 공개하지 못하도록 규정하고 있는 점 등에 비추어, **학교폭력대책자치위원회의 회의록은 공공기관의 정보공개에 관한 법률 제9조 제1항 제1호의 '다른 법률 또는 법률이 위임한 명령에 의하여 비밀 또는 비공개 사항으로 규정된 정보'에 해당**한다.(대판 2010.06.10. 선고 2010두2913)

⑤ 국방부의 한국형 다목적 헬기(KMH) 도입사업에 대한 감사원장의 감사결과보고서가 군사2급비밀에 해당하는 이상 공공기관의 정보공개에 관한 법률 제9조 제1항 제1호에 의하여 공개하지 아니할 수 있다.(대판 2006.11.10. 선고 2006두9351)

⑥ **"소송에 관한 서류는 공판의 개정전에는 공익상 필요 기타 상당한 이유가 없으면 공개하지 못한다."고 정하고 있는 형사소송법 제47조의 취지는, 일반에게 공표되는 것을 금지하여 소송관계인의 명예를 훼손하거나 공서양속을 해하거나 재판에 대한 부당한 영향을 야기하는 것을 방지하려는 취지**이지, 당해 사건의 고소인에게 그 고소에 따른 공소제기내용을 알려주는 것을 금지하려는 취지는 아니므로, 이와 같은 **형사소송법 제47조의 공개금지를 공공기관의 정보공개에 관한 법률 제9조 제1항 제1호의 '다른 법률 또는 법률에 의한 명령에 의하여 비공개사항으로 규정된 경우'에 해당한다고 볼 수 없다.**(대판 2006.5.25. 2006두3049)

⑦ 민사소송법 제344조 제2항은 같은 조 제1항에서 정한 문서에 해당하지 아니한 문서라도 문서의 소지자는 원칙적으로 그 제출을 거부하지 못하나, 다만 '공무원 또는 공무원이었던 사람이 그 직무와 관련하여 보관하거나 가지고 있는 문서'는 예외적으로 제출을 거부할 수 있다고 규정하고 있는바, 여기서 말하는 '공무원 또는 공무원이었

던 사람이 그 직무와 관련하여 보관하거나 가지고 있는 문서'는 국가기관이 보유·관리하는 공문서를 의미한다고 할 것이고, 이러한 공문서의 공개에 관하여는 공공기관의 정보공개에 관한 법률에서 정한 절차와 방법에 의하여야 할 것이다(대결 2010.1.19. 자2008마546).

⑧ 공공기관의 정보공개에 관한 법률 (2013. 8. 6. 법률 제11991호로 개정되기 전의 것, 이하 '정보공개법'이라 한다) 제4조 제1항은 "정보의 공개에 관하여는 다른 법률에 특별한 규정이 있는 경우를 제외하고는 이 법이 정하는 바에 의한다"고 규정하고 있다. 여기서 '정보공개에 관하여 다른 법률에 특별한 규정이 있는 경우'에 해당한다고 하여 정보공개법의 적용을 배제하기 위해서는, 그 특별한 규정이 '법률'이어야 하고, 나아가 그 내용이 정보공개의 대상 및 범위, 정보공개의 절차, 비공개대상정보 등에 관하여 정보공개법과 달리 규정하고 있는 것이어야 한다(대판 2014.4.10. 2012두17384).

⑨ 형사소송법 제59조의2가 구 공공기관의 정보공개에 관한 법률 제4조 제1항에서 정한 '정보의 공개에 관하여 다른 법률에 특별한 규정이 있는 경우'에 해당하며 형사재판확정기록의 공개에 관하여 구 공공기관의 정보공개에 관한 법률에 의한 공개청구가 허용되지 않는다(대판 2016.12.15. 2013두20882).

→ 형사소송법에 의하여 형사재판확정기록의 공개에 관하여는 정보공개법에 의한 공개청구가 허용되지 아니한다.

⑩ 2007. 6. 1. 신설되어 2008. 1. 1.부터 시행된 형사소송법 제59조의2의 내용과 취지 등을 고려하면, 형사소송법 제59조의2는 재판이 확정된 사건의 소송기록, 즉 형사재판확정기록의 공개 여부나 공개 범위, 불복절차 등에 관하여 공공기관의 정보공개에 관한 법률(이하 '정보공개법'이라 한다)과 달리 규정하고 있는 것으로 정보공개법 제4조 제1항에서 정한 '정보의 공개에 관하여 다른 법률에 특별한 규정이 있는 경우'에 해당한다. 따라서 형사재판확정기록의 공개에 관하여는 정보공개법에 의한 공개청구가 허용되지 않는다. 따라서 형사재판확정기록에 관해서는 형사소송법 제59조의2에 따른 열람·등사신청이 허용되고 그 거부나 제한 등에 대한 불복은 준항고에 의하며, 형사재판확정기록이 아닌 불기소처분으로 종결된 기록에 관해서는 정보공개법에 따른 정보공개청구가 허용되고 그 거부나 제한 등에 대한 불복은 항고소송절차에 의한다.(대판 2022. 2. 11. 자 2021모3175)

(2) 다른 법률이 위임한 명령

① 공공기관의 정보공개에 관한 법률 제9조 제1항 제1호의 **'법률이 위임한 명령'은 정보의 공개에 관하여 법률의 구체적인 위임아래 제정된 법규명령을 의미**한다.(대판 2006.10.26. 2006두11910)

② 교육공무원법 제13조, 제14조의 위임에 따라 제정된 **교육공무원승진규정은 정보공**

개에 관한 사항에 관하여 구체적인 법률의 위임에 따라 제정된 명령이라고 할 수 없고, 따라서 교육공무원승진규정 제26조에서 근무성적평정의 결과를 공개하지 아니한다고 규정하고 있다고 하더라도 위 교육공무원승진규정은 공공기관의 정보공개에 관한 법률 제9조 제1항 제1호에서 말하는 법률이 위임한 명령에 해당하지 아니하므로 위 규정을 근거로 정보공개청구를 거부하는 것은 잘못이다.(대판 2006.10.26. 2006두11910)

③ 검찰보존사무규칙이 검찰청법 제11조에 기하여 제정된 법무부령이기는 하지만, 그 사실만으로 같은 규칙 내의 모든 규정이 법규적 효력을 가지는 것은 아니다. **기록의 열람·등사의 제한을 정하고 있는 같은 규칙 제22조는 법률상의 위임근거가 없어 행정기관 내부의 사무처리준칙으로서 행정규칙에 불과하므로, 위 규칙상의 열람 등사의 제한을 공공기관의 정보공개에 관한 법률 제9조 제1항 제1호의 '다른 법률 또는 법률에 의한 명령에 의하여 비공개사항으로 규정된 경우'에 해당한다고 볼 수 없다.**
(대판 2006.5.25. 2006두3049)

2. 국가안전보장·국방·외교·통일·외교관계등에 관한 사항으로서 공개될 경우 국가의 중대한 이익을 현저히 해칠 우려가 있다고 인정되는 정보

① **보안관찰법 소정의 보안관찰 관련 통계자료**는 우리 나라 53개 지방검찰청 및 지청관할지역에서 매월 보고된 보안관찰처분에 관한 각종 자료로서, 보안관찰처분대상자 또는 피보안관찰자들의 매월별 규모, 그 처분시기, 지역별 분포에 대한 전국적 현황과 추이를 한눈에 파악할 수 있는 구체적이고 광범위한 자료에 해당하므로 '통계자료'라고 하여도 그 함의(함의)를 통하여 나타내는 의미가 있음이 분명하여 가치중립적일 수는 없고, 그 통계자료의 분석에 의하여 대남공작활동이 유리한 지역으로 보안관찰처분대상자가 많은 지역을 선택하는 등으로 위 정보가 북한정보기관에 의한 간첩의 파견, 포섭, 선전선동을 위한 교두보의 확보 등 북한의 대남전략에 있어 매우 유용한 자료로 악용될 우려가 없다고 할 수 없으므로, **위 정보는 공공기관의정보공개에관한법률 제7조 제1항 제2호 소정의 공개될 경우 국가안전보장·국방·통일·외교관계 등 국가의 중대한 이익을 해할 우려가 있는 정보, 또는 제3호 소정의 공개될 경우 국민의 생명·신체 및 재산의 보호 기타 공공의 안전과 이익을 현저히 해할 우려가 있다고 인정되는 정보에 해당**한다.(대판 2004.03.18. 선고 2001두8254 전원합의체)

② 한·일 군사정보보호협정(GSOMIA) 및 한·일 상호군수지원협정과 관련된 각종 회의자료 및 회의록 : 비공개대상정보
갑이 외교부장관에게 한·일군사정보보호협정 및 한·일 상호군수지원협정과 관련하여 각종 회의자료 및 회의록 등의 정보에 대한 공개를 청구하였으나, 외교부장관

이 공개청구 중 일부를 제외한 나머지 정보들에 대하여 비공개 결정을 한 사안에서, 위 정보는 공공기관의 정보공개에 관한 법률 제9조 제1항 제2호, 제5호에 정한 비공개대상정보에 해당하고, 공개가 가능한 부분과 공개가 불가능한 부분을 쉽게 분리하는 것이 불가능하여 같은 법 제14조에 따른 부분공개도 가능하지 않다.(대판 2015두46512)

3. 공개될 경우 국민의 생명·신체 및 재산의 보호에 현저한 지장을 초래할 우려가 있다고 인정되는 정보

4. 진행중인 재판에 관련된 정보와 범죄의 예방, 수사, 공소의 제기 및 유지, 형의 집행, 교정, 보안처분에 관한 사항으로서 공개될 경우 그 직무수행을 현저히 곤란하게 하거나 형사피고인의 공정한 재판을 받을 권리를 침해한다고 인정할 만한 상당한 이유가 있는 정보

① 공공기관의 정보공개에 관한 법률 제9조 제1항 제4호에서 비공개대상으로 규정한 '형의 집행, 교정에 관한 사항으로서 공개될 경우 그 직무수행을 현저히 곤란하게 하는 정보'란 **당해 정보가 공개될 경우 재소자들의 관리 및 질서유지, 수용시설의 안전, 재소자들에 대한 적정한 처우 및 교정·교화에 관한 직무의 공정하고 효율적인 수행에 직접적이고 구체적으로 장애를 줄 고도의 개연성이 있고, 그 정도가 현저한 경우**를 의미한다.(대판2009.12.10. 선고 2009두12785)

② 교도소에 수용 중이던 재소자가 담당 교도관들을 상대로 가혹행위를 이유로 형사고소 및 민사소송을 제기하면서 그 증명자료 확보를 위해 '근무보고서'와 '징벌위원회 회의록' 등의 정보공개를 요청하였으나 교도소장이 이를 거부한 사안에서, **근무보고서는 공공기관의 정보공개에 관한 법률 제9조 제1항 제4호에 정한 비공개대상정보에 해당한다고 볼 수 없고, 징벌위원회 회의록 중 비공개 심사·의결 부분은 위 법 제9조 제1항 제5호의 비공개사유에 해당하지만 재소자의 진술, 위원장 및 위원들과 재소자 사이의 문답 등 징벌절차 진행 부분은 비공개사유에 해당하지 않는다고 보아 분리 공개가 허용**된다.(대판 2009.12.10. 선고 2009두12785)

➔ 근무보고서와 징벌절차 진행부분 : 공개 / 회의록 내용중 비공개심사의결부분 : 비공개

③ **수용자자비부담물품의 판매수익금과 관련하여 교도소장이 재단법인 교정협회로 송금한 수익금 총액과 교도소장에게 배당된 수익금액 및 사용내역, 교도소직원회 수지에 관한 결산결과와 사업계획 및 예산서, 수용자 외부병원 이송진료와 관련한 이송진료자 수, 이송진료자의 진료내역별(치료, 검사, 수술) 현황, 이송진료자의 진료비 지급(예산지급, 자비부담) 현황, 이송진료자의 진료비총액 대비 예산지급액, 이송진

료자의 병명별 현황, 수용자신문구독현황과 관련한 각 신문별 구독신청자 수 등에 관한 정보는 구 공공기관의정보공개에관한법률(2004. 1. 29. 법률 제7127호로 전문개정되기 전의 것) 제7조 제1항 제4호에서 비공개대상으로 규정한 '**형의 집행, 교정에 관한 사항으로서 공개될 경우 그 직무수행을 현저히 곤란하게 하는 정보**'에 해당하기 어렵다.(대판 2004.12.09. 선고 2003두12707)

④ 론스타사건

㈎ **진행중인 재판에 관련된 정보에 해당한다는 사유로 정보공개를 거부하기 위하여는 반드시 그 정보가 진행중인 재판의 소송기록 그 자체에 포함된 내용의 정보일 필요는 없으나, 재판에 관련된 일체의 정보가 그에 해당하는 것은 아니고 진행중인 재판의 심리 또는 재판결과에 구체적으로 영향을 미칠 위험이 있는 정보에 한정된다고 봄이 상당**하다.

㈏ 금융위원회의 2003.9.26. 자 론스타에 대한 동일인 주식보유한도 초과보유 승인과 과년하여 '론스타 측이 제출한 동일인 현황 등 자료' 및 '금융감독원의 론스타에 대한 외환은행 주식취득승인안', 2003.12.말 기준부터 2006.6.말 기준까지 론스타의 외환은행 주식의 초과보유에 대한 반기별 적격성 심사와 관련하여 '론스타 측이 제출한 동일인 현황 등 자료' 및 '금융감독원의 심사결과보고서'등이 정보공개법상 비공개대상정보에 해당하지 않는다.(대판 2011.11.24. 2009두19021)

⑤ 법원 이외의 공공기관이 위 규정이 정한 '진행 중인 재판에 관련된 정보'에 해당한다는 사유로 정보공개를 거부하기 위하여는 반드시 그 정보가 진행 중인 재판의 소송기록 그 자체에 포함된 내용의 정보일 필요는 없으나, 재판에 관련된 일체의 정보가 그에 해당하는 것은 아니고 진행 중인 재판의 심리 또는 재판 결과에 구체적으로 영향을 미칠 위험이 있는 정보에 한정된다고 보는 것이 타당하다.(대판 2017두69892)

5. 감사 · 감독 · 검사 · 시험 · 규제 · 입찰계약 · 기술개발 · 인사관리에 관한 사항이나 의사결정과정 또는 내부검토과정에 있는 사항등으로서 공개될 경우 업무의 공정한 수행이나 연구 · 개발에 현저한 지장을 초래한다고 인정할 만한 상당한 이유가 있는 정보(다만, 의사결정 과정 또는 내부검토과정을 이유로 비공개할 경우에는 의사결정 과정 및 내부검토과정이 종료되면 제10조에 따른 청구인에게 이를 통지하여야 한다.)

(1) 회의록 관련

① 학교환경위생구역 내 금지행위해제결정에 관한 학교환경위생정화위원회의 회의록 (대판 2003.8.22. 2002두12946) : 비공개사항

② 지방자치단체의 도시공원에 관한 조례에서 규정된 **도시공원위원회의 심의사항에 관하여 위 위원회의 심의를 거친 후 시장이나 구청장이 위 사항들에 대한 결정을 대외적으로 공표하기 전에 위 위원회의 회의관련자료 및 회의록**은 공공기관의 정보공개

에 관한 법률 제9조 제1항 제5호에서 규정하는 **비공개대상정보에 해당**한다.(대판 2000.5.30. 99추85)

③ 학교폭력대책자치위원회의 회의록(대판 2010.6.10. 2010두2913) : 비공개사항

④ 갑이 친족인 망 을 등에 대한 독립유공자 포상신청을 하였다가 독립유공자서훈 공적심사위원회(이하 '공적심사위원회'라 한다)의 심사를 거쳐 포상에 포함되지 못하였다는 내용의 공적심사 결과를 통지받자 국가보훈처장에게 '망인들에 대한 공적심사위원회의 심의·의결 과정 및 그 내용을 기재한 회의록' 등의 공개를 청구 : 비공개대상정보(대판 2014.07.24. 선고 2013두20301)

⑤ 재소자가 교도관의 가혹행위를 이유로 형사고소 및 민사소송을 제기하면서 그 증명자료 확보를 위해 '근무보고서'와 '징벌위원회 회의록'등의 정보공개를 요청하였으나 교도소장이 이를 거부한 사안에서, 근무보고서는 비공개대상정보에 해당한다고 볼 수 없고, 징벌위원회 회의록 중 비공개 심사·의결부분은 비공개대상사유에 해당하지만 징벌절차 진행부분은 비공개사유에 해당하지 않는다고 보아 분리공개가 허용된다고 한 사례(대판 2009.12.10. 2009두12785)

⑥ 지방자치단체의 도시공원에 관한 조례에서 규정된 도시공원위원회의 심의사항에 관하여 위 위원회의 심의를 거친 후 시장이나 구청장이 위 사항들에 대한 결정을 대외적으로 공표하기 전에 위 위원회의 회의관련자료 및 회의록이 공개된다면 업무의 공정한 수행에 현저한 지장을 초래한다고 할 것이므로, **위 위원회의 심의 후 그 심의사항들에 대한 시장 등의 결정의 대외적 공표행위가 있기 전까지는 위 위원회의 회의관련자료 및 회의록은공공기관의정보공개에관한법률 제7조 제1항 제5호에서 규정하는 비공개대상정보에 해당**한다고 할 것이고, **다만 시장 등의 결정의 대외적 공표행위가 있은 후에는 이를 의사결정과정이나 내부검토과정에 있는 사항이라고 할 수 없고 위 위원회의 회의관련자료 및 회의록을 공개하더라도 업무의 공정한 수행에 지장을 초래할 염려가 없으므로, 시장 등의 결정의 대외적 공표행위가 있은 후에는 위 위원회의 회의관련자료 및 회의록은같은 법 제7조 제2항에 의하여 공개대상이 된다고 할 것인바**, 지방자치단체의 도시공원에 관한 조례안에서 공개시기 등에 관한 아무런 제한 규정 없이 위 위원회의 회의관련자료 및 회의록은 공개하여야 한다고 규정하였다면 이는같은 법 제7조 제1항 제5호에 위반된다고 할 것이다.(대판 99추85)

⑦ 외국 또는 외국 기관으로부터 비공개를 전제로 정보를 입수하였다는 이유만으로 이를 공개할 경우 업무의 공정한 수행에 현저한 지장을 받을 것이라고 단정할 수는 없다. 다만 위와 같은 사정은 정보 제공자와의 관계, 정보 제공자의 의사, 정보의 취득 경위, 정보의 내용 등과 함께 업무의 공정한 수행에 현저한 지장이 있는지를 판단할 때 고려하여야 할 형량 요소이다. (대판 2017두69892)

(2) 시험관련

① 문제은행 출제방식의 치과의사 국가시험문제지(대판 2007.6.15. 2006두15936) : 비공개사항
② 사법시험 2차 채점위원별 채점결과(비공개), 답안지(공개) : 대판 2003.3.14. 2000두6114
③ "2002년도 및 2003년도 국가수준 학업성취도 평가자료"는 공공기관의 정보공개에 관한 법률 제9조 제1항 제5호에서 정한 비공개대상정보에 해당하는 부분이 있으나, **"2002학년도부터 2005학년도까지의 대학수학능력시험 원데이터"는 연구목적으로 그 정보의 공개를 청구하는 경우** 위 조항의 비공개대상정보에 해당하지 않는다.(대판 2010.2.25. 2007두9877)

(3) 기타사항

① **검찰21세기연구기획단의 1993년도 연구결과종합보고서**는 검찰의 의사결정 또는 내부검토과정에 있는 사항등으로서 **'공개될 경우 업무의 공정한 수행이나 연구·개발에 현저한 지장을 초래한다고 인정할 만한 상당한 이유가 있는 정보에 해당**한다.(대판 2008.11.27. 2005두15694)
② **직무유기 혐의 고소사건에 대한 내부 감사과정에서 경찰관들에게서 받은 경위서**를 공개하라는 고소인 갑의 정보공개신청에 대하여 관할 경찰서장이 공공기관의 정보공개에 관한 법률(이하 '정보공개법'이라 한다) 제9조 제1항 제5호 등의 사유를 들어 비공개결정을 한 사안에서, 위 경위서는 갑의 고소사건을 조사하는 과정이 아니라 내부 감사과정에서 제출받은 것인 점 등 위 경위서가 징구된 경위와 과정을 비롯하여 정보공개법 제9조 제1항 제5호에 따른 비공개대상정보의 입법 취지 등을 종합할 때, 경위서가 공개될 경우 앞으로 동종 업무 수행에 현저한 지장을 가져올 개연성이 상당하다는 이유로, 경위서가 공개될 경우 앞으로 내부 감사과정의 피조사자에게 어떤 영향을 미칠 수 있고, 그 때문에 업무수행에 어떤 변화가 초래될 수 있는지 등에 대한 고려 없이 위 경위서가 정보공개법 제9조 제1항 제5호의 **비공개대상정보에 해당하지 않는다고 본 원심판결에 비공개대상정보에 관한 법리를 오해한 위법**이 있다. (대판2012.10.11. 선고 2010두18758)
③ 아파트재건축주택조합의 조합원들에게 제공될 무상보상평수의 사업수익성 등의 검토자료(대판 2006.1.13. 2003두9459) : 공개
④ 대한주택공사의 아파트분양원가 산출내역에 관한 정보 : 공개
분양원가 산출내역을 알 수 있게 되어 수분양자들의 알권리를 충족시키고, 나아가 공공기관의 주택정책에 대한 투명성을 확보할 수 있는 계기가 될 수 있는 점 등 여러 사정을 감안하여 보면, 위 정보를 공개함으로 인하여 피고이의 정당한 이익을 현저히 해할 우려가 없다.(대판 2007.6.1. 2006두20587)

6. 해당 정보에 포함되어 있는 성명·주민등록번호 등 개인에 관한 사항으로서 공개될 경우 사생활의 비밀 또는 자유를 침해할 우려가 있다고 인정되는 정보

① **공무원이 직무와 관련없이 개인적인 자격으로 간담회·연찬회 등 행사에 참석하고 금품을 수령한 정보**는 구 공공기관의 정보공개에 관한 법률 제7조 제1항 제6호 단서 다목 소정의 '공개하는 것이 공익을 위하여 필요하다고 인정되는 정보'에 해당하지 않는다.(대판 2003.12.12. 2003두8050)

② 지방자치단체의 업무추진비 세부항목별 집행내역 및 그에 관한 증빙서류에 포함된 개인에 관한 정보 : 비공개(대판 2003.3.11. 2001두6425)

③ **고속철도역 유치위원회에 지방자치단체로부터 지급받은 보조금의 사용내역에 관한 서류일체등의 공개를 청구한 사안**에서, **공개청구한 정보 중 개인의 성명은 비공개에 의하여 보호되는 개인의 사생활 등의 이익이 국정운영의 투명성 확보 등의 공익보다 더 중요하여 비공개대상정보에 해당**한다.(대판 2009.10.29. 2009두14224)

④ 개인의 사생활의 비밀과 자유를 침해할 우려가 있다는 등의 이유로 재개발사업에 관한 정보는 비공개정보에 해당한다.
재개발사업에 관한 이해관계인이 공개를 청구한 자료 중 일부는 개인의 인적사항, 재산에 관한 내용이 포함되어 있어서 공개될 경우에는 타인의 사생활의 비밀과 자유를 침해할 우려가 있으며, 그 자료의 분량이 합계 9,029매에 달하기 때문에 이를 공개하기 위하여는 행정업무에 상당한 지장을 초래할 가능성이 있고, 그 자료의 공개로 공익이 실현된다고 볼 수도 없다는 이유로, 재개발사업에 관한 정보공개청구를 배척하였다.(대판 1997.5.23. 96누2439)

⑤ 사면대상자들의 사면실시건의서와 그와 관련된 국무회의안건자료에 관한 정보는 구 공공기관의 정보공개에 관한 법률에서 정한 비공개사유에 해당하지 않는다.
사면대상자들의 사면실건의서와 그와 관련된 국무회의 안건자료에 관한 정보는 그 공개로 얻는 이익이 그로 인하여 침해되는 당사자들의 사생활의 비밀에 관한 이익보다 더욱 크므로 ~비공개사유에 해당하지 않는다.(대판 2006.12.7. 2005두241)

⑥ 대학수학능력시험 수험생의 원점수정보 중 수험생의 인적사항 : 비공개사항(대판 2010.2.11. 2009두6001)

⑦ 공직자윤리법상의 등록의무자가 정부공직자윤리위원회에 제출한 문서에 포함되어 있는 고지거부자의 인적사항 : 비공개사항(대판 2007.12.13. 2005두13117)

⑧ 불기소처분 기록 중 피의자신문조서에 기재된 피의자등의 인적사항 이외의 진술 내용 역시 개인의 사생활의 비밀 또는 자유를 침해할 우려가 인정되는 경우 비공개대상에 해당한다.
개인식별정보뿐만 아니라 그 외에 정보의 내용을 구체적으로 살펴 '개인에 관한 사항의 공개로 개인의 내밀한 내용의 비밀등이 알려지게 되고 그 결과 인격적·정신적

내면생화에 지장을 초래하거나 자유로운 사생활을 영위할 수 없게 될 위험성이 있는 정보도 포함된다고 새겨야 한다. 따라서 불기소처분 기록 중 피의자신문조서에 기재된 피의자등의 인적사항 이외의 진술 내용 역시 개인의 사생활의 비밀 또는 자유를 침해할 우려가 인정되는 경우 비공개대상에 해당한다.(대판 2012.6.18. 2011두2361)

⑨ 재개발사업에 관한 자료 중 개인의 인적사항 및 재산에 관한 사항 : 비공개(대판 1997.5.23. 96누2439)

⑩ 이 사건 정보와 같은 수사기록에 들어 있는 특정인을 식별할 있는 개인에 관한 정보로는 통상 관련자들의 이름, 주민등록번호, 주소(주거 또는 근무처 등)·연락처(전화번호 등), 그 외 직업·나이 등이 있을 것인데, 그 중 관련자들의 이름은 수사기록의 공개를 구하는 필요성이나 유용성, 즉 개인의 권리구제라는 관점에서 특별한 사정이 없는 한 원칙적으로 공개되어야 할 것이고, 관련자들의 주민등록번호는 동명이인의 경우와 같이 동일성이 문제되는 등의 특별한 사정이 있는 경우를 제외하고는 개인의 권리구제를 위하여 필요하다고 볼 수는 없으므로 원칙적으로 비공개하여야 할 것이며, 관련자들의 주소·연락처는 공개될 경우 악용될 가능성이나 사생활이 침해될 가능성이 높은 반면, 증거의 확보 등 개인의 권리구제라는 관점에서는 그 공개가 필요하다고 볼 수 있는 경우도 있을 것이므로 **개인식별정보는 비공개라는 원칙을 염두에 두고서 구체적 사안에 따라 개인의 권리구제의 필요성과 비교·교량하여 개별적으로 공개 여부를 판단하여야 할 것이고, 그 외 직업, 나이 등의 인적사항은 특별한 경우를 제외하고는 개인의 권리구제를 위하여 필요하다고 볼 수는 없다고 할 것이다.** (대판 2003.12.26. 선고 2002두1342)

판례요지
관련자들의 이름 : 원칙적 공개관련자들의 주민등록번호 : 원칙적 비공개

⑪ 여기에서 말하는 비공개대상정보에는 성명·주민등록번호 등 '개인식별정보'뿐만 아니라 그 외에 정보의 내용에 따라 '개인에 관한 사항의 공개로 인하여 개인의 내밀한 내용의 비밀 등이 알려지게 되고, 그 결과 인격적·정신적 내면생활에 지장을 초래하거나 자유로운 사생활을 영위할 수 없게 될 위험성이 있는 정보'도 포함된다. 따라서 불기소처분 기록이나 내사기록 중 피의자신문조서 등 조서에 기재된 피의자 등의 인적사항 이외의 진술내용 역시 개인의 사생활의 비밀 또는 자유를 침해할 우려가 인정되는 경우에는 위 비공개대상정보에 해당한다(대판 2017.9.7. 2017두44558).

⑫ 법무부장관의 지방변호사회 변호사시험 합격자명단 공개청구 거부사건
변호사는 다른 직업군보다 더 높은 공공성을 지닐 뿐만 아니라, 변호사에게는 일반 직업인보다 더 높은 도덕성과 성실성이 요구되고(변호사법 제1조,제2조참조) 그 직무수행은 국민들의 광범위한 감시와 비판의 대상이 되므로, 변호사시험 합격 여부, 합격연도 등을 포함한 해당 변호사에 관한 정보를 공개함으로써 얻을 수 있는 법적

이익이 적지 않은 점, 변호사법 제76조 제1항에 따라 의뢰인에게 사건을 수임하고자 하는 변호사에 대한 정보를 제공할 의무가 있는 지방변호사회인 원고는 소속 변호사들에 대한 정확한 정보를 보유하고 있어야 하고, 변호사시험 합격자들에 관한 최소한의 인적사항인 성명이 기재된 명단을 확보하여 해당 신청자가 적법한 자격을 갖춘 변호사인지를 더 쉽게 확인할 필요성이 있는 점(변호사법 제7조 제1항, 제2항, 제3항 참조) 등에 비추어, 제3회 변호사시험 합격자 성명(이하 '이 사건 정보'라 한다)이 공개될 경우 그 합격자들의 사생활의 비밀 또는 자유를 침해할 우려가 있다고 하더라도 그 비공개로 인하여 보호되는 사생활의 비밀 등 이익보다 공개로 인하여 달성되는 공익 등 공개의 필요성이 더 크므로 **이 사건 정보는 「개인정보 보호법」 제18조 제1항에 의하여 공개가 금지된 정보에 해당하지 아니하고구 정보공개법 제9조 제1항 제6호 단서 (다)목에 따라서 공개함이 타당**(대판 2021.11.11. 2015두53770)

7. 법인·단체 또는 개인(이하 "법인등"이라 한다)의 경영상·영업상 비밀에 관한 사항으로서 공개될 경우 법인등의 정당한 이익을 현저히 해칠 우려가 있다고 인정되는 정보

① 공공기관의 정보공개에 관한 법률 제9조 제1항 제7호에 정한 '법인 등의 경영·영업상 비밀'은 타인에게 알려지지 아니함이 유리한 사업활동에 관한 일체의 정보 또는 사업활동에 관한 일체의 비밀사항으로 해석함이 상당하다. (대판 2008.10.23. 2007두1798)

② 한국방송공사의 수시집행 접대성 경비의 건별집행서류 일체 : 공개사항

③ 방송사의 취재활동을 통하여 확보한 결과물 : 비공개사항(대판 2010.12.23. 2008두13101)

④ 법인등이 거래하는 금융기관계좌번호 정보 : 비공개사항(대판 2004.8.20. 2003두8302)

⑤ 정보공개법 제9조 제1항 제7호 소정의 '법인 등의 경영·영업상 비밀'은 부정경쟁방지법 제2조 제2호 소정의 '영업비밀'에 한하지 않고, '타인에게 알려지지 아니함이 유리한 사업활동에 관한 일체의 정보' 또는 '사업활동에 관한 일체의 비밀사항'으로 해석함이 상당하다. (대판 2008.10.23. 선고 2007두1798)

⑥ 정보공개법 제9조 제1항 제7호는 '법인 등의 경영·영업상의 비밀에 관한 사항'이라도 공개를 거부할 만한 정당한 이익이 있는지의 여부에 따라 그 공개 여부가 결정되어야 한다고 해석되는바, **그 정당한 이익이 있는지의 여부는 앞서 본 정보공개법의 입법 취지에 비추어 이를 엄격하게 해석하여야 할 뿐만 아니라 국민에 의한 감시의 필요성이 크고 이를 감수하여야 하는 면이 강한 공익법인에 대하여는 다른 법인 등에 대하여 보다 소극적으로 해석할 수밖에 없다고 할 것**이다. (대판 2008.10.23. 선고 2007두1798)

⑦ 정보공개법 제9조 제1항 제7호에서 정한 '법인 등의 경영·영업상 비밀'은 '타인에게 알려지지 아니함이 유리한 사업활동에 관한 일체의 정보' 또는 '사업활동에 관한 일체의 비밀사항'을 의미하는 것이고, 그 공개 여부는 공개를 거부할 만한 정당한 이익이 있는지에 따라 결정되어야 한다. 이러한 정당한 이익이 있는지는 **정보공개법의 입법 취지에 비추어 이를 엄격하게 판단하여야** 한다.(대판 2018. 4. 12. 선고 2014두5477)

8. 공개될 경우 부동산 투기·매점매석등으로 특정인에게 이익 또는 불이익을 줄 우려가 있다고 인정되는 정보

Ⅴ 정보공개청구

1. 정보공개 청구목적

① 구 공공기관의 정보공개에 관한 법률(2004. 1. 29. 법률 제7127호로 전문 개정되기 전의 것)의 목적, 규정 내용 및 취지에 비추어 보면 정보공개청구의 목적에 특별한 제한이 없으므로, **오로지 상대방을 괴롭힐 목적으로 정보공개를 구하고 있다는 등의 특별한 사정이 없는 한 정보공개의 청구가 신의칙에 반하거나 권리남용에 해당한다고 볼 수 없다**.(대판 2006.08.24. 선고 2004두2783)

② 구 정보공개법의 목적, 규정 내용 및 취지 등에 비추어 보면, 정보공개청구의 목적에 특별한 제한이 있다고 할 수 없으므로, 피고의 주장과 같이 원고가 **이 사건 정보공개를 청구한 목적이 이 사건 손해배상소송에 제출할 증거자료를 획득하기 위한 것**이었고 위 소송이 이미 종결되었다고 하더라도, 원고가 오로지 피고를 괴롭힐 목적으로 정보공개를 구하고 있다는 등의 특별한 사정이 없는 한, 위와 같은 사정만으로는 원고가 이 사건 소송을 계속하고 있는 것이 **권리남용에 해당한다고 볼 수 없다**. (대판 2004.09.23. 선고 2003두1370)

③ 국민의 정보공개청구는 정보공개법 제9조에 정한 비공개 대상 정보에 해당하지 아니하는 한 원칙적으로 폭넓게 허용되어야 하지만, **실제로는 해당 정보를 취득 또는 활용할 의사가 전혀 없이 정보공개 제도를 이용하여 사회통념상 용인될 수 없는 부당한 이득을 얻으려 하거나, 오로지 공공기관의 담당공무원을 괴롭힐 목적으로 정보공개청구를 하는 경우처럼 권리의 남용에 해당하는 것이 명백한 경우**에는 정보공개청구권의 행사를 허용하지 아니하는 것이 옳다.(대판 2014.12.24. 선고 2014두9349)
→ 재소자가 검사를 상대로 정보공개를 청구한 목적이 지출한 비용보다 과다한 소송비용의 획득이나 강제노역을 피하기 위한 목적이므로 허용할 수 없다 판시한 사례

2. 공개범위 특정

① 공공기관의 정보공개에 관한 법률에 따라 공개를 청구한 정보의 내용이 '**대한주택공사의 특정 공공택지에 관한 수용가, 택지조성원가, 분양가, 건설원가등 및 관련자료 일체**'인 경우, '**관련자료 일체**'부분은 그 내용과 범위가 정보공개청구 대상정보로서 특정되지 않았다.(대판 2007.6.1. 2007두2555)

3. 공개방법 지정

① 정보공개를 청구하는 자가 공공기관에 대해 **정보의 사본 또는 출력물의 교부의 방법으로 공개방법을 선택하여 정보공개청구를 한 경우, 공개청구를 받은 공공기관은 그 공개방법을 선택할 재량권이 없다**.(대판 2003.12.12. 2003두8050)

② 구 공공기관의 정보공개에 관한 법률(2013. 8. 6. 법률 제11991호로 개정되기 전의 것, 이하 '구 정보공개법'이라고 한다)은, 정보의 공개를 청구하는 이(이하 '청구인'이라고 한다)가 정보공개방법도 아울러 지정하여 정보공개를 청구할 수 있도록 하고 있고, 전자적 형태의 정보를 전자적으로 공개하여 줄 것을 요청한 경우에는 공공기관은 원칙적으로 요청에 응할 의무가 있고, 나아가 비전자적 형태의 정보에 관해서도 전자적 형태로 공개하여 줄 것을 요청하면 재량판단에 따라 전자적 형태로 변환하여 공개할 수 있도록 하고 있다. 이는 정보의 효율적 활용을 도모하고 청구인의 편의를 제고함으로써 구 정보공개법의 목적인 국민의 알 권리를 충실하게 보장하려는 것이므로, 청구인에게는 특정한 공개방법을 지정하여 정보공개를 청구할 수 있는 법령상 신청권이 있다. 따라서 공공기관이 공개청구의 대상이 된 정보를 공개는 하되, 청구인이 신청한 공개방법 이외의 방법으로 공개하기로 하는 결정을 하였다면, 이는 정보공개청구 중 정보공개방법에 관한 부분에 대하여 일부 거부처분을 한 것이고, 청구인은 그에 대하여 항고소송으로 다툴 수 있다(대판 2016.11. 10. 2016두44674).
➔ 특정한 공개방법을 지정하여 청구할 수 있는 신청권 ○ / 신청한 공개방법 이외의 방법으로 공개결정 : 일부거부처분 / 항고소송 ○

4. 기타

① 공공기관으로부터 공개거부처분을 받은 청구인은 행정소송으로 그 처분의 취소를 구할 법률상의 이익이 있고, **공개청구의 대상이 되는 정보가 이미 다른 사람에게 공개되어 널리 알려져 있다거나 인터넷등을 통하여 공개되어 인터넷등의 검색등을 통하여 쉽게 알 수 있는 경우에도 소의 이익이 없다거나 그 비공개결정이 정당화될 수 없다**.(대판 2010.12.23. 2008두13101)

② 공공기관의 정보공개에 관한 법률에 의한 정보공개제도는 공공기관이 보유·관리하는 정보를 그 상태대로 공개하는 제도이지만, 전자적 형태로 보유·관리되는 정보의

경우에는, 그 정보가 청구인이 구하는 대로는 되어 있지 않다고 하더라도, **공개청구를 받은 공공기관이 공개청구대상정보의 기초자료를 전자적 형태로 보유·관리하고 있고, 당해 기관에서 통상 사용되는 컴퓨터 하드웨어 및 소프트웨어와 기술적 전문지식을 사용하여 그 기초자료를 검색하여 청구인이 구하는 대로 편집할 수 있으며, 그러한 작업이 당해 기관의 컴퓨터 시스템 운용에 별다른 지장을 초래하지 아니한다면, 그 공공기관이 공개청구대상정보를 보유·관리하고 있는 것으로 볼 수 있고**, 이러한 경우에 기초자료를 검색·편집하는 것은 새로운 정보의 생산 또는 가공에 해당한다고 할 수 없다.(대판 2009두6001)

③ 정보공개법에 의한 정보공개의 청구와 군사기밀보호법에 의한 군사기밀의 공개요청은 상대방, 처리절차 등이 전혀 다르므로, 정보공개법에 의한 정보공개청구를 군사기밀보호법에 의한 군사기밀 공개요청과 동일한 것으로 보거나 그 공개요청이 포함되어 있는 것으로 볼 수는 없다.(대판 2006두9351)

Ⅵ 정보공개결정

1. 정보공개결정권자

① 정보공개심의회 관련
공공기관의 장이 정보공개심의회 **위원의 과반수 이상을 반드시 외부인사로 위촉하여야 하고 부위원장을 시민복지국장으로 한다고 규정한 조례안**은 지방의회가 단순한 견제의 범위를 넘어 **집행기관의 장의 인사권의 본질적 부분을 사전에 적극적으로 침해한 것으로 관련 법령의 규정취지에 위배**된다.(대판 2002.3.15. 2001추95)

② 공개청구된 정보의 공개여부를 결정하는 법적인 의무와 권한을 가진 주체는 공공기관의 장이고, 정보공개심의회는 공공기관의 장이 의견을 요청한 사항의 자문에 응하여 심의하는 것이다.(대판 2001추95)

2. 공개결정

① 공공기관의 정보공개에 관한 법률상 공개청구의 대상이 되는 정보란 **공공기관이 직무상 작성 또는 취득하여 현재 보유·관리하고 있는 문서에 한정되는 것이기는 하나, 그 문서가 반드시 원본일 필요는 없다**.(대판 2006.5.25. 2006두3049)

3. 비공개결정

① 정보공개를 요구받은 공공기관이 공공기관의 정보공개에 관한 법률 제7조 제1항 및 호 소정의 비공개사유에 해당하는지를 주장·입증하지 아니한 채 **개괄적인 사유만을 들어 그 공개를 거부할 수 없다**.(대판 2003.12.11. 2001두8827)

② 비공개결정의 통지방법

서울행정법원장이 민사소송법 제162조를 이유로 소송기록의 정보를 비공개한다는 결정을 전자문서로 통지한 사안에서, '문서'에 '전자문서'를 포함한다고 규정한 구 공공기관의 정보공개에 관한 법률(2013. 8. 6. 법률 제11991호로 개정되기 전의 것, 이하 '정보공개법'이라 한다) 제2조와 정보의 비공개결정을 '문서'로 통지하도록 정한 정보공개법 제13조 제4항의 규정에 의하면 정보의 비공개결정은 전자문서로 통지할 수 있고, 위 규정들은 행정절차법 제3조 제1항에서 행정절차법의 적용이 제외되는 것으로 정한 '다른 법률'에 특별한 규정이 있는 경우에 해당하므로, 비공개결정 당시 정보의 비공개결정은 정보공개법 제13조 제4항에 의하여 전자문서로 통지할 수 있다고 본 원심판단에 법리오해 등의 위법이 없다.(대판 2014.04.10. 선고 2012두17384)

4. 부분공개

① 부분공개시 판결 주문의 기재방법

법원이 심리한 결과 공개가 거부된 정보에 비공개대상정보에 해당하는 부분과 공개가 가능한 부분이 혼합되어 있으며, 공개청구의 취지에 어긋나지 아니하는 범위안에서 두 부분을 분리할 수 있다고 인정할 수 있을 때에는, <u>공개가 거부된 정보 중 공개가 가능한 부분을 특정하고, 판결의 주문에 정보공개거부처분 중 공개가 가능한 정보에 관한 부분만을 취소한다고 표시하여야</u> 한다(대판 2010.2.11. 2009두6001).

② 정보의 부분공개가 허용되는 경우란 그 정보의 공개방법 및 절차에 비추어 당해 정보에서 비공개대상정보에 관련된 기술 등을 제외 혹은 삭제하고 나머지 정보만을 공개하는 것이 가능하고 나머지 부분의 정보만으로도 공개의 가치가 있는 경우를 의미한다(대판 2009.12.10. 2009두12785).

③ 교도관의 가혹행위를 이유로 형사고소 및 민사소송을 제기하면서 그 증명자료 확보를 위해 '근무보고서'와 '징벌위원회 회의록'등의 정보공개를 요청하였으나 교도소장이 이를 거부한 사안에서, 근무보고서는 비공개대상정보에 해당한다고 볼 수 없고, 징벌위원회 회의록 중 비공개 심사·의결부분은 비공개사유에 해당하지만 징벌절차 진행부분은 비공개사유에 해당하지 않는다고 보아 분리공개가 허용된다(대판 2009.12.10. 2009두12785).

④ 법원이 행정기관의 정보공개거부처분의 위법 여부를 심리한 결과 공개를 거부한 정보에 비공개대상 정보에 해당하는 부분과 공개가 가능한 부분이 혼합되어 있고 공개청구의 취지에 어긋나지 아니하는 범위 안에서 두 부분을 분리할 수 있음을 인정할 수 있을 때에는 청구취지의 변경이 없더라도 공개가 가능한 정보에 관한 부분만의 일부취소를 명할 수 있다 할 것이고, <u>공개청구의 취지에 어긋나지 아니하는 범위 안에서 비공개대상 정보에 해당하는 부분과 공개가 가능한 부분을 분리할 수 있다고</u>

함은, 이 두 부분이 물리적으로 분리가능한 경우를 의미하는 것이 아니고 당해 정보의 공개방법 및 절차에 비추어 당해 정보에서 비공개대상 정보에 관련된 기술 등을 제외 내지 삭제하고 그 나머지 정보만을 공개하는 것이 가능하고 나머지 부분의 정보만으로도 공개의 가치가 있는 경우를 의미한다고 해석하여야 한다(대판 2004.12.9. 2003두12707).

Ⅶ 정보공개와 권리구제

① 입증책임

정보공개제도는 공공기관이 보유·관리하는 정보를 그 상태대로 공개하는 제도로서 공개를 구하는 정보를 공공기관이 보유·관리하고 있을 상당한 개연성이 있다는 점에 대하여 원칙적으로 공개청구자에게 증명책임이 있다고 할 것이지만, 공개를 구하는 정보를 공공기관이 한 때 보유·관리하였으나 후에 그 정보가 담긴 문서등이 폐기되어 존재하지 않게 된 것이라면 그 정보를 더 이상 보유·관리하고 있지 아니하다는 점에 대한 증명책임은 공공기관에게 있다.(대판 2004.12.09. 선고 2003두12707)

② 정보비공개결정의 취소를 구하는 사건에 있어서, 만일 공개를 청구한 정보의 내용 중 너무 포괄적이거나 막연하여서 사회일반인의 관점에서 그 내용과 범위를 확정할 수 있을 정도로 특정되었다고 볼 수 없는 부분이 포함되어 있다면, 이를 심리하는 법원으로서는 마땅히 공공기관의 정보공개에 관한 법률 제20조 제2항의 규정에 따라 공공기관에게 그가 보유·관리하고 있는 공개청구정보를 제출하도록 하여 이를 비공개로 열람·심사하는 등의 방법으로 공개청구정보의 내용과 범위를 특정시켜야 하고, 나아가 위와 같은 방법으로도 특정이 불가능한 경우에는 특정되지 않은 부분과 나머지 부분을 분리할 수 있고 나머지 부분에 대한 비공개결정이 위법한 경우라고 하여도 정보공개의 청구 중 특정되지 않은 부분에 대한 비공개결정의 취소를 구하는 부분은 나머지 부분과 분리하여 이를 기각하여야 한다.(대판 2007.06.01. 선고 2007두2555)

③ 정보공개법 제11조 제3항이 "공공기관은 공개청구 된 공개대상정보의 전부 또는 일부가 제3자와 관련이 있다고 인정되는 때에는 그 사실을 제3자에게 지체없이 통지하여야 하며, 필요한 경우에는 그의 의견을 청취할 수 있다", 제21조 제1항이 " 제11조 제3항의 규정에 의하여 공개청구된 사실을 통지받은 제3자는 통지받은 날부터 3일 이내에 당해 공공기관에 대하여 자신과 관련된 정보를 공개하지 아니할 것을 요청할 수 있다"고 규정하고 있다고 하더라도, 이는 공공기관이 보유·관리하고 있는 정보가 제3자와 관련이 있는 경우 그 정보공개여부를 결정함에 있어 공공기관이 제3자와의 관계에서 거쳐야 할 절차를 규정한 것에 불과할 뿐, 제3자의 비공개요청이 있다는 사유만으로 정보공개법상 정보의 비공개사유에 해당한다고 볼 수 없다. (대판

2008.09.25. 선고 2008두8680)
④ 불기소처분으로 종결된 기록에 대한 불복방법(대판 2022. 2. 11. 자 2021모3175)
   2007. 6. 1. 신설되어 2008. 1. 1.부터 시행된 형사소송법 제59조의2의 내용과 취지 등을 고려하면, 형사소송법 제59조의2는 재판이 확정된 사건의 소송기록, 즉 형사재판확정기록의 공개 여부나 공개 범위, 불복절차 등에 관하여 공공기관의 정보공개에 관한 법률(이하 '정보공개법'이라 한다)과 달리 규정하고 있는 것으로 정보공개법 제4조 제1항에서 정한 '정보의 공개에 관하여 다른 법률에 특별한 규정이 있는 경우'에 해당한다. 따라서 **형사재판확정기록의 공개에 관하여는 정보공개법에 의한 공개청구가 허용되지 않는다. 따라서 형사재판확정기록에 관해서는 형사소송법 제59조의2에 따른 열람·등사신청이 허용되고 그 거부나 제한 등에 대한 불복은 준항고에 의하며, 형사재판확정기록이 아닌 불기소처분으로 종결된 기록에 관해서는 정보공개법에 따른 정보공개청구가 허용되고 그 거부나 제한 등에 대한 불복은 항고소송절차에 의한다.**
⑤ 공공기관이 정보를 보유·관리하고 있지 아니한 경우 : 법률상 이익 ×(대판 2010두18918)

■ **증명책임**(대판 2003두12707)

보유·관리하고 있을 상당한 개연성 입증	청구자
보유·관리하고 있지 아니하다는 점	공공기관

⑥ 청구인이 정보공개거부처분의 취소를 구하는 소송에서 공공기관이 청구정보를 증거 등으로 법원에 제출하여 법원을 통하여 그 사본을 청구인에게 교부 또는 송달되게 하여 결과적으로 청구인에게 정보를 공개하는 셈이 되었다고 하더라도, 이러한 우회적인 방법은 정보공개법이 예정하고 있지 아니한 방법으로서 정보공개법에 의한 공개라고 볼 수는 없으므로, 당해 정보의 비공개결정의 취소를 구할 소의 이익은 소멸되지 않는다.(대판 2012두11409)
⑦ 정보공개법 제20조 제2항은 "재판장은 필요하다고 인정되는 때에는 당사자를 참여시키지 아니하고 제출된 공개청구정보를 비공개로 열람·심사할 수 있다"고 규정하고 있는바, 사실심 법원은 해당 정보의 성질, 당해 사건의 증거관계 등에 비추어 필요하다고 판단한 경우 위 규정에 따라 공개청구정보를 제출받아 비공개로 열람·심사할 권한이 있다고 할 것이나, 특별한 사정이 없는 한, 사실심 법원에 그와 같은 의무가 있다고 할 수는 없다.(대판 2007두1798)

제3절 공공기관의 개인정보보호에 관한 법률

① 개인정보침해에 대한 위법성 판단기준
　㉠ 정보주체의 동의 없이 개인정보를 공개함으로써 침해되는 인격적 법익과 정보주체의 동의 없이 자유롭게 개인정보를 공개하는 표현행위로서 보호받을 수 있는 법적 이익이 하나의 법률관계를 둘러싸고 충돌하는 경우에는, 개인이 공적인 존재인지 여부, 개인정보의 공공성 및 공익성, 개인정보 수집의 목적·절차·이용형태의 상당성, 개인정보 이용의 필요성, 개인정보 이용으로 인해 침해되는 이익의 성질 및 내용 등 여러 사정을 종합적으로 고려하여, 개인정보에 관한 인격권 보호에 의하여 얻을 수 있는 이익(비공개 이익)과 표현행위에 의하여 얻을 수 있는 이익(공개 이익)을 구체적으로 비교 형량하여, 어느 쪽 이익이 더욱 우월한 것으로 평가할 수 있는지에 따라 그 행위의 최종적인 위법성 여부를 판단하여야 한다.
　㉡ 변호사 정보 제공 웹사이트 운영자가 대법원 홈페이지에서 제공하는 '나의 사건 검색' 서비스를 통해 수집한 사건정보를 이용하여 변호사들의 승소율이나 전문성 지수 등을 제공하는 서비스를 한 사안에서, 공적 존재인 변호사들의 지위, 사건 정보의 공공성 및 공익성, 사건정보를 이용한 승소율이나 전문성 지수 등 산출방법의 합리성 정도, 승소율이나 전문성 지수 등의 이용 필요성, 이용으로 인하여 변호사들 이익이 침해될 우려의 정도 등을 종합적으로 고려하면, 웹사이트 운영자가 사건정보를 이용하여 승소율이나 전문성 지수 등을 제공하는 서비스를 하는 행위는 그에 의하여 얻을 수 있는 법적 이익이 이를 공개하지 않음으로써 얻을 수 있는 정보주체의 인격적 법익에 비하여 우월한 것으로 보여 변호사들의 개인정보에 관한 인격권을 침해하는 위법한 행위로 평가할 수 없다고 한 사례(대판 2011.9.2. 2008다42430)

② 한나라당 의원의 전교조 명단공개 사건
　㉠ 인간의 존엄과 가치, 행복추구권을 규정한 헌법 제10조 제1문에서 도출되는 일반적 인격권 및 헌법 제17조의 사생활의 비밀과 자유에 의하여 보장되는 개인정보자기결정권은 자신에 관한 정보가 언제 누구에게 어느 범위까지 알려지고 또 이용되도록 할 것인지를 정보주체가 스스로 결정할 수 있는 권리이다. 개인정보자기결정권의 보호대상이 되는 개인정보는 개인의 신체, 신념, 사회적 지위, 신분 등과 같이 개인의 인격주체성을 특징짓는 사항으로서 개인의 동일성을 식별할 수 있게 하는 일체의 정보라고 할 수 있고, 반드시 개인의 내밀한 영역에 속하는 정보에 국한되지 않고 공적 생활에서 형성되었거나 이미 공개된 개인정보까지 포함한다. 또한 그러한 개인정보를 대상으로 한 조사·수집·보관·처리·이용 등의 행위는 모두 원칙적으로 개인정보자기결정권에 대한 제한에 해당한다.

ⓛ 국회의원인 갑 등이 '각급학교 교원의 교원단체 및 교원노조 가입현황 실명자료'를 인터넷을 통하여 공개한 사안에서, 위 정보는 개인정보자기결정권의 보호대상이 되는 개인정보에 해당하므로 이를 일반 대중에게 공개하는 행위는 해당 교원들의 개인정보자기결정권과 전국교직원노동조합의 존속, 유지, 발전에 관한 권리를 침해하는 것이고, 갑 등이 위 정보를 공개한 표현행위로 인하여 얻을 수 있는 법적 이익이 이를 공개하지 않음으로써 보호받을 수 있는 해당 교원 등의 법적 이익에 비하여 우월하다고 할 수 없으므로, 갑 등의 정보 공개행위가 위법하다고 한 사례(대판 2014.7.24. 2012다49933)

③ **익명표현의 자유**
ⓘ 헌법 제10조의 인간의 존엄과 가치, 행복추구권과 헌법 제17조의 사생활의 비밀과 자유에서 도출되는 개인정보자기결정권은 자신에 관한 정보가 언제 누구에게 어느 범위까지 알려지고 또 이용되도록 할 것인지를 정보주체가 스스로 결정할 수 있는 권리이다. 개인정보자기결정권의 보호대상이 되는 개인정보는 개인의 신체, 신념, 사회적 지위, 신분 등과 같이 인격주체성을 특징짓는 사항으로서 개인의 동일성을 식별할 수 있게 하는 일체의 정보를 의미하며, 반드시 개인의 내밀한 영역에 속하는 정보에 국한되지 않고 공적 생활에서 형성되었거나 이미 공개된 개인정보까지도 포함한다. 또 헌법 제21조에서 보장하고 있는 표현의 자유는 개인이 인간으로서의 존엄과 가치를 유지하고 국민주권을 실현하는 데 필수불가결한 자유로서, 자신의 신원을 누구에게도 밝히지 않은 채 익명 또는 가명으로 자신의 사상이나 견해를 표명하고 전파할 익명표현의 자유도 보호영역에 포함된다. 한편 헌법상 기본권의 행사는 국가공동체 내에서 타인과의 공동생활을 가능하게 하고 다른 헌법적 가치나 국가의 법질서를 위태롭게 하지 않는 범위 내에서 이루어져야 하므로, 개인정보자기결정권이나 익명표현의 자유도 국가안전보장·질서유지 또는 공공복리를 위하여 필요한 경우에는 헌법 제37조 제2항에 따라 법률로써 제한될 수 있다.

ⓛ 검사 또는 수사관서의 장이 수사를 위하여 구 전기통신사업법(2010. 3. 22. 법률 제10166호로 전부 개정되기 전의 것) 제54조 제3항, 제4항에 의하여 전기통신사업자에게 통신자료의 제공을 요청하고, 이에 전기통신사업자가 위 규정에서 정한 형식적·절차적 요건을 심사하여 검사 또는 수사관서의 장에게 이용자의 통신자료를 제공하였다면, 검사 또는 수사관서의 장이 통신자료의 제공 요청 권한을 남용하여 정보주체 또는 제3자의 이익을 부당하게 침해하는 것임이 객관적으로 명백한 경우와 같은 특별한 사정이 없는 한, 이로 인하여 이용자의 개인정보자기결정권이나 익명표현의 자유 등이 위법하게 침해된 것이라고 볼 수 없다(대판 2016.3.10. 2012다105482).

④ 구 정보통신망 이용촉진 및 정보보호 등에 관한 법률에 따른 정보통신서비스 제공자인 甲 주식회사가 오픈마켓 등 웹사이트의 배너 및 이벤트 광고 팝업창을 통하여 개인정보 수집 항목 및 목적, 보유기간에 대한 안내 없이 '확인'을 선택하면 동의한 것으로 간주하는 방법으로 명시적인 동의를 받지 않고 이용자 개인정보를 수집하여 보험사 등에 제공하였다는 이유로 방송통신위원회가 甲 회사에 시정조치 등을 한 사안에서, 甲 회사가 이벤트 화면을 통하여 이용자의 개인정보 수집 등을 하면서 위 법률에 따른 개인정보의 수집·제3자 제공에 필요한 이용자의 적법한 동의를 받지 않았다고 본 원심판단이 정당하다고 한 사례(대판 2016. 6. 28. 선고 2014두2638)

⑤ 개인정보자기결정권이라는 인격적 법익을 침해·제한한다고 주장되는 행위의 내용이 이미 정보주체의 의사에 따라 공개된 개인정보를 그의 별도의 동의 없이 영리 목적으로 수집·제공하였다는 것인 경우에는, 정보처리 행위로 침해될 수 있는 정보주체의 인격적 법익과 그 행위로 보호받을 수 있는 정보처리자 등의 법적 이익이 하나의 법률관계를 둘러싸고 충돌하게 된다. 이때는 정보주체가 공적인 존재인지, 개인정보의 공공성과 공익성, 원래 공개한 대상 범위, 개인정보 처리의 목적·절차·이용형태의 상당성과 필요성, 개인정보 처리로 침해될 수 있는 이익의 성질과 내용 등 여러 사정을 종합적으로 고려하여, 개인정보에 관한 인격권 보호에 의하여 얻을 수 있는 이익과 정보처리 행위로 얻을 수 있는 이익 즉 정보처리자의 '알 권리'와 이를 기반으로 한 정보수용자의 '알 권리' 및 표현의 자유, 정보처리자의 영업의 자유, 사회 전체의 경제적 효율성 등의 가치를 구체적으로 비교 형량하여 어느 쪽 이익이 더 우월한 것으로 평가할 수 있는지에 따라 정보처리 행위의 최종적인 위법성 여부를 판단하여야 하고, **단지 정보처리자에게 영리 목적이 있었다는 사정만으로 곧바로 정보처리 행위를 위법하다고 할 수는 없다.**(대판 2014다235080)

판례요지
법률정보 제공 사이트를 운영하는 甲 주식회사가 공립대학교인 乙 대학교 법과대학 법학과 교수로 재직 중인 丙의 사진, 성명, 성별, 출생연도, 직업, 직장, 학력, 경력 등의 개인정보를 위 법학과 홈페이지 등을 통해 수집하여 위 사이트 내 '법조인' 항목에서 유료로 제공한 사안에서, 甲 회사의 행위를 丙의 개인정보자기결정권을 침해하는 위법한 행위로 평가하거나, 甲 회사가 개인정보 보호법 제15조나 제17조를 위반하였다고 볼 수 없다고 한 사례

⑥ 개인정보자기결정권을 제한하는 공권력의 행사는 반드시 법률에 근거가 있어야 함
→ 주민등록법 시행령상의 지문날인제도는 개인정보의 자기결정권을 과잉침해한 것이 아니다.(헌재결 2004헌마190)

⑦ 졸업증명서 발급업무에 관한 민원인의 편의도모, 행정효율성의 제고를 위하여 개인의 존엄과 인격권에 심대한 영향을 미칠 수 있는 민감한 정보라고 보기 어려운 성명, 생년월일, 졸업일자 정보만을 NEIS에 보유하고 있는 것은 최소한의 정보만을 보유

하는 것이라 할 수 있고, 보유목적을 벗어나 개인정보를 무단사용하였다는 점을 인정할 만한 자료가 없는 한 NEIS라는 자동화된 전산시스템으로 그 정보를 보유하고 있다는 점만으로 피청구인들의 적법한 보유행위 자체의 정당성마저 부인하기는 어렵다.(헌재결 2003헌마282)

⑧ 개인정보를 처리하는 자가 수집한 개인정보를 피용자가 정보주체의 의사에 반하여 유출한 경우, 그로 인하여 정보주체에게 위자료로 배상할 만한 정신적 손해가 발생하였는지는 유출된 개인정보의 종류와 성격이 무엇인지, 개인정보 유출로 정보주체를 식별할 가능성이 발생하였는지, 제3자가 유출된 개인정보를 열람하였는지 또는 제3자의 열람 여부가 밝혀지지 않았다면 제3자의 열람 가능성이 있었거나 앞으로 열람 가능성이 있는지, 유출된 개인정보가 어느 범위까지 확산되었는지, 개인정보 유출로 추가적인 법익침해 가능성이 발생하였는지, 개인정보를 처리하는 자가 개인정보를 관리해온 실태와 개인정보가 유출된 구체적인 경위는 어떠한지, 개인정보 유출로 인한 피해 발생 및 확산을 방지하기 위하여 어떠한 조치가 취하여졌는지 등 여러 사정을 종합적으로 고려하여 구체적 사건에 따라 개별적으로 판단하여야 한다.(대판 2011다59834)

판례요지

주유 관련 보너스카드 회원으로 가입한 고객들의 개인정보를 데이터베이스로 구축하여 관리하면서 이를 이용하여 고객서비스센터를 운영하는 갑 주식회사로부터 고객서비스센터 운영업무 등을 위탁받아 수행하는 을 주식회사 관리팀 직원 병이, 정 등과 공모하여 무 등을 포함한 보너스카드 회원의 성명, 주민등록번호, 주소, 전화번호, 이메일 주소 등 고객정보를 빼내어 DVD 등 저장매체에 저장된 상태로 전달 또는 복제한 후 개인정보유출사실을 언론을 통하여 보도함으로써 집단소송에 활용할 목적으로 고객정보가 저장된 저장매체를 언론관계자들에게 제공한 사안에서, **개인정보가 병에 의하여 유출된 후 저장매체에 저장된 상태로 공범들과 언론관계자 등에게 유출되었지만 언론보도 직후 개인정보가 저장된 저장매체 등을 소지하고 있던 사건 관련자들로부터 저장매체와 편집작업 등에 사용된 컴퓨터 등이 모두 압수, 임의제출되거나 폐기된 점, 범행을 공모한 병 등이 개인정보 판매를 위한 사전작업을 하는 과정에서 위와 같이 한정된 범위의 사람들에게 개인정보가 전달 또는 복제된 상태에서 범행이 발각되어 개인정보가 수록된 저장매체들이 모두 회수되거나 폐기되었고 그 밖에 개인정보가 유출된 흔적도 보이지 아니하여 제3자가 개인정보를 열람하거나 이용할 수는 없었다고 보이는 점, 개인정보를 유출한 범인들이나 언론관계자들이 개인정보 중 일부를 열람한 적은 있으나 개인정보의 종류 및 규모에 비추어 위와 같은 열람만으로 특정 개인정보를 식별하거나 알아내는 것은 매우 어려울 것으로 보이는 점, 개인정보 유출로 인하여 무 등에게 신원확인, 명의도용이나 추가적인 개인정보 유출 등 후속 피해가 발생하였음을 추지할 만한 상황이 발견되지 아니하는 점** 등 제반 사정에 비추어 볼 때, 개인정보 유출로 인하여 무 등에게 위자료로 배상할 만한 정신적 손해가 발생하였다고 보기는 어렵다고 한 사례

⑨ 4급 이상 공무원들의 병역면제사유인 질병명을 관보와 인터넷을 통해 공개하도록 하는 것은 해당 공무원들의 사생활의 비밀과 자유를 침해(헌재결 2005헌마1139)

⑩ 개인정보를 처리하거나 처리하였던 자가 업무상 알게 된 개인정보를 누설하거나 권한 없이 다른 사람이 이용하도록 제공한 것이라는 사정을 알면서도 영리 또는 부정한 목적으로 개인정보를 제공받은 자라면, 개인정보를 처리하거나 처리하였던 자로부터 직접 개인정보를 제공받지 아니하더라도 개인정보 보호법 제71조 제5호의 '개인정보를 제공받은 자'에 해당한다.(대판 2015도16508)

➜ 처벌대상이 된다.

⑪ 피고인이 아파트 관리사무소에서 경출 제출자료 열람을 목적으로 CCTV 영상을 제공받아 열람하던 중 휴대전화로 위 영상을 몰래 촬영함으로써 개인정보를 제공받은 목적 외의 용도로 이용하였다고 기소된 사안에서, 피고인이 위 CCTV 영상을 촬영한 행위는 개인정보 보호법 제19조가 규정한 "이용"에 해당하지 않으므로 무죄라고 보아야 한다.(대판 2018도18095)

제4절 행정기본법

제1장 총칙

제1절 목적 및 정의 등

제1조(목적) 이 법은 행정의 원칙과 기본사항을 규정하여 행정의 민주성과 적법성을 확보하고 적정성과 효율성을 향상시킴으로써 국민의 권익 보호에 이바지함을 목적으로 한다.

제2조(정의) 이 법에서 사용하는 용어의 뜻은 다음과 같다.

1. "법령등"이란 다음 각 목의 것을 말한다.

    가. 법령 : 다음의 어느 하나에 해당하는 것

    1) 법률 및 대통령령·총리령·부령
    2) 국회규칙·대법원규칙·헌법재판소규칙·중앙선거관리위원회규칙 및 감사원규칙
    3) 1) 또는 2)의 위임을 받아 중앙행정기관(「정부조직법」 및 그 밖의 법률에 따라 설치된 중앙행정기관을 말한다. 이하 같다)의 장이 정한 훈령·예규 및 고시 등 행정규칙

    나. 자치법규 : 지방자치단체의 조례 및 규칙

2. "행정청"이란 다음 각 목의 자를 말한다.
   가. 행정에 관한 의사를 결정하여 표시하는 국가 또는 지방자치단체의 기관
   나. 그 밖에 법령등에 따라 행정에 관한 의사를 결정하여 표시하는 권한을 가지고 있거나 그 권한을 위임 또는 위탁받은 공공단체 또는 그 기관이나 사인(私人)
3. "당사자"란 처분의 상대방을 말한다.
4. "처분"이란 행정청이 구체적 사실에 관하여 행하는 법 집행으로서 공권력의 행사 또는 그 거부와 그 밖에 이에 준하는 행정작용을 말한다.
5. "제재처분"이란 법령등에 따른 의무를 위반하거나 이행하지 아니하였음을 이유로 당사자에게 의무를 부과하거나 권익을 제한하는 처분을 말한다. 다만, 제30조제1항 각 호에 따른 행정상 강제는 제외한다.

제3조(국가와 지방자치단체의 책무) ① 국가와 지방자치단체는 국민의 삶의 질을 향상시키기 위하여 적법절차에 따라 공정하고 합리적인 행정을 수행할 책무를 진다.
② 국가와 지방자치단체는 행정의 능률과 실효성을 높이기 위하여 지속적으로 법령 등과 제도를 정비·개선할 책무를 진다.

제4조(행정의 적극적 추진) ① 행정은 공공의 이익을 위하여 적극적으로 추진되어야 한다.
② 국가와 지방자치단체는 소속 공무원이 공공의 이익을 위하여 적극적으로 직무를 수행할 수 있도록 제반 여건을 조성하고, 이와 관련된 시책 및 조치를 추진하여야 한다.
③ 제1항 및 제2항에 따른 행정의 적극적 추진 및 적극행정 활성화를 위한 시책의 구체적인 사항 등은 대통령령으로 정한다.

제5조(다른 법률과의 관계) ① 행정에 관하여 다른 법률에 특별한 규정이 있는 경우를 제외하고는 이 법에서 정하는 바에 따른다.
② 행정에 관한 다른 법률을 제정하거나 개정하는 경우에는 이 법의 목적과 원칙, 기준 및 취지에 부합되도록 노력하여야 한다.

제2절 기간 및 나이의 계산 〈개정 2022. 12. 27.〉

제6조(행정에 관한 기간의 계산) ① 행정에 관한 기간의 계산에 관하여는 이 법 또는 다른 법령등에 특별한 규정이 있는 경우를 제외하고는 「민법」을 준용한다.
② 법령등 또는 처분에서 국민의 권익을 제한하거나 의무를 부과하는 경우 권익이 제한되거나 의무가 지속되는 기간의 계산은 다음 각 호의 기준에 따른다. 다만, 다음 각 호의 기준에 따르는 것이 국민에게 불리한 경우에는 그러하지 아니하다.
1. 기간을 일, 주, 월 또는 연으로 정한 경우에는 기간의 첫날을 산입한다.
2. 기간의 말일이 토요일 또는 공휴일인 경우에도 기간은 그 날로 만료한다.

제7조(법령등 시행일의 기간 계산) 법령등(훈령·예규·고시·지침 등을 포함한다. 이하

이 조에서 같다)의 시행일을 정하거나 계산할 때에는 다음 각 호의 기준에 따른다.
1. 법령등을 공포한 날부터 시행하는 경우에는 공포한 날을 시행일로 한다.
2. 법령등을 공포한 날부터 일정 기간이 경과한 날부터 시행하는 경우 법령등을 공포한 날을 첫날에 산입하지 아니한다.
3. 법령등을 공포한 날부터 일정 기간이 경과한 날부터 시행하는 경우 그 기간의 말일이 토요일 또는 공휴일인 때에는 그 말일로 기간이 만료한다.

제7조의2(행정에 관한 나이의 계산 및 표시) 행정에 관한 나이는 다른 법령등에 특별한 규정이 있는 경우를 제외하고는 출생일을 산입하여 만(滿) 나이로 계산하고, 연수(年數)로 표시한다. 다만, 1세에 이르지 아니한 경우에는 월수(月數)로 표시할 수 있다.
[본조신설 2022. 12. 27.]

제2장 행정의 법 원칙

제8조(법치행정의 원칙) 행정작용은 법률에 위반되어서는 아니 되며, 국민의 권리를 제한하거나 의무를 부과하는 경우와 그 밖에 국민생활에 중요한 영향을 미치는 경우에는 법률에 근거하여야 한다.

제9조(평등의 원칙) 행정청은 합리적 이유 없이 국민을 차별하여서는 아니 된다.

제10조(비례의 원칙) 행정작용은 다음 각 호의 원칙에 따라야 한다.
1. 행정목적을 달성하는 데 유효하고 적절할 것
2. 행정목적을 달성하는 데 필요한 최소한도에 그칠 것
3. 행정작용으로 인한 국민의 이익 침해가 그 행정작용이 의도하는 공익보다 크지 아니할 것

제11조(성실의무 및 권한남용금지의 원칙) ① 행정청은 법령등에 따른 의무를 성실히 수행하여야 한다.
② 행정청은 행정권한을 남용하거나 그 권한의 범위를 넘어서는 아니 된다.

제12조(신뢰보호의 원칙) ① 행정청은 공익 또는 제3자의 이익을 현저히 해칠 우려가 있는 경우를 제외하고는 행정에 대한 국민의 정당하고 합리적인 신뢰를 보호하여야 한다.
② 행정청은 권한 행사의 기회가 있음에도 불구하고 장기간 권한을 행사하지 아니하여 국민이 그 권한이 행사되지 아니할 것으로 믿을 만한 정당한 사유가 있는 경우에는 그 권한을 행사해서는 아니 된다. 다만, 공익 또는 제3자의 이익을 현저히 해칠 우려가 있는 경우는 예외로 한다.

제13조(부당결부금지의 원칙) 행정청은 행정작용을 할 때 상대방에게 해당 행정작용과 실질적인 관련이 없는 의무를 부과해서는 아니 된다.

제3장 행정작용

제1절 처분

제14조(법 적용의 기준) ① 새로운 법령등은 법령등에 특별한 규정이 있는 경우를 제외하고는 그 법령등의 효력 발생 전에 완성되거나 종결된 사실관계 또는 법률관계에 대해서는 적용되지 아니한다.

② 당사자의 신청에 따른 처분은 법령등에 특별한 규정이 있거나 처분 당시의 법령등을 적용하기 곤란한 특별한 사정이 있는 경우를 제외하고는 처분 당시의 법령등에 따른다.

③ 법령등을 위반한 행위의 성립과 이에 대한 제재처분은 법령등에 특별한 규정이 있는 경우를 제외하고는 법령등을 위반한 행위 당시의 법령등에 따른다. 다만, 법령등을 위반한 행위 후 법령등의 변경에 의하여 그 행위가 법령등을 위반한 행위에 해당하지 아니하거나 제재처분 기준이 가벼워진 경우로서 해당 법령등에 특별한 규정이 없는 경우에는 변경된 법령등을 적용한다.

제15조(처분의 효력) 처분은 권한이 있는 기관이 취소 또는 철회하거나 기간의 경과 등으로 소멸되기 전까지는 유효한 것으로 통용된다. 다만, 무효인 처분은 처음부터 그 효력이 발생하지 아니한다.

제16조(결격사유) ① 자격이나 신분 등을 취득 또는 부여할 수 없거나 인가, 허가, 지정, 승인, 영업등록, 신고 수리 등(이하 "인허가"라 한다)을 필요로 하는 영업 또는 사업 등을 할 수 없는 사유(이하 이 조에서 "결격사유"라 한다)는 법률로 정한다.

② 결격사유를 규정할 때에는 다음 각 호의 기준에 따른다.
1. 규정의 필요성이 분명할 것
2. 필요한 항목만 최소한으로 규정할 것
3. 대상이 되는 자격, 신분, 영업 또는 사업 등과 실질적인 관련이 있을 것
4. 유사한 다른 제도와 균형을 이룰 것

제17조(부관) ① 행정청은 처분에 재량이 있는 경우에는 부관(조건, 기한, 부담, 철회권의 유보 등을 말한다. 이하 이 조에서 같다)을 붙일 수 있다.

② 행정청은 처분에 재량이 없는 경우에는 법률에 근거가 있는 경우에 부관을 붙일 수 있다.

③ 행정청은 부관을 붙일 수 있는 처분이 다음 각 호의 어느 하나에 해당하는 경우에는 그 처분을 한 후에도 부관을 새로 붙이거나 종전의 부관을 변경할 수 있다.
1. 법률에 근거가 있는 경우
2. 당사자의 동의가 있는 경우
3. 사정이 변경되어 부관을 새로 붙이거나 종전의 부관을 변경하지 아니하면 해당 처분의 목적을 달성할 수 없다고 인정되는 경우

④ 부관은 다음 각 호의 요건에 적합하여야 한다.
1. 해당 처분의 목적에 위배되지 아니할 것
2. 해당 처분과 실질적인 관련이 있을 것
3. 해당 처분의 목적을 달성하기 위하여 필요한 최소한의 범위일 것

제18조(위법 또는 부당한 처분의 취소) ① 행정청은 위법 또는 부당한 처분의 전부나 일부를 소급하여 취소할 수 있다. 다만, 당사자의 신뢰를 보호할 가치가 있는 등 정당한 사유가 있는 경우에는 장래를 향하여 취소할 수 있다.

② 행정청은 제1항에 따라 당사자에게 권리나 이익을 부여하는 처분을 취소하려는 경우에는 취소로 인하여 당사자가 입게 될 불이익을 취소로 달성되는 공익과 비교·형량(衡量)하여야 한다. 다만, 다음 각 호의 어느 하나에 해당하는 경우에는 그러하지 아니하다.
1. 거짓이나 그 밖의 부정한 방법으로 처분을 받은 경우
2. 당사자가 처분의 위법성을 알고 있었거나 중대한 과실로 알지 못한 경우

제19조(적법한 처분의 철회) ① 행정청은 적법한 처분이 다음 각 호의 어느 하나에 해당하는 경우에는 그 처분의 전부 또는 일부를 장래를 향하여 철회할 수 있다.
1. 법률에서 정한 철회 사유에 해당하게 된 경우
2. 법령등의 변경이나 사정변경으로 처분을 더 이상 존속시킬 필요가 없게 된 경우
3. 중대한 공익을 위하여 필요한 경우

② 행정청은 제1항에 따라 처분을 철회하려는 경우에는 철회로 인하여 당사자가 입게 될 불이익을 철회로 달성되는 공익과 비교·형량하여야 한다.

제20조(자동적 처분) 행정청은 법률로 정하는 바에 따라 완전히 자동화된 시스템(인공지능 기술을 적용한 시스템을 포함한다)으로 처분을 할 수 있다. 다만, 처분에 재량이 있는 경우는 그러하지 아니하다.

제21조(재량행사의 기준) 행정청은 재량이 있는 처분을 할 때에는 관련 이익을 정당하게 형량하여야 하며, 그 재량권의 범위를 넘어서는 아니 된다.

제22조(제재처분의 기준) ① 제재처분의 근거가 되는 법률에는 제재처분의 주체, 사유, 유형 및 상한을 명확하게 규정하여야 한다. 이 경우 제재처분의 유형 및 상한을 정할 때에는 해당 위반행위의 특수성 및 유사한 위반행위와의 형평성 등을 종합적으로 고려하여야 한다.

② 행정청은 재량이 있는 제재처분을 할 때에는 다음 각 호의 사항을 고려하여야 한다.
1. 위반행위의 동기, 목적 및 방법
2. 위반행위의 결과
3. 위반행위의 횟수
4. 그 밖에 제1호부터 제3호까지에 준하는 사항으로서 대통령령으로 정하는 사항

제23조(제재처분의 제척기간) ① 행정청은 법령등의 위반행위가 종료된 날부터 5년이 지나면 해당 위반행위에 대하여 제재처분(인허가의 정지·취소·철회, 등록 말소, 영업소 폐쇄와 정지를 갈음하는 과징금 부과를 말한다. 이하 이 조에서 같다)을 할 수 없다.
② 다음 각 호의 어느 하나에 해당하는 경우에는 제1항을 적용하지 아니한다.
1. 거짓이나 그 밖의 부정한 방법으로 인허가를 받거나 신고를 한 경우
2. 당사자가 인허가나 신고의 위법성을 알고 있었거나 중대한 과실로 알지 못한 경우
3. 정당한 사유 없이 행정청의 조사·출입·검사를 기피·방해·거부하여 제척기간이 지난 경우
4. 제재처분을 하지 아니하면 국민의 안전·생명 또는 환경을 심각하게 해치거나 해칠 우려가 있는 경우
③ 행정청은 제1항에도 불구하고 행정심판의 재결이나 법원의 판결에 따라 제재처분이 취소·철회된 경우에는 재결이나 판결이 확정된 날부터 1년(합의제행정기관은 2년)이 지나기 전까지는 그 취지에 따른 새로운 제재처분을 할 수 있다.
④ 다른 법률에서 제1항 및 제3항의 기간보다 짧거나 긴 기간을 규정하고 있으면 그 법률에서 정하는 바에 따른다.

제2절 인허가의제

제24조(인허가의제의 기준) ① 이 절에서 "인허가의제"란 하나의 인허가(이하 "주된 인허가"라 한다)를 받으면 법률로 정하는 바에 따라 그와 관련된 여러 인허가(이하 "관련 인허가"라 한다)를 받은 것으로 보는 것을 말한다.
② 인허가의제를 받으려면 주된 인허가를 신청할 때 관련 인허가에 필요한 서류를 함께 제출하여야 한다. 다만, 불가피한 사유로 함께 제출할 수 없는 경우에는 주된 인허가 행정청이 별도로 정하는 기한까지 제출할 수 있다.
③ 주된 인허가 행정청은 주된 인허가를 하기 전에 관련 인허가에 관하여 미리 관련 인허가 행정청과 협의하여야 한다.
④ 관련 인허가 행정청은 제3항에 따른 협의를 요청받으면 그 요청을 받은 날부터 20일 이내(제5항 단서에 따른 절차에 걸리는 기간은 제외한다)에 의견을 제출하여야 한다. 이 경우 전단에서 정한 기간(민원 처리 관련 법령에 따라 의견을 제출하여야 하는 기간을 연장한 경우에는 그 연장한 기간을 말한다) 내에 협의 여부에 관하여 의견을 제출하지 아니하면 협의가 된 것으로 본다.
⑤ 제3항에 따라 협의를 요청받은 관련 인허가 행정청은 해당 법령을 위반하여 협의에 응해서는 아니 된다. 다만, 관련 인허가에 필요한 심의, 의견 청취 등 절차에 관하여는 법률에 인허가의제 시에도 해당 절차를 거친다는 명시적인 규정이 있는 경우에

만 이를 거친다.

제25조(인허가의제의 효과) ① 제24조제3항·제4항에 따라 협의가 된 사항에 대해서는 주된 인허가를 받았을 때 관련 인허가를 받은 것으로 본다.

② 인허가의제의 효과는 주된 인허가의 해당 법률에 규정된 관련 인허가에 한정된다.

제26조(인허가의제의 사후관리 등) ① 인허가의제의 경우 관련 인허가 행정청은 관련 인허가를 직접 한 것으로 보아 관계 법령에 따른 관리·감독 등 필요한 조치를 하여야 한다.

② 주된 인허가가 있은 후 이를 변경하는 경우에는 제24조·제25조 및 이 조 제1항을 준용한다.

③ 이 절에서 규정한 사항 외에 인허가의제의 방법, 그 밖에 필요한 세부 사항은 대통령령으로 정한다.

제3절 공법상 계약

제27조(공법상 계약의 체결) ① 행정청은 법령등을 위반하지 아니하는 범위에서 행정목적을 달성하기 위하여 필요한 경우에는 공법상 법률관계에 관한 계약(이하 "공법상 계약"이라 한다)을 체결할 수 있다. 이 경우 계약의 목적 및 내용을 명확하게 적은 계약서를 작성하여야 한다.

② 행정청은 공법상 계약의 상대방을 선정하고 계약 내용을 정할 때 공법상 계약의 공공성과 제3자의 이해관계를 고려하여야 한다.

제4절 과징금

제28조(과징금의 기준) ① 행정청은 법령등에 따른 의무를 위반한 자에 대하여 법률로 정하는 바에 따라 그 위반행위에 대한 제재로서 과징금을 부과할 수 있다.

② 과징금의 근거가 되는 법률에는 과징금에 관한 다음 각 호의 사항을 명확하게 규정하여야 한다.

1. 부과·징수 주체
2. 부과 사유
3. 상한액
4. 가산금을 징수하려는 경우 그 사항
5. 과징금 또는 가산금 체납 시 강제징수를 하려는 경우 그 사항

제29조(과징금의 납부기한 연기 및 분할 납부) 과징금은 한꺼번에 납부하는 것을 원칙으로 한다. 다만, 행정청은 과징금을 부과받은 자가 다음 각 호의 어느 하나에 해당하는 사유로 과징금 전액을 한꺼번에 내기 어렵다고 인정될 때에는 그 납부기한을 연기하거나 분할 납부하게 할 수 있으며, 이 경우 필요하다고 인정하면 담보를 제공하게

할 수 있다.
1. 재해 등으로 재산에 현저한 손실을 입은 경우
2. 사업 여건의 악화로 사업이 중대한 위기에 처한 경우
3. 과징금을 한꺼번에 내면 자금 사정에 현저한 어려움이 예상되는 경우
4. 그 밖에 제1호부터 제3호까지에 준하는 경우로서 대통령령으로 정하는 사유가 있는 경우

제5절 행정상 강제

제30조(행정상 강제) ① 행정청은 행정목적을 달성하기 위하여 필요한 경우에는 법률로 정하는 바에 따라 필요한 최소한의 범위에서 다음 각 호의 어느 하나에 해당하는 조치를 할 수 있다.
1. 행정대집행 : 의무자가 행정상 의무(법령등에서 직접 부과하거나 행정청이 법령등에 따라 부과한 의무를 말한다. 이하 이 절에서 같다)로서 타인이 대신하여 행할 수 있는 의무를 이행하지 아니하는 경우 법률로 정하는 다른 수단으로는 그 이행을 확보하기 곤란하고 그 불이행을 방치하면 공익을 크게 해칠 것으로 인정될 때에 행정청이 의무자가 하여야 할 행위를 스스로 하거나 제3자에게 하게 하고 그 비용을 의무자로부터 징수하는 것
2. 이행강제금의 부과 : 의무자가 행정상 의무를 이행하지 아니하는 경우 행정청이 적절한 이행기간을 부여하고, 그 기한까지 행정상 의무를 이행하지 아니하면 금전급부의무를 부과하는 것
3. 직접강제 : 의무자가 행정상 의무를 이행하지 아니하는 경우 행정청이 의무자의 신체나 재산에 실력을 행사하여 그 행정상 의무의 이행이 있었던 것과 같은 상태를 실현하는 것
4. 강제징수 : 의무자가 행정상 의무 중 금전급부의무를 이행하지 아니하는 경우 행정청이 의무자의 재산에 실력을 행사하여 그 행정상 의무가 실현된 것과 같은 상태를 실현하는 것
5. 즉시강제 : 현재의 급박한 행정상의 장해를 제거하기 위한 경우로서 다음 각 목의 어느 하나에 해당하는 경우에 행정청이 곧바로 국민의 신체 또는 재산에 실력을 행사하여 행정목적을 달성하는 것
   가. 행정청이 미리 행정상 의무 이행을 명할 시간적 여유가 없는 경우
   나. 그 성질상 행정상 의무의 이행을 명하는 것만으로는 행정목적 달성이 곤란한 경우
② 행정상 강제 조치에 관하여 이 법에서 정한 사항 외에 필요한 사항은 따로 법률로 정한다.

③ 형사(刑事), 행형(行刑) 및 보안처분 관계 법령에 따라 행하는 사항이나 외국인의 출입국·난민인정·귀화·국적회복에 관한 사항에 관하여는 이 절을 적용하지 아니한다.

제31조(이행강제금의 부과) ① 이행강제금 부과의 근거가 되는 법률에는 이행강제금에 관한 다음 각 호의 사항을 명확하게 규정하여야 한다. 다만, 제4호 또는 제5호를 규정할 경우 입법목적이나 입법취지를 훼손할 우려가 크다고 인정되는 경우로서 대통령령으로 정하는 경우는 제외한다.
1. 부과·징수 주체
2. 부과 요건
3. 부과 금액
4. 부과 금액 산정기준
5. 연간 부과 횟수나 횟수의 상한

② 행정청은 다음 각 호의 사항을 고려하여 이행강제금의 부과 금액을 가중하거나 감경할 수 있다.
1. 의무 불이행의 동기, 목적 및 결과
2. 의무 불이행의 정도 및 상습성
3. 그 밖에 행정목적을 달성하는 데 필요하다고 인정되는 사유

③ 행정청은 이행강제금을 부과하기 전에 미리 의무자에게 적절한 이행기간을 정하여 그 기한까지 행정상 의무를 이행하지 아니하면 이행강제금을 부과한다는 뜻을 문서로 계고(戒告)하여야 한다.

④ 행정청은 의무자가 제3항에 따른 계고에서 정한 기한까지 행정상 의무를 이행하지 아니한 경우 이행강제금의 부과 금액·사유·시기를 문서로 명확하게 적어 의무자에게 통지하여야 한다.

⑤ 행정청은 의무자가 행정상 의무를 이행할 때까지 이행강제금을 반복하여 부과할 수 있다. 다만, 의무자가 의무를 이행하면 새로운 이행강제금의 부과를 즉시 중지하되, 이미 부과한 이행강제금은 징수하여야 한다.

⑥ 행정청은 이행강제금을 부과받은 자가 납부기한까지 이행강제금을 내지 아니하면 국세강제징수의 예 또는 「지방행정제재·부과금의 징수 등에 관한 법률」에 따라 징수한다.

제32조(직접강제) ① 직접강제는 행정대집행이나 이행강제금 부과의 방법으로는 행정상 의무 이행을 확보할 수 없거나 그 실현이 불가능한 경우에 실시하여야 한다.

② 직접강제를 실시하기 위하여 현장에 파견되는 집행책임자는 그가 집행책임자임을 표시하는 증표를 보여 주어야 한다.

③ 직접강제의 계고 및 통지에 관하여는 제31조제3항 및 제4항을 준용한다.

제33조(즉시강제) ① 즉시강제는 다른 수단으로는 행정목적을 달성할 수 없는 경우에만

허용되며, 이 경우에도 최소한으로만 실시하여야 한다.

② 즉시강제를 실시하기 위하여 현장에 파견되는 집행책임자는 그가 집행책임자임을 표시하는 증표를 보여 주어야 하며, 즉시강제의 이유와 내용을 고지하여야 한다.

제6절 그 밖의 행정작용

제34조(수리 여부에 따른 신고의 효력) 법령등으로 정하는 바에 따라 행정청에 일정한 사항을 통지하여야 하는 신고로서 법률에 신고의 수리가 필요하다고 명시되어 있는 경우(행정기관의 내부 업무 처리 절차로서 수리를 규정한 경우는 제외한다)에는 행정청이 수리하여야 효력이 발생한다.

제35조(수수료 및 사용료) ① 행정청은 특정인을 위한 행정서비스를 제공받는 자에게 법령으로 정하는 바에 따라 수수료를 받을 수 있다.

② 행정청은 공공시설 및 재산 등의 이용 또는 사용에 대하여 사전에 공개된 금액이나 기준에 따라 사용료를 받을 수 있다.

③ 제1항 및 제2항에도 불구하고 지방자치단체의 경우에는 「지방자치법」에 따른다.

제7절 처분에 대한 이의신청 및 재심사

제36조(처분에 대한 이의신청) ① 행정청의 처분(「행정심판법」 제3조에 따라 같은 법에 따른 행정심판의 대상이 되는 처분을 말한다. 이하 이 조에서 같다)에 이의가 있는 당사자는 처분을 받은 날부터 30일 이내에 해당 행정청에 이의신청을 할 수 있다.

② 행정청은 제1항에 따른 이의신청을 받으면 그 신청을 받은 날부터 14일 이내에 그 이의신청에 대한 결과를 신청인에게 통지하여야 한다. 다만, 부득이한 사유로 14일 이내에 통지할 수 없는 경우에는 그 기간을 만료일 다음 날부터 기산하여 10일의 범위에서 한 차례 연장할 수 있으며, 연장 사유를 신청인에게 통지하여야 한다.

③ 제1항에 따라 이의신청을 한 경우에도 그 이의신청과 관계없이 「행정심판법」에 따른 행정심판 또는 「행정소송법」에 따른 행정소송을 제기할 수 있다.

④ 이의신청에 대한 결과를 통지받은 후 행정심판 또는 행정소송을 제기하려는 자는 그 결과를 통지받은 날(제2항에 따른 통지기간 내에 결과를 통지받지 못한 경우에는 같은 항에 따른 통지기간이 만료되는 날의 다음 날을 말한다)부터 90일 이내에 행정심판 또는 행정소송을 제기할 수 있다.

⑤ 다른 법률에서 이의신청과 이에 준하는 절차에 대하여 정하고 있는 경우에도 그 법률에서 규정하지 아니한 사항에 관하여는 이 조에서 정하는 바에 따른다.

⑥ 제1항부터 제5항까지에서 규정한 사항 외에 이의신청의 방법 및 절차 등에 관한 사항은 대통령령으로 정한다.

⑦ 다음 각 호의 어느 하나에 해당하는 사항에 관하여는 이 조를 적용하지 아니한다.

1. 공무원 인사 관계 법령에 따른 징계 등 처분에 관한 사항
2. 「국가인권위원회법」 제30조에 따른 진정에 대한 국가인권위원회의 결정
3. 「노동위원회법」 제2조의2에 따라 노동위원회의 의결을 거쳐 행하는 사항
4. 형사, 행형 및 보안처분 관계 법령에 따라 행하는 사항
5. 외국인의 출입국·난민인정·귀화·국적회복에 관한 사항
6. 과태료 부과 및 징수에 관한 사항

제37조(처분의 재심사) ① 당사자는 처분(제재처분 및 행정상 강제는 제외한다. 이하 이 조에서 같다)이 행정심판, 행정소송 및 그 밖의 쟁송을 통하여 다툴 수 없게 된 경우(법원의 확정판결이 있는 경우는 제외한다)라도 다음 각 호의 어느 하나에 해당하는 경우에는 해당 처분을 한 행정청에 처분을 취소·철회하거나 변경하여 줄 것을 신청할 수 있다.
1. 처분의 근거가 된 사실관계 또는 법률관계가 추후에 당사자에게 유리하게 바뀐 경우
2. 당사자에게 유리한 결정을 가져다주었을 새로운 증거가 있는 경우
3. 「민사소송법」 제451조에 따른 재심사유에 준하는 사유가 발생한 경우 등 대통령령으로 정하는 경우

② 제1항에 따른 신청은 해당 처분의 절차, 행정심판, 행정소송 및 그 밖의 쟁송에서 당사자가 중대한 과실 없이 제1항 각 호의 사유를 주장하지 못한 경우에만 할 수 있다.
③ 제1항에 따른 신청은 당사자가 제1항 각 호의 사유를 안 날부터 60일 이내에 하여야 한다. 다만, 처분이 있은 날부터 5년이 지나면 신청할 수 없다.
④ 제1항에 따른 신청을 받은 행정청은 특별한 사정이 없으면 신청을 받은 날부터 90일(합의제행정기관은 180일) 이내에 처분의 재심사 결과(재심사 여부와 처분의 유지·취소·철회·변경 등에 대한 결정을 포함한다)를 신청인에게 통지하여야 한다. 다만, 부득이한 사유로 90일(합의제행정기관은 180일) 이내에 통지할 수 없는 경우에는 그 기간을 만료일 다음 날부터 기산하여 90일(합의제행정기관은 180일)의 범위에서 한 차례 연장할 수 있으며, 연장 사유를 신청인에게 통지하여야 한다.
⑤ 제4항에 따른 처분의 재심사 결과 중 처분을 유지하는 결과에 대해서는 행정심판, 행정소송 및 그 밖의 쟁송수단을 통하여 불복할 수 없다.
⑥ 행정청의 제18조에 따른 취소와 제19조에 따른 철회는 처분의 재심사에 의하여 영향을 받지 아니한다.
⑦ 제1항부터 제6항까지에서 규정한 사항 외에 처분의 재심사의 방법 및 절차 등에 관한 사항은 대통령령으로 정한다.
⑧ 다음 각 호의 어느 하나에 해당하는 사항에 관하여는 이 조를 적용하지 아니한다.
1. 공무원 인사 관계 법령에 따른 징계 등 처분에 관한 사항
2. 「노동위원회법」 제2조의2에 따라 노동위원회의 의결을 거쳐 행하는 사항

3. 형사, 행형 및 보안처분 관계 법령에 따라 행하는 사항
4. 외국인의 출입국·난민인정·귀화·국적회복에 관한 사항
5. 과태료 부과 및 징수에 관한 사항
6. 개별 법률에서 그 적용을 배제하고 있는 경우

제4장 행정의 입법활동 등

제38조(행정의 입법활동) ① 국가나 지방자치단체가 법령등을 제정·개정·폐지하고자 하거나 그와 관련된 활동(법률안의 국회 제출과 조례안의 지방의회 제출을 포함하며, 이하 이 장에서 "행정의 입법활동"이라 한다)을 할 때에는 헌법과 상위 법령을 위반해서는 아니 되며, 헌법과 법령등에서 정한 절차를 준수하여야 한다.
② 행정의 입법활동은 다음 각 호의 기준에 따라야 한다.
1. 일반 국민 및 이해관계자로부터 의견을 수렴하고 관계 기관과 충분한 협의를 거쳐 책임 있게 추진되어야 한다.
2. 법령등의 내용과 규정은 다른 법령등과 조화를 이루어야 하고, 법령등 상호 간에 중복되거나 상충되지 아니하여야 한다.
3. 법령등은 일반 국민이 그 내용을 쉽고 명확하게 이해할 수 있도록 알기 쉽게 만들어져야 한다.
③ 정부는 매년 해당 연도에 추진할 법령안 입법계획(이하 "정부입법계획"이라 한다)을 수립하여야 한다.
④ 행정의 입법활동의 절차 및 **정부입법계획**의 수립에 관하여 필요한 사항은 정부의 법제업무에 관한 사항을 규율하는 대통령령으로 정한다.

제39조(행정법제의 개선) ① 정부는 권한 있는 기관에 의하여 위헌으로 결정되어 법령이 헌법에 위반되거나 법률에 위반되는 것이 명백한 경우 등 대통령령으로 정하는 경우에는 해당 법령을 개선하여야 한다.
② 정부는 행정 분야의 법제도 개선 및 일관된 법 적용 기준 마련 등을 위하여 필요한 경우 대통령령으로 정하는 바에 따라 관계 기관 협의 및 관계 전문가 의견 수렴을 거쳐 개선조치를 할 수 있으며, 이를 위하여 현행 법령에 관한 분석을 실시할 수 있다.

제40조(법령해석) ① 누구든지 법령등의 내용에 의문이 있으면 법령을 소관하는 중앙행정기관의 장(이하 "법령소관기관"이라 한다)과 자치법규를 소관하는 지방자치단체의 장에게 법령해석을 요청할 수 있다.
② 법령소관기관과 자치법규를 소관하는 지방자치단체의 장은 각각 소관 법령등을 헌법과 해당 법령등의 취지에 부합되게 해석·집행할 책임을 진다.
③ 법령소관기관이나 법령소관기관의 해석에 이의가 있는 자는 대통령령으로 정하는 바에 따라 법령해석업무를 전문으로 하는 기관에 법령해석을 요청할 수 있다.

④ 법령해석의 절차에 관하여 필요한 사항은 대통령령으로 정한다.

부칙 〈제19148호, 2022. 12. 27.〉

이 법은 공포 후 6개월이 경과한 날부터 시행한다.

제 3 편
행정상 의무 이행확보수단

Chapter 01 행정상 강제집행
Chapter 02 행정상 즉시강제와 행정조사
Chapter 03 행정벌
Chapter 04 새로운 의무이행확보수단

CHAPTER 01 행정상 강제집행

제1절 개설

I 행정기본법상 행정강제

관련법령 행정기본법

제30조(행정상 강제) ① 행정청은 행정목적을 달성하기 위하여 필요한 경우에는 법률로 정하는 바에 따라 필요한 최소한의 범위에서 다음 각 호의 어느 하나에 해당하는 조치를 할 수 있다.
1. 행정대집행: 의무자가 행정상 의무(법령등에서 직접 부과하거나 행정청이 법령등에 따라 부과한 의무를 말한다. 이하 이 절에서 같다)로서 타인이 대신하여 행할 수 있는 의무를 이행하지 아니하는 경우 법률로 정하는 다른 수단으로는 그 이행을 확보하기 곤란하고 그 불이행을 방치하면 공익을 크게 해칠 것으로 인정될 때에 행정청이 의무자가 하여야 할 행위를 스스로 하거나 제3자에게 하게 하고 그 비용을 의무자로부터 징수하는 것
2. 이행강제금의 부과: 의무자가 행정상 의무를 이행하지 아니하는 경우 행정청이 적절한 이행기간을 부여하고, 그 기한까지 행정상 의무를 이행하지 아니하면 금전급부의무를 부과하는 것
3. 직접강제: 의무자가 행정상 의무를 이행하지 아니하는 경우 행정청이 의무자의 신체나 재산에 실력을 행사하여 그 행정상 의무의 이행이 있었던 것과 같은 상태를 실현하는 것
4. 강제징수: 의무자가 행정상 의무 중 금전급부의무를 이행하지 아니하는 경우 행정청이 의무자의 재산에 실력을 행사하여 그 행정상 의무가 실현된 것과 같은 상태를 실현하는 것
5. 즉시강제: 현재의 급박한 행정상의 장해를 제거하기 위한 경우로서 다음 각 목의 어느 하나에 해당하는 경우에 행정청이 곧바로 국민의 신체 또는 재산에 실력을 행사하여 행정목적을 달성하는 것
   가. 행정청이 미리 행정상 의무 이행을 명할 시간적 여유가 없는 경우
   나. 그 성질상 행정상 의무의 이행을 명하는 것만으로는 행정목적 달성이 곤란한 경우
② 행정상 강제 조치에 관하여 이 법에서 정한 사항 외에 필요한 사항은 따로 법률로 정한다.
③ 형사(刑事), 행형(行刑) 및 보안처분 관계 법령에 따라 행하는 사항이나 외국인의 출입국·난민인정·귀화·국적회복에 관한 사항에 관하여는 이 절을 적용하지 아니한다.

II 행정강제와 민사강제

1. 행정강제와 민사강제

(1) 행정강제와 민사강제의 구별

행정상 강제집행은 행정상의 의무불이행에 대하여 행정권이 실력을 가하여 그 의무를 이행시키거나 또는 이행된 것과 같은 상태를 실현하는 작용을 말하는 것으로서 사법상

의 의무의 강제가 법원의 힘을 빌려야 하는 것과 다르다(대판 1968.3.19. 63누172).

(2) 행정강제영역에서 민사강제의 보충성

① 구 도로법(1999. 2. 8. 법률 제5894호로 개정되기 전의 것) 제74조 제1항 제1호에 의하면 관리청은 같은 법 또는 이에 의한 명령 또는 처분에 위반한 자에 대하여는 공작물의 개축, 물건의 이전 기타 필요한 처분이나 조치를 명할 수 있다고 되어 있으므로 토지에 관한 도로구역 결정이 고시된 후 구 토지수용법(1999. 2. 8. 법률 제5909호로 개정되기 전의 것) 제18조의2 제2항에 위반하여 공작물을 축조하고 물건을 부가한 자에 대하여 관리청은 이러한 위반행위에 의하여 생긴 유형적 결과의 시정을 명하는 행정처분을 하여 이에 따르지 않는 경우에는 행정대집행의 방법으로 그 의무내용을 실현할 수 있는 것이고, 이러한 행정대집행의 절차가 인정되는 경우에는 따로 민사소송의 방법으로 공작물의 철거, 수거 등을 구할 수는 없다(대판 2000.5.12. 99다18909).
➔ 행정대집행절차가 인정되는 경우 민사강제 ×

② 국유 일반재산의 대부료 등의 징수에 관하여는 국세징수법 규정을 준용한 간이하고 경제적인 특별구제절차가 마련되어 있으므로, 특별한 사정이 없는 한 민사소송의 방법으로 대부료 등의 지급을 구하는 것은 허용되지 아니한다(대판 2014.9.4. 2014다203588)

2. 강제집행이 될 수 없는 사례

① 허가받은 재단법인 이외의 자가 재단법인으로부터 법인묘지 일부에 대한 분양권을 양도받아 일반에게 재분양하는 것은 허용되지 아니하고, 따라서 **법인묘지사업을 허가받은 재단법인이 그 묘지에 설치한 분묘의 이용권을 분양하는 권리는 그 허가받은 법인에게 전속되어 법률상 그 양도가 금지된 것으로서 강제집행의 대상이 될 수 없다고 보아야 할 것이다.**(대판 2009.6.19. 2009마901)

② 중요무형문화재 보유자에게 지급하는 전승지원금채권 : 강제집행 대상 ×
금원의 목적 내지 성질상 국가나 지방자치단체와 특정인 사이에서만 수수·결제되어야 하는 보조금교부채권은 성질상 양도가 금지된 것으로 보아야 하므로 강제집행의 대상이 될 수 없다. (대판 2013.3.28. 2012다203461)

제2절 대집행

I 대집행의 의의

1. 대집행의 개념

대집행이란 대체적 작위의무를 의무자가 불이행하는 경우에 당해 행정청이 의무자가 행할 행위를 스스로 행하거나 또는 제3자로 하여금 이를 행하게 하고 그 비용을 의무자로부터 징수하는 것을 말한다.(행정대집행법 제2조)

2. 대집행의 주체

① 본래 시·도지사나 시장·군수 또는 구청장의 업무에 속하는 대집행권한을 한국토지공사에게 위탁하도록 되어 있는바, **한국토지공사는 이러한 법령의 위탁에 의하여 대집행을 수권받은 자로서 공무인 대집행을 실시함에 따르는 권리·의무 및 책임이 귀속되는 행정주체의 지위에 있다고 볼 것이지** 지방자치단체 등의 기관으로서 국가배상법 제2조 소정의 공무원에 해당한다고 볼 것은 아니다.(대판 2010.01.28. 선고 2007다82950)

② 시·도지사나 시장·군수 또는 구청장의 업무에 속하는 대집행권한을 대한주택공사에 위탁하도록 되어 있다. 따라서 대한주택공사는 위 사업을 수행함에 있어 법령에 의하여 대집행권한을 위탁받은 자로서 공무인 대집행을 실시함에 따르는 권리·의무 및 책임이 귀속되는 행정주체의 지위에 있다고 볼 것이다.(대판 2011.09.08. 선고 2010다48240)

③ 군수가 무허가건축물에 대한 철거대집행사무를 하부 행정기관인 읍·면에 위임하였다면 읍·면장은 무허가건축물에 대하여 철거대집행을 위한 계고처분을 할 권한이 있다.(대판 96누15428)

3. 대집행의 대위행사

이 사건 토지는 국가소유로서 그 지목은 잡종지이고 현황은 항만시설인데, 보령시장은 국가와 충청남도 도지사로부터 이 사건 토지에 대한 관리권한을 순차로 위임받아 이 사건 토지를 관리하고 있는바, 피고들이 아무런 권원없이 이 사건 시설물을 설치함으로써 이 사건 토지를 불법점유하고 있는 이상, 관리권자인 보령시장으로서는 행정대집행의 방법으로 이 사건 시설물을 철거할 수 있고, 이러한 행정대집행의 절차가 인정되는 경우에는 따로 민사소송의 방법으로 피고들에 대하여 이 사건 시설물의 철거를 구하는 것도 허용되지 않는다. 다만, 관리권자인 보령시장이 행정대집행을 실시하지 아니하는 경우 국가에 대하여 이 사건 토지사용청구권을 가지는 원고로서는 위 청구권을 보전하기 위하여 국가를 대위하여 피고들을 상대로 민사소송의 방법으로 이 사건 시설물의 철거를 구하는 이외에는 이를 실현할 수 있는 다른 절차와 방법이 없어 그 보전의 필요성이 인정되므로, <u>원고는 국가를 대위하여 피고들을 상대로 민사소송의 방법으로 이 사건 시설물의 철거를 구할 수 있다</u>(대판 2009.6.11. 2009다1122).

> **판례요지**
> 행정청이 행정대집행을 할 수 있는 경우 **행정청의 채권자가 국가를 대위하여 민사소송의 방법으로 시설물의 철거**를 구할 수 있다.

4. 대집행의 핵심정리

주체와 법률관계	대집행주체	① 당해 행정청과 수임청 ② 감독청 : × ③ 행정청의 위임을 받아 대집행을 실행하는 제3자 : 주체 ×	
	법률관계	행정청과 의무자	공법상 법률관계
		행정청과 제3자	사법상 계약관계
		의무자와 제3자	직접적 법률관계 × ➜ 단, 대집행 실행시 수인의무 발생
대집행요건	공법상 의무	① 사법상 의무의 불이행 : 대집행 대상 × ② 예외적으로 국유재산법과 같이 법률에 특별한 규정이 있으면 대집행 대상 ○ ③ "협의취득시 철거의무 부담약정 불이행" ➜ 대집행 대상 ×	
	대체적 작위의무	① 대집행의 대상 여부	
		대집행 ○	대집행 ×
		• 무허가건축물의 철거의무 • 불법광고물의 철거의무 • 도로장애물의 철거의무 • 불법개간한 산림의 원상회복의무	1. 비대체적 작위의무 ① 의사의 진료의무 ② 증인의 출석의무 ③ 국유지로부터 퇴거의무 ④ 전염병주사를 맞을 의무 ⑤ 토지 건물 인도의무(공원매점 사건) ⑥ 군복무를 위한 징집소환영장에의 불응 2. 부작위의무 : 무허가건물건축금지의무, 무면허운전금지의무, 장례식장 사용중지의무
		② 부작위의무 위반 : 대체적 작위의무로 전환 후 대집행가능 ➜ 작위의무에 대한 별도의 근거 필요	

대집행요건	보충성	다른 수단으로는 그 이행확보가 곤란할 것 ➜ 이행강제금이 가능할 경우 이행강제금 우선	
	상당성 (공익＞사익)	공익성 인정	공익성 부정
		① if 방치할 경우 당국의 권능을 무력화할 경우 ② 도시공원 내 대형교회 사건 ③ 합법화될 가능성이 없는 경우	① 0.02 평방미터 초과한 사건 ② 합법화될 가능성이 있는 경우 ③ 철거할 경우 많은 비용이 들고 공익에 별 도움이 되지 않는 경우
대집행절차	계고	① 성격 : 의사의 통지 ➜ 1차 계고(처분성 인정) ② 생략여부 : 원칙 ➜ 생략×, 예외 ➜ 생략 ○(비상시, 위험급박) ③ 철거명령과 계고의 동시가능성 : 1장의 계고서로서 철거명령과 계고를 동시에 같이 할 경우 ➜ 각 요건을 구비하여야 ~ ④ 철거범위의 특정 : 계고서에만 특정 요(要) × but 전체적으로 특정 충분 ⑤ 상당한 기간 : 의무이행을 할 수 있는 상당한 기간 부여 요(要) ○ ➜ 상당한 기간을 부여하지 않은 경우 비록 대집행의 시기를 늦추었더라도 위법(대판 90누2048)	
	영장통지	① 성격 : 의사의 통지로서 처분성 인정 ② 비상시 또는 위험이 절박시 생략가능	

	실행	① 성격 : 권력적 사실행위 ➜ 처분성 인정
		② 증표휴대 및 제시 ➜ 수인의무 발생
		③ 판례상 중요지문(대판 2016다213916)
		   ㉠ 건물의 점유자가 철거의무자일 때에는 건물철거의무에 퇴거의무도 포함되어 있는 것이어서 별도로 퇴거를 명하는 집행권원이 필요하지 않다.
		   ㉡ 건물철거 대집행 과정에서 부수적으로 건물의 점유자들에 대한 퇴거 조치를 할 수 있고, 점유자들이 적법한 행정대집행을 위력을 행사하여 방해하는 경우 형법상 공무집행방해죄가 성립하므로, 필요한 경우에는 '경찰관 직무집행법'에 근거한 위험발생 방지조치 또는 형법상 공무집행방해죄의 범행방지 내지 현행범체포의 차원에서 경찰의 도움을 받을 수도 있다.	

		대집행의 대위행사	
		관리청이 대집행을 실시하지 않는 경우, 토지사용청구권을 가지는 자는 민사소송의 방법으로 시설물의 철거를 구할 수 있다.(대판 2009다1122)	

	비용징수	① 비용납부명령 : 급부하명 ② 행정대집행법상 비용납부명령과 비용징수 　㉠ 대집행에 요한 비용의 징수에 있어서는 실제에 요한 비용액과 그 납기일을 정하여 **의무자에게 문서로써 그 납부를 명하여야** 한다. 　㉡ 대집행에 요한 비용에 대하여서는 **행정청은 사무비의 소속에 따라 국세에 다음가는 순위의 선취득권**을 가진다. 　㉢ 대집행에 요한 비용을 징수하였을 때에는 그 징수금은 사무비의 소속에 따라 국고 또는 지방자치단체의 수입으로 한다.
구제	행정심판	행정심판을 제기할 수 있다.(임의절차)
	행정소송 요건	① 항고소송의 대상 : 계고, 통지, 실행, 비용납부명령 모두 처분성 인정 ② 소송중 대집행 완료 : 소의 이익 × ➡ 국가배상소송으로 소의 변경
	행정소송 본안	① 대집행요건충족 입증 : 행정청 ② 하자의 승계 　㉠ 철거명령 – 대집행절차 : 승계부정 　㉡ 대집행절차 사이 : 승계인정
	국가배상	① 위법한 대집행 행사 ➡ 국가배상청구 가능 ② 선결문제 : ~ 그 행정처분의 취소판결은 있어야만 그 행정처분의 위법임을 이유로 한 손해배상청구를 할 수 있는 것은 아니다.

Ⅱ 대집행의 요건

1. 의무불이행

(1) 공법상 의무

① 사법상 의무에 대한 대집행여부

행정대집행법상 대집행의 대상이 되는 대체적 작위의무는 공법상 의무이어야 할 것인데, 구 공공용지의 취득 및 손실보상에 관한 특례법(2002. 2. 4. 법률 제6656호 공익사업을 위한 토지 등의 취득 및 보상에 관한 법률 부칙 제2조로 폐지)에 따른 <u>토지 등의 협의취득은 공공사업에 필요한 토지 등을 그 소유자와의 협의에 의하여 취득하는 것으로서 공공기관이 사경제주체로서 행하는 사법상 매매 내지 사법상 계약의 실질</u>을 가지는 것이므로, 그 협의취득시 건물소유자가 매매대상 건물에 대한 철거의무를 부담하겠다는 취지의 약정을 하였다고 하더라도 이러한 철거의무는 공법상의 의무가 될 수 없고, 이 경우에도 행정대집행법을 준용하여 대집행을 허용하는 별도의 규정이 없는 한 위와 같은 철거의무는 행정대집행법에 의한 대집행의 대상이 되지 않는다(대판 2006.10.13. 2006두7096).

② 국유재산은 공법상 의무인지 여부에 관계없이 대집행 ○
현행 국유재산법은 위와 같은 제한없이 모든 국유재산에 대하여 행정대집행을 준용할 수 있도록 규정하였으므로, 행정청은 당해 재산이 행정재산 등 공용재산인 여부나 그 철거의무가 공법상의 의무인 여부에 관계없이 대집행을 할 수 있다.(대판 91누13090)

③ 공유재산 대부계약의 해지에 따른 원상회복으로 행정대집행의 방법에 의하여 그 지상물을 철거시킬 수 있다.
공유재산의 점유자가 그 공유재산에 관하여 대부계약 외 달리 정당한 권한이 있다는 자료가 없는 경우 **그 대부계약이 적법하게 해지된 이상 그 점유자의 공유재산에 대한 점유는 정당한 이유없는 점유라 할 것이고, 따라서 지방자치단체의 장은 지방재정법 제85조에 의하여 행정대집행의 방법으로 그 지상물을 철거**시킬 수 있다.(대판 2001.10.12. 2001두4078)

(2) 대체적 작위의무의 불이행

① 부작위의무불이행에 대한 계고처분 : 위법
하천유수인용허가신청이 불허되었음을 이유로 하천유수인용행위를 중단할 것과 이를 불이행할 경우 행정대집행에 의하여 대집행하겠다는 내용의 계고처분은 대집행의 대상이 될 수 없는 부작위의무에 대한 것으로서 그 자체로 위법함이 명백하다.(대판 1998.10.2. 96누5445)

② 장례식장사용중지의무 : 대집행의 대상 ×
장례식장사용중지의무는 원고 이외의 타인이 대신할 수도 없고, 타인이 대신하여 행할 수 있는 행위라고도 할 수 없는 비대체적 부작위의무에 대한 것이므로 그 자체로 위법함이 명백하다.(대판 2005.9.28. 2005두7464)

③ 행정청이 토지구획정리사업의 환지예정지를 지정하고 그 사업에 편입되는 건축물 등 지장물의 소유자 또는 임차인에게 지장물의 자진이전을 요구한 후 이에 응하지 않자 지장물의 이전에 대한 대집행을 계고하고 다시 대집행영장을 통지한 사안에서, 위 계고처분등은 행정대집행법 제2조에 따라 지장물 이전의무가 없음에도 그러한 의무의 불이행을 사유로 행하여진 것으로서 위법하다.(대판 2010두1231)

④ 단순한 부작위의무의 위반, 즉 관계 법령에 정하고 있는 절대적 금지나 허가를 유보한 상대적 금지를 위반한 경우에는 당해 법령에서 그 위반자에 대하여 위반에 의하여 생긴 유형적 결과의 시정을 명하는 행정처분의 권한을 인정하는 규정(예컨대, 건축

법 제69조, 도로법 제74조, 하천법 제67조, 도시공원법 제20조, 옥외광고물등관리법 제10조 등)을 두고 있지 아니한 이상, 법치주의의 원리에 비추어 볼 때 위와 같은 부작위의무로부터 그 의무를 위반함으로써 생긴 결과를 시정하기 위한 작위의무를 당연히 끌어낼 수는 없으며, 또 **위 금지규정(특히 허가를 유보한 상대적 금지규정)으로부터 작위의무, 즉 위반결과의 시정을 명하는 권한이 당연히 추론(추론)되는 것도 아니다.**(대판 1996.06.28. 선고 96누4374)

(3) 토지나 건물의 인도의무 : 대집행 ×

① 도시공원시설(매점) 점유자의 퇴거 및 명도의무 : 대집행의 대상 ×
~이러한 의무는 그것을 강제적으로 실현함에 있어 직접적인 실력행사가 필요한 것이지 대체적인 작위의무에 해당하는 것은 아니어서 직접강제의 방법에 의하는 것은 별론으로 하고 행정대집행법에 의한 대집행의 대상이 되는 것은 아니다.(대판 1998.10.23. 97누157)

② 피수용자 등이 기업자에 대하여 부담하는 수용대상 토지의 인도의무에 관한 구 토지수용법(2002. 2. 4. 법률 제6656호 공익사업을 위한 토지 등의 취득 및 보상에 관한 법률 부칙 제2조로 폐지) 제63조, 제64조, 제77조 규정에서의 '인도'에는 명도도 포함되는 것으로 보아야 하고, 이러한 명도의무는 그것을 강제적으로 실현하면서 직접적인 실력행사가 필요한 것이지 대체적 작위의무라고 볼 수 없으므로 특별한 사정이 없는 한 행정대집행법에 의한 대집행의 대상이 될 수 있는 것이 아니다(대판 2005.8.19.)

2. 보충성

3. 상당성의 원칙

(1) 심히 공익을 해하는 경우로 판단한 경우

① 무허가증축부분으로 인하여 위 건물의 미관이 나아지고 위 증축부분을 철거하는데 비용이 많이 소요된다고 하더라도 **위 무허가증축부분을 그대로 방치한다면 이를 단속하는 당국의 권능은 무력화되어 건축행정의 원활한 수행이 위태롭게 되고 건축법 소정의 제한규정을 회피하는 것을 사전예방하고, 또한 도시계획구역안에서 토지의 경제적이고 효율적인 이용을 도모한다는 더 큰 공익**을 심히 해할 우려가 있다.(대판 1992.3.10. 91누4140)

② 개발제한구역 및 도시공원에 속하는 임야상에 신축된 위법건축물인 대형교회의 합법화가 불가능한 경우, 교회건물의 건축으로 공원미관조성이나 공원관리측면에서 유리하고 철거될 경우 막대한 금전적 손해를 입게 되며 신자들이 예배할 장소를 잃게

된다는 사정을 고려하더라도 위 교회건물의 철거의무의 불이행을 방치함은 심히 공익을 해한다.(대판 2000.6.23. 98두3112)
③ 골프연습장시설이 도시계획법 및 건축법을 위반하여 무허가로 용도변경하여 설치되었으며, 개발제한구역 내에 위치하고 있어 합법화될 가능성도 없는 경우에는 공익을 심히 해친다고 보아야 한다.(대판 1995.6.29. 94누11354)
④ 위법건축부분의 면적이 지나치게 크고 무단증축함으로써 결국 2층 공장건물을 그 구조 및 용도가 전혀 다른 4층 일반건물로 변경한 결과가 되어 합법화될 가능성도 없는 경우, 그에 대한 철거계고처분은 적법하다.(대판 1995.12.26. 95누14114)
⑤ 무허가로 불법 건축되어 철거할 의무가 있는 건축물을 도시미관, 주거환경, 교통소통에 지장이 없다는 등의 사유만을 들어 그대로 방치한다면 불법 건축물을 단속하는 당국의 권능을 무력화하여 건축행정의 원활한 수행을 위태롭게 하고 건축허가 및 준공검사시에 소방시설, 주차시설 기타 건축법 소정의 제한규정을 회피하는 것을 사전 예방한다는 더 큰 공익을 해칠 우려가 있다.(대판 1989.03.28. 선고 87누930)

(2) 심히 공익을 해하지 않는 경우로 판단한 경우

① **건축허가면적보다 0.02㎡정도 초과하여 이웃의 대지를 침범한 경우에, 이 정도의 위반만으로는 주위의 미관을 해칠 우려가 없을 뿐 아니라 이를 대집행으로 철거할 경우 많은 비용이 드는 반면 공익에는 별 도움이 되지 아니하고, 도로교통·방화·보안·위생·도시미관·공해예방등의 공익을 크게 해친다고 볼 수도 없기 때문에**, 철거를 위한 계고처분은 그 요건을 갖추지 못한 것으로 위법하여 취소를 면할 수 없다.(대판 1991.3.12. 90누10070)
② 불법증축물이 특정건축물정리에 관한 특별조치법에 의하여 합법화될 가능성이 있다면 그 철거의무의 방치는 공익을 심히 해하는 것으로 볼 수 없다.(대판 1986.11.11. 86누173)
③ 도로점용허가를 받지 아니하고 본건 광고물을 설치하여 두었다는 점만으로 그것이 곧 심히 공익을 해하는 경우에 해당한다고 할 수 없다.(대판 1974.10.25. 74누122)
④ 관할관청의 허가를 받지 아니하고 기존건물의 4층 옥상 뒤편에 증축한 부분이 외부에 돌출되지 않고 지면에서 잘 보이지 아니하여 주위의 미관을 해칠 우려가 없을 뿐만 아니라 이를 대집행으로 철거할 경우 많은 비용이 소요되는 반면에 공익에 아무런 도움이 되지 아니하는 경우 그 증축부분의 철거대집행을 위한 계고처분은 위법하다.(대판 1990.1.23. 89누6969)

4. 대집행 요건충족 후 대집행의 실행여부 : 재량행위

건물 중 위법하게 구조변경을 한 건축물 부분은 제반 사정에 비추어 그 원상복구로 인한 불이익의 정도가 그로 인하여 유지하고자 하는 공익상의 필요 또는 제3자의 이익보호의 필요에 비하여 현저히 크므로, 그 건축물 부분에 대한 대집행계고처분은 재량권의 범위를 벗어난 위법한 처분이다.(대판 1996.10.11. 선고 96누8086)

5. 대집행 요건에 대한 입증책임 : 행정청

건축법에 위반하여 건축한 것이어서 철거의무가 있는 건물이라 하더라도 그 철거의무를 대집행하기 위한 계고처분을 하려면 다른 방법으로는 이행의 확보가 어렵고 불이행을 방치함이 심히 공익을 해하는 것으로 인정될 때에 한하여 허용되고 **이러한 요건의 주장·입증책임은 처분 행정청에 있다.**(대판1996.10.11. 선고 96누8086)

6. 철거의무에 퇴거의무도 포함되는가?

관계 법령상 행정대집행의 절차가 인정되어 행정청이 행정대집행의 방법으로 건물의 철거 등 대체적 작위의무의 이행을 실현할 수 있는 경우에는 따로 민사소송의 방법으로 그 의무의 이행을 구할 수 없다. 한편 **건물의 점유자가 철거의무자일 때에는 건물철거의무에 퇴거의무도 포함되어 있는 것이어서 별도로 퇴거를 명하는 집행권원이 필요하지 않다.** (대판 2017.4.28. 2016다213916).

Ⅲ 대집행 절차

1. 계고

(1) 계고의 성격

① 행정대집행법 제3조 제1항의 계고처분은 그 계고처분 자체만으로서는 행정적 법률효과를 발생하는 것은 아니나 같은 법 제3조 제2항의 대집행명령장을 발급하고 대집행을 하는 데 전제가 되는 것이므로 행정처분이라 할 수 있고 따라서 행정소송의 대상이 될 수 있다.(대판 62누117)

② 반복된 계고 : 처분×
~ 행정대집행법상의 철거의무는 제1차 철거명령 및 계고처분으로써 발생하였다고 할 것이고, **제3차 철거명령 및 대집행계고는 새로운 철거의무를 부과하는 것이라고는 볼 수 없으며, 단지 종전의 계고처분에 의한 건물철거를 독촉하거나 그 대집행기한을 연기한다는 통지에 불과하므로 취소소송의 대상이 되는 독립한 행정처분이라고 할 수 없다.**(대판 2000.2.22. 98두4665)

③ 제1차로 창고건물의 철거 및 하천부지에 대한 원상복구명령을 하였음에도 이에 불응하므로 대집행계고를 하면서 다시 자진철거 및 토사를 반출하여 하천부지를 원상복구할 것을 명한 경우, 행정대집행법상의 철거 및 원상복구의무는 제1차 철거 및 원상복구명령에 의하여 이미 발생하였다 할 것이어서, 대집행계고서에 기재된 자진철거

및 원상복구명령은 새로운 의무를 부과하는 것이라고 볼 수 없으며, 단지 종전의 철거 및 원상복구를 독촉하는 통지에 불과하므로 취소소송의 대상이 되는 독립한 행정처분이라고 할 수 없고(대법원 2000. 2. 22. 선고 98두4665 판결 참조), 대집행계고서에 기재된 철거 및 원상복구의무의 이행기한은행정대집행법 제3조 제1항에 따른 이행기한을 정한 것에 불과하다고 할 것이다.(대판2004.06.10. 선고 2002두12618)

(2) 철거명령과 계고의 동시가능성

계고서라는 명칭의 1장의 문서로서 일정기간 내에 위법건축물의 자진철거를 명함과 동시에 그 소정기한 내에 자진철거를 하지 아니할 때에는 대집행할 뜻을 미리 계고한 경우라도 건축법에 의한 철거명령과 행정대집행법에 의한 계고처분은 독립하여 있는 것으로서 각 요건이 충족되었다고 볼 것이다.(대판 1992.6.12. 91누13564)

(3) 내용의 특정

행정청이 행정대집행법 제3조 제1항에 의한 대집행계고를 함에 있어서는 의무자가 스스로 이행하지 아니한 경우에 대집행할 행위의 내용 및 범위가 구체적으로 특정되어야 하지만, **그 행위의 내용 및 범위는 반드시 대집행계고서에 의하여서만 특정되어야 하는 것이 아니고 계고처분 전후에 송달된 문서나 기타 사정을 종합하여 행위의 내용이 특정되거나 대집행의무자가 그 이행의무의 범위를 알 수 있으면 족하다.**(대판 1997.2.14. 96누15428)

(4) 상당한 기간

상당한 의무이행기간을 부여하지 아니한 대집행계고처분은 대집행영장으로써 대집행의 시기를 늦추었더라도 위 대집행계고처분은 상당한 이행기간을 정하여 한 것이 아니어서 대집행의 적법절차에 위배한 것으로 위법한 처분이다.(대판 1990.9.14. 90누2048)

2. 영장통지

선행처분인 계고처분이 하자가 있는 위법한 처분이라면, 후행처분인 대집행영장발부통보처분의 취소를 청구하는 소송에서 청구원인으로 선행처분인 계고처분이 위법한 것이기 때문에 그 계고처분을 전제로 행하여진 대집행영장발부통보처분도 위법한 것이라는 주장을 할 수 있다.(대판 1996.2.9. 95누12507)

3. 대집행실행

(1) 절차

의무자가 의무를 이행하지 않는 경우 행정청은 직접 또는 제3자로 하여금 실행하게 한다. 대집행책임자는 대집행실행시 증표를 휴대하고 이해관계인에게 제시하여야 한다.

(2) 시간적 한계

행정청은 해가 뜨기 전이나 해가 진 후에는 대집행을 하여서는 아니 된다. 다만, 다음 각 호에 해당하는 경우에는 그러하지 아니하다.(행정대집행법 제4조 제1항)

> 1. 의무자가 동의한 경우
> 2. 해가 지기 전에 대집행을 착수한 경우
> 3. 해가 뜬 후부터 해가 지기 전까지 대집행을 하는 경우에는 대집행의 목적달성이 불가능한 경우
> 4. 그 밖에 비상시 또는 위험이 절박한 경우

(3) 실력행사

① 도심광장으로서 '서울특별시 서울광장의 사용 및 관리에 관한 조례'에 의하여 관리되고 있는 '서울광장'에서, 서울시청 및 중구청 공무원들이 행정대집행법이 정한 계고 및 대집행영장에 의한 통지절차를 거치지 아니한 채 위 광장에 무단설치된 천막의 철거대집행에 착수하였고, 이에 피고인들을 비롯한 '광우병위험 미국산 쇠고기 전면수입을 반대하는 국민대책회의' 소속 단체 회원들이 몸싸움을 하거나 천막을 붙잡고 이를 방해한 사안에서, 위 서울광장은 비록 공부상 지목이 도로로 되어 있으나 도로법 제65조 제1항 소정의 행정대집행의 특례규정이 적용되는 도로법상 도로라고 할 수 없으므로 **위 철거대집행은 구체적 직무집행에 관한 법률상 요건과 방식을 갖추지 못한 것으로서 적법성이 결여되었고 따라서 피고인들이 위 공무원들에 대항하여 폭행·협박을 가하였더라도 특수공무집행방해죄는 성립되지 않는다.**(대판 2010.11.11. 선고 2009도11523)

② 법외 단체인 전국공무원노동조합의 지부가 당초 공무원 직장협의회의 운영에 이용되던 군(군) 청사시설인 사무실을 임의로 사용하자 지방자치단체장이 자진폐쇄 요청 후 행정대집행법에 따라 행정대집행을 하였는데, 지부장 등인 피고인들과 위 지부 소속 군청 공무원들이 위 집행을 행하던 공무원들에게 대항하여 폭행 등 행위를 한 사안에서, 위 행정대집행은 주된 목적이 조합의 위 사무실에 대한 사실상 불법사용을 중지시키기 위하여 사무실 내 조합의 물품을 철거하고 사무실을 폐쇄함으로써 군(군) 청사의 기능을 회복하는 데 있으므로, **전체적으로 대집행의 대상이 되는 대체적 작위의무인 철거의무를 대상으로 한 것으로 적법한 공무집행에 해당한다고 볼 수 있고, 그에 대항하여 피고인 등이 폭행 등 행위를 한 것은 단체 또는 다중의 위력으로 공무원들의 적법한 직무집행을 방해한 것에 해당한다는 이유로, 피고인들에게 특수공무집행방해죄를 인정한 원심판단의 결론을 정당**하다.(대판 2011.04.28. 선고 2007도7514)

③ 행정청이 행정대집행의 방법으로 건물철거의무의 이행을 실현할 수 있는 경우에는

건물철거 대집행 과정에서 부수적으로 건물의 점유자들에 대한 퇴거 조치를 할 수 있고, 점유자들이 적법한 행정대집행을 위력을 행사하여 방해하는 경우 형법상 공무집행방해죄가 성립하므로, 필요한 경우에는 '경찰관 직무집행법'에 근거한 위험발생 방지조치 또는 형법상 공무집행방해죄의 범행방지 내지 현행범체포의 차원에서 경찰의 도움을 받을 수도 있다.

판례요지

1. 관계법령상 행정대집행의 절차가 인정되어 행정청이 행정대집행의 방법으로 건물의 철거 등 대체적 작위의무의 이행을 실현할 수 있는 경우 따로 민사소송의 방법으로 그 의무의 이행을 구할 수 없다.
2. 건물의 점유자가 철거의무자일 때에는 건물철거의무에 퇴거의무도 포함되어 있는 것이어서 별도로 퇴거를 명하는 집행권원이 필요하지 아니하다.
3. 행정청이 행정대집행의 방법으로 건물철거의무의 이행을 실현할 수 있는 경우 건물철거 대집행 과정에서 부수적으로 건물의 점유자들에 대한 퇴거 조치를 할 수 있다.
4. 점유자가 적법한 행정대집행을 위력을 행사하여 방해하는 경우, 경찰관직무집행법에 근거한 위험발생 방지조치 또는 형법상 공무집행방해죄의 현행범 체포 차원에서 경찰의 도움을 받을 수도 있다.

---

4. 비용징수

대한주택공사가 구 대한주택공사법(2009. 5. 22. 법률 제9706호 한국토지주택공사법 부칙 제2조로 폐지) 및 구 대한주택공사법 시행령(2009. 9. 21. 대통령령 제21744호 한국토지주택공사법 시행령 부칙 제2조로 폐지)에 의하여 **대집행권한을 위탁받아 공무인 대집행을 실시하기 위하여 지출한 비용을 행정대집행법 절차에 따라 국세징수법의 예에 의하여 징수할 수 있음에도 민사소송절차에 의하여 그 비용의 상환을 청구한 사안**에서, **행정대집행법이 대집행비용의 징수에 관하여 민사소송절차에 의한 소송이 아닌 간이하고 경제적인 특별구제절차를 마련해 놓고 있으므로, 위 청구는 소의 이익이 없어 부적법**하다.(대판 2011.09.08. 선고 2010다48240)

IV 대집행에 대한 구제

1. 대집행과 권리구제

① 행정대집행법 제2조에 의하여 의무자에게 명령된 행위에 관하여, 동법 제3조의 계고와 대집행영장에 의한 통지 절차를 거쳐서 이미 그 대집행이 사실행위로서 실행이 완료된 이후에 있어서는 그 행위의 위법을 이유로 하는 손해배상 또는 원상회복의 청구를 하는 것은 몰라도, 그 처분의 취소를 구함은, 권리보호의 이익이 없는 것이라 할 것이다.(대판 1967.10.23. 선고 67누115)

② 선행처분인 계고처분이 하자가 있는 위법한 처분이라면, 후행처분인 대집행영장발부통보처분의 취소를 청구하는 소송에서 청구원인으로 선행처분인 계고처분이 위법한 것이기 때문에 그 계고처분을 전제로 행하여진 대집행영장발부통보처분도 위법한 것이라는 주장을 할 수 있다.(대판 1996.2.9. 95누12507)

③ 적법한 건축물에 대한 철거명령은 그 하자가 중대하고 명백하여 당연무효라고 할 것이고, 그 후행행위인 건축물철거 대집행계고처분 역시 당연무효라고 할 것이다.(대판1999.04.27. 선고 97누6780)

④ 대집행계고처분 취소소송의 변론종결 전에 대집행영장에 의한 통지절차를 거쳐 사실행위로서 대집행의 실행이 완료된 경우에는 행위가 위법한 것이라는 이유로 손해배상이나 원상회복등을 청구하는 것은 별론으로 하고 처분의 취소를 구할 법률상 이익은 없다(대판 1993.6.8. 93누6164).

제3절 이행강제금

I 의의

1. 개념

이행강제금이란 비대체적 작위의무 또는 부작위의무를 이행하지 않는 경우 일정한 기한까지 의무를 이행하지 않으면 일정액수의 금액이 부과될 것임을 미리 계고함으로써 의무자에게 심리적 압박을 가하여 그 의무의 이행을 간접적으로 강제하는 수단으로서 부과하는 금전부담이다.

2. 의무 : 부작위의무/비대체적 작위의무 ➡ (범위확대) 대체적 작위의무

전통적으로 행정대집행은 대체적 작위의무에 대한 강제집행수단으로서, **이행강제금은 부작위의무나 비대체적 작위의무에 대한 강제집행수단으로 이해되어 왔으나, 이는 이행강제금제도의 본질에서 오는 제약은 아니며, 이행강제금은 대체적 작위의무의 위반에 대하여도 부과될 수 있다.**(헌재결 2004.2.26. 2001헌바80)

3. 이행강제금 납부의무의 성격

구 건축법상의 이행강제금은 구 건축법의 위반행위에 대하여 시정명령을 받은 후 시정기간 내에 당해 시정명령을 이행하지 아니한 건축주 등에 대하여 부과되는 간접강제의 일종으로서 **그 이행강제금납부의무는 상속인 기타의 사람에게 승계될 수 없는 일신전속**

적인 성질의 것이므로 이미 사망한 사람에게 이행강제금을 부과하는 내용의 처분이나 **결정은 당연무효이고, 이행강제금을 부과받은 사람의 이의에 의하여 비송사건절차법에 의한 재판절차가 개시된 후에 그 이의한 사람이 사망한 때에는 사건 자체가 목적을 잃고 절차가 종료**된다.(대결 2006.12.8. 2006마470)

4. 이행강제금과 병과

① 건축법 제78조에 의한 무허가 건축행위에 대한 **형사처벌**과 건축법 제83조 제1항에 의한 시정명령 위반에 대한 **이행강제금 부과**는 그 처벌 내지 제재대상이 되는 기본적 사실관계로서의 행위를 달리하며, 또한 그 보호법익과 목적에서도 차이가 있으므로 헌법 제13조 제1항이 금지하는 **이중처벌에 해당한다고 할 수 없다.**(헌재결 2004.2.26. 2001헌바80)

② 개발제한구역 내의 건축물에 대하여 허가를 받지 않고 한 용도변경행위에 대한 형사처벌과 건축법 제83조 제1항에 의한 시정명령 위반에 대한 이행강제금의 부과는 그 처벌 내지 제재대상이 되는 기본적 사실관계로서의 행위를 달리하며, 또한 그 보호법익과 목적에서도 차이가 있으므로 이중처벌에 해당한다고 할 수 없다.(대결 2005.08.19. 자 2005마30)

5. 이행강제금의 핵심정리

구분	내용
개념	일정한 기한까지 의무자가 이행하지 않는 경우 일정액수의 금전이 부과될 것임을 의무자에게 미리 계고함으로써 심리적 압박에 의하여 장래에 향하여 행정상 의무이행을 확보하려는 간접적인 강제집행수단
의무	① 의무의 범위 　㉠ 비대체적 작위의무 또는 부작위의무 　㉡ (의무범위 확대) 대체적 작위의무 **관련판례** 건축법상 위법건축물에 대한 이행강제수단으로 대집행과 이행강제금이 인정되고 있는데, 양 제도는 각각의 장단점이 있으므로 행정청은 개별사건에 있어서 위반내용, 위반자의 시정의지등을 감안하여 **대집행과 이행강제금을 선택적으로 활용할 수 있으며, 이처럼 그 합리적인 재량에 의해 선택하여 활용하는 이상 중첩적인 제재에 해당한다고 볼 수 없다.**(헌재결 2001헌바80) ② 의무의 성격 : 일신전속적 ○ ➡ 양도·상속 대상 ×

	행정벌	이행강제금
행정벌과 비교	과거의 의무위반에 대한 제재	장래 의무이행 확보를 위한 간접강제
	반복 ×	반복 ○ ➡ (건축법) 1년 2회 이내
	고의과실 요(要) ○	고의 과실 요(要) ×
	병과 ○	

기한 후 이행시	이행 전 부과한 이행강제금	이행후라도 징수
	이행 후 새로운 이행강제금	×

불복		
	개별법 규정 (농지법등)	개별법에 규정된 대로 불복 ~ 따라서 농지법 제62조 제1항에 따른 **이행강제금 부과처분에 불복하는 경우에는 비송사건절차법에 따른 재판절차가 적용되어야 하고, 행정소송법상 항고소송의 대상은 될 수 없다.** 농지법 제62조 제6항, 제7항이 위와 같이 이행강제금 부과처분에 대한 불복절차를 분명하게 규정하고 있으므로, 이와 다른 불복절차를 허용할 수는 없다. **설령 관할청이 이행강제금 부과처분을 하면서 재결청에 행정심판을 청구하거나 관할 행정법원에 행정소송을 할 수 있다고 잘못 안내하거나 관할 행정심판위원회가 각하재결이 아닌 기각재결을 하면서 관할 법원에 행정소송을 할 수 있다고 잘못 안내하였다고 하더라도, 그러한 잘못된 안내로 행정법원의 항고소송 재판관할이 생긴다고 볼 수도 없다.**(대판 2018두42955)
	개별법 규정 ×(건축법)	항고소송

중요지문	① 건축주등이 장기간 시정명령을 이행하지 아니하였으나 그 기간 중에 시정명령의 이행기회가 제공되지 아니하였다가 뒤늦게 이행기회가 제공된 경우, **이행기회가 제공되지 아니한 과거의 기간에 대한 이행강제금까지 한꺼번에 부과할 수는 없다.** ② 국토의 계획 및 이용에 관한 법률상 토지의 이용의무 불이행에 따른 이행명령을 받은 의무자가 **이행명령에서 정한 기간을 지나서 그 명령을 이행한 경우, 이행명령 불이행에 따른 최초의 이행강제금을 부과할 수는 없다.** ③ 시정명령을 받은 의무자가 그 시정명령의 취지에 부합하는 의무를 이행하기 위한 정당한 방법으로 행정청에 신청 또는 신고를 하였으나 **행정청이 위법하게 이를 거부 또는 반려함으로써 ~ 시정명령의 불이행을 이유로 이행강제금을 부과할 수는 없다.** ④ 건축법상 위법건축물 완공 후에도 시정명령을 할 수 있으며, 그 불이행에 대한 이행강제금의 부과는 헌법 제37조에 위배되지 않는다.

II 이행강제금 부과

1. 행정기본법의 규정

관련법령 행정기본법

제31조(이행강제금의 부과) ① 이행강제금 부과의 근거가 되는 법률에는 이행강제금에 관한 다음 각 호의 사항을 명확하게 규정하여야 한다. 다만, 제4호 또는 제5호를 규정할 경우 입법목적이나 입법취지를 훼손할 우려가 크다고 인정되는 경우로서 대통령령으로 정하는 경우는 제외한다.
1. 부과·징수 주체
2. 부과 요건
3. 부과 금액
4. 부과 금액 산정기준
5. 연간 부과 횟수나 횟수의 상한
② 행정청은 다음 각 호의 사항을 고려하여 이행강제금의 부과 금액을 가중하거나 감경할 수 있다.
1. 의무 불이행의 동기, 목적 및 결과
2. 의무 불이행의 정도 및 상습성
3. 그 밖에 행정목적을 달성하는 데 필요하다고 인정되는 사유
③ 행정청은 이행강제금을 부과하기 전에 미리 의무자에게 적절한 이행기간을 정하여 그 기한까지 행정상 의무를 이행하지 아니하면 이행강제금을 부과한다는 뜻을 문서로 계고(戒告)하여야 한다.
④ 행정청은 의무자가 제3항에 따른 계고에서 정한 기한까지 행정상 의무를 이행하지 아니한 경우 이행강제금의 부과 금액·사유·시기를 문서로 명확하게 적어 의무자에게 통지하여야 한다.
⑤ 행정청은 의무자가 행정상 의무를 이행할 때까지 이행강제금을 반복하여 부과할 수 있다. 다만, 의무자가 의무를 이행하면 새로운 이행강제금의 부과를 즉시 중지하되, 이미 부과한 이행강제금은 징수하여야 한다.
⑥ 행정청은 이행강제금을 부과받은 자가 납부기한까지 이행강제금을 내지 아니하면 국세강제징수의 예 또는 「지방행정제재·부과금의 징수 등에 관한 법률」에 따라 징수한다.

2. 이행강제금 부과와 판례

(1) 이행강제금 부과의 대상

① 건축법상 위법건축물 완공 후에도 시정명령을 할 수 있다.
　공무원들이 위법건축물임을 알지 못하여 공사 도중에 시정명령이 내려지지 않아 위법건축물이 완공되었다 하더라도, 공공복리의 증진이라는 위 목적의 달성을 위해서는 완공후에라도 위법건축물임을 알게 된 이상 시정명령을 할 수 있다.(대판 2002. 8.16. 2002마1022)

② 건축법상 이행강제금 부과가능 : 허가대상 건축물 + 신고대상 건축물
　건축법이 건축물이 신고하지 않고 건축된 경우에도 이행강제금을 부과할 수 있도록 규정하고 있는 점에 비추어 보면, 건축법상의 이행강제금은 허가대상 건축물뿐만 아니라 신고대상 건축물에 대해서도 부과할 수 있다.(대판 2013.1.24. 2011두10164)

(2) 이행강제금 부과

① 건축법상 이행강제금납부의 최초독촉 : 처분성 인정(대판 2009.12.24. 2009두14507)
② 이행강제금 부과처분 후에 한 시정명령의 이행 : 부과처분취소사유가 되지 않는다. (대판 1995.7.21. 94마1415)
③ 개발제한구역의 지정 및 관리에 관한 특별조치법 제30조 제1항, 제30조의2 제1항 및 제2항의 규정에 의하면 **시정명령을 받은 후 그 시정명령의 이행을 하지 아니한 자에 대하여 이행강제금을 부과할 수 있고, 이행강제금을 부과하기 전에 상당한 기간을 정하여 그 기한까지 이행되지 아니할 때에 이행강제금을 부과·징수한다는 뜻을 문서로 계고하여야 하므로, 이행강제금의 부과·징수를 위한 계고는 시정명령을 불이행한 경우에 취할 수 있는 절차라 할 것이고, 따라서 이행강제금을 부과·징수할 때마다 그에 앞서 시정명령 절차를 다시 거쳐야 할 필요는 없다.**(대판 2013.12.12. 선고 2012두20397)
④ **명의만 빌려준 명목상 건축주**는 구 건축법 제69조 제1항에 정한 위반건축물에 대한 **시정명령의 상대방이 되는 '건축주'에 해당**한다.(대판 2008.7.24. 2007두5639)
⑤ ~구 건축법이 개정되어 위 건물의 용도변경이 용도변경신고의 대상으로 됨에 따라 **행정청이 갑에게 위 건물이 용도변경신고의무위반의 위법건축물에 해당한다는 이유로 시정명령을 하고, 시정명령 불이행에 따른 이행강제금을 부과한 사안에서 그 처분은 적법**하다.(대판 2010.8.19. 2010두8072)
⑥ 구 건축법 시행 이전에 건축된 건축물에 대하여 전부 개정된 현행 건축법 시행 이후 시정명령을 하고 건축물의 소유자등이 시정명령에 응하지 않은 경우, 현행 건축법에 따라 이행강제금을 부과할 수 있다.(대판 2012.3.29. 2011두27919)

(3) 시정명령 이행 후 이행강제금 부과

① 국토의 계획 및 이용에 관한 법률(이하 '국토계획법'이라고 한다) 제124조의2 제5항이 이행명령을 받은 자가 그 명령을 이행하는 경우에 새로운 이행강제금의 부과를 즉시 중지하도록 규정한 것은 이행강제금의 본질상 이행강제금 부과로 이행을 확보하고자 한 목적이 이미 실현된 경우에는 그 이행강제금을 부과할 수 없다는 취지를 규정한 것으로서, 이에 의하여 부과가 중지되는 '새로운 이행강제금'에는 국토계획법 제124조의2 제3항의 규정에 의하여 반복 부과되는 이행강제금뿐만 아니라 이행명령 불이행에 따른 최초의 이행강제금도 포함된다. **따라서 이행명령을 받은 의무자가 그 명령을 이행한 경우에는 이행명령에서 정한 기간을 지나서 이행한 경우라도 최초의 이행강제금을 부과할 수 없다.**(대판 2014.12.11. 선고 2013두15750)
② **장기미등기자가 이행강제금 부과 전에 등기신청의무를 이행하였다면 이행강제금의 부과로써 이행을 확보하고자 하는 목적은 이미 실현된 것이므로 부동산실명법 제6조 제2항에 규정된 기간이 지나서 등기신청의무를 이행한 경우라 하더라도 이행강제금**

을 부과할 수 없다.(대판 2016. 6. 23. 선고 2015두36454)

③ ~ 따라서 비록 건축주 등이 장기간 시정명령을 이행하지 아니하였더라도, 그 기간 중에는 시정명령의 이행 기회가 제공되지 아니하였다가 뒤늦게 시정명령의 이행 기회가 제공된 경우라면, 시정명령의 이행 기회 제공을 전제로 한 1회분의 이행강제금만을 부과할 수 있고, **시정명령의 이행 기회가 제공되지 아니한 과거의 기간에 대한 이행강제금까지 한꺼번에 부과할 수는 없다. 그리고 이를 위반하여 이루어진 이행강제금 부과처분은 과거의 위반행위에 대한 제재가 아니라 행정상의 간접강제 수단이라는 이행강제금의 본질에 반하여 구 건축법 제80조 제1항, 제4항 등 법규의 중요한 부분을 위반한 것으로서, 그러한 하자는 중대할 뿐만 아니라 객관적으로도 명백**하다.(대판 2016. 7. 14. 선고 2015두46598)

> **비교판례** 이행강제금 부과 전 시정조치 이행하더라도 부과한 사례
>
> 공정거래법 제17조의 3은 시정조치를 그 정한 기간 내에 이행하지 아니하는 자에 대하여 이행강제금을 부과할 수 있는 근거규정이다. 나아가 이러한 이행강제금이 부과되기 전에 시정조치를 이행하거나 부작위의무를 명하는 시정조치 불이행을 중단한 경우 과거의 시정조치 불이행기간에 대하여 이행강제금을 부과할 수 있다고 봄이 타당하다.(대판 2018두63563)

Ⅲ 이행강제금 부과와 권리구제

불복규정 ○(ex : 농지법)	규정대로
불복규정 ×(ex : 건축법)	항고소송

농지법은 농지 처분명령에 대한 이행강제금 부과처분에 불복하는 자가 그 처분을 고지받은 날부터 30일 이내에 부과권자에게 이의를 제기할 수 있고, 이의를 받은 부과권자는 지체 없이 관할 법원에 그 사실을 통보하여야 하며, 그 통보를 받은 관할 법원은 비송사건절차법에 따른 과태료 재판에 준하여 재판을 하도록 정하고 있다(제62조 제1항, 제6항, 제7항). 따라서 **농지법 제62조 제1항에 따른 이행강제금 부과처분에 불복하는 경우에는 비송사건절차법에 따른 재판절차가 적용되어야 하고, 행정소송법상 항고소송의 대상은 될 수 없다.** 농지법 제62조 제6항, 제7항이 위와 같이 이행강제금 부과처분에 대한 불복절차를 분명하게 규정하고 있으므로, 이와 다른 불복절차를 허용할 수는 없다. 설령 **관할청이 이행강제금 부과처분을 하면서 재결청에 행정심판을 청구하거나 관할 행정법원에 행정소송을 할 수 있다고 잘못 안내하거나 관할 행정심판위원회가 각하재결이 아닌 기각재결을 하면서 관할 법원에 행정소송을 할 수 있다고 잘못 안내하였다고 하더라도, 그러한 잘못된 안내로 행정법원의 항고소송 재판관할이 생긴다고 볼 수도 없다.**(대판 2018두42955)

제4절 직접강제

제5절 강제징수

I 의의

1. 개념

행정상 강제징수란 국민이 행정주체에 대한 공법상 금전급부의무를 이행하지 않은 경우 행정청이 의무자의 재산에 실력을 가하여 의무가 이행된 것과 같은 상태를 실현하는 작용을 말한다.

2. 일반법

국세징수법이 행정상 강제징수에 관한 일반법으로서의 역할을 하고 있다.

II 강제징수 절차

1. 독촉

(1) **독촉의 법적성격**

보험자 또는 보험자단체가 부당이득금 또는 가산금의 납부를 독촉한 후 **다시 동일한 내용의 독촉을 하는 경우 최초의 독촉만이 징수처분으로서 항고소송의 대상이 되는 행정처분이 되고 그 후에 한 동일한 내용의 독촉은 체납처분의 전제요건인 징수처분으로서 소멸시효 중단사유가 되는 독촉이 아니라 민법상의 단순한 최고에 불과하여** 국민의 권리의무나 법률상의 지위에 직접적으로 영향을 미치는 것이 아니므로 항고소송의 대상이 되는 행정처분이라 할 수 없다.(대판 1999.07.13. 선고 97누119)

(2) **독촉의 생략**

납세의무자가 세금을 납부기한까지 아니하자 과세청이 그 징수를 위하여 압류처분에 이른 것이라면 비록 독촉절차 없이 압류처분을 하였다 하더라도 이러한 사유만으로는 압류처분을 무효로 되게하는 중대하고도 명백한 하자로는 되지 않는다.(대판 1987.9.22. 87누383)

2. 압류

(1) 압류요건의 결여와 압류처분

<u>이와 같은 압류요건이 흠결한 경우의 압류처분은 위법한 처분임은 틀림없으나 그 압류처분이 당연무효한 것이라고는 할 수 없다 할 것</u>이다.(대판 1982.07.13. 선고 81누360)

(2) 압류등기관련 판례

① 압류처분에 기한 압류등기가 경료되어 있는 경우에도 압류처분의 무효확인을 구할 이익이 있다.(대판 2003.05.16. 선고 2002두3669)
② 과세관청이 부동산을 압류한 이후에 압류등기가 된 부동산을 양도받은 사람은 위 압류처분에 대하여 간접적 이해관계를 가질 뿐이므로, 그 압류처분의 무효확인을 구할 당사자적격이 없다.(대판 89누5706)

(3) 압류의 대상

과세관청이 납세자에 대한 체납처분으로서 제3자의 소유물건을 압류하고 공매하더라도 그 처분으로 인하여 제3자가 소유권을 상실하는 것이 아니므로 <u>체납자가 아닌 제3자의 소유물건을 대상으로 한 압류처분은 하자가 객관적으로 명백한 것인지 여부와는 관계없이 처분의 내용이 법률상 실현될 수 없는 것이어서 당연무효라고 하지 않을 수 없다</u>.(대판 1993.04.27. 선고 92누12117)

(4) 압류

① 징수할 금액을 초과하여 압류한 경우 그 하자
   세무공무원이 국세의 징수를 위해 납세자의 재산을 압류하는 경우 그 재산의 가액이 징수할 국세액을 초과한다 하여 <u>위 압류가 당연무효의 처분이라고는 할 수 없다</u>.(대판 1986.11.11. 86누479)
② 압류후 부과처분의 근거법률이 위헌결정된 경우
   위 위헌결정 이전에 이미 부담금 부과처분과 압류처분 및 이에 기한 압류등기가 이루어지고 위 각 처분이 확정되었다고 하여도, 위헌결정 이후에는 별도의 행정처분인 매각처분, 분배처분 등 후속 체납처분 절차를 진행할 수 없는 것은 물론이고, 기존의 압류등기나 교부청구만으로는 다른 사람에 의하여 개시된 경매절차에서 배당을 받을 수도 없다.(대판 2002.07.12. 선고 2002두3317)
③ 압류후 부과처분의 근거법률의 위헌결정으로 인하여 이미 납부한 금액의 반환청구
   위헌결정 이후에는 국민의 권리구제의 측면에서 위헌법률의 적용상태를 그대로 방치하거나 위헌법률의 종국적인 실현을 위한 국가의 추가적인 행위를 용납하여서는 아니되므로, 위헌결정 이전에 이미 부담금 부과처분과 그 징수를 위한 압류처분이 확정되었다고 하더라도, <u>위헌결정 이후에는 부담금 등의 납부의무가 없음을 알면서도</u>

압류해제거부로 인한 사실상의 손해를 피하기 위하여 부득이 부담금 등을 납부하게 된 경우 등 그 납부가 자기의 자유로운 의사에 반하여 이루어진 것으로 볼 수 있는 사정이 있는 때에는 납부자가 그 반환청구권을 상실하지 않는다.(대판 2003.09.02. 선고 2003다14348)

④ 국세납부와 압류해제

압류는 그 기초가 된 체납액인 제1차 국세가 납부되었다고 하여 당연히 실효되지 않고 압류가 해제되지 않은 상태에서 새로이 발생한 체납액인 제2차 국세에 대하여도 효력이 미친다.(대판 2012.7.26. 2010다5065)

⑤ 정당보조금지급채권의 압류대상여부 : 정당보조금의 목적, 용도 외 사용의 금지 및 위반시의 제재조치 등 그 근거법령의 취지와 규정등에 비추어 볼 때, 정당보조금은 국가와 정당 사이에만 수수·결제되어야 하는 것이므로, 정당의 국가에 대한 정당보조금지급채권은 그 양도가 금지된 것으로서 강제집행의 대상이 될 수 없다(대결 2009.1.28. 2008마1440).

⑥ 국세기본법은 민법에 따른 국세징수권 소멸시효 중단사유의 준용을 배제한다는 규정을 두지 않고, 조세채권도 성질상 민법에 정한 소멸시효 중단사유를 적용할 수 있는 경우라면 준용을 배제할 이유도 없다. 따라서 국세기본법 제28조 제1항 각 호의 소멸시효 중단사유를 제한적·열거적 규정으로 보아 국세기본법 제28조 제1항 각 호가 규정한 사유들만이 국세징수권의 소멸시효 중단사유가 된다고 볼 수는 없다. 민법 제168조가 소멸시효의 중단사유로 규정하고 있는 "청구"도 그것이 허용될 수 있는 경우라면 국세기본법 제27조에 따라 국세징수권의 소멸시효 중단사유가 될 수 있다.(대판 2020.3.2. 2017두41771)

3. 공매처분

(1) 공매처분

① 과세관청이 체납처분으로서 행하는 공매는 우월한 공권력의 행사로서 행정소송의 대상이 되는 공법상의 행정처분이며 공매에 의하여 재산을 매수한 자는 그 공매처분이 취소된 경우에 그 취소처분의 위법을 주장하여 행정소송을 제기할 법률상 이익이 있다.(대판 1984.09.25. 선고 84누201)

② 잘못된 감정평가와 이로 인한 공매처분의 효력

과세관청이 체납처분으로서 하는 공매에 있어서 공매재산에 대한 감정평가나 매각예정가격의 결정이 잘못되었다 하더라도, 매수인이 공매절차에서 취득한 공매재산의 시가와 감정평가액과의 차액상당을 법률상의 원인없이 부당이득한 것이라고는 볼 수 없다.(대판 1997.4.8. 96다52915)

(2) 공매통지

① **공매통지의 성격**: 공매통지 자체가 그 상대방인 체납자등의 법적지위나 권리·의무에 직접적인 영향을 주는 행정처분에 해당한다고 할 것은 아니므로~(대판 2010두25527)

② **공매통지를 하지 않은 공매처분**: 공매처분을 하면서 체납자등에게 공매통지를 하지 않았거나 공매통지를 하였더라도 그것이 적법하지 아니한 경우에는 절차상의 흠이 있어 그 공매처분은 위법하다.(대판 2007두18154)

③ **공매통지를 하지 않은 공매처분**: 위법은 하지만 당연무효 ×(대판 2010다50625)

④ **공매대행사실을 통지하지 아니한 경우**
공매대행사실의 통지는 세무서장이 아닌 한국자산관리공사가 공매를 대행하게 된다는 사실을 체납자와 이해관계인에게 알려주는 데 불과한 점 등에 비추어, <u>관할 행정청이 甲 또는 그 임차인에게 공매대행사실을 통지하지 않았다고 하더라도 그 후 공매통지서가 적법하게 송달되고 매수인이 매수대금을 납부하여 소유권이전등기까지 마쳤으므로 위와 같은 사정만으로 위 처분이 위법하게 된다고 볼 수 없고</u>, 국세징수 관계 법령상 공매예고통지에 관한 규정이 없고 공매예고통지는 공매사실 자체를 체납자에게 알려주는 것에 불과하므로 공매예고통지가 없었다는 이유만으로 위 처분이 위법하게 되는 것은 아니라고 본 원심판단을 정당하다고 한 사례(대판 2011두18304)

⑤ **재공매결정과 재공매통지**: 처분성 ×(대판 2006두8464)

III 권리구제

1. 원고적격의 인정여부

① <u>공매에 의하여 재산을 매수한 자</u>는 그 공매처분이 취소된 경우 그 취소처분의 위법을 주장하여 행정소송을 제기할 <u>법률상의 이익이 있다</u>.(대판 1984.9.25. 84누201)

② 납세의무자로 하여금 굳이 또 전심절차를 거치게 하는 것이 가혹하다고 보이는 등 정당한 사유가 있는 때에는 납세의무자가 전심절차를 거치지 아니하고도 과세처분의 취소를 청구하는 행정소송을 제기할 수 있다고 할 것이나, 그와 같은 정당한 사유가 없는 경우에는 전심절차를 거치지 아니한 채 과세처분의 취소를 청구하는 행정소송을 제기하는 것은 부적법하다.(대판 2012두20618)

2. 처분성

① 국세기본법 제51조 제1항, 제52조 및 같은 법 시행령 제30조에 따른 **세무서장의 국세환급금에 대한 결정은 이미 납세의무자의 환급청구권이 확정된 국세환급금의 환급절차를 규정한 것에 지나지 않고 그 규정에 의한 국세환급금의 결정에 의하여 비로소**

환급청구권이 확정되는 것은 아니므로, 국세환급금결정이나 그 결정을 구하는 신청에 대한 환급거부결정등은 항고소송의 대상이 되는 처분이라고 볼 수 없다.(대판 1994.12.2. 92누14250)
② 소득금액변동통지는 원천징수의무자인 법인의 납세의무에 직접 영향을 미치는 과세관청의 행위로서 항고소송의 대상이 된다.(대판 2012.1.26. 2009두14439)

3. 과세처분과 불가변력

과세처분에 관한 불복절차과정에서 과세관청이 그 불복사유가 옳다고 인정하고 이에 따라 필요한 처분을 하였을 경우에는, 동일사항에 관하여 특별한 사유없이 이를 번복하고 다시 종전의 처분을 되풀이할 수는 없는 것이므로, 과세처분에 관한 이의신청절차에서 과세관청이 이의신청 사유가 옳다고 인정하여 과세처분을 직권으로 취소한 이상 그 후 특별한 사유없이 이를 번복하고 종전 처분을 되풀이 하는 것은 허용되지 않는다.(대판 2017두75873)

4. 하자

① 과세예고 통지 후 과세전적부심사 청구나 그에 대한 결정이 있기도 전에 과세처분을 하는 것은 원칙적으로 과세전적부심사 이후에 이루어져야 하는 과세처분을 그보다 앞서 함으로써 과세전적부심사 제도 자체를 형해화시킬 뿐만 아니라 과세전적부심사 결정과 과세처분 사이의 관계 및 그 불복절차를 불분명하게 할 우려가 있으므로, 그와 같은 과세처분은 납세자의 절차적 권리를 침해하는 것으로서 그 절차상 하자가 중대하고도 명백하여 무효라고 할 것이다.(대판 2018두57490)
② 세무조사결과통지 후 과세전적부심사 청구나 그에 대한 결정이 있기도 전에 과세처분을 하는 것은 원칙적으로 과세전적부심사 이후에 이루어져야 하는 과세처분을 그보다 앞서 함으로써 과세전적부심사 제도 자체를 형해화시킬 뿐 아니라 과세전적부심사 결정과 과세처분 사이의 관계 및 불복절차를 불분명하게 할 우려가 있으므로, 그와 같은 과세처분은 납세자의 절차적 권리를 침해하는 것으로서 절차상 하자가 중대하고도 명백하여 무효이다.(대판 2017두51174)
③ 과세관청이 과세처분에 앞서 필수적으로 행하여야 할 과세예고 통지를 하지 아니함으로써 납세자에게 과세전적부심사의 기회를 부여하지 아니한 채 과세처분을 하였다면, 이는 납세자의 절차적 권리를 침해한 것으로서 과세처분의 효력을 부정하는 방법으로 통제할 수밖에 없는 중대한 절차적 하자가 존재하는 경우에 해당하므로, 과세처분은 위법하다.(대판 2015두52326)

5. 하자의 승계

조세의 부과처분과 압류 등의 체납처분은 별개의 행정처분으로서 독립성을 가지므로 부과처분에 하자가 있더라도 그 부과처분이 취소되지 아니하는 한 그 부과처분에 의한 체납처분은 위법이라고 할 수는 없지만, 체납처분은 부과처분의 집행을 위한 절차에 불과하므로 그 부과처분에 중대하고도 명백한 하자가 있어 무효인 경우에는 그 부과처분의 집행을 위한 체납처분도 무효라 할 것이다.(대판 1987.09.22. 선고 87누383)

6. 하자의 치유

압류처분단계에서 독촉장의 송달이 없었더라도 그 이후의 공매절차에서 공매통지서가 적법하게 송달된 경우, 매수인이 매각결정에 따른 매각대금을 납부한 이후에는 당해 공매처분을 취소할 수 없다.(대판 2006.5.12. 2004두14717)

CHAPTER 02 행정상 즉시강제와 행정조사

제1절 행정상 즉시강제

I 개설

1. 개념

행정상 즉시강제란 목전의 급박한 행정상의 장해를 제거할 필요성이 있는 경우에 미리 의무를 명할 시간적 여유가 없을 때 또는 성질상 의무를 명하여서는 목적달성이 곤란한 때 즉시 국민의 신체 또는 재산에 실력을 가하여 행정상의 필요한 상태를 실현하는 작용을 말한다.

2. 행정기본법상 규정

관련법령 행정기본법

제33조(즉시강제) ① 즉시강제는 다른 수단으로는 행정목적을 달성할 수 없는 경우에만 허용되며, 이 경우에도 최소한으로만 실시하여야 한다.
② 즉시강제를 실시하기 위하여 현장에 파견되는 집행책임자는 그가 집행책임자임을 표시하는 증표를 보여 주어야 하며, 즉시강제의 이유와 내용을 고지하여야 한다.

3. 즉시강제의 요약정리

구분			내용
한계	실체상	급박성	시간적 한계
		보충성	행정강제는 행정상 강제집행을 원칙으로 하며, 법치국가적 요청인 예측가능성과 법적 안정성에 반하고, **기본권침해의 소지가 큰 권력작용인 행정상 즉시강제는 어디까지나 예외적인 강제수단이라고 할 것**이다.(헌재결 2000헌가12)
		소극성	질서유지를 위해 즉시강제 발동
		비례성	

한계	절차상	영장주의	긍정설	영장필요 ➜ 목적을 중시
			부정설	영장불요 ➜ 헌법재판소 입장
			절충설	원칙 : 필요, 예외 : 불요
				다수설 + 대법원의 입장
종류	대인적	경직법	• 보호조치 • 위험발생방지조치(경고, 억류, 피난) • 범죄예방, 제지 • 장구, 무기사용	
		기타개별법	• 전염병환자 격리수용, 치료 • 마약중독자의 치료보호 • 소방기본법상의 원조강제	
	대물적	경직법	• 무기 · 흉기의 임시영치 • 위험발생방지조치	
		기타개별법	• 식품위생법상 물건의 폐기 및 압수 • 물건의 영치, 몰수(행형법, 관세법) • 도로장해물 제거 • 청소년유해매체물 수거, 폐기	
	대가택	경직법상 위험방지를 위한 가택출입, 임검 · 검사 및 수색만 제외하고 행정조사로 분류		
구제	손실보상	경찰관직무집행법 제11조의 2 ① 국가는 경찰관의 적법한 직무집행으로 인하여 다음 각호의 어느 하나에 해당하는 손실을 입은 자에 대하여 정당한 보상을 하여야 한다.		
	항고소송	① 항고소송이 가능하지만, 단기간 종료로 인하여 소의 이익 × ② 예외적으로 집행이 종료되지 않은 경우와 종료된 경우 취소로 인하여 회복되는 법률상 이익이 있는 경우에만 취소소송 제기 가능		
	손해배상	가장 실효적인 방법이라 할 수 있다.		
	결과제거청구	원상회복 청구		

Ⅱ 즉시강제의 한계

1. 실체상의 한계

① 행정강제는 행정상 강제집행을 원칙으로 하며, 기본권침해의 소지가 큰 권력작용인 행정상 즉시강제는 예외적인 강제수단이다. 이러한 행정상 즉시강제는 엄격한 실정법상 근거를 필요로 할 뿐만 아니라, 다시 행정상의 장해가 목전에 급박하고, 다른

수단으로서는 행정목적을 달성할 수 없는 경우이어야 하며, 이러한 경우에도 그 행사는 필요최소한도에 그쳐야 함을 내용으로 하는 조리상 한계에 기속된다.(헌재결 2000헌가12)

② 경찰관직무집행법 제4조 제1항 제1호(이하 '이 사건 조항'이라 한다)에서 규정하는 술에 취한 상태로 인하여 자기 또는 타인의 생명·신체와 재산에 위해를 미칠 우려가 있는 피구호자에 대한 보호조치는 경찰 행정상 즉시강제에 해당하므로, **그 조치가 불가피한 최소한도 내에서만 행사되도록 발동·행사 요건을 신중하고 엄격하게 해석하여야** 한다. 따라서 이 사건 조항의 '술에 취한 상태'란 피구호자가 술에 만취하여 정상적인 판단능력이나 의사능력을 상실할 정도에 이른 것을 말하고, 이 사건 조항에 따른 보호조치를 필요로 하는 피구호자에 해당하는지는 구체적인 상황을 고려하여 경찰관 평균인을 기준으로 판단하되, 그 판단은 보호조치의 취지와 목적에 비추어 현저하게 불합리하여서는 아니 되며, 피구호자의 가족 등에게 피구호자를 인계할 수 있다면 특별한 사정이 없는 한 경찰관서에서 피구호자를 보호하는 것은 허용되지 않는다.(대판 2012.12.13. 선고 2012도11162)

③ 불법집회시위가 열릴 예정시간으로부터 약 5시간 30분 전에 그 예정장소로부터 약 150km 떨어진 곳에서 출발하는 시위대를 제지한 것이라고 하더라도 경찰관직무집행법 제6조 제1항에 근거한 적법한 직무집행에 해당하지 않는다.(대판 2008.11.13. 2007도9794)

④ 불법게임물은 불법현장에서 이를 즉시 수거하지 않으면 증거인멸의 가능성이 있고, 그 사행성으로 인한 폐해를 막기 어려우며, 대량으로 복제되어 유통될 가능성이 있어, 불법게임물에 대하여 관계당사자에게 수거·폐기를 명하고 그 불이행을 기다려 직접강제 등 행정상의 강제집행으로 나아가는 원칙적인 방법으로는 목적달성이 곤란하다고 할 수 있으므로, 이 사건 법률조항의 설정은 위와 같은 급박한 상황에 대처하기 위한 것으로서 그 불가피성과 정당성이 인정된다. 결국 위 법률조항이 과잉금지의 원칙에 위배하여 청구인의 재산권을 침해하였다고 볼 수 없다.(헌재결 2002.10.31. 2000헌가12)

⑤ **경찰행정상 즉시강제는 그 본질상 행정 목적 달성을 위하여 불가피한 한도 내에서 예외적으로 허용되는 것이므로, 위 조항에 의한 경찰관의 제지 조치 역시 그러한 조치가 불가피한 최소한도 내에서만 행사되도록 그 발동·행사 요건을 신중하고 엄격하게 해석하여야 하고, 그러한 해석·적용의 범위 내에서만 우리 헌법상 신체의 자유 등 기본권 보장 조항과 그 정신 및 해석 원칙에 합치될 수 있다.** 특히 경찰관 직무집행법은 제1조 제2항에서 "경찰관의 직권은 그 직무 수행에 필요한 최소한도에서 행사되어야 하며 남용되어서는 아니 된다."라고 선언하여 경찰비례의 원칙을 명시적으로 규정하고 있는데, 이는 경찰행정 영역에서의 헌법상 과잉금지원칙을 표현한 것으로서, 공공의 안녕과 질서유지라는 공익목적과 이를 실현하기 위하여 개인의 권리

나 재산을 침해하는 수단 사이에는 합리적인 비례관계가 있어야 한다는 의미를 갖는다. 그러므로 **경찰관은 형사처벌의 대상이 되는 행위가 눈앞에서 막 이루어지려고 하는 것이 객관적으로 인정될 수 있는 상황이고 그 행위를 당장 제지하지 않으면 곧 인명·신체에 위해를 미치거나 재산에 중대한 손해를 끼칠 우려가 있는 상황이어서, 직접 제지하는 방법 외에는 위와 같은 결과를 막을 수 없는 급박한 상태일 때에만 경찰관 직무집행법 제6조에 의하여 적법하게 그 행위를 제지할 수 있고, 그 범위 내에서만 경찰관의 제지 조치가 적법하다고 평가될 수 있다.**(대판 2021. 11. 11. 선고 2018다288631)

판례요지 : 세월호 진상규명 촉구 기자회견 사건
甲 등이 세월호 진상규명 등을 촉구하는 기자회견을 한 후 청와대에 서명지 박스를 전달하기 위한 행진을 시도하였으나 관할 경찰서장인 乙 등이 해산명령과 통행차단 조치를 하였고, 이에 甲 등이 乙 등을 상대로 손해배상을 구한 사안
㉠ 기자회견 및 행진으로 인하여 타인의 법익이나 공공의 안녕질서에 대한 직접적인 위험이 명백하게 초래되었다고 보기 어려우므로 甲 등에 대한 해산명령 및 통행차단 조치는 위법하지만, 기자회견 및 행진이 옥외집회 및 시위가 금지되는 특정 지역과 시간적·장소적으로 상당히 근접한 지역에서 이루어졌다는 점, 경찰관의 해산명령과 제지 조치가 각각의 요건을 충족함으로써 적법한지는 개별 사안 자체의 특수성을 합리적으로 고찰하여야 하는 속성을 지니는 점 등의 제반 사정을 고려
㉡ 乙 등은 당시 甲 등에게 내린 해산명령 및 통행차단 조치가 집회 및 시위에 관한 법률 및 경찰관 직무집행법에서 허용되는 범위를 넘어선다는 것을 인식하지 못하였다고 볼 여지가 있고, 나아가 위와 같이 인식하지 못한 데에 고의에 가까울 정도로 현저히 주의를 결여하였다고 단정하기 어려운데도, 乙 등에게 중과실이 있다고 보아 乙 등의 손해배상책임을 인정한 원심판단에 법리오해의 잘못이 있다.

➔ 공무원의 중과실을 부정한 사례

2. 절차상의 한계 : 영장주의

① 행정상 즉시강제는 상대방의 임의이행을 기다릴 시간적 여유가 없을 때 하명 없이 바로 실력을 행사하는 것으로서, **그 본질상 급박성을 요건으로 하고 있어 법관의 영장을 기다려서는 그 목적을 달성할 수 없다고 할 것이므로, 원칙적으로 영장주의가 적용되지 않는다고 보아야 할 것이다.**(헌재결 2002.10.31. 2000헌가12)

판례요지
구 음반·비디오물 및 게임물에 관한 법률 제24조에 의한 영장없는 수거 인정 : 위배 ×

➔ 부정설을 따라간 판례

② 사회안전법 제11조 소정의 동행보호규정은 재범의 위험성이 현저한 자를 상대로 긴급히 보호할 필요가 있는 경우에 한하여 단기간의 동행보호를 허용한 것으로서 그 요건을 엄격히 해석하는 한, 동 규정 자체가 사전영장주의를 규정한 헌법규정에 반한다고 볼 수는 없다.(대판 96다56115)

③ 사전영장주의원칙은 인신보호를 위한 헌법상이 기속원리이기 때문에 인신의 자유를 제한하는 국가의 모든 영역에서도 존중되어야 하고, 다만 사전영장주의를 고수하다가는 도저히 그 목적을 달성할 수 없는 지극히 예외적인 경우에만 형사절차에서와 같은 예외가 인정된다고 할 것이다.(대판 93추83)

➔ 동행명령장을 법관이 아닌 의장이 발부하고 인치하도록 한 조례 : 헌법위반
➔ 절충설을 따라간 판례

Ⅲ 즉시강제와 구제

① 피고인이 교통단속 경찰관의 면허증 제시 요구에 응하지 않고 교통경찰관을 폭행한 사안에 대하여 경찰관의 면허증 제시 요구에 순순히 응하지 않은 것은 잘못이라고 하겠으나, 피고인이 위 경찰관에게 먼저 폭행 또는 협박을 가한 것이 아니라면 경찰관의 오만한 단속 태도에 항의한다고 하여 피고인을 그 의사에 반하여 교통초소로 연행해 갈 권한은 경찰관에게 없는 것이므로, 이러한 강제연행에 항거하는 와중에서 경찰관의 멱살을 잡는 등 폭행을 가하였다고 하여도 공무집행방해죄가 성립되지 않는다고 할 것인바, 위 경찰관의 직무집행행위의 적법성에 대한 검토를 다하지 아니한 원심판결에는 법리오해 및 심리미진의 위법이 있다 하여 파기한 사례(대판 1992.2.11. 91도2797)

② 불심검문을 하게 된 경위, 불심검문 당시의 현장상황과 검문을 하는 경찰관들의 복장, 피고인이 공무원증 제시나 신분 확인을 요구하였는지 여부 등을 종합적으로 고려하여, 검문하는 사람이 경찰관이고 검문하는 이유가 범죄행위에 관한 것임을 피고인이 충분히 알고 있었다고 보이는 경우에는 신분증을 제시하지 않았다고 하여 그 불심검문이 위법한 공무집행이라고 할 수 없다(대판 2014.12.11. 2014도7976).

제2절 행정조사

I 행정조사의 내용

1. 행정조사의 성격

(1) 행정조사의 개념

행정기관이 정책을 결정하거나 직무를 수행하는 데 필요한 정보나 자료를 수집하기 위하여 현장조사·문서열람·시료채취등을 하거나 조사대상자에게 보고요구·자료제출요구 및 출석·진술요구를 행하는 활동을 말한다.

(2) 행정조사의 성격

① 세무조사의 성격

부과처분을 위한 과세관청의 질문조사권이 행해지는 세무조사결정이 있는 경우 납세의무자는 세무공무원의 과세자료 수집을 위한 질문에 대답하고 검사를 수인하여야 할 법적 의무를 부담하게 되는 점, 세무조사는 기본적으로 적정하고 공평한 과세의 실현을 위하여 필요한 최소한의 범위 안에서 행하여져야 하고, 더욱이 동일한 세목 및 과세기간에 대한 재조사는 납세자의 영업의 자유 등 권익을 심각하게 침해할 뿐만 아니라 과세관청에 의한 자의적인 세무조사의 위험마저 있으므로 조세공평의 원칙에 현저히 반하는 예외적인 경우를 제외하고는 금지될 필요가 있는 점, 납세의무자로 하여금 개개의 과태료 처분에 대하여 불복하거나 조사 종료 후의 과세처분에 대하여만 다툴 수 있도록 하는 것보다는 그에 앞서 세무조사결정에 대하여 다툼으로써 분쟁을 조기에 근본적으로 해결할 수 있는 점 등을 종합하면, **세무조사결정은 납세의무자의 권리·의무에 직접 영향을 미치는 공권력의 행사에 따른 행정작용으로서 항고소송의 대상**이 된다.(대판 2011.03.10. 선고 2009두23617)

② 재조사가 금지되는 세무조사

㉠ **세무공무원의 조사행위가 실질적으로 납세자등으로 하여금 질문에 대답하고 검사를 수인하도록 함으로써 납세자의 영업의 자유등에 영향을 미치는 경우**에는 국세청 훈령인 조사사무처리규정에서 정한 "현지확인"의 절차에 따른 것이라고 하더라도 그것은 재조사가 금지되는 "세무조사"에 해당한다고 보아야 한다.

㉡ ~납세자등이 대답하거나 수인할 의무가 없고 납세자의 영업의 자유등을 침해하거나 세무조사권이 남용될 우려가 없는 조사행위까지 재조사가 금지되는 "세무조사"에 해당한다고 볼 것은 아니다.(대판 2014두8360)

2. 행정조사와 영장주의

① 세관공무원이 밀수품을 싣고 왔다는정보에 의하여 정박중인 선박에 대하여 수색을 하려면 선박의 소유자 또는 점유자의 승낙을 얻거나 법관의 압수수색영장을 발부받거나 또는 관세법 제212조에 의하여 긴급을 요하는 경우에 한하여 수색압수를 하고 사후에 영장의 교부를 받아야 할 것이다.(대판 76도2703)

② <u>우편물 통관검사절차에서 이루어지는 우편물의 개봉, 시료채취, 성분분석 등의 검사는 수출입물품에 대한 적정한 통관 등을 목적으로 한 행정조사의 성격을 가지는 것으로서 수사기관의 강제처분이라고 할 수 없으므로, 압수·수색영장 없이 우편물의 개봉, 시료채취, 성분분석 등 검사가 진행되었다 하더라도 특별한 사정이 없는 한 위법하다고 볼 수 없다</u>(대판 2013.9.26. 2013도7718).

③ 세관공무원이 수출입물품을 검사하는 과정에서 마약류가 감추어져 있다고 밝혀지거나 그러한 의심이 드는 경우, 검사는 마약류의 분산을 방지하기 위하여 충분한 감시체제를 확보하고 있어 수사를 위하여 이를 외국으로 반출하거나 대한민국으로 반입할 필요가 있다는 요청을 세관장에게 할 수 있고, 세관장은 그 요청에 응하기 위하여 필요한 조치를 할 수 있다(마약류 불법거래 방지에 관한 특례법 제4조 제1항). <u>그러나 이러한 조치가 수사기관에 의한 압수·수색에 해당하는 경우에는 영장주의 원칙이 적용된다.</u>(대판 2014도8719)

판례요지
마약류 불법거래 방지에 관한 특례법 제4조 제1항에 따른 조치의 일환으로 특정한 수출입물품을 개봉하여 검사하고 그 내용물의 점유를 취득한 행위 : 형사상 압수수색절차에 해당하여 영장을 받아야~

Ⅱ 행정조사 절차

① 출입국관리공무원등이 출입국관리법에 근거하여 제3자의 주거등에 들어가 외국인을 상대로 조사하기 위해서는 그 주거권자 또는 관리자의 사전동의가 있어야 한다.(대판 2008도7156)

② **행정청이 현장조사를 실시하는 과정에서 조사상대방으로부터 구체적인 위반사실을 자인하는 내용의 확인서**를 작성받았다면, 그 확인서가 작성자의 의사에 반하여 강제로 작성되었거나 또는 내용의 미비 등으로 구체적인 사실에 대한 증명자료로 삼기 어렵다는 등의 특별한 사정이 없는 한 **그 확인서의 증거가치를 쉽게 부정할 수 없다.**(대판 2015두2864)

Ⅲ 위법한 행정조사와 처분

① 과세관청 내지 그 상급관청이나 수사기관의 강요로 합리적이고 타당한 근거도 없이 작성된 과세자료에 터잡은 과세처분의 하자는 중대하고 명백한 것이다.

과세처분의 근거가 된 확인서, 명세서, 자술서, 각서등이 과세관청 내지 그 상급 관청이나 수사기관의 일방적이고 억압적인 강요로 작성자의 자유로운 의사에 반하여 별다른 합리적이고 타당한 근거도 없이 작성된 것으로서 이러한 자료들은 그 작성경위에 비추어 내용이 진정한 과세자료라고 볼 수 없으므로, **이러한 과세자료에 터잡은 과세처분의 하자는 중대한 하자임은 물론 위와 같은 과세자료의 성립과정에 직접 관여하여 그 경위를 잘 아는 과세관청에 대한 관계에 있어서 객관적으로 명백한 하자라고 할 것이다.**(대판 1992.3.31. 91다32053)

② 위법한 세무조사에 기초하여 이루어진 부가가치세부과처분은 위법하다.

납세자에 대한 부가가치세부과처분이, 종전의 부가가치세 경정조사와 같은 세목 및 같은 과세기간에 대하여 중복하여 실시된 위법한 세무조사에 기초하여 이루어진 것이어서 위법하다.(대판 2006.6.2. 2004두12070)

③ 세무조사대상 선정사유가 없음에도 세무조사대상으로 선정하여 과세자료를 수집하고 그에 기하여 과세처분을 하는 것은 적법절차의 원칙을 어기고 구 국세기본법 제81조의 5와 제81조의 3 제1항을 위반한 것으로서 특별한 사정이 없는 한 과세처분은 위법하다(대판 2014.6.26. 2012두911).

④ 음주운전 여부에 대한 조사과정에서 운전자 본인의 동의를 받지 아니하고 법원의 영장도 없이 한 혈액채취 조사결과를 근거로 한 운전면허 정지·취소 처분이 위법하다(대판 2016.12.27. 2014두46850).

⑤ 세무조사가 과세자료의 수집 또는 신고내용의 정확성 검증이라는 본연의 목적이 아니라 부정한 목적을 위하여 행하여진 경우, 세무조사에 의하여 수집된 과세자료를 기초로 한 과세처분이 위법하다(대판 2016.12.15. 2016두47659)

⑥ ~ 구 국세기본법 제81조의4 제2항에 따라 금지되는 재조사에 기하여 과세처분을 하는 것은 단순히 당초 과세처분의 오류를 경정하는 경우에 불과하다는 등의 특별한 사정이 없는 한 그 자체로 위법하고, 이는 과세관청이 그러한 재조사로 얻은 과세자료를 과세처분의 근거로 삼지 않았다거나 이를 배제하고서도 동일한 과세처분이 가능한 경우라고 하여 달리 볼 것은 아니다.(대판 2016두55421)

핵심판례

1. 구 국세기본법 제81조의4 제2항에 따라 금지되는 재조사에 기하여 과세처분을 하는 것은 단순히 당초 과세처분의 오류를 경정하는 경우에 불과하다는 등의 특별한 사정이 없는 한 그 자체로 위법하고, 이는 과세관청이 그러한 재조사로 얻은 과세자료를 과세처분의 근거로 삼지 않았다거나 이를 배제하고서도 동일한 과세처분이 가능한 경우라고 하여 달리 볼 것은 아니다.

Ⅳ 위법한 조사와 면책

공적인물에 대하여는 사생활의 비밀과 자유가 일정한 범위 내에서 제한되어 그 사생활의 공개가 면책되는 경우도 있을 수 있으나, 이는 공적 인물은 통상인에 비하여 일반국민의 알 권리의 대상이 되고 그 공개가 공공의 이익이 된다는데 근거한 것이므로, **일반국민의 알 권리와는 무관하게 국가기관이 평소의 동향을 감시할 목적으로 개인의 정보를 비밀리에 수집한 경우에는 그 대상자가 공적인물이라는 이유만으로 면책될 수 없다.**
(대판 1998.7.24. 96다42789)

CHAPTER 03 행정벌

제1절 행정형벌

I 형벌의 비범죄화

① 어떤 위반행위에 대해 행정형벌을 과할 것인가, 행정질서벌을 과할 것인가는 기본적으로 입법재량에 속하는 문제이다.

어떤 행정법규 위반행위에 대하여 이를 단지 간접적으로 행정상의 질서에 장해를 줄 위험성이 있음에 불과한 경우로 보아 행정질서벌인 과태료를 과할 것인가, 아니면 직접적으로 행정목적과 공익을 침해한 행위로 보아 행정형벌을 과할 것인가, 그리고 행정형벌을 과할 경우 그 법정형의 형종과 형량을 어떻게 정할 것인가는, 당해 위반행위가 위의 어느 경우에 해당하는가에 대한 법적 판단을 그르친 것이 아닌 한 **그 처벌내용은 기본적으로 입법권자가 제반사항을 고려하여 결정할 그 입법재량에 속하는 문제이다.** (헌재결 1997.8.21. 93헌바51)

② 통고처분은 처분을 받은 자의 승복을 발효요건으로 하고 있으며, 형벌의 비범죄화 정신에 접근하는 제도이다.

도로교통법상의 통고처분은 처분을 받은 당사자의 임의의 승복을 발효요건으로 하고 있으며, 또한 통고처분제도는 형벌의 비범죄화 정신에 접근하는 제도이다. (헌재결 2003.10.30. 2002헌마275)

II 고의

1. 고의

행정상의 단속을 주안으로 하는 법규라 하더라도 "명문규정이 있거나 해석상 과실범도 벌할 뜻이 명확한 경우"를 제외하고는 형법의 원칙에 따라 "고의"가 있어야 벌할 수 있다. (대판 2009도9807)

2. 위법성의 인식

① <u>행정청의 허가가 있어야 함에도 불구하고 허가를 받지 아니하여 처벌대상의 행위를 한 경우라도, 허가를 담당하는 공무원이 허가를 요하지 않는 것으로 잘못 알려주어</u>

이를 믿었기 때문에 허가를 받지 아니한 것이라면 허가를 받지 않더라도 **죄가 되지 않는 것으로 착오를 일으킨 데 대하여 정당한 이유가 있는 경우에 해당**하여 처벌을 받을 수 없다.(대판 1992.5.22. 91도2525)

② 유흥접객업소의 업주가 경찰당국의 단속에서 제외되어 있는 만18세 이상의 고등학생이 아닌 미성년자는 출입이 허용되는 줄 안 것은 법률의 착오에 해당하지 않는다.(대판 1985.4.9. 85)

③ 숙박업자가 알지도 못하고 있는 상태에서 손님이 도박을 한 경우에는 숙박업자가 공주위생법 규정에 위반한 것으로 볼 수 없다.(대판 1994.1.11. 93누22173)

④ 형법 제16조에 의하여 처벌하지 아니하는 경우란 단순한 법률의 부지의 경우를 말하는 것이 아니므로, 피고인이 자신의 행위가 건축법상의 허가대상인 줄을 몰랐다는 사정은 단순한 법률의 부지에 불과하고 특히 법령에 의하여 허용된 행위로서 죄가 되지 않는다고 적극적으로 그릇 인식한 경우가 아니어서 이를 법률의 착오에 기인한 행위라고 할 수 없다.(대판 2010도15260)

판례요지
건축법상 허가대상인 줄 몰랐다는 사정 : 법률의 착오 ×

Ⅲ 과실

1. 과실범 처벌 : 규정 ○ + 규정 × ➔ 처벌가능 해석

① **구 대기환경보전법의 입법목적이나 제반관계규정의 취지등을 고려**하면, 법정의 배출허용기준을 초과하는 배출가스를 배출하면서 자동차를 운행하는 행위를 처벌하는 위 법 제57조 제6호의 규정은 자동차의 운행자가 그 자동차에서 배출되는 배출가스가 소정의 운행자동차배출허용기준을 초과한다는 점을 실제로 인식하면서 **운행한 고의범의 경우는 물론 과실로 인하여 그러한 내용을 인식하지 못한 과실범의 경우도 함께 처벌하는 규정**이다.(대판 1993.9.10. 92도1136)

② 양벌규정인 구 환경보전법 제70조에 의하여 사업자가 아닌 행위자도 사업자에 대한 각 본조의 벌칙규정의 적용대상이 된다.(명문의 규정없이 관계 규정의 해석에 의해 행위자 이외의 자에 대한 처벌도 가능하다.) -대판 1911.11.12. 91도801-

③ 술을 마시고 찜질방에 들어온 갑이 찜질방 직원 몰래 후문으로 나가 술을 더 마시고 들어와 잠을 자다가 사망한 경우, 찜질방 직원 및 영업주가 공중위생영업자로서의 업무상 주의의무를 위반하였다고 볼 수 없으므로 형사책임을 물을 수 없다.(대판 2010.2.11. 2009도9807)

Ⅳ 양벌규정

1. 사업주/법인의 처벌의 이유 : 과실책임

① 양벌규정에 의한 영업주의 처벌은 금지위반행위자인 종업원의 처벌에 종속되는 것이 아니라 **독립하여 그 자신의 종업원에 대한 선임·감독상의 과실로 인하여 처벌되는 것이므로 종업원의 범죄성립이나 처벌이 영업주 처벌의 전제조건이 될 필요는 없다.**(대판 2006.2.24. 2005도7673)

② 구 방문판매등에 관한 법률 제63조에서 말하는 '**법인의 사용인**'에는 법인과 정식고용계약이 체결되어 근무하는 자뿐만 아니라 **그 법인의 업무를 직접 또는 간접으로 수행하면서 법인의 통제·감독하에 있는 자도 포함**된다.
다단계판매원은 다단계판매업자의 통제·감독을 받으면서 다단계판매업자의 업무를 직접 또는 간접으로 수행하는 자로서, 적어도 구 방문판매 등에 관한 법률의 양벌규정의 적용에 있어서는 다단계판매업자의 사용인의 지위에 있다고 봄이 상당하다.(대판 2006.2.24. 2003도4966)

③ 양벌규정은 업무주가 아니면서 당해 업무를 실제로 집행하는 자가 있는 때 벌칙규정의 실효성을 확보하기 위하여 그 적용대상자를 당해 업무를 실제로 집행하는 자에게 확장하는 것이므로, 위반행위를 한 행위자의 처벌규정임과 동시에 위반행위의 귀속주체인 업무주에 대한 처벌규정이다.(대판 95도2870)

④ 피고인의 종업원이 무허가 유흥주점 영업을 할 당시 피고인이 교통사고로 입원하고 있었다는 사유만으로 위 양벌규정에 따른 책임을 면할 수는 없다고 할 것이므로, 원심이 피고인의 식품영업주로서의 책임을 인정하여 위 양벌규정에 따라 피고인에게 벌금을 부과한 것은 정당하다.(대판 2007도7920)

⑤ 형벌의 자기책임원칙에 비추어 보면 위반행위가 발생한 그 업무와 관련하여 법인이 상당한 주의 또는 관리감독 의무를 게을리한 때에 한하여 위 양벌조항이 적용된다고 봄이 상당하며, 구체적인 사안에서 법인이 상당한 주의 또는 관리감독 의무를 게을리하였는지 여부는 당해 위반행위와 관련된 모든 사정등을 전체적으로 종합하여 판단하여야 한다.(대판 2009도5824)

2. 감독자에게 부주의가 없는 경우

① 이 사건 법률조항(의료법 제91조 제2항)은 개인이 고용한 종업원등의 무면허의료행위 사실이 인정되면 종업원등의 범죄행위에 대한 영업주의 가담여부나 종업원등의 행위를 감독할 주의의무 위반여부등을 전혀 묻지 않고 곧바로 영업주인 개인을 종업원등과 같이 처벌하도록 규정하고 있는바, 이는 아무런 비난받을 만한 행위를 한 바 없는 자에 대해서까지 다른 사람의 범죄행위를 이유로 처벌하는 것으로서 형벌에 관

한 책임주의에 반하므로 헌법에 위반된다.(헌재결 2009.10.29. 2009헌가6) ➔ 양벌규정에 대한 제한적 입장을 보인 판례

② 종업원의 업무 관련 무면허의료행위가 있으면 이에 대해 영업주가 비난받을 만한 행위가 있었는지 여부와는 관계없이 자동적으로 영업주도 처벌하는 것은 다른 사람의 범죄에 대해 그 책임 유무를 묻지 않고 형벌을 부과함으로써, 법정형에 나아가 판단할 것 없이, 형사법의 기본원리인 '책임없는 자에게 형벌을 부과할 수 없다.'는 책임주의에 반한다.(헌재결 2007.11.29. 2005헌가10) ➔ 양벌규정에 대한 제한적 입장을 보인 판례

③ 종업원등이 저지른 행위의 결과에 대한 법인의 독자적인 책임에 관하여 전혀 규정하지 않은 채, 단순히 법인이 고용한 종업원 등이 업무에 관하여 범죄행위를 하였다는 이유만으로 법인에 대하여 형사처벌을 과하고 있는바, 이는 다른 사람의 범죄에 대하여 그 책임 유무를 묻지 않고 형벌을 부과함으로써 법치국가의 원리 및 죄형법정주의로부터 도출되는 책임주의원칙에 반한다.(헌재결 2010.7.29. 2009헌가18) ➔ 양벌규정에 대한 제한적 입장을 보인 판례

④ 국토계획법의 양벌규정이 개정되면서 사업주인 법인이 직원의 업무에 관한 관리감독 의무를 준수한 경우에는 양벌규정에 의하여 처벌하지 않는다는 단서규정이 추가되었는 바, 이는 범죄 후 법률의 변경에 의하여 그 행위가 범죄를 구성하지 아니한 경우에 해당하므로 피고인에게 개정된 양벌규정이 적용되어야 한다.(대판 2010도12069)
➔ 개정된 양벌규정에 의하더라도 상당한 주의 또는 관리감독의무를 다하지 않은 과실이 인정되는 경우에는 양벌규정이 적용되어 영업주를 처벌할 수 있다.(대판 2009도7230)

⑤ 법인이 설립되기 이전에 어떤 자연인이 한 행위의 효과가 설립 후의 법인에게 당연히 귀속된다고 보기 어려울 뿐만 아니라, 법인이 설립되기 이전의 행위에 대하여는 법인에게 어떠한 선임감독상의 과실이 있다고 할 수 없으므로, 특별한 근거규정이 없는 한 법인이 설립되기 이전에 자연인이 한 행위에 대하여 양벌규정을 적용하여 법인을 처벌할 수는 없다고 봄이 타당하다.(대판 2018.8.1. 2015도10388)

3. 지방자치단체와 양벌규정

① 지방자치단체와 양벌규정 : 자치사무 ➔ 양벌규정에 따른 처벌대상 인정
지방자치단체 소속공무원이 압축트럭 청소차를 운전하여 고속도로를 운행하던 중 제한축중을 초과 적재 운행함으로써 도로관리청의 차량운행제한을 위반한 사안에서, 해당지방자치단체가 도로법 제86조의 양벌규정에 따른 처벌대상이 된다.
지방자치단체가 그 고유의 자치사무를 처리하는 경우에는 지방자치단체는 국가기관의 일부가 아니라 국가기관과는 별도의 독립한 공법인이므로, 지방자치단체 소속공

무원이 지방자치단체 고유의 자치사무를 수행하던 중 도로법 제81조 내지 제85조의 규정에 의한 위반행위를 한 경우에는 **지방자치단체는 도로법 제86조의 양벌규정에 따라 처벌대상이 되는 법인에 해당**한다.(대판 2005.11.10. 2004도2657)

② 지방자치단체 소속 공무원이 지정항만순찰등의 업무를 위해 관할 관청의 승인없이 개조한 승합차를 운행함으로써 구 자동차관리법을 위반한 사안에서, 해당 지방자치단체는 구 자동차관리법 제83조의 양벌규정에 따른 처벌대상이 될 수 없다.

항만순찰등의 업무가 지방자치단체의 장이 국가로부터 위임받은 기관위임사무에 해당하여, 해당 지방자치단체가 구 자동차관리법 제83조의 양벌규정에 따른 처벌대상이 될 수 없다.(대판 2009.6.11. 2008도6530)

Ⅴ 통고처분

1. 핵심정리

개념	조세범・관세범・출입국사범・도로교통사범・경범죄사범등에 대해 형사소송을 대신하여 행정청이 일정한 벌금 또는 과료에 상당하는 금액의 납부를 명하는 것을 말한다.
성격	형식 : 행정 / 실질 : 사법 도로교통법상의 통고처분은 처분을 받은 당사자의 임의의 승복을 발효요건으로 하고 있으며, 또한 통고처분제도는 형벌의 비범죄화 정신에 접근하는 제도이다.(헌재결 2003.10.30. 2002헌마275)
기능	① 절차의 간이・신속한 처리 ② 법원의 재판부담을 경감 ③ 행정공무원에 의한 효율적인 처리 ④ 국가의 재정수입 확보 ⑤ 전과자 발생 방지
통고처분권자	○ 국세청장・지방국세청장・세무서장・관세청장・세관장・출입국관리소장・경찰서장
	× 검사, 법원
내용	① 통고처분의 내용은 벌금 또는 과료에 상당하는 금액, 몰수에 해당하는 물품, 추징금에 상당하는 금액 기타 비용등의 납부를 통고하는 것이다. ② 재산형이 아닌 신체형이나 과태료등에 대하여 통고처분을 할 수는 없다.
통고처분의 재량성	통고처분을 할 것인지의 여부 : 재량행위

통고처분의 효과	이행 ○	① 모든 절차는 종료된다. ② 기판력 발생 ➜ 다시 형사소추 ×
	이행 ×	① 통고처분의 효력상실 ② 행정상 강제징수나 항고소송 × ③ 고발절차(소추조건)에 의하여 정식 형사재판절차가 진행된다.

2. 제도의 취지

통고처분제도는 형벌의 비범죄화 정신에 접근하는 제도이다.(헌재결 2002헌마275)

3. 통고처분의 내용

(1) 위헌성 여부

통고처분은 상대방의 임의의 승복을 그 발효요건으로 하기 때문에 그 자체만으로는 통고이행을 강제하거나 상대방에게 아무런 권리의무를 형성하지 않으므로 행정심판이나 행정소송의 대상으로서의 처분성을 부여할 수 없고, **통고처분에 대하여 이의가 있으면 통고내용을 이행하지 않음으로써 고발되어 형사재판절차에서 통고처분의 위법·부당함을 얼마든지 다툴 수 있기 때문에 관세법 제38조 제3항 제2호가 법관에 의한 재판받을 권리를 침해한다든가 적법절차의 원칙에 저촉된다고 볼 수 없다.**(헌재결 1998.5.28. 96헌바4)

(2) 통고처분의 재량성

~ 이들 규정을 종합하여 보면, 통고처분을 할 것인지의 여부는 관세청장 또는 세관장의 재량에 맡겨져 있고, 따라서 관세청장 또는 세관장이 관세범에 대하여 통고처분을 하지 아니한 채 고발하였다는 것만으로는 그 고발 및 이에 기한 공소의 제기가 부적법하게 되는 것은 아니다.(대판 2007.5.11. 2006도1993)

(3) 항고소송의 대상적격 : 처분성의 인정여부

① 통고처분은 상대방의 임의의 승복을 그 발효요건으로 하기 때문에 그 자체만으로는 통고이행을 강제하거나 상대방에게 아무런 권리·의무를 형성하지 않으므로 행정심판이나 행정소송의 대상으로서의 처분성을 부여할 수 없다.(헌재결 1998.5.28. 96헌바4)
② 경찰서장의 통고처분은 행정소송의 대상이 되는 행정처분이 아니므로 그 처분의 취소를 구하는 소송은 부적법하다.(대판 1995.6.29. 95누4674)

(4) 통고처분 불이행시 형사절차를 이행하기 위한 고발 : 소추조건

세무공무원의 고발없이 조세범칙사건의 공소가 제기된 후에 세무공무원이 고발을 하여도 그 공소절차의 무효가 치유된다고 할 수 없다.(대판 1970.7.28. 70도942)

(5) 통고처분과 기판력

① 범칙금의 납부에 따라 확정판결에 준하는 효력이 인정되는 범위는 범칙금 통고의 이유에 기재된 당해 범칙행위 자체 및 범칙행위와 동일성이 인정되는 범칙행위에 한정된다. 따라서 범칙행위와 같은 시간과 장소에서 이루어진 행위라 하더라도 범칙행위의 동일성을 벗어난 형사범죄행위에 대하여는 범칙금의 납부에 따라 확정판결에 준하는 일사부재리의 효력이 미치지 아니한다.

② 지방국세청장 또는 세무서장이 조세범 처벌절차법 제17조 제1항에 따라 통고처분을 거치지 아니하고 즉시 고발하였다면 이로써 조세범칙사건에 대한 조사 및 처분 절차는 종료되고 형사사건 절차로 이행되어 지방국세청장 또는 세무서장으로서는 동일한 조세범칙행위에 대하여 더 이상 통고처분을 할 권한이 없다. 따라서 지방국세청장 또는 세무서장이 조세범칙행위에 대하여 **고발을 한 후에 동일한 조세범칙행위에 대하여 통고처분을 하였더라도, 이는 법적 권한 소멸 후에 이루어진 것으로서 특별한 사정이 없는 한 효력이 없고**, 조세범칙행위자가 이러한 통고처분을 이행하였더라도 조세범 처벌절차법 제15조 제3항에서 정한 일사부재리의 원칙이 적용될 수 없다(대판 2016.9.28. 2014도10748).

(6) 범칙금 납부기간 중 즉결심판이나 기소의 가능성

① 경찰서장이 범칙행위에 대하여 통고처분을 한 이상, 범칙자의 절차적 지위를 보장하기 위하여 통고처분에서 정한 범칙금 납부기간까지는 원칙적으로 경찰서장은 즉결심판을 청구할 수 없고, 검사도 동일한 범칙행위에 대하여 공소를 제기할 수 없다고 보아야 한다.(대판 2017도13409)

② 나아가 특별한 사정이 없는 이상 경찰서장은 범칙행위에 대한 형사소추를 위하여 이미 한 통고처분을 임의로 취소할 수 없다.(대판 2021.4.1. 2020도15194)

제2절 행정질서벌

I 과태료의 내용

1. 과태료와 병과

관련판례

1. 헌법재판소의 입장
   ① 행정법규에 있어서 행정질서의 유지를 위하여 행정벌을 과하는 경우 입법자는 그 입법목적의 달성을 위하여 행정형벌이나 행정질서벌을 선택하여 과할 수 있고, 그 입법목적이나 입법당시의 실정등을 종합고려하여 어느 하나를 결정하는 것이다.(헌재결 1997.4.24. 95헌마90)
   ② 형벌을 부과하면서 아울러 행정질서벌로서의 과태료까지 부과한다면 그것은 이중처벌금지의 기본정신에 배치되어 국가입법권의 남용으로 인정될 여지가 있음을 부정할 수 없다.(헌재결 1994.6.30. 92헌바38)
2. 대법원의 입장
   ① 행정법상의 질서벌인 과태료의 부과처분과 형사처벌은 그 성질이나 목적을 달리하는 별개의 것이므로 행정법상의 질서벌인 과태료를 납부한 후에 형사처벌을 한다고 하여 이를 일사부재리의 원칙에 반하는 것이라고 할 수는 없으며, ~ 과태료와 별도로 형사처벌의 대상이 된다.(대판 1996.04.12. 선고 96도158)
   ② 일사부재리의 효력은 확정재판이 있을 때에 발생하는 것이고 과태료는 행정행위상의 질서벌에 불과하므로 과태료처분을 받고 이를 납부한 일이 있더라도 그 후에 형사처벌을 한다고 해서 일사부재리의 원칙에 어긋난다고 할 수 없다.(대판 1989.6.13. 88도1983)

2. 과태료와 고의·과실

관련판례

질서위반행위규제법은 과태료의 부과대상인 질서위반행위에 대하여도 책임주의 원칙을 채택하여 제7조에서 "고의 또는 과실이 없는 질서위반행위는 과태료를 부과하지 아니한다."고 규정하고 있으므로, 질서위반행위를 한 자가 자신의 책임없는 사유로 위반행위에 이르렀다고 주장하는 경우 법원으로서는 그 내용을 살펴 행위자에게 고의나 과실이 있는지를 따져보아야 한다.(대결 2011.7.14. 2011마364)

3. 과태료부과와 처분성 : 처분성 ×

관련판례

① 수도조례 및 하수도사용조례에 기한 과태료의 부과여부 및 그 당부는 최종적으로 질서위반행위규제법에 의한 절차에 의하여 판단되어야 한다고 할 것이므로, 그 과태료 부과처분은 행정청을 피고로 하는 행정소송의 대상이 되는 행정처분이라고 볼 수 없다.(대판 2012.10.11. 2011두19369)

② 행정기관의 과태료부과처분에 대하여 그 상대방이 이의를 제기함으로써 비송사건절차법에 의한 과태료의 재판을 하게 되는 경우, 법원은 당초 행정기관의 과태료부과처분을 심판의 대상으로 하여 그 당부를 심사한 후 이의가 이유 있다고 인정하여 그 처분을 취소하거나 이유없다는 이유로 이의를 기각하는 재판을 하는 것이 아니라, 직권으로 과태료부과요건이 있는지를 심사하여 그 요건이 있다고 인정하면 새로이 위반자에 대하여 과태료를 부과하는 것이므로, 행정기관의 과태료부과처분에 대하여 상대방이 이의를 하여 그 사실이 비송사건절차법에 의한 과태료의 재판을 하여야 할 법원에 통지되면 당초의 행정기관의 부과처분은 그 효력을 상실한다 할 것이다. 따라서 이미 효력을 상실한 피청구인의 과태료부과처분의 취소를 구하는 이 사건 심판청구는 권리보호의 이익이 없다.(헌재결 1998.9.30. 98헌마18)

4. 과태료재판과 증거조사

관련판례

과태료재판의 경우, 법원으로서는 기록상 현출되어 있는 사항에 관하여 직권으로 증거조사를 하고 이를 기초로 하여 판단할 수 있는 것이나, **그 경우 행정청의 과태료부과처분사유와 기본적 사실관계에서 동일성이 인정되는 한도 내에서만 과태료를 부과할 수 있다.**(대결 2012.10.19. 자 2012마1163)

5. 과태료부과의 판단시점(소급효관련)

관련판례

1. 질서위반행위 후 법개정에 의하여 과태료가 경감되거나 대상에서 제외되는 경우
   ① 과태료 부과에 관한 일반법인 질서위반행위규제법에 의하면, 질서위반행위의 성립과 과태료 처분은 원칙적으로 행위시의 법률에 따르지만(제3조 제1항), 질서위반행위 후 법률이 변경되어 그 행위가 질서위반행위에 해당하지 아니하게 되거나 과태료가 변경되기 전의 법률보다 가볍게 된 때에는 법률에 특별한 규정이 없는 한 변경된 법률을 적용하여야 한다.(제3조 제2항) 따라서 질서위반행위에 대하여 과태료 부과의 근거법률이 개정되어 행위시의 법률에 의하면 과태료 부과대상이었지만 재판시의 법률에 의하여 과태료 부과대상이 아니게 된 때에는 개정 법률의 부칙에서 종전 법률 시행 당시에 행해진 질서위반행위에 대해서는 행위시의 법률을 적용하도록 특별한 규정을 두지 않은 이상 재판시의 법률을 적용하여야 하므로 과태료를 부과할 수 없다.(대결 2020마5594, 대결 2020마6912))
   → 경감직위에서 퇴직한 갑이 철도건널목 안전관리 및 경비등의 업무를 담당하는 경비사업소장으로 취업한 후 취업제한 여부 확인요청서를 제출한 사건 : 재판 중 당해 업무가 대상에서 제외된 경우

CHAPTER 04 새로운 의무이행확보수단

제1절 과징금

I 의의

1. 과징금의 개념

(1) 개념

일정한 행정법상 의무위반 또는 의무불이행에 대한 제재로서 행정청이 부과하는 금전적인 부담을 의미한다.

(2) 목적

초기목적	독점규제법에 의하여 처음 도입된 수단으로서, 주로 경제법상 의무를 위반한 자가 당해 불공정행위로 인하여 이익을 얻을 경우, 그 이익을 박탈하기 위해 그 이익의 액수에 따라 과하여지는 행정과징금을 의미한다.
변형된 목적	인허가사업을 정지·취소하여야 할 경우, 국민 다수의 불편을 방지하기 위하여 과징금으로 대체

2. 행정기본법상 과징금

> **관련법령**
>
> **제8조(법치행정의 원칙)** 행정

> **관련법령** 행정기본법
>
> **제28조(과징금의 기준)** ① 행정청은 법령등에 따른 의무를 위반한 자에 대하여 법률로 정하는 바에 따라 그 위반행위에 대한 제재로서 과징금을 부과할 수 있다.
> ② 과징금의 근거가 되는 법률에는 과징금에 관한 다음 각 호의 사항을 명확하게 규정하여야 한다.
> 1. 부과·징수 주체
> 2. 부과 사유
> 3. 상한액
> 4. 가산금을 징수하려는 경우 그 사항
> 5. 과징금 또는 가산금 체납 시 강제징수를 하려는 경우 그 사항

> **제29조(과징금의 납부기한 연기 및 분할 납부)** 과징금은 한꺼번에 납부하는 것을 원칙으로 한다. 다만, 행정청은 과징금을 부과받은 자가 다음 각 호의 어느 하나에 해당하는 사유로 과징금 전액을 한꺼번에 내기 어렵다고 인정될 때에는 그 납부기한을 연기하거나 분할 납부하게 할 수 있으며, 이 경우 필요하다고 인정하면 담보를 제공하게 할 수 있다.
> 1. 재해 등으로 재산에 현저한 손실을 입은 경우
> 2. 사업 여건의 악화로 사업이 중대한 위기에 처한 경우
> 3. 과징금을 한꺼번에 내면 자금 사정에 현저한 어려움이 예상되는 경우
> 4. 그 밖에 제1호부터 제3호까지에 준하는 경우로서 대통령령으로 정하는 사유가 있는 경우

II 과징금의 내용

1. 과징금부과처분의 목적

관련판례

입찰담합에 의한 부당한 공동행위에 대하여 독점규제 및 공정거래에 관한 법률에 따라 부과되는 과징금은 담합행위의 억지라는 행정목적을 실현하기 위한 제재적 성격과 불법적인 경제적 이익을 박탈하기 위한 성격을 함께 갖는 것으로서 피해자에 대한 손해 전보를 목적으로 하는 불법행위로 인한 손해배상책임과는 성격이 전혀 다르므로, 국가가 입찰담합에 의한 불법행위 피해자인 경우 가해자에게 입찰담합에 의한 부당한 공동행위에 과징금을 부과하여 이를 가해자에게서 납부받은 사정이 있다 하더라도 이를 가리켜 손익상계 대상이 되는 이익을 취득하였다고 할 수 없다.(대판 2011.07.28. 선고 2010다18850)

2. 과징금 부과처분의 성격

관련판례

1. 급부하명
2. 재량행위에 해당한다고 판시한 사례
   ① 공정거래위원회의 법위반행위에 대하여 과징금을 부과할 것인지 여부와 과징금을 부과할 경우 액수를 구체적으로 얼마로 정할 것인지 여부 : 재량 (대판 2007두22054)
   ② 부동산명의신탁자에 대한 과징금 감경여부 : 재량(대판 2006두4554)
   ③ 동일한 법위반행위에 대하여 과징금 부과와 영업정지의 선택 : 재량(대판 2004두12315)
3. 기속행위에 해당한다고 판시한 사례
   부동산명의신탁자에 대한 과징금부과처분(대판 2005두17287)
4. 추가과징금 부과 여부(대판 2021.2.4. 2020두48390)

관련판례 핵심정리

① 사업정지처분을 하기로 선택한 이상 각 위반행위의 종류와 위반 정도를 불문하고 사업정지처분의 기간은 6개월을 초과할 수 없는 점을 종합하면, 관할 행정청이 사업정지처분을 갈음하는 과징금 부과처분을 하기로 선택하는 경우에도 사업정지처분의 경우와 마찬가지로 여러 가지 위반행위에 대하여 1회에 부과할 수 있는 과징금 총액의 최고한도액은 5,000만 원이라고 보는 것이 타당하다.

② ①의 경우 관할 행정청이 여객자동차운송사업자의 여러 가지 위반행위를 인지하였다면 전부에 대하여 일괄하여 5,000만 원의 최고한도 내에서 하나의 과징금 부과처분을 하는 것이 원칙이고, 인지한 여러 가지 위반행위 중 일부에 대해서만 우선 과징금 부과처분을 하고 나머지에 대해서는 차후에 별도의 과징금 부과처분을 하는 것은 다른 특별한 사정이 없는 한 허용되지 않는다.
③ 관할 행정청이 여객자동차운송사업자가 범한 여러 가지 위반행위 중 일부만 인지하여 과징금 부과처분을 하였는데 그 후 과징금 부과처분 시점 이전에 이루어진 다른 위반행위를 인지하여 이에 대하여 별도의 과징금 부과처분을 하게 되는 경우
→ 행정청이 전체 위반행위에 대하여 하나의 과징금 부과처분을 할 경우에 산정되었을 정당한 과징금액에서 이미 부과된 과징금액을 뺀 나머지 금액을 한도로 하여서만 추가 과징금 부과처분을 할 수 있다.

5. 병과
① 형사벌과의 병과
~ 공정거래법에서 형사처벌과 아울러 과징금의 병과를 예정하고 있더라도 이중처벌금지원칙에 위반된다고 볼 수 없으며, 이 과징금 부과처분에 대하여 공정력과 집행력을 인정한다고 하여 이를 확정판결 전의 형벌집행과 같은 것으로 보아 무죄추정의 원칙에 위반된다고도 할 수 없다.(헌재결 2003.7.24. 2001헌가25)
② 과징금과 행정처분의 병과
의료법 제53조의 의사면허정지제도와 국민건강보험법 제85조의 과징금 부과제도는 범죄에 대한 국가의 형벌권 실행으로서의 과벌에 해당한다고 할 수 없고, 양자는 제재대상이 되는 기본적 사실관계, 보호법익, 목적을 달리한다. 따라서 의료법 제53조에 의한 의사면허자격정지처분과 국민건강보험법 제85조에 의한 과징금부과처분이 이중처벌에 해당한다고 할 수는 없다.(헌재결 2007헌바85)
6. 행위자의 고의·과실 여부
반드시 현실적인 행위자가 아니라도 법령상 책임자로 규정된 자에게 부과되고 원칙적으로 위반자의 고의·과실을 요하지 아니하나, 위반자의 의무 해태를 탓할 수 없는 정당한 사유가 있는 등의 특별한 사정이 있는 경우에는 이를 부과할 수 없다.(대판 2014.10.15. 선고 2013두5005)

3. 과징금부과처분과 행정절차

관련판례

행정절차법 제3조 제2항, 같은 법 시행령 제2조 제6호에 의하면 공정거래위원회의 의결·결정을 거쳐 행하는 사항에는 행정절차법의 적용이 제외되게 되어 있으므로, 설사 공정거래위원회의 시정조치 및 과징금납부명령에 행정절차법 소정의 의견청취절차 생략사유가 존재한다고 하더라도, 공정거래위원회는 행정절차법을 적용하여 의견청취절차를 생략할 수는 없다.(대판 2001.5.8. 2000두10212)

4. 과징금부과처분 관련판례

관련판례

① 과징금부과처분에 있어서 추후에 부과금산정기준이 되는 새로운 자료가 나왔다는 이유로 새로운 부과처분을 할 수 없다.(대판 2002.5.28. 2000두6121)
② 면허받은 장의자동차운송사업구역에 위반하였음을 이유로 한 행정청의 과징금부과처분에 의하여 동종업자의 영업이 보호되는 결과는 사업구역제도의 반사적 이익에 불과하기 때문에 그 과징금부과처분을 취소한 재결에 대하여 처분의 상대방 아닌 제3자는 그 취소를 구할 법률상 이익이 없다.(대판1992.12.08. 선고 91누13700)
③ 회사분할의 경우, 분할전 위반행위를 이유로 신설회사에 대하여 과징금을 부과하는 것은 원칙적으로 허용되지 않는다.(대판 2011.5.26. 2008두18335)
④ 하나의 회사 내부에 여러 개의 사업 부문이 존재하는 경우 독점규제 및 공정거래에 관한 법률 제19조 제1항에 규정된 부당한 공동행위를 한 사업자 및 그로 인한 과징금 부과대상을 판단함에 있어, 다른 사업자와 부당한 공동행위를 한 사업자는 회사 내부 조직인 관련 특정 사업 부문이 아니라 회사 자체라고 보아야 하고, 과징금 역시 그 회사에 대하여 부과된다고 보는 것이 타당하다. (대판 2013. 7. 25. 선고 2012두4302)

5. 과징금납부의무의 일신전속성 여부 : 양도나 상속이 가능한가?

관련판례

부동산실권리자명의등기에 관한 법률 제5조에 의하여 부과된 과징금채무는 대체적 급부가 가능한 의무이므로 위 과징금을 부과받은 자가 사망한 경우 그 상속인에게 포괄승계된다.(대판 1999.5.14. 99두35)

6. 과징금부과처분과 항고소송

과징금부과처분은 성격상 급부하명에 해당하므로 항고소송으로 불복하는바, 심리 중 일부가 위법인 경우 일부취소가 가능한가가 쟁점이 된다.

관련판례

(1) 전부취소
~과징금부과처분이 법이 정한 한도액을 초과하여 위법할 위법할 경우 법원으로서는 그 전부를 취소할 수 밖에 없고, 그 한도액을 초과한 부분이나 법원이 적정하다고 인정되는 부분을 초과한 부분만을 취소할 수 없다.(대판 1998.4.10. 98두2270)
(2) 여러개의 위반행위에 대하여 하나의 과징금 납부명령시 그 중 일부의 위반행위만이 위법한 경우
 ① 과징금액을 산정할 수 있는 자료가 없는 경우 : 전부취소(대판 2001두2881)
 ② 과징금액을 산정할 수 있는 자료가 있는 경우 : 일부취소(대판 2009두11218)

제2절 가산세 및 가산금

I 가산세

1. 가산세의 성격
① 본세의 부과처분과 별개의 과세처분(대판 2005.9.30. 2004두2356)
② 가산세는 의무의 성실한 이행을 확보하기 위하여 산출한 본세액에 가산하여 징수하는 독립된 조세로서, 본세에 감면사유가 인정된다고 하여 가산세도 감면대상에 포함되는 것이 아니고, 반면에 그 의무를 이행하지 아니한 데 대한 정당한 사유가 있는 경우에는 본세 납세의무가 있더라도 가산세는 부과하지 않는다.(대판 2015두56120)
→ 본세의 납세의무가 인정되지 아니하는 경우 가산세는 따로 부과할 수 없으며 관세의 경우에도 마찬가지이다.

2. 가산세와 이유부기
하나의 납세고지서에 의하여 본세와 가산세를 함께 부과할 때에는 납세고지서에 본세와 가산세 각각의 세액과 산출근거 등을 구분하여 기재해야 하는 것이고, 또 여러 종류의 가산세를 함께 부과하는 경우에는 그 가산세 상호 간에도 종류별로 세액과 산출근거 등을 구분하여 기재함으로써 납세의무자가 납세고지서 자체로 각 과세처분의 내용을 알 수 있도록 하는 것이 당연한 원칙이다. (대판 2012.10.18. 선고 2010두12347 전원합의체)

3. 가산세부과시 납세자의 고의·과실 여부
① 고의나 과실을 요하지 아니한다.(대판 1994.8.26. 93누20467)
② 가산세는 조세채권의 실현을 용이하게 하기 위하여 납세자가 정당한 사유없이 신고·납세의무등을 위반한 경우에 법이 정하는 바에 의하여 부과하는 행정상의 제재로서, 납세자의 고의·과실은 고려되지 아니하고, 법령의 부지 또는 오인은 정당한 사유에 해당한다고 볼 수 없다.(대판 2013두1829)

4 "정당한 사유"
① 가산세는 개별 세법이 과세의 적정을 기하기 위하여 정한 의무의 이행을 확보할 목적으로 그 의무 위반에 대하여 세금의 형태로 가하는 행정벌의 성질을 가진 제재이므로 그 의무 해태에 정당한 사유가 있는 경우에는 이를 부과할 수 없다.(대판 1992.4.28. 선고 91누9848)

② 세법상 가산세는 과세권의 행사 및 조세채권의 실현을 용이하게 하기 위하여 납세자가 정당한 이유 없이 법에 규정된 신고·납세의무 등을 위반한 경우에 법이 정하는 바에 의하여 부과하는 행정상의 제재로서 납세자의 고의·과실은 고려되지 아니하는 것이고, **법령의 부지 또는 오인은 그 정당한 사유에 해당한다고 볼 수 없으며, 또한 납세의무자가 세무공무원의 잘못된 설명을 믿고 그 신고납부의무를 이행하지 아니하였다 하더라도 그것이 관계 법령에 어긋나는 것임이 명백한 때에는 그러한 사유만으로는 정당한 사유가 있는 경우에 해당한다고 할 수 없다.**(대판 2002.04.12. 선고 2000두5944)

③ 대법원판결이 선고되기 전까지는 토지의 지목 변경으로 인한 취득세의 납세의무자에 관하여 세법해석상 견해의 대립이 있었던 점, 과세관청도 당초에는 위탁자인 甲 회사에 취득세를 부과하였던 점, 甲 회사의 신고와 관할 관청의 甲 회사에 대한 부과처분이 이미 이루어진 상황에서 乙 회사가 스스로 세법 규정을 자신에게 불리하게 해석하여 취득세를 신고·납부할 것을 기대하기는 어려운 점 등을 종합하면, 乙회사가 취득세를 신고 납부하지 아니하였더라도 대법원 판결이 선고되기 전까지는 의무해태를 탓할 수 없는 정당한 사유가 있는데도 이와 달리 본 원심 판단에 법리를 오해하여 판결에 영향을 미친 위법이 있다고 한 사례(대판 2016.10.27. 2016두44711)
→ 정당한 사유를 인정한 사례

④ 종합소득금액이 있는 거주자가 법정신고기한 내에 종합소득 과세표준을 관할 세무서장에게 신고한 경우에는 설령 종합소득의 구분과 금액을 잘못 신고하였다고 하더라도 이를 무신고로 볼 수는 없으므로, 그러한 거주자에 대하여 종합소득 과세표준에 대한 신고가 없었음을 전제로 하는 무신고가산세를 부과할 수는 없다고 봄이 타당하다.(대판 2018두34848)

판례요지
그 법률관계나 사실관계에 대하여 그 법령의 규정을 적용할 수 없다는 법리가 명백히 밝혀지지 아니하여 해석에 다툼의 여지가 있는 때에는 과세관청이 이를 잘못 해석하여 과세처분을 하였더라도 이는 과세요건사실을 오인한 것에 불과하여 하자가 명백하다고 할 수 없다.

Ⅱ 가산금

1. 가산금에 관련된 판례

① 행정재산의 사용·수익허가에 따른 사용료를 납부기한까지 납부하지 않은 경우에 부과되는 가산금과 중가산금의 법적 성질은 지연이자의 의미로 부과되는 부대세의 일종이다.(대판 2006.3.9. 2004다31704)

② 국세징수법상 가산금 또는 중가산금의 고지는 법률규정에 의하여 당연히 발생하는 것이므로 항고소송의 대상이 되는 처분이 아니다.(대판 2005.6.10. 2005다15482)

제3절 명단공표

I 의의

1. 개념

행정상 공표란 행정법상 의무위반 또는 의무불이행이 있는 경우 그의 성명·위반사실을 공개하여 명예 또는 신용의 침해를 위협함으로써 행정법상 의무이행을 간접적으로 강제하는 수단이다.

2. 명단공표와 행정절차

관련법령 행정절차법

제40조의3(위반사실 등의 공표) ① 행정청은 법령에 따른 의무를 위반한 자의 성명·법인명, 위반사실, 의무 위반을 이유로 한 처분사실 등(이하 "위반사실등"이라 한다)을 법률로 정하는 바에 따라 일반에게 공표할 수 있다.
② 행정청은 위반사실등의 공표를 하기 전에 사실과 다른 공표로 인하여 당사자의 명예·신용 등이 훼손되지 아니하도록 객관적이고 타당한 증거와 근거가 있는지를 확인하여야 한다.
③ 행정청은 위반사실등의 공표를 할 때에는 미리 당사자에게 그 사실을 통지하고 의견제출의 기회를 주어야 한다. 다만, 다음 각 호의 어느 하나에 해당하는 경우에는 그러하지 아니하다.
1. 공공의 안전 또는 복리를 위하여 긴급히 공표를 할 필요가 있는 경우
2. 해당 공표의 성질상 의견청취가 현저히 곤란하거나 명백히 불필요하다고 인정될 만한 타당한 이유가 있는 경우
3. 당사자가 의견진술의 기회를 포기한다는 뜻을 명백히 밝힌 경우
④ 제3항에 따라 의견제출의 기회를 받은 당사자는 공표 전에 관할 행정청에 서면이나 말 또는 정보통신망을 이용하여 의견을 제출할 수 있다.
⑤ 제4항에 따른 의견제출의 방법과 제출 의견의 반영 등에 관하여는 제27조 및 제27조의2를 준용한다. 이 경우 "처분"은 "위반사실등의 공표"로 본다.
⑥ 위반사실등의 공표는 관보, 공보 또는 인터넷 홈페이지 등을 통하여 한다.
⑦ 행정청은 위반사실등의 공표를 하기 전에 당사자가 공표와 관련된 의무의 이행, 원상회복, 손해배상 등의 조치를 마친 경우에는 위반사실등의 공표를 하지 아니할 수 있다.
⑧ 행정청은 공표된 내용이 사실과 다른 것으로 밝혀지거나 공표에 포함된 처분이 취소된 경우에는 그 내용을 정정하여, 정정한 내용을 지체 없이 해당 공표와 같은 방법으로 공표된 기간 이상 공표하여야 한다. 다만, 당사자가 원하지 아니하면 공표하지 아니할 수 있다.
[본조신설 2022. 1. 11.]

II 명단공표의 중요 쟁점

1. 명단공표의 위헌성 여부

① 청소년성매수자에 대한 신상공개를 규정한 구 청소년의 성보호에 관한 법률 제20조 제2항 제1호는 이중처벌금지원칙, 평등원칙, 비례의 원칙에 위반되지 않는다.(헌재결 2003.6.26. 2002헌가14)

② 사업자단체의 독점규제 및 공정거래에 관한 법률위반행위가 있을 때 **공정거래위원회가 당해 사업자단체에 대하여 '법위반사실의 공표'를 명할 수 있도록 한 동법 제27조 부분이 과잉금지원칙에 위반하여 당해 행위자의 일반적 행동의 자유 및 명예권을 침해하여 위헌**이다.(헌재결 2002.1.31. 2001헌바43)

③ '법위반사실의 공표'와 개념상 구분되는 '법위반으로 공정거래위원회로부터 시정명령을 받은 사실의 공표'는 입법목적을 달성하면서도 행위자에대한 기본권 침해의 정도를 현저히 감소시키고 재판 후 발생가능한 무죄로 인한 혼란과 같은 부정적 효과를 최소화할 수 있어 허용될 수 있다 할 것이다.(대판 2003.2.28. 2002두6170)

2. 명단공표의 한계

① 개인의 명예의 보호와 표현의 자유의 보장이라는 두 법익이 충돌할 때 그 조정 방법
민주주의 국가에서는 여론의 자유로운 형성과 전달에 의하여 다수의견을 집약시켜 민주적 정치질서를 생성·유지시켜 나가는 것이므로 표현의 자유, 특히 공익사항에 대한 표현의 자유는 중요한 헌법상의 권리로서 최대한 보장을 받아야 하지만, 그에 못지 않게 개인의 명예나 사생활의 자유와 비밀 등 사적 법익도 보호되어야 할 것이므로, **인격권으로서의 개인의 명예의 보호와 표현의 자유의 보장이라는 두 법익이 충돌하였을 때 그 조정을 어떻게 할 것인지는 구체적인 경우에 사회적인 여러 가지 이익을 비교하여 표현의 자유로 얻어지는 이익, 가치와 인격권의 보호에 의하여 달성되는 가치를 형량하여 그 규제의 폭과 방법을 정하여야** 한다.(대판 1998.07.14. 선고 96다17257)

② 명예훼손 행위의 위법성 조각사유와 적시된 사실이 공공의 이익에 관한 것인지 여부의 판단 기준
민사상으로 타인의 명예를 훼손하는 행위를 한 경우에도 그것이 공공의 이해에 관한 사항으로서 **그 목적이 오로지 공공의 이익을 위한 것일 때에는 진실한 사실이라는 증명이 있으면 그 행위에 위법성이 없고, 또한 그 증명이 없더라도 행위자가 그것이 진실이라고 믿을 만한 상당한 이유가 있는 경우에는 위법성이 없다고 보아야 할 것이며**, 적시된 사실이 공공의 이익에 관한 것인지 여부는 당해 적시 사실의 구체적 내용, 당해 사실의 공표가 이루어진 상대방의 범위의 광협, 그 표현의 방법 등 그 표현 자체에 관한 제반 사항을 감안함과 동시에 그 표현에 의하여 훼손되거나 훼손될 수

있는 타인의 명예의 침해의 정도 등을 비교·고려하여 결정하여야 한다.(대판 1998.07.14. 선고 96다17257)
③ 언론보도가 공직자 또는 공직사회에 대한 감시·비판·견제라는 정당한 언론활동의 범위를 벗어나 악의적이거나 심히 경솔한 공격으로서 현저히 상당성을 잃은 것으로 평가되는 경우에는, 비록 공직자 또는 공직사회에 대한 감시·비판·견제의 의도에서 비롯된 것이라고 하더라도 이러한 언론보도는 공직자 등의 수인의 범위를 넘어 명예훼손이 되는 것으로 보지 않을 수 없다.(대판 2008다53805)
④ 수사기관의 피의사실 공표행위의 대상은 어디까지나 피의사실, 즉 수사기관이 혐의를 두고 있는 범죄사실에 한정되는 것이므로, 피의사실과 불가분의 관계라는 등의 특별한 사정이 없는 한 수사기관이 "범죄를 구성하지 않는 사실관계"까지 피의사실에 포함시켜 수사결과로서 발표하는 것은 원칙적으로 허용될 수 없다. 따라서 **수사기관이 발표한 피의사실에 "범죄를 구성하지 않는 사실관계"까지 포함되어 있고, 발표내용에 비추어 볼 때 피의사실은 부수적인 것에 불과하고 오히려 "범죄를 구성하지 않는 사실관계"가 주된 것인 경우에는 그러한 피의사실 공표행위는 위법하다고 보아야** 한다.(대판 2019다282197)

3. 명단공표와 권리구제

① 일정한 행정목적 달성을 위하여 언론에 보도자료를 제공하는 등 이른바 **행정상의 공표의 방법으로 실명을 공개함으로써 타인의 명예를 훼손한 경우, 그 대상자에 관하여 적시된 사실의 내용이 진실이라는 증명이 없더라도 그 공표의 주체가 공표 당시 이를 진실이라고 믿었고 또 그렇게 믿을 만한 상당한 이유가 있다면 위법성이 없는 것이고**, 이 점은 **언론을 포함한 사인에 의한 명예훼손의 경우와 다를 바가 없다 하겠으나**, 그러한 상당한 이유가 있는지 여부의 판단에 있어서는 실명공표 자체가 매우 신중하게 이루어져야 한다는 요청에서 비롯되는 무거운 주의의무와 공권력을 행사하는 공표 주체의 광범한 사실조사 능력, 그리고 공표된 사실이 진실하리라는 점에 대한 국민의 강한 기대와 신뢰 등에 비추어 볼 때 사인의 행위에 의한 경우보다는 훨씬 더 엄격한 기준이 요구되므로, **그 공표사실이 의심의 여지 없이 확실히 진실이라고 믿을 만한 객관적이고도 타당한 확증과 근거가 있는 경우가 아니라면 그러한 상당한 이유가 있다고 할 수 없다.**(대판1998.05.22. 선고 97다57689)
② **한국소비자보호원이 제품의 유통경로에 대한 조사 없이 제조자의 직접 공급지역 외에서 일반적인 거래가격보다 저렴한 가격으로 단지 외관만을 보고 구입한 시료를 바탕으로 '이동쌀막걸리'에서 유해물질이 검출되었다는 검사 결과를 언론에 공표한 사안**에서, 공표의 기초가 된 시료가 원고 제품이라는 점에 대한 **객관적이고도 타당한 확증과 근거가 있다고 볼 수 없으므로 공표 내용의 진실성을 오신한 데 상당한 이유가 없다.**(대판 1998.05.22. 선고 97다57689)

③ **지방국세청 소속 공무원들이 통상적인 조사를 다하여 의심스러운 점을 밝혀 보지 아니한 채 막연한 의구심에 근거하여 원고가 위장증여자로서 국토이용관리법을 위반하였다는 요지의 조사결과를 보고한 것**이라면 국세청장이 이에 근거한 보도자료의 내용이 **진실하다고 믿은 데에는 상당한 이유가 없다.**(대판1993.11.26. 선고 93다18389)

④ **상당한 이유의 존부의 판단**에 있어서는, 실명공표 자체가 매우 신중하게 이루어져야 한다는 요청에서 비롯되는 무거운 주의의무와 공권력의 광범한 사실조사능력, 공표된 사실이 진실하리라는 점에 대한 국민의 강한 기대와 신뢰, 공무원의 비밀엄수의무와 법령준수의무 등에 비추어, **사인의 행위에 의한 경우보다는 훨씬 더 엄격한 기준이 요구된다 할 것**이므로, 그 **사실이 의심의 여지 없이 확실히 진실이라고 믿을 만한 객관적이고도 타당한 확증과 근거가 있는 경우가 아니라면 그러한 상당한 이유가 있다고 할 수 없다.** (대판 1993.11.26. 선고 93다18389)

⑤ 보도의 내용이 수사기관 등에서 조사가 진행 중인 사실에 관한 것일 경우, 일반 독자들로서는 보도된 혐의사실의 진실 여부를 확인할 수 있는 별다른 방도가 없을 뿐 아니라 보도 내용을 그대로 진실로 받아들일 개연성이 있고, 신문보도 및 인터넷이 가지는 광범위하고도 신속한 전파력 등으로 인하여 보도 내용의 진실 여하를 불문하고 보도 자체만으로도 피조사자로 거론된 자 등은 심각한 피해를 입을 수 있다. 그러므로 **수사기관 등의 조사사실을 보도하는 언론기관으로서는 보도에 앞서 조사 혐의사실의 진실성을 뒷받침할 적절하고도 충분한 취재를 하여야 하고, 확인되지 아니한 고소인의 일방적 주장을 여과 없이 인용하여 부각시키거나 주변 사정을 무리하게 연결시켜 마치 고소 내용이 진실인 것처럼 보이게 내용 구성을 하는 등으로 기사가 주는 전체적인 인상으로 인하여 일반 독자들이 사실을 오해하는 일이 생기지 않도록 기사 내용이나 표현방법 등에 대하여도 주의를 하여야 하고, 그러한 주의의무를 다하지 않았다면 명예훼손으로 인한 손해배상책임을 져야** 한다.(대판 2015다33489)

⑥ 병무청장이 병역법 제81조의 2 제1항에 따라 병역의무 기피자의 인적사항 등을 인터넷 홈페이지에 게시하는 등의 방법으로 공개한 경우 병무청장의 공개결정을 항고소송의 대상이 되는 행정처분으로 보아야 한다.(대판 2019.6.27. 2018두49130)

판례요지

1. **명단공표의 성격**
    다수설은 명단공표에 대하여 비권력적 사실행위라고 판시를 하고 있는데, 이 판례는 공권력의 발동이라고 판시한 점에서 특이사항이 있다.

2. **병역의무 기피자의 인적사항 공개**
    병무청장이 하는 병역의무 기피자의 인적사항 등 공개는, 특정인을 병역의무 기피자로 판단하여 그 사실을 일반 대중에게 공표함으로써 그의 명예를 훼손하고 그에게 수치심을 느끼게 하여 병역의무 이행을 간접적으로 강제하려는 조치로서 병역법에 근거하여 이루어지는 공권력의 행사에 해당한다.

제4절 기타 의무이행확보수단

I 행정상 제재

1. 행정기본법상 행정제재

관련법령 행정기본법

제2조(정의) 이 법에서 사용하는 용어의 뜻은 다음과 같다.
5. "제재처분"이란 법령등에 따른 의무를 위반하거나 이행하지 아니하였음을 이유로 당사자에게 의무를 부과하거나 권익을 제한하는 처분을 말한다. 다만, 제30조제1항 각 호에 따른 행정상 강제는 제외한다.

제22조(제재처분의 기준) ① 제재처분의 근거가 되는 법률에는 제재처분의 주체, 사유, 유형 및 상한을 명확하게 규정하여야 한다. 이 경우 제재처분의 유형 및 상한을 정할 때에는 해당 위반행위의 특수성 및 유사한 위반행위와의 형평성 등을 종합적으로 고려하여야 한다.
② 행정청은 재량이 있는 제재처분을 할 때에는 다음 각 호의 사항을 고려하여야 한다.
1. 위반행위의 동기, 목적 및 방법
2. 위반행위의 결과
3. 위반행위의 횟수
4. 그 밖에 제1호부터 제3호까지에 준하는 사항으로서 대통령령으로 정하는 사항

제23조(제재처분의 제척기간) ① 행정청은 법령등의 위반행위가 종료된 날부터 5년이 지나면 해당 위반행위에 대하여 제재처분(인허가의 정지·취소·철회, 등록 말소, 영업소 폐쇄와 정지를 갈음하는 과징금 부과를 말한다. 이하 이 조에서 같다)을 할 수 없다.
② 다음 각 호의 어느 하나에 해당하는 경우에는 제1항을 적용하지 아니한다.
1. 거짓이나 그 밖의 부정한 방법으로 인허가를 받거나 신고를 한 경우
2. 당사자가 인허가나 신고의 위법성을 알고 있었거나 중대한 과실로 알지 못한 경우
3. 정당한 사유 없이 행정청의 조사·출입·검사를 기피·방해·거부하여 제척기간이 지난 경우
4. 제재처분을 하지 아니하면 국민의 안전·생명 또는 환경을 심각하게 해치거나 해칠 우려가 있는 경우
③ 행정청은 제1항에도 불구하고 행정심판의 재결이나 법원의 판결에 따라 제재처분이 취소·철회된 경우에는 재결이나 판결이 확정된 날부터 1년(합의제행정기관은 2년)이 지나기 전까지는 그 취지에 따른 새로운 제재처분을 할 수 있다.
④ 다른 법률에서 제1항 및 제3항의 기간보다 짧거나 긴 기간을 규정하고 있으면 그 법률에서 정하는 바에 따른다.

2. 행정제재의 부과대상

① 행정법규 위반에 대한 제재조치는 행정목적의 달성을 위하여 행정법규 위반이라는 객관적 사실에 착안하여 가하는 제재이므로, 반드시 현실적인 행위자가 아니라도 법령상 책임자로 규정된 자에게 부과되고, 특별한 사정이 없는 한 위반자에게 고의나

과실이 없더라도 부과할 수 있다. 이러한 법리는 구 대부업 등의 등록 및 금융이용자 보호에 관한 법률 제13조 제1항이 정하는 대부업자 등의 불법추심행위를 이유로 한 영업정지 처분에도 마찬가지로 적용된다.(대판 2017. 5. 11. 선고 2014두8773)

② '침익적 행정처분 근거 규정 엄격해석의 원칙'이란 단순히 행정실무상의 필요나 입법정책적 필요만을 이유로 문언의 가능한 범위를 벗어나 처분상대방에게 불리한 방향으로 확장해석하거나 유추해석해서는 안 된다는 것이지, 처분상대방에게 불리한 내용의 법령해석은 일체 허용되지 않는다는 취지가 아니다. 문언의 가능한 범위 내라면 체계적 해석과 목적론적 해석은 허용된다. 또한 행정법규 위반에 대한 제재처분은 행정 목적의 달성을 위하여 행정법규 위반이라는 객관적 사실에 착안하여 가하는 제재이므로, 반드시 현실적인 행위자가 아니라도 법령상 책임자로 규정된 자에게 부과되고, 특별한 사정이 없는 한 위반자에게 고의나 과실이 없더라도 부과할 수 있다.(대판 2021.2.25. 2020두51587)

II 공급거부

① **행정청이 위법건축물에 대한 시정명령을 하고 나서 위반자가 이를 이행하지 아니하여 전기·전화의 공급자에게 그 위법건축물에 대한 전화·전기공급을 하지 말아 줄 것을 요청한 행위는 권고적 성격의 행위에 불과한 것**으로서 전기·전화공급자나 특정인의 법률상의 지위에 직접적인 변동을 가져오는 것은 아니므로 이를 항고소송의 대상이 되는 행정처분이라고 볼 수 없다.(대판 1996.3.22. 96누433)
② 단수처분 : 처분성 인정(대판 1979.12.28. 79누218)
③ **한국전력공사가 전기공급의 적법여부를 조회한 데 대한 관할구청장의 회신은 권고적 성격의 행위에 불과한 것**으로서 항고소송의 대상이 되는 행정처분이라고 볼 수 없다.(대판 1995.11.21. 95누9099)

III 시정명령

① **명의만 빌려준 명목상 건축주**는 구 건축법 제69조 제1항에 정한 **위반건축물에 대한 시정명령의 상대방이 되는 '건축주'에 해당**한다.(대판 2008.7.24. 2007두5639)
→ 인정하는 이유

건축허가 혹은 건축신고시 관할 행정청에 **명의상 건축주가 실제 건축주인지 여부에 관한 실질적 심사권이 있다고 보기 어렵고**, 또 명목상 건축주라도 그것이 자의에 의한 명의대여라면 당해 위반건축물에 대한 직접 원인행위자는 아니라 하더라도 **명의대여자로서 책임을 부담함이 상당**한 점, 만약 이와 같이 보지 않을 경우 **건축주는 자신이 명목상 건축주**

에 불과하다고 주장하여 **책임회피의 수단으로 악용할 가능성**이 있고, 또 건축주 명의대여가 조장되어 행정법 관계를 불명확하게 하고 **법적 안정성을 저해하는 요소로 작용할 수 있는 점** 등을 종합적으로 고려(대판 2008.07.24. 선고 2007두5639)

② 시정명령 제도를 둔 취지에 비추어 시정명령의 내용은 과거의 위반행위에 대한 중지는 물론 가까운 장래에 반복될 우려가 있는 동일한 유형의 행위의 반복금지까지 명할 수는 있는 것으로 해석함이 상당하다.(대판2003.02.20. 선고 2001두5347 전원합의체)

③ 위반행위가 있었더라도 그 위반행위의 결과가 더 이상 존재하지 않는다면, 위 법 제25조 제1항에 의한 시정명령을 할 수 없다고 보아야 한다.(대판 2010.11.11. 선고 2008두20093)

Ⅳ 출국금지

국세청장 등의 출국금지 요청이 있는 경우에도 법무부장관은 이에 구속되지 않고 출국금지의 요건이 갖추어졌는지를 따져서 처분 여부를 결정할 수 있다. 따라서 국세청장 등의 출국금지 요청이 요건을 구비하지 못하였다는 사유만으로 출국금지 처분이 당연히 위법하게 되는 것은 아니고, 재산의 해외 도피 가능성 등 출국금지 처분의 요건이 갖추어졌는지 여부에 따라 그 적법 여부가 가려져야 한다.(대판2013.12.26. 선고 2012두18363)

행정구제법

제 4 편
행정구제법

Chapter 01 손해전보제도
Chapter 02 행정쟁송제도

CHAPTER 01 손해전보제도

제1절 행정상 손해배상

Ⅰ 개설

1. 국가배상에 관한 특별법

① 국가배상에 관한 특별법
~ 특별송달우편물과 관련하여 우편집배원의 고의 또는 과실에 의하여 손해가 발생한 경우에는 우편물취급에 관한 손해배상책임에 대하여 규정한 구 우편법 제38조에도 불구하고 <u>국가배상법에 의한 손해배상을 청구</u>할 수 있다.(대판 2008.2.28. 2005다4734)

② 한미행정협약관련사건
한미행정협정 제23조 제5항은 공무집행중인 미합중국 군대의 구성원이나 고용원의 작위나 부작위 또는 사고에 대한 소송은 대한민국이 이를 처리하도록 규정하고 있으므로 이러한 청구권의 실현을 위한 소송은 대한민국을 상대로 제기하는 것이 원칙이다.(대판 1997.12.12. 95다29895)

2. 외국인의 국가배상청구 : 상호주의

<u>상호보증은 외국의 법령, 판례 및 관례 등에 의하여 발생요건을 비교하여 인정되면 충분하고 반드시 당사국과의 조약이 체결되어 있을 필요는 없으며, 당해 외국에서 구체적으로 우리나라 국민에게 국가배상청구를 인정한 사례가 없더라도 실제로 인정될 것이라고 기대할 수 있는 상태이면 충분하다</u>(대판 2015.6.11. 2013다208388).

3. 구상권과 피해자의 선택적 청구권 행사

(1) 구상권

① 구상권 행사의 한계
국가등은 당해 공무원의 직무내용, 불법행위의 상황 등 제반사정을 참작하여 손해의 공평한 분담이라는 견지에서 신의칙상 상당하다고 인정되는 한도내에서만 당해 공무원에 대하여 구상권을 행사할 수 있다(대판 1991.5.10. 91다6764).

② 공무원이 국가에 대하여 구상권행사가 가능한가?

<u>피해자에게 손해를 직접 배상한 경과실이 있는 공무원은 특별한 사정이 없는 한 국가에 대하여 국가의 피해자에 대한 손해배상책임의 범위 내에서 공무원이 변제한 금액에 관하여 구상권을 취득한다고 봄이 타당하다.</u>(대판 2012다54478)

판례요지
공중보건의인 갑에게 치료를 받던 을이 사망하자 을의 유족들이 갑 등을 상대로 손해배상청구의 소를 제기하였고, 갑의 의료과실이 인정된다는 이유로 갑 등의 손해배상책임을 인정한 판결이 확정되어 갑이 을의 유족들에게 판결금 채무를 지급한 사안에서, 갑은 공무원으로서 직무 수행 중 경과실로 타인에게 손해를 입힌 것이어서 을과 유족들에 대하여 손해배상책임을 부담하지 아니함에도 을의 유족들에 대한 패소판결에 따라 그들에게 손해를 배상한 것이고, 이는 민법 제744조의 도의관념에 적합한 비채변제에 해당하여 을과 유족들의 국가에 대한 손해배상청구권은 소멸하고 국가는 자신의 출연 없이 채무를 면하였으므로, 갑은 국가에 대하여 변제금액에 관하여 구상권을 취득한다고 한 사례

(2) 선택적 청구권

공무원이 직무수행 중 불법행위로 타인에게 손해를 입힌 경우에 <u>국가등이 국가배상책임을 부담하는 외에 공무원 개인도 고의 또는 중과실이 있는 경우에는 불법행위로 인한 손해배상책임을 진다고 할 석하는 것이 것이지만</u>, 공무원에게 경과실뿐인 경우에는 공무원 개인은 손해배상책임을 부담하지 아니한다고 해석하는 것이 헌법 제29조 제1항 본문과 단서 및 국가배상법 제2조의2의 입법취지에 조화되는 올바른 해석이다(대판 1996.2.15. 95다38677).

Ⅱ 국가배상법 제2조 : 공무원의 위법한 직무행위로 인한 국가배상

1. "공무원"

공무원 ○	공무원 ×
① 국회의원 ② 판사, 검사 ③ 교통할아버지 ④ 소집중인 향토예비군 ⑤ 육군병기계공작창 내규에 의해 군무수행을 위하여 채용되어 소속부대 차량의 운전업무에 종사하는 자 ⑥ 시 청소차량운전사 ⑦ 전투경찰	① <u>의용</u>소방대원 ② 시영버스운전사 ③ 법령에 의해 대집행권한을 위탁받은 한국토지공사 ➔ 실제불법행위자가 아닌 감독주체 ③ 특별조치법상 보증인

(1) **국가배상법 제2조의 "공무원"의 인정범위**

국가배상법 제2조 소정의 '공무원'이라 함은 국가공무원법이나 지방공무원법에 의하여 공무원으로서의 신분을 가진 자에 국한하지 않고, 널리 공무를 위탁받아 실질적으로 공무에 종사하고 있는 일체의 자를 가리키는 것으로서, 공무의 위탁이 일시적이고 한정적인 사항에 관한 활동을 위한 것이어도 달리 볼 것은 아니다. (대판 2001.01.05. 선고 98다39060)

(2) **공무원 인정여부**

  (가) 공무원 인정
    ① 지방자치단체가 "교통할아버지 봉사활동 계획"을 수립한 후 관할 동장에 의하여 선정된 교통할아버지의 교통정리 중 교통사고(대판 98다39060)
    ② 구 수산청장으로부터 뱀장어에 대한 수출추천업무를 위탁받은 수산업협동조합 ~ 추천업무를 행하지 아니하여 손해를 가한 경우(대판 2002다55304)

  (나) 공무원 부정
    ① 의용소방대원 사례(대판 73다1896) ➡ 자발적 협력
    ② 시·도지사나 시장·군수 또는 구청장의 업무에 속하는 대집행권한을 한국토지공사에게 위탁한 경우의 한국토지공사 ➡ 대집행을 실시함에 따르는 권리·의무 및 책임이 귀속되는 행정주체의 지위에 있다고 볼 것이지 지방자치단체 등의 기관으로서 국가배상법 제2조 소정의 공무원에 해당한다고 볼 것은 아니다.(대판 2010.01.28. 선고 2007다82950)
    ③ 특별조치법상 보증인 사건(대판 2013다14217)
      보증인을 위촉하는 관청은 소정 요건을 갖춘 주민을 보증인으로 위촉하는 데 그치고 대장소관청은 보증서의 진위를 확인하기 위한 일련의 절차를 거쳐 확인서를 발급할 뿐 행정관청이 보증인의 직무수행을 지휘·감독할 수 있는 법령상 근거가 없으며, 보증인은 보증서를 작성할 의무를 일방적으로 부과받으면서도 어떠한 경제적 이익도 제공받지 못하는 반면 재량을 가지고 발급신청의 진위를 확인하며 그 내용에 관하여 행정관청으로부터 아무런 간섭을 받지 않기 때문이다.(대판 2019. 1. 31. 선고 2013다14217)
    ④ **국가나 지방자치단체에 근무하는 청원경찰**은 국가공무원법이나 지방공무원법상의 공무원은 아니지만, 다른 청원경찰과는 달리 그 임용권자가 행정기관의 장이고, 국가나 지방자치단체로부터 보수를 받으며, 산업재해보상보험법이나 근로기준법이 아닌 공무원연금법에 따른 재해보상과 퇴직급여를 지급받고, **직무상의 불법행위에 대하여도 민법이 아닌 국가배상법이 적용**되는 등의 특질이 있다.(대판 92다47564)

(3) 가해공무원의 특정문제

국가 소속 전투경찰들이 시위진압을 함에 있어서 합리적이고 상당하다고 인정되는 정도로 가능한 한 최루탄의 사용을 억제하고 또한 최대한 안전하고 평화로운 방법으로 시위진압을 하여 그 시위진압 과정에서 타인의 생명과 신체에 위해를 가하는 사태가 발생하지 아니하도록 하여야 하는데도, 이를 게을리한 채 합리적이고 상당하다고 인정되는 정도를 넘어 지나치게 과도한 방법으로 시위진압을 한 잘못으로 시위 참가자로 하여금 사망에 이르게 하였다는 이유로 국가의 손해배상 책임을 인정하되, 피해자의 시위에 참가하여 사망에 이르기까지의 행위를 참작하여 30% 과실상계를 한 원심판결을 수긍한 사례 (대판 95다23897)

2. 직무행위

구분	내용
분류	입법작용 + 사법작용 + 행정작용 법적행위와 사실행위를 포함하며, 작위·부작위를 불문한다.
범위	광의설 ➡ 권력작용 + 관리작용
입법작용	① 국회의원의 의무 : 국민전체에 대하여 정치적 책임 ○, 법적 책임 × ② 그 입법내용이 **헌법의 문언에 명백히 위반됨에도 불구하고 국회가 굳이 당해 입법을 한 것과 같은 특수한 경우가 아닌 한** 위법행위 ×
재판작용	① 법관의 재판에 법령의 규정을 따르지 아니한 잘못이 있다 하더라도 바로 재판상 직무행위가 국가배상법 제2조에서 말하는 위법한 행위로 되어 국가의 손해배상책임이 발생하는 것은 아니다. ② 불복절차 또는 시정절차가 마련된 경우 : 국가배상 ×
검사	① 형사재판과정에서 범죄사실의 존재를 증명함에 충분한 증거가 없다는 이유로 무죄판결이 확정되었다고 하더라도 그러한 사정만으로 바로 검사의 구속 및 공소제기가 위법하다 할 수 없고, **그 구속 및 공소제기에 관한 검사의 판단이 그 당시의 자료에 비추어 경험칙이나 논리칙상 도저히 합리성을 긍정할 수 없는 정도에 이른 경우 위법성 인정 ○** ② 검사의 객관의무 : 피고인에게 유리한 무죄증거 은닉 ➡ 위법행위 ○
준법률행위	ex) 허위의 인감증명서 발급 ➡ 직무행위 인정 ○
부작위	■ 작위의무 ➡ 부작위 ➡ 피해발생 ① 작위의무 : 판례에 의하면 "작위의무"를 넓게 인정하여 형식적 의미의 법령에 명시적으로 작위의무가 규정되어 있지 않더라도 국가가 위험배제에 나서지 아니하면 국민의 생명·신체·재산등을 보호할 수 없는 경우에는 그러한 위험을 배제할 작위의무를 인정할 수 있다는 입장이다.

부작위	작위의무		
	① 경찰권 발동 ➜ 필요한 조치를 취하지 아니하는 것이 현저하게 불합리하다고 인정되는 경우 ➜ 재량권의 0으로 수축 ② 교도소 의무관의 의료행위 ③ 부랑인선도시설 및 정신질환자요양시설에 대한 단체장의 지도 감독 ④ 교장 또는 교사의 학생에 대한 보호·감독의무 ⑤ 소방공무원의 조치 ⑥ 구금시설 관리자의 피구금자에 대한 안전확보의무의 내용과 정도		
	국가배상 인정		국가배상 부정
	① 부랑인선도시설사건 ② 교도관 - 당뇨병환자인 수용자 실명사건 ③ 경찰관 트랙터 도로방치사건 ④ 유흥주점 화재사망사건 ⑤ 밀양성폭행사건 ⑥ 신변보호요청불응사건		① 미니컵젤리사건 ② 보훈청사건 - 대출제도 고지 × ③ 1시간 12분 후 채혈사건

(1) **국가배상법상 공무원의 직무의 범위** : 광의설 ➜ 권력작용 + 관리작용

> **관련판례**
>
> 1. "직무"의 인정범위 : 광의설
>   국가배상법이 정한 손해배상청구의 요건인 '공무원의 직무'에는 국가나 지방자치단체의 권력적 작용뿐만 아니라 비권력적 작용도 포함되지만 단순한 사경제의 주체로서 하는 작용은 포함되지 않는다.(대판 2004.04.09. 선고 2002다10691)
> 2. 국가의 철도운행사업(대판 99다7008)
>   ㉠ 국가의 철도운행사업은 사경제적 작용 ➜ 국가배상법이 아닌 민법적용
>   ㉡ 공공의 영조물인 철도시설물의 설치 또는 관리의 하자 ➜ 국가배상법 적용

(2) **"직무"의 특수한 분야**

　(가) **입법**

　　국회의원은 입법에 관하여 원칙적으로 **국민 전체에 대한 관계에서 정치적 책임을 질 뿐 국민 개개인의 권리에 대응하여 법적의무를 지는 것은 아니므로, 국회의원의 입법행위는 그 입법내용이 헌법의 문언에 명백히 위반됨에도 불구하고 국회가 굳이 당해 입법을 한 것과 같은 특수한 경우가 아닌 한 국가배상법 제2조 제1항 소정의 위법행위에 해당된다고 볼 수 없다.**(대판 1997.6.13. 96다56115)

(나) 사법
① 고의·과실의 정도
그 국가배상책임이 인정되려면 당해 법관이 위법 또는 부당한 목적을 가지고 재판을 하는 등 법관이 그에게 부여된 권한의 취지에 명백히 어긋나게 이를 행사하였다고 인정할 만한 특별한 사정이 있어야 한다고 해석함이 상당하다.(대판 2001.4.24. 2000다16114)
㉠ 임의경매절차에서 경매담당 법관의 오인에 의해 배당표 원안이 잘못 작성되고 그에 대한 불복절차가 제기되지 않아 실체적 권리관계와 다른 배당표가 확정된 경우 : 위법×(대판2000다16114)
㉡ 압수수색할 물건의 기재가 누락된 압수수색영장을 발부한 사건 : 불법행위 × (대판 2001다42790)
② 다른 불복방법이 없는 경우
㉠ 헌법재판소 재판관이 청구기간 내에 제기된 헌법소원심판청구사건에서 청구기간을 오인하여 각하결정을 한 경우, 이에 대한 불복절차 내지 시정절차가 없는 때에는 국가배상책임을 인정할 수 있다.(대판 2003.7.11. 99다24218)
㉡ 재판에 대하여 불복절차 내지 시정절차 자체가 없는 경우에는 부당한 재판으로 인하여 불이익 내지 손해를 입은 사람은 국가배상 이외의 방법으로는 자신의 권리 내지 이익을 회복할 방법이 없으므로, 이와 같은 경우에는 배상책임의 요건이 충족되는 한 국가배상책임을 인정하지 않을 수 없다(대판 2003.7.11. 99다24218).
㉢ 법관의 재판에 법령 규정을 따르지 않은 잘못이 있더라도 이로써 바로 재판상 직무행위가 국가배상법 제2조 제1항에서 말하는 위법한 행위로 되어 국가의 손해배상책임이 발생하는 것은 아니다. 법관의 오판으로 인한 국가배상책임이 인정되려면 법관이 위법하거나 부당한 목적을 가지고 재판을 하였다거나 법이 법관의 직무수행상 준수할 것을 요구하고 있는 기준을 현저하게 위반하는 등 법관이 그에게 부여된 권한의 취지에 명백히 어긋나게 이를 행사하였다고 인정할 만한 특별한 사정이 있어야 한다는 것이 판례이다. 특히 재판에 대하여 불복절차 또는 시정절차가 마련되어 있는 경우, 법관이나 다른 공무원의 귀책사유로 불복에 의한 시정을 구할 수 없었다거나 그와 같은 시정을 구할 수 없었던 부득이한 사정이 없는 한, 그와 같은 시정을 구하지 않은 사람은 원칙적으로 국가배상에 의한 권리구제를 받을 수 없다.(대판 2022.3.17. 2019다226975)

> **판례요지**
> 보전재판의 특성상 신속한 절차진행이 중시되고 당사자 일방의 신청에 따라 심문절차 없이 재판이 이루어지는 경우도 많다는 사정을 고려하여 민사집행법에서는 보전재판에 대한 불복 또는 시정을 위한 수단으로서 즉시항고와 효력정지 신청 등 구제절차를 세심하게 마련해 두고 있다. **재판작용에 대한 국가배상책임에 관한 판례는 재판에 대한 불복절차 또는 시정절차가 마련되어 있으면 이를 통한 시정을 구하지 않고서는 원칙적으로 국가배상을 구할 수 없다는 것으로, 보전재판이라고 해서 이와 달리 보아야 할 이유가 없다.**

㈐ 검사의 공소권 행사
① **공소권 남용** : 그 후 형사재판에서 범죄사실의 존재를 증명함에 충분한 증거가 없다는 이유로 무죄판결이 확정되었다고 하더라도 그러한 사정만으로 바로 검사의 구속 및 공소제기가 위법하다고 할 수 없고, **그 구속 및 공소제기에 관한 검사의 판단이 그 당시의 자료에 비추어 경험칙이나 논리칙상 도저히 합리성을 긍정할 수 없는 정도에 이른 경우에만 그 위법성을 인정할 수 있다.** (대판 2001다23447)
② 강도강간의 피해자가 제출한 팬티에 대한 국립과학수사연구소의 유전자검사결과 그 팬티에서 범인으로 지목되어 기소된 원고나 피해자의 남편과 다른 남자의 유전자형이 검출되었다는 감정결과를 검사가 공판과정에서 입수한 경우 그 감정서는 원고의 무죄를 입증할 수 있는 결정적인 증거에 해당하는데도 검사가 그 감정서를 법원에 제출하지 아니하고 은폐한 경우(대판 2002.2.22. 2001다23447)
➔ 검사의 객관의무에 위배되어 국가배상을 인정한 사례
③ 대법원이 구금된 피의자에게 피의자신문시 변호인의 참여를 요구할 권리가 있음을 인정하여 구속 피의자 갑에 대한 피의자신문시 변호인의 참여를 불허한 수사검사의 처분에 과실 인정×(대판 2006다58738) ➔ 현행법 기준에 의하면 결과가 달라진다.
④ 법원이 검사의 열람·등사 거부처분에 정당한 사유가 없다고 판단하여 수사서류의 열람·등사를 허용하도록 명한 이상, 법에 기속되는 검사로서는 당연히 법원의 그러한 결정에 지체없이 따랐어야 할 것인데도 검사가 약 9개월동안 법원의 결정에 반하여 이 사건 수사서류의 열람·등사를 거부한 것에 대하여 국가배상법 제2조 제1항에서 규정하는 과실이 인정된다.(대판 2011다48452)

㈑ 인감증명서 발급
① 위조인장에 의하여 타인명의의 인감증명서가 발급되고 이를 토대로 소유권이전등기가 경료된 부동산을 담보로 금전을 대여한 자가 손해를 입게 된 경우, 인감증명발급업무 담당공무원의 직무집행상의 과실이 인정된다.(대판 2004.3.26. 2003다54490)

② 공무원의 과실로 허위의 인감증명서가 발급됨으로써 부실근저당권을 마친 저당권자가 그 저당권의 불성립으로 손해를 입었다면 공무원의 그와 같은 직무상 과실과 손해사이에는 상당인과관계가 있다.(대판 1992.7.9. 91다5570)

(마) 공무원의 부작위
① 부작위로 인한 국가배상책임 인정기준
  ㉠ **부작위에 의한 국가배상책임**: 작위로 인한 국가배상책임을 인정하는 경우와 마찬가지로 "공무원이 그 직무를 집행함에 당하여 고의 또는 과실로 법령에 위반하여 타인에게 손해를 가한 때"라고 하는 국가배상법 제2조 제1항의 요건이 충족되어야 ~(대판 2000다57856)
  ㉡ "법령에 위반하여" ➜ 법령의 범위파악이 쟁점이 된다.
  여기서 '**법령을 위반하여**'란 **엄격하게 형식적 의미의 법령에 명시적으로 공무원의 작위의무가 정하여져 있음에도 이를 위반하는 경우만을 의미하는 것은 아니고, 인권존중·권력남용금지·신의성실과 같이 공무원으로서 마땅히 지켜야 할 준칙이나 규범을 지키지 아니하고 위반한 경우를 포함하여 널리 그 행위가 객관적인 정당성을 결여하고 있는 경우도 포함**한다. 따라서 국민의 생명·신체·재산 등에 대하여 절박하고 중대한 위험상태가 발생하였거나 발생할 상당한 우려가 있어서 국민의 생명 등을 보호하는 것을 본래적 사명으로 하는 국가가 초법규적·일차적으로 그 위험의 배제에 나서지 아니하면 국민의 생명 등을 보호할 수 없는 경우에는 형식적 의미의 법령에 근거가 없더라도 국가나 관련 공무원에 대하여 그러한 위험을 배제할 작위의무를 인정할 수 있다.(대판 2021. 7. 21. 선고 2021두33838)
  ㉢ 판단기준
  그와 같은 절박하고 중대한 위험상태가 발생하였거나 발생할 상당한 우려가 있는 경우가 아닌 한, 원칙적으로 공무원이 관련 법령에서 정하여진 대로 직무를 수행하였다면 그와 같은 공무원의 부작위를 가지고 '고의 또는 과실로 법령을 위반'하였다고 할 수는 없다. 따라서 <u>공무원의 부작위로 인한 국가배상책임을 인정할 것인지가 문제 되는 경우에 관련 공무원에 대하여 작위의무를 명하는 법령의 규정이 없는 때라면 공무원의 부작위로 인하여 침해되는 국민의 법익 또는 국민에게 발생하는 손해가 어느 정도 심각하고 절박한 것인지, 관련 공무원이 그와 같은 결과를 예견하여 그 결과를 회피하기 위한 조치를 취할 수 있는 가능성이 있는지 등을 종합적으로 고려하여 판단하여야</u> 한다.(대판 2021. 7. 21. 선고 2021두33838)

② 부작위로 인한 국가배상책임을 인정한 사례
  ㉠ 부랑인선도시설 및 정신질환자요양시설에 대한 지도·감독업무를 담당하는 공무원이 위 시설에서 수용자들에 대하여 폭행등의 부당한 대우가 있음을 알

앗거나 쉽게 알 수 있었음에도 불구하고 필요한 조치를 취하지 아니한 경우(대판 2004다759)
ⓛ 당뇨병환자인 수용자가 합병증으로 인하여 시력저하를 호소하였으나, 교도소 의무관이 적절한 조치를 취하지 아니하여 실명에 이르게 된 경우
ⓒ 경찰관이 농민들의 시위를 진압하고 시위과정에 도로 상에 방치된 트랙터 1대에 대하여 이를 도로 밖으로 옮기거나 후방에 안전표지판을 설치하는 것과 같은 위험발생방지조치를 취하지 아니한 채 그대로 방치하고 철수하여 버린 결과 발생한 교통사고(대판 98다16890)
ⓔ 경찰관들의 윤락녀들이 윤락업소에 감금된 채로 윤락을 강요받으면서 생활하고 있음을 쉽게 알 수 있는 상황이었음에도, 경찰관이 이러한 감금 및 윤락강요행위를 제지하거나 윤락업주들을 체포·수사하는 등 필요한 조치를 취하지 아니하고 오히려 업주들로부터 뇌물을 수수하며 그와 같은 행위를 방치한 행위로 인한 정신적 고통(대판 2003다49009)
ⓜ 소방공무원이 위 유흥주점에 대하여 화재 발생 전 실시한 소방점검 등에서 구 소방법상 방염 규정 위반에 대한 시정조치 및 화재 발생시 대피에 장애가 되는 잠금장치의 제거 등 시정조치를 명하지 않은 직무상 의무 위반(군산유흥주점 화재사망사건 대판 2005다48994)
ⓗ 형사재판의 공판검사가 증인으로 소환된 자로부터 신변보호요청을 받았음에도 아무런 조치를 취하지 아니하여 증인이 상해를 입은 사건(대판 2006다82649)
ⓢ 경찰서 대용감방에 배치된 경찰관이 감방내부를 방치한 결과 발생한 수감자들 사이의 폭력행위(대판 93다17546)
ⓞ 최근판례에서 판시되고 있는 경찰관과 소방관의 직무
 ⓐ 경찰관의 직무(대판 2013다20427, 대판 2017다228083)
  경찰은 범죄의 예방, 진압 및 수사와 함께 국민의 생명, 신체 및 재산의 보호 기타 공공의 안녕과 질서유지를 직무로 하고 있고, 직무의 원활한 수행을 위하여 경찰관 직무집행법, 형사소송법 등 관계 법령에 의하여 여러 가지 권한이 부여되어 있으므로, 구체적인 직무를 수행하는 경찰관으로서는 제반 상황에 대응하여 자신에게 부여된 여러 가지 권한을 적절하게 행사하여 필요한 조치를 취할 수 있는 것이고, 그러한 권한은 일반적으로 경찰관의 전문적 판단에 기한 합리적인 재량에 위임되어 있는 것이나, **경찰관에게 권한을 부여한 취지와 목적에 비추어 볼 때 구체적인 사정에 따라 경찰관이 권한을 행사하여 필요한 조치를 취하지 아니하는 것이 현저하게 불합리하다고 인정되는 경우에는 그러한 권한의 불행사는 직무상의 의무를 위반한 것이 되어 위법**하게 된다.

ⓑ 소방관의 직무(대판 2016.8.25. 2014다225083)
  소방공무원이 구 소방시설법과 다중이용업소법 규정에 정하여진 직무상 의무를 게을리한 경우 의무 위반이 직무에 충실한 보통 일반의 공무원을 표준으로 객관적 정당성을 상실하였다고 인정될 정도에 이른 때는 국가배상법 제2조 제1항에 정한 위법의 요건을 충족하게 된다. 그리고 소방공무원의 행정권한 행사가 관계 법률의 규정 형식상 소방공무원의 재량에 맡겨져 있더라도 소방공무원에게 그러한 권한을 부여한 취지와 목적에 비추어 볼 때 **구체적인 상황 아래에서 소방공무원이 권한을 행사하지 아니한 것이 현저하게 합리성을 잃어 사회적 타당성이 없는 경우에는 소방공무원의 직무상 의무를 위반한 것으로서 위법**하게 된다.
  → 주점에서 발생한 화재로 사망한 甲 등의 유족들이 乙 광역시를 상대로 손해배상을 구한 사안에서, 소방공무원들이 소방검사에서 비상구 중 1개가 폐쇄되고 그곳으로 대피하도록 유도하는 피난구유도등, 피난안내도 등과 일치하지 아니하게 됨으로써 화재 시 피난에 혼란과 장애를 유발할 수 있는 상태임을 발견하지 못하여 업주들에 대한 시정명령이나 행정지도, 소방안전교육 등 적절한 지도·감독을 하지 아니한 것은 구체적인 소방검사 방법 등이 소방공무원의 재량에 맡겨져 있음을 감안하더라도 현저하게 합리성을 잃어 사회적 타당성이 없는 경우에 해당

ⓩ 다수의 성폭력범죄로 여러 차례 처벌을 받은 뒤 위치추적 전자장치를 부착하고 보호관찰을 받고 있던 甲이 乙을 강간하였고(이하 '직전 범행'이라고 한다), 그로부터 13일 후 丙을 강간하려다 살해하였는데, 丙의 유족들이 경찰관과 보호관찰관의 위법한 직무수행을 이유로 국가를 상대로 손해배상을 구한 사안 → 국가배상책임 인정(대판 2022. 7. 14. 선고 2017다290538)

③ **부작위로 인한 국가배상책임을 부정한 사례**
  ㉠ 미니컵젤리사건 : 어린이가 미니컴 젤리를 섭취하던 중 질식사한 여러건의 사건이 발생한 경우
    식품의약품안전청장 등이 미니컵 젤리의 유통을 금지하거나 물성실험 등을 통하여 미니컵 젤리의 위험성을 확인하고 기존의 규제조치보다 강화된 미니컵 젤리의 기준 및 규격 등을 마련하지 아니하였다고 하더라도, 그러한 규제권한을 행사하지 아니한 것이 현저하게 합리성을 잃어 사회적 타당성이 없다고 볼 수 있는 정도에 이른 것이라고 보기 어렵다 한 사례(대판 2010.11.25. 2008다67828)
  ㉡ 경주보훈지청 사건
    국가유공자에 대하여 주택구입대부제도에 관한 안내를 하지 아니하여 시중대출을 이용한 경우(대판 2010다95666)

ⓒ 1시간 12분 경과한 후의 채혈

경찰관이 음주운전 단속시 운전자의 요구에 따라 곧바로 채혈을 실시하지 않은 채 **호흡측정기에 의한 음주측정을 하고 1시간 12분이 경과한 후에야 채혈을 하였다는 사정**만으로는 위 행위가 법령에 위배된다거나 객관적 정당성을 상실하여 운전자가 음주운전 단속과정에서 받을 수 있는 권익이 현저하게 침해되었다고 단정하기 어렵다고 본 사례(대판 2008.4.24. 2006다32132)

ⓔ 국가배상법에 따른 손해배상책임을 부담시키기 위한 전제로서, 공무원이 행한 행정처분이 위법하다고 하기 위하여서는 법령을 위반하는 등으로 행정처분을 하였음이 인정되어야 하므로, 수익적 행정처분인 허가 등을 신청한 사안에서 행정처분을 통하여 달성하고자 하는 신청인의 목적 등을 자세하게 살펴 목적 달성에 필요한 안내나 배려 등을 하지 않았다는 사정만으로 직무집행에 있어 위법한 행위를 한 것이라고 보아서는 아니 된다.(대판 2017. 6. 29. 선고 2017다211726)

→ 甲 주식회사가 乙 지방자치단체에 하천부지에 잔디실험연구소를 설치하는 내용이 포함된 사업계획서를 제출하면서 하천점용허가를 신청하여 점용허가를 받은 후 하천부지에 컨테이너를 설치하였는데, 乙 지방자치단체가 하천부지가 개발제한구역에 해당함에도 甲 회사가 개발제한구역의 지정 및 관리에 관한 특별조치법 제12조에서 정한 행위허가를 받지 않은 채 컨테이너를 설치하였다는 이유로 하천점용허가를 취소한 사안에서, 乙 지방자치단체의 손해배상책임을 인정한 원심판단에 법리오해의 잘못이 있다고 한 사례

3. 공무원의 직무집행행위의 판단기준 : 외형설

① 인사업무담당 공무원이 다른 공무원의 공무원증 등을 위조한 행위에 대하여 실질적으로는 직무행위에 속하지 아니한다 할지라도 외관상으로 국가배상법 제2조 제1항의 직무집행관련성이 인정된다(대판 2005.1.14. 2004다26805).

② 국가배상법 제2조 제1항의 "직무를 집행함에 당하여"라 함은 직접 공무원의 직무집행행위이거나 그와 밀접한 관계에 있는 행위를 포함하고, 이를 판단함에 있어서는 행위 자체의 외관을 객관적으로 관찰하여 공무원의 직무행위로 보여질 때에는 비록 그것이 실질적으로 직무행위가 아니거나 또는 행위자로서는 주관적으로 공무집행의 의사가 없었다고 하더라도 그 행위는 공무원이 "직무를 집행함에 당하여"한 것으로 보아야 한다(대판 1995.4.21. 93다14240).

③ 구청 공무원 갑이 주택정비계장으로 부임하기 이전에 그의 처 등과 공모하여 을에게 무허가건물철거 세입자들에 대한 시영아파트 입주권 매매행위를 한 경우 이는 갑이

개인적으로 저지른 행위에 불과하고 당시 근무하던 세무과에서 수행하던 지방세 부과, 징수 등 본래의 직무와는 관련이 없는 행위로서 외형상으로도 직무 범위내에 속하는 행위라고 볼 수 없다.(대판 92다8514)

4. 공무원의 고의·과실

(1) 국가배상법상 "과실"의 개념

① 공무원의 직무집행상의 과실이라 함은 <u>공무원이 그 직무를 수행함에 있어 당해 직무를 담당하는 평균인이 보통 갖추어야 할 주의의무를 게을리 하는 것을 말한다.</u>(대판 1987.9.22. 87다카1164)

② **공무원의 직무집행상 과실이란 공무원이 직무를 수행하면서 해당 직무를 담당하는 평균인이 통상 갖추어야 할 주의의무를 게을리한 것**을 말한다. 공무원에게 부과된 직무상 의무의 내용이 단순히 공공 일반의 이익을 위한 것이거나 행정기관 내부의 질서를 규율하기 위한 것이 아니고 전적으로 또는 부수적으로 사회구성원 개인의 안전과 이익을 보호하기 위하여 설정된 것이라면, 공무원이 그와 같은 직무상 의무를 위반함으로써 피해자가 입은 손해에 대해서는 상당인과관계가 인정되는 범위에서 국가가 배상책임을 진다. 이때 상당인과관계의 유무는 일반적인 결과 발생의 개연성은 물론 직무상 의무를 부과하는 법령을 비롯한 행동규범의 목적, 가해행위의 양태와 피해의 정도 등을 종합적으로 고려하여 판단하여야 한다.(대판 2021. 6. 10. 선고 2017다286874)

판례요지
해양수산부 산하 어업관리단의 불법어로행위 특별합동단속 중 甲 등이 승선하고 있던 선박이 단속정의 추적을 피해 도주하는 과정에서 암초와 충돌하였고, 인근에서 甲이 익사한 상태로 발견되었는데, 甲의 유족들이 단속정에 승선하고 있던 감독공무원들의 구조의무 위반 등을 주장하며 국가를 상대로 손해배상을 구한 사안에서, <u>감독공무원들에게 직무집행상 과실이 있다고 단정하기 어렵고, 이들의 행위와 甲의 사망 사이에 상당인과관계가 있다고 볼 수도 없다.</u>

③ 행정처분이 나중에 항고소송에서 위법하다고 판단되어 취소되더라도 그것만으로 행정처분이 공무원의 고의나 과실로 인한 불법행위를 구성한다고 단정할 수 없다. 보통 일반의 공무원을 표준으로 하여 볼 때 위법한 행정처분의 담당 공무원이 객관적 주의의무를 소홀히 하고 그로 인해 행정처분이 객관적 정당성을 잃었다고 볼 수 있는 경우에 국가배상법 제2조가 정한 국가배상책임이 성립할 수 있다. (대판 2021. 6. 30. 선고 2017다249219)

④ 등기관은 제출된 서면이 형식적으로 진정한 것인지 여부를 심사할 권한은 갖고 있으나 그 등기신청이 실체법상 권리관계와 일치하는지 여부를 심사할 실질적인 권한은

없지만, **등기업무를 담당하는 평균적 등기관이 보통 갖추어야 할 통상의 주의의무만 기울였어도 제출서면이 위조되었다는 것을 쉽게 알 수 있었음에도 이를 간과한 채 적법한 것으로 심사하여 등기신청을 각하하지 못한 경우에 과실을 인정**할 수 있다. (대판 2003다13048)

⑤ 2013.11.7. 실시된 2014년 대학수학능력시험에서 세계지리 8번 문제에 대한 정답결정에 재량의 일탈·남용이 있었다는 법원 판결에 따라 복수정답이 인정된 사안에서 응시생들의 출제와 정답결정의 오류에 대한 위법성을 주장하며 국가배상을 청구한 사안에서, 문제출제, 이의처리, 복수정답 인정과 피해자 구제과정을 종합하여 볼 때 국가배상을 인정할 정도의 객관적 정당성을 상실하였다고 보기 어려우므로 국가배상책임을 인정할 수 없다.(대판 2022.4.28. 2017다233061)

⑥ 시청 소속 공무원이 시장을 부패방지위원회에 부패혐의자로 신고한 후 동사무소로 하양 전보된 사안에서, 그 전보인사 조치는 사회통념상 용인될 수 없을 정도로 객관적 정당성을 결여하였다고 단정할 수 없어 불법행위를 구성하지 않는다.(대판 2006다16215)

판례요지
공무원에 대한 전보인사가 법령이 정한 기준과 원칙에 위배되거나 인사권을 다소 부적절하게 행사한 것으로 볼 여지가 있더라도 그러한 사유만으로 그 전보인사가 당연히 불법행위를 구성한다고 볼 수는 없다.

(2) 중과실

① **중과실 개념**

공무원의 중과실이란 공무원에게 통상 요구되는 정도의 상당한 주의를 하지 않더라도 약간의 주의를 한다면 손쉽게 위법·유해한 결과를 예견할 수 있는 경우임에도 만연히 이를 간과함과 같은 거의 고의에 가까운 현저한 주의를 결여한 상태를 의미한다.(대판 2011.09.08. 선고 2011다34521)

② **중과실 인정**

공무원 갑이 을에 대한 범죄경력자료를 조회하여 확인한 전과를 을의 공직선거 후보자용 범죄경력조회 회보서에 기재하지 않은 사안에서, 국가배상책임 외에 공무원 개인의 배상책임까지 인정한 원심판단을 수긍한 사례(대판 2011다34521)

③ **중과실 부정**

甲 등이 세월호 진상규명 등을 촉구하는 기자회견을 한 후 청와대에 서명지 박스를 전달하기 위한 행진을 시도하였으나 관할 경찰서장인 乙 등이 해산명령과 통행차단 조치를 하였고, 이에 甲 등이 乙 등을 상대로 손해배상을 구한 사안

→ 기자회견 및 행진으로 인하여 타인의 법익이나 공공의 안녕질서에 대한 직접적인 위험이 명백하게 초래되었다고 보기 어려우므로 甲 등에 대한 해산명령 및 통행

차단 조치는 위법하지만, 기자회견 및 행진이 옥외집회 및 시위가 금지되는 특정 지역과 시간적·장소적으로 상당히 근접한 지역에서 이루어졌다는 점, 경찰관의 해산명령과 제지 조치가 각각의 요건을 충족함으로써 적법한지는 개별 사안 자체의 특수성을 합리적으로 고찰하여야 하는 속성을 지니는 점 등의 제반 사정을 고려하면, 乙 등은 당시 甲 등에게 내린 해산명령 및 통행차단 조치가 집회 및 시위에 관한 법률 및 경찰관 직무집행법에서 허용되는 범위를 넘어선다는 것을 인식하지 못하였다고 볼 여지가 있고, 나아가 위와 같이 인식하지 못한 데에 고의에 가까울 정도로 현저히 주의를 결여하였다고 단정하기 어려운데도,~ (대판 2021. 11. 11. 선고 2018다288631)

(3) 법령해석과 공무원의 과실 인정여부

① 일반적으로 공무원이 직무를 집행함에 있어서 관계법규를 알지 못하거나 필요한 지식을 갖추지 못하여 법규의 해석을 그르쳐 잘못된 행정처분을 하였다면 그가 법률전문가가 아닌 행정직 공무원이라고 하여 과실이 없다고 할 수 없다.(대판 1995.10.13. 95다32747)

② 행정청이 관계법령의 해석이 확립되기 전에 어느 한 설을 취하여 업무를 처리한 것이 결과적으로 위법하게 되어 그 법령의 부당집행이라는 결과를 빚었다고 하더라도 <u>처분 당시 그와 같은 처리방법 이상의 것을 성실한 평균적 공무원에게 기대하기 어려웠던 경우라면 특별한 사정이 없는 한 이를 두고 공무원의 과실로 인한 것이라고는 할 수 없기 때문에, 그 행정처분이 후에 항고소송에서 취소되었다고 할지라도 당해 행정처분이 곧바로 공무원의 고의 또는 과실로 인한 불법행위를 구성한다고 단정할 수는 없다.</u>(대판 1997.7.11. 97다7608)

③ 행정청이 <u>확립된 법령의 해석에 어긋나는 견해를 고집하여 계속하여 위법한 행정처분등으로 불이익을 상대방에게 주는 경우 : 과실인정</u>(대판 2007.5.10. 2005다31828)

④ 법령의 해석이 복잡·미묘하여 어렵고 학설·판례가 통일되지 않을 때에 공무원이 신중을 기해 그 중 어느 한 설을 취하여 처리한 경우에는 그 해석이 결과적으로 위법한 것이었다 하더라도 국가배상법상 공무원의 과실을 인정할 수 없다.(대판 1973.10.10. 72다2583)

⑤ 위법·무효인 행정입법에 관여한 공무원의 불법행위 성립여부 : 부정
   ㉠ 행정입법에 관여한 공무원이 나름대로 합리적 근거를 찾아 어느 하나의 견해에 따라 경과규정을 두는 등의 조치없이 새법령을 그대로 시행 또는 적용하였으나 **그 판단이 나중에 대법원이 내린 판단과 달라 결과적으로 신뢰보호원칙등을 위반하게 된 경우, 국가배상책임의 성립요건인 공무원의 과실이 있다고 볼 수 없다.**
   ㉡ 변리사 제1차 시험을 '절대평가제'에서 '상대평가제'로 변경함에 따라 2002.5.26.

실시된 시험에서 불합격처분을 받았다가 그 후 위 조항을 즉시 시행한 부분이 헌법에 위배되어 무효라는 대법원판결이 내려져 추가합격처분을 받은 경우 국가배상이 부정된다.(대판 2013.4.26. 2011다14428)
⑥ 사립대학이 공립대학으로 바뀜에 따라 교수·부교수의 임용권을 가지게 된 교육부장관등이 지방자치단체장이 임용제청한 기존 사립대학의 교수·부교수를 모두 공립대학의 교수·부교수로 임용하였으나, 임용제청에 앞서 이루어진 지방자치단체의 임용심사가 객관적이지 못하여 기존 사립대학의 일부 교수·부교수들이 부당하게 임용제청대상에서 누락됨에 따라 결국 임용에서 제외되게 된 경우, 교육부장관등의 임용제외처분이 국가가 손해의 전보책임을 부담하는 국가배상법 제2조의 '고의 또는 과실에 의한 위법한 행위'에 해당하지 아니한다.(대판 2001.12.14. 2000다12679)
⑦ 불법행위에 따른 형사책임은 사회의 법질서를 위반한 행위에 대한 책임을 묻는 것으로서 행위자에 대한 공적인 제재(형벌)를 그 내용으로 함에 비하여, 민사책임은 타인의 법익을 침해한 데 대하여 행위자의 개인적 책임을 묻는 것으로서 피해자에게 발생한 손해의 전보를 그 내용으로 하는 것이고, 손해배상제도는 손해의 공평·타당한 부담을 그 지도원리로 하는 것이므로, 형사상 범죄를 구성하지 아니하는 침해행위라고 하더라도 그것이 민사상 불법행위를 구성하는지 여부는 형사책임과 별개의 관점에서 검토하여야 한다.(대판 2006다6713)

판례요지
경찰관이 범인을 제압하는 과정에서 총기를 사용하여 범인을 사망에 이르게 한 사안에서, 경찰관이 총기사용에 이르게 된 동기나 목적, 경위 등을 고려하여 형사사건에서 무죄판결이 확정되었더라도 당해 경찰관의 과실의 내용과 그로 인하여 발생한 결과의 중대함에 비추어 민사상 불법행위책임을 인정한 사례.

5. 법령위반과 객관적 정당성

① 법령위반의 범위
국가배상책임에 있어 공무원의 가해행위는 '법령에 위반한' 것이어야 하고, **법령위반이라 함은 엄격한 의미의 법령위반뿐만 아니라 인권존중, 권력남용금지, 신의성실, 공서양속등의 위반도 포함하여 널리 그 행위가 객관적인 정당성을 결여하고 있음을 의미한다고 할 것**이다.(대판 2009.12.24. 2009다70180)

② 국가배상책임은 공무원의 직무집행이 법령에 위반한 것임을 요건으로 하는 것으로서, **공무원의 직무집행이 법령이 정한 요건과 절차에 따라 이루어진 것이라면 특별한 사정이 없는 한 이는 법령에 적합한 것이고 그 과정에서 개인의 권리가 침해되는 일이 생긴다고 하여 그 법령적합성이 곧바로 부정되는 것은 아니다**(대판 2000.11.10. 2000다26807·26814).

→ 경찰관이 도주차량을 추적하는 직무중 손해 : 위법성 부정

③ 공무원에 대한 전보인사가 불법행위를 구성하기 위한 요건

공무원에 대한 전보인사가 법령이 정한 기준과 원칙에 위배되거나 인사권을 다소 부적절하게 행사한 것으로 볼 여지가 있다 하더라도 그러한 사유만으로 그 전보인사가 당연히 불법행위를 구성한다고 볼 수는 없고, <u>인사권자가 당해 공무원에 대한 보복감정 등 다른 의도를 가지고 인사재량권을 일탈·남용하여 객관적 정당성을 상실하였음이 명백한 경우 등 전보인사가 우리의 건전한 사회통념이나 사회상규상 도저히 용인될 수 없음이 분명한 경우에, 그 전보인사는 위법하게 상대방에게 정신적 고통을 가하는 것이 되어 당해 공무원에 대한 관계에서 불법행위를 구성한다.</u> 그리고 이러한 법리는 구 부패방지법(2001. 7. 24. 법률 제6494호)에 따라 다른 공직자의 부패행위를 부패방지위원회에 신고한 공무원에 대하여 위 신고행위를 이유로 불이익한 전보인사가 행하여진 경우에도 마찬가지이다.(대판 2006다16215)

→ 시청 소속 공무원이 시장을 부패방지위원회에 부패혐의자로 신고한 후 동사무소로 하향전보된 사안

④ 국가배상책임에 있어 공무원의 가해행위는 법령을 위반한 것이어야 하고, <u>법령을 위반하였다 함은 엄격한 의미의 법령 위반뿐 아니라 인권존중, 권력남용금지, 신의성실과 같이 공무원으로서 마땅히 지켜야 할 준칙이나 규범을 지키지 않고 위반한 경우를 포함하여 널리 그 행위가 객관적인 정당성을 결여하고 있음을 뜻하는 것이므로, 수사기관이 범죄수사를 하면서 지켜야 할 법규상 또는 조리상의 한계를 위반하였다면 이는 법령을 위반한 경우에 해당한다.</u>(대판 2020.4.29. 2015다224797)

→ 수사기관은 수사 등 직무를 수행할 때에 헌법과 법률에 따라 국민의 인권을 존중하고 공정하게 하여야 하며 실체적 진실을 발견하기 위하여 노력하여야 할 법규상 또는 조리상의 의무가 있고, 특히 피의자가 소년 등 사회적 약자인 경우에는 수사과정에서 방어권 행사에 불이익이 발생하지 않도록 더욱 세심하게 배려할 직무상 의무가 있다. 따라서 **경찰관은 피의자의 진술을 조서화하는 과정에서 조서의 객관성을 유지하여야 하고, 고의 또는 과실로 위 직무상 의무를 위반하여 피의자신문조서를 작성함으로써 피의자의 방어권이 실질적으로 침해되었다고 인정된다면, 국가는 그로 인하여 피의자가 입은 손해를 배상하여야** 한다.

⑤ 시험문제 출제와 국가배상

해당 시험이 응시자에 대하여 일정한 수준을 갖추었는지를 평가하여 특정한 자격을 부여하는 사회적 제도로서 **공익성을 가지고 있는지** 여부, 국가기관이나 소속 공무원이 시험문제의 출제, 정답결정 등의 결정을 위하여 **외부의 전문 시험위원을 법령에서 정한 요건과 절차에 따라 적정하게 위촉**하였는지 여부, 위촉된 시험위원들이 최대한 주관적 판단의 여지를 배제하고 **객관적 입장에서 해당 과목의 시험을 출제하였으며 시험위원들 사이에 출제된 문제와 정답의 결정과정에 다른 의견은 없었는지 여**

부, 시험문항의 출제나 정답결정에 대한 **오류가 사후적으로 정정되었고 응시자들에게 국가기관이나 소속 공무원이 그에 따른 적절한 구제조치를 하였는지 여부** 등의 여러 사정을 종합하여 **시험출제에 관여한 공무원이나 시험위원이 객관적 주의의무를 소홀히 하여 시험문항의 출제나 정답결정에 대한 오류 등에 따른 행정처분이 객관적 정당성을 상실하였다고 판단되어야** 한다.(대판 2022. 4. 28. 선고 2017다233061)

⑥ 수용시설 면적과 위법성 인정여부(대판 2022. 7. 14 선고 2017다266771)

㉠ 수용자가 하나의 거실에 다른 수용자들과 함께 수용되어 거실 중 화장실을 제외한 부분의 1인당 수용면적이 인간으로서의 기본적인 욕구에 따른 일상생활조차 어렵게 할 만큼 협소하다면, 그러한 과밀수용 상태가 예상할 수 없었던 일시적인 수용률의 폭증에 따라 교정기관이 부득이 거실 내 수용 인원수를 조정하기 위하여 합리적이고 필요한 정도로 단기간 내에 이루어졌다는 등의 특별한 사정이 없는 한, 그 자체로 수용자의 인간으로서의 존엄과 가치를 침해한다고 봄이 타당하다.

㉡ 교정시설 수용행위로 인하여 수용자의 인간으로서의 존엄과 가치가 침해되었다면 그 수용행위는 공무원의 법령을 위반한 가해행위가 될 수 있다.

㉢ 구치소 등 교정시설에 수용된 후 출소한 甲 등이 혼거실 등에 과밀수용되어 정신적, 육체적 고통을 겪었다고 주장하며 국가를 상대로 위자료 지급을 구한 사안에서, 수면은 인간의 생명 유지를 위한 필수적 행위 중 하나인 점, 관계 법령상 수용자에게 제공되는 일반 매트리스의 면적은 약 $1.4m^2$인데, 이는 수용자 1인당 수면에 필요한 최소한의 면적으로 볼 수 있는 점, 교정시설에 설치된 거실의 도면상 면적은 벽, 기둥의 중심선으로 둘러싸인 수평투영면적을 의미하는데, 벽, 기둥 외의 실제 내부 면적 중 사물함이나 싱크대 등이 설치된 공간을 제외하고 수용자가 실제 사용할 수 있는 면적은 그보다 좁을 수밖에 없는 점 등을 고려하면, 수용자 1인당 도면상 면적이 $2m^2$ 미만인 거실에 수용되었는지를 위법성 판단의 기준으로 삼아 甲 등에 대한 국가배상책임을 인정한 원심판단을 수긍한 사례.

⑦ 행정규칙 위반

㉠ 행정규칙의 기준에 따른 영업허가취소처분이 행정심판에 의하여 재량권일탈로 취소된 경우, 그 처분을 한 행정청 공무원에게 직무집행상 과실이 있다고 할 수 없다.(대판 1994.11.8. 94다26141)

㉡ 오동도 사건 : 국가배상인정사례(대판 1997.9.9. 97다12907)

⑧ 구 국가안전과 공공질서의 수호를 위한 대통령긴급조치(1975. 5. 13. 대통령긴급조치 제9호, 이하 '긴급조치 제9호'라고 한다)는 위헌·무효임이 명백하고 긴급조치 제9호 발령으로 인한 국민의 기본권 침해는 그에 따른 강제수사와 공소제기, 유죄판결의 선고를 통하여 현실화되었다. 이러한 경우 긴급조치 제9호의 발령부터 적용·집행에 이르는 일련의 국가작용은, 전체적으로 보아 공무원이 직무를 집행하면서 객관적 주의의무를 소홀히 하여 그 직무행위가 객관적 정당성을 상실한 것으로서 위법하

다고 평가되고, 긴급조치 제9호의 적용·집행으로 강제수사를 받거나 유죄판결을 선고받고 복역함으로써 개별 국민이 입은 손해에 대해서는 국가배상책임이 인정될 수 있다.(대판 2022. 8. 30. 선고 2018다212610)

6. 직무상 의무의 사익보호성

(1) 직무상 의무의 사익보호성 기준

① 공무원이 직무를 수행하면서 그 근거되는 법령의 규정에 따라 구체적으로 의무를 부여받았어도 그것이 국민의 이익과는 관계없이 순전히 행정기관 내부의 질서를 유지하기 위한 것이거나, 또는 국민의 이익과 관련된 것이라도 직접 국민개개인의 이익을 위한 것이 아니라 전체적으로 공공일반의 이익을 도모하기 위한 것이라면 그 의무에 위반하여 국민에게 손해를 가하여도 국가 또는 지방자치단체는 배상책임을 부담하지 아니한다.(대판 2001.10.23. 99다36280)

② 공무원이 고의 또는 과실로 그에게 부과된 직무상 의무를 위반하였을 경우라고 하더라도 국가는 그러한 직무상의 의무위반과 피해자가 입은 손해 사이에 상당인과관계가 인정되는 범위 내에서만 배상책임을 지는 것이고, 이 경우 상당인과관계가 인정되기 위하여는 공무원에게 부과된 직무상 의무의 내용이 단순히 공공일반의 이익을 위한 것이거나 행정기관 내부의 질서를 규율하기 위한 것이 아니고 전적으로 또는 부수적으로 사회구성원 개인의 안전과 이익을 보호하기 위하여 설정된 것이어야 한다.(대판 2011다34521)

(2) 사익보호성 부정한 사례

① 상수원수 수질기준유지의무를 다하지 못하고 고도의 정수처리방법이 아닌 일반적 정수처리방법으로 수돗물을 공급한 경우(대판 99다36280)

② 신제품인증사건

공공기관에 부과한 신제품 인증을 받은 제품(이하 '인증신제품'이라 한다) 구매의무는 기업에 신기술개발제품의 판로를 확보하여 줌으로써 산업기술개발을 촉진하기 위한 국가적 지원책의 하나로 국민경제의 지속적인 발전과 국민의 삶의 질 향상이라는 공공 일반의 이익을 도모하기 위한 것이고, 공공기관이 구매의무를 이행한 결과 신제품 인증을 받은 자가 재산상 이익을 얻게 되더라도 이는 반사적 이익에 불과할 뿐 위 법령이 보호하고자 하는 이익으로 보기는 어렵다. 따라서 공공기관이 위 법령에서 정한 인증신제품 구매의무를 위반하였다고 하더라도, 이를 이유로 신제품 인증을 받은 자에 대하여 국가배상법 제2조가 정한 배상책임이나 불법행위를 이유로 한 손해배상책임을 지는 것은 아니다(대판 2015.5.28. 2013다41431).

(3) 사익보호성 인정한 사례

① 정당에 대한 전과회보사건

공직선거법이 위와 같이 후보자가 되고자 하는 자와 그 소속 정당에게 전과기록을 조회할 권리를 부여하고 수사기관에 회보의무를 부과한 것은 단순히 유권자의 알권리 보호 등 공공 일반의 이익만을 위한 것이 아니라, 그와 함께 후보자가 되고자 하는 자가 자신의 피선거권 유무를 정확하게 확인할 수 있게 하고, 정당이 후보자가 되고자 하는 자의 범죄경력을 파악함으로써 부적격자를 공천함으로 인하여 생길 수 있는 정당의 신뢰도 하락을 방지할 수 있게 하는 등 개별적인 이익도 보호하기 위한 것이다.(대판 2011.09.08. 선고 2011다34521)

② 금융위원회의 설치 등에 관한 법률의 입법 취지 등에 비추어 볼 때, **피고 금융감독원에 금융기관에 대한 검사·감독의무를 부과한 법령의 목적이 금융상품에 투자한 투자자 개인의 이익을 직접 보호하기 위한 것이라고 할 수 없으므로**, 피고 금융감독원 및 그 직원들의 위법한 직무집행과 부산2저축은행의 후순위사채에 투자한 원고들이 입은 손해 사이에 상당인과관계가 있다고 보기 어렵다고 판단하였다.(대판 2015다210194)

→ 부산2저축은행에 대한 금융감독원의 검사 감독의무를 부과한 목적은 공익을 위한 것임.

7. 위법성 인정여부 판례사례

(1) 위법성 인정 사례

① 경찰관이 범인을 검거하면서 가스총을 근접발사하여 실명 : 배상책임 인정
② 형사상 범죄를 구성하지 아니하는 침해행위라고 하더라도 그것이 민사상 불법행위를 구성하는 지 여부는 형사책임과 별개의 관점에서 검토하여야 한다.(대판 2008.2.1. 2006다6713)
③ 성폭력범죄의 수사를 담당하거나 수사에 관여하는 경찰관이 피해자의 인적사항을 공개 또는 누설함으로써 피해자가 손해를 입은 경우, 국가의 배상책임이 성립한다.(대판 2008.6.12. 2007다64365)
④ 개별공시지가 산정업무 담당공무원등이 부담하는 직무상 의무의 내용 및 그 담당공무원등이 직무상 의무에 위반하여 현저하게 불합리한 개별공시지가가 결정되도록 함으로써 국민 개개인의 재산권을 침해한 경우(대판 2010.7.22. 2010다13527)
⑤ 법무법인 소속 변호사 갑의 지시로 법무법인 직원 을이 구금된 피의자 병의 변호인선임서를 경찰서에 제시하며 체포영장에 대한 등사신청을 하였으나 담당 경찰관 정이 '변호사가 직접 와서 신청하라'고 말하면서 등사를 거부하자, 갑이 국가배상청구를 한 사안(대판 2012.9.13. 2010다 24879)

⑥ 한센병을 앓은 적이 있는 갑 등이 국가가 한센병 환자의 치료 및 격리수용을 위하여 운영·통제해 온 국립 소록도병원 등에 입원해 있다가 위 병원 등에 소속된 의사 등으로부터 정관절제수술 또는 임신중절수술을 받았음을 이유로 국가를 상대로 손해배상을 구한 사안(대판 2017.2.15. 2014다230535)

⑦ 분배농지를 관리하는 공무원이 구 농지개혁법에 따라 국가가 매수·취득한 농지임을 제대로 확인하지 아니한 채 이를 제3자에게 처분함으로써 수분배자 또는 원소유자에게 손해를 발생하게 한 경우(대판 2014다229009)

⑧ 북한에서 태어나고 자란 중국 국적의 화교인 甲이 대한민국에 입국한 후 국가정보원장이 북한이탈주민의 보호 및 정착지원에 관한 법률에 따라 설치·운영하는 임시보호시설인 중앙합동신문센터에 수용되어 조사를 받았는데, 변호사인 乙 등이 甲에 대한 변호인 선임을 의뢰받고 9차례에 걸쳐 甲에 대한 변호인접견을 신청하였으나, 국가정보원장과 국가정보원 소속 수사관이 乙 등의 접견신청을 모두 불허하였고, 이에 乙 등이 국가를 상대로 변호인 접견교통권 침해를 이유로 손해배상을 구한 사안에서, 국가정보원장이나 국가정보원 수사관이 변호인인 乙 등의 甲에 대한 접견교통신청을 허용하지 않은 것은 변호인의 접견교통권을 침해한 위법한 직무행위에 해당하므로, 국가는 乙 등이 입은 정신적 손해를 배상할 책임이 있다고 본 원심판단이 정당하다고 한 사례(대판 2016다266736)

⑨ 사기와 횡령 등의 혐의로 구속영장이 발부되자 도주하였다가 체포되어 심문을 위해 법원에 인치된 갑의 얼굴이 법원 건물 현관에서 대기 중이던 언론사 기자들에 의하여 사진 및 동영상으로 촬영되어 보도되자, 갑이 국가를 상대로 초상권 침해에 따른 손해배상을 구한 사안에서, 체포·구속으로 피의자의 신병을 확보하고 있는 수사기관은 원하지 않는 촬영이나 녹화를 당할 절박한 상황에 놓인 피의자에 대하여 호송·계호 등의 업무에 중대한 지장이 없는 범위 내에서 얼굴을 가리거나 제3자의 접촉을 차단하는 등 초상권을 방어할 수 있도록 보호할 의무가 있는바, 위 피의자 심문구인용 구속영장 집행 사실을 확인한 언론사 기자들이 갑이 도착할 무렵 건물 현관에 대기하고 있었고, 수사기관 공무원들은 호송차량에서 내리기 전에 이러한 상황을 파악하였음에도 갑의 얼굴을 가릴 수 있도록 하여 주는 등의 필요한 조치를 취하지 아니한 채 갑에 대한 촬영, 녹화, 인터뷰가 가능하도록 방치하는 등 구속 피의자인 갑에 대한 보호의무를 위반하여, 갑의 명예와 초상권을 침해하였다.(대판 2021다265119)

(2) 위법성 부정사례

① 경찰관이 교통법규등을 위반하고 도주하는 차량을 순찰차로 추적하는 직무를 집행하는 도중에 그 도주차량의 주행에 의하여 제3자가 손해를 입은 경우, 경찰관의 추적행위가 위법하다고 볼 수 없다.(대판 2000.11.10. 2000다26807)

② 등기신청의 첨부서면으로 제출한 판결서의 일부 기재사항 및 기재형식이 일반적인

판결서의 작성방식과 다르다는 점만을 근거로 판결서의 진정성립에 관하여 자세한 확인절차를 하지 않은 등기관의 직무상의 주의의무위반을 이유로 한 국가배상책임은 부정된다.(대판 2005.2.25. 2003다13048)

③ 공군참모총장이 군종장교로 하여금 교계에 널리 알려진 특정종교에 대한 비판적 정보를 담은 책자를 발행·배포하게 한 행위가 정교분리의 원칙에 위반하는 위법한 직무집행에 해당하지 않는다.(대판 2007.4.26. 2006다87903)

④ 사업인가취소는 수익행위의 취소로서 불이익처분이 되고, 그 사업을 계속 수행할 수 없게 되어 공사업자등 이미 법률관계를 맺고 있는 자의 이해에도 영향을 미치게 되는 바, 이러한 규제·감독권한을 행사할 것인가 여부는 행정청의 전문적 판단에 근거한 합리적 재량에 맡겨져 있다고 해야 할 것이다.(대판 2005.11.10. 2003다18876)

⑤ 수익적 행정처분인 허가등을 신청한 사안에서 행정처분을 통하여 달성하고자 하는 신청인의 목적등을 자세하게 살펴 목적달성에 필요한 안내나 배려등을 하지 않았다는 사정만으로 직무집행에 있어 위법한 행위를 한 것이라고 보아서는 아니된다.(대판 2017다211726)

⑥ <u>해군본부가 해군 홈페이지 자유게시판에 집단적으로 게시된 '제주해군기지 건설사업에 반대하는 취지의 항의글' 100여 건을 삭제하는 조치를 취하자, 항의글을 게시한 甲 등이 위 조치가 위법한 직무수행에 해당하며 표현의 자유 등이 침해되었다고 주장하면서 국가를 상대로 손해배상을 구한 사안</u>에서, 해군 홈페이지 자유게시판이 정치적 논쟁의 장이 되어서는 안 되는 점, 위와 같은 항의글을 게시한 행위는 정부정책에 대한 반대의사 표시이므로 '해군 인터넷 홈페이지 운영규정'에서 정한 게시글 삭제 사유인 '정치적 목적이나 성향이 있는 경우'에 해당하는 점, 해군본부가 집단적 항의글이 위 운영규정 등에서 정한 삭제 사유에 해당한다고 판단한 것이 사회통념상 합리성이 없다고 단정하기 어려운 점, 반대의견을 표출하는 항의 시위의 1차적 목적은 달성되었고 현행법상 국가기관으로 하여금 인터넷 공간에서의 항의 시위의 결과물인 게시글을 영구히 또는 일정 기간 보존하여야 할 의무를 부과하는 규정은 없는 점 등에 비추어 위 삭제 조치가 객관적 정당성을 상실한 위법한 직무집행에 해당한다고 보기 어려운데도, 이와 달리 본 원심판단에 법리오해의 잘못이 있다고 한 사례(대판 2020.6.4. 2015다233807)

8. 타인에게 손해가 발생할 것

(1) 타인의 범위

① 가해행위를 한 공무원과 동일한 목적을 위한 업무를 수행한 공무원이라 할지라도 그가 가해행위에 관여하지 아니한 이상 국가배상법 제2조 제1항 소정의 '타인'에 해당하므로 국가배상법에 의한 손해배상책임이 인정된다.(대판 1998.11.19. 97다36873)

(2) 손해의 발생

① ~ 국가의 위자료 지급책임을 인정하면서 북한 내 가족에 대한 위해가 실제 발생하였는지 등에 관한 증명이 없더라도 그 발생가능성을 위자료 참작사유로 삼을 수 있다. (대판 2012.4.26. 2011다53164)

② 위자료는 불법행위에 따른 피해자의 정신적 고통을 위자하는 금액에 한정되어야 하므로 발생한 재산상 손해의 확정이 가능한 경우에 위자료의 명목 아래 재산상 손해의 전보를 꾀하는 일은 허용될 수 없고, 재산상 손해의 발생에 대한 증명이 부족한 경우에는 더욱 그러하다.(대판 2014.1.16. 2011다108057)

③ 저작물의 단순한 변경을 넘어서 폐기 행위로 인하여 저작자의 인격적 법익 침해가 발생한 경우에는 위와 같은 동일성유지권 침해의 성립 여부와는 별개로 저작자의 일반적 인격권을 침해한 위법한 행위가 될 수 있다(대판 2015.8.27. 2012다204587).

④ 국가배상책임이 성립하기 위해서는 공무원의 직무집행이 위법하다는 점만으로는 부족하고 그로 인해 타인의 권리·이익이 침해되어 구체적 손해가 발생하여야 한다. (대판 2015두60617)

9. 상당인과관계

(1) 상당인과관계를 인정한 사례

① 군부대에서 유출된 폭음탄이 범죄에 사용된 사례 : 대판 1998.2.10. 97다49534

② 공무원의 직무상 과실로 허위의 주민등록표와 인감대장이 비치된 결과 허위의 인감증명서가 발급됨으로써 부실의 근저당권설정등기를 미친 저당권자가 그 저당권의 불성립으로 손해를 입었다면 공무원의 그와 같은 직무상 과실과 그 같은 손해사이에는 상당인과관계가 있다.(대판 1991.7.9. 91다5570)

③ 경매법원 공무원이 이해관계인에 대한 기일통지를 잘못한 것이 원인이 되어 경락허가결정이 취소된 경우, 그 사이 경락대금을 완납하고 소유권이전등기를 마친 경락인에 대하여 국가배상책임을 인정할 수 있다.(대판 2008.7.10. 2006다23664)

④ 주민등록사무를 담당하는 공무원이 개명으로 인한 주민등록상 성명정정을 본적지 관할관청에 통보하지 아니한 직무상 의무위배행위와 갑과 같은 이름으로 개명허가를 받은 듯이 호적등본을 위조하여 주민등록상 성명을 위법하게 정정한 을이 갑의 부동산에 관하여 불법적으로 근저당권설정등기를 경료함으로써 갑이 입은 손해 사이에는 상당인과관계가 있다.(대판 2003.4.25. 2001다59842)

⑤ 국가가 그러한 고지의무를 위반한 채로 계약조건을 제시하여 이를 통상의 경우와 다르지 않을 것으로 오인한 나머지 제시 조건대로 공사계약을 체결한 낙찰자가 불가피하게 계약금액을 초과하는 공사비를 지출하는 등으로 손해를 입었다면, 계약상대방이 그러한 사정을 인식하고 그 위험을 인수하여 계약을 체결하였다는 등의 특별한

사정이 없는 한, 국가는 고지의무 위반과 상당인과관계 있는 손해를 배상할 책임이 있다(대판 2016.11.10. 2013다23617).

⑥ 주점에서 발생한 화재로 사망한 甲 등의 유족들이 乙 광역시를 상대로 손해배상을 구한 사안에서, 소방공무원들이 업주들에 대하여 적절한 지도·감독을 하지 않는 등 직무상 의무를 위반하였고, 소방공무원들의 직무상 의무 위반과 甲 등의 사망 사이에 상당인과관계가 인정된다고 한 사례(대판 2016.8.25. 2014다225083)

⑦ 분배농지를 관리하는 공무원이 구 농지개혁법에 따라 국가가 매수·취득한 농지임을 제대로 확인하지 아니한 채 이를 제3자에게 처분함으로써 수분배자 또는 원소유자에게 손해를 발생하게 한 경우 이는 특별한 사정이 없는 한 국가배상법 제2조 제1항에 정한 공무원의 고의·과실에 의한 위법행위에 해당한다.(대판 2016. 11. 10. 선고 2014다229009)

⑧ 접견교통권 침해와 국가배상 (2018. 12. 27. 선고 2016다266736) : 국정원의 탈북자 접견침해

⑨ 주점에서 발생한 화재로 사망한 甲 등의 유족들이 乙 광역시를 상대로 손해배상을 구한 사안에서, 소방공무원들이 소방검사에서 비상구 중 1개가 폐쇄되고 그곳으로 대피하도록 유도하는 피난구유도등, 피난안내도 등과 일치하지 아니하게 됨으로써 화재 시 피난에 혼란과 장애를 유발할 수 있는 상태임을 발견하지 못하여 업주들에 대한 시정명령이나 행정지도, 소방안전교육 등 적절한 지도·감독을 하지 아니한 것은 구체적인 소방검사 방법 등이 소방공무원의 재량에 맡겨져 있음을 감안하더라도 현저하게 합리성을 잃어 사회적 타당성이 없는 경우에 해당하고, 다른 비상구 중 1개와 그곳으로 연결된 통로가 사실상 폐쇄된 사실을 발견하지 못한 것도 주점에 설치된 피난통로 등에 대한 전반적인 점검을 소홀히 한 직무상 의무 위반의 연장선에 있어 위법성을 인정할 수 있고, 소방공무원들이 업주들에 대하여 필요한 지도·감독을 제대로 수행하였더라면 화재 당시 손님들에 대한 대피조치가 보다 신속히 이루어지고 피난통로 안내가 적절히 이루어지는 등으로 甲 등이 대피할 수 있었을 것이고, 甲 등이 대피방향을 찾지 못하다가 복도를 따라 급속히 퍼진 유독가스와 연기로 인하여 단시간에 사망하게 되는 결과는 피할 수 있었을 것인 점 등 화재 당시의 구체적 상황과 甲 등의 사망 경위 등에 비추어 소방공무원들의 직무상 의무 위반과 甲 등의 사망 사이에 상당인과관계가 인정된다고 한 사례(대판 2016. 8. 25. 선고 2014다225083)

⑩ 해군 기초군사교육단에 입소하여 교육을 받은 후 하사로 임관한 甲이 해군교육사령부에서 받은 인성검사에서 '부적응, 관심, 자살예측'이라는 결과가 나왔으나, 甲의 소속 부대 당직소대장 乙은 위 검사 결과를 교관 등에게 보고하지 않았고, 甲은 그 후 실시된 면담 및 검사에서 특이사항이 없다는 판정을 받고 신상등급 C급(신상에 문제점이 없는 자)으로 분류되었는데 함선 근무 중 자살한 사안에서, 甲이 해군교육사령부에서 받은 인성검사에서 자살이 예측되는 결과가 나타난 이상 당시 甲에게 자

살 가능성이 있음을 충분히 예견할 수 있는 사정이 있었는데도 위 인성검사 결과를 제대로 반영하지 아니한 것은 자살우려자 식별과 신상파악·관리·처리의 책임이 있는 교관, 지휘관 등 관계자가 자살예방 및 생명존중문화 조성을 위한 법률 및 장병의 자살을 예방하기 위해 마련된 관련 규정들에 따른 조치 등 甲의 자살을 방지하기 위해 필요한 조치를 할 직무상 의무를 과실로 위반한 것이고, 그와 같은 직무상 의무 위반과 위 자살 사고 사이에 상당인과관계가 있다고 보아 국가의 배상책임을 인정한 사례(대판 2020.5.28. 2017다211559)

(2) 상당인과관계를 부정한 사례

① 개별공시지가산정업무 담당공무원등이 잘못 산정·공시한 개별공시지가를 신뢰한 나머지 토지의 담보가치가 충분하다고 믿고 그 토지에 관하여 근저당권설정등기를 경료한 후 물품을 추가로 공급함으로써 손해를 입었음을 이유로 그 담당공무원이 속한 지방자치단체에 손해배상을 구한 사안에서, 그 담당공무원등의 개별공시지가산정에 관한 직무상 위반행위와 위 손해사이에 상당인과관계가 있다고 보기 어렵다. (대판 2010.7.22. 2010다13527)

② 구청세무과 소송공무원 갑이 을에게 무허가건물 세입자들에 대한 시영아파트 입주권 매매행위를 한 경우 외형상 직무범위 내의 행위라고 볼 수 없으며 갑이 그 후 주택정비계장으로 부임하여 비치된 허위의 접수대장을 이용하여 을에 대하여 입주권부여대상자 확인등을 하여 준 경우 갑의 행위와 을의 손해 사이에 상당한 인과관계가 없다.(대판 1993.1.15. 92다8514)

③ 우편역무종사자가 내용증명우편물을 배달하는 과정에서 구 우편법 관계 법령에서 정한 직무규정을 위반하였다고 하더라도, 우편역무종사자가 발송인 등과 제3자와의 거래관계의 내용을 인식하고 그 내용증명우편물을 배달하지 아니할 경우 그 거래관계의 성립·이행·소멸이 방해되어 발송인 등에게 손해가 발생할 수 있다는 점을 알았거나 알 수 있었다는 등의 특별한 사정이 없는 한, 그 직무상 의무 위반과 내용증명우편물에 기재된 의사표시가 도달되지 않거나 그 도달에 대한 증명기능이 발휘되지 못함으로써 발송인 등이 제3자와 맺은 거래관계의 성립·이행·소멸 등과 관련하여 입게 된 손해 사이에는 상당인과관계가 있다고 볼 수 없다(대판 2009. 7.23. 2006다81325).

※ **유흥주점 화재사건**

지방자치단체의 담당공무원이 용도변경, 무허가영업 및 시설기준에 위배된 개축에 대하여 취하여야 할 조치를 게을리 한 직무상 위반행위	국가배상 부정
소방공무원이 시정조치를 명하지 아니한 경우	국가배상 긍정

④ 공무원이 법령에서 부과된 직무상 의무를 위반한 것을 계기로 제3자가 손해를 입은 경우 제3자의 손해배상청구권 인정요건

공무원의 직무상 의무 위반행위와 제3자의 손해 사이에 상당인과관계가 있어야 하고, 상당인과관계의 유무를 판단할 때 일반적인 결과발생의 개연성은 물론 직무상 의무를 부과한 법령 기타 행동규범의 목적이나 가해행위의 태양 및 피해의 정도 등을 종합적으로 고려하여야 한다. 공무원에게 직무상 의무를 부과한 법령의 목적이 사회구성원 개인의 이익과 안전을 보호하기 위한 것이 아니고 단순히 공공일반의 이익이나 행정기관 내부의 질서를 규율하기 위한 것이라면, 설령 공무원이 그 직무상 의무를 위반한 것을 계기로 하여 제3자가 손해를 입었다고 하더라도 공무원이 직무상 의무를 위반한 행위와 제3자가 입은 손해 사이에 상당인과관계가 있다고 할 수 없다.

⑤ 직무상 의무위반과 손해의 발생 사이에 상당인과관계가 있는지 판단기준(대판 2021.6.10. 2017다286874)

상당인과관계의 유무는 일반적인 결과 발생의 개연성은 물론 직무상 의무를 부과하는 법령을 비롯한 행동규범의 목적, 가해행위의 양태와 피해의 정도 등을 종합적으로 고려하여 판단하여야 한다.

→ 해양수산부 산하 어업관리단의 불법어로행위 특별합동단속 중 甲 등이 승선하고 있던 선박이 단속정의 추적을 피해 도주하는 과정에서 암초와 충돌하였고, 인근에서 甲이 익사한 상태로 발견되었는데, 甲의 유족들이 단속정에 승선하고 있던 감독공무원들의 구조의무 위반 등을 주장하며 국가를 상대로 손해배상을 구한 사안에서, 감독공무원들에게 직무집행상 과실이 있다고 단정하기 어렵고, 이들의 행위와 甲의 사망 사이에 상당인과관계가 있다고 볼 수도 없다고 한 사례

10. 위자료

① 재산권 침해에 대해서도 위자료 청구가 가능한가?

일반적으로 타인의 불법행위로 인하여 재산권이 침해된 경우에는 특별한 사정이 없는 한 그 재산적 손해의 배상에 의하여 정신적 고통도 회복된다고 보아야 할 것이고 재산적 손해의 배상만으로는 회복할 수 없는 정신적 손해가 있다면 그 위자료를 인정할 수 있다(대판 2003.7.25. 2003다22912).

② 탈북자 신원 정보공개와 위자료 청구

강원지방경찰청의 정보공개행위는 정보를 공개함으로써 얻을 수 있는 공공의 이익을 감안하더라도 침해당한 갑 등의 이익이 훨씬 무거우므로 정당성을 인정할 수 없다는 이유로 국가의 위자료 지급책임을 인정하면서, 국가의 신원보호조치 불이행으로 갑 등의 북한 내 가족들에 대한 피해 우려가 한층 커졌을 것이라는 점은 경험칙에 부합하므로 실제로 그러한 위해가 발생하였는지 등에 대한 증명이 없더라도 이를 위자료

참작사유로 삼을 수 있다고 한 사례(대판 2012. 4. 26. 2011다53164)
③ 행정절차 참여권 등 침해와 위자료 청구(대판 2015다221668)
행정절차는 그 자체가 독립적으로 의미를 가지는 것이라기보다는 행정의 공정성과 적정성을 보장하는 공법적 수단으로서의 의미가 크므로, 관련 행정처분의 성립이나 무효·취소 여부 등을 따지지 않은 채 주민들이 일시적으로 행정절차에 참여할 권리를 침해받았다는 사정만으로 곧바로 국가나 지방자치단체가 주민들에게 정신적 손해에 대한 배상의무를 부담한다고 단정할 수 없다.

11. 특례규정

① 군인·경찰공무원이 공상을 입고 전역·퇴직하였으나 그 장애의 정도가 국가유공자 예우등에 관한 법률 또는 군인연금법의 적용대상 등급에 해당하지 않는 경우, 국가배상을 청구할 수 있다.(대판 1997. 2. 14. 96다28066)
② 경찰서지서의 숙직실은 국가배상법 제2조 제1항 단서에서 말하는 전투·훈련에 관련된 시설이라고 볼 수 없으므로 위 숙직실에서 순직한 경찰공무원의 유족들은 국가배상법 제2조 제1항 본문에 의하여 국가배상법 및 민법의 규정에 의한 손해배상을 청구할 권리가 있다.(대판 77다2389)
③ 공상을 입은 군인이 국가배상법에 의한 손해배상 청구 소송 도중에 국가유공자 등 예우 및 지원에 관한 법률에 의한 국가유공자등록신청을 하였다가 인과관계가 없어 공상군경 요건에 해당하지 않는다는 이유로 비해당결정 통보를 받고 이에 불복하지 아니한채 위 법률에 의한 보상금청구권과 군인연금법에 의한 재해보상금 청구권이 모두 시효완성된 경우, 국가배상법 제2조 제1항 단서 소정의 "다른 법령에 의하여 보상을 받을 수 있는 경우"라 하여 국가배상청구를 할 수 없다.(대판 2000다39735)
④ 군인 또는 경찰공무원으로서 직무수행 중 상이를 입고 전역 또는 퇴직한 자라고 하더라도 국가유공자 예우 등에 관한 법률에 의하여 국가보훈처장이 실시하는 신체검사에서 대통령령이 정하는 상이등급에 해당하는 신체의 장애를 입지 않은 것으로 판명된 자는 같은 법의 적용대상에서 제외되므로, 그러한 자는 국가배상법 제2조 제1항의 단서의 적용을 받지 않아 국가배상을 청구할 수 있다.(대판 96다42178)
⑤ **전투·훈련 등 직무집행과 관련하여 공상을 입은 군인·군무원·경찰공무원 또는 향토예비군대원이 먼저 국가배상법에 따라 손해배상금을 지급받은 다음 보훈보상대상자 지원에 관한 법률(이하 '보훈보상자법'이라 한다)이 정한 보상금 등 보훈급여금의 지급을 청구하는 경우**, 국가배상법 제2조 제1항 단서가 명시적으로 '다른 법령에 따라 보상을 지급받을 수 있을 때에는 국가배상법 등에 따른 손해배상을 청구할 수 없다'고 규정하고 있는 것과 달리 보훈보상자법은 국가배상법에 따른 손해배상금을 지급받은 자를 보상금 등 보훈급여금의 지급대상에서 제외하는 규정을 두고 있지 않은

점, 국가배상법 제2조 제1항 단서의 입법 취지 및 보훈보상자법이 정한 보상과 국가배상법이 정한 손해배상의 목적과 산정방식의 차이 등을 고려하면 국가배상법 제2조 제1항 단서가 보훈보상자법 등에 의한 보상을 받을 수 있는 경우 국가배상법에 따른 손해배상청구를 하지 못한다는 것을 넘어 국가배상법상 손해배상금을 받은 경우 보훈보상자법상 보상금 등 보훈급여금의 지급을 금지하는 것으로 해석하기는 어려운 점 등에 비추어, **국가보훈처장은 국가배상법에 따라 손해배상을 받았다는 사정을 들어 보상금 등 보훈급여금의 지급을 거부할 수 없다**(대판 2017.2. 3. 2015두60075).

⑥ 업무용 자동차종합보험계약의 관용차 면책약관과 특례규정(대판 2019.5.30. 2017다6174)

㉠ 업무용 자동차종합보험계약의 관용차 면책약관은 군인 등의 피해자가 다른 법령에 의하여 보상을 지급받을 수 있어 국가나 지방자치단체가 국가배상법 제2조 제1항 단서에 따라 손해배상책임을 부담하지 않는 경우에 한하여 적용되는 것인지 여부(적극)

㉡ 경찰공무원인 피해자가 구 공무원연금법에 따라 공무상 요양비를 지급받는 것이 국가배상법 제2조 제1항 단서에서 정한 '다른 법령의 규정'에 따라 보상을 지급받는 것에 해당하는지 여부(소극)

㉢ 국가유공자 등 예우 및 지원에 관한 법률이 국가배상법 제2조 제1항 단서의 '다른 법령'에 해당할 수 있는지 여부(적극) / 국민의 생명·재산 보호와 직접적인 관련이 있는 직무수행 중 상이를 입은 군인 등이 전역하거나 퇴직하지 않은 경우, 업무용 자동차종합보험계약의 관용차 면책약관이 적용될 수 있는지 여부(소극) 및 이는 국민의 생명·재산 보호와 직접적인 관련이 없는 직무수행 중 상이를 입은 군인 등이 전역하거나 퇴직하지 않은 경우도 마찬가지인지 여부(적극)

⑦ **민간인과 군인의 공동불법행위와 구상권**

민간인은 피해 군인 등에 대하여 그 손해 중 국가 등이 민간인에 대한 구상의무를 부담한다면 그 내부적인 관계에서 부담하여야 할 부분을 제외한 나머지 자신의 부담부분에 한하여 손해배상의무를 부담하고, 한편 국가 등에 대하여는 그 귀책부분의 구상을 청구할 수 없다고 해석함이 상당하다 할 것이고, 이러한 해석이 손해의 공평·타당한 부담을 그 지도원리로 하는 손해배상제도의 이상에도 맞는다 할 것이다.(대판 96다42420)

12. 배상책임자

관련판례

① "비용"의 의미
국가배상법 제6조 제1항 소정의 '공무원의 봉급·급여 기타의 비용'이란 공무원의 인건비만을 가리키는 것이 아니라 당해 사무에 필요한 일체의 경비를 의미한다고 할 것이고, 적어도 대외적으로 그러한 경비를 지출하는 자는 경비의 실질적·궁극적 부담자가 아니더라도 그러한 경비를 부담하는 자에 포함된다.(대판 1994.12.9. 94다38137)

② 담당공무원의 봉급 등 비용을 부담하는 경우에는 기관위임을 받은 지방자치단체에 대해서도 손해배상을 청구할 수 있다.
군수가 도지사로부터 사무를 기관위임받은 경우 사무를 처리하는 담당공무원이 군 소속이라고 하여도 군에게는 원칙적으로는 국가배상책임이 없지만, 위 담당공무원이 군 소속 지방공무원으로서 피고 군이 이들에 대한 봉급을 부담한다면 군도 국가배상법 제6조 소정의 비용부담자롯 국가배상책임이 있다.(대판 1994.1.11. 92다29528)

13. 피해자의 선택적 청구권

공무원이 직무수행 중 불법행위로 타인에게 손해를 입힌 경우에 **국가등이 국가배상책임을 부담하는 외에 공무원 개인도 고의 또는 중과실이 있는 경우에는 불법행위로 인한 손해배상책임을 진다고 할 석하는 것이 것이지만**, 공무원에게 경과실뿐인 경우에는 공무원 개인은 손해배상책임을 부담하지 아니한다고 해석하는 것이 헌법 제29조 제1항 본문과 단서 및 국가배상법 제2조의 2의 입법취지에 조화되는 올바른 해석이다.(대판 1996.2.15. 95다38677)

14. 구상권 행사

① 구상권 행사의 한계
국가등은 당해 공무원의 직무내용, 불법행위의 상황 등 제반사정을 참작하여 손해의 공평한 분담이라는 견지에서 신의칙상 상당하다고 인정되는 한도내에서만 당해 공무원에 대하여 구상권을 행사할 수 있다.(대판 1991.5.10. 91다6764)

② 군인과 민간인의 공동불법행위로 인한 구상권행사
~예외적으로 민간은 피해군인등에 대하여 그 손해 중 국가등이 민간인에 대한 구상의무를 부담한다면 그 내부적인 관계에서 부담하여야 할 부분을 제외한 나머지 자신의 부담부분에 한하여 손해배상의무를 부담하고~ (대판 2001.2.15. 96다42420)

③ 공무원이 국가에 대하여 구상권행사가 가능한가?
  ㉠ 공무원이 직무수행 중 불법행위로 타인에게 손해를 입힌 경우에 국가 등이 국가배상책임을 부담하는 외에 공무원 개인도 고의 또는 중과실이 있는 경우에는 불

법행위로 인한 손해배상책임을 지고, 공무원에게 경과실이 있을 뿐인 경우에는 공무원 개인은 손해배상책임을 부담하지 아니한다. 이처럼 경과실이 있는 공무원이 피해자에 대하여 손해배상책임을 부담하지 아니함에도 피해자에게 손해를 배상하였다면 그것은 채무자 아닌 사람이 타인의 채무를 변제한 경우에 해당하고, 이는 민법 제469조의 '제3자의 변제' 또는 민법 제744조의 '도의관념에 적합한 비채변제'에 해당하여 피해자는 공무원에 대하여 이를 반환할 의무가 없고, 그에 따라 피해자의 국가에 대한 손해배상청구권이 소멸하여 국가는 자신의 출연 없이 채무를 면하게 되므로, 피해자에게 손해를 직접 배상한 경과실이 있는 공무원은 특별한 사정이 없는 한 국가에 대하여 국가의 피해자에 대한 손해배상책임의 범위 내에서 공무원이 변제한 금액에 관하여 구상권을 취득한다고 봄이 타당하다.

ⓒ 공중보건의인 갑에게 치료를 받던 을이 사망하자 을의 유족들이 갑 등을 상대로 손해배상청구의 소를 제기하였고, 갑의 의료과실이 인정된다는 이유로 갑 등의 손해배상책임을 인정한 판결이 확정되어 갑이 을의 유족들에게 판결금 채무를 지급한 사안에서, 갑은 공무원으로서 직무 수행 중 경과실로 타인에게 손해를 입힌 것이어서 을과 유족들에 대하여 손해배상책임을 부담하지 아니함에도 을의 유족들에 대한 패소판결에 따라 그들에게 손해를 배상한 것이고, 이는 민법 제744조의 도의관념에 적합한 비채변제에 해당하여 을과 유족들의 국가에 대한 손해배상청구권은 소멸하고 국가는 자신의 출연 없이 채무를 면하였으므로, 갑은 국가에 대하여 변제금액에 관하여 구상권을 취득한다고 한 사례(대판 2014.08.20. 선고 2012다54478)

④ 공무원의 불법행위로 손해를 입은 피해자의 국가배상청구권의 소멸시효 기간이 지났으나 국가가 소멸시효 완성을 주장하는 것이 신의성실의 원칙에 반하는 권리남용으로 허용될 수 없어 배상책임을 이행한 경우에는, 소멸시효 완성 주장이 권리남용에 해당하게 된 원인행위와 관련하여 공무원이 원인이 되는 행위를 적극적으로 주도하였다는 등의 특별한 사정이 없는 한, 국가가 공무원에게 구상권을 행사하는 것은 신의칙상 허용되지 않는다.(대판 2016. 6. 10. 선고 2015다217843)

15. 국가배상과 소멸시효

① ~ 재심절차에서 무죄판결이 확정될 때까지는 채권자가 손해배상청구를 할 것을 기대할 수 없는 사실상의 장애사유가 있었다고 볼 것이다. 따라서 이러한 경우 채무자인 국가의 소멸시효완성의 항변은 신의성실원칙에 반하는 권리남용으로 허용될 수 없다.(대판 2013.12.12. 2013다201844)

② 불법체포·구금으로 인한 손해배상청구권의 소멸시효 기산일은 구속영장 발부·집행에 의하여 불법상태가 종료된 날부터 소멸시효기간이 진행된다.(대판 2008.11.27.

2008다602323)

③ 긴급체포의 경우에는 형사판결이 확정된 때부터 소멸시효가 진행된다.(대판 2008. 4. 24. 2006다30440)

④ 공무원의 직무수행중의 불법행위에 의하여 납북된 피랍자 본인의 그 납북피해에 대한 국가배상청구권과 관련하여 납북상태가 지속되는 동안에는 피랍자 본인의 국가배상청구권의 소멸시효 기산점이 도래하여 그 소멸시효기간이 진행한다고 볼 수 없다.(대판 2012.4.13. 2009다33754)

⑤ 경찰관들로부터 폭행을 당한 사람이 그 경찰관들을 폭행죄로 고소하였으나 오히려 무고죄로 기소되어 제1심에서 징역형을 선고받았다가 상고심에서 무죄로 확정된 사안에서, 무고죄에 대한 무죄판결이 확정된 때부터 손해배상청구의 소멸시효가 진행된다.(대판 2010.12.9. 2010다71592)

⑥ 대법원이 전원합의체판결로 임용기간이 만료된 국공립대학 교원에 대한 재임용거부처분에 대하여 이를 다툴 수 없다는 종전의 견해를 변경하였음을 이유로, 대법원의 종전 견해를 국공립대학 교원에 대한 재임용거부처분이 불법행위임을 이유로 한 손해배상청구에 대한 법률상 장애사유에 해당한다고 볼 수 없다.(대판 2010.9.9. 2008다15865)

⑦ 수사과정에서 불법구금이나 고문을 당한 사람이 그에 이은 공판절차에서 유죄 확정판결을 받고 수사관들을 직권남용, 감금 등 혐의로 고소하였으나 검찰에서 '혐의 없음' 결정까지 받았다가 나중에 재심절차에서 범죄의 증명이 없는 때에 해당한다는 이유로 형사소송법 제325조 후단에 따라 무죄판결을 선고받은 경우, 이러한 무죄판결이 확정될 때까지는 국가를 상대로 불법구금이나 고문을 원인으로 한 손해배상청구를 할 것을 기대할 수 없는 장애사유가 있었다고 보아야 한다. 이처럼 불법구금이나 고문을 당하고 공판절차에서 유죄 확정판결을 받았으며 수사관들을 직권남용, 감금 등 혐의로 고소하였으나 '혐의 없음' 결정까지 받은 경우에는 재심절차에서 무죄판결이 확정될 때까지 국가배상책임을 청구할 것을 기대하기 어렵고, 채무자인 국가가 그 원인을 제공하였다고 볼 수 있기 때문이다.(대판 2019. 1. 31. 선고 2016다258148)

⑧ 국가배상청구권의 단기소멸시효의 기산점이 되는 "손해 및 가해자를 안 날"이라 함은 불법행위의 요건 사실에 대하여 현실적이고도 구체적으로 인식하였을 때를 의미한다.(대판 2006다30440)

⑨ 여기서 가해자를 안다는 것은 피해자나 그 법정대리인이 가해 공무원이 국가 또는 지방자치단체와 공법상 근무관계가 있다는 사실 뿐 아니라, 그 공무원의 불법행위가 국가 또는 지방자치단체의 직무를 집행함에 있어서 행해진 것이라는 사실까지 인식하는 것을 말한다.(대판 2011다8539)

⑩ 가해행위와 이로 인한 현실적인 손해의 발생 사이에 시간적 간격이 있는 불법행위에

기한 손해배상채권의 경우, 장기소멸시효의 기산점이 되는 "불법행위를 안 날"의 의미는 단지 관념적이고 부동적인 상태에서 잠재적으로만 존재하고 있는 손해가 그 후 현실화되었다고 볼 수 있는 때, 즉 손해의 결과발생이 현실적인 것으로 되었다고 할 수 있을 때로 보아야 한다.(대판 2022.1.14. 2019다282197)

⑪ 국가정보기관이 갑에 대한 간첩조작사건을 은폐하기 위하여 을을 감금·폭행·협박하고, 석방한 후에도 10년간 감시·관리·출국금지조치등의 행위를 계속한 경우, 사실관계상 각각의 행위를 별개의 불법행위로 보아 그에 따른 손해배상청구권의 소멸시효도 각기 별개로 진행된다.(대판 2006다70929)

⑫ 국가배상청구소송에 있어서의 3년의 단기시효기간은 그 '**손해 및 가해자를 안 날**'에 **더하여 그 '권리를 행사할 수 있는 때'가 도래하여야 비로소 시효가 진행**한다.(대판 2023.1.12. 선고 2021다201184)

판례요지
甲이 긴급조치 제1호, 제4호 위반 혐의로 체포되어 구속되었다가 구속취소로 석방되고 그 이후 자신에 대한 형사처분이 재심대상이 아니어서 형사재심절차를 거치지 아니한 채 국가배상청구에 이르게 된 경위, 긴급조치에 대한 사법적 심사가 이루어진 시기, 긴급조치 제1호, 제4호에 대한 위헌·무효 판단 이후에도 불법행위에 대한 국가배상청구를 원칙적으로 부정했던 대법원 판례의 존재, 민주화운동과 관련한 보상금 등 지급결정 동의에 재판상 화해의 효력을 인정하던 구 민주화보상법 제18조 제2항과 이에 대한 헌법재판소의 위헌 결정 등 제반 사정을 종합하면, **소 제기 당시까지도 甲이 국가를 상대로 긴급조치 제1호, 제4호에 기한 일련의 국가작용으로 인한 불법행위로 발생한 권리를 행사할 수 없는 장애사유가 있어 소멸시효가 완성되지 않았다고 보는 것이 타당**하다.

16. 국가배상심의회의 배상금 결정

① 배상금 결정의 성격

공무원의 직무상 불법행위로 손해를 입은 국민이 국가 또는 지방자치단체에 대하여 그의 불법행위를 이유로 배상을 청구함은 국가배상법이 정한 바에 따른다 하여도 이 역시 민사상의 손해배상책임을 특별법인 국가배상법이 정한 데 불과하고, 동법 제9조 본문의 규정에 말하는 **배상심의회의 위 결정을 거치는 것은 위 민사상 손해배상청구를 하기 전의 전치요건에 불과하다고 할 것이므로 위 배상심의회의 결정은 이를 행정처분이라고 할 수 없다**.(대판 1981.2.10. 80누317)

② 배상금결정에 대한 당사자의 동의에 대한 재판상 화해의 효력 : 위헌

사법절차에 준한다고 볼 수 있는 각종 중재·조정절차와는 달리 배상결정절차에 있어서는 신청인의 배상결정에 대한 동의에 재판청구권을 포기할 의사까지 포하되는 것으로 볼 수도 없는 점 등을 종합하여 볼 때, 이는 신청인의 재판청구권을 과도하게

제한하는 것이어서 헌법 제37조 제2항에서 규정하고 있는 기본권제한입법에 있어서의 과잉입법금지원칙에 반할 뿐 아니라, 법관에 의한 재판을 청구할 수 있는 기본권을 보장하고자 하는 헌법의 정신에도 충실하지 못한 것이다.(헌재결 1995.5.25. 91헌가7)

Ⅲ 국가배상법 제5조에 의한 국가배상

1. 공공의 영조물

① 국가배상법 제5조 제1항 소정의 "공공의 영조물"이라 함은 국가 또는 지방자치단체에 의하여 특정 공공의 목적에 공여된 유체물 내지 물적 설비를 지칭하며, 특정 공공의 목적에 공여된 물이라 함은 일반공중의 자유로운 사용에 직접적으로 제공되는 공공용물에 한하지 아니하고, 행정주체 자신의 사용에 제공되는 공용물도 포함하며 국가 또는 지방자치단체가 소유권, 임차권 그밖의 권한에 기하여 관리하고 있는 경우뿐만 아니라 사실상의 관리를 하고 있는 경우도 포함한다(대판 1995.1.24. 94다45302).

→ 시명의의 종합운동장 예정부지나 자동차경주를 위한 안전시설 : 공공영조물 ×

② **옹벽사건**
위 사고 당시 설치하고 있던 옹벽은 소외 회사가 공사를 도급받아 공사 중에 있었을 뿐만 아니라 <u>아직 완성도 되지 아니하여 일반 공중의 이용에 제공되지 않고 있었던 이상</u> 국가배상법 제5조 제1항 소정의 영조물에 해당한다고 할 수 없다고 한 사례(대판 1998.10.23. 98다17381)

③ 사실상 군민의 통행에 제공되고 있던 도로 옆의 암벽으로부터 떨어진 낙석에 맞아 소외인이 사망하는 사고가 발생하였다고 하여도 공용개시가 없었으면 이를 영조물이라 할 수 없다.(대판 80다2478)

④ 한국모터스포츠연맹의 요구로 그 연맹이 주최하는 자동차경주대회를 위한 사용허가가 되었을 뿐, 시가 그 종합운동장 예정부지를 직접적으로 일반공중의 사용에 제공한 바 없다면, 그 종합운동장 예정부지나 그 위에 설치된 위 안전시설이 "공공의 영조물"이라 할 수 없다.(대판 94다45302)

2. 설치 또는 관리의 하자

(I) **영조물 설치 또는 관리의 하자**

① 국가배상법 제5조 제1항 소정의 **'영조물의 설치 또는 관리의 하자'라 함은 영조물이 그 용도에 따라 통상 갖추어야 할 안전성을 갖추지 못한 상태에 있음을 말하는 것으로서, 영조물이 완전무결한 상태에 있지 아니하고 그 기능상 어떤 결함이 있다는 것**

만으로 영조물의 설치 또는 관리에 하자가 있다고 할 수는 없고, 당해 영조물의 용도, 그 설치장소의 현황 및 이용상황 등 제반사정을 종합적으로 고려하여 설치·관리주체가 그 영조물의 위험성에 비례하여 사회통념상 일반적으로 요구되는 정도의 방호조치의무를 다하였는지를 기준으로 판단하여야 한다.(대판 2013.4.11. 2012다203133)

② 국가배상법 제5조 제1항에 규정된 '영조물 설치·관리상의 하자'는 공공의 목적에 공여된 영조물이 그 용도에 따라 통상 갖추어야 할 안전성을 갖추지 못한 상태에 있음을 말한다. 그리고 위와 같은 안전성의 구비 여부는 영조물의 설치자 또는 관리자가 그 영조물의 위험성에 비례하여 사회통념상 일반적으로 요구되는 정도의 방호조치의무를 다하였는지를 기준으로 판단하여야 하고, 아울러 그 설치자 또는 관리자의 재정적·인적·물적 제약 등도 고려하여야 한다.(대판 2022.7.28. 선고 2022다225910)

→ 영조물이 그 설치 및 관리에 있어 완전무결한 상태를 유지할 정도의 고도의 안전성을 갖추지 아니하였다고 하여 하자가 있다고 단정할 수는 없고, 영조물 이용자의 상식적이고 질서 있는 이용 방법을 기대한 상대적인 안전성을 갖추는 것으로 족하다.

(2) 하천과 익사사고등에 대한 영조물 설치·관리상의 하자

하천 관리주체로서는 익사사고의 위험성이 있는 모든 하천구역에 대해 위험관리를 하는 것은 불가능하므로, 당해 하천의 현황과 이용 상황, 과거에 발생한 사고 이력 등을 종합적으로 고려하여 하천구역의 위험성에 비례하여 사회통념상 일반적으로 요구되는 정도의 방호조치의무를 다하였다면 하천의 설치·관리상의 하자를 인정할 수 없다(대판 2014.1.23. 2013다211865).

(3) 하자의 입증책임

고속도로의 보존상의 하자의 존재에 관한 입증책임은 피해자에게 있으나 일단 그 하자 있음이 인정되는 이상 고속도로의 점유관리자는 그 하자가 불가항력에 인한 것이거나 손해의 방지에 필요한 주의를 해태하지 아니하였다는 점을 주장 입증하여야 비로소 그 책임을 면할 수가 있다(대판 1988.11.8. 판결)

3. 영조물 책임의 인정여부에 관한 사례

(1) "소음피해"에 대하여 국가배상책임을 인정한 사례

① 매향리 미공군사격장 : 국가배상책임인정 (대판 2002다14242)
② 대구전투비행단 : 배상책임인정
③ 전투기비행훈련장과 양돈장의 손해에 대하여 배상책임인정

④ 김포공항에서 발생하는 소음등으로 인근주민들이 입은 피해는 사회통념상 수인한도를 넘는 것으로서 김포공항의 설치·관리에 하자가 있다.(대판 2003다49566)

(2) 교통신호기 관련사례

① **가변차로 신호등 오작동 : 영조물 관리상의 하자인정**
가변차로에 설치된 두 개의 신호등에서 서로 모순되는 신호가 들어오는 오작동이 발생하였고, <u>그 고장이 현재의 기술수준상 부득이한 것이라고 가정하더라도 그와 같은 사정만으로 손해발생의 예견가능성이나 회피가능성이 없어 영조물의 하자를 인정할 수 없는 경우라고 단정할 수 없다</u>(대판 2001.7.27. 2000다56822).

② **신고된 신호기고장에 대하여 방치한 경우 : 배상책임인정**
사고 전날 낙뢰로 인한 신호기의 고장을 피고 소속 경찰관들이 순찰등을 통하여 스스로 발견하지 못하고, 고장사실이 3차례에 걸쳐 신고되었음에도 불구하고 사고를 방지하기 위한 아무런 조치가 취해지지 않은 채 위 신호기가 고장난 상태로 장시간 방치되어 있던 중 보행자신호기의 녹색등을 보고 횡단보도를 건너던 갑이 차량신호기의 녹색등을 보고 도로를 주행하던 승용차에 치여 교통사고를 당하였다면 국가배상이 인정된다(대판 1999.6.25. 99다11120).

③ **신호등과 관련하여 배상책임을 부정한 사례**
교차로의 진행방향 신호기의 정지신호가 단선으로 소등되어 있는 상태(전구수명이 다함)에서 그대로 진행하다가 다른 방향의 진행신호에 따라 교차로에 진입한 차량과 충돌한 경우, 신호기의 적색신호가 소등된 기능상 결함이 있었다는 사정만으로 신호기의 설치 또는 관리상의 하자를 인정할 수 없다(대판 2000.2.25. 99다54004).

④ **국가배상책임을 부정한 사례(대판 2022. 7. 28. 선고 2022다225910)**
甲 등이 원동기장치자전거를 운전하던 중 'ㅏ' 형태의 교차로에서 유턴하기 위해 신호를 기다리게 되었고, 위 교차로 신호등에는 유턴 지시표지 및 그에 관한 보조표지로서 '좌회전 시, 보행신호 시 / 소형 승용, 이륜에 한함'이라는 표지가 설치되어 있었으나, 실제 좌회전 신호 및 좌회전할 수 있는 길은 없었는데, 甲이 위 신호등이 녹색에서 적색으로 변경되어 유턴을 하다가 맞은편 도로에서 직진 및 좌회전 신호에 따라 직진 중이던 차량과 충돌하는 사고가 발생하자, 甲 등이 위 교차로의 도로관리청이자 보조표지의 설치·관리주체인 지방자치단체를 상대로 손해배상을 구한 사안에서, 위 표지에 위 신호등의 신호체계 및 위 교차로의 도로구조와 맞지 않는 부분이 있더라도 거기에 통상 갖추어야 할 안전성이 결여된 설치·관리상의 하자가 있다고 보기 어렵다고 한 사례

(3) 폭설로 고속도로에서 고립된 경우

강설에 대처하기 위하여 완벽한 방법으로 도로 자체에 융설설비를 갖추는 것이 현대의 과학기술 수준이나 재정사정에 비추어 사실상 불가능하다고 하더라도, 최저속도의 제한

이 있는 고속도로의 경우에는 도로관리자가 도로의 구조, 기상예보등을 고려하여 사전에 충분한 인적·물적 설비를 갖추어 강설시 신속한 제설작업을 하고 나아가 필요한 경우 제때에 교통통제조치를 취함으로써 고속도로로서의 기본적인 기능을 유지하거나 신속히 회복할 수 있도록 하는 관리의무가 있다(대판 2008.3.13. 2007다29287).

(4) 도로상의 장애물 관련사례
① 편도 2차선 도로의 1차선상에 교통사고의 원인이 될 수 있는 크기의 돌맹이가 방치되어 있는 경우, 도로의 점유·관리자가 그에 대한 관리가능성이 없다는 입증을 하지 못하는 한 이는 도로의 관리 보존상의 하자에 해당한다(대판 1997.2.10. 97다32536).
② 갑이 운전하던 트럭의 앞바퀴가 고속도로상에 떨어져 있는 타이어에 걸려 03 : 25경 중앙분리대를 넘어가 맞은 편에서 오던 트럭과 충돌하여 사망하였다. 그런데 위 타이어가 사고 지점 고속도로상에 떨어진 것은 사고가 발생하기 10분 내지 15분전이었다면 국가배상이 부정된다(대판 1992.9.14. 92다3243).
③ 급경사 내리막 커브길에 안전방호벽을 설치하지 않은 사건 : 하자인정
④ 관광버스가 국도에 생긴 웅덩이를 피하기 위하여 중앙선을 침범한 교통사고 : 국가배상책임을 인정(대판 93다14424)

(5) 예측가능성의 한계를 벗어나 국가배상책임을 부정한 사례
① 고속도로가 사고지점에 이르러 다소 굽어져 있으나, 사고지점의 차선밖에 폭 3m의 갓길이 있을 뿐 아니라, 사고지점 도로변에 야간에 도로의 형태를 식별할 수 있게 하는 시설물들이 기준에 따라 설치되어 있는 경우 <u>도로의 관리자로서는 야간에 차량의 운전자가 사고지점의 도로에 이르러 차선을 따라 회전하지 못하고 차선을 벗어난 후 갓길마져 지나쳐 도로변에 설치되어 있는 방음벽을 들이 받은 사고를 일으킨다고 하는 것은 예측하기 어려우므로 도로의 관리자가 그러한 사고에 대비하여 도로변에 야간에 도로의 형태를 식별할 수 있는 시설물들을 더 많이 설치하지 않고, 방음벽에 충격방지시설을 갖추지 아니하였다고 하여 사고지점 도로의 설치 또는 관리에 하자가 있다고 볼 수 없다</u>(대판 2002.8.23. 2002다9158).
② 영조물인 도로의 경우 그 설치 및 관리에 있어 완전무결한 상태를 유지할 정도의 고도의 안전성을 갖추지 아니하였다고 하여 하자가 있다고 단정할 수는 없고, 그것을 이용하는 자의 상식적이고 질서있는 이용방법을 기대한 상대적인 안전성을 갖추는 것으로 족하다.
갑이 차량을 운전하여 지방도 편도 1차로를 진행하던 중 커브길에서 중앙선을 침범하여 반대편 도로를 벗어나 도로 옆 계곡으로 떨어져 동승자인 을이 사망한 사안에서, 좌로 굽은 도로에서 운전전가 무리하게 앞지르기를 시도하여 중앙선을 침범하여

반대편 도로로 미끄러질 경우까지 대비하여 도로관리자인 지방자치단체가 차량용 방호울타리를 설치하지 않았다고 하여 도로에 통상 갖추어야 할 안전성이 결여된 설치·관리상의 하자가 있다고 보기 어렵다(대판 2013. 10. 24. 2013다208074).

③ 갑이 차량을 운전하여 지방도 편도 1차로를 진행하던 중 커브 길에서 중앙선을 침범하여 반대편 도로를 벗어나 도로 옆 계곡으로 떨어져 동승자인 을이 사망한 사안에서, 좌로 굽은 도로에서 운전자가 무리하게 앞지르기를 시도하여 중앙선을 침범하여 반대편 도로로 미끄러질 경우까지 대비하여 도로 관리자인 지방자치단체가 차량용 방호울타리를 설치하지 않았다고 하여 도로에 통상 갖추어야 할 안전성이 결여된 설치·관리상의 하자가 있다고 보기 어렵다.(대판 2013다208074)

(6) 시설기준에 부합하는 경우

동대문구가 설치 관리하는 빗물펌프장이 서울특별시가 마련한 시설기준에 부합한다면 위 시설기준이 잘못되었다거나 시급히 변경시켜야 할 사정이 있었다는 등의 특별한 사정이 없는 이상 그 설치상 하자는 없다(대판 2007. 10. 25. 2005다62235).

(7) 기타

① 학교 3층 화장실 난간추락사건 ➡ 하자부정
② 위험한 하천 바위에서 다이빙하여 익사한 경우 ➡ 하자부정(대판 2013다211865)
③ 자연영조물로서의 하천 중 국토보전상 또는 국민경제상 중요한 하천으로서하천법 제7조 제2항에 의하여 지정되는 국가하천의 관리에 있어서는 그 유역의 광범위성과 유수(유수)의 상황에 따른 하상의 가변성 등으로 인하여 익사사고에 대비한 하천 자체의 위험관리에는 일정한 한계가 있을 수밖에 없겠지만, 국가하천 주변에 체육공원이 있어 다양한 이용객이 왕래하는 곳으로서 과거 동종 익사사고가 발생하고, 또한 그 주변 공공용물로부터 사고지점인 하천으로의 접근로가 그대로 존치되어 있기 때문에 이를 이용한 미성년자들이 하천에 들어가 물놀이를 할 수 있는 상황이라고 한다면, 특별한 사정이 없는 한 그 사고지점인 하천으로의 접근을 막기 위하여 방책을 설치하는 등의 적극적 방호조치를 취하지 아니한 채 하천 진입로 주변에 익사사고의 위험을 경고하는 표지판을 설치한 것만으로는 국가하천에서 성인에 비하여 사리 분별력이 떨어지는 미성년자인 아이들의 익사사고를 방지하기 위하여 그 관리주체로서 사회통념상 일반적으로 요구되는 정도의 방호조치의무를 다하였다고 할 수는 없다.(대판 2010다33354)
④ 다수의 주민이나 관광객에 의하여 현실적으로 휴식공간으로 이용되고 있는 방파제의 경우 항내의 선박을 파도로부터 보호한다는 본래의 기능회에 휴식공간의 기능을 수행함에 적절한 시설을 갖출 필요가 있다. 제반사정을 감안하면, 이 사건 방파제에 출입하는 사람들의 안전을 위하여 난간을 설치하거나 구명튜브와 로프등을 적절히 비

치하여 안전사고에 대비한 방호조치를 취할 주의의무가 있다.(대판 2008다53713)

4. 손해

고속도로에서 발생한 매연과 제설제의 염화물 성분등이 인접한 과수원의 과수나무의 수확에 영향을 미쳤고 통상의 참을 한도를 넘는 것이어서 위법성을 인정한 사례(대판 2016다233538)

5. 인과관계

① 수련회에 참석한 미성년자 갑이 유원지 옆 작은 하천을 가로질러 수심이 깊은 맞은편 바위쪽으로 이동한 다음 바위 안에서 하천으로 다이빙을 하며 놀다가 익사하자, 갑의 유족들이 하천관리주체인 지방자치단체를 상대로 손해배상을 구한 사안에서, 하천관리자인 지방자치단체가 유원지입구나 유원지를 거쳐 하천에 접근하는 길에 수영금지의 경고표지판과 현수막을 설치함으로써 하천을 이용하려는 사람들의 안전을 보호하기 위하여 통상 갖추어야 할 시설을 갖추었다고 볼 수 있고, 지방자치단체에게 사고지점에 각별한 주의를 촉구하는 내용의 위험표지나 부표를 설치하는 것과 같은 방호조치를 취하지 않은 과실이 인정되더라도 익사사고와 상당인과관계가 있다고 보기 어렵다(대판 2014.1.23. 2013다211865).

② 영조물의 설치 또는 관리상의 하자로 인한 사고라 함은 영조물의 설치 또는 관리상의 하자만이 손해발생의 원인이 되는 경우만을 말하는 것이 아니고, 다른 자연적 사실이나 제3자의 행위 또는 피해자의 행위와 경합하여 손해가 발생하더라도 영조물의 설치 또는 관리상의 하자가 공동원인의 하나가 되는 이상 그 손해는 영조물의 설치 또는 관리상의 하자에 의하여 발생한 것이라고 해석함이 상당하다(대판 1994.11.22. 94다32924).

6. 불가항력

(1) 불가항력

① 불가항력 인정 사례

㉠ 100년 발생빈도의 강우량을 기준으로 책정된 계획홍수위를 초과하여 600년 또는 1000년 발생빈도의 강우량에 의한 하천의 범람은 예측가능성 및 회피가능성이 없는 불가항력적인 재해로서 그 영조물의 관리청에게 책임을 물을 수 없다.(대판 2003.10.23. 2001다48057)

㉡ 강설의 특성, 기상적 요인과 지리적 요인, 이에 따른 도로의 상대적 안전성을 고려하면 겨울철 산간지역에 위치한 도로에 강설로 생긴 빙판을 그대로 방치하고

도로상황에 대한 경고나 위험표지판을 설치하지 않았다는 사정만으로 도로관리상의 하자가 있다고 볼 수 없다.(대판 2000.4.25. 99다54998)

② 불가항력 부정 사례
  ㉠ 집중호우로 제방도로가 유실되면서 그곳을 걸어가던 보행자가 강물에 휩쓸려 익사한 경우, 사고 당일의 집중호우가 50년 빈도의 최대강우량에 해당한다는 사실만으로 불가항력에 기인한 것으로 볼 수 없다는 이유로 제방도로의 설치·관리상의 하자를 인정하였다.(대판 2000.5.26. 99다53247)
  ㉡ 시간당 13mm, 강수량 초당 15.4m의 풍속으로 가로수가 쓰러져 자동차를 파손한 경우, 매년 집중호우와 태풍이 동반되는 장마철을 겪고 있는 우리 나라와 같은 기후의 여건하에서 그와 같은 정도의 비바람을 예측할 수 없는 천재지변이라고 볼 수는 없다.(대판 1993.7.27. 93다20702)

(2) 재정적 제약

설치자의 재정사정이나 영조물의 사용목적에 의한 사정은 안전성을 요구하는데 대한 정도 문제로서 참작사유에는 해당할지언정 안전성을 결정지을 절대적 요건에는 해당하지 아니한다 할 것이다(대판 1967.2.21. 66다1723)

(3) 피해자의 과실

① 소음등을 포함한 공해등의 위험지역으로 이주하여 들어가 거주하는 경우와 같이 위험의 존재를 인식하거나 과실로 인식하지 못하고 이주한 경우에는 손해배상액의 산정에 있어 형평의 원칙상 과실상계에 준하여 감경 또는 면제사유로 고려하여야 한다(대판 2010.11.11.).
② 특히 <u>소음 등의 공해로 인한 법적 쟁송이 제기되거나 그 피해에 대한 보상이 실시되는 등 피해지역임이 구체적으로 드러나고 또한 이러한 사실이 그 지역에 널리 알려진 이후에 이주하여 오는 경우에는 위와 같은 위험에의 접근에 따른 가해자의 면책 여부를 보다 적극적으로 인정할 여지가 있다.</u> 다만 일반인이 공해 등의 위험지역으로 이주하여 거주하는 경우라고 하더라도 위험에 접근할 당시에 그러한 위험이 존재하는 사실을 정확하게 알 수 없는 경우가 많고, 그 밖에 위험에 접근하게 된 경위와 동기 등의 여러 가지 사정을 종합하여 그와 같은 위험의 존재를 인식하면서도 위험으로 인한 피해를 용인하면서 접근하였다고 볼 수 없는 경우에는 손해배상액의 산정에 있어 형평의 원칙상 과실상계에 준하여 감액사유로 고려하여야 한다(대판 2010.11.25. 2007다74560).

7. 배상책임자

(1) 배상책임자

① 지방자치단체장이 설치하여 관할지방경찰청장에게 관리권한이 위임된 교통신호기의 고장으로 인하여 교통사고가 발생한 경우, 지방자치단체뿐만 아니라 국가도 손해배상책임을 부담한다(대판 1999.6.25. 99다11120).

② 국토해양부장관이 하천공사를 대행하더라도 이는 국토해양부장관이 하천관리에 관한 일부 권한을 일시적으로 행사하는 것으로 볼 수 있을 뿐 하천관리청이 국토해양부장관으로 변경되는 것은 아니므로, 국토해양부장관이 하천공사를 대행하던 중 지방하천의 관리상 하자로 인하여 손해가 발생하였다면 하천관리청이 속한 지방자치단체는 국가와 함께 국가배상법 제5조 제1항에 따라 지방하천의 관리자로서 손해배상책임을 부담한다(대판 2014.6.26. 2011다85413).

③ 광역자치단체의 도로관리사무가 기초자치단체장에게 위임된 경우 기초자치단체도 비용부담자로서 영조물책임의 배상주체가 된다.(대판 94다57671)

④ 자동차운전면허시험 관리업무는 국가행정사무이고 지방자치단체의 장인 서울특별시장은 국가로부터 그 관리업무를 기관위임받아 국가행정기관의 지위에서 그 업무를 집행하므로, 국가는 면허시험장의 설치 및 보존의 하자로 인한 손해배상책임을 부담한다.(대판 91다34097)

(2) 기여도설에 입각한 판례

원래 광역시가 점유 관리하던 일반국도 중 일부구간의 포장공사를 건설교통부 국토관리청이 시행하고 이를 준공한 후 광역시에 이관하려 하였으나 서류의 미비 기타의 사유로 이관이 이루어지지 않고 있던 중 도로의 관리상의 하자로 인한 교통사고가 발생하였다면 광역시와 국가가 함께 그 도로의 점유자 및 관리자로서 손해배상책임을 부담한다(대판 1998.7.10. 96다42819).

제2절 행정상 손실보상

I 개설

1. 손실보상청구권의 성격

(1) 초기판례 입장 : 사권설

① 이러한 어업면허에 대한 처분 등이 행정처분에 해당된다 하여도 이로 인한 손실은 사법상의 권리인 어업권에 대한 손실을 본질적 내용으로 하고 있는 것으로서 그 보상청구권은 공법상의 권리가 아니라 사법상의 권리이고, 따라서 같은 법 제81조 제1항 제1호 소정의 요건에 해당한다고 하여 <u>보상을 청구하려는 자는 행정관청이 그 보상청구를 거부하거나 보상금액을 결정한 경우라도 이에 대한 행정소송을 제기할 것이 아니라 면허어업에 대한 처분을 한 행정관청(또는 그 처분을 요청한 행정관청)이 속한 권리 주체인 지방자치단체(또는 국가)를 상대로 민사소송으로 직접 손실보상금지급청구를 하여야 하고</u>, 이러한 법리는 농어촌진흥공사가 농업을 목적으로 하는 매립 또는 간척사업을 시행함으로 인하여 같은 법 제41조의 규정에 의한 어업의 허가를 받은 자가 더 이상 허가어업에 종사하지 못하여 입게 된 손실보상청구에도 같이 보아야 한다(대판 1998.2.27. 97다46450 판결).

② 면허·허가 또는 신고한 어업에 대한 <u>위와 같은 처분으로 인하여 손실을 입은 자는 처분을 한 행정관청 또는 그 처분을 요청한 행정관청이 속한 권리주체인 지방자치단체 또는 국가를 상대로 민사소송으로 손실보상금지급청구를 할 수 있고</u>, 이러한 법리는 농어촌진흥공사가 농업을 목적으로 하는 매립 또는 간척사업을 시행함으로 인하여 같은 법 제44조의 규정에 의한 어업의 신고를 한 자가 더 이상 신고한 어업에 종사하지 못하게 되어 손실을 입은 경우에도 같이 보아야 한다(대판 2000.5.26.).

(2) 현재 판례의 입장 : 공권설

① 공유수면매립사업으로 인한 관행어업권자의 손실보상청구권 : 공권
공유수면매립사업으로 인하여 관행어업권을 상실하게 된 자는 ~, <u>공유수면매립사업법 제16조 제2항, 제3항이 정한 재정과 그에 대한 행정소송의 방법에 의하여 권리를 주장하여야 할 것이고 민사소송의 방법으로는 그 손실보상청구권을 행사할 수 없다</u>(대판 2001.6.29. 99다56468).

② 하천구역편입토지에 손실보상청구 : 공권
위 각 규정들에 의한 손실보상청구권은 모두 종전의 하천법 규정 자체에 의하여 하천구역으로 편입되어 국유로 되었으나 그에 대한 보상규정이 없었거나 보상청구권이 시효로 소멸되어 보상을 받지 못한 토지들에 대하여, 국가가 반성적 고려와 국민의

권리구제 차원에서 그 손실을 보상하기 위하여 규정한 것으로서, 그 법적 성질은 하천법 본칙이 원래부터 규정하고 있던 하천구역에의 편입에 의한 손실보상청구권과 하등 다를 바가 없는 것이어서 공법상의 권리임이 분명하므로 그에 관한 쟁송도 행정소송절차에 의하여야 한다(대판 2006.5.18. 2004다6207).

③ 구 공익사업을 위한 토지등의 취득 및 보상에 관한 법률 시행규칙 제54조 제2항 본문에 규정된 세입자의 주거이전비보상청구권 : 당사자소송(대판 2008.5.29. 2007다8129)

④ 농업손실보상청구권에 관한 쟁송 : 당사자소송(대판 2011.10.13. 2009다43461)

⑤ 하천편입토지 보상에 대한 손실보상청구권 : 공법상 권리(대판 2014두46966)

2. 손실보상청구권과 손해배상청구권이 동시 성립하는 경우

공익사업법 제79조에 따른 손실보상과 환경정책기본법 제44조에 따른 손해배상은 근거규정과 요건·효과를 달리하는 것으로서, 각 요건이 충족되면 성립하는 별개의 청구권이다. 다만 실질적으로 같은 내용의 손해를 달리하는 것으로서, 각 요건이 충족되면 성립하는 별개의 청구권이다. **다만 실질적으로 같은 내용의 손해에 관하여 양자의 청구권이 동시에 성립하더라도 영업자는 어느 하나만을 선택적으로 행사할 수 있을 뿐이고, 양자의 청구권을 동시에 행사할 수는 없다.** 또한 손실보상청구기간이 도과하여 손실보상청구권을 행사할 수 없는 경우에도 손해배상의 요건이 충족되면 손해배상청구는 가능하다.(대판 2018두227)

3. 보상규정이 없는 경우

학설	내용
방침규정설	• 헌법규정은 입법방침에 불과
위헌무효설	• 보상규정없는 법률은 위헌무효이다. ➜ 취소소송이나 국가배상청구
직접효력설	• 헌법규정을 근거로 직접 손실보상청구권 행사
유추적용설	• 관련규정을 유추해석하여 손실보상 청구

① 적법한 절차에 의하여 신고를 하고 신고어업에 종사하던 중 공유수면매립사업의 시행으로 피해를 입게 되는 어민들이 있는 경우 <u>그 공유수면매립사업의 시행자로서는 수산업법의 위 규정 및 신고어업자의 손실보상액 산정에 관한 수산업법 시행령 제62조의 규정을 유추적용하여 손실보상을 하여줄 의무가 있다</u>.(대판 2002.1.22. 2000다2511)

② 제방부지 및 제외지가 유수지와 더불어 하천구역이 되어 국유로 되는 이상 그로 인하여 소유자가 입은 손실은 보상되어야하고 보상방법을 유수지에 관한 것과 달리할 아

무런 합리적인 이유가 없으므로, 법률 제2292호 하천법 개정법률 시행일로부터 법률 제3782호 하천법 중 **개정법률 시행일 전에 국유로 된 제방부지 및 제외지에 대하여도 특별조치법 제2조를 유추적용하여 소유자에게 손실을 보상하여야 한다고 보는 것이 타당**하다.(대판 2011.8.25. 2011도27430

4. 손실보상청구권의 기준시점

공공사업의 시행으로 손해를 입었다고 주장하는 자가 보상받을 권리를 가졌는지 판단하는 기준 시점(=공공사업 시행 당시) (대판2013. 6. 14. 선고 2010다9658)

손실보상은 공공사업의 시행과 같이 적법한 공권력의 행사로 가하여진 재산상의 특별한 희생에 대하여 전체적인 공평부담의 견지에서 인정되는 것이므로, **공공사업의 시행으로 손해를 입었다고 주장하는 자가 보상을 받을 권리를 가졌는지는 해당 공공사업의 시행 당시를 기준으로 판단**하여야 한다.

Ⅱ 손실보상 요건

1. 공공필요

① 오늘날 공익사업의 범위가 확대되는 경향에 대응하여 재산권의 존속보장과의 조화를 위해서는, '공공필요'의 요건에 관하여, 공익성은 추상적인 공익일반 또는 국가의 이익 이상의 중대한 공익을 요구하므로 기본권 일반의 제한사유인 '공공복리'보다 좁게 보는 것이 타당하다(헌재결 2014.10. 30. 2011헌바129).

② 민간기업이 수용의 주체가 될 수 있는가?

산업단지개발의 사업시행자를 국가나 지방자치단체로 제한한다면 예산상의 제약으로 인해 개발사업의 추진에 어려움이 있을 수 있다. 헌법조항의 핵심은 당해 수용이 공공필요에 부합하는가, 정당한 보상이 지급되고 있는가 여부등에 있는 것이지, 그 수용의 주체가 국가인지 민간기업인지 여부에 달려있다고 볼 수 없다. 따라서 위 수용등의 주체를 국가등의 공적기관에 한정하여 해석할 이유가 없다(헌재결 2009.9.24. 2007헌바114).

③ "공공의 필요"의 입증책임 : 사업시행자

공용수용은 공익사업을 위하여 특정의 재산권을 법률에 의하여 강제적으로 취득하는 것을 내용으로 하므로 그 공익사업을 위한 필요가 있어야 하고, 그 필요가 있는지에 대하여는 수용에 따른 상대방의 재산권침해를 정당화할 만한 공익의 존재가 쌍방의 이익의 비교형량의 결과로 입증되어야 하며, 그 입증책임은 사업시행자에게 있다(대판 2005.11.10. 2003두7507).

2. 재산권

① 문화적·학술적 가치는 특별한 사정이 없는 한 그 토지의 부동산으로서의 경제적·재산적 가치를 높여주는 것이 아니므로 토지수용법 제51조 소정의 손실보상의 대상이 될 수 없으니, <u>이 사건의 토지가 철새도래지로서 자연·문화적인 학술가치를 지녔다 하더라도 손실보상의 대상이 될 수 없다</u>(대판 1989.9.12. 88누11216).

② 토지수용법 제51조가 규정하고 있는 '영업상의 손실'이란 수용의 대상이 된 토지·건물등을 이용하여 영업을 하다가 그 토지·건물등이 수용됨으로 인하여 영업을 할 수 없거나 제한을 받게 됨으로 인하여 생기는 직접적인 손실을 말하는 것이므로 위 규정은 영업을 하기 위하여 투자한 비용이나 그 영업을 통하여 얻을 것으로 기대되는 이익에 대한 손실보상의 근거규정이 될 수 없다(대판 2006.1.27. 2003두13106).
→ 영업투자비용이나 기대이익 : 손실보상 ×

③ 주거용 건물이 아닌 위법건축물의 경우에는 여러 요소를 종합하여 구체적·개별적으로 판단한 결과 그 위법의 정도가 사회통념상 용인할 수 없을 정도로 크고 객관적으로도 합법화될 가능성이 거의 없어 거래의 객체가 되지 아니하는 경우에는 예외적으로 수용보상 대상이 되지 아니한다.(대판 2000두6411)

3. 침해

공공필요에 의한 행정작용에 의하여 사인에게 발생한 특별한 희생에 대한 전보라는 점에서 그 사인에게 특별한 희생이 발생하여야 하는 것은 당연히 요구되는 것이고, 공유수면매립면허의 고시가 있다고 하여 반드시 그 사업이 시행되고 그로 인하여 손실이 발생한다고 할 수 없으므로, **<u>매립면허 고시 이후 매립공사가 실행되어 관행어업권자에게 실질적이고 현실적인 피해가 발생한 경우에만 공유수면매립법에서 정하는 손실보상청구권이 발생</u>**하였다고 할 것이다.(대판 2010.12.9. 2007두6571)

4. 특별한 희생

① 공공용물에 대한 일반사용이 적법한 개발행위로 제한됨으로 인한 불이익이 손실보상의 대상이 되는 특별한 손실인지 여부 - 부정한 사례
일반공중의 이용에 제공되는 공공용물에 대하여 특허 또는 허가를 받지 않고 하는 일반사용은 다른 개인의 자유이용과 국가 또는 지방자치단체등의 공공목적을 위한 개발 또는 관리보존행위를 방해하지 않는 범위 내에서만 허용된다 할 것이므로, <u>공공용물에 관하여 적법한 개발행위등이 이루어짐으로 말미암아 이에 대한 일정범위의 사람들의 일반사용이 종전에 비하여 제한받게 되었다 하더라도 특별한 사정이 없는 한 그로 인한 불이익은 손실보상의 대상이 되는 특별한 손실에 해당한다고 할 수 없다</u>(대판 2002.2.26. 99다35300).

② 도시계획시설로 지정된 나대지의 이용가능성 배제 : 특별한 희생

도시계획시설로 지정된 토지가 나대지인 경우, 토지소유자는 더 이상 그 토지를 종래 허용된 용도(건축)대로 사용할 수 없게 됨으로써 토지의 매도가 사실상 거의 불가능하고 경제적으로 의미있는 이용가능성이 배제된다. 이러한 경우 입법자는 매수청구권이나 수용신청권의 부여, 지정의 해제, 금전적 보상 등 다양한 보상가능성을 통하여 재산권에 대한 가혹한 침해를 적절하게 보상하여야 한다(헌재결 1999.10.21. 97헌바26).

③ 개발제한구역의 지정으로 인한 지가하락 : 특별한 희생 ×(헌재결 1998.12.24. 89헌마214)

④ 토지를 종래의 목적대로 사용할 수 있는 경우는 사회적 제약에 해당하지만, 종래목적대로 사용할 수 없는 경우 특별한 희생에 해당 : 헌재결 2006.1.26. 2005헌바18

⑤ 도로의 공용개시행위로 인하여 소유자가 손실을 받았더라도 필요한 범위 내에서 제한을 가하는 것이므로, 이 경우 **도로부지의 소유자는 국가나 지방자치단체를 상대로 하여 부당이득반환청구나 손해배상청구를 할 수 있음은 별론으로 하고 도로법에 의한 손실보상청구를 할 수는 없다.**(대판 2004두13639)

Ⅲ 손실보상 기준

1. 보상의 기준 : 완전보상설

헌법 제23조에 제3항에서 규정한 **"정당한 보상"이란 원칙적으로 피수용재산의 객관적인 재산가치를 완전하게 보상하여야 한다는 완전보상을 뜻하는 것**이다. 공익사업의 시행으로 인한 개발이익은 완전보상의 범위에 포함되는 피수용토지의 객관적 가치 내지 피수용자의 손실이라고는 볼 수 없다.(헌재결 1990.6.25. 89헌마107)

2. 보상주체와 보상대상자

(1) 보상주체 : 사업시행자

사업시행자가 사업인정을 받은 후 그 사업이 공용수용을 할 만한 공익성을 상실하거나 사업인정에 관련된 자들의 이익이 현저히 비례의 원칙에 어긋나게 된 경우 또는 사업시행자가 해당 공익사업을 수행할 의사나 능력을 상실한 경우, 그 사업인정에 터잡아 수용권을 행사할 수 없다(대판 2011.1.27. 2009두1051).

(2) 보상대상자

공익사업을 위한 토지등의 취득 및 보상에 관한 법률의 보상대상이 되는 '기타 토지에 정착한 물건에 대한 소유권 그 밖의 권리를 가진 관계인'에는 독립하여 거래의 객체가

되는 정착물에 대한 소유권등을 가진 자 뿐만 아니라 당해 토지와 일체를 이루는 토지의 구성부분이 되었다고 보기 어렵고 거래관념상 토지와 별도로 취득 또는 사용의 대상이 되는 정착물에 대한 소유권이나 수거·철거권등 실질적 처분권을 가진 자도 포함된다(대판 2009.2.12. 2008다76112).

3. "보상"의 산정

① 개발이익을 배제한 공시지가에 의한 보상 : 합헌(헌재결 1995.4.20. 93헌바20)

② "다른 사업의 시행으로 인한 개발이익"의 보상여부
당해 공공사업과는 관계없는 다른 사업의 시행으로 인한 개발이익은 이를 배제하지 아니한 가격으로 평가하여야 한다(대판 2014.4.27. 2013두21182).

③ 자연적인 지가상승분 : 반영 ○
그 공시지가가 당해 수용사업의 시행으로 지가가 동결된 관계로 개발이익을 배제한 자연적 지가상승분도 반영하지 못한 경우에는 그 자연적 지가상승률을 산출하여 이를 기타사항으로 참작하여 손실보상액을 평가하는 것이 정당보상의 원리에 합당하다(대판 1993.7.27. 92누11084).

④ 당해 공익사업으로 인한 개발이익 : 반영 ×(대판 1993.7.27. 92누11084)

⑤ 수용대상토지의 보상액 산정 : 개발이익 미포함의 정상적인 가격이 기준
~ 여기서 "정상적인 가격"이란 개발이익이 포함되지 아니하고 투기적인 거래로 형성되지 아니한 가격을 말한다. 그러나 그 보상사례의 가격이 개발이익을 포함하고 있어 정상적인 것이 아닌 경우라도 그 개발이익을 배제하여 정상적인 가격으로 보장할 수 있는 합리적인 방법이 있다면 그러한 방법에 의하여 보정한 보상사례의 가격은 수용대상토지의 보상액을 산정함에 있어 이를 참작할 수 있다(대판 2010.4.29. 2009두17360).

⑥ 보상선례의 참작여부
~ 수용대상토지에 대한 보상액을 산정하는 경우에 인근 유사토지의 거래사례나 보상선례를 반드시 조사하여 참작하여 하는 것은 아니며, 다만 인근 유사토지의 거래사례나 보상선례가 있고 그 가격이 정상적인 것으로서 적정한 보상액평가에 영향을 미칠 수 있는 것임이 인정된 경우에 한하여 이를 참작할 수 있을 뿐이다(대판 2002.3.29. 2000두10106).

⑦ 초과수용의 위법성
공용수용은 공익사업을 위하여 타인의 특정한 재산권을 법률의 힘에 의하여 강제적으로 취득하는 것이므로 수용할 목적물의 범위는 원칙적으로 사업을 위하여 필요한 최소한도에 그쳐야 하므로, 그 한도를 넘는 부분은 수용대상이 아니므로 그 부분에 대한 수용은 위법하다 할 것이고, 초과수용된 부분이 적법한 수용대상과 불가분적

관계에 있는 경우에는 그에 대한 이의재결 전부를 취소할 수 밖에 없다(대판 1994.1. 11. 93누8108).

⑧ 기대이익의 보상여부

영업을 하기 위하여 투자한 비용이나 그 영업을 통하여 얻을 것으로 기대되는 이익은 손실보상의 대상이 되지 않는다(대판 2006.1.27. 2003두13106).

⑨ 표준지공시지가를 기준으로 한 이의재결감정의 보상액이 개별공시지가를 기준으로 산정한 지가보다 저렴하게 되었다는 사정만으로는 헌법상 재산권보상의 원칙과 행복추구권, 평등권의 침해나 과잉금지원칙 및 신의성실원칙의 위반등에 관한 법리오해의 위법이 있다고 할 수 없다.(대판 2002두5054)

⑩ 공법상의 제한을 받는 토지의 수용보상액을 산정함에 있어서는 그 공법상의 제한이 당해 공공사업의 시행을 직접 목적으로 하여 가하여진 경우에는 그 제한을 받지 아니하는 상태대로 평가하여야 할 것이지만, 공법상 제한이 당해 공공사업의 시행을 직접 목적으로 하여 가하여진 경우가 아니라면 그러한 제한을 받는 상태 그대로 평가하여야 하고, 그와 같은 제한이 당해 공공사업의 시행 이후에 가하여진 경우도 마찬가지이다.(대판 2003두14222)

판례요지

문화재보호구역의 확대 지정은 당해 공공사업인 택지개발사업의 시행을 직접 목적으로 하여 가하여진 것이 아니므로 토지의 수용보상액은 그러한 공법상 제한을 받는 상태대로 평가하여야 한다.(대판 2003두14222)

Ⅳ 손실보상의 내용

1. 재산권보상

① 수용대상 토지에 대한 손실보상액을 평가함에 있어서는 <u>수용재결 당시의 이용상황, 주위환경 등을 기준으로 하여야 하는 것이고, 여기서의 수용대상 토지의 현실이용상황은 법령의 규정이나 토지소유자의 주관적 의도 등에 의하여 의제될 것이 아니라 오로지 관계 증거에 의하여 확정되어야</u> 한다(대판 1997.8.29. 96누2569).

② 토지수용보상액은 토지수용법 제46조 제2항 등 관계 법령에서 규정한 바에 따라 산정하여야 하는 것으로서, 지가공시및토지등의평가에관한법률 제10조의2 규정에 따라 결정·공시된 개별공시지가를 기준으로 하여 산정하여야 하는 것은 아니며, <u>관계 법령에 따라 보상액을 산정한 결과 그 보상액이 당해 토지의 개별공시지가를 기준으로 하여 산정한 지가보다 저렴하게 되었다는 사정만으로 그 보상액 산정이 잘못되어 위법한 것이라고 할 수는 없다</u>(대판 2002.3.29. 2000두10106).

2. 손실보상의 내용

① ~ 이와 같은 관계법령을 종합하여 보면 지장물인 건물은 그 건물이 적법한 건축허가를 받아 건축된 것인지 여부에 관계없이 토지수용법상의 사업인정의 고시 이전에 건축된 건물이기만 하면 손실보상의 대상이 됨이 명백하다(대판 2000.3.10. 99두10896).

② **영업의 폐지와 휴업의 구별기준**
영업의 폐지로 볼 것인지 아니면 영업의 휴업으로 볼 것인지를 구별하는 기준은 당해 영업을 그 영업소 소재지나 인접 시군 또는 구 지역 안의 다른 장소로 이전하는 것이 가능한지의 여부에 달려 있다 할 것이고~(대판 2001.11.13. 2000두1003)

③ 일반지방산업단지 조성산업의 사업인정고시일 당시 사업지구 내에서 제재목과 합판 등 제조·판매업을 영위해오다가 사업인정고시일 이후 사업지구 내 다른 곳으로 영업장소를 이전하여 영업을 하던 갑이 영업보상등을 요구하면서 수용재결을 청구하였으나 관할토지수용위원회가 갑의 영업장은 임대기간이 종료되어 이전한 것이지 공익사업의 시행으로 손실이 발생한 것이 아니라는 이유로 갑의 청구를 기각한 사안에서, 사업인정고시일 당시 보상대상에 해당한다면 그 후 사업지구 내 다른 토지로 영업장소가 이전되었더라도 손실보상의 대상이 된다(대판 2012.12.27. 2011두27827).

④ **건물의 일부수용으로 인한 가치하락분 : 보상**
잔여건물에 대하여 보수만으로 보전될 수 없는 가치하락이 있는 경우에는, 동일한 토지소유자의 소유에 속하는 일단의 토지 일부가 공공사업용지로 편입됨으로써 잔여지의 가격이 하락한 경우에는 공공사업용지로 편입되는 토지의 가격으로 환산한 잔여지의 가격에서 가격이 하락된 잔여지의 평가액을 차감한 잔액을 손실액으로 평가하도록 되어 있는 공공용지의취득및손실보상에관한특례법시행규칙 제26조 제2항을 유추적용하여 잔여건물의 가치하락분에 대한 감가보상을 인정함이 상당하다(대판 2001.9.25. 2000두2426).

> **비교판례**
> 이러한 잔여지에 대하여 현실적 이용상황 변경 또는 사용가치 및 교환가치의 하락등이 발생하였더라도, **그 손실이 토지의 일부가 공익사업에 취득되거나 사용됨으로 인하여 발생하는 것이 아니라면** 특별한 사정이 없는 한 토지보상법 제73조 제1항 본문에 따른 잔여지 손실보상 대상에 해당한다고 볼 수 없다.(대판 2017두40860)

⑤ **영업손실보상을 인정한 사례**
체육시설업의 영업주체가 영업시설의 양도나 임대 등에 의하여 변경되었음에도 그에 관한 신고를 하지 않은 채 영업을 하던 중에 공익사업으로 영업을 폐지 또는 휴업하게 된 경우라 하더라도, 그 임차인 등의 영업을 보상대상에서 제외되는 위법한 영업이라고 할 것은 아니다. 따라서 그로 인한 영업손실에 대해서는 법령에 따른 정당한

보상이 이루어져야 마땅하다(대판 2012.12.13. 2010두12842).
⑥ 수용재결에 의한 수용효력발생전 사업시행으로 인한 영업피해 : 손해배상○ 손실보상×
사업시행자가 수용재결에 의한 수용의 효력이 발생하기 전에 공사에 착수하고 진입도로를 차단하는 등 사업을 시행함으로 인하여 영업상의 피해를 입은 사실이 있다고 하더라도, 이를 이유로 하여 사업시행자에 대하여 민사상의 손해배상이나 부당이득의 반환을 구함은 별론으로 하고 그에 대한 손실보상을 구할 수는 없다(대판 2005.7.29.).
⑦ 중앙토지수용위원회가 생태하천조성사업에 편입되는 토지상의 무허가건축물에서 축산업을 영위하는 갑에 대하여 공익사업법 시행규칙에 따라 영업손실을 인정하지 않는 내용의 수용재결을 한 경우, 위 조항이 공익사업법의 위임범위를 벗어나거나 정당보상의 원칙에 위배된다고 하기 어렵다.(대판 2013두25863)
⑧ 사업시행자가 수용재결에 의한 수용의 효력이 발생하기 전에 공사에 착수하고 진입도로를 차단하는 등 사업을 시행함으로 인하여 영업상 피해를 입었다고 하더라도, 사업시행자에 대하여 민사상 손해배상이나 부당이득의 반환을 구함은 별론으로 하고 그에 대한 손실보상을 구할 수는 없다.(대판 2003두2311)

3. 생활보상

(1) 이주대책의 취지와 실시여부

이주대책은 헌법 제23조 제3항에 규정된 정당한 보상에 포함되는 것이라기보다는 이에 부가하여 이주자들에게 종전의 생활상태를 회복시키기 위한 생활보상의 일환으로서 국가의 정책적인 배려에 의하여 마련된 제도라고 볼 것이다. 따라서 이주대책의 실시여부는 입법자의 입법정책적 재량의 영역에 속하므로 '공익사업을 위한 토지등의 취득 및 보상에 관한 법률 시행령' 제40조 제3항 제3호가 이주대책의 대상자에서 세입자를 제외하고 있는 것이 세입자의 재산권을 침해하는 것이라 볼 수 없다(헌재결 2006.2.23. 2004헌마19).

→ 생활보상은 헌법 제23조에 3항에서 당연히 도출되는 권리가 아니다.

(2) 이주대책대상에서 제외되는 사례

① 고시당시 <u>주거용 건물이 아니었던 건물이 그 이후에 주거용으로 용도 변경된 경우에는 건축 허가를 받았는지 여부에 상관없이 수용재결 내지 협의계약 체결 당시 주거용으로 사용된 건물이라 할지라도 이주대책대상이 되는 주거용 건축물이 될 수 없다</u>(대판 2009.2.26. 2007두13340).
② 농업용 창고를 용도변경절차없이 주거용으로 사용하는 경우(대판 2010두26216)

(3) 이주대책 관련규정의 성격 : 강행규정

① 주택재개발사업 정비구역 안에 있는 주거용 건축물에 거주하던 세입자 갑이 주거이전비를 받을 수 있는 권리를 포기한다는 취지의 주거이전비 포기각서를 제출하고 사업시행자가 제공한 임대아파트에 입주한 다음 별도로 주거이전비를 청구한 사안에서, <u>위 포기각서의 내용은 강행규정에 반하여 무효</u>이다(대판 2011.7.14. 2011두3685).

② 이주대책으로서 이주정착자에 택지를 조성하거나 주택을 건설하여 공급하는 경우, 이주정착지에 대한 공공시설등의 설치비용을 당사자들의 합의로 이주자들에게 부담시킬 수 없다(대판 2010.2.24. 2010다43498).

③ 사업시행자의 이주대책 수립실시의무를 규정하고 있는 구 공익사업법 제78조 제1항과 이주대책의 내용을 정하고 있는 같은 법 제4항 본문의 성격 : 강행규정(대판 2011.6.23. 2007다63089)

④ 피고가 구체적인 이주대책을 수립하면서 법령이 정한 것 이외의 추가적인 요건을 두는 방법으로 법이 정한 이주대책대상자를 배제하는 것은 강행규정인 공익사업법 제78조 제1항, 공익사업법 시행령 제40조 제3항 각호에 반하는 것으로서 허용되지 않는다고 할 것이다(대판 2016. 7.14. 2014두43592).

⑤ 공익사업의 시행자가 이주대책대상자와 체결한 택지에 관한 특별공급계약에서 토지보상법에 규정된 생활기본시설 설치비용을 분양대금에 포함시킨 경우, 강행법규에 위배되어 무효(대판 2015다49804)

⑥ 이주대책의 내용으로서 사업시행자가 이주정착지에 대한 도로·급수시설·배수시설 그 밖의 공공시설 등 통상적인 수준의 생활기본시설을 설치하고 비용을 부담하도록 강제한 공익사업법 제78조는 법이 정한 이주대책대상자를 대상으로 하여 특별히 규정된 것이므로, 이를 넘어서서 그 규정이 시혜적인 이주대책대상자에까지 적용된다고 볼 수 없다.(대판 2014다14641)

(4) 수분양권

공공용지의 취득 및 손실보상에 관한 특례법 제8조 제1항이 사업시행자가에게 이주대책의 수립실시의무를 부과하고 있다고 하더라도 그 규정 자체만에 의하여 이주자에게 사업시행자가 수립한 이주대책상의 택지분양권이나 아파트 입주권등을 받을 수 있는 구체적 권리가 직접 발생하는 것이라고는 볼 수 없고, <u>사업시행자가 이주대책에 관한 구체적 계획을 수립하여 이를 해당자에게 통지내지 공고한 후 이주자가 수분양권을 취득하기를 희망하여 이주대책에 정한 절차에 따라 사업시행자에게 이주대책 대상자 선정신청을 하고 사업시행자가 이를받아들여 이주대책 대상자로 확인 결정하여야만 비로소 구체적인 수분양권이 발생하게 된다</u>(대판 1995.10.12. 94누11279).

(5) 이주대책대상자 범위선정 : 재량행위

① 도시개발사업의 사업시행자는 이주대책기준을 정하여 이주대책대상자 가운데 이주대책을 수립·실시하여야 할 자를 선정하여 그들에게 공급할 택지등을 정하는데 재량을 가진다(대판 2009. 3. 12. 2008두2610).

② 주택공급에 관한 규칙 제19조 제1항 제3호에서 정한 철거주택의 소유자를 대상으로 하는 국민주택등의 특별공급의 경우, 사업시행자가 공급한 국민주택의 수량 및 대상자 결정등에 관하여 재량을 갖는다(대판 2009. 11. 12. 2009두10291).

(6) 이주대책대상자 확인·결정의 법적성질

뉴타운개발 사업시행자가 사업시행으로 생활근거 등을 상실하는 주민들을 위한 주거대책 및 생활대책을 공고함에 따라 화훼도매업을 하던 갑이 사업시행자에게 생활대책신청을 하였으나, 사업시행자가 갑은 위 주거대책 및 생활대책에서 정한 '이주대책 기준일 3개월 이전부터 사업자등록을 하고 영업을 계속한 화훼영업자'에 해당하지 않는다는 이유로 화훼용지 공급대상자에서 제외한 사안에서, 사업시행자의 거부행위가 행정처분에 해당한다고 본 원심판단을 정당하다고 한 사례(대판 2011. 10. 13. 2008두17905)

(7) 불복방법 : 항고소송

한국토지주택공사가 택지개발사업의 시행자로서 택지개발예정지구 공람공고일 이전부터 영업 등을 행한 자 등 일정 기준을 충족하는 손실보상대상자들에 대하여 생활대책을 수립·시행하였는데, 직권으로 갑 등이 생활대책대상자에 해당하지 않는다는 결정(이하 '부적격통보'라고 한다)을 하고, 갑 등의 이의신청에 대하여 재심사 결과로도 생활대책대상자로 선정되지 않았다는 통보(이하 '재심사통보'라고 한다)를 한 사안(대판 2016. 7. 14. 2015두58645)

4. 잔여지매수청구권

(1) 잔여지매수청구권의 성격과 행사기간

형성권적 성질을 가지고 그 행사기간은 제척기간이다. (대판 99두11080)

(2) 잔여지매수청구권행사와 구제방법

잔여지수용청구를 받아들이지 않은 토지수용위원회의 재결에 대하여 토지소유자가 불복하여 제기하는 소송은 위 법 제85조 제2항에 규정되어 있는 '보상금의 증감에 관한 소송'에 해당하여 사업시행자를 피고로 하여야 한다(대판 2010. 8. 19. 2008두822).

5. 간접손실을 인정한 사례

① 토지수용법에 의한 <u>잔여지수용청구권</u>은 그 요건을 구비한 때에는 토지수용위원회의 특별한 조치를 기다릴 것 없이 청구에 의하여 수용의 효과가 발생하는 <u>형성권적 성질을 가지고, 그 행사기간은 제척기간</u>이다(대판 2001.9.4. 99두11080).

② 구 공익사업을 위한 토지 등의 취득 및 보상에 관한 법률 제74조 제1항에 규정되어 있는 <u>잔여지수용청구권</u>은 손실보상의 일환으로 토지소유자에게 부여되는 권리로서 그 요건을 구비한 때에는 잔여지를 수용하는 토지수용위원회의 재결이 없더라도 그 청구에 의하여 수용의 효과가 발생하는 <u>형성권적 성질을 가지므로, 잔여지수용청구를 받아들이지 않은 토지수용위원회의 재결에 대하여 토지소유자가 불복하여 제기하는 소송은 위 법 제85조 제2항에 규정되어 있는 '보상금의 증감에 관한 소송'에 해당하여 사업시행자를 피고로 하여야</u> 한다(대판 2010.8.19. 2008두822).

Ⅴ 공용수용에 관련된 절차

1. 당사자의 협의

① 토지수용위원회의 수용재결이 있은 후라고 하더라도 토지소유자 등과 사업시행자가 다시 협의하여 토지 등의 취득이나 사용 및 그에 대한 보상에 관하여 임의로 계약을 체결할 수 있다고 보아야 한다.(대판 2017. 4. 13. 선고 2016두64241)

② 협의의 성격
토지보상법상 '협의취득'의 성격은 사법상 매매계약이므로 그 이행으로 인한 사업시행자의 소유권 취득도 승계취득이다. (대판 2016두51719)

③ 협의성립에 대한 토지수용위원회의 확인
토지보상법 제29조 제3항에 따른 신청이 수리됨으로써 협의 성립의 확인이 있었던 것으로 간주되면, 토지보상법 제29조 제4항에 따라 그에 관한 재결이 있었던 것으로 재차 의제되고, 그에 따라 사업시행자는 사법상 매매의 효력만을 갖는 협의취득과는 달리 확인대상 토지를 수용재결의 경우와 동일하게 원시취득하는 효과를 누리게 된다. ~ 따라서 <u>사업시행자가 진정한 토지소유자의 동의를 받지 못한 채 단순히 등기부상 소유명의자의 동의만을 얻은 후 관련 사항에 대한 공증을 받아 토지보상법 제29조 제3항에 따라 협의 성립의 확인을 신청하였음에도 토지수용위원회가 신청을 수리하였다면, 수리 행위는 다른 특별한 사정이 없는 한 토지보상법이 정한 소유자의 동의 요건을 갖추지 못한 것으로서 위법</u>하다. 진정한 토지소유자의 동의가 없었던 이상, 진정한 토지소유자를 확정하는 데 사업시행자의 과실이 있었는지 여부와 무관하게 그 동의의 흠결은 위 수리 행위의 위법사유가 된다. 이에 따라 <u>진정한 토지소유자는 수리 행위가 위법함을 주장하여 항고소송으로 취소를 구할 수 있다.</u>(대판

2018. 12. 13. 선고 2016두51719)
③ **수용재결 후 협의가능성**(대판 2017.4.13. 2016두64241)
  ㉠ 토지수용위원회의 수용재결이 있은 후라고 하더라도 토지소유자 등과 사업시행자가 다시 협의하여 토지 등의 취득이나 사용 및 그에 대한 보상에 관하여 임의로 계약을 체결할 수 있다고 보아야 한다.
  ㉡ 중앙토지수용위원회가 지방국토관리청장이 시행하는 공익사업을 위하여 甲 소유의 토지에 대하여 수용재결을 한 후, 甲과 사업시행자가 '공공용지의 취득협의서'를 작성하고 협의취득을 원인으로 소유권이전등기를 마친 경우 수용재결에 대하여 무효확인소송을 제기하여 설령 甲이 수용재결의 무효확인 판결을 받더라도 토지의 소유권을 회복시키는 것이 불가능하고, 나아가 무효확인으로써 회복할 수 있는 다른 권리나 이익이 남아 있다고도 볼 수 없다.
④ 토지등의 협의취득은 공공사업에 필요한 토지등을 그 소유자와의 협의에 의하여 취득하는 것으로서 공공기관이 사경제주체로서 행하는 사법상 계약의 실질을 가지는 것이지 행정청이 공권력의 주체로서 일방적으로 행하는 행정처분이라 볼 수 없는 것이고, 위 협의취득에 기한 손실보상금의 환수통보 역시 사법상의 이행청구에 해당하는 것으로서 이를 행정처분이라고 할 수 없다.(대판 2010두14367)
⑤ 공익사업법에 따른 협의 성립의 확인 신청에 필요한 동의의 주체인 토지소유자는 협의 대상이 되는 "토지의 진정한 소유자"를 의미한다. 따라서 사업시행자가 진정한 토지소유자의 동의를 받지 못한 채 단순히 등기부상 소유명의자의 동의만을 얻은 후 협의 성립의 확인을 신청하였음에도 토지수용위원회가 신청을 수리하였다면, 수리행위는 소유자의 동의 요건을 갖추지 못한 것으로서 위법하므로 진정한 토지소유자는 수리행위가 위법함을 주장하여 항고소송으로 취소를 구할 수 있다.(대판 2016두51719)
⑥ 공익사업법에 의한 보상합의는 공공기관이 사경제주체로서 행하는 사법상 계약의 실질을 가지는 것으로서, 당사자 간의 합의로 같은 법 소정의 손실보상의 기준에 의하지 아니한 손실보상금을 정할 수 있다. 따라서 공익사업법에 의한 보상을 하면서 손실보상금에 관한 당사자간의 합의가 성립하면 그 합의 내용대로 구속력이 있고, **손실보상금에 관한 합의 내용이 공익사업법에서 정하는 손실보상 기준에 맞지 않는다고 하더라도 합의가 적법하게 취소되는 등의 특별한 사정이 없는 한 추가로 공익사업법상 기준에 따른 손실보상금 청구를 할 수는 없다.**(대판 2012다3517)

2. 수용절차와 관련된 판례

(1) 사업인정
① 공익사업법의 규정에 의한 사업인정처분이라 함은 공익사업을 토지등을 수용 또는 사용할 사업으로 결정하는 것으로서 단순한 확인행위가 아니라 형성행위이므로, 그

사업의 내용과 방법에 대하여 사업인정처분에 관련된 자들의 이익을 공익과 사익간에서는 물론 공익 상호간 및 사익 상호간에도 정당하게 비교·교량하여야 한다(대판 2005.4.29. 2004두14670).

② 공익사업을 위한 토지 등의 취득 및 보상에 관한 법률 제20조 제1항, 제22조 제3항은 사업시행자가 토지 등을 수용하거나 사용하려면 국토교통부장관의 사업인정을 받아야 하고, 사업인정은 고시한 날부터 효력이 발생한다고 규정하고 있다. 이러한 사업인정은 수용권을 설정해 주는 행정처분으로서, 이에 따라 수용할 목적물의 범위가 확정되고, 수용권자가 목적물에 대한 현재 및 장래의 권리자에게 대항할 수 있는 공법상 권한이 생긴다.(대판 2019. 12. 12. 선고 2019두47629)

(2) 사업인정고시

① 토지수용법상 사업인정이 고시절차를 누락한 것을 이유로 수용재결처분의 취소를 구하거나 무효확인을 구할 수 없다(대판 2000.10.13. 2000두5142).

② 산업입지법에 따른 산업단지개발사업의 경우에도 토지보상법에 의한 공익사업의 경우와 마찬가지로 토지보상법에 의한 사업인정고시일로 의제되는 산업단지 지정 고시일을 토지소유자 및 관계인에 대한 손실보상 여부 판단의 기준시점으로 보아야 한다.(대판 2019. 12. 12. 선고 2019두47629)

③ 공익사업의 계획 또는 시행의 공고·고시'에 해당하기 위한 공고·고시의 방법 (대판 2022. 5. 26. 선고 2021두45848)

공익사업의 근거 법령에서 공고·고시의 절차, 형식 및 기타 요건을 정하고 있지 않은 경우, '행정 효율과 협업 촉진에 관한 규정'이 적용될 수 있다(제2조). 위 규정은 고시·공고 등 행정기관이 일정한 사항을 일반에게 알리는 문서를 공고문서로 정하고 있으므로(제4조 제3호), 위 규정에서 정하는 바에 따라 공고문서가 기안되고 해당 행정기관의 장이 이를 결재하여 그의 명의로 일반에 공표한 경우 위와 같은 효과가 발생할 수 있다. 다만 당해 공익사업의 시행으로 인한 개발이익을 배제하려는 토지보상법령의 입법 취지에 비추어 '행정 효율과 협업 촉진에 관한 규정'에 따라 기안, 결재 및 공표가 이루어지지 않았다고 하더라도 공익사업의 계획 또는 시행에 관한 내용을 공고문서에 준하는 정도의 형식을 갖추어 일반에게 알린 경우에는 토지보상법 제70조 제5항에서 정한 '공익사업의 계획 또는 시행의 공고·고시'에 해당한다고 볼 수 있다.

(3) 협의

① 협의취득에 기한 손실보상금의 환수통보 : 처분성 부정×(대판 2010두14367)

② 공익사업법에 의한 보상을 하면서 손실보상금에 관한 당사자간의 합의가 성립하면 그 합의내용대로 구속력이 있고, 손실보상금에 관한 합의내용이 공익사업법에서 정

하는 손실보상 기준에 맞지 않는다고 하더라도 합의가 적법하게 취소되는 등의 특별한 사정이 없는 한 추가로 공익사업법상 기준에 따른 손실보상금 청구를 할 수는 없다(대판 2013.8.22. 2012다3517).

(4) 수용재결

① 토지소유자가 재결절차를 거치지 않고 곧바로 사업시행자를 상대로 손실보상 청구 ×
토지소유자가 사업시행자로부터 공익사업법 제73조에 따른 잔여지 가격감소 등으로 인한 손실보상을 받기 위해서는 공익사업법 제34조, 제50조 등에 규정된 재결절차를 거친 다음 그 재결에 대하여 불복이 있는 때에 비로소 공익사업법 제83조 내지 제85조에 따라 권리구제를 받을 수 있을 뿐, 이러한 재결절차를 거치지 않은 채 곧바로 사업시행자를 상대로 손실보상을 청구하는 것은 허용되지 않는다고 봄이 상당하다(대판 2008.7.10. 2006두19495).

② 사업시행기간 내 재결신청을 한 경우 시행기간 경과 후 수용재결 ○
도시계획시설사업의 시행자는 늦어도 인가·고시된 도시계획시설사업 실시계획에서 정한 사업시행기간 내에 사법상의 계약에 의하여 도시계획시설사업에 필요한 타인 소유의 토지를 양수하거나 수용재결의 신청을 하여야 하고, 도시계획시설사업의 시행자가 그 사업시행기간 내에 토지에 대한 수용재결 신청을 하였다면 그 신청은 사업시행기간이 경과하였다 하더라도 여전히 유효하므로, 토지수용위원회는 사업시행기간이 경과한 이후에도 위 신청에 따른 수용재결을 할 수 있다(대판 2007.1.11. 2004두8538).

③ 하나의 재결에서 피보상자별로 여러 가지의 토지, 물건, 권리 또는 영업(이처럼 손실보상 대상에 해당하는지, 나아가 그 보상금액이 얼마인지를 심리·판단하는 기초 단위를 이하 '보상항목'이라고 한다)의 손실에 관하여 심리·판단이 이루어졌을 때, 피보상자 또는 사업시행자가 반드시 재결 전부에 관하여 불복하여야 하는 것은 아니며, 여러 보상항목들 중 일부에 관해서만 불복하는 경우에는 그 부분에 관해서만 개별적으로 불복의 사유를 주장하여 행정소송을 제기할 수 있다. 이러한 보상금 증감 소송에서 법원의 심판범위는 하나의 재결 내에서 소송당사자가 구체적으로 불복신청을 한 보상항목들로 제한된다. 법원이 구체적인 불복신청이 있는 보상항목들에 관해서 감정을 실시하는 등 심리한 결과, 재결에서 정한 보상금액이 일부 보상항목의 경우 과소하고 다른 보상항목의 경우 과다한 것으로 판명되었다면, 법원은 보상항목 상호 간의 유용을 허용하여 항목별로 과다 부분과 과소 부분을 합산하여 보상금의 합계액을 정당한 보상금으로 결정할 수 있다. (대판 2018. 5. 15. 선고 2017두41221)

④ 공익사업을 위한 토지 등의 취득 및 보상에 관한 법률 제30조 제3항에 따른 재결신청 지연가산금은 사업시행자가 정해진 기간 내에 재결신청을 하지 않고 지연한 데 대한 제재와 토지소유자 등의 손해에 대한 보전이라는 성격을 아울러 가진다. 따라

서 토지소유자 등이 적법하게 재결신청청구를 하였다고 볼 수 없거나 사업시행자가 재결신청을 지연하였다고 볼 수 없는 특별한 사정이 있는 경우에는 그 해당 기간 동안은 지연가산금이 발생하지 않는다.(대판 2020. 8. 20. 선고 2019두34630)

⑤ 수용재결과 사용재결의 구별(대판 2018두42641)
지방토지수용위원회가 甲 소유의 토지 중 일부는 수용하고 일부는 사용하는 재결을 하면서 재결서에는 수용대상 토지 외에 사용대상 토지에 관해서도 '수용'한다고만 기재한 사안에서, 위 재결 중 사용대상 토지에 관한 부분은 공익사업을 위한 토지 등의 취득 및 보상에 관한 법률 제50조 제1항에서 정한 사용재결의 기재사항에 관한 요건을 갖추지 못한 흠이 있음에도 사용재결로서 적법하다고 본 원심판단에 법리를 오해한 잘못이 있다.

⑥ 토지소유자의 재결신청청구에 대하여 사업시행자가 재결신청을 하지 않을 경우
토지소유자나 관계인은 사업시행자를 상대로 거부처분 취소소송 또는 부작위위법확인소송의 방법으로 다투어야 한다.(대판 2018두57865)

⑦ 공익사업법 제28조에 따르면 편입토지 보상, 지장물 보상, 영업·농업 소상에 관해서는 사업시행자만이 재결을 신청할 수 있고 토지소유자와 관계인은 사업시행자에게 재결신청을 청구하도록 규정하고 있으므로, 토지소유자나 관계인의 재결신청 청구에도 사업시행자가 재결신청을 하지 않을 때 토지소유자나 관계인은 사업시행자를 상대로 거부처분 취소소송 또는 부작위위법확인소송의 방법으로 다투어야 한다.(대판 2019.8.29. 2018두57865)

Ⅵ 재결에 대한 불복절차

1. 수용재결에 대한 항고소송

관련판례

수용재결에 불복하여 취소소송을 제기하는 때에는 이의신청을 거친 경우에도 수용재결을 한 중앙토지수용위원회 또는 지방토지수용위원회를 피고로 하여 수용재결의 취소를 구하여야 하고, 다만 이의신청에 대한 재결 자체에 고유한 위법이 있음을 이유로 하는 경우에는 그 이의재결을 한 중앙토지수용위원회를 피고로 하여 이의재결의 취소를 구할 수 있다고 보아야 한다(대판 2010.1.28. 2008두1504).

2. 보상금증감청구소송 : 형식적 당사자소송

관련판례

① 형식적 당사자소송
토지소유자의 토지수용청구를 받아들이지 아니한 토지수용위원회의 재결에 대하여 토지소유자가 불복하여 제기하는 소송은 토지보상법 제85조 제2항에 규정되어 있는 '보상금의 증감에 관한 소송'에 해당하고, 피고는 토지수용위원회가 아니라 사업시행자로 하여야 한다(대판 2015.4.9. 2014두46669).
② 어떤 보상항목이 공익사업을 위한 토지 등의 취득 및 보상에 관한 법령상 손실보상대상에 해당함에도 관할 토지수용위원회가 사실을 오인하거나 법리를 오해함으로써 손실보상대상에 해당하지 않는다고 잘못된 내용의 재결을 한 경우에는, 피보상자는 관할 토지수용위원회를 상대로 그 재결에 대한 취소소송을 제기할 것이 아니라, 사업시행자를 상대로 공익사업을 위한 토지 등의 취득 및 보상에 관한 법률 제85조 제2항에 따른 보상금증감소송을 제기하여야 한다.(대판 2019. 11. 28. 선고 2018두227)
③ 토지보상법에 따른 토지소유자 또는 관계인(이하 '토지소유자 등'이라 한다)의 사업시행자에 대한 손실보상금 채권에 관하여 압류 및 추심명령이 있더라도, 추심채권자가 보상금 증액 청구의 소를 제기할 수 없고, 채무자인 토지소유자 등이 보상금 증액 청구의 소를 제기하고 그 소송을 수행할 당사자적격을 상실하지 않는다고 보아야 한다.(대판 2022. 11. 24. 선고 2018두67)

판례요지

① 보상금 증액 청구의 소는 토지소유자 등이 사업시행자를 상대로 제기하는 당사자소송의 형식을 취하고 있지만, 토지수용위원회의 재결 중 보상금 산정에 관한 부분에 불복하여 그 증액을 구하는 소이므로 실질적으로는 재결을 다투는 항고소송의 성질을 가진다.
② 보상금 증액 청구의 소는 항고소송의 성질을 가지므로, 토지소유자 등에 대하여 금전채권을 가지고 있는 제3자는 재결에 대하여 간접적이거나 사실적·경제적 이해관계를 가질 뿐 재결을 다툴 법률상의 이익이 있다고 할 수 없어 직접 또는 토지소유자 등을 대위하여 보상금 증액 청구의 소를 제기할 수 없고, 토지소유자 등의 손실보상금 채권에 관하여 압류 및 추심명령이 있더라도 추심채권자가 재결을 다툴 지위까지 취득하였다고 볼 수는 없다.

3. 환매권

관련판례

구 공익사업을 위한 토지 등의 취득 및 보상에 관한 법률(2010. 4. 5. 법률 제10239호로 일부 개정되기 전의 것, 이하 '구 공익사업법'이라 한다) 제91조에 규정된 환매권은 상대방에 대한 의사표시를 요하는 형성권의 일종으로서 재판상이든 재판 외든 위 규정에 따른 기간 내에 행사하면 매매의 효력이 생기는 바(대판 2008.6.26. 2007다24893 판결 참조), 이러한 환매권의 존부에 관한 확인을 구하는 소송 및 구 공익사업법 제91조 제4항에 따라 환매금액의 증감을 구하는 소송 역시 민사소송에 해당한다(대판 2013.2.28. 2010두22368).

CHAPTER 02 행정쟁송제도

제1절 행정심판

I 개설

1. 행정심판의 형식

① 진정과 행정심판

피청구인인 처분청과 청구인의 이름과 주소가 기재되어 있고, 청구인의 기명이 되어 있으며, 문서의 기재내용에 의하여 심판청구의 대상이 되는 행정처분의 내용과 심판청구의 취지 및 이유, 처분이 있은 것을 안 날을 알 수 있는 경우, 위 문서에 기재되어 있지 않은 재결청, 처분을 한 행정청의 고지의 유무등의 내용과 날인등의 불비한 점은 보정이 가능함으로 위 문서를 행정처분에 대한 행정심판청구로 보는 것이 옳다(대판 2000.6.9. 98두2621).

② 행정심판 형식의 이의신청

지방자치법 제140조 제3항에서 정한 이의신청은 행정청의 위법·부당한 처분에 대하여 행정기관이 심판하는 행정심판과는 구별되는 별개의 제도이나, <u>이의신청과 행정심판은 모두 본질에 있어 행정처분으로 인하여 권리나 이익을 침해당한 상대방의 권리구제에 목적이 있고, 행정소송에 앞서 먼저 행정기관의 판단을 받는 데에 목적을 둔 엄격한 형식을 요하지 않는 서면행위이므로, 이의신청을 제기해야 할 사람이 처분청에 표제를 '행정심판청구서'로 한 서류를 제출한 경우라 할지라도 서류의 내용에 이의신청 요건에 맞는 불복취지와 사유가 충분히 기재되어 있다면 표제에도 불구하고 이를 처분에 대한 이의신청으로 볼 수 있다</u>(대판 2012.3.29. 2011두26886).

2. 이의신청과 관련된 판례

① 이의신청과 행정소송의 제소기간

개별공시지가에 대하여 이의가 있는 자는 곧바로 행정소송을 제기하거나 부동산 가격공시 및 감정평가에 관한 법률에 따른 이의신청과 행정심판법에 따른 행정심판청구 중 어느 하나만을 거쳐 행정소송을 제기할 수 있을 뿐 아니라, 이의신청을 하여 그 결과통지를 받은 후 다시 행정심판을 거쳐 행정소송을 제기할 수도 있다고 보아야 하고, 이 경우 행정소송의 제소기간은 그 행정심판 재결서 정본을 송달받은 날부터 기산한다(대판 2010.1.28. 2008두19987).
② 과세처분에 관한 이의신청절차에서 과세관청이 이의신청 사유가 옳다고 인정하여 과세처분을 직권으로 취소한 이상 그 후 특별한 사유없이 이를 번복하고 종전 처분을 되풀이하는 것은 허용되지 않는다(대판 2010.9.30. 2009두1020).
　→ <u>이의신청에 의한 행정청의 취소는 직권취소로서 불가변력이 발생함을 인정한 사례</u>
③ 민원이의신청에 관련된 판례 : 민원처리에 관한 법률상의 이의신청 → <u>행정심판아닌 이의신청</u>
　㉠ 민원사무처리법에서 정한 민원 이의신청의 대상인 거부처분에 대하여는 민원 이의신청과 상관없이 행정심판 또는 행정소송을 제기할 수 있으며, 또한 민원 이의신청은 민원처리에 관하여 인정된 기본사항의 하나로 처분청으로 하여금 다시 거부처분에 대하여 심사하도록 한 절차로서 행정심판법에서 정한 행정심판과는 성질을 달리하고 또한 사안의 전문성과 특수성을 살리기 위하여 특별한 필요에 따라 둔 행정심판에 대한 특별 또는 특례절차라 할 수도 없어 행정소송법에서 정한 행정심판을 거친 경우의 제소기간의 특례가 적용된다고 할 수도 없으므로, <u>민원이의신청에 대한 결과를 통지받은 날부터 취소소송의 제소기간이 기산된다고 할 수 없다</u>(대판 2012.11.15. 2010두8676).
　㉡ 민원처리에 관한 법률 제18조 제1항에서 정한 '거부처분에 대한 이의신청'을 받아들이지 않는 취지의 기각 결정 또는 그 취지의 통지는 항고소송의 대상이 되지 않는다.

3. 행정소송법 제20조 제1항의 행정심판사건의 범위

행정소송법 제20조 제1항에 따르면, 취소소송은 처분등이 있음을 안 날부터 90일 이내에 제기하여야 하는데, 행정심판청구를 할 수 있는 경우에 행정심판청구가 있은 때의 기간은 재결서의 정본을 송달받은 날부터 기산한다. 이처럼 취소소송의 제소기간을 제한함으로써 처분등을 둘러싼 법률관계의 안정과 신속한 확정을 도모하려는 입법취지에 비추어 볼 때, 여기서 말하는 '행정심판'은 행정심판법에 따른 일반행정심판과 이에 대한 특례로서 다른 법률에서 사안의 전문성과 특수성을 살리기 위하여 특히 필요하여 일반행정심판을 갈음하는 특별한 행정불복절차를 정한 경우의 특별행정심판을 뜻한다.

4. 사법절차의 준용

헌법 제107조 제3항은 "재판의 전심절차로서 행정심판을 할 수 있다. 행정심판의 절차는 법률로 정하되, 사법절차가 준용되어야 한다."고 규정하고 있으므로, 입법자가 행정심판을 전심절차가 아니라 종심절차로 규정함으로써 정식재판의 기회를 배제하거나, 행정심판을 필요적 전심절차로 규정하면서도 사법절차가 준용되지 않는다면 이는 재판청구권을 보장하고 있는 헌법 제27조에도 위반되며, 헌법 제107조 제3항은 사법절차가 "준용"될 것만을 요구하고 있으나 판단기관의 독립성과 공정성, 대심적 심리구조, 당사자의 절차적 권리보장등의 면에서 사법절차의 본질적 요소를 현저히 결여하고 있다면 "준용"의 요청에마저 위반된다.(헌재결 2000헌바30)

II 당사자와 관계인

1. 청구인

① 청구인적격이 없는 자의 명의로 제기된 행정심판청구에 대하여 행정청이나 재결청에게 <u>행정심판청구인을 청구인적격이 있는 자로 변경할 것을 요구하는 보정을 명할 의무가 없고</u>, 행정심판절차에서 임의적인 청구인의 변경은 원칙적으로 허용되지 아니한다.(대판 1999.10.8. 98두10073)

② 행정심판법 제11조에 의하면 선정대표자는 청구인 중에서 이를 선정하여야 하는 것이므로 당사자가 아닌 원고 개인에 대한 선정행위는 그 효력을 갖는 것은 아니어서 그 선정으로 말미암아 원고 개인이 위 행정심판 절차의 당사자가 되게 되는 것도 아니다.(대판 90누7791)

2. 피청구인

3. 관계인

III 행정심판 청구와 심리

1. 행정심판청구기간

① 행정청이 당사자에게 행정처분을 고지함에 있어 심판청구기간을 알리지 않았다면 당사자는 위 처분이 있은 날로부터 180일 이내에 심판청구를 제기할 수 있다(대판 1989.2.14. 88누1363).

② 개별법률에서 정한 심판청구기간이 행정심판법이 정한 심판청구기간보다 짧은 경우, 행정청이 행정처분을 하면서 <u>그 개별법률상 심판청구기간을 고지하지 아니하였다면 개별법상 청구기간에 구애됨이 없이</u> 행정심판법 제18조 제6항·제3항의 규정에 의하여 <u>처분이 있은 날로부터 180일 이내에 행정심판을 제기할 수 있다고 보아야 할 것</u>이다(대판 1990.7.10. 89누6839).

③ 복효적 행정행위의 제3자는 처분 있음을 알 수 없으므로 처분이 있은 날로부터 180일 이내에 제기할 수 있고, <u>설령 이 기간 내에 심판청구를 제기하지 못하였다고 하더</u>

라도 행정심판법상 기간을 지키지 못한 정당한 사유가 있는 때에 해당되어 제3자는 처분이 있은 날로부터 180일이 경과한 뒤에도 심판청구를 제기할 수 있다(대판 1992.7.28. 91누12844).

④ 행정처분의 상대방이 아닌 제3자는 처분이 있는 것을 바로 알 수 있는 처지에 있지 아니하므로 처분이 있은 날로부터 180일이 경과하더라도 특별한 사유가 없는 한 구 행정심판법 제18조 소정의 정당한 사유가 있는 것으로 보아 심판청구가 가능하다고 할 것이나, **그 제3자가 어떤 경위로든 행정처분이 있음을 알았거나 쉽게 알수 있는 등 행정심판법 제18조 소정의 심판청구기간 내에 심판청구기간 내에 심판청구가 가능하였다는 사정이 있는 경우에는 그때로부터 90일 이내에 행정심판을 청구하여야** 한다.(대판 96누14661)

⑤ 수용재결에 대한 이의신청기간과 이의재결에 대한 행정소송제기기간을 그 일반법인 행정심판법 규정과 달리 심판청구기간을 짧게 정하고 있는 규정은 헌법위반이 아니다(대판 1992.8.18. 91누9312).

⑥ 당사자가 통지·공고등에 의하여 당해 처분이 있었다는 사실을 현실적으로 안 날을 의미하고, 추상적으로 알 수 있었던 날을 의미하는 것은 아니다(대판 1998.2.24. 97누18226).

➔ "처분이 있음을 안 날"의 의미 : 처분이 있었다는 사실을 현실적으로 안 날

⑦ 아르바이트 직원이 납부고지서를 수령한 경우, 납부의무자는 그 때 부과처분이 있음을 알았다고 추정할 수 있다(대판 1999.12.28. 99두9742).

⑧ 통상 고시 또는 공고에 의하여 행정처분을 하는 경우에는 그 처분의 상대방이 불특정 다수인이므로 고시 또는 공고가 있었다는 사실을 현실적으로 알았는지 여부에 관계 없이 고시가 효력을 발생하는 날인 고시 또는 공고가 있은 후 5일이 경과한 날에 행정처분이 있음을 알았다고 보아야 한다(대판 2000.9.8. 99두11257).

⑨ 아파트 경비원이 납부의무자에게 배달되는 과징금부과처분의 납부고지서를 수령한 경우, 경비원이 위 납부고지서를 수령한 때에 위 부과처분이 있음을 알았다고 하더라도 이로써 납부의무자 자신이 그 부과처분이 있음을 안 것과 동일하게 볼 수는 없다(대판 2002.8.27. 2002두3850).

⑩ 재심사청구기간을 종전의 60일에서 90일로 연장하는 것으로 개정된 산업재해보상보험법의 시행 당시 구법에 의한 재심사청구기간이 남아 있는 경우, 개정된 법률에 따라 재심사청구기간을 산정하여야 한다(대판 2000.9.8. 99두1151).

2. 행정심판 심리

① 위법·부당여부 판단 : 처분시

행정심판에 있어서 행정처분의 위법·부당여부는 원칙적으로 처분시를 기준으로 판단하여야 할 것이나, 재결청은 처분 당시 존재하였거나 행정청에 제출되었던 자료뿐

만 아니라, 재결 당시까지 제출된 모든 자료를 종합하여 처분 당시 존재하였던 객관적 사실을 확정하고 그 사실에 기초하여 처분의 위법·부당여부를 판단할 수 있다. (대판 99두5092)

② **처분사유의 추가변경**

행정처분의 취소를 구하는 항고소송에서 처분청은 당초 처분의 근거로 삼은 사유와 기본적 사실관계가 동일성이 있다고 인정되는 한도 내에서만 다른 사유를 추가 또는 변경할 수 있고, 이러한 기본적 사실관계의 동일성 유무는 처분사유를 법률적으로 평가하기 이전의 구체적 사실에 착안하여 그 기초인 사회적 사실관계가 기본적인 점에서 동일한지에 따라 결정되므로, 추가 또는 변경된 사유가 처분 당시에 이미 존재하고 있었다거나 당사자가 그 사실을 알고 있었다고 하여 당초의 처분사유와 동일성이 있다고 할 수 없다. 그리고 이러한 법리는 행정심판 단계에서도 그대로 적용된다 (대판 2014.5. 16. 2013두26118).

IV 행정심판의 재결

1. 불이익변경금지원칙

① 재조사결정의 취지에 따른 후속 처분이 심판청구를 한 당초 처분보다 청구인에게 불리하면 국세기본법 제79조 제2항의 불이익변경금지원칙에 위배되어 후속 처분 중 당초 처분의 세액을 초과하는 부분은 위법하게 된다(대판 2016.9.28. 2016두39382).

2. 재결의 형성력

① 행정심판법 제32조 제3항에 의하면 재결청은 취소심판의 청구가 이유 있다고 인정할 때에는 처분을 취소·변경하거나 처분청에게 취소·변경할 것을 명한다고 규정하고 있으므로, 행정심판 재결의 내용이 처분청에게 처분의 취소를 명하는 것이 아니라 재결청이 스스로 처분을 취소하는 것일 때에는 그 재결의 형성력에 의하여 당해 처분은 별도의 행정처분을 기다릴 것 없이 당연히 취소되어 소멸되는 것이다(대판 1998.4.24. 97누17131).

② 재결청으로부터 '처분청의 공장설립변경신고수리처분을 취소한다'는 내용의 형성적 재결을 송부받은 처분청이 당해 처분의 상대방에게 재결결과를 통보하면서 공장설립변경신고 수리시 발급한 확인서를 반납하도록 요구한 것은 사실의 통지에 불과하고 항고소송의 대상이 되는 새로운 행정처분이라고 볼 수 없다(대판 1997.5.30. 96누14678).

3. 재결의 기속력

① 양도소득세 및 방위세부과처분이 국세청장에 대한 불복심사청구에 의하여 그 불복사유가 이유있다고 인정되어 취소되었음에도 처분청이 동일한 사실에 관하여 부과처분을 되풀이한 것이라면 설령 그 부과처분이 감사원의 시정요구에 의한 것이라 하더라도 위법하다(대판 1986.5.27. 86누127).

② 행정심판재결은 행정청을 기속하는 효력을 가지므로 행정심판위원회가 취소심판의 청구가 이유있다고 인정하여 처분청에게 취소를 명하면 처분청으로서는 그 재결의 취지에 따라 처분을 취소하여야 하지만, 그 재결의 취지에 따른 취소처분이 위법할 경우 그 취소처분의 상대방은 이를 항고소송으로 다툴 수 있다(대판 1993.9.28. 92누15093).

③ 행정처분 취소재결에 적시된 위법사유를 시정·보완하여 행한 새로운 처분은 재결의 기속력에 저촉되지 않는다(대판 1997.2.25. 96누14784·14791).

④ 당해 취소재결은 형성재결임이 명백하므로, 위 회사에 대한 의약품제조품목허가처분은 당해 취소재결에 의하여 당연히 취소·소멸되었고, 그 이후에 다시 위 허가처분을 취소한 당해 처분은 당해 취소재결의 당사자가 아니어서 그 재결이 있었음을 모르고 있는 위 회사에게 위 허가처분이 취소·소멸되었음을 확인하여 알려주는 의미의 사실 또는 관념의 통지에 불과할 뿐 위 허가처분을 취소·소멸시키는 새로운 형성적 행위가 아니므로 항고소송의 대상이 되는 처분이라고 할 수 없다(대판 1998.4.24. 97누17131).

➡ 형성력으로 인하여 원처분은 당연히 소멸되므로, 처분청의 원처분취소는 이미 효력을 상실하였음을 확인하는 의미에 불과하기 때문에 처분성 부정!

⑤ 행정심판위원회로부터 "처분청의 공장설립변경신고수리처분을 취소한다."는 내용의 형성적 재결을 송부받은 처분청이 당해 처분의 상대방에게 재결결과를 통보하면서 공장설립변경신고 수리시 발급한 확인서를 반납하도록 요구한 것은 사실의 통지에 불과하고 항고소송의 대상이 되는 새로운 행정처분이라고 볼 수 없다(대판 1997.5.30. 96누14678).

⑥ 구 토지수용법 및 관계 법령에 따라 행해진 재결에 대하여 불복절차를 취하지 아니함으로써 그 재결에 대하여 더 이상 다툴 수 없게 된 경우, 사업시행자는 그 재결이 당연무효이거나 취소되지 않는 한 이미 보상금을 지급받은 자에 대하여 민사소송으로 그 보상금을 부당이득이라 하여 반환청구 할 수 없다(대판 2001.1.16. 98다58511).

⑦ 행정심판위원회가 직접처분을 하기 위하여는 처분의 이행을 명하는 재결이 있었음에도 당해 행정청이 아무런 처분을 하지 아니하였어야 하므로, 당해 행정청이 어떠한 처분을 하였다면 그 처분이 재결의 내용에 따르지 아니하였다고 하더라도 행정심판

위원회가 직접처분을 할 수는 없다(대판 2002.7.23. 2000두9151).
⑧ 재결의 기속력은 재결의 주문 및 그 전제가 된 요건사실의 인정과 판단, 즉 처분등의 구체적 위법사유에 관한 판단에만 미친다고 할 것이고, 종전 처분이 재결에 의하여 취소되었다 하더라도 종전 처분시와는 다른 사유를 들어서 처분을 하는 것은 기속력에 저촉되지 않는다(대판 2005.12.9. 2003두7705).
⑨ 행정심판의 재결은 피청구인인 행정청을 기속하는 효력을 가지므로 재결청이 취소심판의 청구가 이유있다고 인정하여 처분청에 처분을 취소할 것을 명하면 처분청으로서는 재결의 취지에 따라 처분을 취소하여야 하지만, 나아가 재결에 판결에서와 같은 기판력이 인정되는 것은 아니어서 재결이 확정된 경우에도 처분의 기초가 된 사실관계나 법률적 판단이 확정되고, 당사자들이나 법원이 이에 기속되어 모순되는 주장이나 판단을 할 수 없게 되는 것은 아니다.(대판 2013다6759)
⑩ 재결의 기속력은 재결의 주문 및 그 전제가 된 요건사실의 인정과 판단, 즉 처분 등의 구체적 위법사유에 관한 판단에만 미친다고 할 것이고, 종전 처분이 재결에 의하여 취소되었다 하더라도 종전 처분시와는 다른 사유를 들어서 처분을 하는 것은 기속력에 저촉되지 않는다고 할 것이며, **여기에서 동일 사유인지 다른 사유인지는 종전 처분에 관하여 위법한 것으로 재결에서 판단된 사유와 기본적 사실관계에 있어 동일성이 인정되는 사유인지 여부에 따라 판단되어야** 한다.(대판 2002두3201)
⑪ 재결은 행정청을 기속하는 효력을 가지므로 재결청이 취소심판의 청구가 이유있다고 인정하여 처분청에게 처분의 취소를 명하면 처분청으로서는 그 재결의 취지에 따라 처분을 취소하여야 하지만, 그렇다고 하여 **그 재결의 취지에 따른 취소처분이 위법할 경우 그 취소처분의 상대방이 이를 항고소송으로 다툴 수 없는 것은 아니다.**(대판 92누15093)

Ⅴ 불복고지

1. 불복고지

① 행정청이 처분을 발하면서 고지의무를 이행하지 않는 경우에는 행정심판청구기간이 연장되는데 그치고, 처분 자체에 하자가 수반되지는 않는다.(대판 1987.11.24. 87누529)
② 행정심판법상의 오고지규정은 행정소송에는 적용되지 않는다.(대판 2001.5.8. 2000두6916)
③ 자동차운수사업법의 고지절차에 관한 규정은 행정처분의 상대방이 그 처분에 대한 행정심판의 절차를 밟는 데 있어 편의를 제공하려는데 있으며 처분청이 위 규정에 따른 고지의무를 이행하지 아니하였다고 하더라도 경우에 따라서는 행정심판의 제기

기간이 연장될 수 있는 것에 그치고 이로 인하여 심판의 대상이 되는 행정처분에 어떤 하자가 수반된다고 할 수 없다.

제2절 행정소송

I 서설

1. 행정소송의 한계

(1) 구체적 사건성을 결여한 사건

피고 국가보훈처장은 이들 독립운동가들의 활동상황을 잘못 알고 국가보훈상의 서훈추천권을 행사함으로써 서훈추천권의 행사가 적정하지 아니하였다는 이유로 이러한 서훈추천권의 행사·불행사가 당연무효임의 확인 또는 그 부작위가 위법함의 확인을 구하는 청구는 **과거의 역사적 사실관계의 존부나 공법상의 구체적인 법률관계가 아닌 사실관계에 관한 것들을 확인의 대상으로 하는 것이거나 행정청의 단순한 부작위를 대상으로 하는 것으로서 항고소송의 대상이 되지 아니하는 것**이다. (대판 90누3553)

(2) 권력분립적 한계

① 건축건물의 준공처분을 하여서는 아니된다는 내용의 부작위를 구하는 청구는 행정소송에서 허용되지 아니하는 것이므로 부적법하다. (대판 1987.3.24. 86누182)

② 국가보훈처장등이 발행한 책자등에서 독립운동가 등의 활동상을 잘못 기술하였다는 등의 이유로 **그 사실관계의 확인**을 구하거나, **국가보훈처장의 서훈추천서의 행사, 불행사가 당연무효 또는 위법임의 확인을 구하는 청구**는 과거의 역사적 사실관계의 존부나 **공법상의 구체적인 법률관계가 아닌 사실관계에 관한 것들을 확인의 대상으로 하는 것이거나 행정청의 단순한 부작위를 대상으로 하는 것으로서 항고소송의 대상이 되지 아니하는 것**이다. (대판 1990.11.23. 90누3553)

③ 검사에게 압수물 환부를 이행하라는 청구는 행정청의 부작위에 대하여 일정한 처분을 하도록 하는 의무이행소송으로 현행 행정소송법상 허용되지 아니한다. (대판 1995.3.10. 94누14018)

④ 현행 행정소송법상 행정청으로 하여금 일정한 행정처분을 하도록 명하는 이행판결을 구하는 소송이나 법원으로 하여금 행정청이 일정한 행정처분을 행한 것과 같은 효과가 있는 행정처분을 직접 행하도록 하는 형성판결을 구하는 소송은 허용되지 아니한다. (대판 1997.9.30. 97누3200)

⑤ **행정소송법상 행정청이 일정한 처분을 하지 못하도록 그 부작위를 구하는 청구는 허용되지 않는 부적법한 소송이라 할 것**이므로, 피고 국민건강보험공단은 이 사건 고시를 적용하여 요양급여비용을 결정하여서는 아니된다는 내용의 원고들의 위 피고에 대한 이 사건 청구는 부적법하다 할 것이다.(대판 2006.5.25. 2003두11988)

Ⅱ 취소소송

1. 서설

(1) 취소소송과 무효확인소송과의 관계

① 행정처분의 무효확인을 구하는 청구에는 특별한 사정이 없는 한 그 처분의 취소를 구하는 취지까지도 포함되어 있다고 볼 수는 있으나, 취소청구를 인용하려면 먼저 취소를 구하는 항고소송으로서의 제소요건을 구비한 경우에 한한다(대판 1986.9.23. 85누838).

② 행정심판절차를 거치지 아니한 까닭에 행정처분 취소의 소를 무효확인의 소로 변경한 경우에는 무효확인을 구하는 취지 속에 그 처분이 당연무효가 아니라면 그 취소를 구하는 취지까지 포함된 것으로 볼 여지가 전혀 없다(대판 1987.4.28. 86누887).

③ 행정처분의 당연무효를 선언하는 의미에서 그 취소를 구하는 행정소송을 제기하는 경우에는 전치절차와 그 제소기간의 준수 등 취소소송의 제소요건을 갖추어야 한다 (대판 1987.6.9. 87누219).

(2) 재판관할

㈎ 민사사건을 행정소송으로 잘못 제기한 경우

① 민사소송인 이 사건 소가 서울행정법원에 제기되었는데도 피고는 제1심법원에서 관할위반이라고 항변하지 아니하고 본안에 대하여 변론을 한 사실을 알 수 있는 바, 공법상의 당사자소송 사건인지 민사사건인지 여부는 이를 구별하기가 어려운 경우가 많고 행정사건의 심리절차에 있어서는 행정소송의 특수성을 감안하여 행정소송법이 정하고 있는 특칙이 적용될 수 있는 점을 제외하면 심리절차면에서 민사소송절차와 큰 차이가 없는 점 등에 비추어보면, 행정소송법 제8조 제2항, 민사소송법 제30조에 의하여 제1심법원에 변론관할이 생겼다고 봄이 상당하다. (대판 2013.2.28. 2010두22368).

㈏ 행정소송사건을 민사소송으로 잘못 제기한 경우

① 원고가 고의 또는 중대한 과실없이 행정소송으로 제기하여야 할 사건을 민사소송으로 잘못 제기한 경우, 수소법원으로서는 만약 그 행정소송에 대한 관할도 동시에 가지고 있다면 이를 행정소송으로 심리·판단하여야 하고, 그 행정소송에 대

한 관할을 가지고 있지 아니하다면 당해 소송이 이미 행정소송으로서의 전심절차 및 제소기간을 도과하였거나 행정소송의 대상이 되는 처분등이 존재하지도 아니한 상태에 있는 등 행정소송으로서의 소송요건을 결하고 있음이 명백하여 행정소송으로 제기되었더라도 어차피 부적법하게 되는 경우가 아닌 이상 이를 <u>부적법한 소라고 하여 각하할 것이 아니라 관할법원에 이송하여야 한다</u>(대판 1997.5.30. 95다28960).

② 대판 2017.11.9. 2015다215526
원고가 고의 또는 중대한 과실 없이 행정소송으로 제기하여야 할 사건을 민사소송으로 잘못 제기한 경우, 수소법원으로서는 만약 행정소송에 대한 관할도 동시에 가지고 있다면 이를 행정소송으로 심리·판단하여야 하고, 행정소송에 대한 관할을 가지고 있지 아니하다면 당해 소송이 이미 행정소송으로서의 전심절차 및 제소기간을 도과하였거나 행정소송의 대상이 되는 처분 등이 존재하지도 아니한 상태에 있는 등 행정소송으로서의 소송요건을 결하고 있음이 명백하여 행정소송으로 제기되었더라도 어차피 부적법하게 되는 경우가 아닌 이상 이를 부적법한 소라고 하여 각하할 것이 아니라 관할법원에 이송하여야 한다.

③ 대판 2018.7.26. 2015다221569
원고가 고의 또는 중대한 과실 없이 행정소송으로 제기하여야 할 사건을 민사소송으로 잘못 제기한 경우, 수소법원으로서는 만약 그 행정소송에 대한 관할을 동시에 가지고 있다면 이를 행정소송으로 심리·판단하여야 하고, 그 행정소송에 대한 관할을 가지고 있지 아니하다면 당해 소송이 이미 행정소송으로서의 전심절차와 제소기간을 도과하였거나 행정소송의 대상이 되는 처분 등이 존재하지도 아니한 상태에 있는 등 행정소송으로서 소송요건을 결하고 있음이 명백하여 행정소송으로 제기되었더라도 어차피 부적법하게 되는 경우가 아닌 이상 이를 부적법한 소라고 하여 각하할 것이 아니라 관할법원에 이송하여야 한다.

④ 2020.1.16. 2019다264700
행정소송법상 항고소송으로 제기하여야 할 사건을 민사소송으로 잘못 제기한 경우에 수소법원이 그 항고소송에 대한 관할도 동시에 가지고 있다면, 전심절차를 거치지 않았거나 제소기간을 도과하는 등 항고소송으로서의 소송요건을 갖추지 못했음이 명백하여 항고소송으로 제기되었더라도 어차피 부적법하게 되는 경우가 아닌 이상, 원고로 하여금 <u>항고소송으로 소 변경을 하도록 석명권을 행사하여 행정소송법이 정하는 절차에 따라 심리·판단하여야 한다</u>

(다) 당사자소송으로 제기할 사건을 항고소송으로 제기한 경우
① 원고가 고의 또는 중대한 과실 없이 당사자소송으로 제기하여야 할 것을 항고소송으로 잘못 제기한 경우에, 당사자소송으로서의 소송요건을 결하고 있음이 명백하여 당사자소송으로 제기되었더라도 어차피 부적법하게 되는 경우가 아닌 이상,

법원으로서는 원고가 당사자소송으로 소 변경을 하도록 하여 심리·판단하여야 한다.(대판 2016. 5. 24. 선고 2013두14863)

(3) 관련청구소송의 이송과 병합

① 행정처분에 대한 무효확인과 취소청구는 서로 양립할 수 없는 청구로서 <u>주위적·예비적 청구로서만 병합이 가능하고 선택적 청구로서의 병합이나 단순병합은 허용되지 아니한다</u>(대판 1999.8. 20. 97누6889).
② 동일한 행정처분에 대하여 무효확인의 소를 제기하였다가 그 후 그 처분의 취소를 구하는 소를 추가적으로 병합한 경우, 주된 청구인 무효확인의 소가 적법한 제소기간 내에 제기되었다면 추가로 병합된 취소청구의 소도 적법하게 제기된 것으로 볼 수 있다(대판 2005.12.23. 2005두3554).
③ 취소소송에 병합할 수 있는 당해 처분과 관련되는 부당이득반환소송에는 당해 처분의 취소를 선결문제로 하는 부당이득반환청구가 포함되고, <u>이러한 부당이득반환청구가 인용되기 위해서는 그 소송절차에서 판결에 의해 당해 처분이 취소되면 충분하고 그 처분의 취소가 확정되어야 하는 것은 아니다</u>(대판 2009.4.9. 2008두23153).
④ 관련청구소송의 병합은 본래의 항고소송이 적법한 것을 요건으로 하는 것이어서 본래의 항고소송이 부적법하여 각하되면 그에 병합된 관련청구도 소송요건을 흠결한 부적한 것으로 각하되어야 한다(대판 2001.11.27. 2000두697).
⑤ 주위적 청구를 인용할 때에는 다음 순위인 예비적 청구에 대하여 심판할 필요가 없는 것이다.(대판 2000.11.16. 98다22253)

2. 원고적격

⑺ 원고적격에 관련된 판례

(a) 원고적격 일반

① 법률상 보호되는 이익

법률상 보호되는 이익이라 함은 당해 처분의 근거법규 및 관련법규에 의하여 보호되는 개별적·직접적·구체적 이익이 있는 경우를 말하고, 다만 공익보호의 결과로 일반 국민이 일반적·간접적·추상적 이익과 같이 사실적·경제적 이해관계를 가지는 데 불과한 경우는 여기에 포함되지 아니한다(대판 2004.8.16. 2003두2175).

② 납골당 관련판례

행정처분의 직접 상대방이 아닌 제3자라 하더라도 당해 행정처분으로 인하여 법률상 보호되는 이익을 침해당한 경우에는 취소소송을 제기하여 그 당부의 판단을 받을 자격이 있다 할 것이고, <u>여기에서 말하는 법률상 보호되는 이익에는 당해 처분의 근거 법규에 의하여 보호되지는 아니하지만 당해 처분의 조</u>

건을 성취하거나 당해 처분의 행정목적을 달성하기 위한 일련의 관련 처분들의 근거 법규에 의하여 명시적으로 보호받는 법률상 이익도 포함된다(대판 2004.8.16. 2003두2175 판결 참조). ~ 그 근거 법규인 구 산림법과 구 환경영향평가법은 결국 이 사건 처분에 대한 관련 처분들의 근거 법규이고, 이 사건 납골당조성사업에 필요한 산림형질변경허가처분과 관련하여 환경영향평가대상지역 내 주민들인 원고들이 갖고 있는 환경상 이익은 주민 개개인인 원고들에 대하여 개별적으로 보호되는 직접적·구체적 이익으로서 법률상 보호되는 이익으로 평가되어야 하므로, 원고들에게는 이 사건 처분의 무효확인이나 취소를 구할 원고적격이 있다고 판단하였다(대판 2004. 12.9. 2003두12073).

③ 헌법상 기본권과 원고적격

㉠ ~ 형사소송법이 규정하고 있는 구속된 피고인 또는 피의자의 타인과의 접견권은 위와 같은 헌법상의 기본권을 확인하는 것일 뿐 형사소송법의 규정에 의하여 비로소 피고인 또는 피의자의 접견권이 창설되는 것으로는 볼 수 없다. 구속된 피고인은 교도소장의 접견허가거부처분으로 인하여 자신의 접견권이 침해되었음을 주장하여 위 거부처분의 취소를 구할 원고적격을 가진다(대판 1992.5.8. 91부8).

→ 헌법상 접견교통권에 의하여 원고적격을 인정한 사례

㉡ 헌법 제35조 제1항에서 정하고 있는 환경권에 관한 규정만으로는 그 권리의 주체·대상·내용·행사방법등이 구체적으로 정립되어 있다고 볼 수 없다. 환경영향평가 대상지역 밖에 거주하는 주민에게 헌법상의 환경권 또는 환경정책기본법에 근거하여 공유수면매립면허처분과 농지개량사업 시행인가처분의 무효확인을 구할 원고적격이 없다(대판 2006.3.1.).

(b) 처분의 상대방이 아닌 제3자의 원고적격

㈎ 행정처분의 직접 상대방이 아닌 제3자라도 당해 행정처분의 취소를 구할 법률상의 이익이 있는 경우에는 원고적격이 인정된다 할 것이나, 여기서 말하는 법률상의 이익은 당해 처분의 근거법률에 의하여 보호되는 직접적이고 구체적인 이익이 있는 경우를 말하고 다만 간접적이거나 사실적·경제적 이해관계를 가지는 데 불과한 경우는 여기에 포함되지 아니한다.

㈏ 회사의 노사 간에 임금협정을 체결함에 있어 운전기사의 합승행위 등으로 회사에 대하여 과징금이 부과되면 당해 운전기사에 대한 상여금지급시 그 금액 상당을 공제하기로 함으로써 과징금의 부담을 당해 운전기사에게 전가하도록 규정하고 있고 이에 따라 당해 운전기사의 합승행위를 이유로 회사에 대하여 한 과징금부과처분으로 말미암아 당해 운전기사의 상여금지급이 제한되었다고 하더라도, 과징금부과처분의 직접 당사자 아닌 당해 운전기사로서는 그 처

분의 취소를 구할 직접적이고 구체적인 이익이 있다고 볼 수 없다.(대판 93누24247)

(c) 인인소송
① 원고적격을 인정한 사례
㉠ 주거지역 내의 연탄공장건축허가처분으로 불이익을 받고 있는 제3거주자는 당해 행정처분의 취소를 소구할 법률상 자격이 있다(대판 1975.5.13. 73누96·97).
㉡ 공설화장장 설치를 금지함에 의하여 보호되는 부근 주민들의 이익은 위 도시계획결정처분의 근거법률에 의하여 보호되는 법률상 이익이다(대판 1995.9.26. 94누14544).
㉢ 원자로 시설부지 인근주민들에게 방사성물질 등에 의한 생명·신체의 안전침해를 이유로 부지사전승인처분의 취소를 구할 원고적격이 있다(대판 1998.9.4. 97누19588).
㉣ 건축법 제53조(일조등의 확보를 위한 건축물의 높이제한), 동법 시행령 제86조 및 건축물 높이제한에 관한 조례는 공익뿐만 아니라 인근주민들의 사권으로서의 일조권을 보호하고 있다고 보아야 하고, 정북방향에 거주하는 주민 등 일조권을 침해받을 개연성이 있는 인근주민은 상기 법령의 위반을 주장하며 건축허가에 대한 취소소송을 제기할 원고적격이 있다고 보아야 한다(대판 2000.7.6. 98두8292).
㉤ 폐기물소각시설(쓰레기소각장)을 설치하는 사업으로 인하여 직접적이고 중대한 환경상의 침해를 받으리라고 예상되는 직접영향권 내에 있는 주민들이나 폐기물소각시설의 부지경계선으로부터 300m 이내의 간접영향권 내에 있는 주민들은 원고적격이 인정된다고 할 것이고, 한편 폐기물소각시설의 부지경계선으로부터 300m 밖에 거주하는 주민들도 환경상 이익에 대한 침해우려가 있다는 것을 입증함으로써 그 처분의 무효확인을 구할 원고적격을 인정받을 수 있다(대판 2005.3.11. 2003두13489).
㉥ 1일 처리능력이 100t 이상인 폐기물처리시설을 설치하기 위한 폐기물처리시설설치계획 입지결정·고시처분의 효력을 다투는 소송에 있어서 인근주민들은 원고적격이 인정된다(대판 2005.5.12. 2004두14229).
㉦ <u>환경영향평가대상지역 밖의 주민이라 할지라도 공유수면매립면허처분 등으로 인하여 그 처분전과 비교하여 수인한도를 넘는 환경피해를 받거나 받</u>을 우려가 있는 경우에는 <u>공유수면매립면허처분등으로 인하여 환경상 이익에 대한 침해 또는 침해우려가 있다는 것을 입증함으로써 그 처분등의 무효확인을 구할 원고적격을 인정받을 수 있다</u>(대판 2006.3.16. 2006두330 전합).

◎ 환경정책기본법상 사전환경성검토협의 대상지역 내에 포함될 개연성이 충분하다고 보이는 주민들에게 그 협의대상에 해당하는 창업사업계획승인처분과 공장설립승인처분의 취소를 구할 원고적격이 인정된다(대판 2006. 12.22. 2006두14001).

㉣ <u>공장입지기준고시 제5조 제2호는 법규명령으로서 효력을 가지는 것이므로</u> 환경오염을 일으킬 수 있는 <u>공장설치와 관련한 인근주민의 생활환경상 이익은 이 사건 승인처분의 근거법규에 의해 보호되는 이익</u>으로 볼 수 있다(대판 2007.6.1. 2005두11500).
→ 레미콘 공장부지 인근주민들의 원고적격을 인정한 사례

㉤ 광업권설정허가처분과 그에 따른 광산개발로 인하여 <u>재산상·환경상 이익의 침해를 받거나 받을 우려가 있는 토지나 건축물의 소유자와 점유자 또는 이해관계인 및 주민들로서는 그 처분전과 비교하여 수인한도를 넘는 재산상·환경상 이익의 침해를 받거나 받을 우려가 있다는 것을 증명함으로써 그 처분의 취소를 구할 원고적격을 인정받을 수 있다</u>(대판 2008. 9.11. 2006두7577).

㉥ 행정처분의 직접 상대방이 아닌 자로서 그 처분에 의하여 자신의 환경상 이익이 침해받거나 침해받을 우려가 있다는 이유로 취소나 무효확인을 구하는 제3자는, <u>자신의 환경상 이익이 그 처분의 근거법규 또는 관련법규에 의하여 개별적·직접적·구체적으로 보호되는 이익, 즉 법률상 보호되는 이익임을 입증하여야 원고적격이 인정된다.</u> 다만, 그 행정처분의 근거법규 또는 관련법규에 그 처분으로써 이루어지는 행위 등 사업으로 인하여 환경상 침해를 받으리라고 예상되는 영향권의 범위가 구체적으로 규정되어 있는 경우에는, 그 영향권 내의 주민들에 대하여는 당해 처분으로 인하여 직접적이고 중대한 환경피해를 받으리라고 예상할 수 있고, 이와 같은 환경상의 이익은 주민 개개인에 대하여 개별적으로 보호되는 직접적·구체적 이익으로서 그들에 대하여는 특단의 사정이 없는 한 환경상 이익에 대한 침해 또는 침해우려가 있는 것으로 사실상 추정되어 법률상 보호되는 이익으로 인정됨으로써 원고적격이 인정되며, <u>그 영향권 밖의 주민들은 당해 처분으로 인하여 그 처분전과 비교하여 수인한도를 넘는 환경피해를 받거나 받을 우려가 있다는 자신의 환경상 이익에 대한 침해 또는 침해 우려가 있음을 입증하여야만 법률상 보호되는 이익으로 인정되어 원고적격이 인정된다</u>(대판 2009.9.24. 2009두2825).

동판례에서 주의할 점
~ 단지 그 영향권 내의 건물·토지를 소유하거나 환경상 이익을 일시적으로 향유하는데 그치는 사람은 포함되지 않는다.

ⓔ 김해시장이 낙동강에 합류하는 하천수 주변의 토지에 구 산업집적활성화 및 공장설립에 관한 법률 제13조에 따라 공장설립을 승인하는 처분을 한 사안에서, 공장설립으로 수질오염등이 발생할 우려가 있는 취소장에서 물을 공급받는 부산광역시 또는 양산시에 거주하는 주민들도 위 처분의 근거법규 및 관련법규에 의하여 법률상 보호되는 이익이 침해되거나 침해될 우려가 있는 주민으로서 원고적격이 인정된다(대판 2010.4.15. 2007두16127).

> **위 판례에서 보충할 판례내용**
> 공장설립승인처분의 근거 법규 및 관련 법규인 구 산업집적활성화 및 공장설립에 관한 법률(2006. 3. 3. 법률 제7861호로 개정되기 전의 것) 제8조 제4호가 산업자원부장관으로 하여금 관계 중앙행정기관의 장과 협의하여 '환경오염을 일으킬 수 있는 공장의 입지제한에 관한 사항'을 정하여 고시하도록 규정하고 있고, 이에 따른 산업자원부 장관의 공장입지기준고시(제2004-98호) 제5조 제1호가 '상수원 등 용수이용에 현저한 영향을 미치는 지역의 상류'를 환경오염을 일으킬 수 있는 공장의 입지제한지역으로 정할 수 있다고 규정하고, 국토의 계획 및 이용에 관한 법률 제58조 제3항의 위임에 따른 구 국토의 계획 및 이용에 관한 법률 시행령(2006. 8. 17. 대통령령 제19647호로 개정되기 전의 것) 제56조 제1항 [별표 1] 제1호 (라)목 (2)가 '개발행위로 인하여 당해 지역 및 그 주변 지역에 수질오염에 의한 환경오염이 발생할 우려가 없을 것'을 개발사업의 허가기준으로 규정하고 있는 취지는, 공장설립승인처분과 그 후속절차에 따라 공장이 설립되어 가동됨으로써 그 배출수 등으로 인한 수질오염 등으로 직접적이고도 중대한 환경상 피해를 입을 것으로 예상되는 주민들이 환경상 침해를 받지 아니한 채 물을 마시거나 용수를 이용하며 쾌적하고 안전하게 생활할 수 있는 개별적 이익까지도 구체적·직접적으로 보호하려는 데 있다. 따라서 수돗물을 공급받아 이를 마시거나 이용하는 주민들로서는 위 근거 법규 및 관련 법규가 환경상 이익의 침해를 받지 않은 채 깨끗한 수돗물을 마시거나 이용할 수 있는 자신들의 생활환경상의 개별적 이익을 직접적·구체적으로 보호하고 있음을 증명하여 원고적격을 인정받을 수 있다.

ⓕ 납골당설치장소에서 500m내에 20호 이상의 인가가 밀집한 지역에 거주하는 주민들의 경우, 납골당이 누구에 의하여 설치되는지와 관계없이 납골당설치에 대하여 환경이익침해 또는 침해우려가 있는 것으로 사실상 추정되어 원고적격이 인정되고 있다(대판 2011.9.8. 2009두6766).

② 원고적격을 부정한 사례
ⓐ 문화재의 지정이나 그 보호구역의 지정은 문화재를 보존하여 이를 활용함으로써 국민의 문화재향상을 도모함과 아울러 인류문화의 발전에 기여한

다고 하는 목적을 위하여 행해지는 것이므로 그 이익이 일반국민이나 인근 주민의 문화재를 향유할 구체적이고도 법률적인 이익이라고 할 수는 없다(대판 1992.9.22. 91누13212).
ⓒ 상수원보호구역 설정의 근거가 되는 수도법 제5조 제1항 및 동 시행령 제7조 제1항이 보호하고자 하는 것은 상수원의 확보와 수질보전일 뿐이고, 그 상수원에서 급수를 받고 있는 지역주민들이 가지는 상수원의 오염을 막아 양질의 급수를 받을 이익은 직접적이고 구체적으로는 보호하고 있지 않음이 명백하여 위 지역주민들이 가지는 이익은 상수원의 확보와 수질보호라는 공공의 이익이 달성됨에 따라 반사적으로 얻게 되는 이익에 불과하므로 지역주민들에 불과한 원고들에게는 위 상수원보호구역변경처분의 취소를 구할 법률상의 이익이 없다(대판 1995.9.26. 94누14544).
ⓒ (구)문화재보호법 및 (구)경상남도문화재보호조례 규정에 의하여 행하여지는 도지사의 도지정문화재 지정처분으로 인하여 어느 개인이나 그 선조의 명예 내지 명예감정이 손상되었다고 하더라도, 그러한 명예내지 명예감정은 위 지정처분의 근거법규에 의하여 직접적·구체적으로 보호되는 이익이라고 할 수 없으므로 그 처분의 취소를 구할 법률상의 이익에 해당하지 아니한다(대판 2001.9.28. 99두8565).
ⓔ 민간투자사업시행자지정처분 자체로 제3자의 재산권이 침해되지 않고, 구 민간투자법 제18조에 의한 타인의 토지출입 등, 제20조에 의한 토지등의 수용·사용은 사업실시계획의 승인을 받은 후에야 가능하다. 그러므로 원고(서울-춘천고속도로사업시행지 토지소유자)들의 재산권은 사업실시계획의 승인단계에서 보호되는 법률상 이익이라고 할 것이므로, 그 이전인 사업시행자지정처분 단계에서는 원고들의 재산권 침해를 이유로 그 취소를 구할 수 없다. 이 사건에 대한 사전환경성검토협의나 환경영향평가협의는 모두 이 사건 사업시행자지정처분 이후에 이루어져도 적법하고, 반드시 이 사건 사업시행자지정처분 전에 사전환경성검토협의나 환경영향평가협의 절차를 거칠 필요는 없다. 그러므로 환경정책기본법이나 '환경·교통·재해등에 관한 영향평가법'에 의해 보호되는 원고(인근주민)들의 환경이익은 이 사건 사업시행자지정처분의 단계에서는 아직 법률에 의하여 보호되는 이익이라고 할 수 없다(대판 2009.4.29. 2008두242).
ⓜ 건물이 이격거리를 유지하지 못하고 있고, 건축과정에서 인접주택 소유자에게 피해를 입혔다 하더라도 인접주택의 소유자로서는 위 건물에 대한 사용승인처분의 취소를 구할 법률상 이익이 있다고 볼 수 없다(대판 2007.4. 26. 2006두18409).
ⓗ 개발제한구역을 해제하는 내용의 도시관리계획변경결정에 대하여 특정토

지의 소유자가 자신의 토지가 그 해제대상에 포함되어야 한다고 주장하면서 <u>위 계획변경결정의 취소를 구할 원고적격이 없다</u>(대판 2008.7.10. 2007두10242).

ⓐ 서귀포시 강정동 해안변지역 105,295㎡가 <u>절대보전지역으로 유지됨으로써 원고들이 가지는 주거 및 생활환경상 이익은 그 지역의 경관등이 보호됨으로써 반사적으로 누리는 것일 뿐</u> 근거법규 또는 관련법규에 의하여 보호되는 개별적·직접적·구체적 이익이라고 할 수 없다(대판 2012.7.5. 2011두13187).

ⓞ 환경부장관이 생태·자연도 1등급으로 지정되었던 지역을 2등급 또는 3등급으로 변경하는 내용의 생태·자연도 수정·보완을 고시한 경우 인근 주민은 생태·자연도 등급변경처분의 무효확인을 구할 원고적격이 없다.(대판 2011두29052)

(d) 경업자소송

① 원고적격 인정

㉠ 자동차운송사업의 면허에 대하여 당해 노선에 관한 기존업자는 노선연장 인가처분의 취소를 구할 법률상의 이익이 있다(대판 1974.4.9. 73누173).

㉡ 주유소거리제한으로 인하여 기존업자가 받는 이익 : 법률상 이익(대판 1974.11.26. 74누110)

㉢ 동종의 광업권을 갖고 있던 자는 신규업자에 대한 광업권허가처분에 대하여 구 광업법 제71조 소정의 이의신청을 할 적격이 있다(대판 1982.7.27. 81누271).

㉣ 갑이 적법한 약종상허가를 받아 허가지역내에서 약종상영업을 경영하고 있음에도 불구하고 행정관청이 구 약사법시행규칙(1969.8.13. 보건사회부령 제344호)을 위배하여 같은 약종상인 을에게 을의 영업허가지역이 아닌 갑의 영업허가지역내로 영업소를 이전하도록 허가하였다면 갑으로서는 이로 인하여 기존업자로서의 법률상 이익을 침해받았음이 분명하므로 갑에게는 행정관청의 영업소이전허가처분의 취소를 구할 법률상 이익이 있다(대판 1988.6.14. 87누873).

㉤ <u>주류제조면허는 국가의 수입확보를 위하여 설정된 재정허가의 일종이지만 일단 이 면허를 얻은 자의 이득은 단순한 사실상의 반사적 이득에만 그치는 것이 아니라 주세법의 규정에 따라 보호되는 이득이다.</u>(대판 1989.12.22. 89누46).

㉥ 동일한 사업구역 내의 동종의 사업용 화물자동차면허대수를 늘리는 보충인가처분에 대하여 기존업자에게 그 취소를 구할 법률상 이익이 있다(대판 1992.7.10. 91누9107).

ⓢ 시외버스운송사업계획변경인가처분으로 시외버스 운행노선 중 일부가 기존의 시내버스 운행노선과 중복하게 되어 기존 시내버스사업자의 수입감소가 예상되는 경우, 기존의 시내버스운송사업자는 위 처분의 취소를 구할 법률상의 이익이 있다(대판 2002.10.25. 2001두4450).

ⓞ 업종을 분뇨와 축산폐수 수집·운반업 및 정화조청소업으로 하여 분뇨 등 관련 영업허가를 받아 영업을 하고 있는 기존업자의 이익은 법률상 보호되는 이익이므로, 기존업자에게 경업자에 대한 영업허가처분의 취소를 구할 원고적격이 있다(대판 2006.7.28. 2004두6716).

ⓩ 중계유선방송사업허가를 받은 중계유선방송사업자의 사업상 이익이 방송법에 의하여 보호되는 법률상 이익이다(대판 2007.5.11. 2004다11162).

ⓩ 담배일반소매인의 지정기준으로서 일반소매인의 영업소간에 일정한 거리제한을 두고 있는 것은 담배유통구조의 확립을 통하여 국민의 건강과 관련되고 국가등의 주요세원이 되는 담배산업 전반의 건전한 발전 도모 및 국민경제에의 이바지라는 공익목적을 달성하고자 함과 동시에 일반소매인 간의 과당경쟁으로 인한 불합리한 경영을 방지함으로써 일반소매인의 경영상 이익을 보호하는 데에도 그 목적이 있다고 보이므로, 일반소매인으로 지정되어 영업을 하고 있는 기존업자의 신규일반소매인에 대한 이익은 단순한 사실상의 반사적 이익이 아니라 법률상 보호되는 이익이라고 해석함이 상당하다(대판 2008.3.27. 2007두23811).

ⓚ 수익적 행정처분의 근거가 되는 법률이 해당 업자들 사이의 과다경쟁으로 인한 경영의 불합리를 방지하는 목적도 가지고 있는 경우, 기존업자가 경업자에 대한 면허나 인허가등의 수익적 행정처분의 취소를 구할 원고적격이 있다(대판 2010.6.10. 2009두10512).

→ 기존 시외버스운송사업자의 원고적격 인정사례

ⓔ 직행형 시외버스운송사업자에 대한 사업계획변경인가처분으로 인하여 기존의 고속형 시외버스운송사업자의 노선이 직행형 시외버스운송사업자들의 노선과 일부 중복하게 되어 기존업자의 수익감소가 예상되는 경우, 기존의 고속형 시외버스운송사업자에게 위 처분의 취소를 구할 법률상의 이익이 있다(대판 2010.11.11. 2010두4179).

② 원고적격 부정
㉠ 공중목욕장 : 원고적격 부정(대판 1963.8.31. 63누101)
㉡ 석탄가공허가 : 원고적격부정(대판 1980.7.22. 80누33)
㉢ 숙박업소 : 원고적격 부정(대판 1990.8.14. 89누7900)
㉣ 면허받은 장의자동차운송사업구역에 위반하였음을 이유로 한 행정청의 과징금 부과처분에 의하여 동종업자의 영업이 보호되는 결과는 사업구역제

도의 반사적 이익에 불과하기 때문에 그 과징금부과처분을 취소한 재결에 대하여 처분의 상대방 아닌 제3자는 그 취소를 구할 법률상 이익이 없다(대판 1992.12.8. 91누13700).
　　　　ⓜ 약사에 대한 신규한약사면허에 대한 기존 한의사 : 원고적격부정(대판 1998.3.10. 97누4289)
　　　　ⓑ 담배 구내소매인과 일반소매인(대판 2008.4.10. 2008두402).
　(e) 경원자 소송
　　　인·허가 등의 수익적 행정처분을 신청한 수인이 서로 경쟁관계에 있어서 일방에 대한 허가 등의 처분이 타방에 대한 불허가 등으로 귀결될 수밖에 없는 때 허가 등의 처분을 받지 못한 자는 비록 경원자에 대하여 이루어진 허가 등 처분의 상대방이 아니라 하더라도 당해 처분의 취소를 구할 원고 적격이 있다. 다만, 명백한 법적 장애로 인하여 원고 자신의 신청이 인용될 가능성이 처음부터 배제되어 있는 경우에는 당해 처분의 취소를 구할 정당한 이익이 없다(대판 2009.12.10. 2009두8359).
　(f) 기타 원고적격 관련여부
　　① 원고적격 인정사례
　　　　㉠ 도시계획사업 시행지역에 포함된 토지의 소유자는 도시계획사업실시계획의 인가로 인하여 자기의 토지가 수용당하게 되고 또 자기의 토지가 수용되지 않는 경우에도 도시계획사업이 시행되어 도시계획시설이 어떻게 설치되느냐에 따라 토지의 이용관계가 달라질 수 있으므로, 도시계획사업 시행지역에 포함된 토지의 소유자는 도시계획사업 실시계획 인가처분의 효력을 다툴 이익이 있다(대판 1995.12.8. 93누9927).
　　　　㉡ 일반적으로 법인의 주주는 당해 법인에 대한 행정처분에 관하여 사실상이나 간접적인 이해관계를 가질 뿐이어서 스스로 그 처분의 취소를 구할 원고적격이 없는 것이 원칙이라고 할 것이지만, 그 처분으로 인하여 궁극적으로 주식이 소각되거나 주주의 법인에 대한 권리가 소멸하는 등 주주의 지위에 중대한 영향을 초래하게 되는데도 그 처분의 성질상 당해 법인이 이를 다툴 것을 기대할 수 없고 달리 주주의 지위를 보전할 구제방법이 없는 경우에는 주주도 그 처분에 관하여 직접적이고 구체적인 법률상 이해관계를 가진다고 보이므로 그 취소를 구할 원고적격이 있다(대판 2004.12.23. 2000두2648).
　　　　㉢ 처분의 효력이 유지되는 한 당해 법인이 종전에 행하던 영업을 다시 행할 수 없는 예외적인 경우에는 주주도 원고적격을 가진다(대판 2005.1.27. 2002두5313).
　　　　　➜ 부실금융기관으로 지정된 은행의 주주에게 원고적격을 인정한 사례

㉣ 제약회사는 보건복지부고시인 약제급여·비급여목록 및 급여상한금액표의 취소를 구할 원고적격이 있다(대판 2006.9.22. 2005두2506).

㉤ 회원제골프장의 기존회원은 회원모집계획서에 대한 시·도지사의 검토결과통보의 취소를 구할 법률상의 이익이 있다(대판 2009.2.26. 2006두16243).

㉥ 임차인대표회의는 분양전환승인처분의 취소소송을 제기할 원고적격이 있다(대판 2010.5. 13. 2009두19168).

㉦ 도시환경정비사업에 대한 사업시행계획이 당연무효인 경우, 분양신청기간 내에 분양신청을 하지 않거나 분양신청을 철회하여 도시 및 주거환경정비법 제47조 등에 의하여 조합원의 지위를 상실한 토지 등 소유자에게도 관리처분계획의 무효확인 또는 취소를 구할 법률상 이익이 있다(대판 2011.12.8. 2008두18342).

㉧ 미얀마 국적의 甲이 위명(僞名)인 '乙' 명의의 여권으로 대한민국에 입국한 뒤 乙 명의로 난민 신청을 하였으나 법무부장관이 乙 명의를 사용한 甲을 직접 면담하여 조사한 후 甲에 대하여 난민불인정 처분을 한 사안에서, 처분의 상대방은 허무인이 아니라 '乙'이라는 위명을 사용한 甲이라는 이유로, 甲이 처분의 취소를 구할 법률상 이익이 있다고 한 사례(대판 2017.3. 9. 선고 2013두16852)

㉨ 甲 주식회사로부터 '제주일보' 명칭 사용을 허락받아 신문 등의 진흥에 관한 법률(이하 '신문법'이라 한다)에 따라 등록관청인 도지사에게 신문의 명칭 등을 등록하고 제주일보를 발행하고 있던 乙 주식회사가, 丙 주식회사가 甲 회사의 사업을 양수하였음을 원인으로 하여 사업자 지위승계신고 및 그에 따른 발행인·편집인 등의 등록사항 변경을 신청한 데 대하여 도지사가 이를 수리하고 변경등록을 하자, **사업자 지위승계신고 수리와 신문사업 변경등록에 대한 무효확인 또는 취소를 구하는 소를 제기한 사안**에서, 신문사업자의 지위는 신문법상 등록에 따라 보호되는 직접적·구체적인 이익으로 사법상 '특정 명칭의 사용권'과 구별되고, 甲 회사와 乙 회사 사이에 신문의 명칭 사용 허락과 관련하여 민사상 분쟁이 있더라도 법원의 판단이 있기 전까지 乙 회사의 신문법상 지위는 존재하기 때문에, 위 처분은 乙 회사가 '제주일보' 명칭으로 신문을 발행할 수 있는 신문법상 지위를 불안정하게 만드는 것이므로, **乙 회사에는 무효확인 또는 취소를 구할 법률상 이익이 인정된다는 이유로, 이와 달리 사법상 권리를 상실하면 신문법상 지위도 당연히 소멸한다는 전제에서 乙 회사의 원고적격을 부정한 원심판단에 법리를 오해한 잘못이 있다**고 한 사례. (대판 2018두47189)

② 원고적격 부정사례
　㉠ 두부제조업체들에 의하여 설립된 연식품협동조합이 식품위생법상의 식품위생이나 보건향상등에 의한 이익을 향수할 수 있는 주체도 아닐 뿐만 아니라 그 조합원에 대한 식품제조영업허가취소처분과는 직접적인 법률관계가 없고 다만 기존허가업체인 그 조합원과 간접적인 사실상의 관계가 있는 것에 불과하다면 위 조합은 위 행정처분으로 자신의 업무수행상 법적으로 보호받아야 할 어떤 이익의 침해가 직접적으로 야기되었다고도 볼 수 없어 위 식품제조영업허가취소처분에 대한 취소를 소구할 이익이 없다(대판 1987.5.26. 87누119).
　㉡ 원고 전국고속버스운송사업조합이 고속버스운송사업면허를 얻은 자동차운전사업자들을 조합원으로 하여 설립된 동업자단체로서 고속버스운송사업의 건전한 발전과 고속버스운송사업자들의 공동의 이익을 증진시키는 사업을 수행한다고 하더라도, 피고인 경상북도지사가 시외버스운송사업자에게, 그가 보유하고 있던 대구 - 주왕산 노선의 운행계통을 일부 분리하여 기점을 영천으로 하고 경부고속도로를 경유하여 종점을 서울까지로 연장하는 내용의 이 사건 시외버스운송사업계획변동인가처분을 함으로 인하여, 그 노선에 관계가 있는 고속버스운송사업자의 경제적 이익이 침해됨은 별론으로 하고 원고조합 자신의 법률상 이익이 침해된다거나, 고속버스운송사업자가 아닌 원고조합이 이 사건 처분에 관하여 직접적이고 구체적인 이해관계를 가진다고는 볼 수 없으므로, 원고조합이 이 사건 시외버스운송사업계획변동인가처분의 취소를 구하는 행정소송을 제기할 원고적격은 없다(대판 1990.2.9. 89누4420).
　㉢ 대학생들은 전공이 다른 교수를 임용함으로서 학습권을 침해당하였다는 이유를 들어 교수임용처분의 취소를 구할 소의 이익이 없다(대판 1993.7.27. 93누8139).
　㉣ 원천징수에 있어서 원천납세의무자는 과세권자가 직접 그에게 원천세액을 부과한 경우가 아닌 한 과세권자의 원천징수의무자에 대한 납세고지로 인하여 자기의 원천세납세의무의 존부나 범위에 아무런 영향을 받지 아니하므로 이에 대하여 항고소송을 제기할 수 없다(대판 1994.9.9. 93누22234).
　㉤ 주택조합의 조합원이자 대표자는 주택조합설립인가신청반려처분의 취소를 구할 당사자적격이나 제소의 이익이 없다(대판 1996.3.8. 94누12487).
　㉥ 도시계획사업의 시행으로 인한 토지수용에 의하여 토지에 대한 소유권을 상실한 자는 도시계획결정이 당연무효라고 볼 만한 특별한 사정이 없는 한 도시계획결정의 취소를 청구할 법률상의 이익이 없다(헌재결 2002.5.30. 2000헌바58).

ⓐ 해양사고의조사및심판에관한법률은 제27조 제1항, 제39조의2 등에서 해양사고의 이해관계인에게 심판변호인 선임권과 조사관의 심판불요처분에 대한 심판신청권 등을 인정하고 있지만, 나아가 해양사고의 이해관계인이 중앙해양안전심판원의 재결에 대하여 대법원에 소를 제기할 수 있다는 규정은 두고 있지 않고, 같은 법 제74조 제1항에서 규정하는 중앙해양안전심판원의 재결에 대한 소는 행정처분에 대한 취소소송의 성질을 가지므로, 중앙해양안전심판원의 재결에 대한 취소소송을 제기하기 위하여는 행정소송법 제12조에 따른 원고적격이 있어야 할 것인데, 침몰선박의 부보 보험회사는 같은 법 제2조 제3호에 의한 해양사고관련자도 아니고 재결의 취소로 간접적이거나 사실적, 경제적인 이익을 얻을 뿐, 재결의 근거 법률에 의하여 직접 보호되는 구체적인 이익을 얻는다고 보기도 어렵다고 할 것이므로, 재결의 취소를 구할 법률상 이익이 없어 원고 적격이 없다(대판 2002.8.23. 2002추61).

ⓞ 사단법인 대한의사협회는 의료법에 의하여 의사들을 회원으로 하여 설립된 사단법인으로서, 국민건강보험법상 요양급여행위, 요양급여비용의 청구 및 지급과 관련하여 직접적인 법률관계를 갖지 않고 있으므로, 보건복지부 고시인 '건강보험요양급여행위 및 그 상대가치점수 개정'으로 인하여 자신의 법률상 이익을 침해당하였다고 할 수 없다는 이유로 위 고시의 취소를 구할 원고적격이 없다고 한 사례(대판 2006.5.25. 2003두11988)

ⓩ 재단법인 갑 수녀원이, 매립목적을 택지조성에서 조선시설용지로 변경하는 내용의 공유수면매립목적 변경 승인처분으로 인하여 법률상 보호되는 환경상 이익을 침해받았다면서 행정청을 상대로 처분의 무효 확인을 구하는 소송을 제기한 사안에서, 공유수면매립목적 변경 승인처분으로 갑 수녀원에 소속된 수녀 등이 쾌적한 환경에서 생활할 수 있는 환경상 이익을 침해받는다고 하더라도 이를 가리켜 곧바로 갑 수녀원의 법률상 이익이 침해된다고 볼 수 없고, 자연인이 아닌 갑 수녀원은 쾌적한 환경에서 생활할 수 있는 이익을 향수할 수 있는 주체가 아니므로 위 처분으로 위와 같은 생활상의 이익이 직접적으로 침해되는 관계에 있다고 볼 수도 없으며, 위 처분으로 환경에 영향을 주어 갑 수녀원이 운영하는 쨈 공장에 직접적이고 구체적인 재산적 피해가 발생한다거나 갑 수녀원이 폐쇄되고 이전해야 하는 등의 피해를 받거나 받을 우려가 있다는 점 등에 관한 증명도 부족하다는 이유로, 갑 수녀원에 처분의 무효 확인을 구할 원고적격이 없다고 한 사례(대판 2012.6.8. 2010두2005)

ⓩ 건물의 사용검사처분은 건축허가를 받아 건축된 건물이 건축허가 사항대로 건축행정 목적에 적합한지 여부를 확인하고 사용검사필증을 교부하여

줌으로써 허가받은 자로 하여금 건축한 건물을 사용·수익할 수 있게 하는 법률효과를 발생시키는 것이다. ~ 그리고 입주자나 입주예정자들은 사용검사처분을 취소하지 않고서도 민사소송 등을 통하여 분양계약에 따른 법률관계 및 하자 등을 주장·증명함으로써 사업주체 등으로부터 하자 제거·보완 등에 관한 권리구제를 받을 수 있으므로, ~ 따라서 이러한 사정들을 종합해 보면, 구 주택법상 입주자나 입주예정자는 사용검사처분의 취소를 구할 법률상 이익이 없다.

(f) 국가기관의 원고적격
① 원칙 : 원고적격 부정
㉠ 국가(충북대학교 총장)가 국토이용계획과 관련한 지방자치단체의 장의 기관위임사무의 처리에 관하여 지방자치단체의 장을 상대로 취소소송을 제기하는 것은 허용되지 않는다(대판 2007.9.20. 2005두6935 판결).
㉡ 갑 시장이 감사원으로부터 감사원법 제32조에 따라 을에 대하여 징계의 종류를 정직으로 정한 징계 요구를 받게 되자 감사원법 제36조 제2항에 따라 감사원에 징계 요구에 대한 재심의를 청구하였고, 감사원이 재심의청구를 기각하자 을이 감사원의 징계 요구와 그에 대한 재심의결정의 취소를 구하고 갑 시장이 감사원의 재심의결정 취소를 구하는 소를 제기한 사안에서, 징계 요구는 징계 요구를 받은 기관의 장이 요구받은 내용대로 처분하지 않더라도 불이익을 받는 규정도 없고, 징계 요구 내용대로 효과가 발생하는 것도 아니며, 징계 요구에 의하여 행정청이 일정한 행정처분을 하였을 때 비로소 이해관계인의 권리관계에 영향을 미칠 뿐, 징계 요구 자체만으로는 징계 요구 대상 공무원의 권리·의무에 직접적인 변동을 초래하지도 아니하므로, 행정청 사이의 내부적인 의사결정의 경로로서 '징계 요구, 징계 절차 회부, 징계'로 이어지는 과정에서의 중간처분에 불과하여, 감사원의 징계 요구와 재심의결정이 항고소송의 대상이 되는 행정처분이라고 할 수 없고, 감사원법 제40조 제2항을 갑 시장에게 감사원을 상대로 한 기관소송을 허용하는 규정으로 볼 수는 없고 그 밖에 행정소송법을 비롯한 어떠한 법률에도 갑 시장에게 '감사원의 재심의 판결'에 대하여 기관소송을 허용하는 규정을 두고 있지 않으므로, 갑 시장이 제기한 소송이 기관소송으로서 감사원법 제40조 제2항에 따라 허용된다고 볼 수 없다고 한 사례(대판 2016.12.27. 2014두5637)
② 예외 : 원고적격 인정
㉠ 갑이 국민권익위원회에 부패방지 및 국민권익위원회의 설치와 운영에 관한 법률(이하 '국민권익위원회법'이라 한다)에 따른 신고와 신분보장조치를 요구하였고, 국민권익위원회가 갑의 소속기관 장인 을 시·도선거관리위

원회 위원장에게 '갑에 대한 중징계요구를 취소하고 향후 신고로 인한 신분상 불이익처분 및 근무조건상의 차별을 하지 말 것을 요구'하는 내용의 조치요구를 한 사안에서, 국가기관 일방의 조치요구에 불응한 상대방 국가기관에 국민권익위원회법상의 제재규정과 같은 중대한 불이익을 직접적으로 규정한 다른 법령의 사례를 찾아보기 어려운 점, 그럼에도 을이 국민권익위원회의 조치요구를 다툴 별다른 방법이 없는 점 등에 비추어 보면, <u>처분성이 인정되는 위 조치요구에 불복하고자 하는 을로서는 조치요구의 취소를 구하는 항고소송을 제기하는 것이 유효·적절한 수단이므로 비록 을이 국가기관이더라도 당사자능력 및 원고적격을 가진다고 보는 것이 타당</u>하고, 을이 위 조치요구 후 갑을 파면하였다고 하더라도 조치요구가 곧바로 실효된다고 할 수 없고 을은 여전히 조치요구를 따라야 할 의무를 부담하므로 을에게는 위 조치요구의 취소를 구할 법률상 이익도 있다고 본 원심판단을 정당하다고 한 사례(대판 2013. 7. 25. 2011두1214)

→ 국가기관의 원고적격을 인정한 예외적 입장의 판례

ⓒ 구 건축법(2011. 5. 30. 법률 제10755호로 개정되기 전의 것) 제29조 제1항, 제2항, 제11조 제1항 등의 규정 내용에 의하면, 건축협의의 실질은 지방자치단체 등에 대한 건축허가와 다르지 않으므로, 지방자치단체 등이 건축물을 건축하려는 경우 등에는 미리 건축물의 소재지를 관할하는 허가권자인 지방자치단체의 장과 건축협의를 하지 않으면, 지방자치단체라 하더라도 건축물을 건축할 수 없다. 그리고 구 지방자치법 등 관련 법령을 살펴보아도 지방자치단체의 장이 다른 지방자치단체를 상대로 한 건축협의 취소에 관하여 다툼이 있는 경우에 법적 분쟁을 실효적으로 해결할 구제수단을 찾기도 어렵다. 따라서 <u>건축협의 취소는 상대방이 다른 지방자치단체 등 행정주체라 하더라도 '행정청이 행하는 구체적 사실에 관한 법집행으로서의 공권력 행사'(행정소송법 제2조 제1항 제1호)로서 처분에 해당한다고 볼 수 있고, 지방자치단체인 원고가 이를 다툴 실효적 해결 수단이 없는 이상, 원고는 건축물 소재지 관할 허가권자인 지방자치단체의 장을 상대로 항고소송을 통해 건축협의 취소의 취소를 구할 수 있다</u>(대판 2014. 2. 27. 2012두22980).

(나) 협의의 소의 이익
  (a) 처분의 효과가 소멸된 경우
    ① 소의 이익을 부정한 사례
      ㉠ 직위해제처분 후 새로운 사유로 다시 직위해제처분을 한 경우, 종전 직위해제처분은 묵시적으로 철회되었으므로 다툴 소의 이익이 없다(대판 1996. 10. 15. 95누8119)

ⓒ 행정소송 제기 후 판결선고 전에 형성적 재결이 이루어진 경우에는 그 취소의 재결로써 당해 처분은 소급하여 그 효력을 잃게 되므로 더 이상 당해 처분의 효력을 다툴 법률상의 이익이 없게 된다(대판 1997.5.30. 96누18632).

ⓒ 처분청이 당초의 운전면허 취소처분을 신뢰보호의 원칙과 형평의 원칙에 반하는 너무 무거운 처분으로 보아 이를 철회하고 새로이 265일간의 운전면허 정지처분을 하였다면, 당초의 처분인 운전면허 취소처분은 철회로 인하여 그 효력이 상실되어 더 이상 존재하지 않는 것이고 그 후의 운전면허 정지처분만이 남아 있는 것이라 할 것이며, 한편 존재하지 않는 행정처분을 대상으로 한 취소소송은 소의 이익이 없어 부적법하다(대판 1997.9.26. 96누1931).

ⓔ 보충역편입처분 및 공익근무요원소집처분의 취소를 구하는 소의 계속중 병역처분변경신청에 따라 제2국민역편입처분으로 병역처분이 변경된 경우 소의 이익 부정(대판 2005.12.09. 2004두6563)

ⓜ 피고인 과세관청이 상고 제기 후 원심판결의 취지에 따라 양도소득세 부과처분을 직권으로 취소하는 내용의 경정결정을 한 경우, 원고의 소는 이미 소멸하고 없는 처분에 대한 것으로서 소의 이익이 없다고 한 사례(대판 2006.9.8. 2006두8006)

ⓗ 지방병무청장이 병역감면요건 구비 여부를 심사하지 않은 채 병역감면신청서 회송처분을 하고 이를 전제로 공익근무요원 소집통지를 하였다가, 병역감면신청을 재검토하기로 하여 신청서를 제출받아 병역감면요건 구비 여부를 심사한 후 다시 병역감면 거부처분을 하고 이를 전제로 다시 공익근무요원 소집통지를 한 경우, 병역감면신청서 회송처분과 종전 공익근무요원 소집처분은 직권으로 취소되었다고 볼 수 있으므로, 그에 대한 무효확인과 취소를 구하는 소는 더 이상 존재하지 않는 행정처분을 대상으로 하거나 과거의 법률관계의 효력을 다투는 것에 불과하므로 소의 이익이 없어 부적법하다고 한 사례(대판 2010.4.29. 2009두16879)

ⓢ 변경 관리처분계획은 이 사건 관리처분계획의 주요 부분을 실질적으로 변경한 것이라고 할 수 있으므로 이 사건 관리처분계획은 변경 관리처분계획으로 인하여 그 효력을 상실하였다고 봄이 상당하고, 원고들이 이 사건 관리처분계획의 무효확인을 구하는 이 부분 소는 존재하지 않는 행정처분을 대상으로 한 것으로서 소의 이익이 없어 부적법하게 되었다(대판 2012.3.29. 2010두7765).

ⓞ 구 도시 및 주거환경정비법상 조합설립추진위원회 구성승인처분을 다투는 소송계속 중 조합설립인가처분이 이루어진 경우 조합설립추진위원회 구성

승인처분에 대하여 취소 또는 무효확인을 구할 법률상 이익이 없다(대판 2013.1.31. 2011두11112).
ⓒ 조합설립변경인가 후에 다시 변경인가를 받은 경우 당초 조합설립변경인가의 취소를 구할 소의 이익이 없다(대판 2013.10.24. 2012두12853).
② 소의 이익을 인정한 사례
㉠ 재개발조합설립 인가신청에 대한 행정청의 조합설립인가처분은 법령상 일정한 요건을 갖출 경우 주택재개발사업의 추진위원회에게 행정주체로서의 지위를 부여하는 일종의 설권적 처분의 성격을 가지고 있는데, 구 도시 및 주거환경정비법(2007. 12. 21. 법률 제8785호로 개정되기 전의 것) 제16조 제1항은 조합설립인가처분의 내용을 변경하는 변경인가처분을 할 때에는 조합설립인가처분과 동일한 요건과 절차를 거칠 것을 요구하고 있다. 그런데 조합설립인가처분과 동일한 요건과 절차가 요구되지 않는 구 도시 및 주거환경정비법 시행령(2008. 12. 17. 대통령령 제21171호로 개정되기 전의 것) 제27조 각 호에서 정하는 경미한 사항의 변경에 대하여 행정청이 조합설립의 변경인가라는 형식으로 처분을 하였다고 하더라도 그 성질은 당초의 조합설립인가처분과는 별개로 위 조항에서 정한 경미한 사항의 변경에 대한 신고를 수리하는 의미에 불과한 것으로 보아야 한다. 따라서 <u>경미한 사항의 변경에 대한 신고를 수리하는 의미에 불과한 변경인가처분에 설권적 처분인 조합설립인가처분이 흡수된다고 볼 것은 아니다</u>(대판 2010.12.9. 2009두4555).
㉡ 따라서 직위해제처분에 기하여 발생한 효과는 당해 직위해제처분이 실효되더라도 소급하여 소멸하는 것이 아니므로, 인사규정 등에서 직위해제처분에 따른 효과로 승진·승급에 제한을 가하는 등의 법률상 불이익을 규정하고 있는 경우에는 직위해제처분을 받은 근로자는 이러한 법률상 불이익을 제거하기 위하여 그 실효된 직위해제처분에 대한 구제를 신청할 이익이 있다(대판 2010.7.29. 2007두18406).
(b) 원상회복이 불가능한 경우
① 소의 이익을 부정한 사례
㉠ 건축허가된 부지가 건축법상의 도로로서 출입, 통행하는 데 이용하고 있어서 건축허가처분이 건축법상 보장된 통행권 또는 통행이익을 침해하는 처분이라 하더라도 건축공사를 완료하고 준공검사까지 받았다면 건축허가의 취소를 받아 건축물의 건립을 저지함으로써 통행권 또는 통행이익을 확보할 수 있는 단계는 이미 지났고, 또한 건축허가처분이 취소된다 하여 바로 통행권 또는 통행이익이 확보되는 것도 아니며 민사소송으로 건축물의 철거나 손해배상청구를 하는 경우 건축허가처분의 취소를 명하는 판결이 필

요한 것도 아니므로 건축허가처분의 취소를 소구할 법률상 이익이 없다(대판 1992.4.28. 91누13441 판결).
ⓒ 건축허가가 건축법 소정의 이격거리를 두지 아니하고 건축물을 건축하도록 되어 있어 위법하다 하더라도 그 건축허가에 기하여 건축공사가 완료되었다면 그 건축허가를 받은 대지와 접한 대지의 소유자인 원고가 위 건축허가처분의 취소를 받아 이격거리를 확보할 단계는 지났으며 민사소송으로 위 건축물 등의 철거를 구하는 데 있어서도 위 처분의 취소가 필요한 것이 아니므로 원고로서는 위 처분의 취소를 구할 법률상의 이익이 없다고 한 사례(대판 1992.4.24. 91누11131)
ⓒ 대집행계고처분 취소소송의 변론종결 전에 대집행영장에 의한 통지절차를 거쳐 사실행위로서 대집행의 실행이 완료된 경우에는 행위가 위법한 것이라는 이유로 손해배상이나 원상회복 등을 청구하는 것은 별론으로 하고 처분의 취소를 구할 법률상 이익은 없다(대판 1993. 6. 8. 93누6164).
ⓔ 원자로 및 관계 시설의 부지사전승인처분은 그 자체로서 건설부지를 확정하고 사전공사를 허용하는 법률효과를 지닌 독립한 행정처분이기는 하지만, 건설허가 전에 신청자의 편의를 위하여 미리 그 건설허가의 일부 요건을 심사하여 행하는 사전적 부분 건설허가처분의 성격을 갖고 있는 것이어서 나중에 건설허가처분이 있게 되면 그 건설허가처분에 흡수되어 독립된 존재가치를 상실함으로써 그 건설허가처분만이 쟁송의 대상이 되는 것이므로, 부지사전승인처분의 취소를 구하는 소는 소의 이익을 잃게 되고, 따라서 부지사전승인처분의 위법성은 나중에 내려진 건설허가처분의 취소를 구하는 소송에서 이를 다투면 된다(대판 1998.9.4. 97누19588 판결).
ⓜ 현역병입영대상자로 병역처분을 받은 자가 그 취소소송중 모병에 응하여 현역병으로 자진 입대한 경우, 그 처분의 위법을 다툴 실제적 효용 내지 이익이 없다는 이유로 소의 이익이 없다고 본 사례(대판 1998.9.8. 98두9165)

② 소의 이익을 인정한 사례
㉠ 징계에 관한 일반사면이 있었다고 할지라도 사면의 효과는 소급하지 아니하므로 파면처분으로 이미 상실된 원고의 공무원지위가 회복될 수 없는 것이니 원고로서는 동 파면처분의 위법을 주장하여 그 취소를 구할 소송상 이익이 있다고 할 것이다(대판 1981.7.14. 80누536 전합).
㉡ 고등학교졸업이 대학입학자격이나 학력인정으로서의 의미밖에 없다고 할 수 없으므로 고등학교졸업학력검정고시에 합격하였다 하여 고등학교 학생으로서의 신분과 명예가 회복될 수 없는 것이니 퇴학처분을 받은 자로서는 퇴학처분의 위법을 주장하여 그 취소를 구할 소송상의 이익이 있다(대판

1992.7.14. 91누4737).
ⓒ 현역입영대상자로서는 현실적으로 입영을 하였다고 하더라도, 입영 이후의 법률관계에 영향을 미치고 있는 현역병입영통지처분 등을 한 관할지방병무청장을 상대로 위법을 주장하여 그 취소를 구할 소송상의 이익이 있다(대판 2003.12.26. 2003두1875 판결).
ⓔ 도시개발사업의 시행에 따른 도시계획변경결정처분과 도시개발구역지정처분 및 도시개발사업실시계획인가처분은 도시개발사업의 시행자에게 단순히 도시개발에 관련된 공사의 시공권한을 부여하는 데 그치지 않고 당해 도시개발사업을 시행할 수 있는 권한을 설정하여 주는 처분으로서 위 각 처분 자체로 그 처분의 목적이 종료되는 것이 아니고 위 각 처분이 유효하게 존재하는 것을 전제로 하여 당해 도시개발사업에 따른 일련의 절차 및 처분이 행해지기 때문에 위 각 처분이 취소된다면 그것이 유효하게 존재하는 것을 전제로 하여 이루어진 토지수용이나 환지 등에 따른 각종의 처분이나 공공시설의 귀속 등에 관한 법적 효력은 영향을 받게 되므로, 도시개발사업의 공사 등이 완료되고 원상회복이 사회통념상 불가능하게 되었더라도 위 각 처분의 취소를 구할 법률상 이익은 소멸한다고 할 수 없다(대판 2005.9.9. 2003두5402).
ⓜ 지방의회 의원에 대한 제명의결 취소소송 계속중 의원의 임기가 만료된 사안에서, 제명의결의 취소로 의원의 지위를 회복할 수는 없다 하더라도 제명의결시부터 임기만료일까지의 기간에 대한 월정수당의 지급을 구할 수 있는 등 여전히 그 제명의결의 취소를 구할 법률상 이익이 있다고 본 사례(대판 2009.1.30. 2007두13487)
ⓗ 해임처분(한국방송공사 사장 해임처분사건) 무효확인 또는 취소소송 계속중 임기가 만료되어 해임처분의 무효확인 또는 취소로 지위를 회복할 수는 없다고 할지라도, 그 무효확인 또는 취소로 해임처분일부터 임기만료일까지 기간에 대한 보수 지급을 구할 수 있는 경우에는 해임처분의 무효확인 또는 취소를 구할 법률상 이익이 있다. 해임권자와 보수지급의무자가 다른 경우에도 마찬가지이다(대판 2012.2.23. 2011두5001).
ⓢ 건축허가를 받아 건축물을 완공하였더라도 건축허가가 취소되면 그 건축물은 철거 등 시정명령의 대상이 되고 이를 이행하지 않은 건축주 등은 건축법 제80조에 따른 이행강제금 부과처분이나 행정대집행법 제2조에 따른 행정대집행을 받게 되며, 나아가 건축법 제79조 제2항에 의하여 다른 법령상의 인·허가 등을 받지 못하게 되는 등의 불이익을 입게 된다. 따라서 <u>건축허가취소처분을 받은 건축물 소유자는 그 건축물이 완공된 후에도 여전히 위 취소처분의 취소를 구할 법률상 이익을 가진다고 보아야 한다</u>(대

판 2015.11.12. 2015두47195).
ⓒ 기간의 경과
① 소의 이익을 부정한 사례
㉠ 공유수면점용허가기간 중에 그 허가를 취소하는 처분이 있었다고 하여도 그 취소처분에 대한 법원의 집행정지결정으로 허가기간이 진행되어 허가기간이 경과하였다면 이로써 그 허가처분은 실효된 것이고 그 후 위 취소처분을 취소하더라도 허가된 상태로의 원상회복은 불가능하므로, 위 취소처분이 외형상 잔존함으로 말미암아 어떠한 법률상 불이익이 있다고 볼 만한 특별한 사정이 없는 한 위 취소처분의 취소를 구할 이익이 없다(대판 1991.7.23. 90누6651).
㉡ 사실심 변론종결일 현재 토석채취 허가기간이 경과하였다면 그 허가는 이미 실효되었다고 할 것이어서 새로 토석채취허가를 받지 아니하고는 채석을 계속할 수 없고, 나아가 토석채취허가 취소처분이 외형상 잔존함으로 말미암아 어떠한 법률상 불이익이 있다고 볼 만한 특별한 사정도 없다면 위 취소처분의 취소를 구하는 소는 소의 이익이 없다(대판 1993.7.27. 93누3899).
㉢ 공익근무요원 소집해제신청을 거부한 후에 원고가 계속하여 공익근무요원으로 복무함에 따라 복무기간 만료를 이유로 소집해제처분을 한 경우, 원고가 입게 되는 권리와 이익의 침해는 소집해제처분으로 해소되었으므로 위 거부처분의 취소를 구할 소의 이익이 없다고 한 사례(대판 2005.5.13. 2004두4369)
② 소의 이익을 긍정한 경우
㉠ 행정청이 토지형질변경허가거부처분을 할 당시는 광업권의 존속기간이 만료되지 아니하였을 뿐만 아니라, 광업권자는 상공자원부장관의 허가를 받아 광업권의 존속기간을 연장할 수도 있는 것이므로, 행정청이 위 거부처분을 한 뒤에 광업권의 존속기간이 만료되었다고 하여 위 거부처분의 취소를 구할 법률상 이익이 없다고 할 수 없다(대판 1994.4.12. 93누21088).
㉡ 도시계획시설사업의 시행자가 도시계획시설사업의 실시계획에서 정한 사업시행기간 내에 토지에 대한 수용재결 신청을 하였다면, 그 신청을 기각하는 내용의 이의재결의 취소를 구하던 중 그 사업시행기간이 경과하였다 하더라도, 이의재결이 취소되면 도시계획시설사업 시행자의 신청에 따른 수용재결이 이루어질 수 있어 원상회복이 가능하므로 위 사업시행자로서는 이의재결의 취소를 구할 소의 이익이 있다(대판 2007.1.11. 2004두8538).
㉢ 취임승인이 취소된 학교법인의 정식이사들로서는 그 취임승인취소처분 및 임시이사 선임처분에 대한 각 취소를 구할 법률상 이익이 있고, 나아가 선

행 임시이사 선임처분의 취소를 구하는 소송 도중에 선행 임시이사가 후행 임시이사로 교체되었다고 하더라도 여전히 선행 임시이사 선임처분의 취소를 구할 법률상 이익이 있다.(대판 2006두19297)

(d) 가중적 처벌규정

건축사 업무정지처분을 받은 건축사로서는 위 처분에서 정한 기간이 경과하였다 하더라도 위 처분을 그대로 방치하여 둠으로써 장래 건축사사무소 등록취소라는 가중된 제재처분을 받을 우려가 있어 건축사로서 업무를 행할 수 있는 법률상 지위에 대한 위험이나 불안을 제거하기 위하여 건축사 업무정지처분의 취소를 구할 이익이 있으나, 업무정지처분을 받은 후 새로운 업무정지처분을 받음이 없이 1년이 경과하여 실제로 가중된 제재처분을 받을 우려가 없어졌다면 위 처분에서 정한 정지기간이 경과한 이상 특별한 사정이 없는 한 그 처분의 취소를 구할 법률상 이익이 없다(대판 2000.4.21. 98두10080).

(e) 기타 사례

① 동일한 소송 당사자 사이에서 동일한 사유로 위법한 처분이 반복될 위험성이 있어 행정처분의 위법성 확인 내지 불분명한 법률문제에 대한 해명이 필요하다고 판단되는 경우, 그리고 선행처분의 하자가 후행처분에 승계된다고 볼 수 있어 이미 소를 제기하여 다투고 잇는 선행처분의 위법성을 확인하여 줄 필요가 있는 경우 등에는 행정의 적법성 확보와 그에 대한 사법통제, 국민의 권리구제의 확대 등의 측면에서 여전히 그 처분의 취소를 구할 법률상 이익이 있다.(대판 2006두19297)

→ 여기에서 그 "행정처분과 동일한 사유로 위법한 처분이 반복될 위험성이 있는 경우"란 불분명한 법률문제에 대한 해명이 필요한 상황에 대한 대표적인 예시일 뿐이며, 반드시 "해당 사건의 동일한 소송 당사자 사이에서"반복될 위험이 있는 경우만을 의미하는 것은 아니다.(대판 2020두30450)

■ 소의 이익 여부 핵심 요약정리

| 이익 × | 1. 직위해제 - 직위해제 → 소멸
2. 처분 → 소송제기 → 직권취소
3. 보충역편입처분 및 공익근무요원소집처분 → 소송중 병역면제 : 목적달성
4. 기존계획 → 변경계획(주요부분 실질변경) : 기존계획 상실
5. 건축허가 ~ 건축공사 완료 ~ 건축허가 취소를 구할 소의 이익 ×
6. 이격거리 ~ 옆집주민 ~ 건축허가 취소
7. 대집행 실행 완료
8. 부지사전승인처분 - 시설허가 (원처분은 다음 단계로 흡수)
9. 현역병입영처분 - 모병에 응한 경우
10. 사실심변론종결일 현재 토석채취허가기간이 경과한 경우 |

이익 ×	11. 공익근무요원소집해제신청거부사건에서 복무기간이 만료된 경우 12. 치과의사국가시험에서 불합격한 자가 다음 시험에 합격한 경우(사법시험 불합격 경우 동일) 13. 기본행위의 하자에 인가에 대하여 항고소송을 제기한 경우 14. 병장진급시험에 탈락하여 상병으로 제대한 사건 15. 파면처분에서 해임으로 변경된 경우 파면처분에 대한 교원소청심사위원회의 취소결정에 대하여 항고소송을 제기한 경우 16. 제주특별자치도와 갑 주식회사의 "먹는 샘물 협약사건" 17. 거부처분 ➜ 취소재결 ➜ 후속처분 : 이 경우 후속처분을 다투어야 하며 취소재결을 다툴 이익 × 18. 행정처분의 무효확인 또는 취소를 구하는 소가 제소 당시에는 이익이 있었으나, 소송 중 직권취소된 경우(단, 이 경우 원상회복이 이루어지지 않아 회복할 수 있는 이익이 존재할 경우에는 예외가 됨) 19. 구 도시 및 주거환경정비법 상 조합설립추진위원회 구성승인처분을 다투는 소송 계속 중에 조합설립인가처분이 이루어졌다면 조합설립추진위원회 구성승인처분의 취소를 구할 법률상 이익 20. 공정거래위원회가 갑에게 과징금 부과처분을 한 후 갑의 자진신고나 조사협조를 이유로 과징금감면처분을 한 경우, 갑의 선행처분의 취소를 구하는 소는 소의 이익이 없어 부적법하다. 21. 진주의료원폐원사건
	1. 조합설립인가에 대하여 경미한 사항의 변경에 대한 신고를 수리하는 변경인가처분이 이루어지더라도, 종전 조합설립인가는 소멸 × 2. 직위해제처분이 소멸되더라도 종전 직위해제로 인한 승진승급등의 불이익이 있는 경우 3. 난민인정 - 위명사건 4. 징계처분의 사면이 있더라도 소의 이익 인정 5. 대학교의 불합격처분에 대하여 소송중 입학시기가 지났더라도 입학정원과 관련하여 이익인정 6. 입영처분 - 현실적으로 입영을 한 경우 7. 도시계획변경결정처분과 도시개발구역지정처분 및 도시개발사업실시계획인가처분의 경우 도시개발사업의 공사등이 완료되더라도 이익 인정 8. 지방의회의원 제명 - 임기만료(급여등의 이익) 9. KBS 사장 해임사건 - 급여등의 이익 10. 건축허가취소처분을 받은 건축물 소유자는 건축물완공후에도 이익 인정 (왜? 이후 이행강제금등의 불이익을 다투어야 하므로) 11. 토지형질변경허가거부처분을 할 당시 광업권의 존속기간이 만료되지 아니한 경우 12. 도시계획시설사업의 시행자가 사업시행기간내에 수용재결신청을 하고, 사업시행기간이 경과하였다.

이익 ○	13. 취임승인이 취소된 학교법인의 정식이사들이 취임승인취소처분 및 임시이사선임처분에 대하여 취소를 구할 이익이 있으며, 소송 중 선행임시이사가 후행이사로 교체되더라도 이익 인정 14. 가중적 처벌규정에서 기간의 경과하였으나 가중처벌의 위험이 존재하는 경우(다만, 가중처벌의 위험이 소멸된 경우는 이익이 부정) 15. 학교법인 임원취임승인의 취소처분 후 그 임원의 임기가 만료되고 구 사립학교법 소정의 임원결격사유기간마저 경과한 경우에 취임승인이 취소된 임원은 취임승인취소처분의 취소를 구할 소의 이익 16. 공장등록이 취소된 후 그 공장시설물이 철거되었고 다시 복구를 통하여 공장을 운영할 수 없는 상태라 하더라도 대도시 안의 공장을 지방으로 이전할 경우 조세감면 및 우선입주 등의 혜택이 관계법률에 보장되어 있다면, 공장등록취소처분의 취소를 구할 법률상 이익 17. 사업시행계획 인가처분의 유효를 전제로 한 일련의 후속행위가 이루어진 경우, 당초 사업시행계획을 실질적으로 변경하는 내용으로 새로운 사업시행계획을 수립하여 시장·군수로부터 인가를 받았다고 하더라도 당초 사업시행계획의 무효확인을 구할 소의 이익이 인정된다.

3. 피고

(1) 피고적격

구분			내용
원칙			① 처분청이 피고가 됨이 원칙 : 누구 명의로 행하는가? ② 재결의 경우 : 행정심판위원회
예외	위원회		원칙 : 위원회 ex) 감사원의 처분에 대한 피고 : 감사원 예외 : 위원장 ex) 중앙노동위원회위원장, 중앙해양안전심판원장
	특별한 규정		① 대통령 : 소속장관 ② 국회의장 : 국회사무총장 ③ 대법원장 : 법원행정처장 ④ 헌법재판소장 : 헌법재판소사무처장
	위임		수임청
	대리와 내부위임		피대리청과 위임기관(단, 수임청이 자기명의 : 수임청)
	권한승계		승계한 행정청(기관폐지의 경우 국가 또는 공공단체)
	처분청 ≠ 통지한 자		처분청이 피고적격을 가진다.
	지방의회	지방의회	① 지방의회의장에 대한 불신임의결 ② 의원제명이나 징계
		단체장	처분적 조례(교육조례일 경우 : 교육감)

(가) 피고적격
① 처분청
㉠ 독임제 행정청 : 취소소송은 다른 법률에 특별한 규정이 없는 한 그 처분 등을 행한 행정청을 피고로 한다(행정소송법 제13조 제1항). 여기서 '행정청'이라 함은 국가 또는 공공단체의 기관으로서 국가나 공공단체의 의견을 결정하여 외부에 표시할 수 있는 권한, 즉 처분권한을 가진 기관을 말하고, 대외적으로 의사를 표시할 수 있는 기관이 아닌 내부기관은 실질적인 의사가 그 기관에 의하여 결정되더라도 피고적격을 갖지 못한다(대판 2014.5.16. 2014두274).
㉡ 합의제 행정청
ⓐ '저작권심의조정위원회'가 저작권 등록업무의 처분청으로서 그 등록처분에 대한 무효확인소송에서 피고적격을 가진다. 따라서 '저작권심의조정위원회 위원장'을 피고로 저작권 등록처분의 무효확인을 구하는 소는 피고적격이 없는 자를 상대로 한 부적법한 것이고, 피고적격에 관하여 석명에 응할 기회를 충분히 제공하였음에도 피고경정을 하지 않은 사정에 비추어, 부적법하여 각하되어야 한다(대판 2009.7.9. 2007두16608).
ⓑ 당사자가 지방노동위원회의 처분에 대하여 불복하기 위하여는 처분 송달일로부터 10일 이내에 중앙노동위원회에 재심을 신청하고 중앙노동위원회의 재심판정서 송달일로부터 15일 이내에 중앙노동위원장을 피고로 하여 재심판정취소의 소를 제기하여야 할 것이다(대판 1995.9.15. 95누6724).
② 권한의 위임·위탁의 경우
㉠ 공법인인 사업시행자가 행한 이주대책은 항고소송의 대상이 되는 처분이며 이 경우 피고는 공법인인 사업시행자이다(대판 1994.5.24. 92다35783).
㉡ 성업공사가 체납압류된 재산을 공매하는 것은 세무서장의 공매권한 위임에 의한 것으로 보아야 할 것이므로, 성업공사가 한 그 공매처분에 대한 취소 등의 항고소송을 제기함에 있어서는 수임청으로서 실제로 공매를 행한 성업공사를 피고로 하여야 하고, 위임청인 세무서장은 피고적격이 없다(대판 1997.2.28. 96누1757).
㉢ 에스에이치공사가 택지개발사업 시행자인 서울특별시장으로부터 이주대책 수립권한을 포함한 택지개발사업에 따른 권한을 위임 또는 위탁받은 경우, 이주대책 대상자들이 에스에이치공사 명의로 이루어진 이주대책에 관한 처분에 대한 취소소송을 제기함에 있어 정당한 피고는 에스에이치공사가 된다고 한 사례(대판 2007.8.23. 2005두3776)
㉣ 대법원 2013.2.28. 2012두22904 판결[고용보험료부과처분무효확인 및 취소] 근로복지공단이 갑 지방자치단체에 고용보험료 부과처분을 하자, 갑 지방자치단체가 구 고용보험 및 산업재해보상의 보험료징수 등에 관한 법률

(2010. 1. 27. 법률 제9989호로 개정되어 2011. 1. 1.부터 시행된 것) 제4조 등에 따라 국민건강보험공단을 상대로 위 처분의 무효확인 및 취소를 구한 사안에서, 근로복지공단이 갑 지방자치단체에 대하여 고용보험료를 부과·고지하는 처분을 한 후, 국민건강보험공단이 위 법 제4조에 따라 종전 근로복지공단이 수행하던 보험료의 고지 및 수납 등의 업무를 수행하게 되었고, 위 법 부칙 제5조가 '위 법 시행 전에 종전의 규정에 따른 근로복지공단의 행위는 국민건강보험공단의 행위로 본다'고 규정하고 있어, 갑 지방자치단체에 대한 근로복지공단의 고용보험료 부과처분에 관계되는 권한 중 적어도 보험료의 고지에 관한 업무는 국민건강보험공단이 그 명의로 고용노동부장관의 위탁을 받아서 한 것으로 보아야 하므로, 위 처분의 무효확인 및 취소 소송의 피고는 국민건강보험공단이 되어야 함에도, 이와 달리 위 처분의 주체는 여전히 근로복지공단이라고 본 원심판결에 고용보험료 부과고지권자와 항고소송의 피고적격에 관한 법리를 오해한 위법이 있다고 한 사례

ⓜ 이러한 예방접종피해보상 업무에 관한 보건복지부장관의 권한은 질병관리본부장에게 위임되어 있다(제32조 제1항 제20호). 위 규정에 따르면 법령상 보상금 지급에 대한 처분 권한은, 국가사무인 예방접종피해보상에 관한 보건복지부장관의 위임을 받아 보상금 지급 여부를 결정하고, 보상금을 지급함으로써 대외적으로 보상금 지급 여부에 관한 의사를 표시할 수 있는 질병관리본부장에게 있다.

③ 권한의 대리와 내부위임
㉠ 행정관청이 특정한 권한을 법률에 따라 다른 행정관청에 이관한 경우와 달리 내부적인 사무처리의 편의를 도모하기 위하여 그의 보조기관 또는 하급행정관청으로 하여금 그의 권한을 사실상 행하도록 하는 내부위임의 경우에는 수임관청이 그 위임된 바에 따라 위임관청의 이름으로 권한을 행사하였다면 그 처분청은 위임관청이므로 그 처분의 취소나 무효확인을 구하는 소송의 피고는 위임관청으로 삼아야 한다(대판 1991.10.8. 91누520 판결).

㉡ 대결 2006.2.23. 자2005부4
대리권을 수여받은 데 불과하여 그 자신의 명의로는 행정처분을 할 권한이 없는 행정청의 경우 대리관계를 밝힘이 없이 그 자신의 명의로 행정처분을 하였다면 그에 대하여는 처분명의자인 당해 행정청이 항고소송의 피고가 되어야 하는 것이 원칙이지만, 비록 대리관계를 명시적으로 밝히지는 아니하였다 하더라도 처분명의자가 피대리 행정청 산하의 행정기관으로서 실제로 피대리 행정청으로부터 대리권한을 수여받아 피대리 행정청을 대리한다는 의사로 행정처분을 하였고 처분명의자는 물론 그 상대방도 그 행정처분이 피대리 행정청을 대리하여 한 것임을 알고서 이를 받아들인 예외적인 경우에는 피대리 행

정청이 피고가 되어야 한다.
→ 근로복지공단의 이사장으로부터 보험료의 부과 등에 관한 대리권을 수여 받은 지역본부장이 대리의 취지를 명시적으로 표시하지 않고서 산재보험료 부과처분을 한 경우, 그러한 관행이 약 10년간 계속되어 왔고, 실무상 근로복지공단을 상대로 산재보험료 부과처분에 대한 항고소송을 제기하여 온 점 등에 비추어 지역본부장은 물론 그 상대방 등도 근로복지공단과 지역본부장의 대리관계를 알고 받아들였다는 이유로, 위 부과처분에 대한 항고소송의 피고적격이 근로복지공단에 있다고 한 사례

ⓒ 대리기관이 대리관계를 표시하고 피대리행정청을 대리하여 행정처분을 한 때에는 피대리행정청이 피고로 되어야 한다.(대판 2018두43095)

④ 조례에 대한 항고소송
㉠ 대판 1996.9.20. 95누8003 판결[조례무효확인]
ⓐ 조례가 집행행위의 개입 없이도 그 자체로서 직접 국민의 구체적인 권리의무나 법적 이익에 영향을 미치는 등의 법률상 효과를 발생하는 경우 그 조례는 항고소송의 대상이 되는 행정처분에 해당하고, 이러한 조례에 대한 무효확인소송을 제기함에 있어서 행정소송법 제38조 제1항, 제13조에 의하여 피고적격이 있는 처분 등을 행한 행정청은, 행정주체인 지방자치단체 또는 지방자치단체의 내부적 의결기관으로서 지방자치단체의 의사를 외부에 표시한 권한이 없는 지방의회가 아니라, 구 지방자치법(1994. 3. 16. 법률 제4741호로 개정되기 전의 것) 제19조 제2항, 제92조에 의하여 지방자치단체의 집행기관으로서 조례로서의 효력을 발생시키는 공포권이 있는 지방자치단체의 장이다.
ⓑ 구 지방교육자치에관한법률(1995. 7. 26. 법률 제4951호로 개정되기 전의 것) 제14조 제5항, 제25조에 의하면 시·도의 교육·학예에 관한 사무의 집행기관은 시·도 교육감이고 시·도 교육감에게 지방교육에 관한 조례안의 공포권이 있다고 규정되어 있으므로, 교육에 관한 조례의 무효확인소송을 제기함에 있어서는 그 집행기관인 시·도 교육감을 피고로 하여야 한다.

⑤ 다른 법률에 특별한 규정이 있는 경우
검찰청법 제34조에 의하면, 검사의 임명 및 보직은 법무부장관의 제청으로 대통령이 행하고, 국가공무원법 제16조에 의하면 공무원에 대한 징계, 강임, 휴직, 직위해제, 면직 기타 본인의 의사에 반한 불리한 처분 중 대통령이 행한 처분에 대한 행정소송의 피고는 소속장관으로 하고, 같은 법 제3조 제2항 제2호에 의하면 검사는 그 법의 적용을 받는 특정직 공무원에 해당하며, 행정심판법 제3조 제2항에 의하면 대통령의 처분 또는 부작위에 대하여는 다른 법률에 특별한 규정이 있는 경우를 제외하고는 행정심판을 제기할 수 없도록 규정하고 있는 바, 위 규정들

의 취지를 종합하여 보면, 이 사건에서와 같은 검사임용거부처분에 대한 취소소송의 피고는 법무부장관으로 함이 상당하다(대결 1990.3.14. 자90두4).
ⓖ 처분청과 통지한 자가 다른 경우 : 처분청이 피고가 된다.
  ㉠ 피고인 인천직할시 북구청장이 인천직할시장으로부터 환경보전법상의 위법시설에 대한 폐쇄 등 명령권한의 사무처리에 관한 내부위임을 받아, 원고들이 공동으로 경영하는 공장에서 같은법 제15조의 규정에 의한 허가를 받지 아니하고 배출시설을 설치하여 조업하고 있는 것을 적발하고, 인천직할시장 명의의 폐쇄명령서를 발부받아 "환경보전법 위반사업장 고발 및 폐쇄명령"이란 제목으로 위 폐쇄명령서를 첨부하여 위 무허가배출시설에 대한 폐쇄명령통지를 하였다면 위 폐쇄명령처분을 한 행정청은 어디까지나 인천직할시장이고, 피고는 인천직할시장의 위 폐쇄명령처분에 관한 사무처리를 대행하면서 이를 통지하였음에 지나지 않으며, 위 폐쇄명령서나 그 통지서가 정부공문서규정이 정하는 문서양식에 맞지 않는다는 이유만으로 피고를 처분청으로 볼 수는 없으므로, 피고를 위 폐쇄명령처분을 한 행정청으로 보고 제기한 이 사건 소는 피고적격이 없는 자를 상대로 한 것이어서 부적법하다(대판 1990.4.27. 90누233).
  ㉡ 국무회의에서 건국훈장 독립장이 수여된 망인에 대한 서훈취소를 의결하고 대통령이 결재함으로써 서훈취소가 결정된 후 국가보훈처장이 망인의 유족 갑에게 '독립유공자 서훈취소결정 통보'를 하자 갑이 국가보훈처장을 상대로 서훈취소결정의 무효 확인 등의 소를 제기한 사안에서, <u>갑이 서훈취소 처분을 행한 행정청(대통령)이 아니라 국가보훈처장을 상대로 제기한 위 소는 피고를 잘못 지정한 경우에 해당하므로, 법원으로서는 석명권을 행사하여 정당한 피고로 경정하게 하여 소송을 진행해야 함에도</u> 국가보훈처장이 서훈취소 처분을 한 것을 전제로 처분의 적법 여부를 판단한 원심판결에 법리오해 등의 잘못이 있다(대판 2014. 9.26. 2013두2518).

(나) 피고경정

구분	신청·직권	새로운 피고	허용시기	효과
피고를 잘못 지정	신청	지정된 자	사실심 변론 종결시까지	① 새로운 피고에 대한 소송은 처음에 소를 제기한 때 제기한 것으로 간주 ② 종전피고인 : 취하로 간주
권한승계	신청 또는 직권	승계한 행정청		
처분청이 없게 된 경우		국가 or 공공단체		
소의 변경	소변경신청	• 항고→당사자 : 국가 또는 공공단체 • 당사자→항고 : 행정청		

> **관련판례**
>
> 1. 피고경정의 시간적 한계
>   행정소송법 제14조에 의한 피고경정은 사실심 변론종결에 이르기까지 허용되는 것으로 해석하여야 할 것이고, 굳이 제1심 단계에서만 허용되는 것으로 해석할 근거는 없다(대결 2006.2.23. 2005부4).

4. 소송참가

구분	제3자의 소송참가	행정청의 소송참가
요건	① 타인간의 행정소송의 계속 ② 소송의 결과로 권리 또는 이익의 침해 ③ 제3자가 참가인이 될 것	① 타인간의 행정소송의 계속 ② 피고 행정청 이외 다른 행정청의 참가 ③ 피고를 위한 참가 ④ 참가의 필요성
취지	판결의 효력에 따른 제3자의 권익보호	판결의 기속력을 받는 관계 행정청 참여로 소송의 적정한 해결
성질	공동소송적 보조참가	단순보조참가
소송행위	• 피참가인의 행위와 저촉되는 행위 가능 • 소송의 처분행위 불가	• 저촉되는 행위 불가 • 소송의 처분행위 불가

(1) 제3자의 소송참가

① 임원취임승인취소처분이 취소되어 원고가 학교법인의 이사 및 이사장으로서의 지위를 회복하게 되면 학교법인으로서는 결과적으로 그 의사와 관계없이 이사회의 구성원이나 대표자가 변경되는 관계에 있다고 할 것이고, 이는 위 취소소송의 결과에 의하여 그 법률상의 지위가 결정되는 관계로서 보조참가의 요건인 법률상 이해관계에 해당한다(대판 2003.5.30. 2002두11073).

② 원심은, 행정소송법 제16조 소정의 제3자의 소송참가가 허용되기 위하여는 당해 소송의 결과에 따라 제3자의 권리 또는 이익이 침해되어야 하고, 이 때의 이익은 법률상 이익을 말하며 단순한 사실상의 이익이나 경제상의 이익은 포함되지 않는다.(대판 2008.5.29. 2007두23873 부산신항명칭사건).

③ 피참가인이 공동소송적 보조참가인의 동의 없이 소를 취하하였다 하더라도 이는 유효하다. 그리고 이러한 법리는 행정소송법 제16조에 의한 제3자 참가가 아니라 민사소송법의 준용에 의하여 보조참가를 한 경우에도 마찬가지로 적용된다(대판 2013.3.28. 2011두13729).

④ 공정거래위원회가 명한 시정조치에 대하여 그 취소 등을 구하는 행정소송에서 당해 시정조치가 사업자의 상대방에 대한 특정행위를 중지·금지시키는 것을 내용으로 하

는 경우, 당해 소송의 판결 결과에 따라 해당 사업자가 특정행위를 계속하거나 또는 그 행위를 할 수 없게 되고, 따라서 그 행위의 상대방은 그 판결로 법률상 지위가 결정된다고 볼 수 있으므로 그는 위 행정소송에서 공정거래위원회를 보조하기 위하여 보조참가를 할 수 있다(대결 2013.7.12. 자2012무84).

⑤ 특정 소송사건에서 당사자 일방을 보조하기 위하여 보조참가를 하려면 당해 소송의 결과에 대하여 이해관계가 있어야 하고, 여기서 말하는 이해관계라 함은 사실상·경제상 또는 감정상의 이해관계가 아니라 법률상의 이해관계를 가리킨다.(대판 2014. 8.28. 2011두17899).

⑥ 피참가인의 소송행위는 모두의 이익을 위하여서만 효력을 가지고, 공동소송적 보조참가인에게 불이익이 되는 것은 효력이 없으므로, 참가인이 상소를 할 경우에 피참가인이 상소취하나 상소포기를 할 수는 없다.(대판 2015두36836)

⑦ 공동소송적 보조참가를 한 참가인은 상고를 제기하지 않은 채 피참가인이 상고를 제기한 부분에 대한 상고이유서를 제출할 수 있지만 이 경우 상고이유서 제출기간을 준수하였는지는 피참가인을 기준으로 판단하여야 한다. 따라서 상고하지 않은 참가인이 피참가인의 상고이유서 제출기간이 지난 후 상고이유서를 제출하였다면 적법한 기간 내에 제출한 것으로 볼 수 없다. 이러한 법리는 상고이유의 주장에 대해서도 마찬가지여서, 상고하지 않은 참가인이 적법하게 제출된 피참가인의 상고이유서에서 주장되지 않은 내용을 피참가인의 상고이유서 제출기간이 지난 후 제출한 서면에서 주장하였더라도 이는 적법한 기간 내에 제출된 상고이유의 주장이라고 할 수 없다.(대판 2020.10.15. 2019두40611)

(2) 행정청의 소송참가

① 대판 2002.9.24. 99두1519 성수대교 붕괴사건

㉠ 타인 사이의 항고소송에서 소송의 결과에 관하여 이해관계가 있다고 주장하면서 민사소송법(2002. 1. 26. 법률 제6626호로 전문 개정된 것) 제71조에 의한 보조참가를 할 수 있는 제3자는 민사소송법상의 당사자능력 및 소송능력을 갖춘 자이어야 하므로 그러한 당사자능력 및 소송능력이 없는 행정청으로서는 민사소송법상의 보조참가를 할 수는 없고, 다만 행정소송법 제17조 제1항에 의한 소송참가를 할 수 있을 뿐이다(행정청에 불과한 서울특별시장의 보조참가신청을 부적법하다고 한 사례).

㉡ 법원은 다른 행정청을 소송에 참가시킬 필요가 있다고 인정되는 때에 그 행정청을 소송에 참가시킬 수 있고, 여기에서 참가의 필요성은 관계되는 다른 행정청을 소송에 참가시킴으로써 소송자료 및 증거자료가 풍부하게 되어 그 결과 사건의 적정한 심리와 재판을 하기 위하여 필요한 경우를 가리킨다(상고심에서의 참가 필요성을 인정하지 않은 사례).

5. 처분성

(1) 처분성의 판단

항고소송의 대상인 '처분'이란 "행정청이 행하는 구체적 사실에 관한 법집행으로서의 공권력의 행사 또는 그 거부와 그 밖에 이에 준하는 행정작용"(행정소송법 제2조 제1항 제1호)을 말한다. 행정청의 행위가 항고소송의 대상이 될 수 있는지는 추상적·일반적으로 결정할 수 없고, 구체적인 경우에 관련 법령의 내용과 취지, 그 행위의 주체·내용·형식·절차, 그 행위와 상대방 등 이해관계인이 입는 불이익 사이의 실질적 견련성, 법치행정의 원리와 그 행위에 관련된 행정청이나 이해관계인의 태도 등을 고려하여 개별적으로 결정하여야 한다. 행정청의 행위가 '처분'에 해당하는지가 불분명한 경우에는 그에 대한 불복방법 선택에 중대한 이해관계를 가지는 상대방의 인식가능성과 예측가능성을 중요하게 고려하여 규범적으로 판단하여야 한다.(대판 2022.3.17. 선고 2021두53894)

> **판례요지**
>
> 어떠한 처분이 수익적 행정처분을 구하는 신청에 대한 거부처분이 아니라고 하더라도, 해당 처분에 대한 이의신청의 내용이 새로운 신청을 하는 취지로 볼 수 있는 경우에는, 그 이의신청에 대한 결정의 통보를 새로운 처분으로 볼 수 있다.

(2) 처분성의 개념요소

(가) 행정청의 행위

> **관련판례**
>
> 1. 행정청의 범위
>   항고소송은 행정청의 처분 등이나 부작위에 대하여 처분 등을 행한 행정청을 상대로 이를 제기할 수 있고 행정청에는 처분 등을 할 수 있는 권한이 있는 국가 또는 지방자치단체와 같은 행정기관뿐만 아니라 법령에 의하여 행정권한의 위임 또는 위탁을 받은 행정기관, 공공단체 및 그 기관 또는 사인이 포함되는바 특별한 법률에 근거를 두고 행정주체로서의 국가 또는 지방자치단체로부터 독립하여 특수한 존립목적을 부여받은 특수한 행정주체로서 국가의 특별한 감독 하에 그 존립목적인 특정한 공공사무를 행하는 공법인인 특수행정조직 등이 이에 해당한다.(대판 92누3618)
>   → 대한주택공사의 이주대책에 관한 처분 : 처분성 인정
> 2. 처분성 인정여부
>   (1) 인정
>   ① 지방의회의 의원징계의결(대판 1993.11.26. 93누7341)
>   ② 지방의회의장에 대한 불신임의결(대판 1994.10.11. 94누23)
>   ③ 지방의회의 의장선임의결(대판 1995.1.12. 94누2602)
>   ④ 관악구청장의 입찰참가자격제한처분(대판 1999.3.9. 98두18565)
>   ⑤ 근로복지공단의 사업주에 대하여 하는 개별사업장의 사업종류 변경결정(대판 2019두61137)
>   (2) 부정
>   ① 한국마사회가 조교사 또는 기수의 면허를 부여하거나 취소하는 행위 : 국가 기타 행정기관으로부터 위탁받은 행정권한의 행사가 아니라 일반 사법상의 법률관계에서 이루어지는 단체 내부에서의 징계 내지 제재처분이다(대판 2008.1.31. 2005두8269).

② 대결 2010.11.26. 자2010무137 : 수도권매립지관리공사의 행정청 부정사례

수도권매립지관리공사가 갑에게 입찰참가자격을 제한하는 내용의 부정당업자제재처분을 하자, 갑이 제재처분의 무효확인 또는 취소를 구하는 행정소송을 제기하면서 제재처분의 효력정지신청을 한 사안에서, <u>수도권매립지관리공사는 행정소송법에서 정한 행정청 또는 그 소속기관이거나 그로부터 제재처분의 권한을 위임받은 공공기관에 해당하지 않으므로</u>, 수도권매립지관리공사가 한 위 제재처분은 행정소송의 대상이 되는 행정처분이 아니라 단지 갑을 자신이 시행하는 입찰에 참가시키지 않겠다는 뜻을 <u>사법상의 효력을 가지는 통지에 불과하므로</u>, 갑이 수도권매립지관리공사를 상대로 하여 제기한 위 효력정지신청은 부적법함에도 그 신청을 받아들인 원심결정은 집행정지의 요건에 관한 법리를 오해한 위법이 있다고 한 사례

(나) 외부에 대한 직접적인 법적 효과를 발생시키는 행위 : 내부적 행위 → 처분성 부정

관련판례

1. 처분성 부정
① 국립공원지정처분에 따라 공원관리청이 행한 경계측량 및 표지설치(대판 1992.10.13. 92누2325)
② 신체등위판정(대판 1993.8.27. 93누3356)
③ 운전면허 행정처분처리대장상의 벌점부과(대판 1994.8.12. 94누2190)
④ 교육부장관의 내신성적산정지침사건(대판 1994.9.10. 94두33)
⑤ 공정거래위원회의 고발조치 및 고발의결(대판 1995.5.12. 94누13794)
⑥ 건축허가권자가 건축불허가처분을 하면서 그 처분사유로 건축불허가 사유뿐만 아니라 구 소방법(2003. 5. 29. 법률 제6916호로 개정되기 전의 것) 제8조 제1항에 따른 소방서장의 건축부동의 사유를 들고 있다고 하여 그 건축불허가처분 외에 별개로 건축부동의처분이 존재하는 것이 아니므로, 그 건축불허가처분을 받은 사람은 그 건축불허가처분에 관한 쟁송에서 건축법상의 건축불허가 사유뿐만 아니라 소방서장의 부동의 사유에 관하여도 다툴 수 있다(대판 2004.10.15. 2003두6573).
⑦ <u>각 군 참모총장이 수당지급대상자 결정절차에 대하여 수당지급대상자를 추천하거나 신청자 중 일부를 추천하지 아니하는 행위는 행정기관 상호간의 내부적인 의사결정과정의 하나일 뿐 그 자체만으로는 직접적으로 국민의 권리 · 의무가 설정, 변경, 박탈되거나 그 범위가 확정되는 등 기존의 권리상태에 어떤 변동을 가져오는 것이 아니므로 이를 항고소송의 대상이 되는 처분이라고 할 수는 없다</u>(대판 2009.12.10. 2009두14231 : 명예전역거부처분취소).
⑧ <u>지식경제부장관의 반려회신은 항고소송 대상이 되는 행정처분에 해당하지 않고, 광주광역시장의 반려처분은 항고소송 대상이 되는 행정처분에 해당한다고 한 사례</u>(대판 2011.9.29. 2010두26339)
⑨ 항고소송은 원칙적으로 소송의 대상인 행정처분 등을 외부적으로 그의 명의로 행한 행정청을 피고로 하여야 하는 것으로서, 그 행정처분을 하게 된 연유가 상급행정청이나 타행정청의 지시나 통보에 의한 것이라 하여 다르지 않고, 권한의 위임이나 위탁을 받아 수임행정청이 자신의 명의로 한 처분에 관하여도 마찬가지이다. 그리고 위와 같은 지시나 통보, 권한의 위임이나 위탁은 행정기관 내부의 문제일 뿐 국민의 권리의무에 직접 영향을 미치는 것이 아니어서 항고소송의 대상이 되는 행정처분에 해당하지 않는다(대판 2013.2.28. 2012두22904).
⑩ 甲 시장이 감사원으로부터 감사원법 제32조에 따라 乙에 대하여 징계의 종류를 정직으로 정한 징계 요구를 받게 되자 감사원법 제36조 제2항에 따라 감사원에 징계 요구에 대한 재심의를 청구하였고, 감사원이 재심의청구를 기각하자 乙이 감사원의 징계 요구와 그에 대한 재심의결정의 취소를 구하고 甲 시장이 감사원의 재심의결정 취소를 구하는 소를 제기한 사안(대판 2014두5637)

2. 처분성 인정
   ① 갑이 국민권익위원회에 부패방지 및 국민권익위원회의 설치와 운영에 관한 법률(이하 '국민권익위원회법'이라 한다)에 따른 신고와 신분보장조치를 요구하였고, 국민권익위원회가 갑의 소속기관 장인 을 시·도선거관리위원회 위원장에게 '갑에 대한 중징계요구를 취소하고 향후 신고로 인한 신분상 불이익처분 및 근무조건상의 차별을 하지 말 것을 요구'하는 내용의 조치요구를 한 사안(대판 2011두1214)
      → 국가기관 일방의 조치요구에 불응한 상대방 국가기관에 국민권익위원회법상의 제재규정과 같은 중대한 불이익을 직접적으로 규정한 다른 법령의 사례를 찾아보기 어려운 점, 그럼에도 을이 국민권익위원회의 조치요구를 다툴 별다른 방법이 없는 점 등에 비추어 보면, 처분성이 인정되는 위 조치요구에 불복하고자 하는 을로서는 조치요구의 취소를 구하는 항고소송을 제기하는 것이 유효·적절한 수단이므로 비록 을이 국가기관이더라도 당사자능력 및 원고적격을 가진다고 보는 것이 타당하고, 을이 위 조치요구 후 갑을 파면하였다고 하더라도 조치요구가 곧바로 실효된다고 할 수 없고 을은 여전히 조치요구를 따라야 할 의무를 부담
   ② 지방자치단체간 건축협의 취소는 상대방이 다른 지방자치단체 등 행정주체라 하더라도 '행정청이 행하는 구체적 사실에 관한 법집행으로서의 공권력 행사'(행정소송법 제2조 제1항 제1호)로서 처분에 해당한다고 볼 수 있고, 지방자치단체인 원고가 이를 다툴 실효적 해결 수단이 없는 이상, 원고는 건축물 소재지 관할 허가권자인 지방자치단체의 장을 상대로 항고소송을 통해 건축협의 취소의 취소를 구할 수 있다(대판 2014. 2. 27. 2012두22980).

(다) 공권력의 발동

> **관련판례**

1. 처분성 부정사례
   ① 세무서장의 주류거래중지요청(대판 1980.10.27. 80누395)
   ② 일반국민의 소관법령의 해석에 관한 질의에 대한 행정 각 부처의 장의 회신(대판 1992.10. 13. 91누2441)
   ③ 국유임야의 대부·매각행위(대판 1993.12.7. 91누11612) : 사법행위
   ④ 광주광역시문화예술회관장의 단원 위촉은 광주광역시문화예술회관장이 행정청으로서 공권력을 행사하여 행하는 행정처분이 아니라 공법상의 근무관계의 설정을 목적으로 하여 광주광역시와 단원이 되고자 하는 자 사이에 대등한 지위에서 의사가 합치되어 성립하는 공법상 근로계약에 해당한다고 보아야 할 것이므로, 광주광역시립합창단원으로서 위촉기간이 만료되는 자들의 재위촉 신청에 대하여 광주광역시문화예술회관장이 실기와 근무성적에 대한 평정을 실시하여 재위촉을 하지 아니한 것을 항고소송의 대상이 되는 불합격처분이라고 할 수는 없다(대판 2001.12.11. 2001두7794 : 합창단재위촉거부처분취소).
   ⑤ 금융감독원장이 종합금융주식회사의 전 대표이사에게 재직 중 위법·부당행위 사례를 첨부하여 금융 관련 법규를 위반하고 신용질서를 심히 문란하게 한 사실이 있다는 내용으로 '문책경고장(상당)'을 보낸 행위가 항고소송의 대상이 되는 행정처분에 해당하지 아니한다고 한 사례(대판 2005.2.17. 2003두10312)
   ⑥ 한국수력원자력 주식회사가 자신의 "공급자관리지침"에 근거하여 등록된 공급업체에 대하여 하는 등록취소 및 그에 따른 일정기간의 거래제한조치(대판 2020.5.28. 2017두66541)
2. 처분성 인정사례
   ① 금융기관의 임원에 대한 금융감독원장의 문책경고(대판 2005.2.17. 2003두14765)
   ② 국가인권위원회의 성희롱결정과 이에 따른 시정조치의 권고는 불가분의 일체로 행하여지는 것인데 국가인권위원회의 이러한 결정과 시정조치의 권고는 성희롱 행위자로 결정된 자의 인격권에 영향을 미침과 동시에 공공기관의 장 또는 사용자에게 일정한 법률상의 의무를 부담시키는 것이므로 국가인권위원회의 성희롱결정 및 시정조치권고는 행정소송의 대상이 되는 행정처분에 해당한다고 보지 않을 수 없다(대판 2005.7.8. 2005두487).

③ 공정거래위원회의 '<u>표준약관 사용권장행위</u>'는 그 통지를 받은 해당 사업자 등에게 표준약관과 다른 약관을 사용할 경우 표준약관과 다르게 정한 주요내용을 고객이 알기 쉽게 표시하여야 할 <u>의무를 부과하고, 그 불이행에 대해서는 과태료에 처하도록 되어 있으므로, 이는 사업자 등의 권리·의무에 직접 영향을 미치는 행정처분으로서 항고소송의 대상</u>이 된다(대판 2010.10.14. 2008두23184).

④ 관할 행정청은 면허 발급 이후에도 운송사업자의 동의하에 여객자동차운송사업의 질서 확립을 위하여 운송사업자가 준수할 의무를 정하고 이를 위반할 경우 감차명령을 할 수 있다는 내용의 면허 조건을 붙일 수 있고, 운송사업자가 조건을 위반하였다면 여객자동차법 제85조 제1항 제38호에 따라 감차명령을 할 수 있으며, 감차명령은 행정소송법 제2조 제1항 제1호가 정한 처분으로서 항고소송의 대상이 된다.(대판 2016. 11. 24. 선고 2016두45028)

⑤ 산업단지관리공단의 입주변경계약 취소는 행정청인 관리권자로부터 관리업무를 위탁받은 산업단지관리공단이 우월적 지위에서 입주기업체들에게 일정한 법률상 효과를 발생하게 하는 것으로서 항고소송의 대상이 되는 행정처분에 해당한다.(대판 2017. 6. 15. 선고 2014두46843)

⑥ 법무사의 사무원 채용승인 신청에 대한 소속 지방법무사회의 채용승인거부의 처분성(대판 2015다34444)
  ㉠ 법무사의 사무원 채용승인 신청에 대하여 소속 지방법무사회가 채용승인을 거부하는 조치 또는 일단 채용승인을 하였으나 법무사 규칙 제37조 제6항을 근거로 채용승인을 취소하는 조치 : 처분성 인정
  ㉡ 지방법무사회가 법무사의 사무원 채용승인 신청을 거부하거나 채용승인을 얻어 채용 중인 사람에 대한 채용승인을 취소한 경우, 그 때문에 사무원이 될 수 없게 된 사람 : 원고적격 인정

⑦ 근로복지공단이 사업주에 대하여 하는 "개별 사업장의 사업종류 변경결정"(대판 2019두61137)

⑧ 한국수력원자력 주식회사가 자신의 "공급자관리지침"에 근거하여 등록된 공급업체에 대하여 하는 "등록취소 및 그에 따른 일정기간의 거래제한조치"(대판 2017두66541)

⑷ 국민의 권리와 의무에 구체적인 영향을 주는가?

관련판례

1. 처분성 인정사례
  ① <u>건축물대장의 작성은 건축물의 소유권을 제대로 행사하기 위한 전제요건으로서 건축물 소유자의 실체적 권리관계에 밀접하게 관련되어 있으므로 건축물대장 소관청의 작성신청 반려행위는 국민의 권리관계에 영향을 미치는 것으로서 항고소송의 대상이 되는 행정처분에 해당한다</u>(대판 2009.2.12. 2007두17359).
  ② <u>부과처분을 위한 과세관청의 질문조사권이 행해지는 세무조사결정</u>(대판 2011.3.10. 2009두23617).
  ③ 감차명령은 행정소송법 제2조 제1항 제1호가 정한 처분으로서 항고소송의 대상이 된다(대판 2016.11.24. 2016두45028).
  ④ 산업단지관리공단의 변경계약을 취소(대판 2017.6.15. 2014두46843).
  ⑤ 교육공무원법상 승진후보자 명부에 의한 승진심사 방식으로 행해지는 승진임용에서 승진후보자 명부에 포함되어 있던 후보자를 승진임용인사발령에서 제외하는 행위는 불이익처분으로서 항고소송의 대상인 처분에 해당한다고 보아야 한다. 다만 교육부장관은 승진후보자 명부에 포함된 후보자들에 대하여 일정한 심사를 진행하여 임용제청 여부를 결정할 수 있고 승진후보자 명부에 포함된 특정 후보자를 반드시 임용제청을 하여야 하는 것은 아니며, 또한 교육부장관이 임용제청을 한 후보자라고 하더라도 임용권자인 대통령이 반드시 승진임용을 하여야 하는 것도 아니다. 이처럼 공무원 승진임용에 관해서는 임용권자에게 일반 국민에 대한 행정처분이나 공무원에 대한 징계처분에서와는 비교할 수 없을 정도의 광범위한 재량이 부여되어 있다. 따라서 승진후보자 명부에 포함된 후보자를 승진임용에서 제외하는 결정이 공무원의 자격을 정한 관련 법령 규정에 위반되지 아니하고 사회통념상 합리성을 갖춘 사유에 따른 것이라는 주장·증명이 있다면 쉽사리 위법하다고 판단하여서는 아니 된다.(대판 2018. 3. 27. 선고 2015두47492)

⑥ 대학총장 후보자에 대한 임용제외(대판 2018. 6. 15. 선고 2016두57564)
  ㉠ 교육부장관이 대학에서 추천한 복수의 총장 후보자들 전부 또는 일부를 임용제청에서 제외하는 행위는 제외된 후보자들에 대한 불이익처분으로서 항고소송의 대상이 되는 처분에 해당한다고 보아야 한다. 다만 교육부장관이 특정 후보자를 임용제청에서 제외하고 다른 후보자를 임용제청함으로써 대통령이 임용제청된 다른 후보자를 총장으로 임용한 경우에는, 임용제청에서 제외된 후보자는 대통령이 자신에 대하여 총장 임용 제외처분을 한 것으로 보아 이를 다투어야 한다(대통령의 처분의 경우 소속 장관이 행정소송의 피고가 된다. 국가공무원법 제16조 제2항). 이러한 경우에는 교육부장관의 임용제청 제외처분을 별도로 다툴 소의 이익이 없어진다.
  ㉡ 대학에서 추천한 후보자를 총장 임용제청이나 총장 임용에서 제외하는 결정이 대학의 장에 관한 자격을 정한 관련 법령 규정에 어긋나지 않고 사회통념에 비추어 불합리하다고 볼 수 없다면 쉽사리 위법하다고 판단해서는 안 된다.
  ㉢ 부적격사유와 이유부기

부적격사유 ○	교육부장관이 어떤 후보자를 총장 임용에 부적격하다고 판단하여 배제하고 다른 후보자를 임용제청하는 경우라면 배제한 후보자에게 연구윤리 위반, 선거부정, 그 밖의 비위행위 등과 같은 부적격사유가 있다는 점을 구체적으로 제시할 의무가 있다.
부적격사유 ×	교육부장관이 어떤 후보자를 총장으로 임용제청하는 행위 자체에 그가 총장으로 더욱 적합하다는 정성적 평가 결과가 당연히 포함되어 있는 것으로, 이로써 행정절차법상 이유제시의무를 다한 것이라고 보아야 한다. 여기에서 나아가 교육부장관에게 개별 심사항목이나 고려요소에 대한 평가 결과를 더 자세히 밝힐 의무까지는 없다.

⑦ 납부의무자의 환급신청에 대하여 행정청이 전부 또는 일부 환급을 거부하는 결정은 행정청이 공권력의 주체로서 행하는 구체적 사실에 관한 법집행으로서 납부의무자의 권리·의무에 직접 영향을 미치므로 항고소송의 대상인 처분에 해당한다고 보아야 한다. (대판 2018. 6. 28. 선고 2016두50990)

⑧ 불특정다수인을 대상으로 한 일반처분의 처분성 인정여부
구 청소년보호법(2001. 5. 24. 법률 제6479호로 개정되기 전의 것)에 따른 <u>청소년유해매체물 결정 및 고시처분</u>은 당해 유해매체물의 소유자 등 특정인만을 대상으로 한 행정처분이 아니라 <u>일반 불특정 다수인을 상대방으로 하여 일률적으로 표시의무, 포장의무, 청소년에 대한 판매·대여 등의 금지의무 등 각종 의무를 발생시키는 행정처분</u>으로서, 정보통신윤리위원회가 특정 인터넷 웹사이트를 청소년유해매체물로 결정하고 청소년보호위원회가 효력발생시기를 명시하여 고시함으로써 그 명시된 시점에 효력이 발생하였다고 봄이 상당하고, 정보통신윤리위원회와 청소년보호위원회가 위 처분이 있었음을 위 웹사이트 운영자에게 제대로 통지하지 아니하였다고 하여 그 효력 자체가 발생하지 아니한 것으로 볼 수는 없다(대판 2007.6.14. 2004두619).

⑨ 甲 주식회사가 조달청과 물품구매계약을 체결하고 국가종합전자조달시스템인 나라장터 종합쇼핑몰 인터넷 홈페이지를 통해 요구받은 제품을 수요기관에 납품하였는데, 조달청이 계약이행내역 점검 결과 일부 제품이 계약 규격과 다르다는 이유로 물품구매계약 추가특수조건 규정에 따라 甲 회사에 대하여 6개월의 나라장터 종합쇼핑몰 거래정지 조치를 한 사안에서, 위 거래정지 조치는 항고소송의 대상이 되는 행정처분에 해당한다.(대판 2015두52395)

⑩ 검사에 대한 경고조치 관련 규정을 위 법리에 비추어 살펴보면, 검찰총장이 사무검사 및 사건평정을 기초로 대검찰청 자체감사규정 제23조 제3항, 검찰공무원의 범죄 및 비위 처리지침 제4조 제2항 제2호 등에 근거하여 검사에 대하여 하는 '경고조치'는 일정한 서식에 따라 검사에게 개별 통지를 하고 이의신청

을 할 수 있으며, 검사가 검찰총장의 경고를 받으면 1년 이상 감찰관리 대상자로 선정되어 특별관리를 받을 수 있고, 경고를 받은 사실이 인사자료로 활용되어 복무평정, 직무성과금 지급, 승진·전보인사에서도 불이익을 받게 될 가능성이 높아지며, 향후 다른 징계사유로 징계처분을 받게 될 경우에 징계양정에서 불이익을 받게 될 가능성이 높아지므로, 검사의 권리 의무에 영향을 미치는 행위로서 항고소송의 대상이 되는 처분이라고 보아야 한다.(대판 2021.2.10. 2020두47564)

⑪ 구 하도급거래 공정화에 관한 법률(2022. 1. 11. 법률 제18757호로 개정되기 전의 것, 이하 '법'이라 한다) 제26조 제2항은 입찰참가자격제한 요청의 요건을 구 하도급거래 공정화에 관한 법률 시행령(2021. 1. 12. 대통령령 제31393호로 개정되기 전의 것, 이하 '시행령'이라 한다)으로 정하는 기준에 따라 부과한 벌점의 누산점수가 일정 기준을 초과하는 경우로 구체화하고, 위 요건을 충족하는 경우 공정거래위원회는 법 제26조 제2항 후단에 따라 관계 행정기관의 장에게 해당 사업자에 대한 입찰참가자격제한 요청 결정을 하게 되며, 이를 요청받은 관계 행정기관의 장은 특별한 사정이 없는 한 그 사업자에 대하여 입찰참가자격을 제한하는 처분을 해야 하므로, 사업자로서는 입찰참가자격제한 요청 결정이 있으면 장차 후속 처분으로 입찰참가자격이 제한될 수 있는 법률상 불이익이 존재한다. 이때 입찰참가자격제한 요청 결정이 있음을 알고 있는 사업자로 하여금 입찰참가자격제한처분에 대하여만 다툴 수 있도록 하는 것보다는 그에 앞서 직접 입찰참가자격제한 요청 결정의 적법성을 다툴 수 있도록 함으로써 분쟁을 조기에 근본적으로 해결하도록 하는 것이 법치행정의 원리에도 부합한다. 따라서 공정거래위원회의 입찰참가자격제한 요청 결정은 항고소송의 대상이 되는 처분에 해당한다. (대판 2023. 2. 2. 선고 2020두48260)

2. 처분성 부정사례
① <u>상대방 또는 기타 관계자들의 법률상 지위에 직접적인 영향을 미치지 않는 행위는 항고소송의 대상이 되는 행정처분이 아니다</u>(대판 2007.11.15. 2007두10198 : 혁신도시최종입지확정처분취소소송사건).
② 과세관청의 사업자등록 직권말소행위, <u>과세관청이 사업자등록을 관리하는 과정에서 위장사업자의 사업자명의를 직권으로 실사업자의 명의로 정정하는 행위</u> (대판 2011.1.27. 2008두2200).
③ 국가유공자법 제74조의 18 제1항이 정한 이의신청을 받아들이지 아니하는 결정(대판 2015두45953)
④ 국민건강보험공단이 갑에게 "직장가입자 자격상실 및 자격변동 안내"통보 및 "사업장 직권탈퇴에 따른 가입자 자격상실 안내" 통보(대판 2016두41729)
   ➜ 가입자 자격의 변동 여부 및 시기를 확인하는 의미에서 한 사실상 통지행위일 뿐, 위 통보에 의하여 가입자 자격이 변동되는 효력 ×
⑤ 여객자동차 운송사업자 甲 주식회사가 시내버스 노선을 운행하면서 환승요금할인 및 청소년요금할인을 시행한 데에 따른 손실을 보전해 달라며 경기도지사와 광명시장에게 보조금 지급신청을 하였으나, 경기도지사가 甲 회사와 광명시장에게 '甲 회사의 보조금 지급신청을 받아들일 수 없음은 기존에 회신한 바와 같고, 광명시에서는 적의 조치하여 주기 바란다.'는 취지로 통보한 사안 ➜ 경기도 여객자동차 운수사업 관리 조례 제15조에 따른 보조금 지급사무는 광명시장에게 위임되었으므로 위 신청에 대한 응답은 광명시장이 해야 하고, 경기도지사는 甲 회사의 보조금 지급신청에 대한 처분권한자가 아니며, 위 통보는 경기도지사가 甲 회사의 보조금 신청에 대한 최종적인 결정을 통보하는 것이라기보다는 광명시장의 사무에 대한 지도·감독권자로서 甲 회사에 대하여는 보조금 지급신청에 대한 의견을 표명함과 아울러 광명시장에 대하여는 경기도지사의 의견에 따라 甲 회사의 보조금 신청을 받아들일지를 심사하여 甲 회사에 통지할 것을 촉구하는 내용으로 보는 것이 타당 ➜ 처분성 부정(대판 2023. 2. 23. 선고 2021두44548)

(마) 거부처분
① 반복된 거부처분

관련판례

1. 반복된 거부처분의 처분성
   ㉠ 거부처분은 관할 행정청이 국민의 처분신청에 대하여 거절의 의사표시를 함으로써 성립되고, 그 이후 동일한 내용의 새로운 신청에 대하여 다시 거절의 의사표시를 한 경우에는 새로운 거부처분이 있는 것으로 보아야 할 것이다(대판 2002.3.29. 2000두6084).
   ㉡ 수익적 행정행위 신청에 대한 거부처분은 당사자의 신청에 대하여 관할 행정청이 거절하는 의사를 대외적으로 명백히 표시함으로써 성립되고, 거부처분이 있은 후 당사자가 다시 신청을 한 경우에는 신청의 제목 여하에 불구하고 그 내용이 새로운 신청을 하는 취지라면 관할 행정청이 이를 다시 거절하는 것은 새로운 거부처분으로 봄이 원칙이다.(대판 2019. 4. 3. 선고 2017두52764)
   ㉢ 수익적 행정처분을 구하는 신청에 대한 거부처분이 있은 후 당사자가 다시 신청을 한 경우에는 신청의 제목 여하에 불구하고 그 내용이 새로운 신청을 하는 취지라면 관할 행정청이 이를 다시 거절하는 것은 새로운 거부처분이라고 보아야 한다. 나아가 어떠한 처분이 수익적 행정처분을 구하는 신청에 대한 거부처분이 아니라고 하더라도, 해당 처분에 대한 이의신청의 내용이 새로운 신청을 하는 취지로 볼 수 있는 경우에는, 그 이의신청에 대한 결정의 통보를 새로운 처분으로 볼 수 있다.(대판 2022. 3. 17. 선고 2021두53894)

② 거부처분의 처분성

관련판례

1. 거부처분의 처분성
   ① 국민의 적극적 신청행위에 대하여 행정청이 그 신청에 따른 행위를 하지 않겠다고 거부한 행위가 항고소송의 대상이 되는 행정처분에 해당하는 것이라고 하려면, 그 신청한 행위가 공권력의 행사 또는 이에 준하는 행정작용이어야 하고, 그 거부행위가 신청인의 법률관계에 어떤 변동을 일으키는 것이어야 하며, 그 국민에게 그 행위발동을 요구할 법규상 또는 조리상의 신청권이 있어야만 한다(대판 2003.9.23. 2001두10936).
   ② 건축계획심의신청반려처분사건의 처분성 인정 : 대판 2007.10.11. 2007두1316
      ㉠ 국민의 적극적 행위 신청에 대하여 행정청이 그 신청에 따른 행위를 하지 않겠다고 거부한 행위가 항고소송의 대상이 되는 행정처분에 해당하는 것이라고 하려면, 그 신청한 행위가 공권력의 행사 또는 이에 준하는 행정작용이어야 하고, 그 거부행위가 신청인의 법률관계에 어떤 변동을 일으키는 것이어야 하며, 그 국민에게 그 행위발동을 요구할 법규상 또는 조리상의 신청권이 있어야 하는바, 여기에서 '신청인의 법률관계에 어떤 변동을 일으키는 것'이라는 의미는 신청인의 실체상의 권리관계에 직접적인 변동을 일으키는 것은 물론, 그렇지 않다 하더라도 신청인이 실체상의 권리자로서 권리를 행사함에 중대한 지장을 초래하는 것도 포함한다.
      ㉡ 건축계획심의신청에 대한 반려처분이 항고소송의 대상이 되는 행정처분에 해당한다고 한 사례
   ③ 토지소유자의 토지매수신청에 대한 유역환경청장의 거부처분사건 : 대판 2009.9.10. 2007두20638
      ㉠ 거부처분의 처분성을 인정하기 위한 전제요건이 되는 신청권의 존부는 구체적 사건에서 신청인이 누구인가를 고려하지 않고 관계 법규의 해석에 의하여 일반 국민에게 그러한 신청권을 인정하고 있는가를 살펴 추상적으로 결정되는 것이고, 신청인이 그 신청에 따른 단순한 응답을 받을 권리를 넘어서 신청의 인용이라는 만족적 결과를 얻을 권리를 의미하는 것은 아니므로, 국민이 어떤 신청을 한 경우

에 그 신청의 근거가 된 조항의 해석상 행정발동에 대한 개인의 신청권을 인정하고 있다고 보이면 그 거부행위는 항고소송의 대상이 되는 처분으로 보아야 하고, 구체적으로 그 신청이 인용될 수 있는가 하는 점은 본안에서 판단하여야 할 사항이다.
   ⓒ 금강수계 중 상수원 수질보전을 위하여 필요한 지역의 토지 등의 소유자가 국가에 그 토지 등을 매도하기 위하여 매수신청을 하였으나 유역환경청장 등이 매수거절의 결정을 한 사안에서, 위 매수거절을 항고소송의 대상이 되는 행정처분으로 보지 않는다면 토지 등의 소유자로서는 재산권의 제한에 대하여 달리 다툴 방법이 없게 되는 점 등에 비추어, 그 매수 거부행위가 공권력의 행사 또는 이에 준하는 행정작용으로서 항고소송의 대상이 되는 행정처분에 해당한다고 한 사례
④ 피해자의 의사와 무관하게 주민등록번호가 유출된 경우에는 조리상 주민등록번호의 변경을 요구할 신청권을 인정함이 타당하고, 구청장의 주민등록번호 변경신청 거부행위는 항고소송의 대상이 되는 행정처분에 해당한다고 한 사례(대판 2017.6.15. 2013두2945)
⑤ 행정청이 국민의 신청에 대하여 한 거부행위가 항고소송의 대상이 되는 행정처분에 해당하기 위하여는, 국민에게 행정청의 행위를 요구할 법규상 또는 조리상의 신청권이 있어야 하는데, 이러한 신청권이 없음에도 이루어진 국민의 신청을 행정청이 받아들이지 아니한 경우 거부로 인하여 신청인의 권리나 법적 이익에 어떤 영향을 미친다고 볼 수 없으므로 이를 항고소송의 대상이 되는 행정처분이라 할 수 없다.(대판 2016. 7. 14. 선고 2014두47426)
   → 업무상 재해를 당한 甲의 요양급여 신청에 대하여 근로복지공단이 요양승인 처분을 하면서 사업주를 乙 주식회사로 보아 요양승인 사실을 통지하자, 乙 회사가 甲이 자신의 근로자가 아니라고 주장하면서 사업주 변경신청을 하였으나 근로복지공단이 거부 통지를 한 사안에서, 위 통지는 항고소송의 대상이 되는 행정처분이 되지 않는다고 한 사례

2. 법규상 또는 조리상 신청권이 있다고 본 판례
   ① 대학의 정규교원으로 임용되기 전에 1년간 상근강사로 근무하여 적격판정을 받은 자만을 임용하는 제도 하에서 상근강사로 채용된 자의 법률상 지위 인정 : 대판 1990.9.25. 89누4758)
   ② 사업시행자가 이주대책에 따른 특별분양신청을 하는 자에게 이를 거부한 행위 : 처분성 인정(대판 1992. 11.27. 92누3618)
   ③ 소멸등록된 실용신안권의 회복등록을 신청할 권리 인정 : 대판 2002.11.22. 2000두9229
   ④ 학력인정학교형태의 평생교육시설의 설치자명의변경신청에 대한 행정청의 거부 : 처분성인정(대판 2003.4.11. 2001두9929)
   ⑤ 기간제로 임용되어 임용기간이 만료된 국·공립대학의 조교수는 교원으로서의 능력과 자질에 관하여 합리적인 기준에 의한 공정한 심사를 받아 위 기준에 부합되면 특별한 사정이 없는 한 재임용되리라는 기대를 가지고 재임용 여부에 관하여 합리적인 기준에 의한 공정한 심사를 요구할 법규상 또는 조리상 신청권을 가진다고 할 것이니, 임용권자가 임용기간이 만료된 조교수에 대하여 재임용을 거부하는 취지로 한 임용기간만료의 통지는 위와 같은 대학교원의 법률관계에 영향을 주는 것으로서 행정소송의 대상이 되는 처분에 해당한다(대판 2004.4.22. 2000두7735 전합).
   ⑥ 지적변경신청반려행위 : 처분성인정(대판 2004.4.22. 2003두9015)
   ⑦ 문화재보호구역 내에 있는 토지소유자 등으로서는 위 보호구역의 지정해제를 요구할 수 있는 법규상 또는 조리상의 신청권이 있다고 할 것이고, 이러한 신청에 대한 거부행위는 항고소송의 대상이 되는 행정처분에 해당한다(대판 2004.4.27. 2003두8821)
   ⑧ 도시계획입안제안과 관련하여서는 주민이 입안권자에게 '1. 도시계획시설의 설치·정비 또는 개량에 관한 사항 2. 지구단위계획구역의 지정 및 변경과 지구단위계획의 수립 및 변경에 관한 사항에 관하여 '도시계획도서와 계획설명서를 첨부'하여 도시계획의 입안을 제안할 수 있고, 위 입안제안을 받은 입안권자는 그 처리결과를 제안자에게 통보하도록 규정하고 있는 점 등과 헌법상 개인의 재산권 보장의 취지에

비추어 보면, 도시계획구역 내 토지 등을 소유하고 있는 주민으로서는 입안권자에게 도시계획입안을 요구할 수 있는 법규상 또는 조리상의 신청권이 있다고 할 것이고, 이러한 신청에 대한 거부행위는 항고소송의 대상이 되는 행정처분에 해당한다(대판 2004.4.28. 2003두1806).

⑨ 임용지원자가 당해 대학의 교원임용규정 등에 정한 심사단계 중 중요한 대부분의 단계를 통과하여 다수의 임용지원자 중 유일한 면접심사 대상자로 선정되는 등으로 장차 나머지 일부의 심사단계를 거쳐 대학교원으로 임용될 것을 상당한 정도로 기대할 수 있는 지위에 이르렀다면, 그러한 임용지원자는 임용에 관한 법률상 이익을 가진 자로서 임용권자에 대하여 나머지 심사를 공정하게 진행하여 그 심사에서 통과되면 대학교원으로 임용해 줄 것을 신청할 조리상의 권리가 있다고 보아야 할 것이고, 또한 유일한 면접심사 대상자로 선정된 임용지원자에 대한 교원신규채용업무를 중단하는 조치는 교원신규채용절차의 진행을 유보하였다가 다시 속개하기 위한 중간처분 또는 사무처리절차상 하나의 행위에 불과한 것이라고는 볼 수 없고, 유일한 면접심사 대상자로서 임용에 관한 법률상 이익을 가지는 임용지원자에 대한 신규임용을 사실상 거부하는 종국적인 조치에 해당하는 것이며, 임용지원자에게 직접 고지되지 않았다고 하더라도 임용지원자가 이를 알게 됨으로써 효력이 발생한 것으로 보아야 할 것이므로, 이는 임용지원자의 권리 내지 법률상 이익에 직접 관계되는 것으로서 항고소송의 대상이 되는 처분 등에 해당한다(대판 2004.6.11. 2001두7053).

⑩ 종합유선방송사업승인거부 : 처분성 인정(대판 2005.1.14 2003두13045)

⑪ 행정청이 행한 공사중지명령의 상대방은 그 명령 이후에 그 원인사유가 소멸하였음을 들어 행정청에게 공사중지명령의 철회를 요구할 수 있는 조리상의 신청권이 있다 할 것이고, 상대방으로부터 그 신청을 받은 행정청으로서는 상당한 기간 내에 그 신청을 인용하는 적극적 처분을 하거나 각하 또는 기각하는 등의 소극적 처분을 하여야 할 법률상의 응답의무가 있다고 할 것이며, 행정청이 상대방의 신청에 대하여 아무런 적극적 또는 소극적 처분을 하지 않고 있는 이상 행정청의 부작위는 그 자체로 위법하다고 할 것이고, 구체적으로 그 신청이 인용될 수 있는지 여부는 소극적 처분에 대한 항고소송의 본안에서 판단하여야 할 사항이라고 할 것이다(대판 2005.4.14. 2003두7590).

⑫ 2급 내지 4급 공무원의 승진임용은 임용권자가 행정실적·능력·경력·전공분야·인품 및 적성 등을 고려하여 하되 인사위원회의 사전심의를 거치도록 하고 있는바, 4급 공무원이 당해 지방자치단체 인사위원회의 심의를 거쳐 3급 승진대상자로 결정되고 임용권자가 그 사실을 대내외에 공표까지 하였다면, 그 공무원은 승진임용에 관한 법률상 이익을 가진 자로서 임용권자에 대하여 3급 승진임용 신청을 할 조리상의 권리가 있다(대판 2008.4.10. 2007두18611).

⑬ 청구인에게는 특정한 공개방법을 지정하여 정보공개를 청구할 수 있는 법령상 신청권이 있다. 따라서 공공기관이 공개청구의 대상이 된 정보를 공개는 하되, 청구인이 신청한 공개방법 이외의 방법으로 공개하기로 하는 결정을 하였다면, 이는 정보공개청구 중 정보공개방법에 관한 부분에 대하여 일부 거부처분을 한 것이고, 청구인은 그에 대하여 항고소송으로 다툴 수 있다(대판 2016.11.10. 2016두44674).

⑭ 산업단지개발계획상 산업단지 안의 토지 소유자로서 산업단지개발계획에 적합한 시설을 설치하여 입주하려는 자는 산업단지지정권자 또는 그로부터 권한을 위임받은 기관에 대하여 산업단지개발계획의 변경을 요청할 수 있는 법규상 또는 조리상 신청권이 있고, 이러한 신청에 대한 거부행위는 항고소송의 대상이 되는 행정처분에 해당한다고 보아야 한다(대판 2017.8.29. 2016두44186).

⑮ 피해자의 의사와 무관하게 주민등록번호가 유출된 경우에는 조리상 주민등록번호의 변경을 요구할 신청권을 인정함이 타당하고, 구청장의 주민등록번호 변경신청 거부행위는 항고소송의 대상이 되는 행정처분에 해당한다고 한 사례. (대판 2017. 6. 15. 선고 2013두2945)

⑯ 산업단지개발계획상 산업단지 안의 토지 소유자로서 산업단지개발계획에 적합한 시설을 설치하여 입주하려는 자는 산업단지지정권자 또는 그로부터 권한을 위임받은 기관에 대하여 산업단지개발계획의 변경을 요청할 수 있는 법규상 또는 조리상 신청권이 있고, 이러한 신청에 대한 거부행위는 항고소송의 대상이 되는 행정처분에 해당한다고 보아야 한다.

3. 법규상·조리상 신청권이 없다고 본 경우
   ① 산림훼손허가를 얻은 자에게 법규상 또는 조리상 산림훼손용도변경신청권 부정 : 대판 1998.10. 13. 97누13764
   ② 계획변경청구에 대한 행정청의 거부처분 : 처분성 부정(대판 1999.8.24. 97누7004)
   ③ 전통사찰의 등록은 소관 부처의 장관이 사찰관계전문가의 의견을 들어 역사적 의의를 가진 전통사찰이라고 지정한 다음 그 사실을 당해 사찰의 주지에게 통지하여 그 주지로 하여금 등록신청을 하게 함으로써 이루어지는 것으로서 이와 같이 지정된 전통사찰에 대하여 그 등록의 말소를 신청할 법규상의 근거는 없고, 조리상으로도 그러한 신청권이 인정된다고 할 수 없으므로, 전통사찰의 등록말소신청을 거부한 행정청의 거부회신이 항고소송의 대상이 되는 거부처분에 해당하지 아니한다(대판 1999.9.3. 97누13641).
   ④ 제3자에 대한 건축허가와 준공검사의 취소 그리고 철거명령을 요구할 수 있는 법규상 또는 조리상 권리 부정 : 대판 1999.12.7. 97누17568
   ⑤ 도지사의 도지정문화재 지정처분으로 인하여 어느 개인이나 그 선조의 명예 내지 명예감정이 손상되었다고 하더라도, 그러한 명예 내지 명예감정은 위 지정처분의 근거 법규에 의하여 직접적·구체적으로 보호되는 이익이라고 할 수 없으므로 그 처분의 취소를 구할 법률상의 이익에 해당하지 아니한다(대판 2001.9.28. 99두8565).
   ⑥ 국·공립 대학교원 임용지원자는 임용권자에게 임용 여부에 대한 응답을 신청할 법규상 또는 조리상 권리가 없다(대판 2003.10.23. 2002두12489).
   ⑦ 교사에 대한 임용권자가 교육공무원법 제12조에 따라 임용지원자를 특별채용하는 경우, 임용지원자가 임용권자에게 자신의 임용을 요구할 법규상 또는 조리상 권리가 없다고 한 사례(대판 2005.4.15. 2004두11626)
   ⑧ 제소기간이 이미 도과하여 불가쟁력이 생긴 행정처분에 대하여는 개별 법규에서 그 변경을 요구할 신청권을 규정하고 있거나 관계 법령의 해석상 그러한 신청권이 인정될 수 있는 등 특별한 사정이 없는 한 국민에게 그 행정처분의 변경을 구할 신청권이 있다 할 수 없다(대판 2007. 4.26. 2005두11104).
   ⑨ 중요무형문화재 보유자의 추가인정에 관한 구 문화재보호법(2014. 1. 28. 법률 제12352호로 개정되기 전의 것, 이하 같다) 제24조 제1항, 제2항, 제3항, 제5항, 구 문화재보호법 시행령(2014. 12. 23. 대통령령 제25873호로 개정되기 전의 것, 이하 같다) 제12조 제1항 제1호, 제2항, 제3항 등의 내용에 의하면, 중요무형문화재 보유자의 추가인정 여부는 문화재청장의 재량에 속하고, 특정 개인이 자신을 보유자로 인정해 달라고 신청할 수 있다는 근거 규정을 별도로 두고 있지 아니하므로 법규상으로 개인에게 신청권이 있다고 할 수 없다. (대판 2015.12.10. 2013두20585).
   ⑩ 구 국세기본법(2015. 12. 15. 법률 제13552호로 개정되기 전의 것) 제45조의2 제2항은 '국세의 과세표준 및 세액의 결정을 받은 자는 각호의 어느 하나에 해당하는 사유가 발생하였을 때에는 그 사유가 발생한 것을 안 날부터 2개월 이내에 경정을 청구할 수 있다'고 규정하고 있는바, 경정청구기간이 도과한 후에 제기된 경정청구는 부적법하여 과세관청이 과세표준 및 세액을 결정 또는 경정하거나 거부처분을 할 의무가 없으므로, 과세관청이 경정을 거절하였다고 하더라도 이를 항고소송의 대상이 되는 거부처분으로 볼 수 없다.(대판 2017. 8. 23. 선고 2017두38812)

(ㅂ) 재결
① 원칙 : 원처분주의

원처분		항고소송은 원처분주의를 대상으로 한다.
재결자체의 고유한 위법		재결자체의 고유한 위법이 있을 경우 재결도 항고소송의 대상이 된다. 재결자체의 고유한 위법이란 원처분에는 없고 재결에만 있는 흠을 말한다. 즉, 재결의 주체·형식·절차·내용의 하자가 있거나, 재결에 의하여 제3자의 권리가 침해되는 경우이다.
	주체	정당한 권한이 없는 행정심판위원회가 재결을 한 경우나, 구성에 위법이 있는 경우
	내용	내용상의 하자도 재결자체의 고유한 위법에 포함된다.
	절차	심리절차를 준수하지 않고 재결한 경우나 심리를 거치지 않고 일방적으로 재결을 한 경우
	형식	문서형식으로 이루어지지 않은 경우

② 예외적 재결주의

개별법상 재결주의
① 감사원의 변상판정 : 재심판정에 대하여 행정소송을 제기
② 중앙노동위원회의 재심판정
③ 특허심판원의 심결
④ 해양사고심판재결의 소 : 원처분인 지방해양안전심판원의 처분이 아니라 중앙심판원의 재결에 대하여 중앙심판원장을 피고로 하여 소송제기

관련판례 | 사례

1. 원처분주의와 재결주의
    ① 감사원의 변상판정처분에 대하여서는 행정소송을 제기할 수 없고, 재결에 해당하는 재심의 판정에 대하여서만 감사원을 피고로 하여 행정소송을 제기할 수 있다(대판 1984.4.10. 84누91).
    ② 중재회부결정의 성격과 불복 : 대판 1995.9.15. 95누6724
        노동위원회법 제19조의2 제1항의 규정은 행정처분의 성질을 가지는 지방노동위원회의 처분에 대하여 중앙노동위원장을 상대로 행정소송을 제기할 경우의 전치요건에 관한 규정이라 할 것이므로 <u>당사자가 지방노동위원회의 처분에 대하여 불복하기 위하여는 처분 송달일로부터 10일 이내에 중앙노동위원회에 재심을 신청하고 중앙노동위원회의 재심판정서 송달일로부터 15일 이내에 중앙노동위원장을 피고로 하여 재심판정취소의 소를 제기하여야</u> 할 것이다.
2. 기타 재결에 관련된 사례
    ① 토지보상법상 수용재결에 관련된 판례

    > ㉠ <u>수용재결에 불복하여 취소소송을 제기하는 때에는 이의신청을 거친 경우에도 수용재결을 한 중앙토지수용위원회 또는 지방토지수용위원회를 피고로 하여 수용재결의 취소를 구하여야 하고, 다만 이의신청에 대한 재결 자체에 고유한 위법이 있음을 이유로 하는 경우에는 그 이의재결을 한 중앙토지수용위원회를 피고로 하여 이의재결의 취소를 구할 수 있다고 보아야</u> 한다(대판 2010.1.28. 2008두1504).

② 일부인용재결의 경우 : 원처분주의에 의해 일부 인용되고 남은 원처분이 소송의 대상이 된다.

> 항고소송은 원칙적으로 당해 처분을 대상으로 하나, 당해 처분에 대한 재결 자체에 고유한 주체, 절차, 형식 또는 내용상의 위법이 있는 경우에 한하여 그 재결을 대상으로 할 수 있다고 해석되므로, 징계혐의자에 대한 감봉 1월의 징계처분을 견책으로 변경한 소청결정 중 그를 견책에 처한 조치는 재량권의 남용 또는 일탈로서 위법하다는 사유는 소청결정 자체에 고유한 위법을 주장하는 것으로 볼 수 없어 소청결정의 취소사유가 될 수 없다(대판 1993.8.24. 93누5673).

③ 행정심판의 요건과 관련된 판례정리
  ㉠ 행정심판 제기요건을 갖추지 아니하여 각하를 하여야 함에도 불구하고 인용재결을 한 경우 : 재결 자체의 고유한 위법 인정
  ㉡ 행정소송법 제19조에 의하면 행정심판에 대한 재결에 대하여도 그 재결 자체에 고유한 위법이 있음을 이유로 하는 경우에는 항고소송을 제기하여 그 취소를 구할 수 있고, 여기에서 말하는 '재결 자체에 고유한 위법'이란 그 재결자체에 주체, 절차, 형식 또는 내용상의 위법이 있는 경우를 의미하는데, 행정심판청구가 부적법하지 않음에도 각하한 재결은 심판청구인의 실체심리를 받을 권리를 박탈한 것으로서 원처분에 없는 고유한 하자가 있는 경우에 해당하고, 따라서 위 재결은 취소소송의 대상이 된다(대판 2001.7.27. 99두2970).

④ 제3자효 행정행위에 대한 행정심판청구에 있어서 인용재결이 난 경우

> 이른바 복효적 행정행위, 특히 제3자효를 수반하는 행정행위에 대한 행정심판청구에 있어서 그 청구를 인용하는 내용의 재결로 인하여 비로소 권리이익을 침해받게 되는 자는 그 인용재결에 대하여 다툴 필요가 있고, 그 인용재결은 원처분과 내용을 달리하는 것이므로 그 인용재결의 취소를 구하는 것은 원처분에는 없는 재결에 고유한 하자를 주장하는 셈이어서 당연히 항고소송의 대상이 된다(대판 2001.5.29. 99두10292).

⑤ 행정심판의 재결에 이유모순의 위법이 있는 경우

> 행정처분에 대한 행정심판의 재결에 이유모순의 위법이 있다는 사유는 재결처분 자체에 고유한 하자로서 재결처분의 취소를 구하는 소송에서는 그 위법사유로서 주장할 수 있으나, 원처분의 취소를 구하는 소송에서는 그 취소를 구할 위법사유로서 주장할 수 없다(대판 1996.2.13. 93누8027).

⑥ 재결취소소송에서 재결 자체의 고유한 위법이 없는 경우 법원의 입장
  → 기각으로 종결해야 한다는 입장과 각하해야 한다는 입장의 대립
  → 판례 : 기각설을 취하고 있다.

> 행정소송법 제19조는 취소소송은 행정청의 원처분을 대상으로 하되(원처분주의), 다만 "재결 자체에 고유한 위법이 있음을 이유로 하는 경우"에 한하여 행정심판의 재결도 취소소송의 대상으로 삼을 수 있도록 규정하고 있으므로 재결취소소송의 경우 재결 자체에 고유한 위법이 있는지 여부를 심리할 것이고, 재결 자체에 고유한 위법이 없는 경우에는 원처분의 당부와는 상관없이 당해 재결취소소송은 이를 기각하여야 한다(대판 1994.1.25. 93누16901).

⑦ 교원의 징계처분

사립학교 교원의 경우

㉠ 대판 1993.2.12. 92누13707 [해임처분취소등]
가. 사립학교 교원은 학교법인 또는 사립학교 경영자에 의하여 임면되는 것으로서 사립학교 교원과 학교법인의 관계를 공법상의 권력관계라고는 볼 수 없으므로 사립학교 교원에 대한 학교법인의 해임처분을 취소소송의 대상이 되는 행정청의 처분으로 볼 수 없고, 따라서 학교법인을 상대로 한 불복은 행정소송에 의할 수 없고 민사소송절차에 의할 것이다.
나. 사립학교 교원에 대한 해임처분에 대한 구제방법으로 학교법인을 상대로 한 민사소송 이외 교원지위향상을위한특별법 제7 내지 10조에 따라 교육부 내에 설치된 교원징계재심위원회에 재심청구를 하고 교원징계재심위원회의 결정에 불복하여 행정소송을 제기하는 방법도 있으나, 이 경우에도 행정소송의 대상이 되는 행정처분은 교원징계재심위원회의 결정이지 학교법인의 해임처분이 행정처분으로 의제되는 것이 아니며 또한 교원징계재심위원회의 결정을 이에 대한 행정심판으로서의 재결에 해당되는 것으로 볼 수는 없다.

㉡ 각급 학교 교원(사립학교 교원 포함)의 징계처분 그 밖에 그 의사에 반하는 불리한 처분의 재심신청에 대한 교육인적자원부의 교원징계재심위원회의 재심결정에 대해서 교원은 항고소송을 제기할 수 있도록 하고, 사립학교법인은 재심에 대해 불복할 수 없도록 한 구 교원지위향상을 위한 특별법 제10조 제3항은 위헌이다(헌재결 2006.2.23. 2005헌가7).

국공립학교 교원

국·공립학교 교원에 대한 징계처분의 경우에는 원 징계처분 자체가 행정처분이므로 그에 대하여 위원회에 소청심사를 청구하고 위원회의 결정이 있은 후 그에 불복하는 행정소송이 제기되더라도 그 심판대상은 교육감 등에 의한 원 징계처분이 되는 것이 원칙이다. 다만, 위원회의 심사절차에 위법사유가 있다는 등 고유의 위법이 있는 경우에 한하여 위원회의 결정이 소송에서의 심판대상이 된다. 따라서 그 행정소송의 피고도 위와 같은 예외적 경우가 아닌 한 원처분을 한 처분청이 되는 것이지 위원회가 되는 것이 아니다. 또한 법원에서도 위원회 결정의 당부가 아니라 원처분의 위법 여부가 판단대상이 되는 것이므로 위원회 결정의 결론과 상관없이 원처분에 적법한 처분사유가 있는지, 그 징계양정이 적정한지가 판단대상이 되고(다만, 위원회에서 원처분의 징계양정을 변경한 경우에는 그 내용에 따라 원처분이 변경된 것으로 간주되어 그 변경된 처분이 심판대상이 된다), 거기에 위법사유가 있다고 인정되면 위원회의 결정이 아니라 원 징계처분을 취소하게 되고, 그에 따라 후속절차도 원 징계처분을 한 처분청이 판결의 기속력에 따라 징계를 하지 않거나 재징계를 하게 되는 구조로 운영된다. 반면, 사립학교 교원에 대한 징계처분의 경우에는 학교법인 등의 징계처분은 행정처분성이 없는 것이고 그에 대한 소청심사청구에 따라 위원회가 한 결정이 행정처분이고 교원이나 학교법인 등은 그 결정에 대하여 행정소송으로 다투는 구조가 되므로, 행정소송에서의 심판대상은 학교법인 등의 원 징계처분이 아니라 위원회의 결정이 되고, 따라서 피고도 행정청인 위원회가 되는 것이며, 법원이 위원회의 결정을 취소한 판결이 확정된다고 하더라도 위원회가 다시 그 소청심사청구사건을 재심사하게 될 뿐 학교법인 등이 곧바로 위 판결의 취지에 따라 재징계 등을 하여야 할 의무를 부담하는 것은 아니다(대판 2013.7.25. 2012두12297).

(사) 경정처분

구분	당초처분	항고소송의 대상
증액경정처분	소멸	증액경정처분
감액경정처분	감액되어 존속	경정처분으로 인하여 감액되어 남아 있는 당초의 처분

관련판례

① 과세관청이 조세부과처분을 한 뒤에 그 불복절차과정에서 국세청장이나 국세심판소장으로부터 그 일부를 취소하도록 하는 결정을 받고 이에 따라 당초 부과처분의 일부를 취소, 감액하는 내용의 경정결정을 한 경우 위 경정처분은 당초 부과처분과 별개 독립의 과세처분이 아니라 그 실질은 당초 부과처분의 변경이고, 그에 의하여 세액의 일부 취소라는 납세자에게 유리한 효과를 가져오는 처분이라 할 것이므로 그 경정결정으로도 아직 취소되지 않고 남아 있는 부분이 위법하다고 하여 다투는 경우에는 항고소송의 대상이 되는 것은 당초의 부과처분 중 경정결정에 의하여 취소되지 않고 남은 부분이 된다 할 것이고, 경정결정이 항고소송의 대상이 되는 것은 아니라 할 것이므로, 이 경우 제소기간을 준수하였는지 여부도 당초처분을 기준으로 하여 판단하여야 할 것이다(대판 1991.9.13. 91누391).

② 과징금 부과처분에서 행정청이 납부의무자에 대하여 부과처분을 한 후 그 부과처분의 하자를 이유로 과징금의 액수를 감액하는 경우에 그 감액처분은 감액된 과징금 부분에 관하여만 법적 효과가 미치는 것으로서 처음의 부과처분과 별개 독립의 과징금 부과처분이 아니라 그 실질은 당초 부과처분의 변경이고, 그에 의하여 과징금의 일부취소라는 납부의무자에게 유리한 결과를 가져오는 처분이므로 처음의 부과처분이 전부 실효되는 것은 아니며, 그 감액처분으로도 아직 취소되지 않고 남아 있는 부분이 위법하다고 하여 다투는 경우 항고소송의 대상은 처음의 부과처분 중 감액처분에 의하여 취소되지 않고 남은 부분이고 감액처분이 항고소송의 대상이 되는 것은 아니다(대판 2008.2.15. 2006두3957).

③ 증액경정처분이 있는 경우 당초 신고나 결정은 증액경정처분에 흡수됨으로써 독립한 존재가치를 잃게 되어 원칙적으로는 당초 신고나 결정에 대한 불복기간의 경과 여부 등에 관계없이 증액경정처분만이 항고소송의 심판대상이 되고, 납세자는 그 항고소송에서 당초 신고나 결정에 대한 위법사유도 함께 주장할 수 있으나(대판 2009.5.14. 2006두17390 판결 참조), 확정된 당초 신고나 결정에서의 세액에 관하여는 취소를 구할 수 없고 증액경정처분에 의하여 증액된 세액을 한도로 취소를 구할 수 있다 할 것이다(대판 2011.4.14. 2008두22280).

④ 행정청이 식품위생법령에 따라 영업자에게 행정제재처분을 한 후 그 처분을 영업자에게 유리하게 변경하는 처분을 한 경우, 변경처분에 의하여 당초 처분은 소멸하는 것이 아니고 당초부터 유리하게 변경된 내용의 처분으로 존재하는 것이므로, 변경처분에 의하여 유리하게 변경된 내용의 행정제재가 위법하다 하여 그 취소를 구하는 경우 그 취소소송의 대상은 변경된 내용의 당초 처분이지 변경처분은 아니고, 제소기간의 준수 여부도 변경처분이 아닌 변경된 내용의 당초 처분을 기준으로 판단하여야 한다(대판 2007.4.27. 2004두9302).

⑤ 과징금 부과처분에서 행정청이 납부의무자에 대하여 부과처분을 한 후 부과처분의 하자를 이유로 과징금의 액수를 감액하는 경우에 감액처분은 감액된 과징금 부분에 관하여만 법적 효과가 미치는 것으로서 당초 부과처분과 별개 독립의 과징금 부과처분이 아니라 실질은 당초 부과처분의 변경이고, 그에 의하여 과징금의 일부취소라는 납부의무자에게 유리한 결과를 가져오는 처분이므로 당초 부과처분이 전부 실효되는 것은 아니다. 따라서 감액처분에 의하여 감액된 부분에 대한 부과처분 취소청구는 이미 소멸하고 없는 부분에 대한 것으로서 소의 이익이 없어 부적법하다(대판 2017.1.12. 2015두2352).

(아) 기존처분을 변경하는 경우

> **관련판례**
>
> 기존의 행정처분을 변경하는 내용의 행정처분이 뒤따르는 경우, 후속처분이 종전처분을 완전히 대체하는 것이거나 주요 부분을 실질적으로 변경하는 내용인 경우에는 특별한 사정이 없는 한 종전처분은 효력을 상실하고 후속처분만이 항고소송의 대상이 되지만, 후속처분의 내용이 종전처분의 유효를 전제로 내용 중 일부만을 추가·철회·변경하는 것이고 추가·철회·변경된 부분이 내용과 성질상 나머지 부분과 불가분적인 것이 아닌 경우에는, 후속처분에도 불구하고 종전처분이 여전히 항고소송의 대상이 된다. 따라서 종전처분을 변경하는 내용의 후속처분이 있는 경우 법원으로서는, 후속처분의 내용이 종전처분 전체를 대체하거나 주요 부분을 실질적으로 변경하는 것인지, 후속처분에서 추가·철회·변경된 부분의 내용과 성질상 나머지 부분과 가분적인지 등을 살펴 항고소송의 대상이 되는 행정처분을 확정하여야 한다(대판 2015.11.19. 2015두295 전원합의체).

(자) 별도의 불복수단이 있는 경우 : 처분성 부정

> **관련판례**
>
> 1. 검사의 불기소결정과 형사소송법상 처분결과 통지(대판 2018. 9. 28. 선고 2017두47465)
>   ① 검사의 불기소결정에 대해서는 검찰청법에 의한 항고와 재항고, 형사소송법에 의한 재정신청에 의해서만 불복할 수 있는 것이므로, 이에 대해서는 행정소송법상 항고소송을 제기할 수 없다.
>   ② 형사소송법 제258조 제1항의 처분결과 통지는 불기소결정에 대한 항고기간의 기산점이 되며, 형사소송법 제259조의 공소불제기이유고지 제도는 고소인 등으로 하여금 항고 등으로 불복할지 여부를 결정하는 데 도움을 주도록 하기 위한 것이므로, 이러한 통지 내지 고지는 불기소결정이라는 검사의 처분이 있은 후 그에 대한 불복과 관련한 절차일 뿐 별도의 독립한 처분이 된다고는 볼 수 없다.

6. 제소기간

(1) 제소기간의 준수여부 : 직권조사사항

> 제소기간이 지켜졌는가의 여부는 소송요건으로서 법원의 직권조사사항에 속하며 소송요건의 존부를 명백히 한 다음 본안판결을 하여야 할 것이므로 본안의 심리에 들어갔다 하여 소송요건의 흠결을 덮어둘 수는 없다.(대판 1987.01.20. 선고 86누490)

(2) 행정심판을 거치지 않은 경우

(가) 처분이 있음을 안 날

> ㉠ 안 날이란 처분이 있었다는 사실을 현실적으로 안 날을 의미하고 처분의 위법여부를 판단한 날이 아니다.
> ㉡ 행정청이 식품위생법령에 따라 영업자에게 행정제재처분을 한 후 당초처분을 영업자에게 유리하게 변경하는 처분을 한 경우, 취소소송의 대상 및 제소기간 판단기준이 되는 처분은 당초처분이다(대판 2007. 4.27. 2004두9302).

ⓒ 처분 당시에는 취소소송의 제기가 법제상 허용되지 않아 소송을 제기할 수 없다가 위헌결정으로 인하여 비로소 취소소송을 제기할 수 있게 된 경우 위헌결정이 있은 날 또는 위헌결정이 있음을 안 날이 제소기간의 기산점이다(대판 2008.2.1, 2007두20997).

ⓔ 특정인에 대한 행정처분을 주소불명등의 이유로 송달할 수 없어 관보등에 공고한 경우, 상대방이 그 처분이 있음을 안 날은 현실적으로 안 날이다(대판 2006. 4.28, 2005두14851).

ⓕ 고시 또는 공고에 의하여 행정처분을 하는 경우, 그에 대한 취소소송은 제소기간 기산일은 고시 또는 공고의 효력발생일이다(대판 2007. 6.14, 2004두619).

ⓖ 위헌결정을 선고받은 법률조항의 합헌성을 신뢰했다는 사정은 정당한 사유가 아니다(대판 2005.1.13, 2004두9951).

ⓗ 처분의 당사자가 아닌 제3자로인 원고로서는 그 처분이 있었는지를 쉽사리 알 수 없었으므로 제소 이후 처분청이 본인가처분을 하였음을 자인하는 내용의 답변서를 수령한 때에 이르러 비로소 그 처분이 있었음을 알았다고 봄이 상당하다.

ⓘ 재결청의 재조사결정에 따라 처분청이 감액경정처분이나 당초 처분을 유지하는등의 후속처분을 한 경우 불복청구기간의 기산점은 납세자가 재결청으로부터 재조사결정의 통지를 받은 날이 아니라 후속처분의 통지를 받은 날이다(대판 2010.6.25, 2007두12514).

⑷ 처분이 있음을 알지 못한 경우

ⓐ 상대방이 있는 행정처분의 경우 제소기간의 기산점인 '처분이 있은 날'은 처분이 고지되어 효력이 발생한 날을 의미한다.

ⓑ 1년에 대한 예외로서 '정당한 사유'의 의미와 판단기준 : 그 존부는 사안에 따라 개별적 구체적으로 판단하여야 하나 민사소송법 제160조의 '당사자가 그 책임을 질 수 없는 사유'나 행정심판법상의 '천재, 지변, 전쟁, 사변 그 밖에 불가항력적 사유'보다는 넓은 개념으로 풀이되므로, 제소기간 도과의 원인 등 여러 사정을 종합하여 지연된 제소를 허용하는 것이 사회통념상 상당하다고 할 수 있는가에 의하여 판단하여야 한다.

ⓒ 당사자가 책임질 수 없는 사유란 당사자가 그 소송행위를 하기 위하여 일반적으로 하여야 할 주의를 다하였음에도 불구하고, 그 기간을 준수할 수 없었던 사유를 말한다고 할 것이다(대판 2008.6.12, 2007두16875).

(3) 행정심판을 거친 경우

⑴ 정본을 송달받은 경우 : 재결서의 정본을 송달받을 날부터 90일

⑵ 정본을 송달받지 못한 경우 : 재결이 있는 날부터 1년(정당한 사유의 예외○)

> 처분이 있음을 안 날부터 90일 이내에 행정심판을 청구하지도 않고 취소소송을 제기하지도 않은 경우에는 그 후 제기된 취소소송은 제소기간을 경과한 것으로서 부적법하고, 처분이 있음을 안 날부터 90일을 넘겨 청구한 부적법한 행정심판청구에 대한 재결이 있은 후 재결서를 송달받은 날부터 90일 이내에 원래의 처분에 대하여 취소소송을 제기하였다고 하여 취소소송이 다시 제소기간을 준수한 것으로 되는 것은 아니다.(대판 2011.11.24. 선고 2011두18786)

(다) **행정청이 행정심판청구를 할 수 있다고 잘못 알려 행정심판청구를 한 경우** : 재결서정본송달일

> ① 행정청이 행정심판청구를 할 수 있다고 잘못 알려 행정심판의 청구를 한 경우에는 그 제소기간은 행정심판 재결서의 정본을 송달받은 날부터 기산하여야 한다.(대판 2006.09.08. 선고 2004두947)
> ② 이미 제소기간이 지남으로써 불가쟁력이 발생하여 불복청구를 할 수 없었던 경우라면 그 이후에 행정청이 행정심판청구를 할 수 있다고 잘못 알렸다고 하더라도 그 때문에 처분 상대방이 적법한 제소기간 내에 취소소송을 제기할 수 있는 기회를 상실하게 된 것은 아니므로 이러한 경우에 잘못된 안내에 따라 청구된 행정심판 재결서 정본을 송달받은 날부터 다시 취소소송의 제소기간이 기산되는 것은 아니다. (대판 2012.09.27. 선고 2011두27247)

(4) 기타 제소기간

(가) **무효등 확인소송** : 제소기간 제한이 없다. 그러나 무효선언을 구하는 취소소송은 기간제한 ○

> 행정처분의 당연무효를 선언하는 의미에서 그 취소를 구하는 행정소송을 제기하는 경우에는 전치절차와 그 제소기간의 준수 등 취소소송의 제소요건을 갖추어야 한다.(대판 1987.06.09. 선고 87누219)

(나) **부작위위법확인소송**

> 부작위위법확인의 소는 부작위상태가 계속되는 한 그 위법의 확인을 구할 이익이 있다고 보아야 하므로 원칙적으로 제소기간의 제한을 받지 않는다. 그러나 행정소송법 제38조 제2항이 제소기간을 규정한 같은 법 제20조를 부작위위법확인소송에 준용하고 있는 점에 비추어 보면, 행정심판 등 전심절차를 거친 경우에는 행정소송법 제20조가 정한 제소기간 내에 부작위위법확인의 소를 제기하여야 한다.(대판 2009.07.23. 선고 2008두10560)

㈐ 소의 변경이 있는 경우
  ㉠ 소의 종류의 변경 : 새로운 소에 대한 제소기간의 준수는 변경된 처음의 소가 제기된 때

  > 취소소송을 제기하였다가 나중에 당사자 소송으로 변경하는 경우에는 행정소송법 제21조 제4항, 제14조 제4항에 따라 처음부터 당사자 소송을 제기한 것으로 보아야 하므로 당초의 취소소송이 적법한 기간 내에 제기된 경우에는 당사자소송의 제소기간을 준수한 것으로 보아야 할 것이다.(대판 1992.12.24. 선고 92누3335)

  ㉡ 청구취지를 교환적으로 변경하여 종전의 소가 취하되고 새로운 소가 제기된 경우 : 새로운 소에 대한 제소기간 준수 여부는 원칙적으로 소의 변경이 있을 때 기준

  > 취소소송은 처분 등이 있음을 안 날부터 90일 이내에 제기하여야 하고, 처분 등이 있은 날부터 1년을 경과하면 제기하지 못하며(행정소송법 제20조 제1항, 제2항), 청구취지를 변경하여 구 소가 취하되고 새로운 소가 제기된 것으로 변경되었을 때에 새로운 소에 대한 제소기간의 준수 등은 원칙적으로 소의 변경이 있은 때를 기준으로 하여야 한다.(대판 2004.11.25. 선고 2004두7023)

㈑ 추가적 병합

  > 보충역편입처분취소처분의 효력을 다투는 소에 공익근무요원복무중단처분, 현역병입영대상편입처분 및 현역병입영통지처분의 취소를 구하는 청구를 추가적으로 병합한 경우, 공익근무요원복무중단처분, 현역병입영대상편입처분 및 현역병입영통지처분의 취소를 구하는 소의 소제기 기간의 준수 여부는 각 그 청구취지의 추가·변경신청이 있은 때를 기준으로 개별적으로 판단. 대판2004.12.10. 선고 2003두12257)

㈒ 기타판례

  > ① 납세자가 임의적으로 이의신청만을 거친 채 취소소송을 제기할 경우에는 행정소송법 제20조 제1항 본문 및 단서에 따라 그 제소기간은 이의신청에 대한 결정의 정본을 송달받은 날부터 기산하여 90일 이내라고 보아야 한다.(대판 2001.09.18. 선고 2000두2662)
  > ② 재조사결정은 처분청의 후속 처분에 의하여 그 내용이 보완됨으로써 이의신청 등에 대한 결정으로서의 효력이 발생한다고 할 것이므로, 재조사결정에 따른 심사청구기간이나 심판청구기간 또는 행정소송의 제소기간은 이의신청인 등이 후속 처분의 통지를 받은 날부터 기산된다고 봄이 타당하다.(대판 2010.06.25. 선고 2007두12514 전원합의체)

(5) 제소기간 관련판례

① 대판 2018.11.15. 2016두48737

판례 핵심정리
1. 청구취지를 추가하는 경우, 청구취지가 추가된 때에 새로운 소를 제기한 것으로 보므로, 추가된 청구취지에 대한 제소기간 준수 등은 원칙적으로 청구취지의 추가·변경 신청이 있는 때를 기준으로 판단하여야 한다. 2. 선행 처분의 취소를 구하는 소를 제기하였다가 후행 처분의 취소를 구하는 청구취지를 추가하였으나 선행 처분이 잠정적 처분으로서 후행 처분에 흡수되어 소멸되는 관계에 있고, 선행 처분의 취소를 구하는 소에 후행 처분의 취소를 구하는 취지도 포함되어 있는 경우, 후행 처분의 취소를 구하는 소의 제소기간 준수 여부를 판단하는 기준시점은 선행 처분의 취소를 구하는 최초의 소가 제기된 때이다.

② 대판 2019.4.3. 2017두52764

행정소송법 제20조 제1항에 따르면, 취소소송은 처분 등이 있음을 안 날부터 90일 이내에 제기하여야 하는데, 행정심판청구를 할 수 있는 경우에 행정심판청구가 있은 때의 기간은 재결서 정본을 송달받은 날부터 기산한다. 이처럼 취소소송의 제소기간을 제한함으로써 처분 등을 둘러싼 법률관계의 안정과 신속한 확정을 도모하려는 입법 취지에 비추어 볼 때, 여기서 말하는 **'행정심판'은 행정심판법에 따른 일반행정심판과 이에 대한 특례로서 다른 법률에서 사안의 전문성과 특수성을 살리기 위하여 특히 필요하여 일반행정심판을 갈음하는 특별한 행정불복절차를 정한 경우의 특별행정심판(행정심판법 제4조)을 뜻한다.**

③ 대판 2019. 7. 4. 선고 2018두58431 판결[국가연구개발사업참여제한처분등취소]

행정소송법상 취소소송은 처분 등이 있음을 안 날부터 90일 이내에 제기하여야 하고, 처분 등이 있은 날부터 1년을 경과하면 제기하지 못한다(행정소송법 제20조 제1항, 제2항). 그리고 **청구취지를 변경하여 구 소가 취하되고 새로운 소가 제기된 것으로 변경되었을 때에 새로운 소에 대한 제소기간의 준수 등은 원칙적으로 소의 변경이 있은 때를 기준으로 하여야** 한다.

그러나 **선행 처분에 대하여 제소기간 내에 취소소송이 적법하게 제기되어 계속 중에 행정청이 선행 처분서 문언에 일부 오기가 있어 이를 정정할 수 있음에도 선행 처분을 직권으로 취소하고 실질적으로 동일한 내용의 후행 처분을 함으로써 선행 처분과 후행 처분 사이에 밀접한 관련성이 있고 선행 처분에 존재한다고 주장되는 위법사유가 후행 처분에도 마찬가지로 존재할 수 있는 관계인 경우에는 후행 처분의 취소를 구하는 소변경의 제소기간 준수 여부는 따로 따질 필요가 없다.**

> **판례 핵심정리**
> 1. 청구취지를 변경하여 구 소가 취하되고 새로운 소가 제기된 것으로 변경되었을 때에 새로운 소에 대한 제소기간의 준수 등은 원칙적으로 소의 변경이 있은 때를 기준으로 하여야 한다.
> 2. 선행 처분에 대하여 제소기간 내에 취소소송이 적법하게 제기되어 계속 중에 행정청이 선행 처분서 문언에 일부 오기가 있어 이를 정정할 수 있음에도 선행 처분을 직권으로 취소하고 실질적으로 동일한 내용의 후행 처분을 함으로써 선행 처분과 후행 처분 사이에 밀접한 관련성이 있고 선행 처분에 존재한다고 주장되는 위법사유가 후행 처분에도 마찬가지로 존재할 수 있는 관계인 경우에는 후행 처분의 취소를 구하는 소변경의 제소기간 준수 여부는 따로 따질 필요가 없다.

④ 대판 2019. 8. 9. 선고 2019두38656 판결[장해등급결정처분취소]

> **판례 핵심정리**
> 1. 상대방 있는 행정처분은 특별한 규정이 없는 한 의사표시에 관한 일반법리에 따라 상대방에게 고지되어야 효력이 발생하고, 상대방 있는 행정처분이 상대방에게 고지되지 아니한 경우에는 상대방이 다른 경로를 통해 행정처분의 내용을 알게 되었다고 하더라도 행정처분의 효력이 발생한다고 볼 수 없다.
> 2. 취소소송의 제소기간 기산점으로 행정소송법 제20조 제1항이 정한 '처분 등이 있음을 안 날'은 유효한 행정처분이 있음을 안 날을, 같은 조 제2항이 정한 '처분 등이 있은 날'은 그 행정처분의 효력이 발생한 날을 각 의미한다. 이러한 법리는 행정심판의 청구기간에 관해서도 마찬가지로 적용된다.
> 3. 구 공무원연금법상 공무원연금급여 재심위원회에 대한 심사청구 제도는 사안의 전문성과 특수성을 살리기 위하여 특히 필요하여 행정심판법에 따른 일반행정심판을 갈음하는 특별한 행정불복절차(행정심판법 제4조 제1항), 즉 특별행정심판에 해당한다.

7. 행정심판전치주의

(1) 현행 행정심판법의 입장

① 원칙 : 임의절차
② 예외 : 전치주의

> **교원징계 대한 재심청구를 필수적으로 규정한 국가공무원법 제16조 제2항의 위헌여부 : 합헌**
> 재심청구는 불복절차로 행정소송을 제기할 수 있으므로 재판의 전심절차로서의 한계를 준수하고 있고, 판단기관인 재심위원회의 구성과 운영에 있어서 심사·결정의 독립성과 공정성을 객관적으로 신뢰할 수 있으며, 심리절차에 사법절차를 준용하고 있으므로, 헌법 제107조 제3항에 위반된다고 할 수 없다.(헌재결 2007.1.17. 2005헌바86)

(2) 전치요건의 조사와 충족시기

① 충족시기 : 사실심변론종결시

> 전심절차를 밟지 아니한 채 증여세부과처분취소소송을 제기하였다면 제소당시로 보면 전치요건을 구비하지 못한 위법이 있다 할 것이지만, **소송계속중 심사청구 및 심판청구를 하여 각 기각결정을 받았다면 원심변론종결일 당시에는 위와 같은 전치요건흠결의 하자는 치유**되었다고 볼 것이다.(대판 1987.04.28. 선고 86누29)

② 전치요건의 조사 : 직권조사사항

> **행정소송에 있어 전심절차를 거친 여부는 소송요건으로서 직권조사사항에 속하므로**, 원고가 스스로 처분을 고지받은 날을 진술한 바 있고 또 원고가 스스로 작성하여 제출한 심사청구서 등에도 같은 취지로 기재되어 있다 하더라도, 그러한 사정만으로 원고가 처분의 통지를 받은 날이 진술한 날과 같다고 단정할 수는 없음에도 불구하고 더 이상의 조사 없이 위와 같이 인정한 것은 심리를 다하지 아니한 위법이 있다고 볼 수밖에 없다.(대판1995.12.26. 선고 95누14220)

(3) 행정심판전치주의가 적용되는 범위

① 취소소송 + 부작위위법확인소송 : 전치 적용
② 무효확인소송 + 당사자소송 : 적용×
③ 무효선언을 구하는 의미의 취소소송 : 적용
④ 2단계 이상의 행정심판절차가 규정된 경우 : 그 중 하나만~
⑤ 제3자에 의한 제소 : 적용○

(4) 요건

(가) 심판청구의 적법성

> ① 행정처분의 취소를 구하는 항고소송의 전심절차인 **행정심판청구가 기간도과로 인하여 부적법한 경우에는 행정소송 역시 전치의 요건을 충족치 못한 것이 되어 부적법 각하를 면치 못하는 것**이고, 이 점은 **행정청이 행정심판의 제기기간을 도과한 부적법한 심판에 대하여 그 부적법을 간과한 채 실질적 재결을 하였다 하더라도 달라지는 것이 아니다**.(대판 1991.06.25. 선고 90누8091)
> ② 당사자가 과세처분에 대한 심사청구를 함에 있어서 구체적인 부당사유를 일일이 열거하지 아니하고 국세청장의 보정요구에도 응하지 아니하여 심사청구가 각하되고, 같은 이유로 심판청구가 각하되었다고 하더라도 그 과세처분에 대하여 전부 불복임을 표시하였고 처분청이 심사청구에 대한 의견서로서 구체적 처분사유를 기재함으로써 국세청장이 불복사유를 알 수 있었으며, 또한 그후 심판청구를 하면서 이를 제대로 보정하였다면 그 하자는 치유되는 것으로 봄이 타당하므로 위 과세처분에 대한 적법한 전심절차를 거친 것으로 볼 수 있다.(대판 1990.10.12. 선고 90누2383)

(나) 인적 관련성

> 소원전치주의는 행정행위의 특수성, 전문성에 비추어 처분행정청으로 하여금 위법한 행정행위에 대하여 그 스스로 재고, 시정의 기회를 부여함에 그 뜻이 있는 제도이므로 동일한 행정처분에 의하여 공동의 법률적 이해관계를 갖는 공동권리자의 1인이 이미 적법한 소원을 제기하여 처분행정청으로 하여금 그 잘못을 재고, 시정할 기회를 부여하였다면 다른 공동권리자는 소원을 경유함이 없이 행정소송을 제기할 수 있다.(대판 1986.10.14. 선고 83누584)

(다) 물적 관련성

(라) 주장사유의 관련성

> 항고소송에 있어서 원고는 전심절차에서 주장하지 아니한 공격방어방법을 소송절차에서 주장할 수 있고 법원은 이를 심리하여 행정처분의 적법 여부를 판단할 수 있는 것이므로, **원고가 전심절차에서 주장하지 아니한 처분의 위법사유를 소송절차에서 새롭게 주장하였다고 하여 다시 그 처분에 대하여 별도의 전심절차를 거쳐야 하는 것은 아니다.**(대판 1996.06.14. 선고 96누754)

(5) **예외적 행정심판전치주의의 예외**

심판청구○, 재결×	심판청구×
• 행정심판청구가 있은 날로부터 60일이 지나도 재결이 없는 때 • 처분의 집행 또는 절차의 속행으로 생길 중대한 손해를 예방하여야 할 긴급한 필요가 있는 때 • 법령의 규정에 의한 행정심판기관이 의결 또는 재결을 하지 못할 사유가 있는 때 • 그 밖의 정당한 사유가 있는 때	• 동종사건에 관하여 이미 행정심판의 기각재결이 있는 때 • 서로 내용상 관련되는 처분 또는 같은 목적을 위하여 단계적으로 진행되는 처분 중 어느 하나가 이미 행정심판의 재결을 거친 때 • 행정청이 사실심의 변론종결 후 소송의 대상인 처분을 변경하여 당해 변경된 처분에 관하여 소를 제기하는 때 • 처분을 행한 행정청이 행정심판을 거칠 필요가 없다고 잘못 알린 때 • 처분변경으로 인한 소의 변경의 경우

① 계고처분의 집행으로 생길 중대한 손해를 예방하여야 할 긴급한 필요가 있었더라도 이는 행정소송법 제18조 제2항에 따라 재결을 거치지 아니하고 바로 취소소송을 제기할 수 있다는 뜻일 뿐 행정심판 자체를 제기하지 않고도 취소소송을 제기할 수 있다는 취지는 아니다. (대판 1990.10.26. 선고 90누5528)

② 행정소송법 제18조 제3항 제1호에서 행정심판의 제기 없이도 행정소송을 제기할 수 있는 경우로 규정하고 있는 "동종사건에 관하여 이미 행정심판의 기각재결이 있은 때"

> 에 있어서의 "동종사건"이라 함은 당해 사건은 물론 당해 사건과 기본적인 점에서 동질성이 인정되는 사건을 가리킨다. 따라서 순차로 진료를 거부한 의사들에 대한 각 의사면허자격정지사건이 진료를 요구한 환자가 동일인이라는 것뿐 진료를 요구받은 시간과 장소, 조처내용 및 다른 병원으로 전원하게 된 상황 등이 전혀 달라서 "동종사건"이 아니다.(대판 1992.11.24. 선고 92누8972)

8. 소의 변경

(1) 종류의 변경

> ① 원고가 고의 또는 중대한 과실없이 행정소송으로 제기하여야 할 사건을 민사소송으로 잘못 제기한 경우 수소법원으로서는 만약 그 행정소송에 대한 관할도 동시에 가지고 있는 경우라면, 행정소송으로서의 제소기간을 도과하였거나 행정소송의 대상이 되는 처분등이 존재하지도 아니한 상태에 있는 등 행정소송으로서의 소송요건을 결하고 있음이 명백하여 행정소송으로 제기되었더라도 부적법하게 되는 경우가 아닌 이상, 원고로 하여금 항고소송으로 소 변경을 하도록 하여 1심법원으로 심리하고 판단하여야 한다.(대판 1999.11.26. 97다42250)
> ② 행정소송법 제21조와 제22조가 정하는 소의 변경은 그 법조에 의하여 특별히 인정되는 것으로서 민사소송법상의 소의 변경을 배척하는 것이 아니므로, 행정소송의 원고는 행정소송법 제8조 제2항에 의하여 준용되는 민사소송법 제235조에 따라 청구의 기초에 변경이 없는 한도에서 청구의 취지 또는 원인을 변경할 수 있다.(대판 1999.11.26. 선고 99두9407)
> → 행정소송에서 민사소송법상 청구의 변경 인정한 사례
> ③ 항소심에서 소의 교환적 변경이 있으면 제1심판결은 소취하로 실효되고, 항소심의 심판대상은 교환된 청구에 대한 새로운 소송으로 바뀌어져 항소심은 사실상 제1심으로 재판하는 것이 되므로, 그 뒤에 항소인이 항소를 취하한다 하더라도 항소취하는 그 대상이 없어 아무런 효력을 발생할 수 없다(대판2008.05.29. 선고 2008두2606)
> ④ 대판 2020.1.16. 2019다264700
> 행정소송법상 항고소송으로 제기하여야 할 사건을 민사소송으로 잘못 제기한 경우에 수소법원이 그 항고소송에 대한 관할도 동시에 가지고 있다면, 전심절차를 거치지 않았거나 제소기간을 도과하는 등 항고소송으로서의 소송요건을 갖추지 못했음이 명백하여 항고소송으로 제기되었더라도 어차피 부적법하게 되는 경우가 아닌 이상, 원고로 하여금 항고소송으로 소 변경을 하도록 석명권을 행사하여 행정소송법이 정하는 절차에 따라 심리·판단하여야 한다.

(2) 처분변경으로 인한 소의 변경

> 원고가 고의 또는 중대한 과실없이 행정소송으로 제기하여야 할 사건을 민사소송으로 잘못 제기한 경우 수소법원으로서는 만약 그 행정소송에 대한 관할도 동시에 가지고 있는 경우라면, 행정소송으로서의 제소기간을 도과하였거나 행정소송의 대상이 되는 처분등이 존재하지도 아니한 상태에 있는 등 행정소송으로서의 소송요건을 결하고 있음이 명백하여 행정소송으로 제기되었더라도 부적법하게 되는 경우가 아닌 이상, 원고로 하여금 항고소송으로 소 변경을 하도록 하여 1심법원으로 심리하고 판단하여야 한다(대판 1999.11.26. 97다42250).

9. 처분사유의 추가변경

(1) 처분사유의 추가·변경의 가능성 : 제한적 긍정설

> 행정처분의 취소를 구하는 항고소송에 있어서, 처분청은 당초 처분의 근거로 삼은 사유와 기본적 사실관계가 동일성이 있다고 인정되는 한도 내에서만 다른 사유를 추가하거나 변경할 수 있고, 여기서 기본적 사실관계의 동일성 유무는 처분사유를 법률적으로 평가하기 이전의 구체적인 사실에 착안하여 그 기초인 사회적 사실관계가 기본적인 점에서 동일한지 여부에 따라 결정되며 이와 같이 기본적 사실관계와 동일성이 인정되지 않는 별개의 사실을 들어 처분사유로 주장하는 것이 허용되지 않는다고 해석하는 이유는 행정처분의 상대방의 방어권을 보장함으로써 실질적 법치주의를 구현하고 행정처분의 상대방에 대한 신뢰를 보호하고자 함에 그 취지가 있고, 추가 또는 변경된 사유가 당초의 처분시 그 사유를 명기하지 않았을 뿐 처분시에 이미 존재하고 있었고 당사자도 그 사실을 알고 있었다 하여 당초의 처분사유와 동일성이 있는 것이라 할 수 없다.(대판 2003.12.11. 선고 2001두8827)
> → 당초의 정보공개거부처분사유인 공공기관의정보공개에관한법률 제7조 제1항 제4호 및 제6호의 사유는 새로이 추가된 같은 항 제5호의 사유와 기본적 사실관계의 동일성이 없다고 한 사례

(2) 한계

(가) 시간적 한계

> 과세관청은 과세처분 이후는 물론 소송도중이라도 사실심 변론종결시까지 처분의 동일성이 유지되는 범위 내에서 처분사유를 추가·변경할 수 있다.(대판 2001.10.30. 선고 2000두5616)

(나) 처분사유의 추가·변경과 제소기간 : 당초의 처분시를 기준으로 판단

(다) 내용적 한계

(ㄱ) 기준 : 처분당시 사유를 기준으로 판단

> 처분청은 당초 처분의 근거로 삼은 사유와 기본적 사실관계에 있어서 동일성이 있다고 인정되지 않는 별개의 사실을 들어 처분사유로 주장함은 허용되지 아니한다.
> (대판 2005.04.15. 선고 2004두10883)

ⓒ 근거법령만의 추가·변경
  ㉠ 행정처분의 취소를 구하는 항고소송에서 처분청은 당초 처분의 근거로 삼은 사유와 기본적 사실관계가 동일성이 있다고 인정되는 한도 내에서는 다른 사유를 추가하거나 변경할 수도 있으나, 기본적 사실관계가 동일하다는 것은 처분사유를 법률적으로 평가하기 이전의 구체적인 사실에 착안하여 그 기초적인 사회적 사실관계가 기본적인 점에서 동일한 것을 말하며, 처분청이 처분 당시에 적시한 구체적 사실을 변경하지 아니하는 범위 내에서 단지 그 처분의 근거 법령만을 추가·변경하거나 당초의 처분사유를 구체적으로 표시하는 것에 불과한 경우에는 새로운 처분사유를 추가하거나 변경하는 것이라고 볼 수 없다.(대판 2008.2.28. 2007두13791)
  ㉡ **처분청이 처분 당시에 적시한 구체적 사실을 변경하지 아니하는 범위 내에서 단지 그 처분의 근거 법령만을 추가·변경하는 것에 불과한 경우에는 새로운 처분사유의 추가라고 볼 수 없으므로 행정청이 처분 당시에 적시한 구체적 사실에 대하여 처분 후에 추가·변경한 법령을 적용하여 그 처분의 적법 여부를 판단할 수 있다**(대법원 1987. 12. 8. 선고 87누632 판결 등 참조). **그러나 처분의 근거 법령을 변경하는 것이 종전 처분과 동일성을 인정할 수 없는 별개의 처분을 하는 것과 다름없는 경우에는 허용될 수 없다.**(대판 2021두34756)

(3) 처분사유의 추가·변경의 인정여부 판례사례

동일성을 인정한 사례	동일성을 부정한 사례
• 담합주도 또는 담합하여 입찰방해에서 특정인의 낙찰을 위하여 담합한 자로 변경 • 준농림지역에서의 행위제한규정에 자연경관과 환경보전사유추가 • 인근농업경영과 농어촌생활피해로 농지전용불가에 폐기물처리시설부지로 부적절하다는 사유추가 • 액화석유가스판매사업허가신청이 허가기준에 맞지 아니한다는 사유와 이격거리 기준 위배 주장 • 국립공원 인접의 미개발지역 이용대책 수립시까지 허가유보에 국립공원 주변의 환경풍치미관등 원형유지의 필요사유추가	• 인근주민의 충전소설치반대와 커브길 교통 사고로 인한 충전소폭발위험 • 의료보험법상 본인부담금 수납대장 불비치와 관계서류 제출명령 위반 • 중고자동차매매업 거리제한규정 위반과 최소 주차용지 면적 미달 • 토석채취에 대한 인근주민의 동의서 부제출과 자연경관훼손 및 소음 먼지발생 • 온천의 규정온도 미달과 공공사업의 지장 • 무자료주류판매와 무면허판매업자에게 주류판매 • 정당한 이유없는 계약불이행과 계약이행 관련 공무원에 대한 뇌물증여

• 이자소득에서 대금업에 의한 사업소득으로 사유변경 • 발행주체가 불법단체라는 사유↔정기간행물등록에 관한 법률소정의 첨부서류 미제출 • 지입제운여행위에 대하여 자동차운손사업면허취소사건 : 자동차운송사업법 제26조 위반↔직영으로 운영하도록 한 면허조건 위반 • 정보공개거부처분 : 검찰보존사무규칙 제20조 소정의 신청권자에 해당하지 아니한다는 사유 ↔ 정보공개법 제7조 제1항 제6호 사유 • 석유판매업허가거부처분 : 토지형질변경등 행위허가기준등에 관한 규칙에 의거하여 행위제한추진↔토지형질변경허가의 요건미비와 도심환경보전의 공익상 필요 • 폐기물처리사업계획부적정통보 : 농지법상 농지전용이 불가능하다는 사유 ↔ 인근주민 생활과 농업활동에 피해예상	• 석유판매업허가신청거부처분 : 군부대장의 동의× ≠ 탄약창에 인접 • 도로법상 변상금부과처분 ≠ 근거법령을 구 국유재산법 제51조와 시행령으로 변경한 경우 • 중기취득세의 체납과 그 후 추가된 처분사유인 자동차세의 체납 • 동의서 미제출 ≠ 자연경관 훼손 • 이주대책대상자선정신청거부 : 사업지구 대상사× ≠ 이주대책 실시기간 경과 • 행정심판진행중 ≠ 하천구역지정고시될 예정 • 정보비공개결정 : 대법원재판관련 ≠ 서울중앙지방법원에 진행중인 재판에 관련된 정보 • 기존 공동사업장과의 거리제한규정 ≠ 최소주차용지 미달

(4) 내부시정절차와 동일성 여부

> 처분청이 스스로 당해 처분의 적법성과 합목적성을 확보하고자 행하는 자신의 내부 시정절차에서는 당초 처분의 근거로 삼은 사유와 기본적 사실관계의 동일성이 인정되지 않는 사유라고 하더라도 이를 처분의 적법성과 합목적성을 뒷받침하는 처분사유로 추가·변경할 수 있다고 보는 것이 타당하다.(대판 2012.09.13. 선고 2012두3859)

10. 집행정지제도

(1) 가처분제도

가처분제도
이러한 항고소송의 대상이 되는 행정처분의 효력이나 집행 혹은 절차 속행등의 정지를 구하는 신청은 행정소송법상 집행정지신청의 방법으로서만 가능할 뿐 민사소송법상 가처분의 방법으로는 허용될 수 없다(대결 2009.11.2. 2009마596).

(2) 집행정지의 요건

(가) 적극적 요건

적극적 요건	처분등의 존재	• 부작위나 거부의 경우 : 부정 • 분리가능성이 있는 경우 : 일부에 대한 집행정지 가능 • 부관중 부담의 경우 : 집행정지 허용
	적법한 본안 소송의 계속	• 가처분 : 소제기전이라도 가능 • 소제기와 동시에 집행정지신청을 하는 것은 허용 • 항고심과 상고심에서도 집행정지신청 가능 • 본안소송 : 소송요건 구비 要 • if 본안소송의 취하 : 집행정지는 당연히 실효(판례)
	회복되기 어려운 손해	• 회복되기 어려운 손해 : 특별한 사정이 없는 한 금전으로 보상할 수 없는 손해라 할 것인데 이는 금전보상이 불능인 경우뿐만 아니라 금전보상으로는 사회관념상 행정처분을 받은 당사자가 참고 견딜 수 없거나 또는 참고 견디기가 현저히 곤란한 경우의 유형 혹은 무형의 손해
	긴급한 필요	손해발생가능성과 시간적 절박성을 포함하는 개념. 회복하기 어려운 손해의 발생가능성이 시간적으로 절박하여 본안판결을 기다릴 여유가 없음을 의미 → 회복하기 어려운 손해발생의 가능성과 연계하여 합일적으로 판단

(ㄱ) 집행정지의 대상이 되는 "처분"의 존재

> ① 교도소장이 접견을 불허한 처분에 대하여 효력정지를 한다 하여도 이로 인하여 위 교도소장에게 접견의 허가를 명하는 것이 되는 것도 아니고 또 당연히 접견이 되는 것도 아니어서 접견허가거부처분에 의하여 생길 회복할 수 없는 손해를 피하는 데 아무런 보탬도 되지 아니하니 접견허가거부처분의 효력을 정지할 필요성이 없다.(대결1991.05.02. 자 91두15)
> ② 투전기업소허가갱신신청을 거부한 불허처분에 대하여는 그 불허처분의 효력정지를 구할 이익이 없다.(대판 1992.2.13. 91두47)

(ㄴ) 집행정지를 구할 법률상 이익의 존재

> ① 행정처분에 대한 효력정지신청을 구함에 있어서도 이를 구할 법률상 이익이 있어야 하는바, 이 경우 법률상 이익이라 함은 그 행정처분으로 인하여 발생하거나 확대되는 손해가 당해 처분의 근거 법률에 의하여 보호되는 직접적이고 구체적인 이익과 관련된 것을 말하는 것이고 단지 간접적이거나 사실적·경제적 이해관계를 가지는 데 불과한 경우는 여기에 포함되지 않는다.(대결 2000.10.10. 자 2000무17)

② 경쟁 항공회사에 대한 국제항공노선면허처분으로 인하여 노선의 점유율이 감소됨으로써 경쟁력과 대내외적 신뢰도가 상대적으로 감소되고 연계노선망개발이나 타항공사와의 전략적 제휴의 기회를 얻지 못하게 되는 손해를 입게 되었다고 하더라도 위 노선에 관한 노선면허를 받지 못하고 있는 한 그러한 손해는 법률상 보호되는 권리나 이익침해로 인한 손해라고는 볼 수 없으므로 처분의 효력정지를 구할 법률상 이익이 될 수 없다.(대결 2000.10.10. 자 2000무17)

㈐ 적법한 본안소송의 계속
➡ 본안의 제기와 동시에 신청하거나 제기된 후에 신청하여야 하며, 민사소송법상의 가구제와 달리 먼저 제기할 수 없다.

① 집행정지는 행정처분의 집행부정지원칙의 예외로서 인정되는 것이고 또 본안에서 원고가 승소할 수 있는 가능성을 전제로 한 권리보호수단이라는 점에 비추어 보면 집행정지사건 자체에 의하여도 신청인의 본안청구가 적법한 것이어야 한다는 것을 집행정지의 요건에 포함시켜야 한다.(대결1999.11.26. 자 99부3)
② 수도권매립지관리공사가 한 위 제재처분은 행정소송의 대상이 되는 행정처분이 아니라 단지 갑을 자신이 시행하는 입찰에 참가시키지 않겠다는 뜻의 사법상의 효력을 가지는 통지에 불과하므로, 갑이 수도권매립지관리공사를 상대로 하여 제기한 위 효력정지신청은 부적법함에도 그 신청을 받아들인 원심결정은 집행정지의 요건에 관한 법리를 오해한 위법이 있다.(대결 2010.11.26. 자 2010무137)

㈑ 회복하기 어려운 손해예방의 필요성

① "회복하기 어려운 손해예방"의 의미
행정소송법 제23조 제2항 소정의 행정처분 등의 효력이나 집행을 정지하기 위한 요건으로서의 '회복하기 어려운 손해'라 함은 특별한 사정이 없는 한 금전으로 보상할 수 없는 손해로서 이는 금전보상이 불가능한 경우뿐만 아니라 금전보상으로는 사회관념상 행정처분을 받은 당사자가 참고 견딜 수 없거나 또는 참고 견디기가 현저히 곤란한 경우의 유형, 무형의 손해를 일컫는다(대결 1995.11.23. 자95두53).
② "회복하기 어려운 손해"에 해당하는 판례사례
㉠ "부정당업자 입찰자격정지처분 사건" : 부정당업자제재처분의 위법여부가 심리되어 있지 아니하여 상대방이 위 본안소송에서 승소할 것인지의 여부가 불분명하지만, 만일 위 처분의 효력이 정지되지 아니한 채 본안소송이 진행된다면 상대방은 그동안 국가기관등의 입찰에 참가하지 못하게 되고 따라서 만일 본안소송에서 승소한다고 하더라도 그동안 위 입찰등에 참가하지 못함으로 인하여 입은 손해는 쉽사리 금전으로 보상될 수 있는 성질의 것이 아니어서 사회관념상 회복하기 어려운 손해에 해당된다 할 것이다(대결 1986.03.21. 자86두5).

ⓛ "**현역병입영처분 사건**" : 현역병입영처분취소의 본안소송에서 신청인이 승소 판결을 받을 경우에는 신청인이 특례보충역으로 해당 전문분야에서 2개월 남짓만 더 종사하여 5년의 의무종사기간을 마침으로써 구 병역법 제46조 제1항에 의하여 방위소집복무를 마친 것으로 볼 것이나, 만일 위 처분의 효력이 정지되지 아니한 채 본안소송이 진행된다면 신청인은 입영하여 다시 현역병으로 복무하지 않을 수 없는 결과 병역의무를 중복하여 이행하는 셈이 되어 불이익을 입게 되고 상당한 정신적 고통을 받게 될 것임은 짐작하기 어렵지 아니하며 이와 같은 손해는 쉽게 금전으로 보상할 수 있는 성질의 것이 아니어서 사회관념상 '회복하기 어려운 손해'에 해당된다(대결 1992.04.29. 자92두7).

ⓒ "**진주교도소 이송사건**" : 상고심에 계속중인 형사피고인을 안양교도소로부터 진주교도소로 이송함으로써 위 "나"항의 "회복하기 어려운 손해"가 발생할 염려가 있다(대결 1992.8.7. 자92두30).

ⓔ "**위반사실공표명령과 과징금납부명령의 집행**" : 독점규제및공정거래에관한법률에 기한 공정거래위원회의 위반사실공표명령과 과징금납부명령의 효력이 정지되지 아니한 채 본안소송이 진행되는 경우, 신문게재로 대외적 전파에 의한 신용의 실추와 기업운용자금 수급계획의 차질 등에서 상당한 손해를 입을 것임을 쉽게 예상할 수 있다는 이유로 그와 같은 손해가 사회관념상 행정소송법 제23조 제2항 소정의 '회복하기 어려운 손해'에 해당한다(대결 1999.4.27. 자98무57 결정).

ⓜ "**비영리법인의 설립허가취소사건**" : 이 사건(비영리법인설립허가취소처분) 처분의 효력을 정지하지 아니할 경우, 재항고인이 제기한 이 사건 처분의 취소를 구하는 소송이 진행되는 사이에 청산절차가 진행 완료되어 재항고인 법인 자체가 소멸할 수도 있고, 그 후 이 사건 처분이 취소되더라도 재항고인은 회복하기 어려운 손해를 입을 우려가 적지 아니하므로, 이러한 손해를 예방하기 위하여 이 사건 처분의 효력을 정지할 긴급한 필요가 있다고 봄이 타당하다(대결 2014. 1.23. 자2011무178).

ⓗ 시장이 도시환경정비구역을 지정하였다가 해당구역 및 주변지역의 역사·문화적 가치 보전이 필요하다는 이유로 정비구역을 해제하고 개발행위를 제한하는 내용을 고시함에 따라 사업시행예정구역에서 설립 및 사업시행인가를 받았던 甲 도시환경정비사업조합에 대하여 구청장이 조합설립인가를 취소하자, 甲 조합이 해제 고시의 무효확인과 인가취소처분의 취소를 구하는 소를 제기하고 판결 선고 시까지 각 처분의 효력 정지를 신청한 사안에서, 정비구역 지정이 취소되고 이에 대하여 불가쟁력이 발생하는 경우 정비사업 시행을 전제로 하는 후속 처분들은 모두 그 의미를 상실하게 되고 甲 조합에 대한 조합설립인가 취소처분은 甲 조합이 적법하게 취득한 공법인의 지위를 甲 조합의 귀책사유 없이 사후적 사정변경을 이유로 박탈하는 것이어서 신중하게 판단해야 하므로 위 각 처분의 위법성에 관하여 甲 조합이 본안소송에서 주장·증명할 기회가 충분히 보장되어야 하는 점, 각 처분의 효력을

정지하지 않을 경우 甲 조합이 정비사업과 관련한 후속 조치를 실행하는 데 사실상, 법률상 장애가 있게 될 뿐 아니라 시장 및 구청장이나 관계 행정청이 정비사업의 진행을 차단하기 위한 각종 불이익 조치를 할 염려가 있는 점 등을 종합하면, 각 처분의 효력을 정지하지 않을 경우 甲 조합에 특별한 귀책사유가 없는데도 정비사업의 진행이 법적으로 불가능해져 甲 조합에 회복하기 어려운 손해가 발생할 우려가 있으므로 이러한 손해를 예방하기 위하여 각 처분의 효력을 정지할 긴급한 필요가 있다고 한 사례(대판 2018. 7. 12.자 2018무600)

③ "회복하기 어려운 손해"에 해당하지 아니한다고 판시한 사례
㉠ "시설비 회수사건" : 유흥접객영업허가의 취소처분으로 5,000여만원의 시설비를 회수하지 못하게 된다면 생계까지 위협받게 되는 결과가 초래될 수 있다는 등의 사정은 위 처분의 존속으로 당사자에게 금전으로 보상할 수 없는 손해가 생길 우려가 있는 경우라고 볼 수 없다(대판 1991.3.2. 91두1).
㉡ "4대강 살리기 마스터플랜에 따른 사업실시계획승인처분에 대한 효력정지" : 국토해양부 등에서 발표한 '4대강 살리기 마스터플랜'에 따른 '한강 살리기 사업' 구간 인근에 거주하는 주민들이 각 공구별 사업실시계획승인처분에 대한 효력정지를 신청한 사안에서, 위 사업구간에 편입되는 팔당지역 농지 대부분이 국가 소유의 하천부지이고, 유기농업에 종사하는 주민들 대부분은 국가로부터 하천점용허가를 받아 경작을 해온 점, 위 점용허가의 부관에 따라 허가를 한 행정청은 공익상 또는 법령이 정하는 것에 따르거나 하천정비사업을 시행하는 경우 허가변경·취소 등을 할 수 있는 점 등에 비추어, 주민들 중 환경영향평가대상지역 및 근접 지역에 거주하거나 소유권 기타 권리를 가지고 있는 사람들이 위 사업으로 인하여 토지 소유권 기타 권리를 수용당하고 이로 인하여 정착지를 떠나 타지로 이주를 해야 하며 더 이상 농사를 지을 수 없게 되고 팔당지역의 유기농업이 사실상 해체될 위기에 처하게 된다고 하더라도, 그러한 손해는 행정소송법 제23조 제2항에서 정하고 있는 효력정지 요건인 금전으로 보상할 수 없거나 사회관념상 금전보상으로는 참고 견디기 어렵거나 현저히 곤란한 경우의 유·무형 손해에 해당하지 않는다(대결 2011.4.21. 자2010무111 전원합의체).
㉢ "항정신병치료제의 요양급여기준에 관 보건복지부고시 관련사건" : 항정신병 치료제의 요양급여 인정기준에 관한 보건복지부 고시의 효력이 계속 유지됨으로 인한 제약회사의 경제적 손실, 기업 이미지 및 신용의 훼손은 행정소송법 제23조 제2항 소정의 집행정지의 요건인 '회복하기 어려운 손해'에 해당하지 않는다(대결 2003.10.9. 자2003무23).
㉣ "010번호통합정책 관련사건" : 방송통신위원회가 개인휴대통신 서비스 부문의 기간통신사업자인 갑 주식회사의 신청으로 2G PCS 사업폐지승인처분을 하자, 갑 회사와 이용계약을 체결하여 2G 이동통신 서비스를 이용하던 을등이 위 처분의 효력정지를 구한 경우, 을 등에게 위 처분으로 인한 "회복하기 어려운 손해"가 인정되지 아니한다고 판시한 사례(대결 2012.2.1. 2012무2)

(ㅁ) "긴급한 필요"

> ① "긴급한 필요"의 판단기준
> 행정소송법 제23조 제2항에서 정하고 있는 효력정지 요건인 '회복하기 어려운 손해'란, 특별한 사정이 없는 한 금전으로 보상할 수 없는 손해로서 금전보상이 불가능한 경우 내지는 금전보상으로는 사회관념상 행정처분을 받은 당사자가 참고 견딜 수 없거나 참고 견디기가 현저히 곤란한 경우의 유형, 무형의 손해를 일컫는다. 그리고 '처분 등이나 그 집행 또는 절차의 속행으로 인하여 생길 회복하기 어려운 손해를 예방하기 위하여 긴급한 필요'가 있는지는 처분의 성질과 태양 및 내용, 처분상대방이 입는 손해의 성질·내용 및 정도, 원상회복·금전배상의 방법 및 난이 등은 물론 본안청구의 승소가능성 정도 등을 종합적으로 고려하여 구체적·개별적으로 판단하여야 한다.(대결2014.01.23. 자 2011무178)
> ② 한국문화예술위원회 위원장의 해임처분무효확인소송 : 긴급성 ×(대결 2010. 5.14. 2010무48)

(나) 소극적 요건

(ㄱ) 공공복리에 중대한 영향을 미칠 우려가 없을 것

> ① **신설 시외버스운송 사업면허내인가처분**으로 **기존의 버스업자가 손해를 입는다 해도 이는 운행수익의 감소로 인한 것이어서 금전보상이 가능한 것**이므로 행정소송법 제23조 제1항 소정의 "회복하기 어려운 손해"에 해당하지 아니하고, **위 처분이 증가하는 관광객에게 저렴한 운송수단을 제공함으로써 관광진흥에 도움을 준다는 공공복리의 목적을 지닌 것**이어서 기존 버스업자가 다소 손해를 입게 된다 하더라도 그 효력을 정지할 급박한 사정이 있다고 보여지지 아니한다.(대결 1991.05.06. 자 91두13)
> ② 한국문화예술위원회 위원장이 자신의 해임처분의 무효확인을 구하는 소송을 제기한 후 다시 해임처분의 집행정지 신청을 한 사안에서, 해임처분의 경과 및 그 성질과 내용, 처분상대방인 신청인이 그로 인하여 입는 손해의 성질·내용 및 정도, 효력정지 이외의 구제수단으로 상정될 수 있는 원상회복·금전배상의 방법 및 난이, **해임처분의 효력이 정지되면 신청인이 위원장의 지위를 회복하게 됨에 따라 새로 임명된 위원장과 신청인 중 어느 사람이 위 위원회를 대표하고 그 업무를 총괄하여야 할 것인지 현실적으로 해결하기 어려운 문제가 야기됨으로써 위 위원회의 대내외적 법률관계에서 예측가능성과 법적 안정성을 확보할 수 없게 되고, 그 결과 위 위원회가 목적 사업을 원활하게 수행하는 데 지장을 초래할 가능성이 큰 점 등에 비추어**, 해임처분으로 신청인에게 회복하기 어려운 손해가 발생할 우려가 있어 이를 예방하기 위하여 긴급한 필요가 있다고 인정되지 않을 뿐 아니라 위 해임처분의 효력을 정지할 경우 공공복리에 중대한 영향을 미칠 우려가 있다.(대결2010.05.14. 자 2010무48)

㉡ 본안청구의 이유유무의 문제
→ 본안청구의 이유유무의 문제는 심리를 해보아야 할 문제이므로, 원칙은 집행정지의 요건이 될 수 없으나, 이유없음이 명백할 경우에는 집행정지를 할 수 없다는 것이 판례의 입장이다.

> ① 행정처분의 효력정지나 집행정지를 구하는 신청사건에서 행정처분 자체의 적법 여부는 궁극적으로 본안재판에서 심리를 거쳐 판단할 성질의 것이므로 원칙적으로는 판단할 것이 아니고 그 행정처분의 효력이나 집행을 정지할 것인가에 대한 행정소송법 제23조 제2항, 제3항에 정해진 요건의 존부만이 판단의 대상이 된다고 할 것이지만, 효력정지나 집행정지는 신청인이 본안소송에서 승소판결을 받을 때까지 그 지위를 보호함과 동시에 후에 받을 승소판결을 무의미하게 하는 것을 방지하려는 것이어서 본안소송에서 처분의 취소가능성이 없음에도 처분의 효력이나 집행의 정지를 인정한다는 것은 제도의 취지에 반하므로 효력정지나 집행정지사건 자체에 의하여도 신청인의 본안청구가 이유 없음이 명백하지 않아야 한다는 것도 효력정지나 집행정지의 요건에 포함시켜야 한다.(대결 1997.04.28. 자 96두75, 대결 2004.5.17. 2004무6)

회복하기 어려운 손해 인정	회복하기 어려운 손해 불인정
• 특례보충역에서 현역병으로 입영 • 상고심 계속중 안양교도소에서 진주교도소 이송 • 제명의결된 시의원의 의원업무 • 국가기관 및 국영기업체를 주납품처로 하는 회사에 대한 입찰자격정지처분 • 주택개량사업에 대한 공사중지명령으로 인한 조합원들의 손해 • 주유취급소 위험물저장취급시설허가 취소에 의한 주유소영업불가 • 자동차운전학원의 부지에 대한 토지형질변경허가취소에 따른 영업불가 • 약제상한금액고시에 의해 제약회사가 입는 매출액감소등 경제적 손실과 기업 이미지 실추 • 공정거래위원회의 위반사실공표명령과 과징금납부명령에 의한 신용실추와 자금계획 차질 • 과징금납부명령으로 인해 사업자가 중대한 경영상의 위기를 맞게 될 것으로 보이는 경우	• 위법한 건물 개축부분의 철거로 입게 될 손해 • 법학전문대학원 예비인가에서 제외된 학교법인이 입을 손해 • 운송사업면허취소에 따라 택시운송사업자가입을 운행수입의 감소 • 유흥접객업영업취소에 따라 시설비를 회수하지 못한 손해 • 전재산을 투자한 일반음식점영업취소에 따라 입는 경영타격 및 생계위협 • 과세처분의 일부취소판결로 받을 환급금을 판결확정 전에 받지 못하는 손해 • 항정신병 치료제의 요양급여 인정기준에 관한 고시의 효력유지로 제약회사가 입는 경제적 손실, 기업 이미지 및 신용의 훼손 • 4대강 살리기 사업실시계획승인처분

(3) 집행정지의 절차

신청·직권	집행정지는 당사자의 신청 또는 직권에 의함
신청인적격	집행정지를 신청할 수 있는 자는 본안소송의 당사자임. 신청인은 "법률상 이익"이 있어야 함. ▶ 제3자의 집행정지신청문제? 　제3자는 참가인의 지위에서는 집행정지를 신청할 수 없고, 원고의 지위에서 집행정지를 신청할 수 있다.
신청방법	특별한 규정 × → 서면 또는 구술
관할법원	본안사건이 계속중인 법원
변론여부	법원의 재량 (통상 긴급성으로 인하여 서면심리나 심문을 하는 정도)

(4) 집행정지결정의 내용과 효력 및 불복방법

절차		• 신청 또는 직권
내용		• 처분의 효력이 정지 : 처분이 형식상으로는 존재하지만 실질적으로 없는 것과 같은 상태(가장 보충적) • 집행정지 : 처분내용의 강제적인 실현을 위한 공권력행사의 정지 • 절차의 속행정지 : 처분의 효력은 유지하면서 당해 처분의 후속절차를 잠정적으로 정지하게 하는 것
효력	형성력	• 행정청의 별도의 절차가 없더라도 본안판결이 있을 때까지 잠정적으로 행정처분이 없었던 것과 동일한 상태가 되므로 그 범위 내에서 형성력을 가지며, 따라서 집행정지결정 이후 이루어진 후속처분은 당연무효(판례)
	기속력	• 행정청과 그 밖에 관계 행정청을 기속
	시간적 효력	• 당해 결정의 주문에 정해진 시기까지 • if 특별한 시기× : 본안판결확정시 • 소급효 : 원칙적으로 ×(예외인정)
집행정지결정취소		집행정지결정의 확정 후 집행정지가 공공복리에 중대한 영향을 미치거나 그 정지사유가 없어진 때에는 직권 또는 신청에 의하여 결정으로써 취소할 수 있다. → 집행정지결정의 취소사유는 집행정지결정 확정후 발생. → '공공복리에 중대한 영향' : 일반적 추상적 공익에 대한 침해가능성이 아니라 당해 정지결정과 관련된 구체적이며 개별적인 공익에 중대한 해를 입힐 개연성

불복	• 즉시항고 : 집행정지효력×
	① 행정소송에 있어서 본안판결에 대한 상소 후 본안의 소송기록이 원심법원에 있는 경우, 행정소송법 제23조 제2항에 의한 집행정지사건의 관할법원은 원심법원, 행정소송에 있어서 본안판결에 대한 상소 후 본안의 소송기록이 상소심법원으로 송부되기 전에 원심법원이 한 집행정지결정에 대한 즉시항고사건의 관할법원은 상소심법원이다.(대결 2005.12.12, 2005무67) ② 행정소송법 제23조 제2항에서 정한 요건을 결여하였다는 이유로 효력정지 신청을 기각한 결정에 대하여 행정처분 자체의 적법여부를 가지고 불복사유로 삼을 수 없다.(대결2011.4.21, 2010무111)

① 집행정지결정의 시간적 효력

행정소송법 제23조에 따른 집행정지결정의 효력은 결정 주문에서 정한 종기까지 존속하고, 그 종기가 도래하면 당연히 소멸한다. 따라서 **효력기간이 정해져 있는 제재적 행정처분에 대한 취소소송에서 법원이 본안소송의 판결 선고 시까지 집행정지결정을 하면, 처분에서 정해 둔 효력기간(집행정지결정 당시 이미 일부 집행되었다면 그 나머지 기간)은 판결 선고 시까지 진행하지 않다가 판결이 선고되면 그때 집행정지결정의 효력이 소멸함과 동시에 처분의 효력이 당연히 부활하여 처분에서 정한 효력기간이 다시 진행**한다. 이는 처분에서 효력기간의 시기(始期)와 종기(終期)를 정해두었는데, 그 시기와 종기가 집행정지기간 중에 모두 경과한 경우에도 특별한 사정이 없는 한 마찬가지이다. **이러한 법리는 행정심판위원회가 행정심판법 제30조에 따라 집행정지결정을 한 경우에도 그대로 적용**된다. 행정심판위원회가 행정심판 청구사건의 재결이 있을 때까지 처분의 집행을 정지한다고 결정한 경우에는, 재결서 정본이 청구인에게 송달된 때 재결의 효력이 발생하므로(행정심판법 제48조 제2항, 제1항 참조) 그때 집행정지결정의 효력이 소멸함과 동시에 처분의 효력이 부활한다.(대판 2022. 2. 11. 선고 2021두40720)

(5) 집행정지결정의 효력

> 집행정지결정과 행정청의 조치(대판 2020. 9. 3. 선고 2020두34070)

① 집행정지결정의 목적 : 집행정지결정의 효력은 결정 주문에서 정한 기간까지 존속하다가 그 기간이 만료되면 장래에 향하여 소멸한다. 집행정지결정은 처분의 집행으로 회복하기 어려운 손해를 예방하기 위하여 긴급한 필요가 있고 달리 공공복리에 중대한 영향을 미치지 않을 것을 요건으로 하여 본안판결이 있을 때까지 해당 처분의 집행을 잠정적으로 정지함으로써 위와 같은 손해를 예방하는 데 취지가 있다.

② 집행정지결정 후 본안심리에서 처분이 적법하다고 판명난 경우 : **항고소송을 제기한 원고가 본안소송에서 패소확정판결을 받았더라도 집행정지결정의 효력이 소급하여 소멸하지 않는다. 그러나 제재처분에 대한 행정쟁송절차에서 처분에 대해 집행정지결정이 이루어졌더라도 본안에서 해당 처분이 최종적으로 적법한 것으로 확정되어 집행정지결정이 실효되고 제재처분을 다시 집행할 수 있게 되면, 처분청으로서는 당초 집행정지결정이 없었던 경우와 동등한 수준으로 해당 제재처분이 집행되도록 필요한 조치를 취하여야 한다. 집행정지는 행정쟁송절차에서 실효적 권리구제를 확보하기 위한 잠정적 조치일 뿐이므로, 본안 확정판결로 해당 제재처분이 적법하다는 점이 확인되었다면 제재처분의 상대방이 잠정적 집행정지를 통해 집행정지가 이루어지지 않은 경우와 비교하여 제재를 덜 받게 되는 결과가 초래되도록 해서는 안 된다.**

③ 집행정지가 받아들여지지 않고 본안심리에서 처분이 위법하다고 판명난 경우 : **처분상대방이 집행정지결정을 받지 못했으나 본안소송에서 해당 제재처분이 위법하다는 것이 확인되어 취소하는 판결이 확정되면, 처분청은 그 제재처분으로 처분상대방에게 초래된 불이익한 결과를 제거하기 위하여 필요한 조치를 취하여야** 한다.

---

① "집행정지결정 중 효력정지의 보충성" 관련판례
~ 이러한 손해에 대한 예방은 그 처분의 효력을 정지하지 아니하더라도 그 후속절차로 이루어지는 현역병 입영처분이나 공익근무요원 소집처분 절차의 속행을 정지함으로써 달성할 수가 있으므로, 산업기능요원편입취소처분에 대한 집행정지로서는 그 후속절차의 속행정지만이 가능하고 그 처분 자체에 대한 효력정지는 허용되지 아니한다.(대결 2000.01.08. 자 2000무35)

② 정지신청기각결정에 대한 불복사유 : 행정처분 자체의 적법여부도 포함되는가?
행정처분의 효력정지나 집행정지를 구하는 신청사건에서는 행정처분 자체의 적법 여부를 판단할 것이 아니고 행정처분의 효력이나 집행 등을 정지시킬 필요가 있는지 여부, 즉 행정소송법 제23조 제2항에서 정한 요건의 존부만이 판단대상이 된다. 나아가 '처분 등이나 그 집행 또는 절차의 속행으로 인한 손해발생의 우려' 등 적극적 요건에 관한 주장·소명 책임은 원칙적으로 신청인 측에 있으며, **이러한 요건을 결여하였다는 이유로 효력정지 신청을 기각한 결정에 대하여 행정처분 자체의 적법 여부를 가지고 불복사유로 삼을 수 없다.**(대결2011.04.21. 자 2010무111 전합)

③ 집행정지결정 취소사유의 발생시기
행정소송법 제24조 제1항에서 규정하고 있는 **집행정지 결정의 취소사유는 특별한 사정이 없는 한 집행정지 결정이 확정된 이후에 발생한 것**이어야 하고, 그 중 '**집행정지가 공공복리에 중대한 영향을 미치는 때**'라 함은 일반적·추상적인 공익에 대한 침해의 가능성이 아니라 당해 집행정지 결정과 관련된 구체적·개별적인 공익에 중대한 해를 입힐 개연성을 말하는 것**이다.(대결 2005.07.15. 자 2005무16)

11. 항고소송의 심리

(1) 심리의 범위 : 불고불리 원칙

> **관련판례**
>
> 1. 불고불리 원칙
>   ① 행정소송에 있어서도 행정소송법 제14조에 의하여 민사소송법 제188조가 준용되어 법원은 당사자가 신청하지 아니한 사항에 대하여는 판결할 수 없는 것이고, **행정소송법 제26조에서 직권심리주의를 채용하고 있으나 이는 행정소송에 있어서 원고의 청구범위를 초월하여 그 이상의 청구를 인용할 수 있다는 의미가 아니라 원고의 청구범위를 유지하면서 그 범위내에서 필요에 따라 주장외의 사실에 관하여도 판단할 수 있다는 뜻**이다.(대판 1987.11.10. 선고 86누491)
>   ② 을 시가 갑 시에 국유재산에 대한 사용료를 부과하기 위해서는 을 시가 갑 시에 국유재산의 점용허가나 협의가 있어야 함에도 이를 심리하지 아니하고 사용료부과처분이 적법하다고 본 원심의 판단은 위법이다.(대판 2017두31248)
> 2. 불고불리 원칙과 관련하여 직권증거조사의 한계
>   ① 행정소송에 있어서도 행정소송법 제14조에 의하여 민사소송법 제188조가 준용되어 법원은 당사자가 신청하지 아니한 사항에 대하여는 판결할 수 없는 것이고, **행정소송법 제26조에서 직권심리주의를 채용하고 있으나 이는 행정소송에 있어서 원고의 청구범위를 초월하여 그 이상의 청구를 인용할 수 있다는 의미가 아니라 원고의 청구범위를 유지하면서 그 범위내에서 필요에 따라 주장외의 사실에 관하여도 판단할 수 있다는 뜻**이다.(대판 1987.11.10. 선고 86누491)
>   ② 행정소송법 제26조가 법원은 필요하다고 인정할 때에는 직권으로 증거조사를 할 수 있고, 당사자가 주장하지 아니한 사실에 대하여도 판단할 수 있다고 규정하고 있지만, 이는 행정소송의 특수성에 연유하는 당사자주의, 변론주의에 대한 일부 예외 규정일 뿐 법원이 아무런 제한 없이 당사자가 주장하지 아니한 사실을 판단할 수 있는 것은 아니고, 일건 기록에 현출되어 있는 사항에 관하여서만 직권으로 증거조사를 하고 이를 기초로 하여 판단할 수 있을 따름이고, 그것도 법원이 필요하다고 인정할 때에 한하여 청구의 범위내에서 증거조사를 하고 판단할 수 있을 뿐이다.(대판 1994.10.11. 선고 94누4820)
>   ③ 행정소송에서 기록상 자료가 나타나 있다면 당사자가 주장하지 않았더라도 판단할 수 있고, 당사자가 제출한 소송자료에 의하여 법원이 처분의 적법 여부에 관한 합리적인 의심을 품을 수 있음에도 단지 구체적 사실에 관한 주장을 하지 아니하였다는 이유만으로 당사자에게 석명을 하거나 직권으로 심리·판단하지 아니함으로써 구체적 타당성이 없는 판결을 하는 것은 행정소송법 제26조의 규정과 행정소송의 특수성에 반하므로 허용될 수 없다.(대판 2010.02.11. 선고 2009두18035)
>   ④ 기본적 사실관계의 동일성이 없는 사유에 대한 직권심사 : 위법.(대판2013.08.22. 선고 2011두26589)
>   ⑤ 교원소청심사위원회가 한 결정의 취소를 구하는 소송에서 그 결정의 적부는 결정이 이루어진 시점을 기준으로 판단하여야 하지만, 그렇다고 하여 소청심사 단계에서 이미 주장된 사유만을 행정소송의 판단대상으로 삼을 것은 아니다. 따라서 소청심사 결정 후에 생긴 사유가 아닌 이상 소청심사 단계에서 주장하지 아니한 사유도 행정소송에서 주장할 수 있고, 법원도 이에 대하여 심리·판단할 수 있다.(대판 2017두65821)
> 3. 석명권행사
>   ① 법원의 석명권 행사는 당사자의 주장에 모순된 점이 있거나 불완전·불명료한 점이 있을 때에 이를 지적하여 정정·보충할 수 있는 기회를 주고, 계쟁 사실에 대한 증거의 제출을 촉구하는 것을 그 내용으로 하는 것으로, 당사자가 주장하지도 아니한 법률효과에 관한 요건사실이나 독립된 공격방어방법을 시사하여 그 제출을 권유함과 같은 행위를 하는 것은 변론주의의 원칙에 위배되는 것으로 석명권 행사의 한계를 일탈하는 것이 된다.(대판 2001.01.16. 선고 99두8107)

(2) 위법성 판단시점

> **관련판례**
>
> 1. 위법성 판단시점
>   ① 항고소송에서 행정처분의 적법 여부는 특별한 사정이 없는 한 행정처분 당시를 기준으로 판단하여야 한다. 여기서 <u>행정처분의 위법 여부를 판단하는 기준 시점에 관하여 판결 시가 아니라 처분 시라고 하는 의미는 행정처분이 있을 때의 법령과 사실상태를 기준으로 하여 위법 여부를 판단하며 처분 후 법령의 개폐나 사실상태의 변동에 영향을 받지 않는다는 뜻이지 처분 당시 존재하였던 자료나 행정청에 제출되었던 자료만으로 위법 여부를 판단한다는 의미는 아니다.</u> 그러므로 처분 당시의 사실상태 등에 관한 증명은 사실심 변론종결 당시까지 할 수 있고, 법원은 행정처분 당시 행정청이 알고 있었던 자료뿐만 아니라 사실심 변론종결 당시까지 제출된 모든 자료를 종합하여 처분 당시 존재하였던 객관적 사실을 확정하고 그 사실에 기초하여 처분의 위법 여부를 판단할 수 있다.(대판 2017.4.7. 2014두37122)
>   ② 행정처분의 위법 여부는 행정처분이 있을 때의 법령과 사실 상태를 기준으로 판단하여야 하며, 법원은 행정처분 당시 행정청이 알고 있었던 자료뿐만 아니라 사실심 변론종결 당시까지 제출된 모든 자료를 종합하여 처분 당시 존재하였던 객관적 사실을 확정하고 그 사실에 기초하여 처분의 위법 여부를 판단할 수 있다.(대판 2019.7.25. 2017두55077)
>   ③ 항고소송에서 처분의 위법 여부는 특별한 사정이 없는 한 그 처분 당시를 기준으로 판단하여야 한다. 이는 신청에 따른 처분의 경우에도 마찬가지이다. 새로 개정된 법령의 경과규정에서 달리 정함이 없는 한, 처분 당시에 시행되는 개정 법령과 그에서 정한 기준에 의하여 신청에 따른 처분의 발급 여부를 결정하는 것이 원칙이고, 그러한 개정 법령의 적용과 관련하여서는 개정 전 법령의 존속에 대한 국민의 신뢰가 개정 법령의 적용에 관한 공익상의 요구보다 더 보호가치가 있다고 인정되는 경우에 그러한 국민의 신뢰를 보호하기 위하여 그 적용이 제한될 수 있는 여지가 있을 따름이다.(대판 2019다264700)

(3) 요건심리와 본안심리

> **관련판례**
>
> 1. 본안심리의 대상
>   어떠한 처분에 법령상 근거가 있는지, 행정절차법에서 정한 처분절차를 준수하였는지는 본안에서 해당 처분이 적법한가를 판단하는 단계에서 고려할 요소이지, 소송요건 심사단계에서 고려할 요소가 아니다.(대판 2020. 10. 15. 선고 2020다222382)

12. 입증책임

■ 입증책임에 관련된 판례 : 법률요건분류설(통설의 입장)

관련판례

1. 원칙 : 요건분류설
   ① 자유재량에 의한 행정처분이 그 재량권의 한계를 벗어난 것이어서 위법하다는 점은 그 행정처분의 효력을 다투는 자가 이를 주장·입증하여야 하고 처분청이 그 재량권의 행사가 정당한 것이었다는 점까지 주장·입증할 필요는 없다.(대판 1987.12.08. 선고 87누861)
   ② 과세처분의 위법을 이유로 그 취소를 구하는 행정소송에 있어 처분의 적법성 및 과세요건사실의 존재에 관하여는 원칙적으로 과세관청이 그 입증책임을 부담하나, 경험칙상 이례에 속하는 특별한 사정의 존재에 관하여는 납세의무자에게 입증책임 내지는 입증의 필요가 돌아가는 것이다.(대판 1996.4.26. 96누1627)
   ③ 직권조사사항에 관하여도 그 사실의 존부가 불명한 경우에는 입증책임의 원칙이 적용되어야 할 것인바, **본안판결을 받는다는 것 자체가 원고에게 유리하다는 점에 비추어 직권조사사항인 소송요건에 대한 입증책임은 원고에게 있다.**(대판1997.07.25. 선고 96다39301)
   ④ 행정처분의 하자나 취소해야 할 필요성에 관한 증명책임은 기존 이익과 권리를 침해하는 처분을 한 행정청에 있다.(대판 2012.3.29. 2011두23375)
   ⑤ 항고소송에 있어서 당해 행정처분의 적법성에 대한 증명책임은 원칙적으로 그 행정처분의 적법을 주장하는 처분청에 있지만, 행정청이 주장하는 당해 행정처분의 적법성에 관하여 합리적으로 수긍할 수 있는 정도로 증명이 된 경우에는 그와 **상반되는 예외적인 사정에 대한 주장과 증명은 상대방이 증명할 책임을 진다고 봄이 타당**하다.(대판 2013.01.10. 선고 2011두7854)
2. 예외 : 무효확인소송 ➔ 원고입증
   행정처분의 당연무효를 구하는 소송에 있어서 그 무효를 구하는 사람에게 그 행정처분에 존재하는 하자가 중대하고 명백하다는 것을 주장·입증할 책임이 있다.(대판 1984.2.28. 82누154)

13. 취소소송의 판결

(1) 일부인용(일부취소판결)

관련판례

1. 일부인용 판결 인정
   ① 법원이 행정청의 정보공개거부처분의 위법 여부를 심리한 결과 공개를 거부한 정보에 비공개대상정보에 해당하는 부분과 공개가 가능한 부분이 혼합되어 있고 공개청구의 취지에 어긋나지 아니하는 범위 안에서 두 부분을 분리할 수 있음을 인정할 수 있을 때에는, 위 정보 중 공개가 가능한 부분을 특정하고 판결의 주문에 행정청의 위 거부처분 중 공개가 가능한 정보에 관한 부분만을 취소한다고 표시하여야 한다. (대판 2003. 3.11. 선고 2001두6425)
   ② 외형상 하나의 행정처분이라 하더라도 가분성이 있거나 그 처분대상의 일부가 특정될 수 있다면 그 일부만의 취소도 가능하고 그 일부의 취소는 당해 취소부분에 관하여 효력이 생긴다고 할 것인 점 등을 종합하면, 여러 개의 상이에 대한 국가유공자요건비해당처분에 대한 취소소송에서 그 중 일부 상이가 국가유공자요건이 인정되는 상이에 해당하더라도 나머지 상이에 대하여 위 요건이 인정되지 아니하는 경우에는

국가유공자요건비해당처분 중 위 요건이 인정되는 상이에 대한 부분만을 취소하여야 할 것이고, 그 비해당처분 전부를 취소할 수는 없다고 할 것이다. (대판 2012.03.29. 선고 2011두9263)

2. 일부인용판결 부정
  ① 과징금 부과처분에서 일부 한도를 초과한 경우
     과징금부과처분이 법이 정한 한도액을 초과하여 위법할 경우 법원으로서는 그 전부를 취소할 수밖에 없고, 그 한도액을 초과한 부분이나 법원이 적정하다고 인정되는 부분을 초과한 부분만을 취소할 수 없다. (대판 1998.04.10. 선고 98두2270)
  ② 과세처분취소소송에서 일부인용판결의 기준
     과세처분 취소소송에서 처분의 적법 여부는 정당한 세액을 초과하느냐의 여부에 따라 판단하는 것으로서, 당사자는 사실심 변론종결 시까지 객관적인 과세표준과 세액을 뒷받침하는 주장과 자료를 제출할 수 있고, **이러한 자료에 의하여 적법하게 부과될 정당한 세액이 산출되는 때에는 그 정당한 세액을 초과하는 부분만 취소하여야 할 것이지만, 그렇지 아니한 경우에는 과세처분 전부를 취소할 수밖에 없으며, 그 경우 법원이 직권에 의하여 적극적으로 부과할 정당한 세액을 계산할 의무까지 지는 것은 아니다.**(대판 2015.09.10. 선고 2015두622)

(2) 사정판결

구분	내용	
위헌여부	합헌적 입장(대판 2009.12.10, 2009두8359)	
요건	① 원고의 청구가 이유있을 것 ② 처분등의 취소가 현저히 공공복리에 적합하지 아니할 것(시점 : 판결시) ③ 피고인 행정청의 신청이 있을 것 → 판례는 직권으로도 가능하다고 판시(대판 1992.2.14, 90누9032)	
관련사례	인정사례	부정사례
	① 건축불허가 처분당시에 위 처분이 위법하다고 하더라도 구두변론 종결 당시에는 이미 진주시 도시계획 재정비결정으로 도시계획법에 의한 녹지지역으로 지정고시된 경우 ② 법학전문대학원이 개원한 후에 예비인가취소를 하는 경우	① 생활폐기물을 수집 운반하여 온 기존의 동종업체에게 경쟁상대를 추가시킴으로써 일시적인 공급시설의 과잉현상이 나타나 어느 정도의 손해가 발생한 것임은 예상된 경우 ② 징계면직된 검사의 복직이 검찰조직의 안정과 인화를 저해할 우려가 있다는 등의 사정
입증책임	사정판결의 필요성에 대한 주장·입증책임 : 피고인 행정청	
적용범위	취소소송에만 인정(행정심판 : 취소심판 + 의무이행심판)	

효과	① 청구기각 및 위법의 명시(판결주문) ② 법원이 사정판결을 하기 위해서는 원고가 그로 인하여 입게 될 손해의 정도와 배상방법, 그 밖의 사정을 미리 조사하여야 한다. ③ 원고의 권익보호 및 불복 : 원고에 대한 구제수단을 사정재결과 달리 구체적으로 규정. 원고는 피고인 행정청이 속하는 국가 또는 공공단체를 상대로 손해배상, 재해시설의 설치 그 밖에 적당한 구제방법의 청구를 당해 취소소송이 계속된 법원에 병합하여 제기할 수 있다. ④ 소송비용 : 피고부담 ⑤ 상소여부 : 상소가 가능하다.

관련판례

1. 무효확인소송에서도 사정판결이 가능한가?
   당연무효의 행정처분을 소송목적물로 하는 행정소송에서는 존치시킬 효력이 있는 행정행위가 없기 때문에 행정소송법 제28조 소정의 사정판결을 할 수 없다(대판 1996.3.22. 95누5509).

2. 사정판결의 요건과 법원의 조치(대판 2015두4167)
   ① 사정판결의 요건
      행정소송법 제28조에서 정한 사정판결은 **행정처분이 위법함에도 불구하고 이를 취소·변경하게 되면 그것이 도리어 현저히 공공의 복리에 적합하지 않은 경우에 극히 예외적으로 할 수 있으므로, 그 요건에 해당하는지는 위법·부당한 행정처분을 취소·변경하여야 할 필요와 취소·변경으로 발생할 수 있는 공공복리에 반하는 사태 등을 비교·교량하여 엄격하게 판단**하되, 처분에 이르기까지의 경과 및 처분 상대방의 관여 정도, 위법사유의 내용과 발생원인 및 전체 처분에서 위법사유가 관련된 부분이 차지하는 비중, 처분을 취소할 경우 예상되는 결과, 특히 처분을 기초로 새로운 법률관계나 사실상태가 형성되어 다수 이해관계인의 신뢰 보호 등 처분의 효력을 존속시킬 공익적 필요성이 있는지 여부 및 정도, 처분의 위법으로 인해 처분 상대방이 입게 된 손해 등 권익 침해의 내용, 행정청의 보완조치 등으로 위법상태의 해소 및 처분 상대방의 피해 전보가 가능한지 여부, 처분 이후 처분청이 위법상태의 해소를 위해 취한 조치 및 적극성의 정도와 처분 상대방의 태도 등 제반 사정을 종합적으로 고려하여야 한다.
   ② 법원의 조치
      사정판결은 처분이 위법하나 공익상 필요 등을 고려하여 취소하지 아니하는 것일 뿐 처분이 적법하다고 인정하는 것은 아니므로, 사정판결의 요건을 갖추었다고 판단되는 경우 법원으로서는 행정소송법 제28조 제2항에 따라 원고가 입게 될 손해의 정도와 배상방법, 그 밖의 사정에 관하여 심리하여야 하고, 이 경우 원고는 행정소송법 제28조 제3항에 따라 손해배상, 재해시설의 설치 그 밖에 적당한 구제방법의 청구를 병합하여 제기할 수 있으므로, 당사자가 이를 간과하였음이 분명하다면 적절하게 석명권을 행사하여 그에 관한 의견을 진술할 수 있는 기회를 주어야 한다.

3. 직권사정판결 인정여부
   <u>사정판결을 할 필요가 있다고 인정하는 때에는 당사자의 명백한 주장이 없는 경우에도 일건 기록에 나타난 사실을 기초로 하여 직권으로 사정판결을 할 수 있다</u>(대판 1995.7.28. 95누4629).

4. 사정판결의 인정여부
   (1) 인정사례
      ① 환지예정지지정처분 및 환지예정지변경처분은 위법하지만 이를 취소하는 것이 현저히 공공복리에 적합하지 아니한 경우에 해당하여 사정판결을 할 사유가 있다(대판 1997.11.11. 95누4902·4919).

② 재개발조합설립 및 사업시행인가처분이 처분 당시 법정요건인 토지 및 건축물 소유자 총수의 각 3분의 2 이상의 동의를 얻지 못하여 위법하나, 그 후 90% 이상의 소유자가 재개발사업의 속행을 바라고 있어 재개발사업의 공익목적에 비추어 그 처분을 취소하는 것은 현저히 공공복리에 적합하지 아니하다고 인정하여 사정판결을 한 사례(대판 1995.7.28. 95누4629)

(2) 부정사례
① 심재륜 사건: 이른바 '심재륜 사건'에서의 징계면직된 검사의 복직이 검찰조직의 안정과 인화를 저해할 우려가 있다는 등의 사정은 검찰 내부에서 조정·극복하여야 할 문제일 뿐이고 준사법기관인 검사에 대한 위법한 면직처분의 취소 필요성을 부정할 만큼 현저히 공공복리에 반하는 사유라고 볼 수 없다는 이유로, 사정판결을 할 경우에 해당하지 않는다(대판 2001.8.24. 2000두7704).
② 관리처분계획의 수정을 위한 조합원총회의 재결의를 위하여 시간과 비용이 많이 소요된다는 등의 사정만으로는 재결의를 거치지 않음으로써 위법한 관리처분계획을 취소하는 것이 현저히 공공복리에 적합하지 아니하다고 볼 수 없다는 이유로 사정판결의 필요성을 부정한 사례(대판 2001.10.12. 2000두4279)

(3) 판결서의 기재

> **관련판례**
>
> 판결서의 이유에는 주문이 정당하다는 것을 인정할 수 있을 정도로 당사자의 주장, 그 밖의 공격·방법에 관한 판단을 표시하면 되고, 당사자의 모든 주장이나 공격·방어방법에 관하여 판단할 필요가 없다. 따라서 법원의 판결에 당사자가 주장한 사항에 대한 구체적·직접적인 판단이 표시되어 있지 않더라도 판결 이유의 전반적인 취지에 비추어 주장을 인용하거나 배척하였음을 알 수 있는 정도라면 판단누락이라고 할 수 없다. 설령 실제로 판단을 하지 않은 부분이 있더라도 주장이 배척될 것임이 분명한 때에는 판결 결과에 영향이 없어 판단누락의 잘못을 이유로 파기할 필요가 없다.(대판 2017두48406)

14. 판결의 효력

판결의 효력 비교

1. 형성력과 집행력

구분	내용
형성력	① 판결의 형성력이란 일방적으로 확정판결의 취지에 따라 법률관계의 발생·변경·소멸을 가져오는 효력을 말한다. ② 인용판결에서만 발생 ③ 대세효 인정 ④ 행정처분을 취소한다는 확정판결이 있으면 그 취소판결의 형성력에 의하여 당해 행정처분의 취소나 취소통지 등의 별도의 절차를 요하지 아니하고 당연히 취소의 효과가 발생한다고 할 것이고 별도로 취소의 절차를 취할 필요는 없을 것이다.(대판 90누5443)

집행력	① 거부처분과 부작위에서 인정 ② 행정청이 기속력에 따른 재처분을 하지 아니한 때에는 제1심 수소법원은 당사자의 신청에 의하여 결정으로써 상당한 기간을 정하고 행정청이 그 기간 내에 이행하지 아니하는 때에는 그 지연기간에 따라 일정한 배상을 할 것을 명하거나, 즉시 손해배상을 할 것을 명할 수 있다. ③ 간접 강제 ▶ 대판 2004.1.15, 2002두2444 간접강제결정에서 정한 의무이행기간이 경과한 후에라도 확정판결의 취지에 따른 재처분의 이행이 있으면 처분상대방이 더 이상 배상금을 추심하는 것은 허용되지 않는다.

2. 기속력과 기판력

구분	기판력	기속력
의의	판결이 확정되면 확정된 판단내용은 당사자 및 법원을 구속하여 후소에서 당사자 및 법원은 확정판결의 내용과 모순되는 주장이나 판단을 할 수 없는 효력	소송당사자인 행정청과 관계행정청에게 확정판결의 취지에 따라 행동하도록 실체법상의 의무를 지우는 판결의 효력
성질	법적 안정성을 위하여 후소의 재판을 구속하여 모순된 재판을 금하는 소송법상 효력	판결의 실효성을 확보하기 위하여 판결의 취지에 따라 행동하도록 관계행정청을 구속하는 실체법적 효력 → 특수효력설(다수설) / 기판력설
대상처분	동일한 처분	판결확정 후에 행하여지는 새로운 처분
대상판결	기각판결 + 인용판결	인용판결에서만 인정
주관적 범위	당사자 + 당사자와 동일시할 수 있는 자	당사자인 행정청과 그 밖의 관계청
객관적 범위	판결주문중에 표시된 소송물에 관한 판단	개개의 위법원인
시간적 범위	사실심변론종결시	처분당시
위반시 효과	이미 판결이 난 사항에 관하여 다시 소를 제기한 경우 : 각하	기속력에 반하는 처분 : 당연무효

(1) 기속력

> **관련판례**
>
> 1. 기속력이 미치는 범위와 반복금지효
>   ① 행정소송법 제30조 제1항에 의하여 인정되는 취소소송에서 처분 등을 취소하는 확정판결의 기속력은 주로 판결의 실효성 확보를 위하여 인정되는 효력으로서 판결의 주문뿐만 아니라 그 전제가 되는 처분 등의 구체적 위법사유에 관한 이유 중의 판단에 대하여도 인정되고, 같은 조 제2항의 규정상 특히 거부처분에 대한 취소판결이 확정된 경우에는 그 처분을 행한 행정청은 판결의 취지에 따라 다시 처분을 하여야 할 의무를 부담하게 되므로, 취소소송에서 소송의 대상이 된 거부처분을 실체법상의 위법사유에 기하여 취소하는 판결이 확정된 경우에는 당해 거부처분을 한 행정청은 원칙적으로 신청을 인용하는 처분을 하여야 하고, 사실심 변론종결 이전의 사유를 내세워 다시 거부처분을 하는 것은 확정판결의 기속력에 저촉되어 허용되지 아니한다(대판 2001.3.23. 99두5238).
>   ② 확정판결의 기속력은 주로 판결의 실효성 확보를 위하여 인정되는 효력으로서 판결의 주문뿐만 아니라 그 전제가 되는 처분 등의 구체적 위법사유에 관한 이유 중의 판단에 대하여도 인정된다(대판 2001.3.23. 99두5238).
> 2. 기속력에 반하는 행정처분의 효력
>   기속력에 위반된 행정행위는 위법한 것으로서 무효사유에 해당한다(대판 1989.9.12. 89누985).
> 3. 절차상 하자와 기속력
>   ① 행정처분의 절차 또는 형식에 위법이 있어 행정처분을 취소하는 판결이 확정되었을 때는 그 확정판결의 기판력은 거기에 적시된 절차 및 형식의 위법사유에 한하여 미치는 것이므로 행정관청은 그 위법사유를 보완하여 다시 새로운 행정처분을 할 수 있고 그 새로운 행정처분은 확정판결에 의하여 취소된 종전의 행정처분과는 별개의 처분이라 할 것이어서 종전의 처분과 중복된 행정처분이 아니다(대판 1992.5.26. 91누5242).
>   ② 과세처분시 납세고지서에 과세표준, 세율, 세액의 산출근거등이 누락되어 있어 이러한 절차 내지 형식의 위법을 이유로 과세처분을 취소하는 판결이 확정된 경우에 그 확정판결의 기판력은 확정판결에 적시된 절차 내지 형식의 위법사유에 한하여 미친다고 할 것이므로 과세처분권자가 그 확정판결에 적시된 위법사유를 보완하여 행한 새로운 과세처분은 확정판결에 의하여 취소된 종전의 과세처분과는 별개의 처분으로서 확정판결의 기판력에 저촉되는 것은 아니다(대판 1986.11.11. 85누231).
> 4. 하자를 보완하여 새로운 처분을 한 경우
>   과세처분을 취소하는 판결이 확정된 경우, 그 확정판결의 기판력은 확정판결에 적시된 위법사유에 한하여만 미친다 할 것이므로 과세처분권자가 그 확정판결에 적시된 위법사유를 보완하여 행한 새로운 과세처분은 확정판결에 의하여 취소된 종전의 과세처분과는 별개의 처분으로서 확정판결의 기판력에 저촉된다 할 수 없다(대판 2002.5.31. 2000두4408).
> 5. 신청에 대한 거부처분이 판결로 취소된 경우
>   ① 새로운 사유
>   ㉠ 행정소송법 제30조 제2항에 의하면, 행정청의 거부처분을 취소하는 판결이 확정된 경우에는 그 처분을 행한 행정청은 판결의 취지에 따라 이전의 신청에 대하여 재처분할 의무가 있고, 이 경우 확정판결의 당사자인 처분 행정청은 그 행정소송의 사실심 변론종결 이후 발생한 새로운 사유를 내세워 다시 이전의 신청에 대하여 거부처분을 할 수 있으며, 그러한 처분도 이 조항에 규정된 재처분에 해당한다(대판 1999.12.28. 98두1895).

ⓒ 취소소송에서 소송의 대상이 된 거부처분을 실체법상의 위법사유에 기하여 취소하는 판결이 확정된 경우에는 당해 거부처분을 한 행정청은 원칙적으로 신청을 인용하는 처분을 하여야 하고, <u>사실심 변론종결 이전의 사유를 내세워 다시 거부처분을 하는 것은 확정판결의 기속력에 저촉되어 허용되지 아니한다</u>(대판 2001.3.23. 99두5238).

　　ⓒ 거부처분 후 법령이 개정된 경우 : 행정처분의 적법 여부는 그 행정처분이 행하여 진 때의 법령과 사실을 기준으로 하여 판단하는 것이므로 <u>거부처분 후에 법령이 개정·시행된 경우에는 개정된 법령 및 허가기준을 새로운 사유로 들어 다시 이전의 신청에 대한 거부처분을 할 수 있으며 그러한 처분도 행정소송법 제30조 제2항에 규정된 재처분에 해당된다</u>(대결1998.1.7. 자97두22).

　　ⓔ 고양시장이 갑 주식회사의 공동주택 건립을 위한 주택건설사업계획승인 신청에 대하여 미디어밸리 조성을 위한 시가화예정 지역이라는 이유로 거부하자, 갑 회사가 거부처분의 취소를 구하는 소송을 제기하여 승소판결을 받았고 위 판결이 그대로 확정되었는데, 이후 고양시장이 해당 토지 일대가 개발행위허가 제한지역으로 지정되었다는 이유로 다시 거부하는 처분을 한 사안에서, <u>재거부처분은 종전 거부처분 후 해당 토지 일대가 개발행위허가 제한지역으로 지정되었다는 새로운 사실을 사유로 하는 것으로, 이는 종전 거부처분 사유와 내용상 기초가 되는 구체적인 사실관계가 달라 기본적 사실관계가 동일하다고 볼 수 없다는 이유로, 행정소송법 제30조 제2항에서 정한 재처분에 해당하고 종전 거부처분을 취소한 확정판결의 기속력에 반하는 것은 아니라고 본 원심판단을 수긍한 사례</u>(대판 2011.10. 27. 2011두14401)

② 기속행위에서 실체법상 위법사유로 취소된 경우

　　행정소송법 제30조 제1항에 의하여 인정되는 취소소송에서 처분 등을 취소하는 확정판결의 기속력은 주로 판결의 실효성 확보를 위하여 인정되는 효력으로서 판결의 주문뿐만 아니라 그 전제가 되는 처분 등의 구체적 위법사유에 관한 이유 중의 판단에 대하여도 인정되고, 같은 조 제2항의 규정상 특히 <u>거부처분에 대한 취소판결이 확정된 경우에는 그 처분을 행한 행정청은 판결의 취지에 따라 다시 처분을 하여야 할 의무를 부담하게 되므로, 취소소송에서 소송의 대상이 된 거부처분을 실체법상의 위법사유에 기하여 취소하는 판결이 확정된 경우에는 당해 거부처분을 한 행정청은 원칙적으로 신청을 인용하는 처분을 하여야 하고, 사실심 변론종결 이전의 사유를 내세워 다시 거부처분을 하는 것은 확정판결의 기속력에 저촉되어 허용되지 아니한다</u>(대판 2001.3.23. 99두5238).

③ 재량행위에서 거부처분이 판결로 취소된 경우

　　기간을 정하여 임용된 국·공립대학의 교원은 특별한 사정이 없는 한 그 임용기간의 만료로 교원으로서의 신분관계가 종료되는 것이고, <u>임용기간이 만료된 교원의 재임용이 거부되었다가 그 재임용거부처분이 법원의 판결에 의하여 취소되었다고 하더라도 임용권자는 다시 재임용 심의를 하여 재임용 여부를 결정할 의무를 부담할 뿐, 위와 같은 취소 판결로 인하여 당연히 그 교원이 재임용거부처분 당시로 소급하여 신분관계를 회복한다고 볼 수는 없다.</u> 그러므로 재임용거부처분 취소판결을 거쳐 재임용된 교원이라 하더라도 임용기간 만료로 교원으로서의 신분을 상실한 후 재임용되기 전까지의 기간은 공무원연금법 제23조 제1항에 정한 재직기간에 산입할 수 없다(대판 2009.3.26. 2009두416).

④ 교원소청심사위원회의 소청심사결정 중 임용기간이 만료된 교원에 대한 재임용거부처분을 취소하는 결정은 재임용거부처분을 취소함으로써 학교법인 등에 해당 교원에 대한 재임용심사를 다시 하도록 하는 절차적 의무를 부과하는 데 그칠 뿐, 학교법인 등에 반드시 해당 교원을 재임용하여야 하는 의무를 부과하거나 혹은 그 교원이 바로 재임용되는 것과 같은 법적 효과까지 인정되는 것은 아니다.(대판 2023. 2. 2. 선고 2022다226234)

(2) 형성력과 집행력

관련판례

1. 형성력
   (1) 취소판결이외에 별도의 행정청의 조치가 필요한가?
      행정처분을 취소한다는 확정판결이 있으면 그 취소판결의 형성력에 의하여 당해 행정처분의 취소나 취소통지 등의 별도의 절차를 요하지 아니하고 당연히 취소의 효과가 발생한다(대판 1991.10.11. 90누5443).
   (2) 취소판결확정후 취소된 처분에 대한 경정처분의 효력
      과세처분을 취소하는 판결이 확정되면 그 과세처분은 처분시에 소급하여 소멸하므로 그 뒤에 과세관청에서 그 과세처분을 경정하는 경정처분을 하였다면 <u>이는 존재하지 않는 과세처분을 경정한 것으로서 그 하자가 중대하고 명백한 당연무효의 처분</u>이다(대판 1989.5.9. 88다카16096).
   (3) 쟁송취소의 소급효
      ① 소급효의 인정여부 : 소급효 인정
         도시 및 주거환경정비법(이하 '도시정비법'이라고 한다)상 주택재개발사업조합의 조합설립인가처분이 법원의 재판에 의하여 취소된 경우 그 조합설립인가처분은 소급하여 효력을 상실하고, 이에 따라 당해 주택재개발사업조합 역시 조합설립인가처분 당시로 소급하여 도시정비법상 주택재개발사업을 시행할 수 있는 행정주체인 공법인으로서의 지위를 상실하므로, 당해 주택재개발사업조합이 조합설립인가처분 취소 전에 도시정비법상 적법한 행정주체 또는 사업시행자로서 한 결의 등 처분은 달리 특별한 사정이 없는 한 <u>소급하여 효력을 상실한다고 보아야</u> 한다. 다만, 그 효력 상실로 인한 잔존사무의 처리와 같은 업무는 여전히 수행되어야 하므로, 종전에 결의 등 처분의 법률효과를 다투는 소송에서의 당사자지위까지 함께 소멸한다고 할 수는 없다(대판 2012.3.29. 2008다95885).
      ② 취소처분이 판결로 취소된 경우 취소처분 이후 행한 행위의 효력
         영업의 금지를 명한 영업허가취소처분 자체가 나중에 행정쟁송절차에 의하여 취소되었다면 그 영업허가취소처분은 그 처분시에 소급하여 효력을 잃게 되며, 그 영업허가취소처분에 복종할 의무가 원래부터 없었음이 확정되었다고 봄이 타당하고, 영업허가취소처분이 장래에 향하여서만 효력을 잃게 된다고 볼 것은 아니므로 그 영업허가취소처분 이후의 영업행위를 무허가영업이라고 볼 수는 없다(대판 1993.6.25. 93도277).

         > 유사사례 : 운전면허 취소 후 운전행위를 한 경우 그 면허취소가 취소판결로 취소된 경우 운전행위는 무면허운전이 성립되지 아니한다(대판 1999.2.5. 98도4239).

   (4) 대세효와 다른 항고소송에의 준용
      행정처분의 무효확인판결은 비록 형식상은 확인판결이라 하여도 그 확인판결의 효력은 그 취소판결의 경우와 같이 소송의 당사자는 물론 제3자에게도 미친다(대판 1982.7.27. 82다173).
2. 집행력
   ① 행정소송법 제34조 소정의 간접강제결정에 기한 배상금은 거부처분취소판결이 확정된 경우 그 처분을 행한 행정청으로 하여금 확정판결의 취지에 따른 재처분의무의 이행을 확실히 담보하기 위한 것으로서 ~ 이는 확정판결의 취지에 따른 재처분의 지연에 대한 제재나 손해배상이 아니고 재처분의 이행에 관한 심리적 강제수단에 불과한 것으로 보아야 하므로, 특별한 사정이 없는 한 간접강제결정에서 정한 의무이행기한이 경과한 후에라도 확정판결의 취지에 따른 재처분의 이행이 있으면 배상금을 추심함으로써 심리적 강제를 꾀할 목적이 상실되어 처분상대방이 더 이상 배상금을 추심하는 것은 허용되지 않는다(대판 2004.1.15. 2002두2444).

② 거부처분에 대한 취소의 확정판결이 있음에도 행정청이 아무런 재처분을 하지 아니하거나, 재처분을 하였다 하더라도 그것이 종전 거부처분에 대한 취소의 확정판결의 기속력에 반하는 등으로 당연무효라면 이는 아무런 재처분을 하지 아니한 때와 마찬가지라 할 것이므로 이러한 경우에는 행정소송법 제30조 제2항, 제34조 제1항 등에 의한 간접강제신청에 필요한 요건을 갖춘 것으로 보아야 한다(대판 2002.12.11. 자2002무22 결정).

(3) 기판력

형식적 확정력		상소기간의 경과, 상소권의 포기등에 의하여 형식적 확정력이 발생한다.
실질적 확정력	개념	취소판결이 확정된 이후에는 당사자 및 법원은 기판력이 발생한 사건에 대하여 다시 소를 제기하거나 모순·위배되는 판결을 해서는 안되는 효력을 말한다.
	인정취지	• 규정 × • 소송절차의 반복과 모순된 재판의 방지라는 법적안정성
	범위 - 인적	• 당사자 및 당사자와 동일시할 수 있는 승계인 • 당해 행정청이 속하는 국가·공공단체 ○
	범위 - 물적	판결주문에 표시된 판단에만 미치고, 판결이유에는 미치지 않는다.
	범위 - 시간적	사실심변론종결시

관련판례

1. 기판력
   (1) 취소소송의 기판력이 무효확인소송에도 미치는가?
   과세처분취소 청구를 기각하는 판결이 확정되면 그 처분이 적법하다는 점에 관하여 기판력이 생기고 그 후 원고가 다시 이를 무효라 하여 그 무효확인을 소구할 수는 없는 것이어서, <u>과세처분의 취소소송에서 청구가 기각된 확정판결의 기판력은 그 과세처분의 무효확인을 구하는 소송에도 미친다</u>(대판 1996.6.25. 95누1880).
   (2) 행정청이 관련 법령에 근거하여 행한 공사중지명령의 상대방이 명령의 취소를 구한 소송에서 패소함으로써 그 명령이 적법한 것으로 이미 확정되었다면, 이후 이러한 공사중지명령의 상대방은 그 명령의 해제신청을 거부한 처분의 취소를 구하는 소송에서 그 명령의 적법성을 다툴 수 없다. 그와 같은 공사중지명령에 대하여 그 명령의 상대방이 해제를 구하기 위해서는 명령의 내용 자체로 또는 성질상으로 명령 이후에 원인사유가 해소되었음이 인정되어야 한다(대판 2014.11.27. 2014두37665).
   (3) 기판력과 불가쟁력
   행정처분이 불복기간의 경과로 인하여 확정될 경우 그 확정력은, 처분으로 인하여 법률상 이익을 침해받은 자가 해당 처분이나 재결의 효력을 더 이상 다툴 수 없다는 의미일 뿐, 더 나아가 판결에 있어서와 같은 기판력이 인정되는 것은 아니어서 처분의 기초가 된 사실관계나 법률적 판단이 확정되고 당사자들이나 법원이 이에 기속되어 모순되는 주장이나 판단을 할 수 없게 되는 것은 아니다.(대판 2018두104)

(4) 각하판결의 기판력
 소송판결의 기판력은 그 판결에서 확정한 소송요건의 흠결에 관하여 미치는 것이지만, 당사자가 그러한 소송요건의 흠결이 보완된 상태에서 다시 소를 제기한 경우에는 그 기판력의 제한을 받지 않는다.(대판 2023. 2. 2. 선고 2020다270633)

(5) 기판력의 범위
 ① 주관적 범위

> 과세처분 취소소송의 피고는 처분청이므로 행정청을 피고로 하는 취소소송에 있어서의 기판력은 당해 처분이 귀속하는 국가 또는 공공단체에 미친다(대판 1998.7.24. 98다10854).

 ② 객관적 범위

> 기판력의 객관적 범위는 그 판결의 주문에 포함된 것 즉 소송물로 주장된 법률관계의 존부에 관한 판단의 결론 그 자체에만 미치는 것이고 판결이유에 설시된 그 전제가 되는 법률관계의 존부에까지 미치는 것은 아니다(대판 1987.6.9. 86다카2756).

 ③ 전소와 후소의 관계

> 전소와 후소의 소송물이 동일하지 아니하여도 전소의 기판력 있는 법률관계가 후소의 선결적 법률관계가 되는 때에는 전소의 판결의 기판력이 후소에 미쳐 후소의 법원은 전에 한 판단과 모순되는 판단을 할 수 없다(대판 2000.2.25. 99다55472).

Ⅲ 무효등 확인소송

1. 무효확인소송과 보충성

① 행정처분의 근거 법률에 의하여 보호되는 직접적이고 구체적인 이익이 있는 경우에는 행정소송법 제35조에 규정된 '무효확인을 구할 법률상 이익'이 있다고 보아야 하고, 이와 별도로 무효확인소송의 보충성이 요구되는 것은 아니므로 행정처분의 무효를 전제로 한 이행소송 등과 같은 직접적인 구제수단이 있는지 여부를 따질 필요가 없다고 해석함이 상당하다.(대판 2008.03.20. 선고 2007두6342 전원합의체)

② 사업의 양도행위가 무효라고 주장하는 양도자는 민사쟁송으로 양도·양수행위의 무효를 구함이 없이 막바로 허가관청을 상대로 하여 행정소송으로 위 신고수리처분의 무효확인을 구할 법률상 이익이 있다.(대판 2005.12.23. 2005두3554)

③ 국세청이 국세체납을 이유로 토지를 압류한 후 공매처분한 경우, 그 소유권자는 국가 또는 매수인을 상대로 부당이득반환청구의 소나 소유권이전등기말소청구의 소를 제기하여 직접 위법상태를 제거할 수 있는지 여부에 관계없이 압류처분 및 매각처분에 대한 무효확인을 구할 수 있다고 한 사례(대판 2008.6.12. 2008두3685)

④ 절차상 또는 형식상 하자로 무효인 행정처분에 대하여 행정청이 적법한 절차 또는 형식을 갖추어 다시 동일한 행정처분을 하였다면, 종전의 무효인 행정처분에 대한

무효확인 청구는 과거의 법률관계의 효력을 다투는 것에 불과하므로 무효확인을 구할 법률상 이익이 없다(대판 2010.4.29. 2009두16879).
⑤ 행정처분의 근거 법률에 의하여 보호되는 직접적이고 구체적인 이익이 있는 경우에는 행정소송법 제35조에 규정된 '무효 등 확인을 구할 법률상 이익'이 있다고 보아야 한다. 이와 별도로 무효 등 확인소송의 보충성이 요구되는 것은 아니므로 행정처분의 유·무효를 전제로 한 이행소송 등과 같은 직접적인 구제수단이 있는지 여부를 따질 필요가 없다. (대판 2017두62587)

2. 무효확인소송과 입증책임

① 행정처분의 당연무효를 구하는 소송에 있어서 그 무효를 구하는 사람에게 그 행정처분에 존재하는 하자가 중대하고 명백하다는 것을 주장·입증할 책임이 있다(대판 1984.2.28. 82누154).
② 행정처분의 당연무효를 주장하여 그 무효확인을 구하는 행정소송에 있어서는 원고에게 그 행정처분이 무효인 사유를 주장, 입증할 책임이 있다(대판 1992.3.10. 91누6030).

3. 취소소송과 무효확인소송과의 관계

① 일반적으로 행정처분의 무효확인을 구하는 소에는 원고가 그 처분의 취소를 구하지 아니한다고 밝히지 아니한 이상 그 처분이 만약 당연무효가 아니라면 그 취소를 구하는 취지도 포함되어 있는 것으로 보아야 한다. (대판 1994.12.23. 선고 94누477)
② 동일한 행정처분에 대하여 무효확인의 소를 제기하였다가 그 후 그 처분의 취소를 구하는 소를 추가적으로 병합한 경우, 주된 청구인 무효확인의 소가 적법한 제소기간 내에 제기되었다면 추가로 병합된 취소청구의 소도 적법하게 제기된 것으로 봄이 상당하다.(대판 2005.12.23. 선고 2005두3554)

Ⅳ 부작위위법확인소송

1. 부작위위법확인소송의 목적

부작위위법확인의 소는 행정청이 국민의 법규상 또는 조리상의 권리에 기한 신청에 대하여 상당한 기간 내에 그 신청을 인용하는 적극적 처분을 하거나 또는 각하 내지 기각하는 등의 소극적 처분을 하여야 할 법률상의 응답의무가 있음에도 불구하고 <u>이를 하지 아니하는 경우 판결시를 기준으로 그 부작위의 위법함을 확인함으로써 행정청의 응답을 신속하게 하여 부작위 내지 무응답이라고 하는 소극적인 위법상태를 제거하는 것을 목적으로 하는 것이고</u>, 나아가 당해 판결의 구속력에 의하여 행정청에게 처분등을 하게 하고, 다시 당해 처분등에 대하여 불복이 있는 때에는 그 처분등을 다투게 함으로써 최종적으로는 국민의 권리이익을 보호하려는 제도이다(대판 1992.7.28. 91누7361).

2. 부작위위법확인소송에서의 소의 이익

① 소제기의 전후를 통하여 판결시까지 행정청이 그 신청에 대하여 적극 또는 소극의 처분을 함으로써 부작위상태가 해소된 때에는 소의 이익을 상실하게 되어 당해 소는 각하를 면할 수가 없는 것이다(대판 1990.9.25. 89누4758).

② 당사자의 신청이 있은 이후 당사자에게 생긴 사정의 변화로 인하여 위 부작위가 위법하다는 확인을 받는다고 하더라도 종국적으로 침해되거나 방해받은 권리와 이익을 보호·구제받는 것이 불가능하게 되었다면 그 부작위가 위법하다는 확인을 구할 이익은 없다(대판 2002.6.28. 2000두4750).

→ 지방자치단체가 조례를 통하여 노동운동이 허용되는 사실상의 노무에 종사하는 공무원의 구체적 범위를 규정하지 않고 있는 것에 대하여 버스전용차로 통행위반 단속업무에 종사하는 자가 부작위위법확인의 소를 제기하였으나 상고심 계속중에 정년퇴직한 경우 소의 이익 ×

3. 제소기간

① 부작위위법확인소송과 제소기간의 준용의 해석문제에 대한 판례입장(대판 2009.7.23. 2008두10560)

㉠ 부작위위법확인의 소는 부작위상태가 계속되는 한 그 위법의 확인을 구할 이익이 있다고 보아야 하므로 원칙적으로 제소기간의 제한을 받지 않는다. 그러나 행정소송법 제38조 제2항이 제소기간을 규정한 같은 법 제20조를 부작위위법확인소송에 준용하고 있는 점에 비추어 보면, 행정심판 등 전심절차를 거친 경우에는 행정소송법 제20조가 정한 제소기간 내에 부작위위법확인의 소를 제기하여야 한다.

㉡ 당사자가 동일한 신청에 대하여 부작위위법확인의 소를 제기하였으나 그 후 소극적 처분이 있다고 보아 처분취소소송으로 소를 교환적으로 변경한 후 여기에 부작위위법확인의 소를 추가적으로 병합한 경우, 최초의 부작위위법확인의 소가 적법한 제소기간 내에 제기된 이상 그 후 처분취소소송으로의 교환적 변경과 처분취소소송에의 추가적 변경 등의 과정을 거쳤다고 하더라도 여전히 제소기간을 준수한 것으로 봄이 상당하다.

4. 부작위위법확인소송의 대상

① 행정청이 국민으로부터 어떤 신청을 받고서도 그 신청에 따르는 내용의 행위를 하지 아니한 것이 항고소송의 대상이 되는 위법한 부작위가 된다고 하기 위하여는 국민이

행정청에 대하여 그 신청에 따른 행정행위를 해줄 것을 요구할 수 있는 법규상 또는 조리상의 권리가 있어야 하며, 이러한 권리에 의하지 아니한 신청을 행정청이 받아들이지 아니하였다고 해서 이 때문에 신청인의 권리나 법적 이익에 어떤 영향을 준다고 할 수 없는 것이므로 위법한 부작위라고 할 수 없다(대판 1990.5.25. 89누5768).

② 임용신청에 대한 거부처분에 대하여 부작위위법확인소송은 부적법(대판 1998.1.23. 96누12641)

③ 거부처분의 처분성을 인정하기 위한 전제요건이 되는 신청권의 존부는 구체적 사건에서 신청인이 누구인가를 고려하지 않고 관계 법규의 해석에 의하여 일반 국민에게 그러한 신청권을 인정하고 있는가를 살펴 추상적으로 결정되는 것이고, 신청인이 그 신청에 따른 단순한 응답을 받을 권리를 넘어서 신청의 인용이라는 만족적 결과를 얻을 권리를 의미하는 것은 아니다. 따라서 국민이 어떤 신청을 한 경우에 그 신청의 근거가 된 조항의 해석상 행정발동에 대한 개인의 신청권을 인정하고 있다고 보여지면 그 거부행위는 항고소송의 대상이 되는 처분으로 보아야 할 것이고, 구체적으로 그 신청이 인용될 수 있는가 하는 점은 본안에서 판단하여야 할 사항인 것이다(대판 1996.6.11. 95누12460).

④ 형사본안사건에서 무죄가 선고되어 확정되었다면 형사소송법 제332조 규정에 따라 검사가 압수물을 제출자나 소유자 기타 권리자에게 환부하여야 할 의무가 당연히 발생한 것이고, 권리자의 환부신청에 대한 검사의 환부결정 등 어떤 처분에 의하여 비로소 환부의무가 발생하는 것은 아니므로 압수가 해제된 것으로 간주된 압수물에 대하여 피압수자나 기타 권리자가 민사소송으로 그 반환을 구함은 별론으로 하고 <u>검사가 피압수자의 압수물 환부신청에 대하여 아무런 결정이나 통지도 하지 아니하고 있다고 하더라도 그와 같은 부작위는 현행 행정소송법상의 부작위위법확인소송의 대상이 되지 아니한다</u>(대판 1995.3.10. 94누14018).
➜ 이 판례는 동시에 의무이행소송을 부정한 사례

⑤ 이러한 규정들에 의하여 국회의원이 국무위원인 외교통상부장관에 대하여 정치적인 책임을 물을 수 있음은 별론으로 하고 국회의원 개개인에게 특임공관장의 인사사항에 관한 구체적인 신청권을 부여한 것이라고 할 수 없어서, 국회의원에게는 대통령 및 외교통상부장관의 특임공관장에 대한 인사권 행사 등과 관련하여 대사의 직을 계속 보유하게 하여서는 아니된다는 요구를 할 수 있는 법규상 신청권이 있다고 할 수 없고, 그 밖에 조리상으로도 그와 같은 신청권이 있다고 보여지지 아니한다(대판 2000.2.25. 99두11455).

5. 부작위위법확인소송의 심리

학설	소극설	법원은 부작위의 위법여부만을 심리하는데 그쳐야 한다는 주장이다.
	적극설	법원은 부작위의 위법여부만이 아니라 신청의 실체적인 내용이 이유있는 것인가도 심리하여 행정청의 처리방향까지 제시하여야 한다는 것이다.
판례		판례는 소극설의 입장을 취하고 있다.

관련판례

부작위위법확인의 소는 행정청이 국민의 법규상 또는 조리상의 권리에 기한 신청에 대하여 상당한 기간 내에 그 신청을 인용하는 적극적 처분을 하거나 또는 각하 내지 기각하는 등의 소극적 처분을 하여야 할 법률상의 응답의무가 있음에도 불구하고 이를 하지 아니하는 경우 판결시를 기준으로 그 부작위의 위법함을 확인함으로써 행정청의 응답을 신속하게 하여 부작위 내지 무응답이라고 하는 소극적인 위법상태를 제거하는 것을 목적으로 하는 것이고, 나아가 당해 판결의 구속력에 의하여 행정청에게 처분등을 하게 하고, 다시 당해 처분등에 대하여 불복이 있는 때에는 그 처분등을 다투게 함으로써 최종적으로는 국민의 권리이익을 보호하려는 제도이다(대판 1992.7.28. 91누7361).

V 당사자소송

당사자소송에 관련된 핵심정리

1. 당사자소송의 종류

실질적 당사자소송	개념	공법상의 법률관계에 관한 소송으로서 그 법률관계의 한쪽 당사자를 피고로 하는 소송을 말한다.
	유형	처분등을 원인으로 하는 법률관계 ➡ 실무상 민사소송↑ ㉠ 부당이득반환청구소송 ㉡ 국가배상청구소송 ㉢ 손실보상청구소송 ㉣ 결과제거청구소송 기타 공법상 법률관계에 관한 소송 ㉠ 공법상 계약의 해지 또는 불이행 ㉡ 공법상 지위·신분의 확인 ㉢ 공법상 금전지급청구를 위한 소송 등
형식적 당사자소송	개념	행정청의 처분등으로 형성된 법률관계에 대한 소송으로 그 처분청을 피고로 하지 않고 그 법률관계의 일방당사자를 피고로 하는 소송
	종류	㉠ 특허법 ㉡ 전기통신기본법 ㉢ 공익사업법상 보상금증감청구소송

2. 당사자소송의 사례

구분	당사자소송 ○	당사자소송 ×
계약·신분	• 훈장수여받은 지위확인 • 재개발조합원자격확인 • 한국전력공사의 수신료징수권한자격확인 • 공중보건의채용계약해지 • 서울특별시무용단원해촉 • 광주광역시립합창단원 재위촉거부 • 국방홍보원장(계약직공무원) 계약해지	
민주화운동	• 5.18광주민주화운동관련보상금청구	• 민주화운동관련자 명예회복 및 보상등에 관한 법률에 따른 보상금 지급소송
금전	• 석탄가격안정지원금청구소송 • 공무원연금관리공단의 퇴직연금일부지급거부에 대한 소송 • 부가가치세환급청구소송 • 보조사업자에 대한 지방자치단체의 보조금반환청구 • 지방소방공무원의 초과근무수당지급소송	• 공무원연금관리공단의 급여에 관한 결정 : 항고소송 • 공무원연금관리공단의 퇴직연금이 잘못 지급된 경우 환수통지 : 처분성 인정
재개발조합	• 주택재건축정비사업조합을 상대로 관리처분계획안에 대한 조합총회결의의 효력을 다투는 소송 • 주택재건축정비사업조합을 상대로 조합설립변경결의 또는 사업시행계획결의의 효력을 다투는 소송	
손실보상	• 보상금증감청구소송 • 환매가격증감에 관한 소송 • 세입자의 주거이전비보상청구소송	

1. 항고소송을 거쳐서 당사자소송을 제기하여야 하는 경우

① **공무원연금법령상 급여를 받으려고 하는 자**는 우선 관계 법령에 따라 **공무원연금공단에 급여지급을 신청하여 공무원연금공단이 이를 거부하거나 일부 금액만 인정하는 급여지급결정을 하는 경우** 그 결정을 대상으로 **항고소송을 제기하는 등으로 구체적 권리를 인정받아야** 하고, **구체적인 권리가 발생하지 않은 상태에서 곧바로 공무원연금공단을 상대로 한 당사자소송으로 권리의 확인이나 급여의 지급을 소구하는 것은 허용되지 아니한다.** 이러한 법리는 구체적인 급여를 받을 권리의 확인을 구하기 위하여 소를 제기하는 경우뿐만 아니라, 구체적인 급여수급권의 전제가 되는 지위의 확인을 구하는 경우에도 마찬가지로 적용된다.(대판 2017. 2. 9. 선고 2014두43264)

② 선순위 유족이 유족연금수급권을 상실함에 따라 동순위 또는 차순위 유족이 상실 시점에서 유족연금수급권을 법률상 이전받더라도 동순위 또는 차순위 유족은 구 군인연금법 시행령(2010. 11. 2. 대통령령 제22467호로 개정되기 전의 것) 제56조에서 정한 바에 따라 국방부장관에게 '유족연금수급권 이전 청구서'를 제출하여 심사·판단받는 절차를 거쳐야 비로소 유족연금을 수령할 수 있게 된다. **이에 관한 국방부장관의 결정은 선순위 유족의 수급권 상실로 청구인에게 유족연금수급권 이전이라는 법률효과가 발생하였는지를 '확인'하는 행정행위에 해당하고, 이는 월별 유족연금액 지급이라는 후속 집행행위의 기초가 되므로, '행정청이 행하는 구체적 사실에 관한 법 집행으로서의 공권력의 행사 또는 그 거부'(행정소송법 제2조 제1항 제1호)로서 항고소송의 대상인 처분에 해당한다고 보아야** 한다. 그러므로 만약 **국방부장관이 거부결정을 하는 경우 그 거부결정을 대상으로 항고소송을 제기하는 방식으로 불복하여야 하고, 청구인이 정당한 유족연금수급권자라는 국방부장관의 심사·확인 결정 없이 곧바로 국가를 상대로 한 당사자소송으로 그 권리의 확인이나 유족연금의 지급을 소구할 수는 없다.**(대판 2019. 12. 27. 선고 2018두46780)

③ 관계 법령의 해석상 **급부를 받을 권리가 법령의 규정에 의하여 직접 발생하는 것이 아니라 급부를 받으려고 하는 자의 신청에 따라 관할 행정청이 지급결정을 함으로써 구체적인 권리가 발생하는 경우**에는, 급부를 받으려고 하는 자는 우선 관계 법령에 따라 **행정청에 급부지급을 신청하여 행정청이 이를 거부하거나 일부 금액만 인정하는 지급결정을 하는 경우 그 결정을 대상으로 항고소송을 제기하고, 취소·무효확인 판결의 기속력에 따른 재처분을 통하여 구체적인 권리를 인정받은 다음 비로소 공법상 당사자소송으로 급부의 지급을 구하여야** 하고, 구체적인 권리가 발생하지 않은 상태에서 곧바로 행정청이 속한 국가나 지방자치단체 등을 상대로 한 당사자소송이나 민사소송으로 급부의 지급을 소구하는 것은 허용되지 않는다.(대판 2020. 10. 15. 선고 2020다222382)

④ 구 군인연금법(2019. 12. 10. 법률 제16760호로 전부 개정되기 전의 것, 이하 같다)에 의한 사망보상금 등의 급여를 받을 권리는 법령의 규정에 따라 직접 발생하는 것

이 아니라 급여를 받으려고 하는 사람이 소속하였던 군의 참모총장의 확인을 얻어 청구함에 따라 국방부장관 등이 지급결정을 함으로써 구체적인 권리가 발생한다[구 군인연금법 제10조 제1항, 제11조 제1항, 제2항, 제31조 제1항, 구 군인연금법 시행령(2020. 6. 9. 대통령령 제30759호로 전부 개정되기 전의 것) 제21조 제2항, 제23조 제1항 제1호, 제4항, 구 군인연금법 시행규칙(2020. 6. 11. 국방부령 제1022호로 전부 개정되기 전의 것) 제5조 제1항 참조]. 국방부장관 등이 하는 급여지급결정은 단순히 급여수급 대상자를 확인·결정하는 것에 그치는 것이 아니라 구체적인 급여수급액을 확인·결정하는 것까지 포함한다. **구 군인연금법령상 급여를 받으려고 하는 사람은 우선 관계 법령에 따라 국방부장관 등에게 급여지급을 청구하여 국방부장관 등이 이를 거부하거나 일부 금액만 인정하는 급여지급결정을 하는 경우 그 결정을 대상으로 항고소송을 제기하는 등으로 구체적 권리를 인정받은 다음 비로소 당사자소송으로 그 급여의 지급을 구해야** 한다. 이러한 구체적인 권리가 발생하지 않은 상태에서 곧바로 국가를 상대로 한 당사자소송으로 급여의 지급을 소구하는 것은 허용되지 않는다.(대판 2021. 12. 16. 선고 2019두45944)

2. 사인의 당사자소송 피고적격

행정소송법 제39조는, "당사자소송은 국가·공공단체 그 밖의 권리주체를 피고로 한다."라고 규정하고 있다. 이것은 당사자소송의 경우 항고소송과 달리 '행정청'이 아닌 '권리주체'에게 피고적격이 있음을 규정하는 것일 뿐, 피고적격이 인정되는 권리주체를 행정주체로 한정한다는 취지가 아니므로, 이 규정을 들어 사인을 피고로 하는 당사자소송을 제기할 수 없다고 볼 것은 아니다.(대판 2019.9.9. 2016다262550)

3. 당사자소송 인정여부에 관련된 판례정리

① 고용보험 및 산업재해보상보험의 보험료징수 등에 관한 법률 제4조, 제16조의2, 제17조, 제19조, 제23조의 각 규정에 의하면, <u>사업주가 당연가입자가 되는 고용보험 및 산재보험에서 보험료 납부의무 부존재확인의 소는 공법상의 법률관계 자체를 다투는 소송으로서 공법상 당사자소송이다</u>(대판 2016.10.13. 2016다221658)

② 甲 토지구획정리조합이 환지계획을 인가받으면서 체비지 겸 학교용지로 인가받은 토지에 대하여 체비지대장에 甲 조합을 토지의 소유자로 등재한 후 소유자명의를 乙 주식회사 앞으로 이전하였는데, 환지처분이 이루어지지 않은 상태에서 丙 지방자치단체가 甲 조합을 상대로 환지처분의 공고 다음 날에 토지의 소유권을 원시취득할 지위에 있음의 확인을 구한 사안에서, 丙 지방자치단체는 甲 조합을 상대로 위와 같은 지위 확인을 구할 확인의 이익이 있고, 이는 행정소송법상 당사자소송에 해당한다고 한 사례(대판 2016.12.15. 2016다221566)

③ 법관이 이미 수령한 수당액이 위 규정에서 정한 정당한 명예퇴직수당액에 미치지 못한다고 주장하며 차액의 지급을 신청함에 대하여 법원행정처장이 거부하는 의사를 표시했더라도, 그 의사표시는 명예퇴직수당액을 형성·확정하는 행정처분이 아니라 공법상의 법률관계의 한쪽 당사자로서 지급의무의 존부 및 범위에 관하여 자신의 의견을 밝힌 것에 불과하므로 행정처분으로 볼 수 없다. 결국 명예퇴직한 법관이 미지급 명예퇴직수당액에 대하여 가지는 권리는 명예퇴직수당 지급대상자 결정 절차를 거쳐 명예퇴직수당규칙에 의하여 확정된 공법상 법률관계에 관한 권리로서, 그 지급을 구하는 소송은 행정소송법의 당사자소송에 해당하며, 그 법률관계의 당사자인 국가를 상대로 제기하여야 한다.(대판 2016.5.24. 선고 2013두14863)

④ 고용보험 및 산업재해보상보험의 보험료징수 등에 관한 법률 제4조, 제16조의2, 제17조, 제19조, 제23조의 각 규정에 의하면, 사업주가 당연가입자가 되는 고용보험 및 산재보험에서 보험료 납부의무 부존재확인의 소는 공법상의 법률관계 자체를 다투는 소송으로서 공법상 당사자소송이다.(대판 2016.10.13. 선고 2016다221658)

⑤ 구 도시정비법 제65조 제2항의 입법 취지와 구 도시정비법(제1조)의 입법 목적을 고려하면, 위 후단 규정에 따른 정비기반시설의 소유권 귀속에 관한 국가 또는 지방자치단체와 정비사업시행자 사이의 법률관계는 공법상의 법률관계로 보아야 한다. 따라서 위 후단 규정에 따른 정비기반시설의 소유권 귀속에 관한 소송은 공법상의 법률관계에 관한 소송으로서 행정소송법 제3조 제2호에서 규정하는 당사자소송에 해당한다.(대판 2018.7.26. 선고 2015다221569)

⑥ 사업시행자인 甲 조합을 상대로 확인판결을 받는 것은 丙 지방자치단체의 법률상 지위에 대한 위험이나 불안을 제거하기 위한 유효적절한 수단이므로, 확인의 이익이 있고, 나아가 토지구획정리사업에 따른 공공시설용지의 원시취득으로 형성되는 국가 또는 지방자치단체와 사업시행자 사이의 관계는 공법관계이므로, 위와 같은 지위의 확인을 구하는 것은 행정소송법상 당사자소송에 해당한다고 한 사례(대판 2016.12.15. 2016다221566)

4. 당사자소송과 가구제

① 당사자소송과 가처분제도
당사자소송에 대하여는 행정소송법 제23조 제2항의 집행정지에 관한 규정이 준용되지 아니하므로, 이를 본안으로 하는 가처분에 대하여는 행정소송법 제8조 제2항에 따라 민사집행법상 가처분에 관한 규정이 준용되어야 한다.(대결 2015무26)

② 행정소송법 제8조 제2항에 의하면 행정소송에도 민사소송법의 규정이 일반적으로 준용되므로 법원으로서는 공법상 당사자소송에서 재산권의 청구를 인용하는 판결을 하는 경우 가집행선고를 할 수 있다.(대판 2000.11.28. 선고 99두3416)

[개정증보판] 최우성 행정법총론 최신판례집 v2.0

발행일 : 2023년 9월 9일
저 자 : 최우성
발행인 : 김진연
발행처 : (주)도서출판 참다움
등 록 : 2019-000035호
주 소 : 서울특별시 동작구 만양로 84, (노량진 삼익프라자) 1층 129, 130호
T E L : 02) 6953-7038
F A X : 02) 6953-7039
I S B N : 979-11-92152-63-9

판권은
저자와
합의하에
생략함

※ 본서의 무단 전재·복제행위는 저작권법 제136조에 의거 5년 이하의 징역 또는 5,000만원 이하의 벌금에 처하거나 이를 병과할 수 있습니다.
※ 파본은 구입처에서 교환하시기 바랍니다.

정가 29,000원